U0800312

高速铁路岗位培训教材

高速铁路
线路维修岗位

铁道部劳动和卫生司
铁 道 部 运 输 局

中国铁道出版社有限公司
CHINA RAILWAY PUBLISHING HOUSE CO., LTD.

内 容 简 介

本书为铁道部规划的高速铁路岗位培训教材之一,是根据《高速铁路线路维修岗位培训规范》编写的。全书共七章,内容包括理论知识和实作技能两大类。理论知识主要内容为:安全知识、专业知识、相关知识;实作技能主要内容为:基本技能和专业技能,包括:常用仪器及工具,线路、道岔检查及作业,线路设备故障应急处理等专业技能知识。

本书适用于对高速铁路线路维修人员岗前资格性培训和岗位适应性培训,可作为高速铁路职工岗位培训教材,也可供高速铁路线路维修人员和运用管理人员学习,对各类职业院校相关师生学习也有重要的参考价值。

本书内容如有不符最新规章标准之处,以最新规章标准为准。

图书在版编目(CIP)数据

高速铁路线路维修岗位/铁道部劳动和卫生司,铁道部运输局编.—北京:中国铁道出版社,2012.11(2025.9 重印)
高速铁路岗位培训教材
ISBN 978-7-113-15293-2

Ⅰ.①高… Ⅱ.①铁… ②铁… Ⅲ.①高速铁路-铁路线路-维修-岗位培训-教材 Ⅳ.①U216.42

中国版本图书馆 CIP 数据核字(2012)第 250286 号

书　　名: 高速铁路岗位培训教材
高速铁路线路维修岗位
作　　者: 铁道部劳动和卫生司　铁道部运输局

策　　划: 武亚雯
责任编辑: 程东海　　**编辑部电话:** (010)51873135
封面设计: 崔丽芳
责任校对: 孙　玫
责任印制: 高春晓

出版发行: 中国铁道出版社有限公司(100054,北京市西城区右安门西街 8 号)
网　　址: https://www.tdpress.com
印　　刷: 北京盛通印刷股份有限公司
版　　次: 2012 年 11 月第 1 版　2025 年 9 月第 21 次印刷
开　　本: 787 mm×1 092 mm 1/16　**印张:** 22.25　**字数:** 564 千
书　　号: ISBN 978-7-113-15293-2
定　　价: 68.00 元

版权所有　侵权必究

凡购买铁道版图书,如有印制质量问题,请与本社读者服务部联系调换。电话:(010)51873174
打击盗版举报电话:(010)63549461

前言

中国已成为世界上高速铁路营业里程最多、运营速度最高、在建高速铁路规模最大的国家。培养和造就一支适应高速铁路发展的高素质人才队伍，是强化安全风险管理基础、确保高速铁路运营安全的战略任务。

为严格落实高速铁路主要行车工种岗位准入制度，满足相关人员岗位培训需要，铁道部决定按照高速铁路主要行车工种岗位标准和培训规范，结合铁路现代化发展的实际，组织开发高速铁路岗位培训教材。教材建设是职业教育培训工作的重要组成部分，是提高教育培训质量的关键。加快高速铁路岗位培训教材建设，已成为加强和改进高速铁路职工教育培训工作的当务之急。

本套教材由铁道部劳动和卫生司、运输局共同组织，集中相关铁路局、部分铁路高职院校和职工培训基地的专家、工程技术人员、任课教师编写及审定，多方合作，共同完成，涵盖了高速铁路基础设施维护（工务、供电、通信、信号）13个岗位。教材充分体现了近几年来高速铁路新技术、新设备的大量运用及其发展趋势，侧重体现了与既有线相关技术的区别，填补了高速铁路基础设施维护岗位培训教材的空白。教材按照高速铁路岗位培训规范编写，涵盖了培训规范的各个能力项，适用于高速铁路主要行车工种岗前资格性培训和岗位适应性培训，便于现场模块化教学及职工自学。

Preface

本书为《高速铁路线路维修岗位》培训教材。全书共分七章，内容包括理论知识和实作技能。理论知识主要内容为：安全知识、专业知识、相关知识；实作技能主要内容为：基本技能和专业技能，包括：常用仪器及工具，线路、道岔检查及作业，线路设备故障应急处理等专业技能知识。为便于教学和使用，书中各章节都配有思考题和复习题，书末并附有高速铁路线路维修岗位技能实训设备配置标准建议表。

本书由宋友富主编并统稿，参编人员有盛东亮、韩殿科、冯鹏、贺继伟。其中，盛东亮参与编写第一章、第七章；宋友富参与编写第二章、第四章；韩殿科参与编写第三章；贺继伟参与编写第五章；冯鹏参与编写第六章。

本书由铁道部劳动和卫生司、运输局统一组织审定。主要审定人员有：刘丙强、王邦胜、吕关仁、李振廷、李建平、江成、崔俊杰、张银花、蒋金洲、王树国、张金龙、任天德、杨春燕、武亚雯。本书在编写和审定过程中，还得到上海铁路局职教处、工务处大力支持和帮助，在此一并表示感谢。

编　者

2012 年 6 月

目录

理论知识

实作技能

Contents

理论知识

LiLun ZhiShi

第一章　安全知识

高速铁路工务安全管理应坚持“安全第一、预防为主，综合治理”的方针，遵循“行车不施工、施工不行车”的原则，实行天窗修制度。严格作业纪律和劳动纪律，突出设备检查和分析环节，严检慎修，满足线路高可靠性、高稳定性、高平顺性，确保行车和人身安全。

第一节　线路作业安全

一、作业防护条件

1. 高速铁路实行天窗修制度。高速铁路施工、维修及上道检查作业必须在天窗点内进行，并严格执行登、销记制度。天窗时间外不得进入高速铁路栅栏内。其他在路基坡脚、路堑坡上、桥涵底部等不进入封闭线路或行车限界的检修作业，可在天窗点外进行，但严禁上道或进入桥面范围内。

高速铁路一般实行垂直天窗修。列车运行图天窗时间应固定，不应少于 240 min。根据需要和季节特点，安排昼间检查天窗，昼间检查天窗一般为 90 min。昼间检查天窗内，不得进行设备修理作业。

2. 所有进入高速铁路线路行车限界的施工、维修以及线路检查作业，均必须按规定设置现场防护和驻站联络员。

3. 在线间距不足 6.5 m 的双线区间的一条线上，进行施工和检修作业或处理设备故障时，应对本线封锁、邻线列车限速不超过 160 km/h。

4. 双线区间一条线施工作业时，施工单位应采取保证安全措施，施工前应在两线间设置牢固的隔离设施，隔离设施范围必须保证作业范围的全覆盖，防止作业人员、工机具、材料侵限。

5. 遇有暴风雨雪天气，设备管理单位应加强对重点地段和设备的检查。检查时，检查人员在天窗点外不得进入路肩和桥面范围内。必要时应封锁或限速，并设好防护后再检查。发现影响行车安全时，须及时通知列车调度员限速运行或封锁线路。封锁线路后，经检查无异常应及时报告车站值班员或列车调度员，检查人员全部撤出防护栅栏后，方可通知车站值班员或列车调度员开通线路。

6. 天窗结束后，应先开行确认列车。

二、防护办法

施工作业、纳入天窗的维修作业和设备故障处理应设置驻调度所（站）联络员、现场防护员。驻调度所（站）联络员和现场防护员不得临时调换。作业负责人、驻调度所（站）联络员和现场防护员，应按规定携带防护用品。

(一)防护信号及信号备品

1. 铁路信号分为视觉信号和听觉信号两大类。

(1)视觉信号的基本颜色及其代表的意义如下:

红色——停车;

黄色——注意或减低速度;

绿色——按规定的速度运行。

(2)视觉信号包括以信号机、信号牌、信号灯、信号旗、火炬发出的光色,以及有的徒手动作表示的信号。视觉信号分为昼间、夜间及昼夜通用信号。在昼间遇降雾、暴风雨及其他情况,致使停车信号显示距离不足 1 000 m,注意或减速信号显示距离不足 400 m,调车信号及调车手信号显示距离不足 200 m 时,应使用夜间信号。

(3)听觉信号是以号角、口笛等发出的音响和机车、轨道车的鸣笛声表示的信号。

2. 高速铁路工务主要防护信号、通信设备

(1)防护中使用的移动信号及信号备品主要有:移动停车信号牌、双面信号灯、火炬、口笛(喇叭)、红色信号旗、黄色信号旗、短路铜线等。

(2)通信设备主要有:GSM-R 手持台、手持无线电台(对讲机)。驻调度所(站)联络员应采用具有录音回放功能的通信工具。

(二)施工负责人与防护员

1. 施工负责人

高速铁路作业执行"双命令、三确认"制度,即"设备管理单位调度命令、列车调度员命令"和"作业人员、工机具、材料"确认。施工负责人必须携带 GSM-R 手持台、手持对讲机等相关防护备品和批复的施工计划,领取作业通道钥匙并进行登记。

施工、检修作业前,应有针对性的对全体作业人员进行安全教育和技术交底,并按规定设置驻调度所(站)联络员、现场防护员。

到达作业通道口前,按照高速铁路作业"三确认"要求,对作业人员、机具、材料进行清点、登记。按批复的施工计划做好各项准备工作。确认信号备品、工机具、材料齐全完好,安全关键岗位和配合人员已就位,与驻站联络员、现场防护员对表,明确联系方式并通话试机。确认调度命令的封锁起止时间和通信良好之后方可进入栅栏门,下达设置现场防护命令。

施工、检修作业中,须严格按照批复的施工计划内容组织实施,计划内容包括检查检修项目、检查区间、行别、防护设置、劳力组织等,现场施工负责人无权擅自变更施工计划内容。随时掌握进度与质量,监督作业人员执行各项安全规定,消除不安全因素。驻调度所(站)联络员与现场防护员必须保持通信畅通并定时联系,确认通信良好。一旦通信中断,应立即命令所有检查、作业人员下道。

在施工作业、设备检修或处理设备故障过程中,发现危及行车安全的故障和突发情况,需临时变更或增加检查和作业项目或延长作业时间时,必须采取必要的防护措施,报请调度所值班主任同意,发布调度命令。采取专门安全卡控措施并传达到每个作业人员后方可进行。

因设备故障、灾害天气等原因需在同一区段同多单位上道检查检修时,各单位必须对上道人数、上道检查检修地点、作业内容逐一登记,作业完毕各自分别确认现场人员、机具完全下道撤离后,逐一进行销记。

线路开通前，应认真组织质量检查，确认工务设备状态达到放行列车条件，停车防护已撤除，确认作业人员、工机具、材料全部撤出作业通道外，方可通知驻站联络员办理销记手续。

锁好通道门，及时将通道门钥匙归还设备管理单位并填写归还记录。

2. 防护员

防护员必须由经过高速铁路知识培训考试合格，取得资格证的正式员工担任，并持证上岗。上岗时，必须穿戴黄色防护服（夜间反光防护服），佩戴标志，准确掌握动车组运行图。携带 GSM-R 手持台、手持对讲机等相关防护备品。驻调度所（站）联络员应采用具有录音回放功能的通信工具，无线电台必须配置耳机。准确掌握铁路局制定的驻调度所站（站）联络员、现场防护员及施工负责人之间的联控规程，明确通信设备管理要求，对联控时机、联控内容、联控对象、联控标准用语及复诵确认等环节的规范。任何情况下不得擅离岗位，不得与他人闲谈或做与防护工作无关的事。

作业过程中，驻调度所（站）联络员与现场防护员必须保持通信畅通并定时联系，确认通信良好。一旦通信中断，驻调度所（站）联络员立即请求车站值班员（列车调度员）禁止向区间放行列车，并呼叫区间运行列车停车。

防护员按所处的防护岗位不同可分为：驻调度所（站）联络员、现场（工地）防护员、中间（联络）防护员和基本防护员。

（1）驻调度所联络员

驻调度所联络员应根据路局调度所下达的施工（维修）日计划，负责编制高速铁路施工（维修）登销记日工作汇总表，并按规定在施工（维修）前规定时间发至各相关施工、设备管理单位。相关施工、设备管理单位收到高速铁路施工（维修）登销记日工作汇总表后，与施工（维修）日计划核对无误，填记当班驻站联络员姓名及联系方式后，按规定时间传至驻调度所联络员。

施工（维修）作业涉及其他单位配合时，由主体单位负责将高速铁路施工（维修）登销记日工作汇总表传至配合单位，并确认无误。

驻调度所联络员应在施工点前 2 h 完成登记手续，登记内容应与高速铁路施工（维修）登销记日工作汇总表中“施工（维修）登记内容”一致。

驻调度所联络员施工（维修）作业销记前，收到驻站联络员施工（维修）主体单位、配合单位驻站联络员作业完毕、人员已下道，工机具、材料已全部撤回，申请销记的通知并进行确认后，在高速铁路施工（维修）登销记日工作汇总表中，注明具备开通条件的设备名称及限速条件，并与驻站联络员核对无误后，在“销记确认时分”栏内填记销记时分。

驻调度所联络员确认高速铁路施工（维修）登销记日工作汇总表中销记时分后，及时在调度台《行车设备检查登记簿》《行车设备施工登记簿》（或简称《运统—46》）内办理销记手续。

（2）驻站联络员

施工（维修）主体单位、配合单位驻站联络员应按规定携带相关证件和高速铁路施工（维修）登销记日工作汇总表、动车组运行图、施工（维修）日计划等资料，进入车站行车监控室。于施工（维修）作业前 40 min 到达车站，完成在《运统—46》上登记。施工（维修）主体单位驻站联络员负责确认配合单位驻站联络员均到岗后，向驻调度所联络员汇报到岗时间，双方应作好记录。

驻站联络员接到承认施工（维修）调度命令后，应及时将命令内容准确、无误地传达给施工

（作业）负责人和现场防护员，确认复诵无误后，方可通知现场作业人员进入作业通道上道作业，并要求现场防护员在作业地点前（来车方向）使用厂制短路铜线，使车载信号机处于停车信号，并实行密码联控。

施工（维修）作业销记前，施工（维修）主体单位、配合单位驻站联络员应与施工（维修）现场负责人联系，分别确认作业完毕、人员已下道、工机具、材料已全部撤回，由施工（维修）主体单位驻站联络员，确认配合单位全部销记后向驻调度所联络员申请销记。

①正常销记

例如，驻站联络员："我是×××单位驻站联络员×××，××项施工（维修）作业完毕，配合单位×××已销记，恢复正常使用，申请销记。"

驻调度所联络员应复诵，确认无误，并在高速铁路施工（维修）登销记日工作汇总表中"销记确认时分"栏内填记销记时分。

②设备未按计划开通以及开通后有限速条件时的销记

设备未按计划开通以及开通后有限速条件时，驻站联络员应在高速铁路施工（维修）登销记日工作汇总表中"备注"栏内注明具备开通条件的设备名称及限速条件，并逐字向驻调度所联络员报告。

例如，驻站联络员："我是×××单位驻站联络员×××，××项施工（维修）作业完毕，配合单位×××已销记，××恢复正常使用或××开通后限速×× km/h，申请销记。"

驻调度所（站）联络员必须遵守调度所（车站行车室）有关工作制度和纪律，不得妨碍调度所（车站行车室）工作。严格执行作业标准，密切监视列车运行情况及调机（轨道车）动态，与列车调度员（车站值班员）加强联控，严禁擅自离岗，不得中途擅自换人，严禁做其他与工作无关之事。

作业过程中，驻调度所（站）联络员与现场防护员必须保持通信畅通并定时互相联络。一旦通信中断，驻调度所（站）联络员立即请求车站值班员（列车调度员）禁止向区间放行列车，并呼叫区间运行列车停车。

强化驻站联络员与现场防护员安全防护联控。现场防护员未得到驻站联络员准许上道命令通知前，不准上道作业，施工、检修作业中收到驻站联络员下道的通知后，应立即组织作业人员下道至安全地点，作业结束后，驻站联络员未得到所有现场防护员、作业人员已返回至安全地点的通知前不准离岗。

（3）现场（中间）防护员

现场防护员应根据施工作业现场地形条件、列车运行特点、施工（或维修）作业人员和机具布置等情况确定防护站位和移动路径，并做好自身防护。

进入高速铁路作业通道口前，应认真检查作业人员是否按规定穿戴防护用品，协助施工（作业）负责人对作业人员、工机具、材料清点、登记、确认工作。接到驻站联络员承认施工（维修）调度命令，确认、复诵无误后，做好记录并回复密码，及时将命令内容准确、无误地传达给施工（作业）负责人，并按规定设置防护。在通知作业人员进入作业通道前，必须与驻站联络员核对调度命令内容，并与驻调度所（站）联络员、施工负责人间通信良好，现场防护已设置好后，方可通知作业人员进入作业通道（栅栏门）。

施工、检修作业前应在线路上设置厂制短路铜线，使车载信号机处于停车信号[区间在作业地点前（来车方向）20～50 m 处，站内在进站或出站信号机前]，并在施工地点前 20 m 使用停车手信号（白天：红旗，夜间：红灯）进行防护。

现场防护员应根据现场地形条件、列车运行特点、施工人员和机具布置等情况确定站位和移动路径，并做好自身防护。防护过程中，加强巡查，重点巡查：机具、材料是否按规定位置摆放，是否满足电气化铁路规定要求，现场作业人员是否均在施工（作业）负责人和防护员的监控范围内（不得分散作业，禁止离开作业群体单独作业），并对作业人员做必要的提醒，防止人员、机具侵限和不安全因素发生。如发现不良情况及时向施工（作业）负责人提出并督促整改。

准确掌握天窗作业点时间，现场防护员应根据作业时间、作业地点、作业项目，加强与施工（作业）负责人联系，天窗作业点结束前 30 min 提醒施工（作业）负责人准备撤离线路，防止超点。

保持与驻站联络员通话联系，一旦通信中断，现场防护员应立即通知作业负责人组织所有作业人员下道。同时将作业机具、材料等迅速撤出防护栅栏之外。待驻站联络员联系恢复后，方可通知作业人员上道作业。

通信信号不良的长大区间、瞭望距离不足的地段，必须适当增加中间（联络）防护员。遇有降雾、暴风雨（雪）、扬沙等恶劣天气影响瞭望时，应停止上道检查和作业，对必须进行检查和作业，应严格执行铁路局制定的专门安全措施。

施工、检修完毕，确认人员、机具、材料全部撤离线路后，按施工负责人命令撤除（设置）防护信号（备品）。撤出作业通道门前，协助施工负责人，对作业人员、机具、材料清点、核对，防止遗留在现场，并对作业通道门锁闭状态进行确认。

（4）基本防护员

保持与施工负责人和驻站联络员、现场防护员联系，接到施工负责人设置（撤除）防护命令，经确认、复诵无误后，做好记录并回复密码。及时、正确地按照施工负责人的指令，在规定地点设置相关防护信号。坚持岗位，确保信号标志不侵限并做好自身防护。

（三）遇列车调度员设置列控限速调度命令不成功时防护办法

因行车设备故障、灾害或施工，需要使列车限速运行时，列车调度员应按规定向相关人员下达限速调度命令，同时应及时、正确设置列控限速调度命令。遇列车调度员设置列控限速调度命令不成功时，设备管理单位按有关规定设置防护。

三、登（销）记制度

《运统—46》是行车设备施工、维修、检查、故障处理办理有关登销记的原始记录，是确认行车设备使用条件的重要依据，同时也是加强行车设备养护，提高设备质量，明确责任划分，确保行车安全的一项重要内容。办理登销记时，均以北京时间为准。

（一）登销记地点

下列区段及范围在调度台办理登销记，其他区段在车站、线路所、动车运用所等处所办理登销记。

1. 客运专线、高速铁路行车组织细则规定在分散自律下，在行车调度台办理登销记的区段。

2. 路局调度所调度台行车设备施工、维修、检查、故障处理时应在调度台办理登销记。

3. 无线闭塞中心、GSM-R 核心网、数调主系统、临时限速服务器施工、维修、检查、故障处理时应在相关行车调度台办理登销记。

（二）设置与保管

车站（含线路所、动车运用所，下同）行车室、客运专线、高速铁路车站行车监控室应设置《运统—46》（分检修及故障处理、轨道电路分路不良两种）；调度所行车调度台以及与行车相关的专业调度台应设置《运统—46》；《行车设备检查登记簿》封面上应注明使用用途。任何单位、部门及个人未经保管单位许可，不得将《运统—46》带出保管场所。

（三）登记使用范围

1. 凡在铁路局施工日计划、铁路局维修天窗作业计划公布的项目，均应在《行车设备施工登记簿》内办理登销记；其他作业项目均应在《行车设备检查登记簿》内办理登销记。

2. 行车调度台办理登销记的区段，在分散自律下，遇施工、维修、检查、故障处理登销记应在行车调度台办理，由综合维修调度员（未设综合维修调度员的调度台为助理调度员，以下统称为列车调度员）与驻调度所联络员办理登销记手续；转为非常站控时，需办理登销记时应在车站《运统—46》内办理，车站必须及时向列车调度员汇报登销记内容，列车调度员应根据车站的报告，立即在调度台设置的《运统—46》内做好记录，内容要完整、准确。

非调度台办理登销记的调度集中区段及非调度集中区段，遇行车设备施工、维修、检查、故障处理登销记应在车站《运统—46》内办理。办理接发列车的行车设备登销记（不影响行车的除外）时，车站值班员、车务应急值守人员、车站应急值守人员、应急行车人员（以下简称"车站行车人员"）必须及时向列车调度员汇报登销记内容。

涉及联络线的施工、检修作业地点包含既有线调度台和高速铁路调度台管辖地段时，应在既有线调度台管辖的车站办理登销记，由既有线调度台发布施工或检修调度命令，并抄送给相关高速铁路调度台。

3. 凡与行车有关的工务、电务（含通信，下同）、房建、给水、电力、牵引供电、车辆、信息系统等设备均应纳入行车设备的范畴，并按规定办理登销记作业。

（四）登记方法与要求

1. 登记时要做到严肃认真，内容准确，用语规范，字迹清晰。登记的时间、地点、设备名称及编号、影响范围及要点时间等内容要如实、准确、完整。

2. 施工、维修、故障处理完毕，如设备已恢复正常使用时，销记内容应有"××作业（××故障处理）完毕，恢复正常使用"的字句；如设备已达到行车条件，但需要限速运行或对行车条件有限制的，销记内容应有"××作业（××故障处理）完毕，恢复使用"的字句，并写明行车限制条件（如限速×× km/h），同时，将上述行车限制条件（封锁施工开通后按计划限速时除外）提前 20 min 重新登记完毕。

施工开通后，限速条件与运行揭示命令不一致时，应重新登销记，并在限速开始前 20 min 完成登记。

故障处理完毕的销记内容中应注明故障原因，故障原因不明时应注明"故障原因待查"。

3. 设备管理单位、施工单位须停用设备时，应完整、正确登记停用内容和影响范围。工务专业应登记具体封锁区段（包括线路、道岔编号，具体里程等）。

4. 需自轮运转特种设备、接触网车梯配合施工、维修作业时，须在《运统—46》上写明作业地点。作业地点在区间时，须写明区间、行别、公里数和米数；作业地点在站内时，须以信号机（道岔）、股道等具体的设备名称写明作业地点；作业地点同时跨区间和站内时，区间端应写明区间、行别、公里数和米数，车站端须以信号机（道岔）、股道名称写明作业地点。

5. 施工、维修、检查、故障处理在车站办理登销记时，作业点在站内时，应在作业站办理；作业点在区间时，单线及双线垂直天窗作业应在开下行列车的车站办理，双线V形天窗作业应在向区间正方向发车端的车站办理（施工、维修计划中注明在另一端车站办理登销记时除外，点外作业、检查作业以及故障处理时除外）；作业点包含站内和区间时，应在作业站办理登销记。

6. 签认《行车设备检查登记簿》的给点时，给点的起止时分应为具体的起止时间，不得出现"自××次列车到达××站起"、"自××次列车××站出站时起"等字样。未到准许开始作业的时刻，严禁提前签认。

7.《行车设备检查登记簿》(检修及故障处理)填记要求：

(1)"月日"栏：填写登记人员登记完毕时的日期，月日间用顿号隔开。

(2)"时分"栏：填写登记人员登记完毕时的实际时分，时分间用冒号隔开。

(3)"检查试验结果所发现的不良及破损程度"栏：

①设备管理单位临时要点作业或进行封锁作业，在调度台登记时，由列车调度员填记同意作业的起止时分（发布调度命令时，在起止时间后还需填记调令号码），并签认后方可开始作业；在车站登记时，由车站行车人员报经列车调度员同意后填记同意作业的起止时分（发布调度命令时，在起止时间后还需填记调令号码），并签认后方可开始作业。

②设备管理单位（施工单位）检查设备时，应在本栏内登记，并注明"不影响行车"。

③车站行车人员（调度员）发现行车设备故障或不良时，应将情况在本栏详细记载，并填写登记人姓名。驻调度所（站）联络员对车站（调度台）的登记内容进行确认并签名。

④未纳入铁路局维修天窗作业计划，按规定应由车站负责安排的站场维修作业（指不办理接发列车作业的行车设备维修），设备管理单位应在本栏详细登记，车站行车人员（车站规定人员，以下同）填写同意作业的起止时分并签认后，方可开始作业。

⑤客运专线、高速铁路区段遇设备发生故障需上道检查、抢修时，驻调度所（站）联络员应登记申请上道检查、抢修封锁的范围，以及邻线限速里程和限速值。

(4)"通知时间"栏：调度台办理登销记的区段，在调度台登记时，列车调度员发现行车设备故障或不良时，应立即通知驻调度所联络员。驻调度所联络员立即通知设备管理单位，并将通知的月、日、时、分、通知方法、通知的工区和被通知人的姓名逐项记录。

(5)"到达时间"栏：车站以及调度台行车设备故障登记时，为接到通知的人员（车站把关干部）前来检查处理的到达时间，由接通知单位人员填记。在调度台由驻调度所联络员登记时，为接到通知的工区前来检查处理的到达时间，由接通知工区人员到达指定地点后向驻调度所联络员报告，由驻调度所联络员填记。

(6)"消灭不良及破损的时分及盖章"栏：本栏为设备维修、检查、故障处理完毕能保证行车安全时，在登记相对应的作业项目内销记；设备管理单位登记停用设备处理故障时，登记停用设备的销记和对车站行车人员（调度员）登记故障内容的销记，应统一在登记停用设备相对应的作业项目栏内合并销记。经有关行车设备处埋人员及车站行车人员（调度员）双方签名后，恢复使用。本栏目月、日、时、分为消除不良销记完毕时的日期和实际时分。

(7)工务、电务、供电等专业相互配合作业时，应由作业主体单位牵头，提前通知，分别登记。登记单位不全，车站不予以签认（故障抢修时除外）。

(8)在车站办理登销记时，由驻站联络员签名（注明具体××工区，如"××工务段××工区：×××"）；在调度台办理登销记，由驻调度所联络员签名（如"驻调度所联络员：×××"），未设驻调度所联络员时，由管辖工区人员签名(如“××工务段××工区：×××”)。

8.《行车设备施工登记簿》填记的有关要求

(1)请求施工(慢行及封锁)登记

①“本月施工编号”栏：填写本月施工计划(维修天窗作业计划)中该项施工(维修)编号，无月度施工计划号，填记日计划号码。

②“施工项目”栏：填写施工计划(维修天窗作业计划)或有关施工电报规定的该项目的简称。

③“月日时分”栏：填写施工单位施工(维修天窗)作业登记完毕时的月日时分。月日为一格(月日间用顿号隔开)，时分为一格(时分间用冒号隔开)。

④“影响使用范围(需要的慢行或封锁条件)、施工负责人签名、设备单位检查人签名、车站值班员签名”栏：填写施工计划(有关施工电报)、维修天窗作业计划规定的施工(维修)时间、地点、内容以及停用设备和影响范围，施工计划中注明行车方式时应登记“行车方式按施工日计划执行”，并由施工负责人、设备单位检查人按规定签名(注明具体××项目部或××段或××段××车间或××段××工区)。

在调度台登记时，由列车调度员核对施工(维修天窗)计划、运行揭示调度命令或有关施工电报内容正确后签认；在车站登记时，由车站行车人员核对施工(维修天窗)计划、运行揭示调度命令或有关施工电报内容正确后签认，并向列车调度员申请。

⑤“所需时分”栏：填写施工计划(有关电报)、维修天窗作业计划批准停用(封锁)的时分。

(2)承认施工

命令号及发令时间：在调度台登记时，由列车调度员填写发布的调度命令号及发令时间；在车站登记时，由车站行车人员填写列车调度员发布的调度命令号及发令时间。

慢行及封锁起止时间：在调度台登记时，由列车调度员填写发布的调度命令实际批准的起止时刻并签认，施工负责人签认后方准开始施工；在车站登记时，由车站行车人员填写列车调度员发布的调度命令实际批准的起止时刻并签认，施工负责人签认后方可准许开始施工。

车站值班员签名、施工负责人签名：仅签姓名。

(3)施工后开通检查确认、销记

①“月日时分”栏：填写施工单位施工(维修天窗)销记完毕时的月日时分。月日为一格(月日间用顿号隔开)，时分为一格(时分间用冒号隔开)。

②恢复使用范围和条件(开通后恢复常速确认)、施工负责人签名、设备单位检查人签名、车站值班员签名”栏：由驻调度所(站)联络员填写施工(维修作业)完毕后设备实际恢复情况，并由施工负责人、设备单位检查人签名(注明具体××项目部或××段或××段××车间或××段××工区)。

在调度台登记时，由列车调度员签认。在车站登记时，由车站行车人员签认后方可向列车调度员申请开通。

(4)施工开通

开通命令号及开通时间：在调度台登记时，由列车调度员填写发布的调度命令号码及开通时间，并由施工负责人、设备单位检查人、列车调度员按规定签认后方可开通；在车站登记时，由车站行车人员填写列车调度员发布的调度命令号码及开通时间，并由施工负责人、设备单位检查人、车站行车人员签认后方可开通。

指定时间段内的无自轮运转特种设备配合、且接触网未停电的维修作业，在维修作业完毕后，开通命令号为承认施工调度命令号码。

(5)不办理接发列车的行车设备施工项目，纳入铁路局施工计划(电报)时，由车站规定人员根据施工单位的施工登记，向车站调度员(或规定人员)申请施工，并由车站调度员(或规定人员)负责发布承认施工及施工开通的调度命令。

(6)工务、电务、供电等专业配合作业时，应由施工主体单位牵头，提前通知，分别登记。配合登记时仅登记“请求施工(慢行及封锁)登记”和“施工后开通检查确认、销记”类别栏，栏内“施工负责人签名”项不再填记。配合登记时仅登记本专业配合作业的时间、地点、内容及配合作业需停用、影响的设备和范围。

(7)客运专线、高速铁路区段，驻调度所(站)联络员应在施工点前 2 h，驻站为施工点前 40 min，完成登记手续，按照施工、维修计划确定的项目、内容、影响使用范围等在《行车设备施工登记簿》上登记，并进行签认。

(8)在车站办理登销记的作业项目，“施工负责人签名”栏签认的姓名为施工计划中注明的施工负责人姓名，由施工负责人本人或委托驻站联络员代签名；“设备单位检查人签名”栏签认的姓名为设备管理单位指定的现场作业检查人员的姓名，由现场作业检查人员或委托驻站联络员代签名。

在调度台办理登销记的作业项目，由驻调度所联络员办理时，“施工负责人签名”栏签认的姓名为施工计划中注明的施工负责人姓名，由施工负责人委托驻调度所联络员代签名，“设备单位检查人签名”栏签认的姓名为设备管理单位指定的现场作业检查人员的姓名，由驻调度所联络员代签名；由施工单位办理调度台行车设备的施工登销记时，“施工负责人签名”栏签认的姓名为施工计划中注明的施工负责人姓名，由施工负责人本人签名；“设备单位检查人签名”栏签认的姓名为设备管理单位指定的现场作业检查人员的姓名，由本人签名。

(9)客运专线综合维修车间联合作业登销记办法按照铁路局相关规定执行。

(10)工务在《行车设备施工登记簿》上登销记样张按标准格式办理。

9.《行车设备检查登记簿》(轨道电路分路不良)的填写要求按照轨道电路分路不良整治和安全管理办法以及办理行车有关规定的登销记要求和标准用语执行。

10. 作业人员必须严格按上述规定和要求，认真、正确填记。车站行车人员(调度员)要督促作业人员正确填记，如发现登记内容不标准、不正确或有二处以上涂改，不得签认，应在登记内容处加盖“作废”章，重新登记。车站行车人员(调度员)已签认的登记须更正时，不得加盖“作废”章，作业人员应重新登记，并经车站行车人员(调度员)签认后，方可对前次登记进行销记，销记用语为“本项登记取消，已重新登记”。

车站行车人员(调度员)如发现销记内容不标准、不正确或有二处以上涂改，不得签认，应在销记内容处加盖“作废”章，重新销记。

作业人员办理登销记，发现内容错误确需涂改时，可将错误之处圈掉重写，并在涂改处加盖涂改人的印章或手印。一项登记、销记内容涂改不得超过二处。任何人员不得涂改车站行车人员(调度员)已签认的登销记内容。严禁撕页和篡改“登记簿”登销记内容。

客运专线、高速铁路设备故障上道在《运统—46》(检修及故障处理)上登记、销记用语，如表 1-1 所示。

表 1-1 《运统—46》(检修及故障处理)登销记用语

序号	作业项目	登　记　用　语	销　记　用　语	备　注
1	故障地点在区间	电务(工务、供电、通信)发现××设备存在××问题，危及行车安全，需封锁×站至×站间×行线上道检查抢修，相邻×行线K××+××m至K××+××m限速160 km/h。 ××(单位名称)××工区：××× 车站值班员：×××	××设备××问题处理完毕，人员、机具已撤离，取消×站至×站间×行线封锁以及相邻×行线K××+××m至K××+××m限速160 km/h。 ××(单位名称)××工区：××× 车站值班员：×××	(1)限速里程为邻线整个区间的里程。 (2)在调度台办理时，由调度员签认(列车调度员：×××，下同)
		接调度员(车站)通知，××设备存在××问题，危及行车安全，需封锁×站至×站间×行线上道检查抢修，相邻×行线K××+××m至K××+××m限速160 km/h。 ××(单位名称)××工区：××× 车站值班员：×××	××设备××问题处理完毕，人员、机具已撤离，取消×站至×站间×行线封锁以及相邻×行线K××+××m至K××+××m限速160 km/h。 ××(单位名称)××工区：××× 车站值班员：×××	
2	故障地点在站内	电务(工务、供电、通信、铁建)发现××设备存在××问题，危及行车安全，需封锁×站××设备(×道)上道检查抢修，相邻×行线K××+××m至K××+××m限速160 km/h。 ××(单位名称)××工区：××× 车站值班员：×××	××设备××问题处理完毕，人员、机具已撤离，取消×站至×站间×行线封锁以及相邻×行线K××+××m至K××+××m限速160 km/h。 ××(单位名称)××工区：××× 车站值班员：×××	限速里程为车站进站信号机至反向进站信号机间的里程
		接调度员(车站)通知，××设备存在××问题，危及行车安全，需封锁×站××设备(×道)上道检查抢修，相邻×行线K××+××m至K××+××m限速160 km/h。 ××(单位名称)××工区：××× 车站值班员：×××	×设备××问题处理完毕，人员、机具已撤离，取消×站至×站间×行线封锁以及相邻×行线K××+××m至K××+××m限速160 km/h。 ××(单位名称)××工区：××× 车站值班员：×××	
3	上道准备进路	因×站××设备发生故障，需上道准备接发车进路，相邻×行线K××+××m至K××+××m限速160 km/h。 ××(单位名称)××工区：××× 车站值班员：×××	×站××设备已恢复正常使用，人员、机具已撤离，取消相邻×行线K××+××m至K××+××m限速160 km/h。 ××(单位名称)××工区：××× 车站值班员：×××	限速里程为车站进站信号机至反向进站信号机间的里程

(五)调度台办理登销记区段登销记规定

1. 设备管理单位应在铁路局调度所行车调度台设驻调度所联络员，负责与列车调度员办理施工、维修、检查、故障处理登销记。驻调度所联络员与驻站联络员、施工负责人(作业人员)应使用固定录音电话进行联系。

2. 因施工及天窗修需转为非常站控，在车站《行车设备施工登记簿》办理登记时，设备管理单位、施工单位应根据施工、天窗修作业内容，在施工、维修计划中注明“××站转为非常站控”，经调度所施工室审核确认后纳入施工、维修日计划实施。

3. 在分散自律下，遇行车设备故障时，列车调度员应立即在《行车设备检查登记簿》内登记，通知驻调度所联络员组织作业人员抢修行车设备；因行车设备临时故障需转为非常站控时，在转为非常站控后，检修人员应在车站行车室《行车设备检查登记簿》登记。设备修复后，检修人员应在车站行车室《行车设备检查登记簿》内销记后通知驻调度所联络员。经驻调度所联络员确认试验良好，方可在调度台《行车设备检查登记簿》办理销记。

4. 天窗修期间，因道岔整治需要，申请转为非常站控扳动道岔作业有关规定。

(1)天窗修期间，无路用列车开行、自轮运转特种设备调移及岔区无接触网车梯配合的车站因道岔整治需频繁扳动道岔试验时，设备管理单位根据维修计划安排申请转为非常站控进行操作。

(2)设备管理单位应根据当日天窗修作业内容，对确需频繁扳动道岔的道岔整治作业，应在维修、施工计划中注明“因道岔频繁扳动，临时申请转为非常站控”，经调度所施工室审核确认后纳入施工、维修日计划实施。设备管理单位应根据频繁扳动道岔的数量确定是否申请转为非常站控，并严格控制申请数量，调度所施工室应从严审核。

(3)设备管理单位应在天窗修命令下达后，需扳动道岔时通过车站向列车调度员申请转为非常站控；设备管理单位应在天窗修结束前 30 min 通过车站向列车调度员申请转回分散自律。转为非常站控后，由设备管理单位电务人员负责扳动道岔。

(4)天窗修期间，未转为非常站控的车站需扳动道岔时，驻站联络员(施工负责人)应向驻调度所联络员提出申请，驻调度所联络员应及时受理并在《道岔转换登记簿》登记。驻调度所联络员应及时向列车调度员提出道岔转换请求，列车调度员应在《道岔转换登记簿》签认同意时间，及时扳动道岔。《道岔转换登记簿》由驻调度所联络员负责保管。

四、其他安全管理要求

1. 实行高速铁路工务从业人员资格准入管理和持证上岗制度，凡高速铁路工务从业人员应经过培训、考试考核，并取得相应资格，具备相关任职资格条件后方可上岗。

2. 凡上道使用涉及行车安全的小型养路机械，必须经过铁路产品认证，并在天窗点内使用。小型养路机械、机具及防护设备应专管专用，专人负责上道登记和下道清点。未设置安全装置、未经产品认证或状态不良的，严禁上道使用。同时，应加强对小型养路机械、机具的日常检修和定期检查，使其经常保持良好状态。

3. 铁路局应根据高速铁路的实际情况，制定工务设备故障处理的各种预案，并定期组织应急演练。

4. 线路备用轨料应在车站范围内码放整齐，线路两侧散落的旧轨料、废土废渣应及时清理。因施工作业等原因线路临时摆放的轨料，应按规定码放整齐，并置于两侧的封闭栅栏内。

5. 工务部门需开行轨道车(或单机)、大型养路机械等路用列车时，应事先提出申请，经调度所值班主任批准。

思考题

1. 高速铁路对工务从业人员有何要求？
2. 遇有暴风雨雪天气，设备管理单位对重点地段和设备检查时有何规定？
3. 因自然灾害、行车设备故障等原因，需对设备进行检查时，安全上有何规定？
4. 驻调度所(站)联络员因特殊情况需临时离开调度所(行车室)时，安全上有何规定？
5.《运统—46》登记基本要求是什么？

第二节 电气化区段作业安全

一、电气化区段人身安全

1. 电气化铁路主要安全标志

为防止过往人员、车辆发生触电伤亡事故，确保人民群众生命财产安全，铁道部规定在电气铁路有关设备上应涂写或悬挂清楚的标志，以提醒过往人员不准接触靠近。主要标志有："有电禁止攀登"、"高压危险"。

2. 人体触电的危害

当人体触及带电体，或者带电体与人体之间闪击放电，或者电弧波及人体时，电流通过人体进入大地或与其他导体形成导电回路，这种情况就叫触电。触电时人体会受到某种程度的伤害，按其形式可分为电击和电伤两种。

电击是指电流流经人体内部，引起疼痛发麻，肌肉抽搐，严重的会引起强烈的痉挛、心室颤动或呼吸停止，甚至由于因人体心脏、呼吸系统以及神经系统的致命伤害，造成死亡。绝大部分触电死亡事故是电击造成的。

电伤是指触电时人体与带电体接触不良部分发生的电弧灼伤，或者是人体与带电体接触部分的电烙印，或者是由于被电流融化和蒸发的金属微粒等侵入人体皮肤引起的皮肤金属化。这些伤害会给人留下伤痕，严重时也可致人于死亡。电伤通常是由电流的热效应、化学效应或机械效应造成的。电击和电伤也可能同时发生，这在高压触电事故中是常见的。

3. 常见的触电事故及处理

触电事故是多种多样的，多数是由于人体直接接触带电体，或者设备发生故障，或者是人体过于靠近带电体等引起的。

(1)人体直接接触带电体。当人体在地面或其他接地导体上，而人体的某一部分触及三相导线的任何一相而引起的触电事故称为单相触电，单相触电对人体的危害与电压高低、电网中性点接地方式有关。人体发生单相触电的次数占总触电次数的95%以上。除了单相触电外还有两相触电。它指人体两处同时接触不同相的带电体而引起的触电事故。两相触电时，人体承受线电压，因而比单相触电的危险性更大。

(2)人体直接接触绝缘损坏的电气设备。在正常情况下，电气设备的外壳是不带电的。但当线路故障或绝缘破损时，人体接触这些漏电或带电设备的外壳时就会发生触电的危险，触电情况和直接接触带电体一样。大部分触电事故属于这一类间接触电事故。

(3)与带电体的距离过小。当人体与带电体的距离过小，虽然未与带电体接触，但由于空气的绝缘强度小于电场强度，空气被击穿，也有可能发生触电事故。因此电气安全规程中，对不同电压等级的电气设备，都规定了最小允许安全间距。

(4)跨步电压触电。由于外力(如雷电、大风)的破坏等原因，电气设备，避雷针的接地点，或者断落电线断头着地点附近，接地电流由接地点作半球状向外

图 1-1 跨步电压

扩散，使大地表面各点的电位不同，且离接地地点越远电位越低，直至 20 m 以外可视为零电位，如图 1-1 所示。

当人站在接地短路回路上，两脚间就受到地面上不同点之间的电位差，形成跨步电压，引起跨步电压触电。

发现有跨步电压危险时，应单足或并足跳离危险区，亦可沿半径垂直方向迈小步慢慢退出。

4. 发生触电后应采取的措施

触电急救的要点是：抢救迅速、救护得法。

救护方法主要有：实施口对口人工呼吸的方法和胸外心脏挤压法急救。

二、电气化区段作业要求

1. 电气化铁路区段各单位必须组织所属有关职工（含临时到电气化铁路上工作的有关人员）认真学习《电气化铁路有关人员电气安全规则》，并按规定每年进行考试。对初到电气化铁路区段工作的有关人员（含民工），必须经过有关安全规定考试合格后，方准单独作业。

2. 在电气化铁路上，接触网的各导线及其相连部件，通常均带有高压电，因此禁止直接或间接地（通过任何物件，如棒条、导线、水流等）与上述设备接触。

3. 当接触网的绝缘不良时，在其支柱、支撑结构及其金属结构上，以及在回流线与钢轨的连接点上，都可能出现高电压，如图 1-2 所示。因此，应避免与上述部件相接触，当接触网绝缘损坏时，禁止与之接触。

图 1-2 回流线钢轨连接

4. 在距接触网带电部分不到 2 m 的建筑物上作业时，接触网必须停电，并要遵照下列规定办理：

(1)施工领导人要向铁路部门提出接触网停电申请书，申请书中应明确指出施工地点、施工所需时间、施工开始时间及作业特点。对于有关计划的作业，申请书应于施工前 2 天提出。

(2)只有在接到铁路部门许可停电施工的命令，并有接触网工区指定的接触网工安设临时接地线之后，方可开始施工。施工时施工人员必须听从接触网工的指导。

(3)施工结束，要确认所有工作人员都已进入安全地点之后，方可拆除临时接地线，并通知铁路电力调度员施工已完成。在拆除临时接地线之后严禁再进行施工。

5. 发现接触网断线及其部件损坏或在接触网上挂有线头、绳索等物，均不准与之接触，要立即通知附近的铁路有关部门，在检修人员未到达以前，将该处加以防护，任何人员均应距已断导线接地处所 10 m 以外。

6. 在接触网支柱及接触网带电部分 5 m 范围以内的金属结构上均须装设接地线。天桥及跨线桥靠近跨越接触网的地方，必须设置安全栅网。

悬挂有接触网或与接触网相连的支柱及金属结构上，接地线已损坏时，禁止与之接触。

7. 所有接触网设备，自第一次受电开始，在未办理停电接地手续之前，均按有电对待。

8. 电化区段所有接触网支柱应悬挂或涂有"禁止攀登"、"有电危险"警告牌。禁止在支柱上搭挂衣物、攀登支柱或在支柱旁休息。

9. 在接触网未停电接地时，禁止吊车的吊臂在接触网下伸臂转动。

10. 手持木杆、梯子等长大工具通过接触网时，必须水平通过，不准高举超过安全距离。

11. 严禁钻车和坐在钢轨上休息的规定：严禁作业人员跳车、钻车、扒车和由车底下、车钩上传递工具材料。休息时不准坐在钢轨、轨枕头及道床边坡上。

12. 雨天，在接触网下作业人员要穿雨衣，禁止使用雨伞。严禁在接触网支柱下、机车、车辆下避雨、触及接触网的各金属部件。

13. 在修建靠近接触网的房屋、建筑及设备时，严禁借助铁塔支柱搭脚手架或在铁塔支柱上下。

14. 接触网附近灭火方法如下：

(1)接触网附近发生火灾时，应立即向铁路有关人员报告，组织有关人员灭火，再根据火灾地点、火势和消防灭火的需要，确定接触网是否停电。

(2)用水或一般灭火器浇灭距离接触网带电部分不足 4 m 的燃着物时，接触网必须停电。使用沙土灭火时，距离接触网带电部分 2 m 以上者，可不停电。

(3)用水浇灭距离接触网 4 m 以外的燃着物时，接触网可以不停电。但是，水管不准朝接触网方向喷射，水流与接触网带电部分应保持 2 m 安全距离。为此，消防人员最好站在接触网同一侧，向接触网相反方向喷水灭火。站在消防车上灭火时，要注意人体、消防器材与接触网带电部分保持 2 m 安全距离。

三、电气化区段作业安全规定

1. 在电气化铁路线路上作业，应遵守下列规定：

(1)起道高度单股一次不得超过 30 mm，且隧道、下承式桁架桥和拱桥、斜拉桥不得超过限界尺寸线。

(2)拨道作业，线路中心位移一次不得超过 30 mm；一侧拨道量年度累计不得大于 120 mm，并不得侵入限界。

(3)起道或拨道量超出上述规定时，必须先通知接触网工区予以配合。

(4)爆破作业有碍接触网及行车安全时，应先停电后作业。

2. 更换钢轨时，应遵守下列规定：

(1)严禁在同一地点将两股钢轨同时拆下。

(2)换轨前应在被换钢轨两端的左右轨节间横向各设一条截面不小于 70 mm^2 的铜导线。导线两端用夹子牢固夹持在相邻的轨底上，如图 1-3 所示。

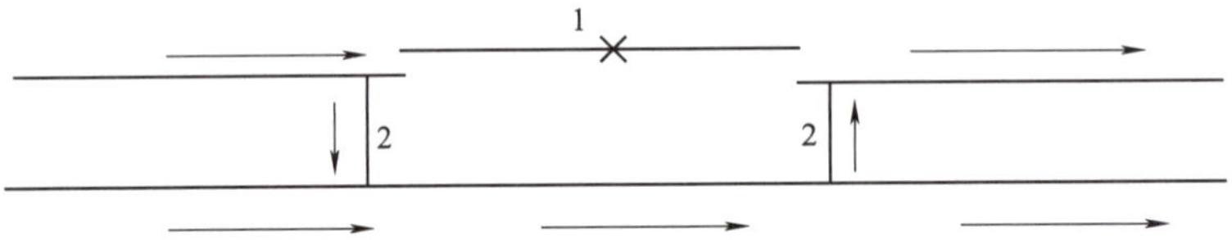

图 1-3 横向连接导线

1—被更换的钢轨；2—横向连接电线

(3)更换钢轨时，应有电务人员在场配合。

(4)换轨如需拆开回流线时，必须有供电人员在场配合并负责监护。在未设置好分路电线之前，不得将回流线从钢轨上拆开。拆装回流线的工作，由供电人员完成。

(5)在站内更换钢轨或夹板时，其钢轨导线的连接方法，必须考虑轨道电路和车站作业的要求。

3. 如需在同一地点将两股钢轨同时拆下时，必须对该供电区段实行停电。

4. 更换钢轨、道岔及连接零部件，遇有下列情况之一时，必须先通知供电部门采取安全措施后方准作业。

(1)更换带有回流线的钢轨。

(2)更换牵引变电所岔线和通往岔线线路的钢轨及其主要联结零部件(如夹板、辙叉等)。

(3)有接触网的线路上,在同一地点同时更换两股钢轨或夹板。

(4)更换整组道岔。

更换工作完毕,必须经供电人员检查符合供电要求后,方准撤除临时安全设施。

5. 线路作业必须保持电气化及信号装置的接地线及轨端连接线正常连接。如需临时拆除接触网接地线时,作业单位应在供电部门配合下,采取相应的安全措施后方准开工;作业完毕后应及时恢复接地线,拧紧螺栓方可结束作业。如接地线需连接时,由供电部门负责完成,严禁在钢轨上焊接。

6. 线路大中修及技术改造,需起道或拨道时,施工作业单位应先通知供电、电务等设备管理单位。相关设备管理单位应派人到场监护并测量支柱内侧与轨道中心的距离及接触网导线距轨面的高度,使其符合限界及电气化铁路电气安全的相关规定。静态检查建筑接近限界时,接触网必须停电。

7. 清除危石、危树时,应有供电部门人员配合。

四、高速铁路电务、供电接口安全知识

1. 高速铁路电务接口安全

(1)影响道岔或信号使用的施工,必须提前与电务部门联系,填写工电配合通知书。影响超偏载检测装置、通信、客(货)车运行安全监测设备和接触网等设备正常使用的施工,必须与相关设备管理单位联系,由其配合人员负责拆除和恢复各自设备。

(2)养路机具、轻型车辆、轨道检查小车、道尺等,均必须有与轨道电路的绝缘装置。

(3)单轨小车、吊轨小车手柄及撬棍等,均应安装绝缘套管。取放工具、抬运钢轨、辙叉及金属料具,不得搭接两股钢轨及绝缘接头、引入线。

(4)绝缘轨缝不得小于 6 mm。

(5)综合接地按相关规定办理。

2. 高速铁路供电接口安全

(1)进行影响供电设备正常使用作业时,应先通知供电部门配合,并遵守电气化铁路安全规定。

(2)不得影响对电气化信号装置的接地线及轨端连接线,必须保持其正常连接;如需临时拆除接触网接地线时,施工单位应通知供电部门配合,采取相应的安全措施后方准开工;作业完毕后应及时恢复接地线,拧紧螺栓并达到合格后,方可结束施工;如接地线需焊接时,由供电部门负责完成,严禁在钢轨上焊接。

(3)静态检查建筑接近限界时,接触网必须停电。

思考题

1. 电气化铁路主要具有哪些优点?
2. 发现有跨步电压危险时,应如何跳离危险区?
3. 雨天在接触网下作业对人员安全有何要求?
4. 影响道岔或信号使用的施工,施工前应做好哪些工作?
5. 正线接触网支柱内侧到线路中心线距离有何规定?

第三节 劳动作业安全

一、人身安全

1. 天窗点外，任何人员禁止进入防护栅栏内。

2. 上道作业必须在施工负责人带领下进行，且不得分散作业，确保现场作业人员均在作业负责人和防护员的监控范围内，作业过程中禁止离开作业群体单独作业。

3. 施工作业人员乘坐轨道车，必须坐稳扶牢，车未停稳禁止上下；平板车未安装围（栅）栏及无专人负责看护时禁止乘坐。

4. 多人在一起作业时应统一指挥，相互间应保持一定的安全距离，防止工具碰撞伤人。

5. 按规定下道避车。

6. 在地面 2 m 以上的高处及陡坡上作业，必须戴好安全帽、系好安全带或安全绳，安全带、安全绳每次使用前，使用人必须详细检查。不准穿带钉或易溜滑的鞋。

7. 没有隔离设备时，禁止双层作业。

8. 临边作业应设置防护围栏和安全网，悬空作业应有可靠的安全防护设施。未设置隔离设施的高处作业，人员不得垂直施工。使用移动式梯子时，梯脚应坚实，梯子上端应有固定措施。

9. 进行路堑或山体边坡刷方、清石作业时，每天开工前应检查坡面有无裂缝及可能坍塌的迹象，危石、危土是否已清除干净。凡可以处理的应立即处理，不能处理且对施工安全有威胁时，施工人员应立即向施工负责人报告进行妥善处理。开挖土方应自上而下，严禁挖悬空土。多人同时在坡面上开挖作业时，应大致在同一高度自上而下进行，严禁上下重叠作业。开挖人相互间距不应小于 2 m。

10. 严禁患有禁忌症人员登高作业。

二、电气化安全

1. 通过或使用各种车辆、机具设备不得超过机车车辆限界，作业人员和工具与接触网必须保持 2 m 以上距离。

2. 在距离接触网带电部分不到 2 m 时，使用高梯搭设脚手架进行隧道的检查、漏水整治、衬砌修理、油刷标志、隧道口的粉刷装饰、建筑物上作业、桥上使用高压水清洗钢梁和下承式桁梁和上跨建筑物限界检查，必须按规定办理接触网停电申请手续，得到许可停电施工命令，并有接触网工区派人安设临时接地线后方能施工。

3. 在距离接触网带电部分 2～4 m 建筑物上施工时，接触网可不停电，但必须由接网工或经专职人员在现场监护。

4. 发现接触网断线及其部件损坏或在其上挂有线头、绳索等物时，人员不准直接或间接与之接触；在接触网检修人员未到达前，应距断线接地处 10 m 以外设置防护，禁止人员接近。

5. 在接触网支柱及接触网带电部分 5m 范围以内的金属结构均必须接地，在与接触网相连的支柱及金属结构上，若未装设接地线或接地线已损坏时，严禁人员与之接触。

6. 使用发电机、空压机、搅拌机等机电设备时，应有良好的接地装置。在可能带电部位，应有“高压危险”的明显标志和防护措施。各种机械与车辆不准用水冲洗；施工用的水管不准跨越接触网，不准用射水方式进行圬工养生。

7. 在电气化区段清除危石、危树，进行爆破作业时，应有供电部门人员配合；有碍接触网及行车安全时，应先停电后作业。

8. 施工中，任何作业均不得影响接触网支柱、地锚等设施的稳定。

三、劳动保护

1. 进行接触粉尘、有毒物品、易燃、易爆物品的作业，使用电器、机械，以及高空作业等，必须按规定使用劳动保护用品。

2. 易燃、易爆及有毒物品，必须有专人保管，储藏时应与建筑物、烟火及水源隔离；搬运装卸及使用时，应按规定程序操作，慎防起火、爆炸和中毒。

3. 野外作业遇雷雨时，作业人员应放下手中的金属器具，迅速到安全处所躲避，严禁在大树下、电杆旁和涵洞内躲避。酷暑、严寒季节，应采取切实措施，防止中暑、溺水、冻伤和煤气中毒。

4. 电器设备、电线必须保持完好，禁止使用未装触电保护器的各种手持式电动工具和移动式设备。

四、安全用电

1. 电线、电器应定期检查，不得自行修理。维修电器设备，必须持证操作，按规定穿戴好防护用品。

2. 任何电源设备，在未检查或证明无电之前，应一律认为有电，严禁非电工人员，在电气设备上作有电或无电检验。

3. 严禁用潮湿的手接触开关、电线或其他电器。

4. 发生火灾时，立即切断电源，若有人触电应迅速切断电源并进行救护。

5. 保险丝应按规定安装，不得任意改粗或用铜丝、铁丝代替。

五、防寒、防暑

1. 铁路行车有关人员，在任职前必须经过健康检查，身体条件不符合拟任岗位职务要求的，不得上岗作业。在任职期间，要定期进行身体检查，身体条件不符合任职岗位要求的，应调整工作岗位。

2. 对防寒工作，应提前做好准备。

(1)对有关人员进行防寒过冬培训，并按规定做好防寒劳动防护用品的配备和发放工作。

(2)对铁路技术设备进行防寒过冬检查、整修，并做好包扎管路等工作。

(3)做好易冻的设备、物资的防冻解冻工作。

(4)储备足够的防寒过冬材料、燃料和工具，检修好除冰雪机具和防雪设备，组织好除冰雪队伍。

3. 在需要进行防暑工作的调度室、行车人员值班室、较大车站的旅客候车室及高温车间等重要生产房屋，应设有降温设备。露天作业场所根据需要设置凉棚。

4. 在炎热季节应有足够的防暑用品和药物，并应有供职工饮用的清凉饮料。在暑季前，应对防暑降温设备进行检查、整修。

思考题

1. 在电气化区段通过或使用各种车辆、机具设备不得超过机车车辆限界，作业人员和工具与接触网距离有何规定？

2. 对进入栅栏内作业人员穿着防护服有何规定？

3. 铁路行车有关人员，在任职前、任职期间身体条件有何要求？

4. 在地面 2 m 以上的高处及陡坡上作业安全上有何要求？

复　习　题

1. 高速铁路作业及上道检查作业对安全有何要求？

2. 高速铁路一般实行垂直天窗修，天窗时间是如何规定的？

3. 高速铁路作业执行"双命令、三确认"制度，具体内容是什么？

4. 作业过程中，一旦通信中断，驻调度所(站)联络员与现场防护员应如何处理？

5. 因自然灾害、行车设备故障等原因，需对设备进行检查时，如何做好安全防护工作？

6. 施工负责人进入高速铁路作业前(到达作业通道口)，应做好哪些工作？

7. 防护人员岗位任职基本条件是什么？

8. 驻调度所(站)联络员完成登记手续的时间是如何规定的？

9. 驻站联络员与现场防护员如何做好安全防护联控？

10. 遇列车调度员设置列控限速调度命令不成功时应如何防护？

11. 雨天，在接触网下作业人员应注意哪些安全？

12. 需自轮运转特种设备、接触网车梯配合施工、维修作业时，应如何在《运统—46》上进行登记？

13. 影响道岔或信号使用的施工，如何做好相关联系工作？

14. 施工作业人员乘坐轨道车上下班有何规定？

15. 对电气化及信号装置的接地线及轨端连接线有何要求？

第二章　专业知识

近年来，我国科研工程技术人员对高速铁路轨道刚度、基础变形控制、高速道岔、精密控制测量、轨道电路传输及综合接地等关键技术进行集体攻关，并得到了较好的解决；与有砟轨道相比，无砟轨道虽取消了道砟层，但仍延续了有砟轨道层状结构体系，实现垂向荷载逐层传递和扩散这一特征，且依靠其作为结构物的优势，具有更好的结构连续性和刚度均匀性；道岔是线路的薄弱环节，对高速铁路而言，速度目标值的提高、线间距的加大，传统的道岔结构已经不能适应高速铁路的需要，需要在道岔平面线形、尖轨和新轨传换理论，转辙器和辙叉结构、电务转换安装装置、道岔动力学仿真分析、道岔的施工工艺装备等方面进行技术创新；同时，为了适应高速铁路运营要求，应做好高速铁路轨道线路设备维修管理，提高维修技术水平，满足线路高可靠性、高稳定性、高平顺性的要求，保持高速铁路轨道耐久性。

第一节　线路平纵断面基础知识

一、线路平纵断面一般规定

1. 线路平、纵断面设计应重视线路空间曲线的平顺性，提高旅客乘坐舒适度。

2. 全部列车均停站的车站两端减加速地段，可采用与设计速度相应的标准；部分列车停站的车站两端减加速地段，应根据速差条件，采用相适应的技术标准，满足舒适度要求。

3. 线路平、纵断面设计应满足轨道铺设精度要求。

二、线路平面

1. 正线的线路平面曲线半径应因地制宜，合理选用。与设计速度匹配的平面曲线半径，如表 2-1 所示。

表 2-1　平面曲线半径表(m)

设计行车速度(km/h)	350/250	300/200	250/200	250/160
有砟轨道	推荐 8 000～10 000 一般最小 7 000 个别最小 6 000	推荐 6 000～8 000 一般最小 5 000 个别最小 4 500	推荐 4 500～7 000 一般最小 3 500 个别最小 3 000	推荐 4 500～7 000 一般最小 4 000 个别最小 3 500
无砟轨道	推荐 8 000～10 000 一般最小 7 000 个别最小 5 500	推荐 6 000～8 000 一般最小 5 000 个别最小 4 000	推荐 4 500～7 000 一般最小 3 200 个别最小 2 800	推荐 4 500～7 000 一般最小 4 000 个别最小 3 500
最大半径	12 000	12 000	12 000	12 000

2. 正线不应设计复曲线。

3. 区间正线宜按线间距不变的并行双线设计，并宜设计为同心圆。

4. 线间距设计应符合下列规定：

(1)相邻两股道(区间及站内两相邻)线路中心线之间的最短距离为线间距。线间距是根据有关限界、相邻线路间设置的与行车有关的技术设备和办理不同性质作业而确定的,线路间距执行《铁路技术管理规程》相关规定,其规定如表 2-2 所示。曲线地段不应加宽。

位于车站两端减、加速地段,可采用与设计速度相适应的线间距。主要考虑因其速度降低,微气压波对线间距的控制程度有所下降,在不增设反向曲线条件下允许采用较小线间距。

表 2-2 客运专线线间距

顺序	名称		线间设施	线间最小距离(mm)
1	区间正线站内正线	200 km/h		4 400
		200 km/h＜v≤250 km/h		4 600
		250 km/h＜v≤300 km/h		4 800
		300 km/h＜v≤350 km/h		5 000
2	正线与相邻到发线		无	5 000
			声屏障	5 940＋结构宽
			接触网支柱	5 200＋结构宽
			雨棚柱	4 590＋结构宽
			有站台	3 530＋站台宽
3	到发线间或到发线与其他线		无	5 000
			接触网支柱	5 000＋结构宽
			雨棚柱	4 300＋结构宽
			有站台	3 500＋站台宽
4	正线与其他线			5 000

(2)正线与跨线旅客列车联络线、动车组走行线并行地段的线间距,应根据相邻一侧正线的行车速度及其技术要求和相邻线的路基高程关系,考虑站后设备、路基排水设备、声屏障、桥涵等建筑物以及保障技术人员安全的作业通道等有关技术条件综合研究确定,最小不应小于 5.0 m。

(3)正线与新建客货共线铁路、既有铁路并行地段线间距不应小于 5.3m。当线间设置接触网杆柱等设备时,最小线间距应根据有关技术条件综合研究确定。

(4)隧道双洞地段两线间距应根据地质条件、隧道结构及防灾与救援要求,综合分析研究确定。

5. 直线与圆曲线间应采用缓和曲线连接。缓和曲线采用三次抛物线线形。缓和曲线长度应根据设计速度、曲线半径和地形条件按规定合理选用。

6. 相邻两曲线间的夹直线和两缓和曲线间的圆曲线最小长度应根据下列公式计算确定,并不得小于表 2-3 的规定。

表 2-3 圆曲线或夹直线最小长度

设计行车速度(km/h)	350	300	250	200
圆曲线或夹直线最小长度(m)	280(210)	240(180)	200(150)	160(120)

注:括号内为困难条件下采用的最小值。

$$一般条件下:L \geqslant 0.8v$$

$$困难条件下:L \geqslant 0.6v$$

式中 L——夹直线和圆曲线长度(m);

v——设计速度数值(km/h)。

7. 连续梁、钢梁及较大跨度的桥梁宜设在直线上;隧道宜设在直线上,因地形、地质等条件限制可设在曲线上,但不宜设在反向曲线上;车站应设在直线上;钢轨伸缩调节器不应设在曲线上。

8. 正线上缓和曲线与道岔间的直线段长度应根据下列公式计算确定,并不得小于表 2-4 的规定。

表 2-4　正线缓和曲线与道岔间的直线段最小长度

设计行车速度(km/h)	350	300	250	200
直线段最小长度(m)	210(170)	180(150)	150(120)	120(80)

注:括号内为困难条件下采用的最小值。

$$一般条件下:L \geqslant 0.6v$$

$$困难条件下:L \geqslant 0.5v$$

式中　L——直线段长度(m);

v——设计速度数值(km/h)。

9. 曲线连接

(1)正线不应设置复曲线。

(2)直线与圆曲线间应采用缓和曲线连接。缓和曲线采用三次抛物线线形。

(3)相邻两曲线间夹直线和两缓和曲线间圆曲线最小长度一般条件下不应小于 $0.8v_{max}$,困难条件下不应小于 $0.6v_{max}$。

(4)正线曲线与道岔间夹直线长度一般条件下不应小于 $0.6v_{max}$,困难条件下不应小于 $0.5v_{max}$。

(5)正线道岔对向设置,有列车同时通过两侧线时,道岔间直线段长度一般条件下不应小于 50 m,困难条件下不应小于 33 m;无列车同时通过两侧线或道岔顺向布置时,道岔间直线段长度一般条件下不应小于 25 m。

(6)欠超高和超高顺坡率不得同时采用困难条件下的限值。欠超高或超高顺坡率需采用困难条件时,应优先采用欠超高困难条件。

(7)曲线直缓(缓直)点、缓圆(圆缓)点处应设标识,现场曲线始终点、缓和曲线长度、曲线全长、曲线半径、实设超高均应与设计文件保持一致。

三、线路纵断面

1. 设计行车速度 200～250 km/h(不含)区间正线最大坡度不应大于 20‰,动车组走行线最大坡度不应大于 30‰。设计行车速度 250～350 km/h 区间正线最大坡度不宜大于 20‰,困难条件下,经技术经济比较,不应大于 30‰,动车组走行线最大坡度不应大于 35‰。

2. 正线宜采用为较长的坡段,最小坡段长度按表 2-5 选用。一般条件的最小坡段长度不宜连续采用。困难条件的最小坡段长度不得连续采用。

表 2-5　最小坡段长度

设计行车速度(km/h)	350	300	250	200
一般条件(m)	2 000	1 200	1 200	800
困难条件(m)	900	900	900	600

3. 坡段间的连接

(1)正线相邻坡段的坡度差大于或等于1‰时,应采用圆曲线型竖曲线连接,最小竖曲线半径应根据所处区段远期设计速度按表2-6选用,最大竖曲线半径不应大于30 000 m,最小竖曲线长度不得小于25 m。

表2-6 最小竖曲线半径

设计行车速度(km/h)	350	300	250	200
最小竖曲线半径(m)	25 000	25 000	20 000	15 000

(2)竖曲线(或变坡点)与缓和曲线、道岔及钢轨伸缩调节器均不得重叠设置。

(3)竖曲线与平面圆曲线不宜重叠设置,困难条件下,不应小于表2-7的要求。

表2-7 竖曲线与平面圆曲线重叠设置的曲线半径最小值

设计行车速度(km/h)		350	300	250	200
平面最小圆曲线半径(m)	有砟轨道	7 000	5 000	3 500	—
	无砟轨道	6 000	4 500	3 000	—
最小竖曲线半径(m)		25 000	25 000	20 000	—

(4)动车组走行线相邻坡段坡度差大于3‰时设置圆曲线形竖曲线,竖曲线半径一般5 000 m,困难条件3 000 m。

4. 连续梁、钢梁及较大跨度梁的桥上纵断面设计应满足桥梁设计的相关技术要求。

5. 隧道内的坡道可设置为单面坡道或人字坡道,地下水发育的长隧道宜采用人字坡,其坡度不应小于3‰。路堑地段线路坡度不宜小于2‰。

6. 跨越排洪河道的特大桥和大中桥的桥头路基、水库和滨河地段、行洪及滞洪区的浸水路堤,其路肩设计高程应按有关设计规范并结合国家防洪标准设计。

7. 站坪宜设在平道上,困难条件下,可设在不大于1‰的坡道上;特别困难条件下,可设在不大于2.5‰的坡道上;越行站可设在不大于6‰的坡道上。到发线有效长度范围内宜采用一个坡段。

车站咽喉区的正线坡度宜与站坪坡度一致,困难条件下可适当加大,但不宜大于2.5‰,特别困难条件下不应大于6‰。

四、曲线超高

1. 曲线超高设置要求

高速铁路曲线超高设置应优先满足本线直通列车的旅客舒适度要求,并兼顾低于本线运行速度的跨线列车和中间站进出站列车的旅客舒适度要求。初期兼顾货运的客运专线还考虑货运列车对钢轨磨耗的影响。轨道超高设置时,应按设计预留速度进行计算并设置。

2. 曲线超高设置

(1)超高最大值:无砟轨道不得超过175 mm;有砟轨道不得超过150 mm。

(2)未被平衡超高的一般要求:

①欠超高一般应不大于40 mm,困难条件下不大于60 mm。

②过超高应不大于70 mm。初期兼顾货运的客运专线,货物列车按80 km/h速度检算时,最大过超高不得大于90 mm。

(3)车站两端曲线超高设置应满足表2-8所示要求。

表 2-8 车站两端曲线超高设置

列车速度(km/h)	一般条件(mm)	困难条件(mm)
$v \leqslant 160$	90	110
$160 < v \leqslant 200$	—	90
$200 < v \leqslant 250$	—	80

注：v 为进出站列车通过曲线时的速度。

线路起终点车站或以进出站旅客列车为主的车站两端曲线，应满足未被平衡超高的一般要求。

在使用困难条件时，原则上先用足进出站列车的困难条件，再使用通过列车的困难条件。当进出站列车使用过超高困难条件限值后，通过站列车欠超高仍超出困难条件限值时，应适当降低通过站列车的线路允许速度，直至欠超高符合上述规定。

3. 曲线未被平衡超高计算

未被平衡欠超高和未被平衡过超高分别按下列公式检算：

$$H_c = 11.8\frac{v_{max}^2}{R} - H$$

$$H_g = H - 11.8\frac{v_h^2}{R}$$

式中 H——实设超高(mm)；

H_c——未被平衡欠超高(mm)；

H_g——未被平衡过超高(mm)；

v_{max}——线路允许(预留)速度(km/h)；

v_h——兼顾货运的线路为货物列车最高行车速度(km/h)，只运行客车的线路为低速客车行车速度(km/h)。

4. 曲线超高顺坡

曲线超高顺坡率一般条件下不应大于 $1/(10v_{max})$，困难条件下不得大于 $1/(9v_{max})$。

思考题

1. 高速铁路缓和曲线采用什么线形？
2. 线路最小坡段长度是怎样规定的？
3. 区间正线最大坡度是怎样规定的？
4. 高速铁路曲线超高设置是怎么规定的？
5. 曲线未被平衡超高怎样计算？

第二节 钢轨基本知识

一、钢轨使用规定

高速铁路正线、到发线应采用 60 kg/m 无螺栓孔新钢轨；其他站线宜铺设 50 kg/m 钢轨。200 km/h 及以上高速客运铁路应选用 U71MnG、强度等级为 880 MPa 热轧钢轨；200 km/h～

250 km/h 高速客货混运铁路应选用 U75VG、强度等级为 980 MPa 热轧钢轨。其中，U 代表钢轨钢，71、75 代表化学成分中碳平均含量为 0.71%、0.75%，V 代表钒元素，Mn 代表锰元素，G 代表高速铁路。

高速铁路钢轨应具备安全使用性能好、几何尺寸精度高、平直度好的特点，同时要求钢轨的实物质量达到高纯净、高平直、高精度、长定尺，这就要求钢轨钢质洁净、韧塑性高、焊接性能优良、表面基本无原始缺陷。

二、钢轨长度及断面尺寸

1. 钢轨长度

高速铁路正线应采用符合相应技术标准的 100 m 定尺轨，短尺轨长度为 95 m、96 m、97 m 和 99 m 四种。

2. 钢轨断面尺寸

60 kg/m 钢轨断面尺寸，如图 2-1 所示。

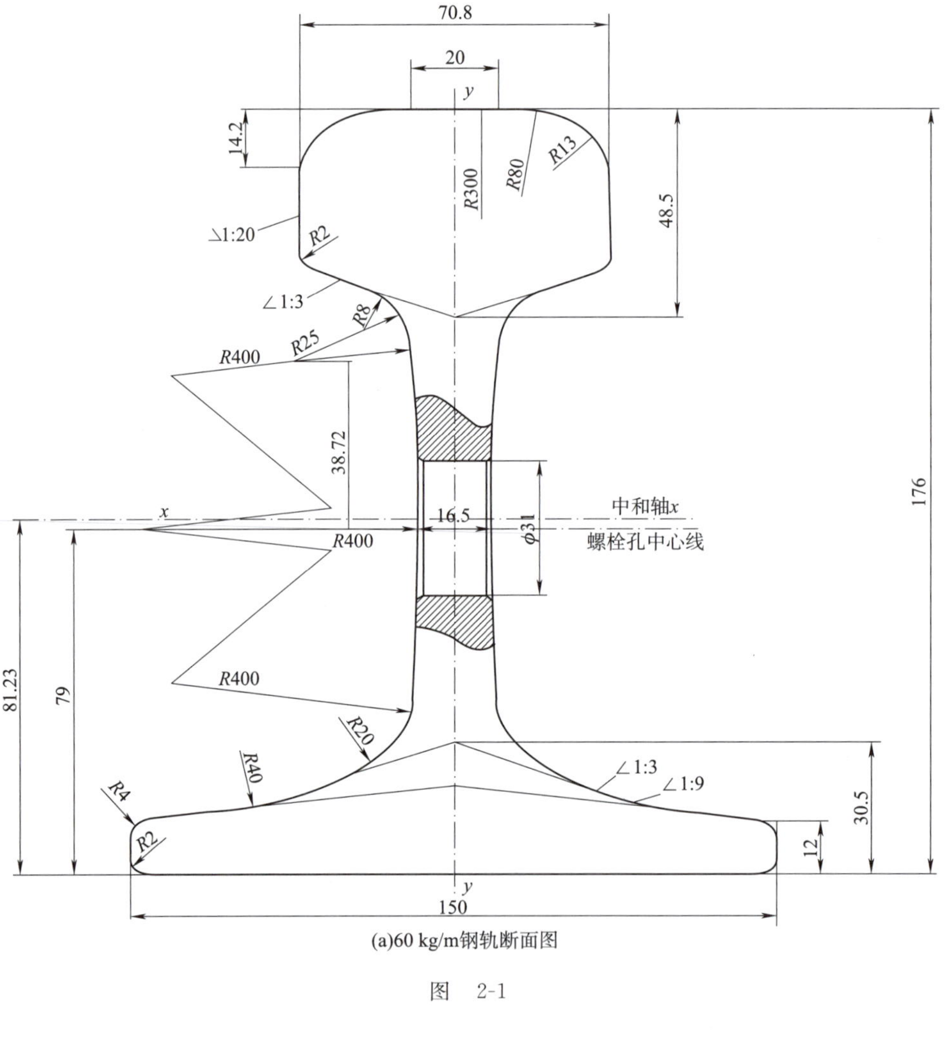

(a)60 kg/m钢轨断面图

图 2-1

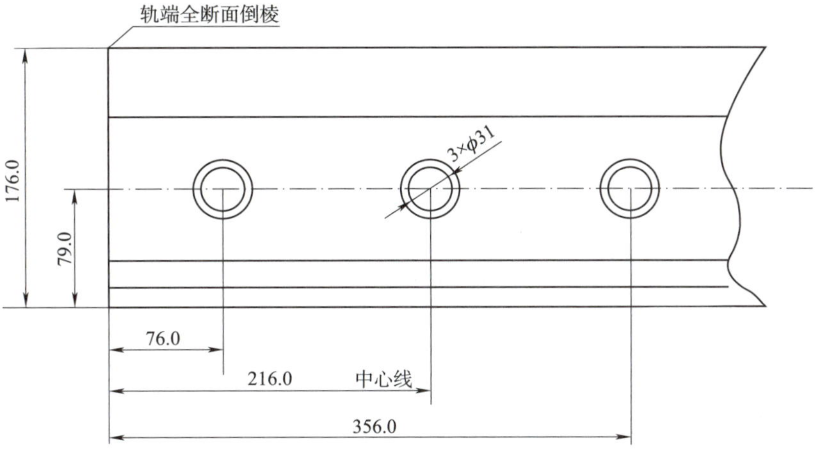

(b)60 kg/m钢轨螺栓孔布置图

图 2-1 60 kg/m 钢轨形式尺寸(单位:mm)

3. 钢轨计算数据

60 kg/m 钢轨计算数据,如表 2-9 所示。

表 2-9 钢轨计算数据

钢轨断面类型(kg/m)	理论质量(kg/m)	横断面积(cm^2)	重心距轨底距离(cm)	重心距轨头距离(cm)	对水平轴线的惯性力矩(cm^4)	对垂直轴线的惯性力矩(cm^4)	下部断面系数(cm^3)	上部断面系数(cm^3)	底侧边断面系数(cm^3)
60	60.80	77.45	8.12	9.48	3217	524	396	339.4	69.9

三、钢轨材质

1. 钢轨的化学成分(表 2-10)

表 2-10 钢轨化学成分

钢牌号	化学成分(质量分数)						
	w(C)	w(Si)	w(Mn)	w(P)	w(S)	w(V)	w(Al)
U71MnG	0.65~0.75	0.15~0.58	0.70~1.20	≤0.025	≤0.025	≤0.030	≤0.004
U75VG	0.71~0.80	0.50~0.70	0.75~1.05	≤0.025	≤0.025	0.04~0.08	≤0.004

2. 钢轨拉伸性能和硬度

钢轨的抗拉强度和伸长率及轨头顶面中心线上的表面硬度值应符合表 2-11 的规定。

表 2-11 抗拉强度、伸长率和轨头顶面硬度

钢牌号	抗拉强度 R_m(MPa)	伸长率 A(%)	轨头顶面中心线硬度 HBW(HBW10/3000)
U71MnG	≥880	≥10	260~300
U75VG	≥980	≥10	280~320
注:热锯取样检验时,允许断后伸长率比规定值降低 1%(绝对值)			

四、钢轨标志

我国钢轨生产厂家主要有攀钢、包钢、鞍钢和武钢四家，各厂家标志如图 2-2 所示。

(a)攀钢标志　(b)包钢标志　(c)鞍钢标志　(d)武钢标志

图 2-2　钢厂标志

钢轨标准规定，在钢轨轨腰部位需要采用两种标记，即轧制标志和热压印标志，同时还规定了其他标识，如在轨端刷漆以及粘贴标签。

1. 凸出标志

钢轨一侧轨腰上轧制的凸出标志顺序：生产厂标志——钢轨轨型（如 60 代表 60 kg/m）——钢轨钢牌号（如 U75VG、U71MnG）——制造年（轧制年度末两位）、月（如 04 代表轧年度为 2004 年，Ⅲ代表 3 月份轧制）。

2. 凹入标志

钢轨另一侧的轨腰上热压印凹入标志的顺序：钢厂代码——生产年份——炉号——连铸流号——连铸坯号——钢轨顺序号——班别号。

各个钢厂的热压印标志不完全相同。

以攀钢为例说明，如图 2-3 所示。

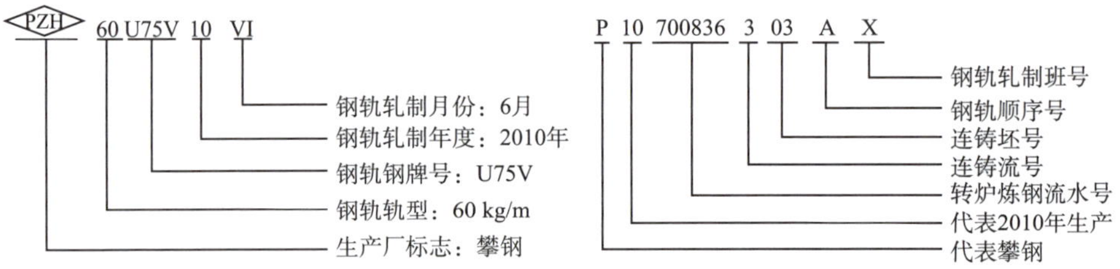

(a)　(b)

图 2-3　钢厂热压印标志示例

五、钢轨伤损标准

钢轨伤损按程度分为轻伤、重伤和折断三类。

1. 钢轨轻伤和重伤评判标准如表 2-12、表 2-13、表 2-14 所示。

2. 钢轨折断标准

钢轨折断是指发生下列情况之一者：

(1)钢轨全截面断裂；

(2)裂纹贯通整个轨头截面；

(3)裂纹贯通整个轨底截面；

(4)钢轨顶面上有长度大于 30 mm 且深度大于 5 mm 的掉块。

线路上临时插入的短轨，长度不得短于 6m，不得连续插入，且必须尽快恢复。临时插入短轨的线路允许速度不得大于 160 km/h。

表 2-12 钢轨轻伤和重伤评判标准

伤损项目		伤损程度		备 注
		轻伤	重伤	
钢轨头部磨耗		磨耗量超过表 2-13 所列限度之一者	磨耗量超过表 2-14 所列限度之一者	
轨顶面擦伤		200～250 km/h,深度大于 0.5 mm	200～250 km/h,深度大于 1 mm	
		250(不含)～350 km/h,深度大于 0.35 mm	250(不含)～350 km/h,深度大于 0.5 mm	
剥离掉块		—	有	
波形磨耗		—	谷深* ≥0.2 mm	
焊接接头低塌		0.2 mm<低塌<0.4 mm	低塌≥0.4 mm	1m 直尺测量
钢轨表面裂纹		—	出现轨头下颚水平裂纹(透锈)、轨腰水平裂纹、轨头纵向裂纹、轨底裂纹等	不含轮轨接触疲劳引起轨顶面表面或近表面的鱼鳞裂纹
超声波探伤缺陷	焊接及材质缺陷	焊接缺陷或钢轨内部材质缺陷未达到判废标准,但与判废标准差值小于 6dB	焊接缺陷或钢轨内部材质缺陷达到判废标准	
	内部裂纹	—	横向、纵向、斜向及其他裂纹和内部裂纹造成的踏面凹陷(隐伤)	
钢轨锈蚀		—	经除锈后,轨底厚度不足 8 mm 或轨腰厚度不足 12 mm	

注:谷深为相邻波峰与波谷间的垂直距离。

表 2-13 钢轨头部磨耗轻伤标准

名称	总磨耗(mm)	垂直磨耗(mm)	侧面磨耗(mm)
区间钢轨、导轨	9	8	10
基本轨、翼轨	7	6	8
尖轨、心轨、叉跟尖轨	6	4	6

注:①总磨耗=垂直磨耗+1/2 侧面磨耗。

②对于导轨、翼轨及尖轨、心轨、叉跟尖轨全断面区段,垂直磨耗在钢轨顶面宽 1/3 处(距标准工作边)测量;对于尖轨、心轨、叉跟尖轨机加工区段,垂直磨耗自轨头最高点测量。

③侧面磨耗在钢轨踏面(按标准断面)下 16 mm 处测量。

④磨耗影响转换设备安装时,按重伤处理。

⑤基本轨、翼轨、尖轨、心轨磨耗会影响密贴及轨件高差,磨耗的轻重伤标准应较区间钢轨严格。

表 2-14 钢轨头部磨耗重伤标准

名称	垂直磨耗(mm)	侧面磨耗(mm)
区间钢轨、导轨	10	12
基本轨、翼轨	8	10
尖轨、心轨、叉跟尖轨	6	8

六、钢轨伤损主要类型及伤损处理

(一)钢轨伤损主要类型

高速铁路常见伤损类型有波浪形磨耗、踏面接触疲劳裂纹(又称“鱼鳞状裂纹”)、核伤、焊缝内部缺陷等。

1. 波浪形磨耗

波浪形磨耗(图 2-4)是指钢轨轨头踏面沿长度方向出现周期性的不均匀塑性变形和磨耗,使钢轨全长呈现波浪形状的不平顺。波浪磨耗的波谷处有明显塑性变形,使踏面碾宽或出现碾边,轮轨接触光带变宽。波峰处踏面的塑性变形量明显小于波谷,接触光带变窄。波峰、波谷踏面光带的明暗程度也有差异。

2. 踏面接触疲劳裂纹

踏面接触疲劳裂纹(图 2-5)是指轨头踏面在轮轨接触应力作用下形成的沿钢轨全长密集分布的表面裂纹,通常称为"鱼鳞状裂纹"。裂纹的扩展方向与行车方向有关,用手指顺行车方向探摸剥离裂纹时有刺手感。

图 2-4 波浪形磨耗

图 2-5 踏面接触疲劳裂纹

3. 内部裂纹

内部裂纹又称"核伤"(图 2-6),是指钢轨内部的制造缺陷(冶金缺陷、热处理缺陷等)在运行载荷作用下形成和扩展的疲劳裂纹或脆性裂纹。在内部裂纹未扩展到钢轨表面时,钢轨断裂的断口具有金属光泽,一般现场称之为"白核"。当内部裂纹已扩展到钢轨表面,由于受氧化腐蚀作用,使断口呈暗褐色,现场称之为"黑核"。

(a)白核

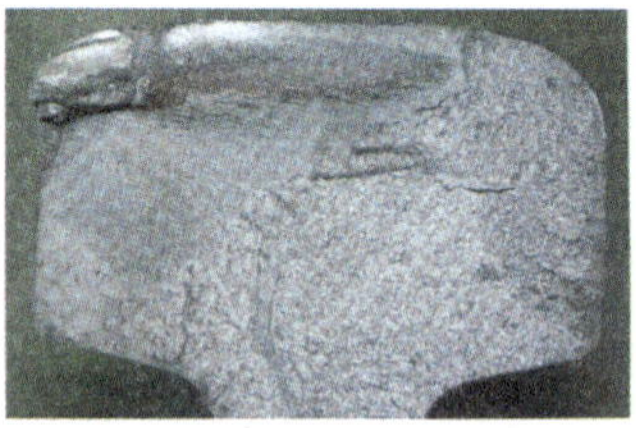

(b)黑核

图 2-6 核伤

4. 焊接接头内部缺陷

钢轨焊接接头内部缺陷分闪光焊接头和铝热焊接头内部缺陷。

(1)闪光焊接头内部缺陷

闪光焊接头内部缺陷主要是指接头内部存在的灰斑夹杂、疏松等缺陷,这些缺陷都有可能形成裂纹并引起钢轨断裂。灰斑夹杂是指位于焊缝处含有 Si、Mn 等元素的夹杂物。钢轨闪光焊时,对接焊口金属在高温熔化时形成的氧化物或硅酸盐夹杂物未能完全从焊缝中挤掉而留在焊缝区域,就会形成沿熔化线方向分布的不规则形状块状夹杂物,如图 2-7 所示。疏松缺陷是指钢轨对接处的局部金属高温熔化成液态金属,在顶锻时没有被挤出焊口,冷却凝固时发生收缩,由于没有液态金属的补充,就会形成收缩孔洞或形成分散分布的显微缩孔,称为疏松缺陷或疏松裂纹，如图 2-8 所示。

图 2-7 闪光焊接头内部灰斑夹杂缺陷

图 2-8 闪光焊接头内部疏松缺陷

(2)铝热焊接头内部缺陷

铝热焊接头内部的伤损主要有由于焊接工艺控制不良，焊筋边缘溢流飞边引起的疲劳断裂，以及焊肉组织异常、疏松、气孔、热裂纹和未焊合等缺陷及引起的疲劳和脆性断裂。

当砂模密封不严或焊缝未对正，浇铸时钢水从缝隙处溢流出，在焊筋边缘的钢轨表面形成溢流飞边，与钢轨表面形成类似成疲劳裂纹，并发展成横向断裂，如图 2-9(a)所示。钢水的流失，补缩量的不足，还可能导致在接头最后的冷却凝固部位出现收缩孔、疏松或夹渣等缺陷，造成钢轨的低周疲劳断裂，如图 2-9(b)所示。

当焊剂成分异常有可能导致在焊缝区域出现粗大块状铁素体或在焊缝全断面出现马氏体等异常组织，导致钢轨从内部产生疲劳裂纹，如图 2-9(c)所示，或发生脆性断裂，如图 2-9(d)所示。

铝热焊缝处铸造组织在高温状态下及凝固前，受拉应力作用在晶界萌生裂纹并沿晶界或穿晶扩展形成裂纹。热裂纹处组织具有粗晶特征，通常位于焊缝尺寸较大的焊筋中部，沿横向方向扩展，断口有发蓝的氧化色或温度色，如图 2-9(e)所示。

铝热焊接过程中，钢轨端面预热温度不够或钢水的温度偏低时，待焊钢轨端面没有完全被熔化，未能实现熔化结合，造成未焊合缺陷，如图 2-9(f)所示。

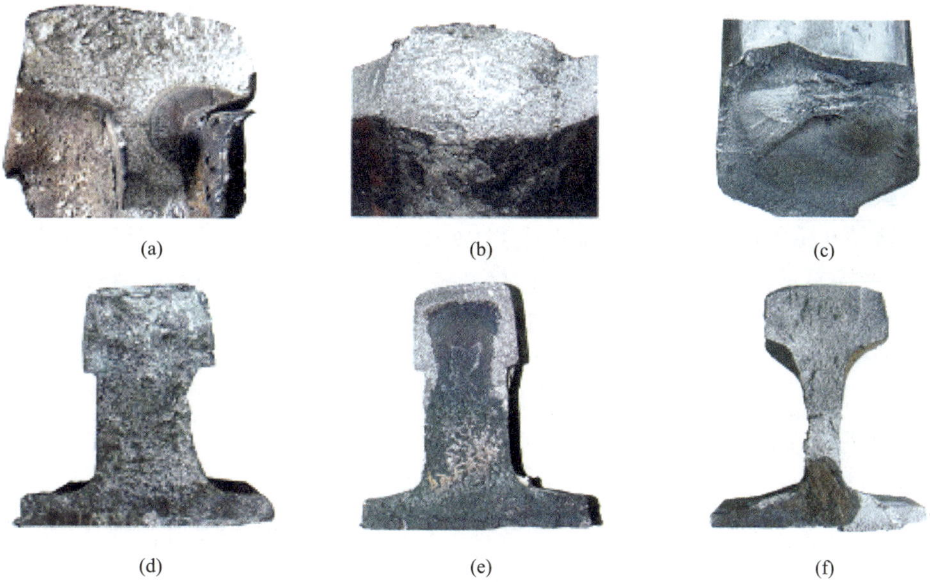

图 2-9 铝热焊接头内部缺陷

（二）钢轨伤损处理

1. 伤损复核

工务段接到探伤车探伤报告后 3 日内应完成对伤损的复核，并将复核结果报铁路局工务处和钢轨探伤车。

工务段应对探伤车探测结果和注意观察处所认真复核，对复核确认的伤损信息进行保存，保存时间不少于 2 年，以备核查。

2. 钢轨综合修理

（1）为预防和整治钢轨病害，改善轮轨匹配关系，延长钢轨使用寿命，应做好钢轨修理工作。

（2）当钢轨出现如表 2-15 所列表面轻伤及其他表面伤损时，应及时进行修复，或采用无损加固处理。

表 2-15 钢轨病害整治限度

钢轨病害	限度		测量方法
	200～250 km/h	250（不含）～350 km/h	
钢轨肥边	＞1 mm	＞0.8 mm	直尺、深度尺测量
轨顶面擦伤	深度大于 0.5 mm	深度大于 0.35 mm	
硬弯	＞0.3 mm	＞0.2 mm	1m 直尺测量矢度
焊缝（接头）轨顶面低塌或马鞍形磨耗	＞0.3 mm	＞0.2 mm	
波形磨耗	钢轨表面有周期性波磨且平均谷深超过 0.04 mm（车载检测）或最大谷深达到 0.08 mm（手工检测），波长不大于 300 mm	钢轨表面有周期性波磨且平均谷深超过 0.04 mm（车载检测）或最大谷深达到 0.08 mm（手工检测），波长不大于 300 mm	测试精度 0.01 mm 及以上，且测试长度不小于采样窗长度
表面局部微细疲劳裂纹（鱼鳞纹）	肉眼可见	肉眼可见	目视
尖轨扭转、硬弯、尖轨磨耗、心轨磨耗造成光带异常并影响行车稳定性时	尖轨相对于基本轨降低值偏差超过 1 mm 且车体横向、垂向加速度三级偏差	尖轨相对于基本轨降低值偏差超过 1 mm 且车体横向、垂向加速度三级偏差	人工及综合检测列车

（3）当发现钢轨内部轻伤有发展时，应采用无损加固处理。

（4）伤损加固时，应尽量使伤损部位处于夹板中部，严禁夹板与焊筋接触。

（5）钢轨钻孔位置应在螺栓孔中心线上，且必须倒棱。两螺栓孔净距不得小于大孔径的两倍。其他专业需在钢轨上钻孔或加装设备时，必须经铁路局工务处同意并委托工务部门施工。

（6）严禁焊补钢轨，严禁使用火焰切割钢轨或烧孔，严禁使用剁子和其他工具强行截断钢轨及冲孔，严禁锤击轨底。

3. 钢轨重伤处理

发现钢轨重伤时，应立即进行处理。

（1）对钢轨核伤和焊缝重伤可加固处理，并在适宜温度及时进行永久处理；在实施永久处理前应加强检查，发现伤损发展时，应按照钢轨折断及时进行紧急处理、临时处理或永久处理。

（2）对垂直裂纹和可能引起轨头揭盖的重伤，应按照钢轨折断进行紧急处理、临时处理或永久处理。

(3)对其他重伤可采取修理或焊复方法处理,处理前可根据现场实际情况采取限速措施。

4. 钢轨折断处理

发现钢轨折断时应立即封锁线路,并根据现场情况分别采取紧急处理、临时处理或永久处理。

(1)紧急处理

当断缝不大于 30 mm 时,可在断缝处上夹板或臌包夹板,用急救器加固,拧紧断缝前后各 50 m 范围内的扣件,并派专人看守,按不超过 45 km/h 速度放行列车,且邻线限速不超过 160 km/h。

紧急处理后,应在断缝两侧轨头非工作边做出标记(标记间距一般为 26 m),并准确丈量两标记间距离和轨头非工作边一侧断缝值,做好记录。

(2)临时处理

当钢轨折断严重、断缝超过 30 mm 或紧急处理后不能及时进行永久处理时,应切除伤损部分,在两锯口间插入长度不短于 6 m 的同型钢轨,轨端钻孔,安装接头夹板,用 10.9 级螺栓拧紧,拧紧短轨前后各 50 m 范围内的扣件,按不大于 160 km/h 速度放行列车。

临时处理前,应在断缝两侧轨头非工作边做出标记(标记间距一般为 26 m),并准确丈量两标记间的距离和轨头非工作边一侧断缝值,做好记录。

(3)永久处理

对紧急处理或临时处理处所,宜于当日天窗内采用原位焊复或插入短轨焊复处理。进行焊复处理时,应保持无缝线路锁定轨温不变。作业轨温宜低于实际锁定轨温 0～20℃。当采用插入短轨焊复时,短轨长度不得小于 20 m。

(4)钢轨焊接

钢轨焊接应按照《钢轨焊接》(TB/T1632)执行,并满足下列要求:

①焊接宜采用具有拉伸、保压功能的焊接设备。

②焊接作业轨温应不低于 5℃,且应避免大风和雨雪等不良天气。必须在不良天气进行焊轨作业时,应采取相应措施,并使环境温度高于 5℃;推凸后应采用石棉或其他材料覆盖直至轨温降至 300℃以下。

③钢轨焊接后应对焊缝进行探伤检查。

④焊接作业结束后,应测量原标记间距离,计算焊接作业范围内锁定轨温。

(5)发现道岔尖轨、基本轨、可动心轨、翼轨折断时应立即封锁线路,进行处理。

(6)胶接绝缘接头拉开时,应立即复紧两端各 50m 线路的扣件,限速不超过 160 km/h,并及时进行永久处理。绝缘失效时,应立即于当日天窗时间更换,进行永久处理。

思考题

1. 高速铁路钢轨使用规定有哪些?
2. 高速铁路钢轨长度有哪些?
3. 高速铁路钢轨轻伤标准有哪些?
4. 什么是钢轨接触疲劳裂纹?
5. 钢轨折断临时处理方法有哪些?

第三节 轨道结构

高速铁路轨道结构分为两类：一类为有砟轨道；另一类为无砟轨道。正线及到发线轨道应按一次铺设跨区间无缝线路设计。正线为无砟轨道时，与正线相邻的两条到发线宜采用无砟轨道，其他可采用混凝土宽枕的有砟轨道；高架车站或站台范围设架空层的车站到发线区段宜采用无砟轨道结构。无砟轨道主体结构的设计使用年限不少于 60 年。

一、有砟轨道

1. 轨枕

正线有砟轨道采用 2.6m 长Ⅲ型混凝土轨枕，每千米铺设 1 667 根，均匀布置。道岔区段铺设混凝土岔枕。

应及时更换失效、修理伤损的混凝土枕。混凝土枕失效及严重伤损判定标准如表 2-16 所示。

表 2-16 混凝土枕失效及严重伤损判定标准

伤损等级	伤损判定
失效	(1)明显折断。 (2)沿轨枕纵向通裂：挡肩顶角处裂缝宽大于 1.5 mm；纵向水平裂缝基本贯通(缝宽大于 0.5 mm)。 (3)沿轨枕横裂或斜裂接近环状裂缝(残余裂缝宽度超过 0.5 mm 或长度超过 2/3 枕高)。 (4)挡肩缺损，接近失去支承能力(缺损长度超过挡肩长度的 1/2)。 (5)严重掉块。 (6)预埋铁座损坏。 (7)预埋件周围的混凝土裂纹宽度大于 1.5 mm
严重伤损	(1)沿轨枕横裂或斜裂的裂缝长度为枕高 1/2～2/3。 (2)沿轨枕纵裂：两螺栓孔间纵裂(挡肩顶角处裂缝宽不大于 1.5 mm)；纵向水平裂缝基本贯通(裂缝宽不大于 0.5 mm)。 (3)挡肩缺损长度为总长度的 1/3～1/2。 (4)严重网状龟裂和掉块。 (5)承轨槽压溃，深度超过 2 mm。 (6)钢筋(或钢丝)外露(长度超过 100 mm)

2. 道床

(1)有砟道床应采用特级碎石道砟，其材质应符合相关标准要求，道砟上道前应进行清洗。

(2)正线有砟道床尺寸应符合表 2-17 要求。单线道床顶面宽度 3.6 m，双线道床顶面宽度应分别按单线设计。

表 2-17 道床断面尺寸

速度等级	砟肩宽度(m)	厚度(m)	边坡	砟肩堆高(m)	道床顶面位置(mm)		
					轨枕中部	轨底处	道岔区
200～250(不含) km/h	不小于 0.5	0.35	1 : 1.75	0.15	与轨枕顶面平齐	轨枕承轨面以下 30～40	岔枕顶面以下 30～40
250～300 km/h						轨枕承轨面以下 40～50	岔枕顶面以下 40～50

(3)道砟必须有“碎石道砟产品合格证”，作为竣工验收和道床质量评定的依据。碎石道砟粒径级配应符合表 2-18 的要求。

表 2-18　道砟粒径级配要求

粒径	筛分机底筛孔边长(mm)					
级配	方孔筛孔边长(mm)	22.4	31.5	40	50	63
	过筛质量百分率(%)	0～3	1～25	30～65	70～99	100
颗粒分布	方孔筛*孔边长(mm)	31.5～50				
	颗粒质量百分率(%)	≥50				

注：* 指金属丝编织的标准方孔筛。

(4)道床应保持饱满、密实，道床阻力等状态参数应符合表 2-19 的要求。

表 2-19　道床主要状态参数指标

速度(km/h)	纵向阻力(kN/枕)	横向阻力(kN/枕)	支承刚度(kN/ mm)	道床密实度(g/cm³)
200～250(含)	≥12	≥10	≥110	≥1.75
250(不含)～350	≥14	≥12	≥120	≥1.75

应根据道床脏污程度有计划地进行清筛，保持道床弹性和排水良好，防止轨枕空吊和道床翻浆。应采取措施防止道砟飞溅。

3. 站线采用有砟轨道时，轨道结构设计应符合下列规定：

(1)到发线应采用混凝土轨枕，每千米铺设 1 667 根；当铺设混凝土宽枕时，每千米铺设 1 760根。其他站线每千米铺设 1 440 根。

(2)站线应采用一级碎石道砟。到发线道床顶宽 3.4 m，道床厚度 0.35 m，边坡为 1∶1.75；其他站线道床顶宽 2.9 m，道床厚度 0.25 m，边坡为 1∶1.5。

(3)站线混凝土轨枕宜采用弹条Ⅱ型扣件。

二、无砟轨道

无砟轨道是以混凝土或沥青混合料等取代散粒道砟道床而组成的轨道结构型式。无砟道床类型分为 CRTSⅠ型板式、CRTSⅡ型板式、CRTSⅢ型板式、双块式以及道岔区轨枕埋入式和板式无砟道床等。

无砟道床伤损等级分为Ⅰ、Ⅱ、Ⅲ级。对Ⅰ级伤损应做好记录，对Ⅱ级伤损应列入维修计划并适时进行修补，对Ⅲ级伤损应及时修补。

(一)CRTSⅠ型板式无砟轨道

1. CRTSⅠ型板式无砟道床结构及主要技术要求

(1)道床结构由轨道板、水泥乳化沥青砂浆充填层、混凝土底座、凸形挡台及其周围填充树脂等部分组成，如图 2-10 所示。曲线超高在底座上设置。

(2)轨道板结构类型可分为预应力混凝土平板、预应力混凝土框架板和钢筋混凝土框架板，如图 2-11 为预应力混凝土平板。标准轨道板长度为 4 962 mm，轨道板宽度为 2 400 mm，厚度不宜小于 190 mm。轨道板两端设半圆形缺口，半径为 300 mm。扣件节点间距不宜大于 650 mm。

(3)水泥乳化沥青砂浆充填层厚度为 50 mm，不应小于 40 mm。减振型板式轨道水泥乳化沥青砂浆充填层厚度为 40 mm，不应小于 35 mm。

(4)水泥乳化沥青砂浆应灌注饱满，与轨道板底部密贴，轨道板边角悬空深度应小于

30 mm。

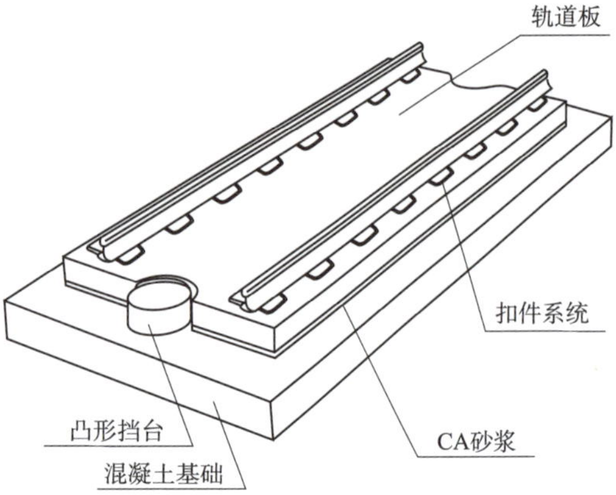

图 2-10 道床结构

图 2-11 预应力混凝土平板

(5)凸形挡台分为圆形和半圆形，半径为 260 mm，其周围填充树脂厚度为 40 mm，不应小于 30 mm。

(6)预应力混凝土轨道板不允许开裂，普通混凝土框架板混凝土裂缝宽度不得大于 0.2 mm。

(7)底座混凝土裂缝宽度不得大于 0.2 mm，路基和隧道地段混凝土底座间伸缩缝宽度为 20 mm，状态应良好。

(8)排水通道，特别是框架式轨道板内排水、底座内预埋横向排水管道，应保持通畅。

2. 路基地段 CRTSⅠ型板式无砟轨道(图 2-12)

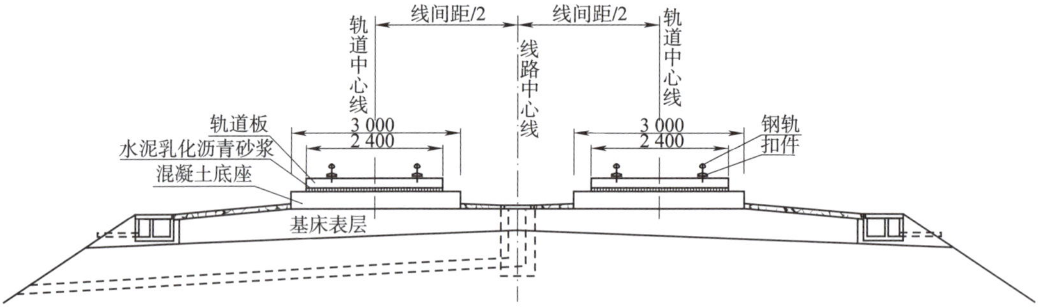

图 2-12 路基地段 CRTSⅠ型板式无砟轨道标准横断面示意图(单位：mm)

(1)底座在路基基床表层上设置。

(2)底座每隔一定长度，对应凸形挡台中心位置，设置横向伸缩缝。

(3)线间排水应结合线路纵坡、桥涵等线路条件和环境条件具体设计。采用集水井方式时，集水井设置间隔根据汇水面积和当地气象条件计算确定。严寒地区线间排水设计应考虑防冻措施。

(4)线路两侧及线间路基面应进行防水处理。

3. 桥梁地段 CRTSⅠ型板式无砟轨道(图 2-13)

(1)底座在梁面上设置，通过梁体预埋套筒植筋或预埋钢筋方式与桥梁连接。轨道中心线 2.6 m 范围内，梁面应进行拉毛处理。

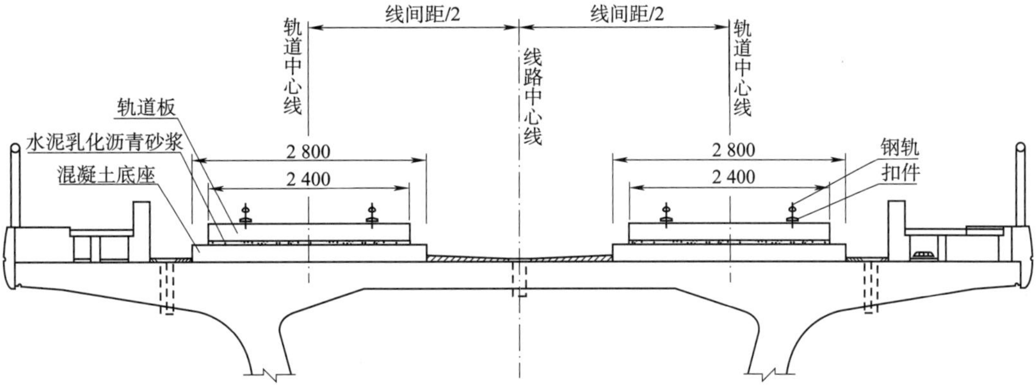

图 2-13　桥梁地段 CRTSⅠ型板式无砟轨道标准横断面示意图(单位：mm)

(2)底座对应每块轨道板,在凸形挡台中心位置设置横向伸缩缝。

(3)底座范围内,梁面不设防水层和保护层。

(4)桥上扣件纵向阻力及梁端扣件结构型式根据计算确定。

4. 隧道地段 CRTSⅠ型板式无砟轨道(图 2-14)

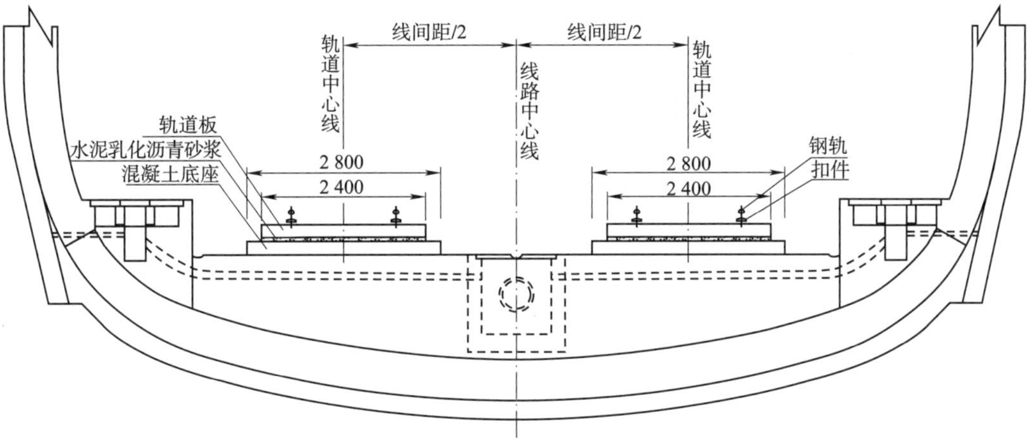

(a)有仰拱隧道

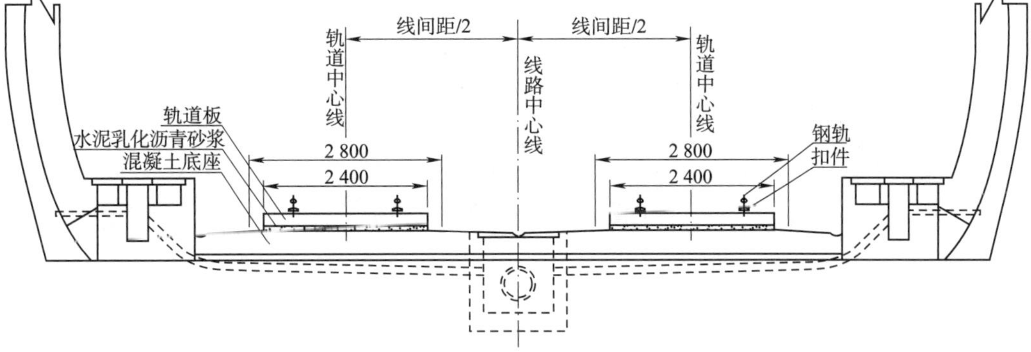

(b)无仰拱隧道

图 2-14　隧道地段 CRTSⅠ型板式无砟轨道标准横断面示意图(单位：mm)

(1)有仰拱隧道内,底座在仰拱回填层上构筑。沿线路纵向,底座每隔一定长度,对应凸形挡台中心位置,设置横向伸缩缝。底座在隧道沉降缝位置,设置伸缩缝。底座宽度范围内,仰拱回填层表面进行拉毛处理。

(2)无仰拱隧道内,底座与隧道底板合并设置并连续铺设。当位于曲线地段时,超高一般在底座面上设置。

(3)距隧道洞口 100 m 范围,仰拱回填层设置钢筋与底座连接。

5. CRTSⅠ型板式无砟道床伤损形式及伤损等级判定标准(表 2-20)

表 2-20 CRTSⅠ型板式无砟道床伤损形式及伤损等级判定标准

伤损部位	伤损形式	判定项目	评定等级			备 注
			Ⅰ	Ⅱ	Ⅲ	
预应力轨道板	裂缝	宽度(mm)	0.1	0.2	0.3	掉块、缺损或封端脱落应适时修补
	锚穴封端离缝	宽度(mm)	0.2	0.5	1.0	
普通轨道板	裂缝	宽度(mm)	0.2	0.3	0.5	
凸形挡台	裂缝	宽度(mm)	0.2	0.3	0.5	
底座	裂缝	宽度(mm)	0.2	0.3	0.5	
底座伸缩缝	离缝	宽度(mm)	1.0	2.0	3.0	路基、隧道地段
水泥乳化沥青砂浆	离缝	宽度(mm)	1.0	1.5	2.0	掉块、缺损或剥落应适时修补
		横向深度(mm)	20～50	50～100	≥100	
		对角长度(mm)	20～30	30～50	≥50	
	裂缝	宽度(mm)	0.2	0.5	1.0	
凸形挡台周围填充树脂	离缝	宽度(mm)	1.0	2.0	3.0	缺损应适时修补
	裂缝	宽度(mm)	0.2	0.5	1.0	

(二)CRTSⅡ型板式无砟轨道

CRTSⅡ型板式无砟轨道,标准轨道板长度为 6 450 mm,宽度为 2 550 mm,厚度为 200 mm,补偿板和特殊板根据具体条件配置,如图 2-15 所示。

图 2-15 CRTSⅡ型板式无砟轨道

1. CRTSⅡ型板式无砟道床结构及主要技术要求

(1)路基地段道床结构由轨道板、水泥乳化沥青砂浆充填层、支承层等部分组成,如图2-16所示。曲线超高在路基基床表层上设置。

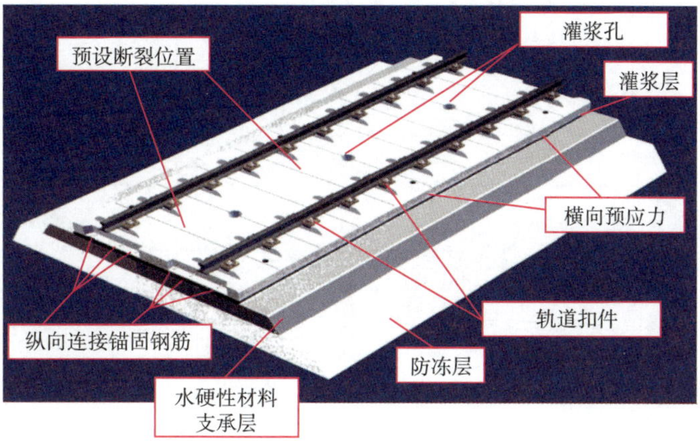

图 2-16　CRTSⅡ轨道系统结构

(2)桥梁地段道床结构由轨道板、水泥乳化沥青砂浆充填层、底座板、滑动层、高强度挤塑板、侧向挡块及弹性限位板等部分组成。桥台后路基设置锚固结构(包括摩擦板、土工布、端刺)及过渡板。曲线超高在底座板上设置。长大桥区段底座板设有钢板连接器后浇带。

(3)隧道地段道床结构由轨道板、水泥乳化沥青砂浆充填层、支承层等部分组成。曲线超高一般在仰拱回填层(有仰拱隧道)或底板(无仰拱隧道)上设置。

(4)水泥乳化沥青砂浆充填层应与轨道板底部和支承层或底座板密贴,厚度为 30 mm,不应小于 20 mm,不宜大于 40 mm。

(5)轨道板除预裂缝处以外,其他部位不得有裂缝。

(6)轨道板间接缝处混凝土裂缝不得大于 0.2 mm,接缝现浇混凝土与轨道板间离缝不得大于 0.3 mm。

(7)桥梁地段连续底座板(含后浇带部位)混凝土裂缝不得大于 0.3 mm,侧向挡块与底座板不得粘连。

(8)路基和隧道地段支承层不得有竖向贯通裂缝。

(9)排水通道应保持通畅。

2. 路基地段 CRTSⅡ型板式无砟轨道(图 2-17、图 2-18)

(1)支承层在路基基床表层上设置,其性能应符合相关规定。支承层顶面宽度为 2 950 mm,底面宽度为 3 250 mm,厚度为 300 mm。沿线路纵向,每隔不大于 5m 切一横向预裂缝,缝深为厚度的 1/3。轨道板宽度范围内的支承层表面进行拉毛处理。

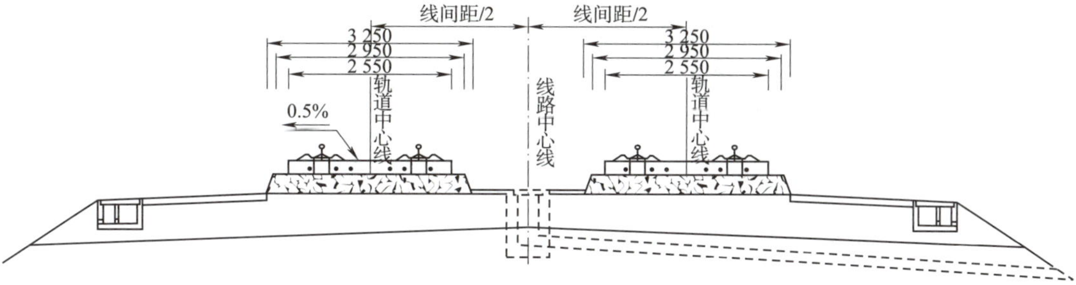

图 2-17　温暖地区路基地段 CRTSⅡ型板式无砟轨道标准横断面示意图(单位:mm)

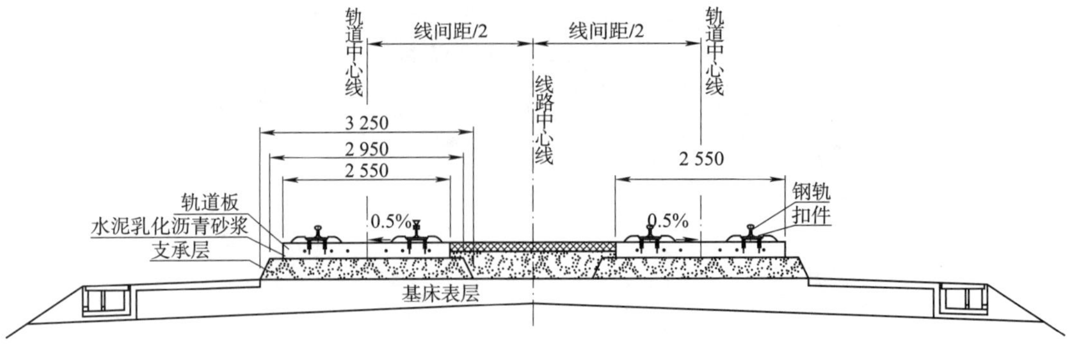

图 2-18 寒冷地区路基地段 CRTSⅡ型板式无砟轨道标准横断面示意图(单位：mm)

(2)线间排水应结合线路纵坡、桥涵等线路条件和环境条件具体设计。当采用集水井方式时,集水井设置间隔根据汇水面积和当地气象条件计算确定。

(3)线路两侧及线间路基面进行防水处理。

3. 桥梁地段 CRTSⅡ型板式无砟轨道(图 2-19)

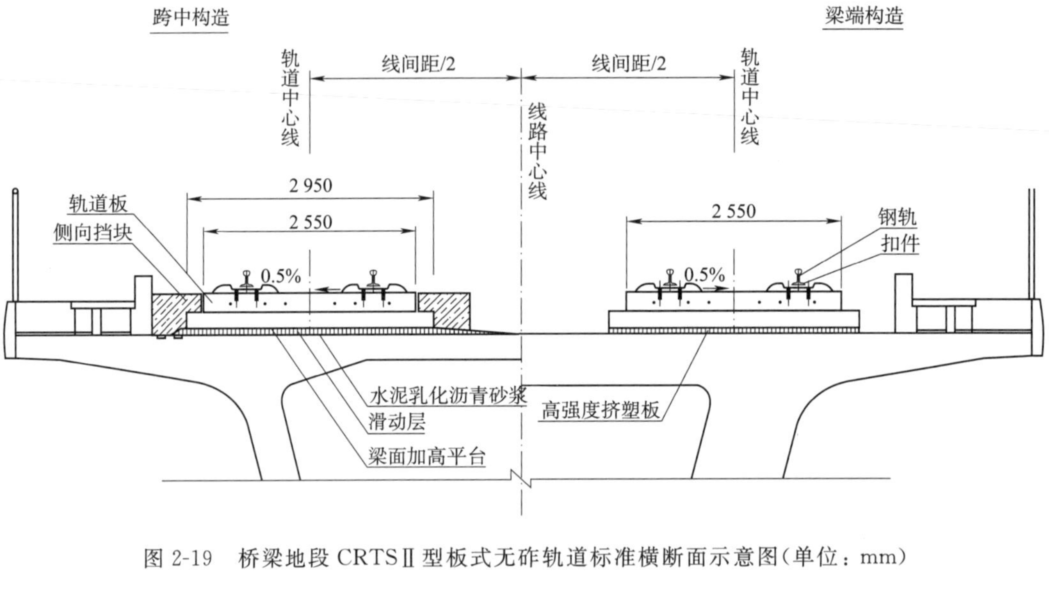

图 2-19 桥梁地段 CRTSⅡ型板式无砟轨道标准横断面示意图(单位：mm)

(1)底座板为纵向连续的钢筋混凝土结构,混凝土强度等级为 C30。底座板宽度为 2 950 mm;直线区段的底座板厚度不宜小于 190 mm;曲线内侧的底座板厚度不应小于 175 mm。

(2)底座板宽度范围内,梁面设置滑动层,滑动层结构及性能应符合相关规定。

(3)在桥梁固定支座上方,梁体设置底座板纵向限位机构,相应位置设置抗剪齿槽及锚固筋连接套筒,形式尺寸及数量应根据计算确定。

(4)底座板两侧隔一定距离设置侧向挡块,梁体相应位置设置钢筋连接套筒。侧向挡块与底座板间设置弹性限位板。

(5)距梁端一定范围,梁面设置高强度挤塑板,厚度为 50 mm。

(6)轨道板外侧的底座板顶面设置横向排水坡。

(7)台后路基应设置锚固结构(端刺、摩擦板等)及过渡板。

4. 隧道地段 CRTSⅡ型板式无砟轨道(图 2-20)

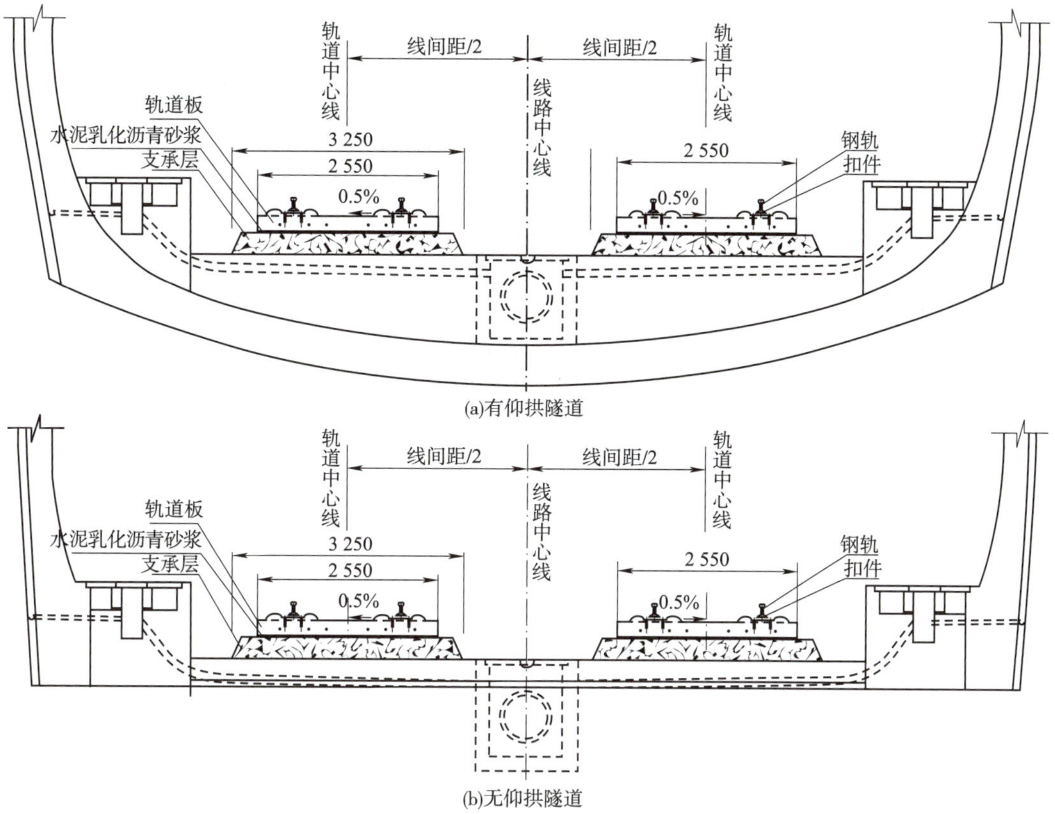

图 2-20　隧道地段 CRTSⅡ型板式无砟轨道标准横断面示意图(单位：mm)

隧道地段轨道结构的技术要求与路基地段基本相同。

5. CRTSⅡ型板式无砟道床伤损形式及伤损等级判定标准(表 2-21)

表 2-21　CRTSⅡ型板式无砟道床伤损形式及伤损等级判定标准

伤损部位	伤损形式	判定项目	评定等级			备　注
			Ⅰ	Ⅱ	Ⅲ	
轨道板	裂缝	宽度(mm)	0.1	0.2	0.3	预裂缝处的裂缝除外，掉块或缺损应适时修补
板间接缝	裂缝	宽度(mm)	0.2	0.3	0.5	掉块或缺损应适时修补
	离缝	宽度(mm)	0.2	0.3	0.5	
支承层	裂缝	宽度(mm)	0.2	0.5	1.0	
底座板	裂缝	宽度(mm)	0.2	0.3	0.5	
侧向挡块	裂缝	宽度(mm)	0.2	0.3	0.5	
挤塑板	离缝	宽度(mm)	0.2	0.5	1.0	
水泥乳化沥青砂浆充填层	离缝	宽度(mm)	0.5	1.0	1.5	掉块、缺损或剥落应适时修补
		深度(mm)	20～50	50～100	≥100	
		对角长度(mm)	20～30	30～50	≥50	
	裂缝	宽度(mm)	0.2	0.5	1.0	

6. 轨道板的剪切连接

(1)剪切连接的设置范围

轨道板的剪切连接位置为每片箱梁的梁缝区域、梁与台背、端刺与路基过渡段、桩板结构与路基过渡段及道岔前后处,其主要作用是将轨道板与底座板连接成为一个整体,以适应端部结构变形,结构形式视工程部位的不同而有所区别。其中,梁缝(包括桥台处梁缝)两端的轨道板各设有 4 根(设于承轨台中间部位)抗剪销钉(图 2-21)。

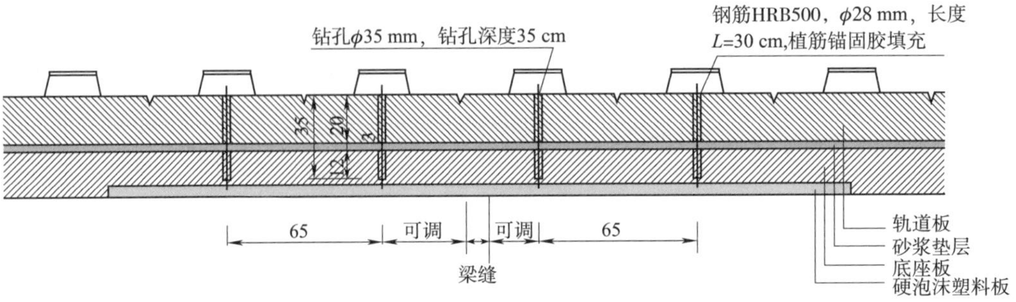

图 2-21 梁缝处轨道板锚固连接布置示意图(图中单位除标注外为 cm)

(2)剪切筋安装孔的钻设

钻孔前应在设计植筋位置使用钢筋探测雷达探明轨道板及底座板内的钢筋布置情况,以确定钻孔位置。钻孔使用植筋专用钻孔机(一般由锚固胶供应商提供),钻孔完成后,使用高压风管(枪)吹除孔内杂物。植筋施工应随即进行,否则应用砂丝团或软布团封堵孔口。

(3)剪切连接筋的绝缘处理

为确保剪切筋与板(轨道板及底座板)内的钢筋隔离绝缘,剪切筋表面应先均匀涂抹一层植筋胶(即锚固用胶),并确保表面无遗漏之处。面胶凝固后再进行植入施工。

(4)剪切连接筋的安装

孔内注入(适量,试验确定)植筋胶并植入剪力销钉(筋)。剪切筋植入时应轻轻插入,并避免与板内钢筋接触。

7. 简支梁上侧向挡块布置

桥梁地段 CRTSⅡ型板式无砟轨道底座板两侧设置侧向挡块,如图 2-22 所示,侧向挡块与底座板间设置由橡胶垫层、不锈钢钢板等组成的弹性限位板,以保证无砟轨道系统横向和竖向抗屈曲稳定性,实现桥梁与轨道间纵向自由伸缩。侧向挡块主要设计荷载包括风荷载、摇摆力、离心力及温度荷载等。一孔 32 m 简支梁上一般设有 3 排 12 个扣压型侧向挡块,其平面布置如图 2-23 所示。

图 2-22 简支梁上侧向挡块布置

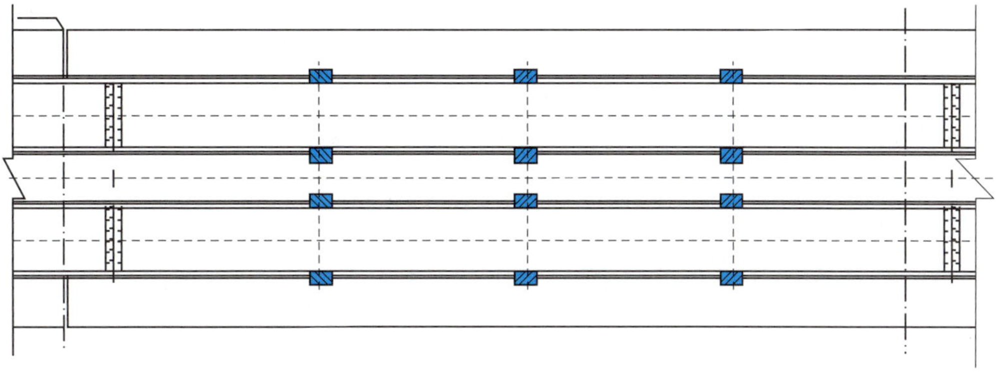

图 2-23 32m 简支梁上 CRTSⅡ型板式无砟轨道侧向挡块平面布置图

(三)CRTSⅢ型板式无砟轨道

CRTSⅢ型板式无砟轨道是在现浇的钢筋混凝土底座上铺装板底预设连接钢筋的预制混凝土轨道板,中间设置自密实混凝土层,并适应 ZPW-2000 轨道电路的无砟轨道结构形式,如图 2-24 所示。

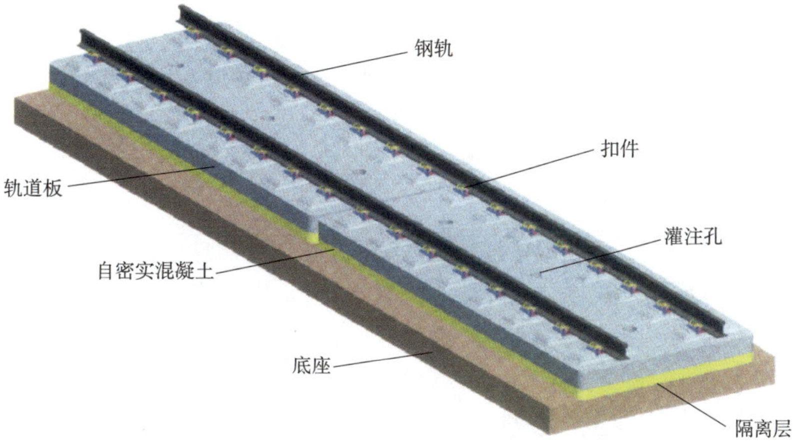

图 2-24 CRTSⅢ型板式无砟轨道结构

1. 道床结构组成

(1)轨道板

轨道板采用双向后张无粘结预应力体系,板顶面设置承轨台,板底预留连接钢筋(图 2-25),通过轨道板与自密实混凝土之间的黏结以及连接钢筋限制轨道板纵横向位移。

轨道板类型有 P5350(P 指预应力平板,5350 指轨道板长度)、P5600、P4925 和 P4856 等。轨道板宽度 2 500 mm,厚度 190 mm 或 210 mm。扣件间距 687、630、617 mm 等。

图 2-25 轨道板底连接钢筋

(2)自密实混凝土层

采用强度较高、流动性及耐久性良好的自

密实混凝土砂浆作为板式无砟轨道充填层是 CRTSⅢ型板式无砟轨道结构的主要技术特征，设计厚度一般在 90～100 mm 范围，其不仅作为调整层，为预制轨道板提供支承和调整，同时作为结构层，自密实混凝土层内设有钢筋网片，通过轨道板中部灌注孔充填自密实混凝土后，与预制轨道板形成复合结构，并与下部底座形成凹凸限位结构，承受竖向和水平荷载。

(3)底座

底座现场浇注完成，路基地段宽 3 100 mm，厚度为 200～300 mm；桥梁和隧道区段宽度为 2 900 mm，厚度一般为 200 mm 左右。底座中部设置限位凹槽(图 2-26)，底座顶面设隔离层(土工布)，凹槽侧立面设弹性缓冲垫层。

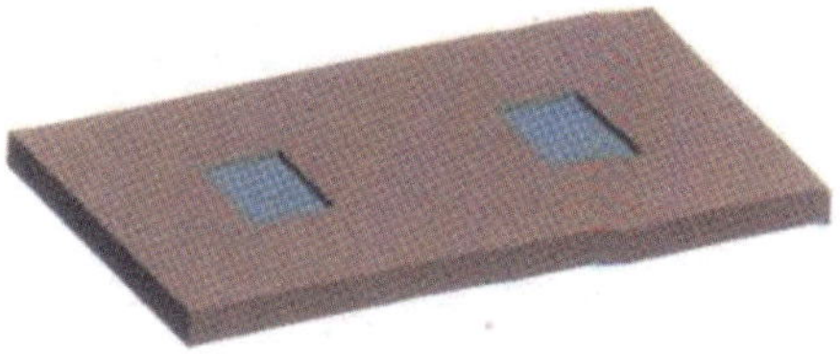

图 2-26 底座限位凹槽示意图

路基地段 2～4 块轨道板范围的底座设置一横向伸缩缝；桥梁地段对应每块轨道板设置独立混凝土底座；隧道地段一般 2 块轨道板范围设置一横向伸缩缝，遇隧道沉降缝对应设置伸缩缝。

2. 轨道结构特点

(1)采用弹性不分开式扣件(如 WJ-8 型)，板面承轨部位设置挡肩。

(2)轨道板底面预留门形筋与自密实混凝土层连接，形成复合结构。

(3)采用自密实混凝土作为轨道板下充填材料。

(4)自密实混凝土层和混凝土底座之间设置隔离层。

(5)底座设置限位凹槽，与自密实混凝土层形成凹凸结构，提供轨道水平限位。

(四)双块式无砟轨道

双块式无砟轨道道床板采用钢筋混凝土结构，现场浇筑成型，混凝土强度等级为 C40。

1. 双块式无砟道床结构及主要技术要求

(1)路基地段道床结构由双块式轨枕、道床板、支承层等部分组成，道床板一般为纵向连续的钢筋混凝土结构。曲线超高在基床表层上设置。

(2)桥梁地段道床结构由双块式轨枕、道床板、隔离层、底座(或钢筋混凝土保护层)、凹槽(或凸台)周围弹性垫层等部分组成。道床板或底座沿线路纵向分块设置，间隔缝为 100 mm。道床板与底座(或保护层)间设置隔离层，底座凹槽(凸台)侧立面粘贴弹性垫层。曲线超高在底座或道床板上设置。

(3)隧道地段道床结构由双块式轨枕、道床板等部分组成，道床板为纵向连续的钢筋混凝土结构。曲线超高在道床板上设置。

(4)双块式轨枕不得有裂缝，道床板混凝土不得有横向或竖向贯通裂缝。

(5)路基地段支承层不应有竖向贯通裂缝，支承层与道床板、路基基床表层间应密贴，不得有离缝。

(6)排水通道应保持通畅，道床板表面不得积水。

2. 路基地段双块式无砟轨道(图 2-27)

(1) 支承层在路基基床表层上设置。支承层顶面宽度为 3 200 mm，底面宽度为 3 400 mm，厚度为 300 mm。沿线路纵向，每隔不大于 5 m 设一横向预裂缝，缝深为厚度的 1/3。道床板宽度范围内的支承层表面进行拉毛处理。

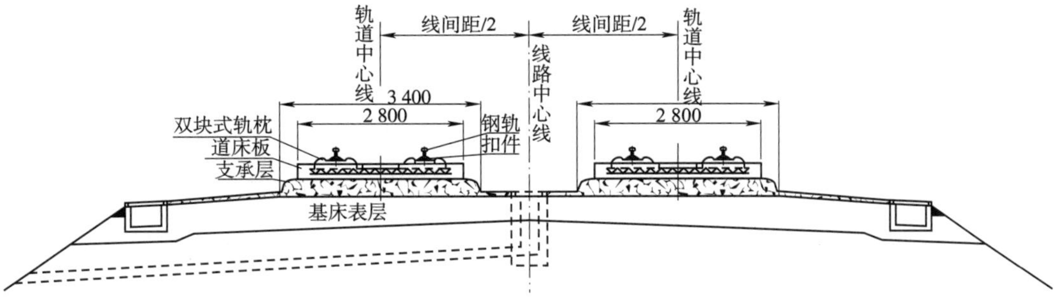

图 2-27　路基地段 CRTSⅠ型双块式无砟轨道标准横断面示意图(单位：mm)

(2)道床板为纵向连续的钢筋混凝土结构，在支承层上构筑。道床板宽度为 2 800 mm，厚度为 260 mm。

(3)线间排水应结合线路纵坡、桥涵等线路条件和环境条件确定。当采用集水井方式时，集水井设置间隔根据汇水面积和当地气象条件计算确定。

(4)线路两侧及线间路基面进行防水处理。

3. 桥梁地段双块式无砟轨道(图 2-28)

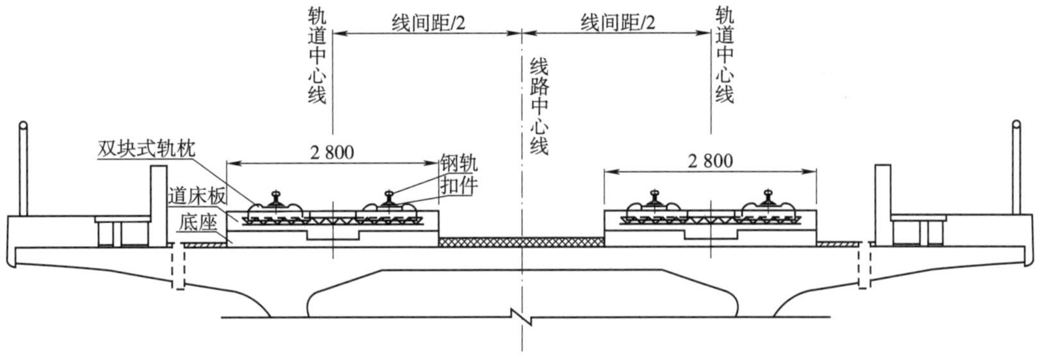

图 2-28　桥梁地段双块式无砟轨道标准横断面示意图(单位：mm)

(1)道床板宽度为 2 800 mm，厚度为 260 mm。底座宽度为 2 800 mm，直线地段底座厚度不宜小于 210 mm，曲线地段底座内侧厚度不应小于 100 mm。

(2)底座通过梁体预埋套筒植筋或预埋钢筋与桥梁连接，轨道中心线 2.6m 范围内，梁面进行拉毛处理。

(3)底座范围内，梁面不设防水层和保护层。

(4)桥上扣件纵向阻力及梁端扣件结构形式根据计算确定。

4. 隧道地段双块式无砟轨道(图 2-29)

(1)道床板为纵向连续的钢筋混凝土结构，直接在隧道仰拱回填层(有仰拱隧道)或底板(无仰拱隧道)上构筑。道床板宽度为 2 800 mm，厚度为 260 mm，其宽度范围内，仰拱回填层或底板表面进行拉毛处理。

(2)距洞口 200 m 范围，隧道内道床板结构与路基地段相同。其余地段的道床板结构根据相应的设计荷载确定。

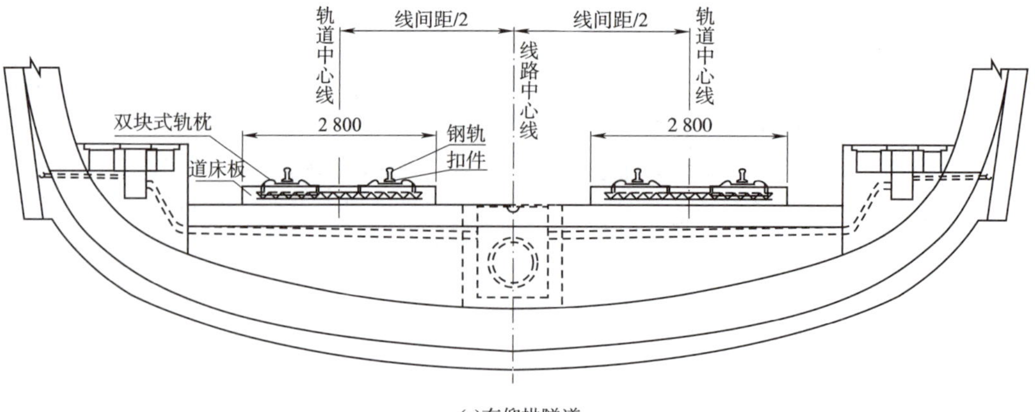

(a)有仰拱隧道

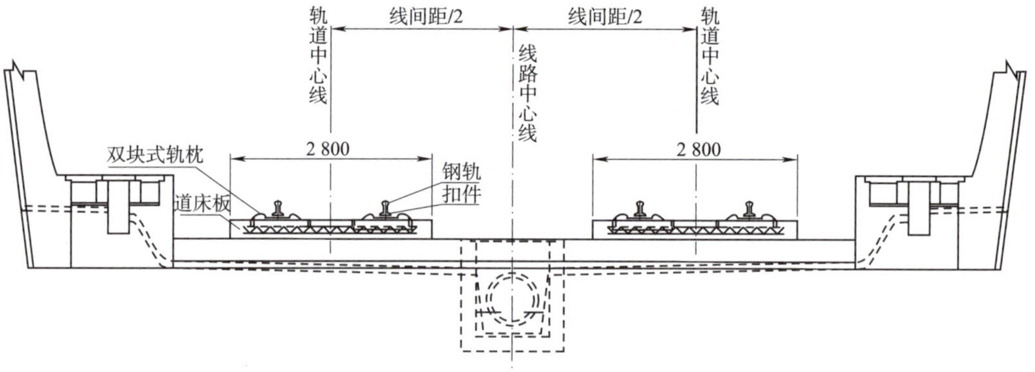

(b)无仰拱隧道

图 2-29 隧道地段双块式无砟轨道标准横断面示意图(单位：mm)

5. 双块式无砟轨道道床伤损形式及伤损等级判定标准(表 2-22)

表 2-22 双块式无砟轨道道床伤损形式及伤损等级判定标准

伤损部位	伤损形式	判定项目	评定等级			备 注
			Ⅰ	Ⅱ	Ⅲ	
双块式轨枕	裂缝	宽度(mm)	0.1	0.2	0.3	掉块、缺损应适时修补，挡肩失效应及时修补
道床板	裂缝	宽度(mm)	0.2	0.3	0.5	
	轨枕界面裂缝	宽度(mm)	0.2	0.3	0.5	
支承层	裂缝	宽度(mm)	0.2	0.5	1.0	
底座	裂缝	宽度(mm)	0.2	0.3	0.5	

(五)道岔区轨枕埋入式无砟轨道

1. 道岔区轨枕埋入式无砟道床结构及主要技术要求

(1)路基和隧道地段道床结构由桁架式预应力岔枕、道床板、底座或支承层等部分组成。

(2)桥梁地段道床结构由桁架式预应力岔枕、道床板、隔离层、底座及凹槽周围弹性垫层等部分组成。

(3)道岔区扣件间距为 600 mm,特殊位置的扣件间距根据道岔结构确定。

(4)道床板采用钢筋混凝土结构,混凝土强度等级为 C40。

(5)底座采用钢筋混凝土结构,混凝土强度等级为 C30。底座厚度为 300 mm,宽度根据道岔结构尺寸确定。对应转辙器及辙叉区段,底座设置与道床板的连接钢筋。

(6)路基地段找平层混凝土强度等级为 C25,纵向连续铺设,每隔 5 m 左右设一横向切缝,切割深度为找平层厚度的三分之一,表面拉毛处理。

(7)道床板表面设置横向排水坡。排水通道应保持通畅,道床板表面不得积水。

(8)道岔区范围内的轨道刚度设计应均匀,并与区间轨道刚度相匹配。

(9)无砟轨道结构设计应满足道岔电务设备的安装要求。

(10)岔枕不应出现裂缝,道床板混凝土裂缝不得有横向或竖向贯通裂缝。

(11)底座混凝土裂缝不得大于 0.2 mm,底座或支承层不得有竖向贯通裂缝。

2. 道岔区轨枕埋入式无砟道床伤损形式及伤损等级判定标准(表 2-23)

表 2-23 道岔区轨枕埋入式无砟道床伤损形式及伤损等级判定标准

伤损部位	伤损形式	判定项目	评定等级			备 注
			Ⅰ	Ⅱ	Ⅲ	
岔枕	裂缝	宽度(mm)	0.1	0.2	0.3	掉块或缺损应适时修补
道床板	裂缝	宽度(mm)	0.2	0.3	0.5	
	岔枕界面裂缝	宽度(mm)	0.2	0.3	0.5	
底座	裂缝	宽度(mm)	0.2	0.3	0.5	
支承层	裂缝	宽度(mm)	0.2	0.5	1.0	
底座伸缩缝	离缝	宽度(mm)	1.0	2.0	3.0	

(六)道岔区板式无砟轨道

1. 道岔区板式无砟道床结构及主要技术要求

(1)路基地段道床结构由道岔板、底座(自密实混凝土层)及找平层等部分组成。

(2)桥梁地段道床结构由道岔板、水泥乳化沥青砂浆充填层、底座、滑动层、高强度挤塑板、侧向挡块及弹性限位板等部分组成。

(3)道岔区扣件间距宜为 600 mm,特殊位置的扣件间距根据道岔结构设计确定。

(4)道岔板采用钢筋混凝土结构,混凝土强度等级为 C50。道岔板厚度为 240 mm,宽度根据道岔结构尺寸确定。道岔板表面设横向排水坡,排水通道应保持通畅,道岔板表面不得积水。

(5)底座采用钢筋混凝土结构,混凝土强度等级为 C40,厚度不宜小于 180 mm,宽度根据道岔结构尺寸确定。

(6)道岔区范围内的轨道刚度设计应均匀,并与区间轨道刚度相匹配。

(7)无砟轨道结构设计应满足道岔电务设备的安装要求。

(8)道岔板(或预设裂缝处)混凝土裂缝宽度应小于 0.2 mm,扣件周围不得有裂缝。

(9)路基地段底座、桥梁地段水泥乳化沥青砂浆充填层应与道岔板底部密贴。水泥乳化沥青砂浆充填层厚度为 30 mm,不应小于 20 mm,不宜大于 40 mm。

(10)桥梁地段连续底座混凝土裂缝不得大于 0.3 mm,侧向挡块不得有裂缝。

2. 道岔区板式无砟道床伤损形式及伤损等级判定标准(表 2-24)

表 2-24 道岔区板式无砟道床伤损形式及伤损等级判定标准

伤损部位	伤损形式	判定项目	评定等级			备 注
			Ⅰ	Ⅱ	Ⅲ	
道岔板	裂缝	宽度(mm)	0.2	0.3	0.5	掉块或缺损应适时修补
底 座	裂缝	宽度(mm)	0.2	0.3	0.5	路基地段。掉块或缺损应适时修补
	离缝	宽度(mm)	0.2	0.3	0.5	
找平层	裂缝	宽度(mm)	0.2	0.3	0.5	
底座板	裂缝	宽度(mm)	0.2	0.3	0.5	桥梁地段。掉块、缺损或剥落应适时修补
侧向挡块	裂缝	宽度(mm)	0.2	0.3	0.5	
水泥乳化沥青砂浆	离缝	宽度(mm)	0.5	1.0	1.5	
		深度(mm)	20～50	50～100	≥100	
		对角长度(mm)	20～30	30～50	≥50	
	裂缝	宽度(mm)	0.2	0.5	1.0	
挤塑板	离缝	宽度(mm)	0.2	0.5	1.0	

三、扣件系统

(一)有砟轨道扣件

有砟轨道主要采用弹条 IV 型、弹条 V 型和 FC 型三种类型扣件,按轨下基础形式分为有挡肩和无挡肩扣件,如表 2-25 所示。

表 2-25 有砟轨道扣件类型

扣件类型	配套轨枕
弹条Ⅳ型扣件	无挡肩轨枕
弹条Ⅴ型扣件	有挡肩轨枕
FC 型扣件	无挡肩轨枕

1. 弹条Ⅳ型扣件系统组成及主要技术要求

(1)扣件组成

①弹条Ⅳ型扣件系统由弹条、绝缘轨距块、橡胶垫板和预埋铁座等组成,如图 2-30 所示。

图 2-30 弹条Ⅳ扣件部件组成

②弹条分为两种，即一般地段安装的弹条（直径为 20 mm）和夹板处安装的弹条（直径为 18 mm）。

③绝缘轨距块分为两种，即一般地段使用的绝缘轨距块和夹板处使用绝缘轨距块，每种绝缘轨距块各有 7 号～13 号 7 个规格。

（2）主要技术要求

①钢轨与绝缘轨距块、绝缘轨距块与预埋铁座间缝隙之和不应大于 1 mm。

②扣压力不应小于 9kN（夹板位置弹条除外）。

③轨距调整量：－8～＋4 mm，通过更换不同号码的绝缘轨距块实现轨距和轨向的调整。

④高低调整：扣件不能进行高低调整，不得垫入调高垫板。

2. 弹条Ⅴ型扣件系统组成及主要技术要求

（1）扣件组成

①弹条Ⅴ型扣件系统由螺旋道钉、平垫圈、弹条、轨距挡板、轨下垫板和预埋套管等组成，此外，为高低调整需要，还包括调高垫板，如图 2-31 所示。

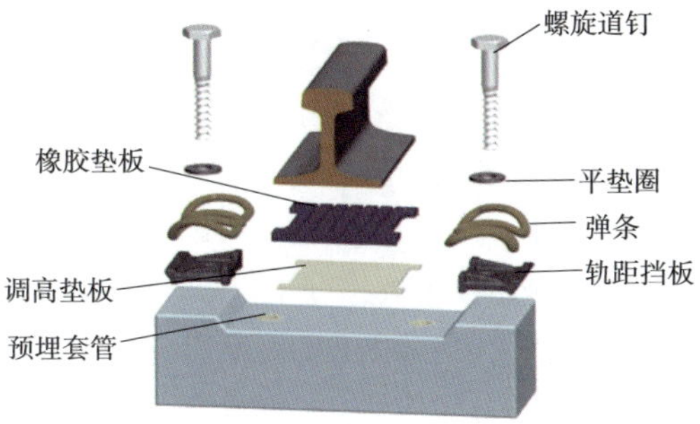

图 2-31　弹条Ⅴ型扣件部件组成

②弹条分为两种，即一般地段使用的 W2 型弹条（直径为 14 mm）和桥上可能使用的 X3 型弹条（直径为 13 mm）两种。

③轨下垫板分为两种，即橡胶垫板和桥上可能使用的复合垫板。桥上需要降低线路阻力时，采用 X3 型弹条并配用复合垫板。

④轨距挡板分 2 号～8 号 7 种规格，标准轨距时，采用 4 号和 6 号。

⑤调高垫板按厚度分为 1、2、5 和 8 mm 四种规格，放置于轨下垫板与轨枕承轨面之间。

⑥在夹板处，当在小号码轨距挡板上安装 W2 型弹条和 X3 型弹条有困难时，应安装弹条Ⅰ型扣件 A 型弹条。

（2）主要技术要求

①弹条安装标准：弹条中部前端下颚与钢轨不宜接触，两者间隙不得大于 0.5 mm，或使用扭矩扳手检测螺旋道钉扭矩时，W2 型弹条为 130～170 N·m，X3 型弹条为 80～110 N·m。

②弹条养护标准：弹条中部前端下颚与钢轨不宜接触，两者间隙不得大于 1 mm，或使用扭矩扳手检测螺旋道钉扭矩时，W2 型弹条为 130～170 N·m，X3 型弹条为 80～110 N·m。

③钢轨与轨距挡板间隙不得大于 1 mm。轨距挡板应与承轨槽挡肩密贴，间隙不得大于 1 mm。

④轨距调整量：－8～＋4 mm，通过更换不同号码的轨距挡板实现轨距和轨向调整。

⑤高低调整量为 10 mm，通过在轨下垫板和轨枕之间放入调高垫板进行调整，调高垫板不得放在轨下垫板上，放入调高垫板的总厚度不得大于 10 mm，数量不得超过 2 块。

⑥预埋套管中应保证有一定的防护油脂，油脂性能应符合相关规定。

3. FC 型扣件系统组成及主要技术要求

（1）扣件组成

①FC 型扣件系统由弹条、绝缘帽、预埋底座、绝缘轨距块和橡胶垫板等组成，如图 2-32 所示。

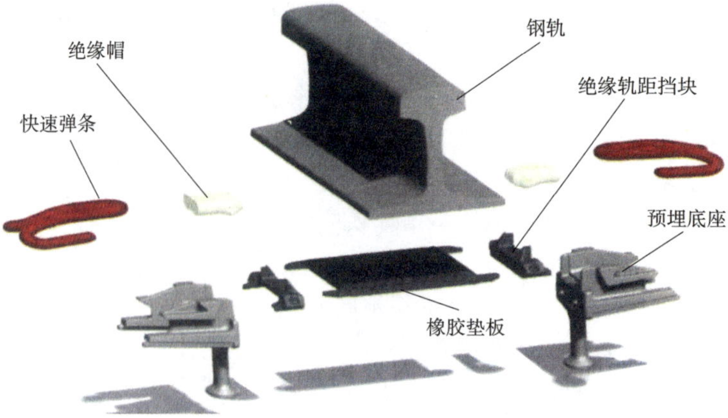

图 2-32 FC 型扣件部件组成

②弹条分 FC1504 型、FC1502 型和 FC1306 型三种。一般地段安装 FC1504 型弹条(直径为 15 mm、配用 8494 型绝缘帽),夹板处安装 FC1502 型弹条(直径为 15 mm、不安装绝缘帽),小阻力地段安装 FC1306 型弹条(直径为 13 mm、配用 12133 型绝缘帽)。

③绝缘轨距块共有 10 种规格,分别为 6～15 mm 厚度。

(2)主要技术要求

①钢轨与绝缘轨距块、绝缘轨距块与预埋铁座间缝隙之和不应大于 1 mm。

②扣压力不应小于 9 kN(小阻力弹条不应小于 3 kN)。

③轨距调整量:－8～＋8 mm,通过更换不同号码的绝缘轨距块进行轨距和轨向调整。

④高低调整:扣件不能进行高低调整,不得垫入调高垫板。

4. 有砟轨道扣件伤损标准

扣件出现以下不良状态或伤损,应进行修理或更换:

①零部件损坏。

②预埋套管损坏。

③有螺栓弹条(弹条Ⅴ型)紧固状态弹条中肢前端离缝超过 1 mm。

④无螺栓弹条(弹条Ⅳ型、FC 型)不能保持应有的扣压力。

⑤橡胶垫板压溃或变形(两侧压宽合计:厚度为 10 mm 的橡胶垫板超过 20 mm)丧失作用,橡胶垫片损坏时,应进行更换。

⑥轨距挡板严重磨损,钢轨与轨距挡板、轨距挡板与承轨槽挡肩离缝超过 2 mm。

(二)无砟轨道扣件

无砟轨道主要采用 WJ-7 型、WJ-8 型、W300-1 型和 SFC 型扣件,按无砟道床形式分为有挡肩和无挡肩扣件,如表 2-26 所示。

表 2-26 无砟轨道扣件类型

扣件类型	无砟道床形式
WJ-7 型扣件	无挡肩
WJ-8 型扣件	有挡肩
W300-1 型扣件	有挡肩
SFC 型扣件	无挡肩

1. WJ-7 型扣件组成及主要技术要求。

(1)扣件组成

①WJ-7 型扣件由 T 形螺栓、螺母、平垫圈、弹条、绝缘块、铁垫板、轨下垫板、绝缘缓冲垫板、重型弹簧垫圈、平垫块、锚固螺栓和预埋套管等组成，为满足高低调整需要，还包括轨下调高垫板(或充填式垫板)、铁垫板下调高垫板，如图 2-33 所示。

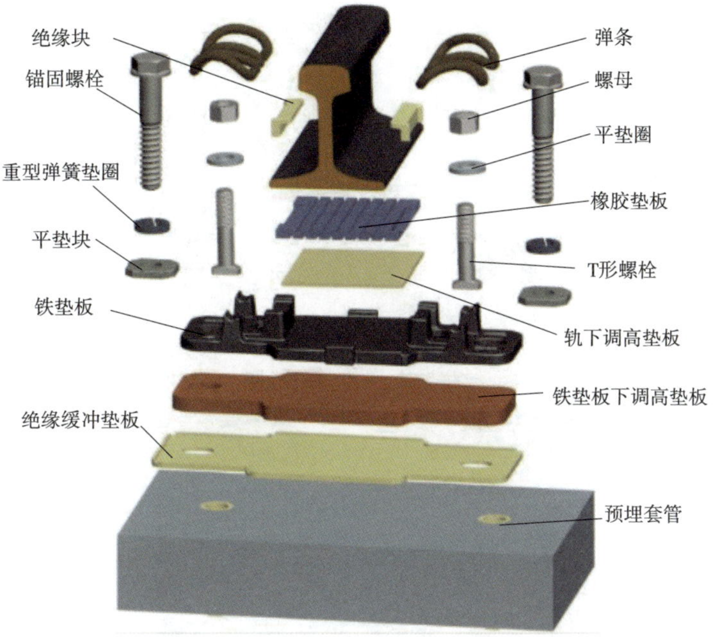

图 2-33　WJ-7 型扣件部件组成

②弹条分为两种，即 W1 型弹条(直径为 14 mm)和 X2 型弹条(直径为 13 mm)，其中桥上采用小阻力扣件时使用 X2 型弹条。

③轨下垫板分为 A、B 两类，A 类用于兼顾货运的高速铁路(厚度为 12 mm)，B 类用于仅运行客车高速铁路(厚度为 14 mm)，每类又分为橡胶垫板和桥上采用小阻力扣件时配套使用复合垫板。

(2)主要技术要求

①对 T 形螺栓应进行定期涂油，防止螺栓锈蚀，油脂性能应符合相关规定。

②预埋套管中应保证有一定的防护油脂，油脂性能应符合相关规定。

③安装铁垫板时，轨底坡方向应朝向轨道内侧。

④弹条安装标准：弹条中部前端下颚与绝缘块不宜接触，两者间隙不得大于 0.5 mm；或使用扭矩扳手检测 T 形螺栓扭矩时，W1 型弹条为 100～140 N・m，X2 型弹条为 70～90 N・m。

⑤弹条养护标准：弹条中部前端下颚与绝缘块不宜接触，两者间隙不得大于 1 mm；或使用扭矩扳手检测 T 形螺栓扭矩时，W1 型弹条为 100～140 N・m，X2 型弹条为 70～90 N・m。

⑥锚固螺栓扭矩为 300～350 N・m。

⑦钢轨与绝缘块、绝缘块与铁垫板挡肩间缝隙之和不得大于 1 mm。

⑧钢轨左右位置调整量：±6 mm。

⑨高低调整量：－4～＋26 mm。

2. WJ-8 型扣件组成及主要技术要求

(1)扣件组成

①WJ-8 型扣件由螺旋道钉、平垫圈、弹条、绝缘轨距块、轨距挡板、轨下垫板、铁垫板、铁垫板下弹性垫板和预埋套管等组成。为满足高低调整需要,还包括轨下微调垫板和铁垫板下调高垫板,如图 2-34 所示。

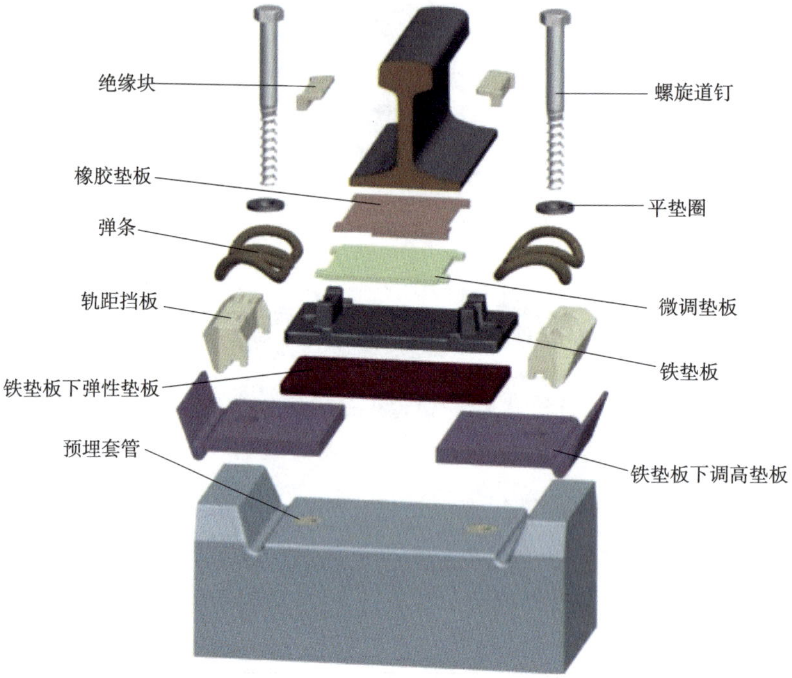

图 2-34　WJ-8 型扣件部件组成

②弹条分两种,即 W1 型弹条(直径为 14 mm)和 X2 型弹条(直径为 13 mm),其中桥上采用小阻力扣件时使用 X2 型弹条。

③轨距挡板分为两种,即一般地段用轨距挡板和夹板处用接头轨距挡板。

④铁垫板下弹性垫板分为 A、B 两类(厚度均为 12 mm)。A 类弹性垫板用于兼顾货运的高速铁路,B 类弹性垫板用于仅运行客车的高速铁路。

⑤螺旋道钉分为 S2 型和 S3 型两种,在扣件正常状态安装或钢轨调高量不大于 15 mm 时用 S2 型螺旋道钉,调高量大于 15 mm 时用 S3 型螺旋道钉。

(2)主要技术要求

①预埋套管中应保证有一定的防护油脂,油脂性能应符合相关规定。

②夹板处应采用接头轨距挡板和绝缘轨距块。

③弹条安装标准:弹条中部前端下颚与绝缘轨距块不宜接触,两者间隙不得大于0.5 mm;或使用扭矩扳手检测螺旋道钉扭矩时,W1 型弹条为 130～170 N·m,X2 型弹条为 90～120 N·m。

④弹条养护标准:弹条中部前端下颚与绝缘轨距块不宜接触,两者间隙不得大于 1 mm;或使用扭矩扳手检测螺旋道钉扭矩时,W1 型弹条为 130～170 N·m,X2 型弹条为 90～120 N·m。

⑤轨距挡板应与承轨槽挡肩密贴,间隙不得大于 1 mm;钢轨与绝缘轨距块、绝缘轨距块与铁垫板挡肩间缝隙之和不得大于 1 mm。

⑥钢轨左右位置调整量：±5 mm。

⑦高低调整量：−4～+26 mm。

3. W300-1 型扣件组成及主要技术要求

(1)扣件组成

①W300-1 型扣件分为 W300-1a 型和 W300-1u 型两种。扣件由弹条、绝缘垫片、轨距挡板、螺栓、轨下垫板、铁垫板、弹性垫板和预埋套管等组成，为满足高低调整需要，还包括调高垫板，如图 2-35 所示。

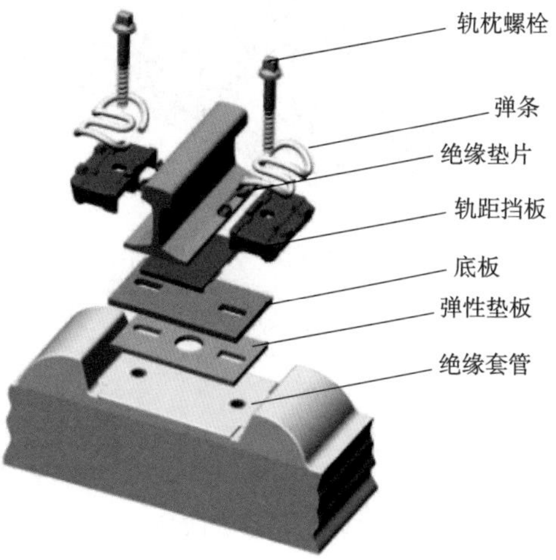

图 2-35　W300-1 型扣件部件组成

②弹条分为两种，即 SKL15 型弹条（直径为 15 mm）和 SKLB15 型弹条（直径为 13 mm），其中桥上采用小阻力扣件时使用 SKLB15 型弹条。

③标准规格螺栓（Ss36-230）长度为 230 mm。为满足高低调整需要，配有长度为 240 mm 和 250 mm的螺栓。

④标准规格轨下垫板（Zw692－6）厚度为 6 mm。为满足高低调整需要，配有厚度为 2、3、4、5、7 和 8 mm 的轨下垫板。

⑤标准规格轨距挡板分为 Wfp15a 型挡板（适用于 W300-1a 型扣件）和 Wfp15u 型挡板（适用于 W300-1u 型扣件）两种。为满足钢轨左右位置调整需要，配有 Wfp15a±1（Wfp15u±1）～Wfp15a±8（Wfp15u±8）各 16 种规格。

(2)主要技术要求

①预埋套管中应保证有一定的防护油脂，油脂性能应符合相关规定。

②弹条安装标准：弹条中部前端与轨距挡板前端突起部分不宜接触，两者间隙不得大于 0.5 mm；或使用扭矩扳手检测螺旋道钉扭矩时，SKL15 型弹条为 210～250 N·m，SKLB15 型弹条为 150～180 N·m。

③弹条养护标准：弹条中部前端与轨距挡板前端突起部分不宜接触，两者间隙不得大于 1 mm；或使用扭矩扳手检测螺旋道钉扭矩时，SKL15 型弹条为 210～250 N·m，SKLB15 型弹条为 150～180 N·m。

④轨距挡板应与承轨槽挡肩密贴，钢轨与轨距挡板间隙不得大于 1 mm。

⑤钢轨左右位置调整量：±8 mm。

⑥高低调整量：−4～+26 mm。

4. SFC 型扣件组成及主要技术要求

(1)扣件组成

①SFC 型扣件分为直列式和错列式两种。扣件由弹条、绝缘帽、铸铁底板、绝缘轨距挡块、橡胶垫板、锚固螺栓、贝式垫片、锯齿垫片、耦合垫板和预埋套管等组成，为满足高低调整需要，还包括位于铸铁底板和耦合垫板之间的调高垫板，如图 2-36、图 2-37 所示。

②弹条分为 FC1504 型、FC1502 型和 FC1306 型三种。一般地段安装 FC1504 型弹条（直径为 15 mm、配用 8494 型绝缘帽）；夹板处安装 FC1502 型弹条（直径为 15 mm、不安装绝缘帽）；小阻力扣件安装 FC1306 型弹条（直径为 13 mm、配用 12133 型绝缘帽）。

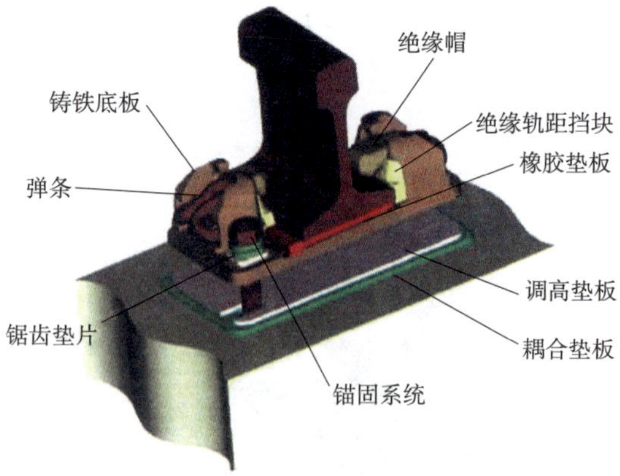

图 2-36 错列式 SFC 型扣件部件组成

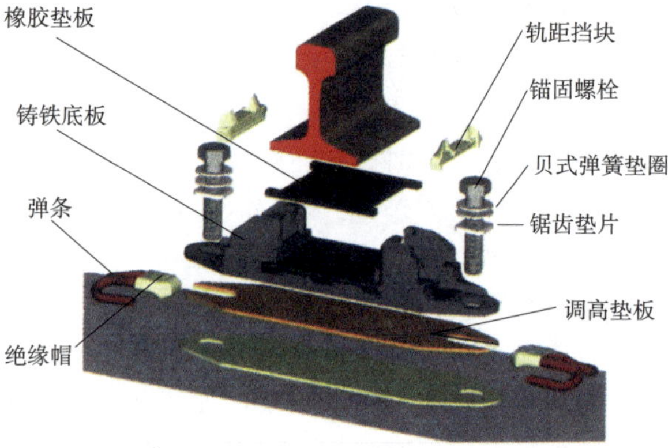

图 2-37 直列式 SFC 型扣件部件组成

(2)主要技术要求

①预埋套管中应保证有一定的防护油脂,油脂性能应符合相关规定。

②安装铁垫板时,轨底坡方向应朝向轨道内侧。

③弹条初装扣压力不得小于 9 kN;养护过程中弹条扣压力不得小于 8 kN。

④锚固螺栓扭矩为 150～200 N・m。

⑤钢轨与绝缘轨距块、绝缘轨距块与铁垫板挡肩间缝隙之和不得大于 1 mm。

⑥钢轨左右位置调整量:±6 mm。

⑦高低调整量:30 mm。

5. 无砟轨道扣件伤损标准

扣件出现以下不良状态或伤损,应进行修理或更换:

(1)零部件损坏。

(2)预埋套管损坏。

(3)锚固螺栓扭矩(WJ-7 型、SFC 型)不满足要求。

(4)有螺栓弹条(WJ-7 型、WJ-8 型、300-1 型扣件)紧固状态弹条中肢前端离缝超过 1 mm。

(5)无螺栓弹条(SFC 型扣件)不能保持应有的扣压力。

(6)弹性垫板静刚度超过设计上限的 25%。

四、轨道结构过渡段

1. 轨道结构过渡段应符合下列规定:

(1)不同轨道结构应在相同下部基础上进行过渡。

(2)不同轨道结构间的过渡段区域不应设置工地焊接接头。

2. 无砟轨道与有砟轨道结构间的过渡应符合下列规定:

(1)无砟轨道结构的底座或支承层应从过渡点开始向有砟轨道延伸长度不应小于 10 m,同时应符合有砟轨道区段最小道床厚度的要求。

(2)过渡段无砟轨道一定范围内,应保证轨道板或道床板与支承层的可靠连接。

(3)过渡段应设置 60 kg/m 的铺助轨及配套扣件,辅助轨长度 25 m(其中无砟轨道内约 5 m,有砟轨道内约 20 m)。辅助轨的设置不应影响大型养路机械维修作业。

(4)过渡段范围的轨道刚度应按分级过渡设计。

(5)过渡段有砟轨道一定范围可采用道砟胶对碎石道床不同部位进行粘结。

3. 不同无砟轨道结构间的过渡设计应考虑无砟轨道结构高度差异。

思考题

1. 有砟轨道混凝土轨枕失效判定标准有哪些?
2. 无砟道床有哪几种类型?
3. 简述 CRTSⅠ型板式无砟轨道的结构组成。
4. 路基地段 CRTSⅠ型板式无砟轨道结构有哪些特点?
5. CRTSⅠ型板式无砟道床伤损形式及伤损等级判定标准是什么?
6. 隧道地段 CRTSⅠ型双块无砟轨道结构有哪些特点?
7. CRTSⅠ型双块式无砟道床伤损形式及伤损等级判定标准是什么?
8. 路基地段 CRTSⅡ型板式无砟轨道结构有哪些特点?
9. 桥梁地段 CRTSⅡ型板式无砟轨道结构有哪些特点?
10. 道岔区轨枕埋入式无砟道床伤损形式及伤损等级判定标准是什么?
11. 道岔区板式无砟轨道结构有哪些特点?
12. 道岔区板式无砟道床伤损形式及伤损等级判定标准是什么?
13. 弹条Ⅳ型扣件有哪些部件组成?
14. 弹条Ⅴ型扣件主要技术要求有哪些?
15. FC 型扣件有哪些部件组成?
16. FC 型扣件主要技术要求有哪些?
17. WJ-7 型扣件主要技术要求有哪些?
18. WJ-8 型扣件有哪些部件组成?
19. W300-1 型扣件主要技术要求有哪些?
20. SFC 型扣件主要技术要求有哪些?

第四节 道 岔

一、高速铁路道岔的种类

高速铁路道岔均为单开道岔,其种类可以按采用的技术系列、速度(包括直向容许通过速度和侧向容许通过速度)、轨下基础类型进行分类。

从技术系列上,可以分为客专线系列(我国自主研发)、CN 系列(德国技术)和 CZ 系列(法国技术),如表 2-27、表 2-28 和表 2-29 所示。

大号码道岔的号数,与道岔的平面线型密切相关,由于德国、法国大号码道岔的平面线形完全不同,因而两国高速大号码道岔的主要尺寸和道岔号数也不相同。

自主研发的客运专线道岔,除 18 号采用单圆曲线的平面线形外,大号码道岔采用圆曲线+缓和曲线的平面线型,与法国高速道岔相同,但由于导曲线半径等不同,因而道岔主要尺寸也与法国技术引进道岔不同。

表 2-27 客专线系列道岔

道岔号数	18	42	62	备注
时速 250 km 客运专线(有砟道床)	客运专线(07)004	客运专线(07)011	—	
时速 350 km 客运专线(无砟道床)	客运专线(07)009	客运专线(07)006	客运专线(08)013	
道岔侧向容许通过速度(km/h)	80	160	220	

表 2-28 CN 系列道岔

道岔号数	18	39.113	42	50	备注
有砟道岔	CN-6118AB	—	—	—	
无砟道岔	CN-6118AS	—	CN-6142AS	—	
道岔侧向容许通过速度(km/h)	80	160	160	220	

表 2-29 CZ 系列道岔

道岔号数	18	41	备注
有砟道岔	CZ6001/CZ6007	CZ6011	
无砟道岔	CZ6002	CZ6006	
道岔侧向容许通过速度(km/h)	80	160	

根据目前的技术发展趋势，时速 350 km 客运专线采用无砟轨道，时速 250 km 客运专线采用有砟轨道，个别城际轨道交通，虽然最高运行速度不超过 250 km/h，采用无砟轨道，但列车轴重较轻，也宜采用时速 350 km 的客运专线道岔。

二、高速铁路道岔主要特征

表 2-30 所示为客专线系列、CN 系列、CZ 系列道岔主要特征。

表 2-30 各种客运专线道岔主要特征

序号	客专线系列	CN 系列	CZ 系列
1	尖轨采用 60D40 钢轨制造	尖轨采用 Zul-60 钢轨制造	尖轨采用 60D40 钢轨制造
2	尖轨跟端采用间隔铁、限位器或无传力结构	尖轨跟端采用限位器结构	尖轨跟端不设传力结构
3	翼轨采用轧制的特种断面翼轨	翼轨采用普通钢轨制造	翼轨采用高锰钢铸造与 A74 钢轨焊接的方式
4	翼轨与长心轨或岔跟尖轨胶接	心轨前端采用整体锻制	心轨采用 60D40 钢轨拼接
5	岔跟尖轨用 60 kg/m 钢轨制造	岔跟尖轨用厚腰钢轨制造	岔跟尖轨用 60D40 钢轨制造
6	所有铁垫板采用硫化处理	铁垫板采用硫化处理(大号码道岔可动心轨辙叉部分不采用硫化处理)	铁垫板不采用硫化处理
7	部分滑床板间隔设置施维格辊轮，辊轮高度可方便地进行调整	转辙器部分间隔设置辊轮滑床板，辊轮设在滑床板中间	转辙器部分间隔设置辊轮滑床板
8	扣件为弹条Ⅱ型扣件	扣件为窄形弹条，滑床板部分用两根分体弹条扣压	扣件为窄形弹条，滑床板部分用弹性夹扣压
9	混凝土岔枕采用长岔枕，垂直于道岔直股布置	混凝土长岔枕采用铰接，按扇形布置	混凝土岔枕采用长岔枕
10	牵引点设两岔枕之间，尖轨采用多机多点、分动转换	尖轨采用多机多点、分动转换，有砟道岔牵引点设钢岔枕	牵引点设置在混凝土岔枕上；尖轨采用一机多点、联动转换
11		基本轨设有轨距加宽	

三、客专线系列道岔

(一)客运专线道岔主要尺寸

1. 客运专线 60-18 号道岔平面布置图

为了改善顺向出岔对尖轨及基本轨前端的磨耗,提高使用寿命,客专 18 号道岔采用了 12 mm相离单圆曲线线形,有别于原来的相切线形,圆曲线终点进入辙叉范围,如图 2-38 所示。

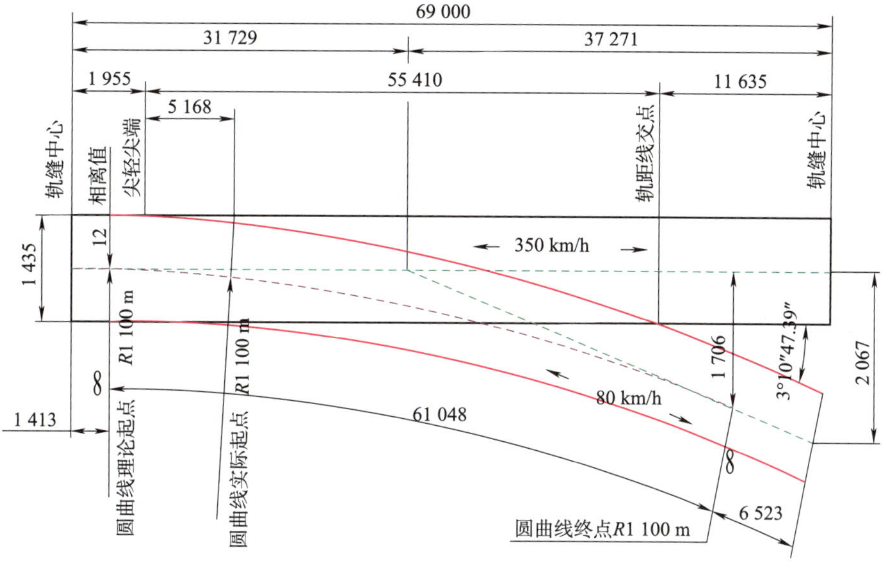

图 2-38 18 号道岔线形及主要尺寸(图中单位除标注外为 mm)

注:相离值 12 mm 指道岔侧股中心圆曲线理论起点至道岔直股中心线的距离。

2. 客专线 60-42 号道岔平面布置图

图 2-39 为客专线 60-42 号道岔平面布置图。

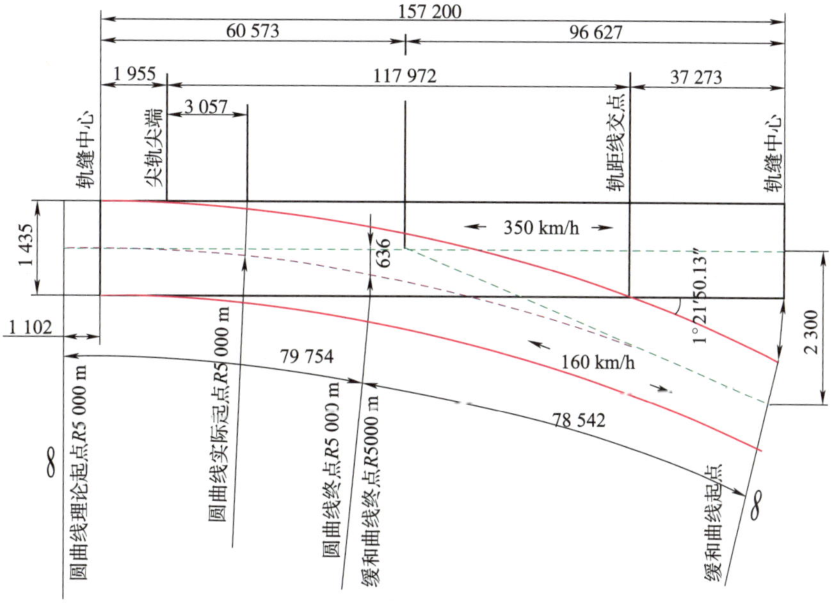

图 2-39 42 号道岔线形及主要尺寸(图中单位除标注外为 mm)

3. 18 号道岔主要组件参数

表 2-31、表 2-32 为 18 号无砟和有砟道岔主要组件参数。

表 2-31　18 号无砟道岔主要组件参数

60-18 无砟		尺寸			质量				面积	吊装
		长度 L(m)	宽度 W(m)	高度 H(m)	钢轨(t)	扣件(t)	轨枕(t)	总计(t)	(m^2)	最少起吊点数量
区段	转辙器轨排	23. 392	2. 7	0. 415	6. 3	7. 0	9. 7	23. 0	64. 8	6×2
	导轨组件(5 根)	24. 614	—	—	7. 2	—	—	7. 2	—	6
	辙叉轨排	20. 992	3. 2	0. 415	7. 0	5. 7	8. 3	21. 0	67. 2	3×2
	其余零部件	—	—	—	—	—	22. 6	27. 8	—	—

表 2-32　18 号有砟道岔主要组件参数

60-18 有砟		尺寸			质量				面积	吊装
		长度 L(m)	宽度 W(m)	高度 H(m)	钢轨(t)	扣件(t)	轨枕(t)	总计(t)	(m^2)	最少起吊点数量
区段	转辙器轨排	23. 392	3. 0	0. 448	6. 3	7. 0	16. 7	30. 0	72. 0	6×2
	导轨组件(2×3 根)	24. 614	—	—	8. 5	—	—	8. 5	—	6
	辙叉组件	20. 992	1. 5	0. 226	5. 7	4. 0	—	9. 7	31. 5	3
	其余零部件	—	—	—	—	—	55. 0	61. 0	—	—

4. 42 号道岔主要组件参数

表 2-33、表 2-34 为 42 号无砟和有砟道岔主要组件参数。

表 2-33　42 号无砟道岔主要组件参数

60-42 无砟		尺寸			质量				面积	吊装
		长度 L(m)	宽度 W(m)	高度 H(m)	钢轨(t)	扣件(t)	轨枕(t)	总计(t)	(m^2)	最少起吊点数量
区段	转辙器轨排	46. 19	1. 05	0. 235	12. 4	15	0	27. 4	48. 5	8×2
	导轨组件(2×5 根)	49. 192	—	—	23. 2	—	0	23. 2	—	10
	辙叉轨排	47. 992	1. 3	0. 235	7. 2	6. 9	0		62. 39	5
	其余零部件	—	—	—	—	—	95. 25	95. 25	—	—

表 2-34　42 号有砟道岔主要组件参数

60-42 有砟		尺寸			质量				面积	吊装
		长度 L(m)	宽度 W(m)	高度 H(m)	钢轨(t)	扣件(t)	轨枕(t)	总计(t)	(m^2)	最少起吊点数量
区段	转辙器轨排	46. 19	1. 05	0. 228	12. 4	15	0	27. 4	48. 5	8×2
	导轨组件(2×5 根)	49. 192	—	—	23. 2	—	0	23. 2	—	10
	辙叉组件	47. 992	1. 3	0. 226	7. 19	6. 71	0	13. 9	62. 39	5
	其余零部件	—	—	—	—	—	160. 37	160. 37	—	—

(二)客专线道岔构造

1. 转辙器部分(图 2-40)

(1)尖轨跟端的传力结构

道岔按跨区间无缝线路设计,尖轨跟端传力结构设有两种结构形式:采用限位器或间隔铁固定。设限位器传力较为明确,基本轨所受的附加力较小,但尖轨的位移较大。且多个限位器也很难同时受力。设间隔铁时尖轨的固定比较牢固,尖轨的位移较小,也有利于保持尖轨的线型。基本轨承受的附加力较大,间隔铁本身的受力也较大。如图 2-41 所示,为双限位器结构形式。

图 2-40　转辙器部分

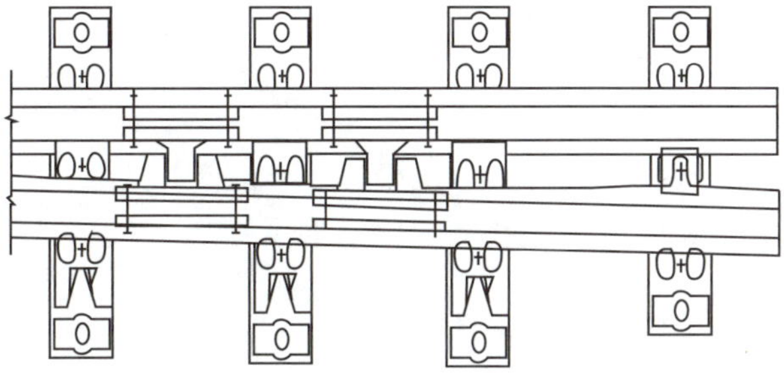

图 2-41　转辙器跟端双限位器结构

(2)尖轨防跳

密贴尖轨与基本轨轨头下颚配合防跳;在轨头切削断面以后采用防跳顶铁,非贴合状态设置防跳限位装置,如图 2-42 所示。

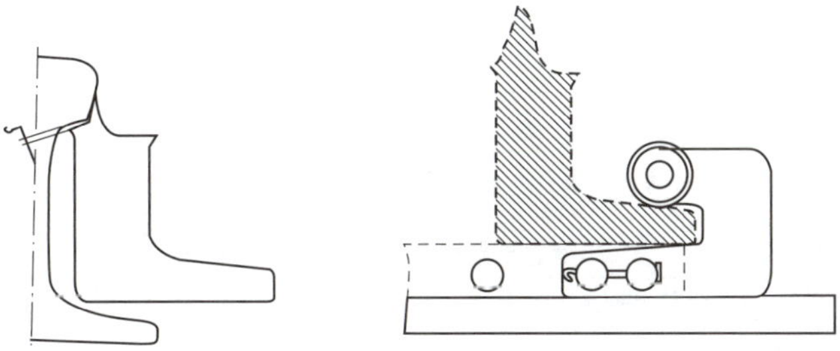

图 2-42　转辙器尖轨防跳结构

(3)滑床板的弹性扣压

由于客专线道岔采用 60D40 钢轨,使基本轨轨底与 AT 轨轨底的高差达 36 mm,采用施维格公司的弹性扣压技术,便于与辊轮的配合。

施维格道岔滑床板和扣压系统，采用弹性夹扣压基本轨，安装、拆卸均较为方便，使用效果也较好，如图 2-43 所示。安装位置如表 2-35 所示。

（a）SSB4（360 mm）用于尖轨跟端

（b）SSB3（303 mm）用于滑床板

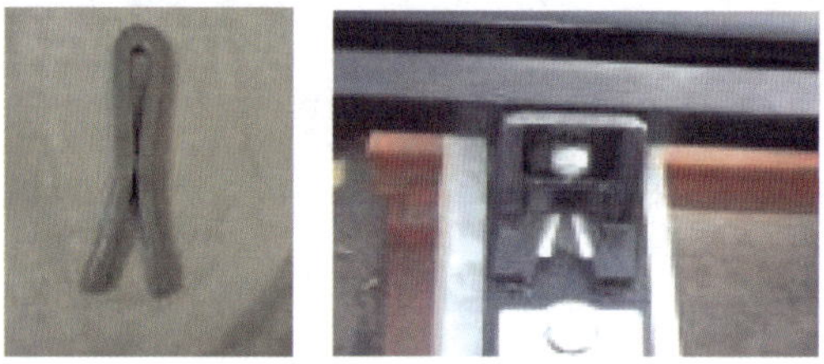

（c）SSB2（224 mm）用于护轨垫板

图 2-43 滑床板扣压

表 2-35 18 号道岔弹性夹安装表

序号	弹性夹类型	规格	安装位置	数量
1	SSB4	360 mm	序号 35～38 岔枕支距垫板用	8
2	SSB3	303 mm	序号 4～34 岔枕滑床板用	62
3	SSB2	224 mm	序号 86～98 岔枕护轨垫板用	13

（4）滑床台减摩

采用滑床台减摩可以有效的降低尖轨和心轨的扳动力，减少尖轨和心轨的不足位移，滑床台的减摩主要采取了两种方式：

①置辊轮滑床垫板：辊轮滑床垫板的设置根据尖轨转辙位移和自重综合考虑。

②所有滑床垫板的台板和可动心轨辙叉起滑动作用的台板均采用减摩涂层。

（5）尖轨降低值

①18 号道岔尖轨降低值如表 2-36 所示。

②42 号道岔尖轨降低值如表 2-37 所示。

表 2-36 时速 350 km18 号道岔尖轨降低值列表（单位：mm）

尖轨类型	检测位置	降低值	轨头宽度	尖轨类型	检测位置	降低值	轨头宽度
直线尖轨	尖轨尖端	23	0	曲线尖轨	尖轨尖端	23	0
	距尖端 575	14	3		距尖端 964	14	5
	距尖端 2 889	3	15		距尖端 3 855	3	20
	距尖端 7 304	0	40		距尖端 8 604	0	50

表 2-37 42 号道岔尖轨降低值列表(单位:mm)

尖轨类型	检测位置	降低值	轨头宽度	尖轨类型	检测位置	降低值	轨头宽度
直线尖轨	尖轨尖端	23	0	曲线尖轨	尖轨尖端	23	0
	距尖端 4 014	14	5		距尖端 4 015	14	5
	距尖端 9 190	4	15		距尖端 9 192	4	15
	距尖端 16 942	0	40		距尖端 16 945	0	40

(6)尖轨尖端至心轨实际尖端距离

尖轨尖端至心轨实际尖端的距离如表 2-38 所示。

表 2-38 尖轨尖端至心轨实际尖端的距离(单位:mm)

道岔型号	尖轨尖端至心轨实际尖端的距离
时速 250 km,18 号道岔	53 070
时速 350 km,18 号道岔	53 200
42 号道岔	113 190

(7)转辙器部分转换设备(图 2-44)

图 2-44 转辙器部分转换设备

2. 可动心轨辙叉

主体结构采用长翼轨、钢轨拼装式可动心轨辙叉结构,如图 2-45 所示。采用长翼轨使心轨与翼轨成为整体,便于温度力的传递,心轨受到的温度力通过跟端固定装置传至翼轨,使心轨的伸缩得到有效控制。

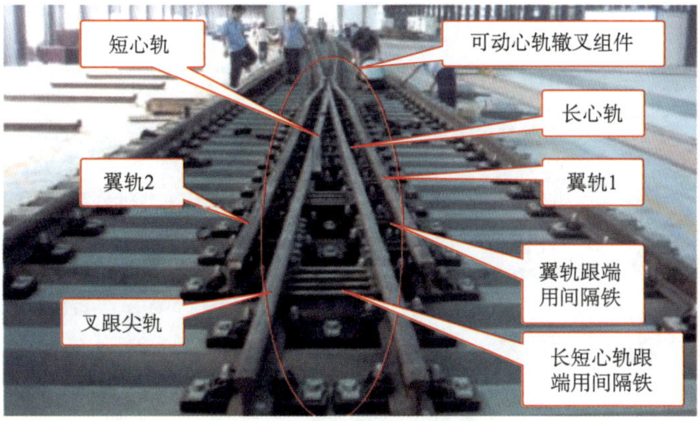

图 2-45 可动心轨辙叉

(1)翼轨形式

翼轨采用轧制特种断面翼轨。特种断面翼轨包含一个完整的普通 CHN60 钢轨断面，如图 2-46 所示，其趾端可以通过机械加工为普通 CHN60 钢轨断面实现和导曲线钢轨的焊接。宽轨头侧为安装电务设备预留了充足的空间。

(2)心轨

心轨采用 60D40AT 钢轨组合的结构，短心轨后端仍为斜接头，具有制造简单、实现容易的特点。采用 60D40 钢轨拼接，可有效降低心轨的转换阻力。心轨前端不再轧制转换凸缘，在牵引点处将轨底刨切成 32 mm，为方便电务钩锁设置，轨底也刨切 10 mm。

由于客专线道岔采用 60D40 钢轨，轨顶带有 1 ∶ 40 的轨顶坡，因此只能将长肢向外，在短心轨后端需将 AT 轨长肢刨切 57 mm。长短心轨贴合型式采用了轨底直切式，如图 2-47 所示，其优点是可以减少长短心轨连接螺栓的受力，缺点是长心轨的强度削弱较大，同时由于两定位面角度相差较小，长、短心轨的轨底水平受加工精度影响较大，宜造成轨底扭转，将给组装带来较大难度。

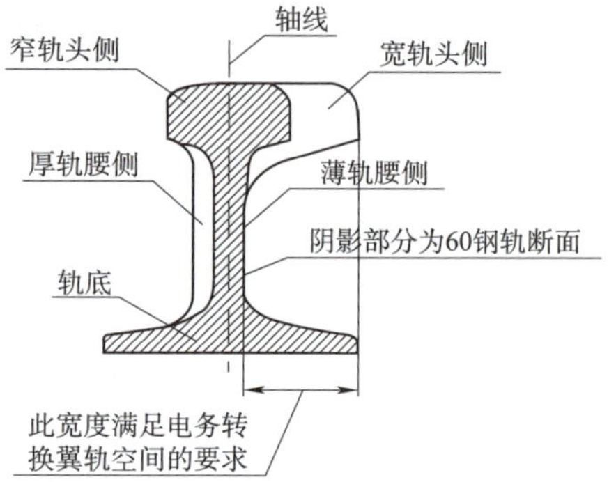

图 2-46　翼轨结构

(3)跟端结构

翼轨跟端设两块间隔铁，间隔铁采用全断面接触加长型间隔铁，并采用胶接型式，如图 2-48所示，其优点是结构简单，技术较为成熟，使用效果也较好。

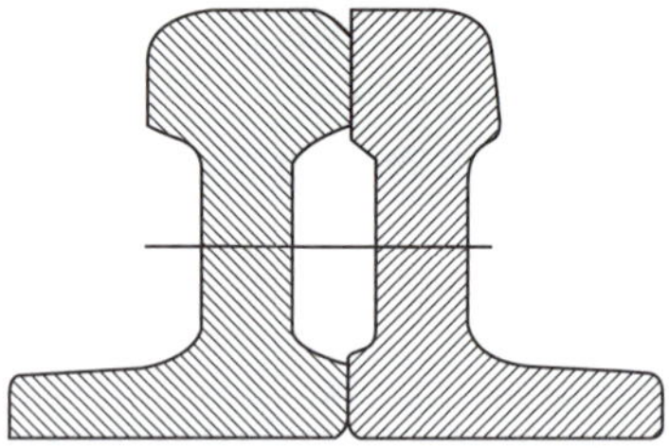

图 2-47　长短心轨贴合型式轨底直切式结构

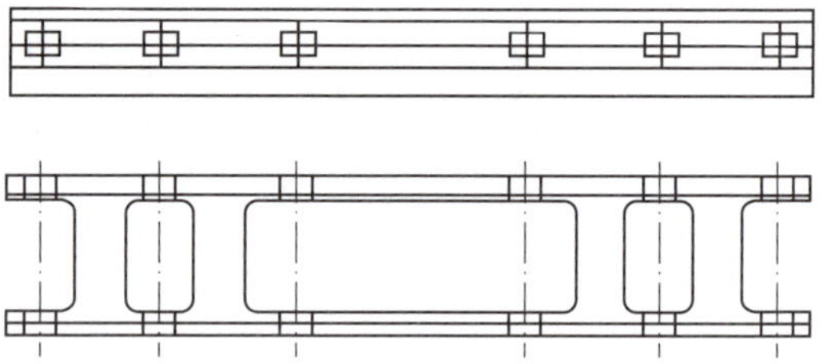

图 2-48　翼轨跟端加长型胶接间隔铁

(4)心轨防跳

在长心轨前端加工出台阶，与相对的翼轨下颚也相应增加配合台面；在心轨与翼轨密贴段增设了防跳卡铁，顶铁全部采用了防跳顶铁，如图 2-49 所示。

图 2-49　心轨防跳结构

(5)护轨及护轨垫板

道岔直股不设护轨，侧股设防磨护轨，护轨采用 UIC33 槽型护轨结构，为减少冲击加长护轨缓冲段长度，如图 2-50 所示。垫板为组合焊接垫板，钢轨内侧采用施维格弹性夹扣压，轨距调整采用缓冲调距块。

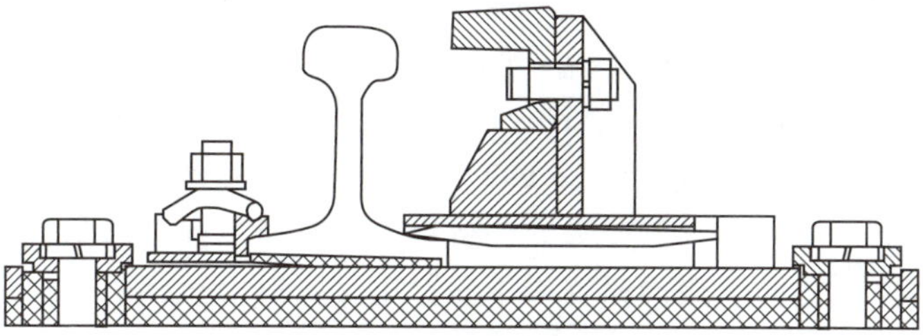

图 2-50　护轨垫板结构

(6)心轨降低值

①18 号道岔心轨降低值如表 2-39 所示。

表 2-39　时速 350 km18 号道岔心轨降低值列表(单位：mm)

检测位置	降低值	轨头宽度
心轨尖端	16	0
距心端 389	4	22.5
距心端 1 225	0	50

②42 号道岔心轨降低值如表 2-40 所示。

表 2-40　42 号道岔心轨降低值列表(单位：mm)

检测位置	降低值	轨头宽度
心轨尖端	16	0
距心端 652	3	20
距心端 2 315	0	45

(7)辙叉部分转换设备(图 2-51)

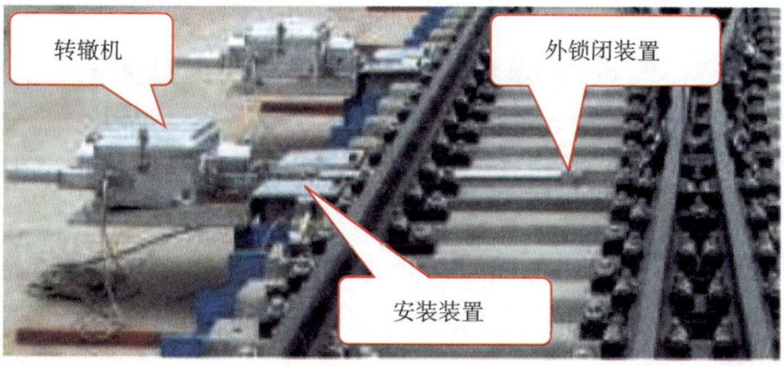

图 2-51　辙叉部分转换设备

（三）扣件系统

1. 通用扣件

有砟道岔与无砟道岔采用相同的Ⅱ型弹条分开式扣件系统，即钢轨和弹性铁垫板的联结采用Ⅱ型弹条结构，铁垫板与岔枕的联结采用 $\phi30$ 岔枕螺栓及带缓冲套、缓冲调距块的结构。轨下设 5 mm 橡胶垫板，板下设 20 mm 橡胶垫层与铁垫板硫化在一起(弹性铁垫板)。调高垫板设在岔枕顶面和弹性铁垫板间，可实现－4～＋26 mm 调高量。铁座与轨底间设置轨距块，与缓冲调距块相结合，可实现－8～＋4 mm 的调距量，调距精度为 1 mm。普通垫板扣件系统，如图 2-52、图 2-53、图 2-54 所示。

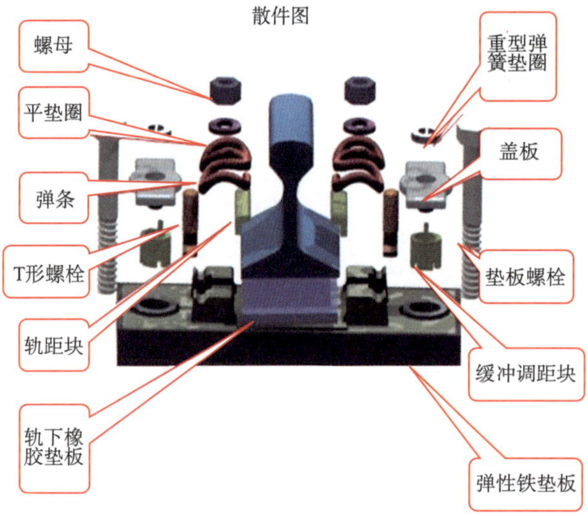

图 2-52 弹条Ⅱ型分开式扣件散件图

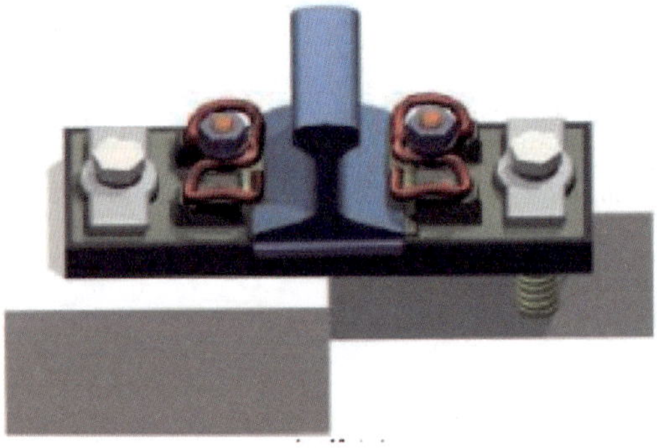

图 2-53 弹条Ⅱ型分开式扣件组件图

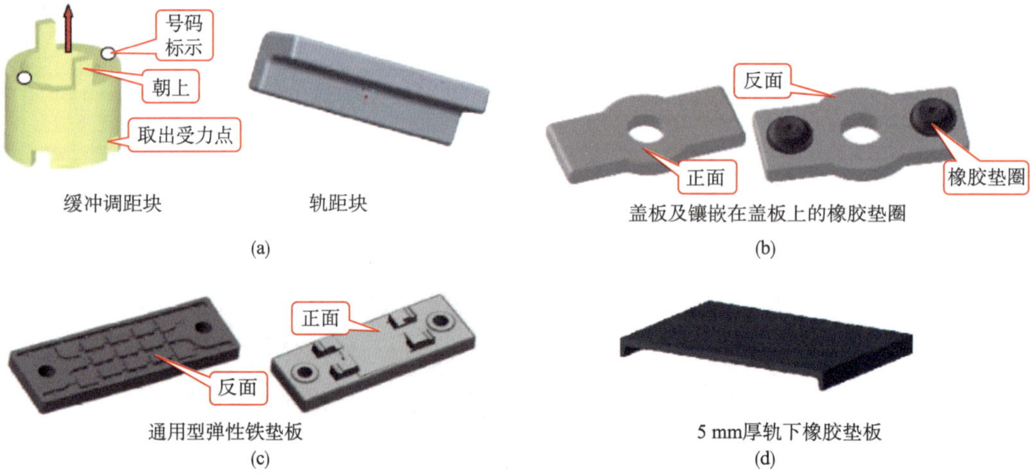

图 2-54 弹条Ⅱ型分开式扣件主要部件图

(1)轨距、支距调整

①扣件系统具有－8～＋4 mm 轨距调整量，通过调整轨距块可实现－2～＋4 mm 的轨距调整，附以缓冲调距块的调边可实现－8～＋4 mm 的轨距调整，调整无需备件，如表 2-41 所示，为轨距块和缓冲调距块的具体配置。

表 2-41 轨距块及缓冲调距块号码配置表

单股钢轨位置	钢轨内侧			钢轨外侧		
	缓冲调距块		轨距块	轨距块	缓冲调距块	
	外侧	内侧			外侧	内侧
+2	6	9	12	9	6	9
+1	6	9	11	10	6	9
0	6	9	10	11	6	9
−1	6	9	9	12	6	9
−2	9	6	11	10	9	6
−3	9	6	10	11	9	6
−4	9	6	9	12	9	6

②对滑床板和护轨垫板，由于钢轨一侧采用弹性夹扣压基本轨，为滑床板，无轨距块，不能通过钢轨另一侧与铁垫板挡肩间的轨距块进行钢轨左右位置的调整，只能通过更换不同号码的缓冲调距块移动滑床板和护轨垫板来进行轨距调整。如表 2-42 所示，为滑床板和护轨垫板处缓冲调距块具体配置。

表 2-42 滑床板和护轨垫板处缓冲调距块配置表

单股钢轨位置	钢轨内侧		钢轨外侧	
	缓冲调距块		缓冲调距块	
	外侧	内侧	内侧	外侧
+2	4	11	4	11
+1	5	10	5	10
0	6	9	6	9
−1	7	8	7	8
−2	8	7	8	7
−3	9	6	9	6
−4	10	5	10	5

③缓冲调距块初始配置为 6-9 型、轨距块的初始配置为 9-11（钢轨外侧）、10-12 号（钢轨内侧），钢轨内外侧的定义、缓冲调距块、轨距块初始安装位置，如图 2-55 所示。

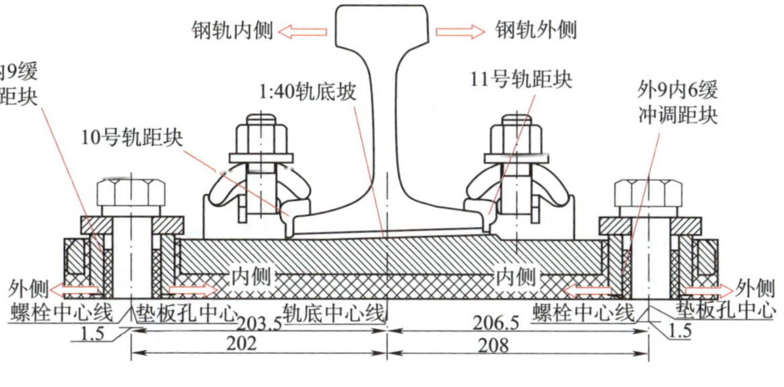

图 2-55 缓冲调距块、轨距块初始安装位置及其型号（单位：mm）

④垫板孔中心与螺栓中心不重合，偏离 1.5 mm。

⑤轨距块分为 9-11、10-12 两种型号，用于调整钢轨左右位置。

⑥缓冲调距块分为 4-11、5-10、6-9、7-8 四种型号，用于调整垫板位置。

⑦通过更换不同型号钢轨两侧轨距块来调整支距垫板处支距，对于其他部位支距，还可以辅助以缓冲调距块进行调整。

(2)高低和水平调整

①混凝土浇筑前，通过调整竖向支撑限位装置的螺杆位置调整轨枕的竖向位置，进而实现钢轨上下位置的调整，使得钢轨高低和道岔水平符合要求；混凝土浇筑后，通过更换不同厚度的调高垫板，实现钢轨上下位置的调整，使得钢轨高低和道岔水平符合要求。

②需要调整个别扣件位置钢轨的高低时(如轨枕平直度不符要求引起水平超限时)，可以采用更换调高垫板的方式。

③扣件系统能够实现的道岔钢轨高低调整量为－4～＋26 mm，调高通过在弹性铁垫板下加入调高垫板进行调整。

④调高垫板分为 1、2、5、8 mm 四种厚度，用以调整钢轨高低位置。

⑤垫板螺栓分为 A、B 两种型号，正常安装时采用 A 型，调高量大于 15 mm 时采用 B 型。

(3)轨向调整

①有砟轨道直上股轨向的调整以调换轨距块和缓冲调距块实现。

②直下股钢轨的轨向通过调换轨距块和缓冲调距块控制轨距实现。

③曲上股钢轨轨向通过调换轨距块或缓冲调距块控制支距实现。

④曲下股钢轨轨向通过调换轨距块和缓冲调距块控制轨距实现。

(4)密贴和间隔调整

①通过增减顶铁调整片，调整尖轨、心轨顶铁间隙，如图 2-56 所示，并同时与调整轨距、支距相结合，确保尖轨与基本轨密贴，可动心轨在轨头切削范围内应分别与两翼轨密贴、开通侧股时，叉跟尖轨尖端与短心轨密贴。

②结合道岔高低、水平的调整，使尖轨或可动心轨轨底应与台板间隙不超标。

③调整限位器位置使两侧的间隙值对称均匀并满足技术要求，如图 2-57 所示。

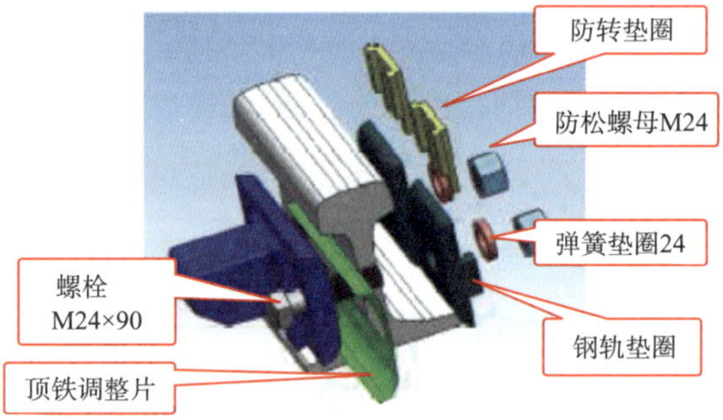

图 2-56　心轨顶铁

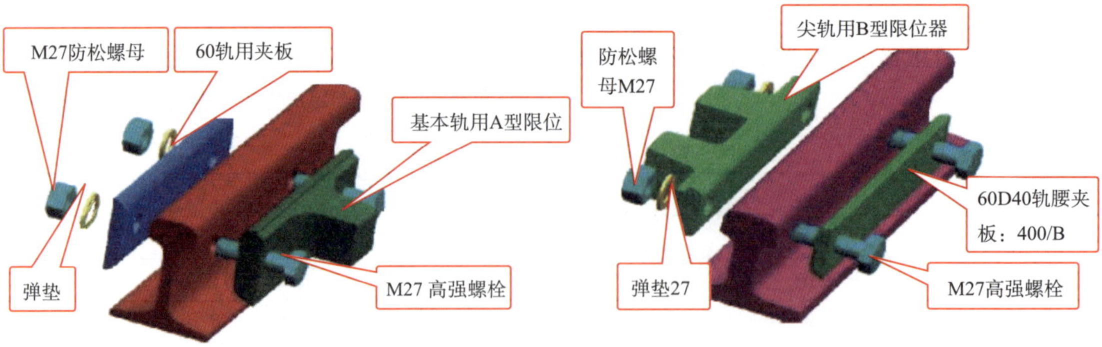

图 2-57　限位器结构

④轨撑的顶铁应与翼轨轨头下颚密贴。

⑤通过调整扣件使尖轨跟端支距、辙叉趾跟端开口、护轨轮缘槽宽度、查照间隔满足要求。

⑥道岔密检器设置位置,如图 2-58、表 2-43 所示。

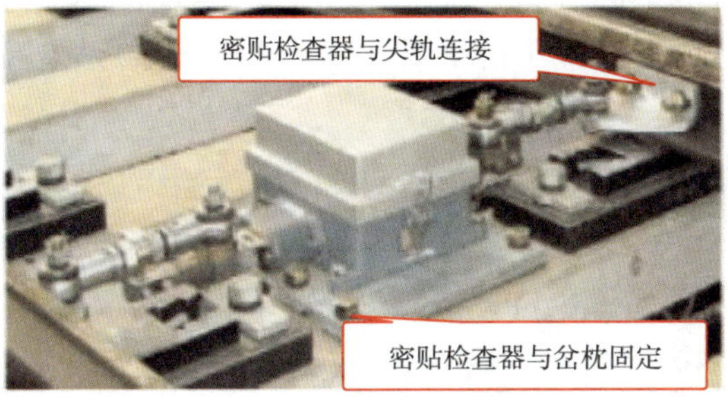

图 2-58 密贴检查器

表 2-43 18 号和 42 号道岔密检器位置

道岔型号	尖轨密检器数	编号	所在岔枕编号
18 号道岔	2	1	8
		2	16
42 号道岔	4	1	9
		2	19
		3	29
		4	39

2. 道岔螺栓标称扭矩

客专线系列道岔螺栓标称扭矩如表 2-44 所示。

表 2-44 各部螺栓标称扭矩

序号	螺栓种类	标称扭矩(N·m)
1	T 形螺栓	弹条前部应与轨距块宏观接触(缝隙 0~1 mm),扭矩为 120~150
2	岔枕 M30 螺栓	300~350
3	长短心轨连接螺栓	540~660
4	限位器、转辙器跟端用间隔铁及翼轨间隔铁连接螺栓	900~1 100
5	防跳卡铁,顶铁螺栓、护轨螺栓、轨撑水平螺栓	以弹性垫圈齐平控制,不易采用过大扭矩,但不应小于 120~150
6	扣板螺栓、轨撑竖向螺栓	300

3. 扣件伤损标准

道岔扣件系统安装与调整应符合铺设图要求,各零部件应保持齐全,作用良好。

扣件有以下伤损情况,应及时更换:

(1)岔枕螺栓、T 形螺栓折断或严重锈蚀。

(2)调高垫板损坏。

(3)弹性铁垫板或弹性基板的橡胶与铁件严重开裂。

(4)弹条、弹性夹、拉簧、弹片等损坏或不能保持应有的扣压力。弹性夹、弹片、挡板损坏。弹性夹离缝、弹片与滑床板挡肩离缝、挡板前后离缝大于 2 mm。

(5)轨距块、挡板、缓冲调距块、偏心锥等严重磨损。

(6)套管失去固定螺栓的能力。

(7)垫板、滑床板、护轨垫板的焊缝开裂。

(8)滑床板损坏、变形或滑床台磨耗大于 3 mm。

(9)弹性垫板静刚度值超过设计上限的 25%。

不得对转辙器滑床台涂油,辙叉滑床台可涂固体润滑剂。各部位螺栓涂油时不得污染橡胶垫板、弹性铁垫板和弹性基板。

(四)岔　　枕

如图 2-59、图 2-60、图 2-61 所示,为不同用途岔枕,岔枕基本要求如下:

(1)轨下基础按长岔枕埋入式,并垂直于道岔直股,辙叉跟端分开后按垂直于线路中心设计,设 2 根扭转过渡枕。

(2)长岔枕长度与既有有砟道岔基本相同。

(3)减小岔枕长度间隔,利于提高无砟道岔的整体美观性。

(4)岔枕按 1 667 根/km 布置(岔枕间距 600 mm),牵引点及两侧岔枕间距可适当调整,但最大间距不超过 650 mm。

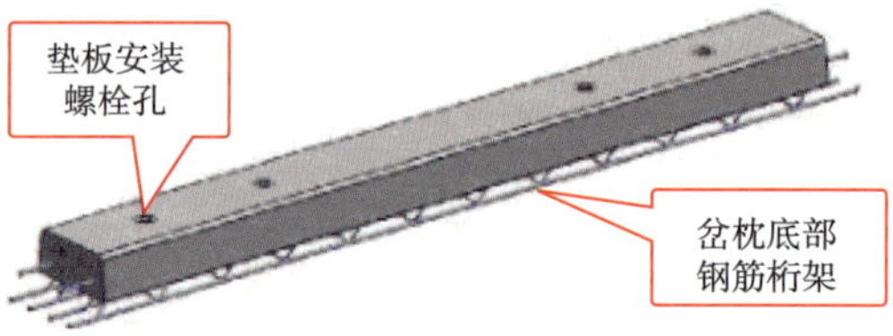

图 2-59　普通岔枕

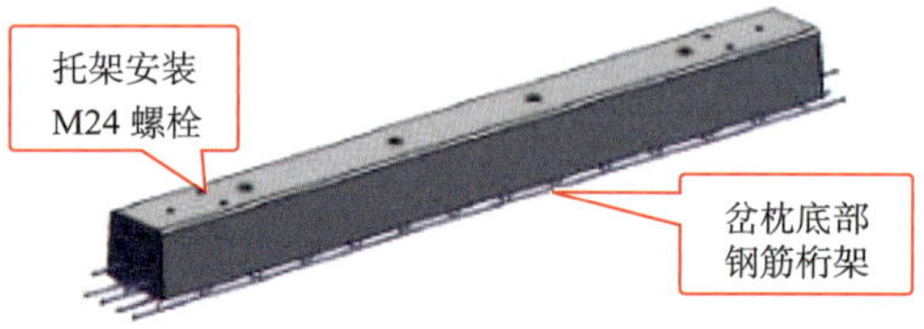

图 2-60　安装转辙机的岔枕

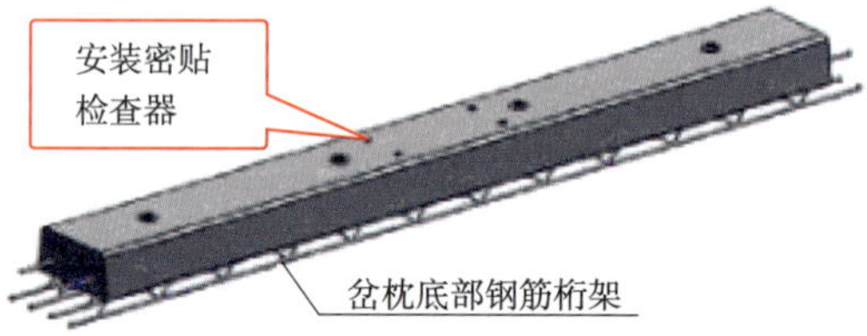

图 2-61　安装密贴检查器的岔枕

(五)导曲线及辙叉支距

1. 18 号道岔导曲线及辙叉支距测量位置如图 2-62 所示,支距如表 2-45 所示。

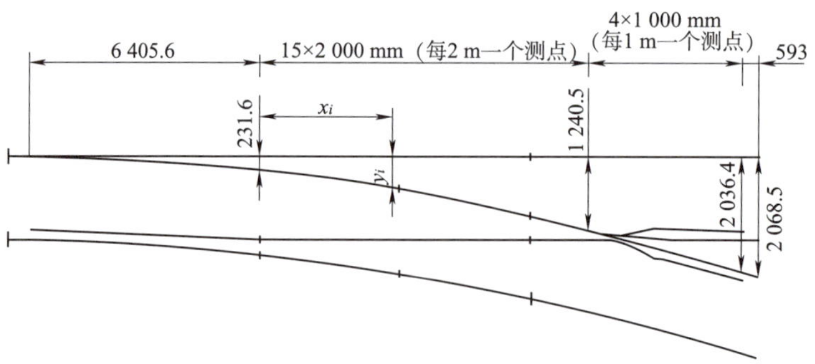

图 2-62　18 号道岔导曲线及辙叉支距示意图(单位:mm)

表 2-45 18 号道岔导曲线及辙叉支距表

点号	距直基本轨跟端距离 x_i(mm)	导曲线支距 y_i(mm)	点号	距直基本轨跟端距离 x_i(mm)	导曲线支距 y_i(mm)
1	0	231.6	17	31 000	1 288.3
2	2 000	273.5	18	32 000	1 336.9
3	4 000	318.9	19	33 000	1 386.5
4	6 000	367.9	20	34 000	1 437
5	8 000	420.6	21	35 000	1 488.4
6	10 000	477	22	36 000	1 540.7
7	12 000	536.9	23	37 000	1 593.9
8	14 000	600.6	24	38 000	1 648
9	16 000	667.8	25	39 000	1 703
10	18 000	738.7	26	40 000	1 758.6
11	20 000	813.2	27	41 000	1 814.1
12	22 000	891.4	28	42 000	1 869.7
13	24 000	973.2	29	43 000	1 925.3
14	26 000	1 058.7	30	44 000	1 980.8
15	28 000	1 147.8	31	45 000	2 036.4
16	30 000	1 240.5	32	45 593	2 068.5

2. 42 号道岔导曲线及辙叉支距测量位置如图 2-63 所示，支距如表 2-46 所示。

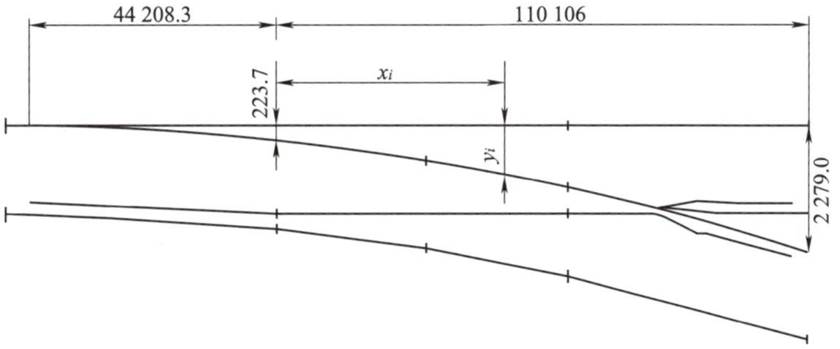

图 2-63 42 号道岔导曲线及辙叉支距示意图(单位:mm)

表 2-46 42 号道岔导曲线及辙叉支距表

点号	距直基本轨跟端距离 x_i(mm)	导曲线支距 y_i(mm)	点号	距直基本轨跟端距离 x_i(mm)	导曲线支距 y_i(mm)
1	0	223.7	9	16 466	406.5
2	2 466	247.6	10	18 466	432.4
3	4 466	267.9	11	20 466	459.1
4	6 466	289.0	12	22 466	486.6
5	8 466	310.9	13	24 466	514.9
6	10 466	333.6	14	26 466	544.0
7	12 466	357.1	15	28 466	573.9
8	14 466	381.4	16	30 466	604.6

续上表

点号	距直基本轨跟端距离 x_i(mm)	导曲线支距 y_i(mm)	点号	距直基本轨跟端距离 x_i(mm)	导曲线支距 y_i(mm)
17	32 466	636.1	37	70 951	1 374.1
18	34 466	668.5	38	72 951	1 417.8
19	36 466	701.5	39	74 951	1 461.9
20	38 466	735.4	40	76 951	1 506.4
21	40 466	770.0	41	78 951	1 551.2
22	42 466	805.3	42	80 951	1 596.4
23	44 466	841.2	43	82 951	1 641.9
24	46 466	877.9	44	86 106	1 714.1
25	48 466	915.3	45	88 106	1 760.3
26	50 466	953.2	46	90 106	1 806.7
27	52 466	991.8	47	92 106	1 853.3
28	54 466	1 031.0	48	94 106	1 900.1
29	56 466	1 070.8	49	96 106	1 947.1
30	58 466	1 111.1	50	98 106	1 994.2
31	60 466	1 151.9	51	100 106	2 041.5
32	62 466	1 193.3	52	102 106	2 088.3
33	64 466	1 235.1	53	104 106	2 136.3
34	66 466	1 277.5	54	106 106	2 183.8
35	68 466	1 320.3	55	108 106	2 231.4
36	68 951	1 330.7	56	110 106	2 279.0

(六)道岔转换设备

1. 道岔转换设备主要参数

转换设备主要包括转辙机、外锁闭装置、密贴检查器、安装装置。道岔转换设备主要参数，如表 2-47、表 2-48 所示。

2. 牵引点设置

18 号道岔转辙器按三点牵引设计。牵引点间距分别为 4.8 m 和 5.4 m。

可动心轨辙叉设两个牵引点距离为 3.6 m。各牵引点均采用分动外锁闭装置，电务转换杆件和外锁闭装置均安装在两混凝土岔枕之间。转辙机安装在岔枕端头。

表 2-47 时速 350 km,18 号道岔转换设备主要参数

位置	尖轨开口(mm)	转辙机动程(mm)	尖轨或心轨牵引点数	备注
尖轨一动	160	220	3	
尖轨二动	118	220(170)*		
尖轨三动	71	150(150)*		
心轨一动	119	220	2	
心轨二动	59	150(150)*		

注：如果使用电液转辙机主辅机方式，则尖轨二动、尖轨三动、心轨二动采用转换锁闭器，动程为 170、150、150 mm。

表 2-48 42 号道岔转换设备主要参数

位置	尖轨开口(mm)	转辙机动程(mm)	尖轨或心轨牵引点数	备注
尖轨一动	160	220	6	
尖轨二动	136	190		
尖轨三动	111	165		
尖轨四动	87	140		
尖轨五动	62	120		
尖轨六动	33	120		
心轨一动	114	220	3	
心轨二动	82	190		
心轨三动	42	150		

四、CN 系列道岔

(一)道岔平面线形

1. 18 号道岔 $R=1\ 100$ m 圆曲线,道岔尖轨长度=22 012 mm,道岔基本轨长度=24 596 mm,可动心轨辙叉长度=15 014 mm,辙叉角=3°010′47.39″,如图 2-64 所示。

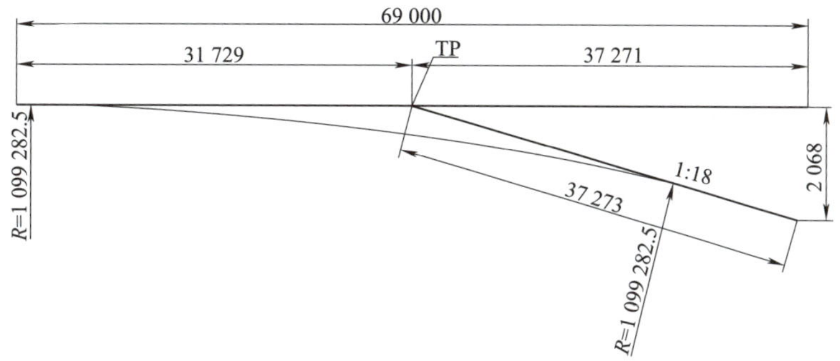

图 2-64 18 号道岔平面线形(单位:mm)

2. 42 号道岔缓和曲线 $R=10\ 119$ m,圆曲线 $R=4\ 100$ m,缓和曲线 $R=\infty$,道岔尖轨长度=47 248 mm,道岔基本轨长度=51 598 mm,可动心轨辙叉长度=24 050 mm,辙叉角=1°21′50.13″,如图 2-65 所示。

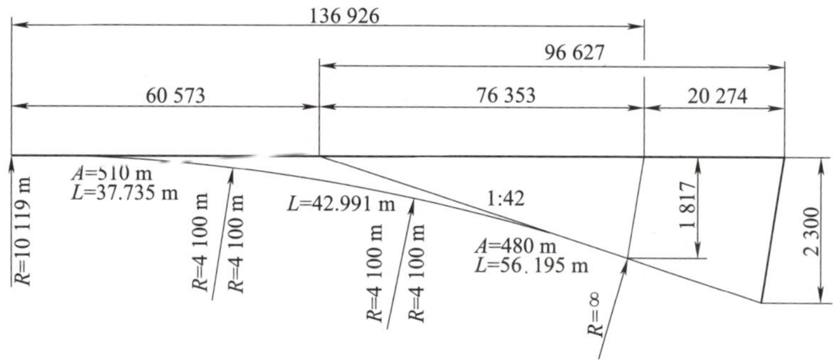

图 2-65 42 号道岔平面线形(单位除标注外为 mm)

（二）转辙器结构

1. FAKOP 结构

(1)CNTT 道岔的转辙器设计有 FAKOP，FAKOP 转辙器与普通线形相比有一定的几何线形变化，在尖轨与基本轨相贴合处，直基本轨也不是一条直线，而是特殊的轨道曲线，直基本轨向外弯曲加宽轨距，最大轨距加宽为 15 mm，如图 2-66 所示。

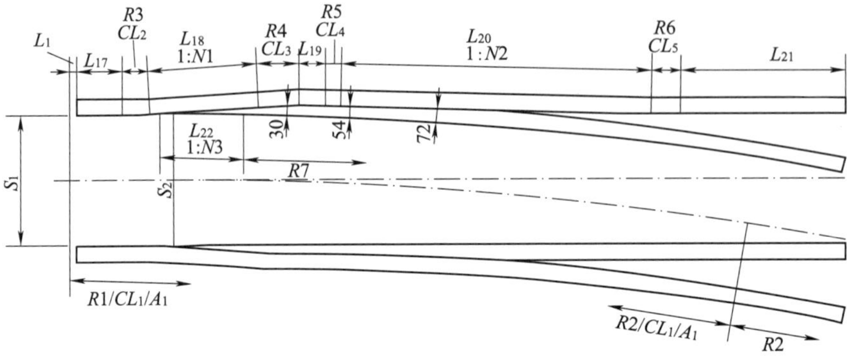

图 2-66 FAKOP 结构(单位：mm)

(2)FAKOP 转辙器道岔使车轮和直基本轨接触轨迹和另一侧相类似，车轮在直基本轨上也以比在直线上较小的直径滚动，此时轮对的两个轮子以大约相同的直径接触轨道，从而就防止了轮对发生侧转的趁势，降低了轮缘与尖轻的磨耗。

(3)FAKOP 结构转辙器基本轨向外弯曲使轨距加宽，尖轨轨头宽度可提前增加，提早承受轮重，从而就防止了轮对发生侧转的趋势，降低了轮缘与尖轨的磨耗。能大大地延长尖轨的使用寿命，试验表明带有 FAKOP 转辙器的寿命是普通道岔的 4～8 倍。

(4)FAKOP 尺寸

①18 号道岔 FAKOP 线形详细尺寸，如图 2-67 所示。

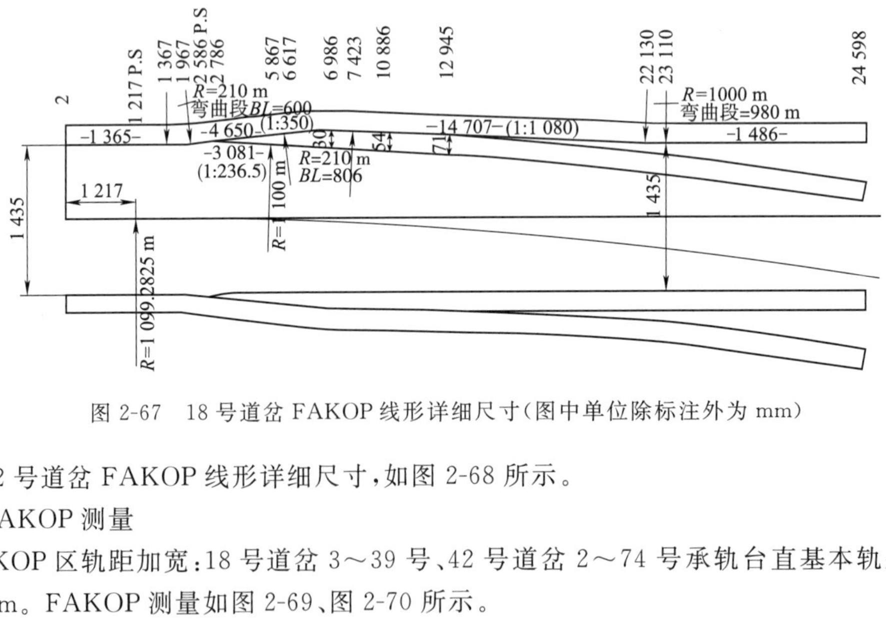

图 2-67 18 号道岔 FAKOP 线形详细尺寸(图中单位除标注外为 mm)

②42 号道岔 FAKOP 线形详细尺寸，如图 2-68 所示。

2. FAKOP 测量

FAKOP 区轨距加宽：18 号道岔 3～39 号、42 号道岔 2～74 号承轨台直基本轨外侧刻槽 0～15 mm。FAKOP 测量如图 2-69、图 2-70 所示。

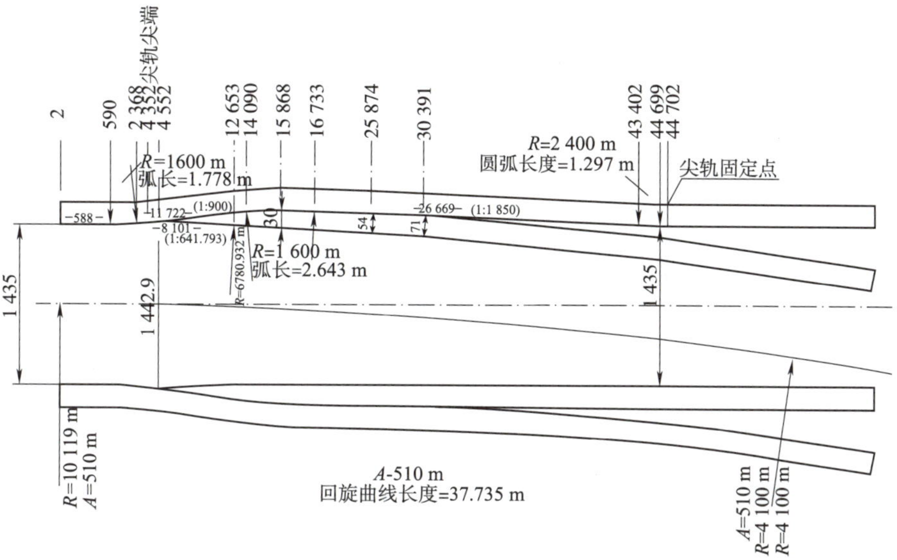

图 2-68 42 号道岔 FAKOP 线形详细尺寸(图中单位除标注外为 mm)

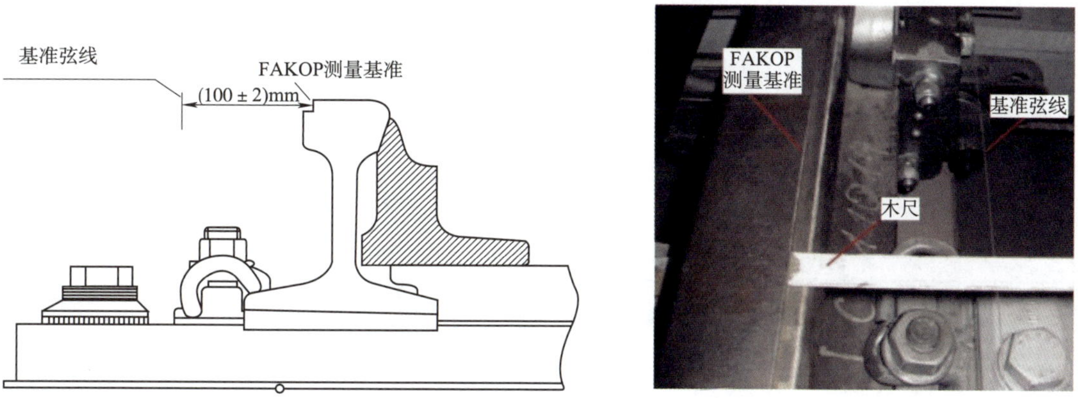

图 2-69 FAKOP 测量

3. 钢轨组件

(1)基本轨采用我国 60 kg/m 标准断面形式钢轨。

(2)基本轨设 1∶40 轨底坡。

(3)尖轨采用特种断面 60E1A1(即 Zu1-60)钢轨。

(4)尖轨锻造成形段 580 mm+过渡段 150 mm,如图 2-71 所示。

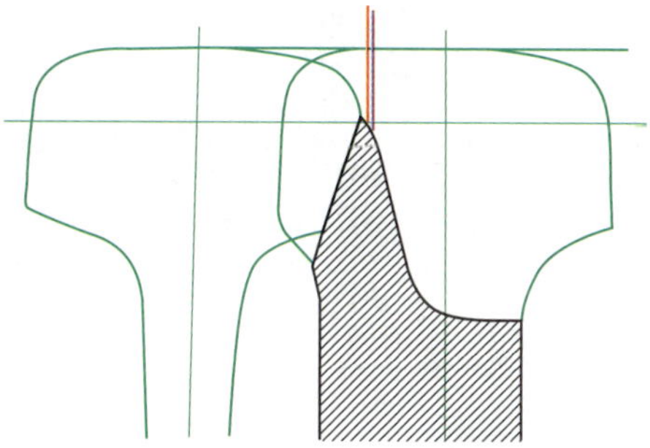
图 2-70 尖轨尖端附近的轨距测量

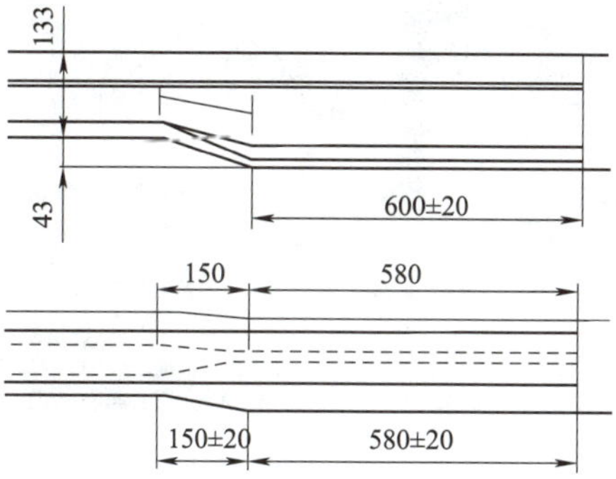

图 2-71 尖轨锻造及过渡段(单位:mm)

(5)尖轨采用1∶40轨顶坡,如图2-72所示。

(6)尖轨及心轨前端藏尖:0～4.5 mm,如图2-73所示。

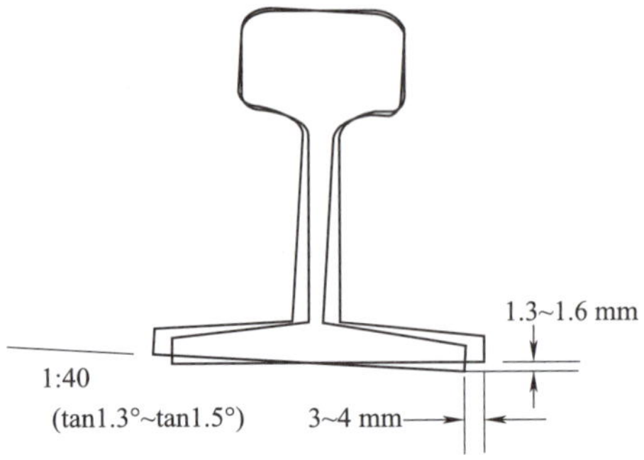

图2-72 尖轨轨顶坡

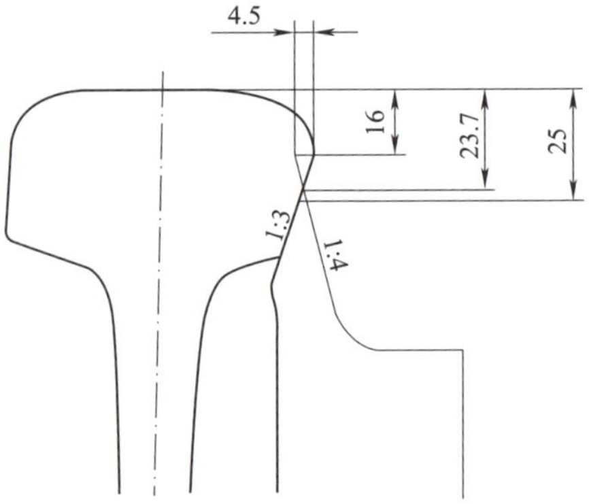

图2-73 尖轨及心轨前端藏尖断面(单位:mm)

(7)尖轨锻压后跟不扭1∶40斜。

(8)基本轨、尖轨全长无焊接点。

(9)基本轨、尖轨均采用R350HT硬头轨制造,导轨为U71Mn(k),注意不同材质钢轨间的焊接。

(10)钢轨性能如表2-49所示。

表2-49 R350HT硬头轨与我国U75V、U71Mn钢轨拉伸性能比较

钢轨牌号	R350HT	U75V	U71Mn
抗拉强度 R_m(MPa)	≥1 175	≥980	≥880
伸长率 A(%)	≥9	≥10	≥10
轨头踏面中心线硬度(HBW)	350～390	280～320	260～300

4. 跟端结构

(1)转辙器跟端采用限位器结构,由高强螺栓与基本轨和尖轨连接。

(2)18号道岔每侧设1个限位器,42号道岔每侧设4个限位器,如图2-74所示。

图2-74 跟端结构

5. 尖轨降低值

(1)18 号道岔尖轨降低值如表 2-50 所示。

表 2-50　时速 350 km18 号道岔尖轨降低值列表(单位：mm)

尖轨类型	检测位置	降低值	轨头宽度
直线尖轨 曲线尖轨	尖轨尖端	25	－4.5(实际尖端)
	距尖端 905	13.9	5
	距尖端 3 022	5.8	20
	距尖端 8 300	0	54

(2)42 号道岔尖轨降低值如表 2-51 所示。

表 2-51　42 号道岔尖轨降低值列表(单位：mm)

尖轨类型	检测位置	降低值	轨头宽度
直线尖轨 曲线尖轨	尖轨尖端	25	－4.5(实际尖端)
	距尖端 2 073	11.9	5
	距尖端 7 693	5.6	20
	距尖端 21 522	0	54

(三)可动心轨辙叉结构

1. 辙叉组件构成

(1)辙叉翼轨用 60 kg/m 标准断面钢轨制作，钢轨材料采用 R350HT。

(2)辙叉的心轨前段为整体结构，采用与钢轨同一材质的钢坯经机械加工后与心轨后段 2 根叉跟连接轨闪光对焊。叉跟焊接轨用 60 kg/m 标准断面钢轨制作，钢轨材料采用 R350HT，锻造叉尖通过热处理使硬度达到相同的级别。

(3)18 号道岔心轨全长 13 288 mm，焊接部位在 179.6 mm 断面，心轨前锻造叉尖长 4 710 mm，后段心轨长叉跟焊接轨 8 518 mm、短叉跟焊接轨 4 277 mm。短心轨后接岔跟尖轨，长度为 6 350 mm，采用特殊断面钢轨，为单肢弹性可弯结构。

(4)42 号道岔叉心全长 20 257 mm，焊接部位在 158.8 mm 断面，心轨前段锻造叉尖长 9 965 mm，心轨后段长都是 10 292 mm，为双肢弹性可弯结构。

2. 翼轨加高

18 号道岔 94～98 号、42 号道岔 195～204 号承轨台翼轨加高 0～2.3 mm。

3. 辙叉翼轨跟端连接

(1)18 号道岔辙叉翼轨跟端连接

18 号道岔为单肢弹性可弯结构，其翼轨跟端与心轨的连接采用间隔铁结构，如图 2-75 所示。

图 2-75　18 号道岔辙叉翼轨跟端连接

(2)42 号道岔辙叉翼轨跟端连接

42 号道岔为双肢弹性可弯结构，心轨在焊接连接轨之间设置间隔铁，辙叉跟端设计了很长的大垫板，在跟端连接之间、翼轨—连接轨之间设置长间隔铁，通过螺栓与大垫板连接，同时还有横向螺栓连接。

4. 辙叉跟端连接

(1)18 号道岔辙叉跟端断面如图 2-76 所示。

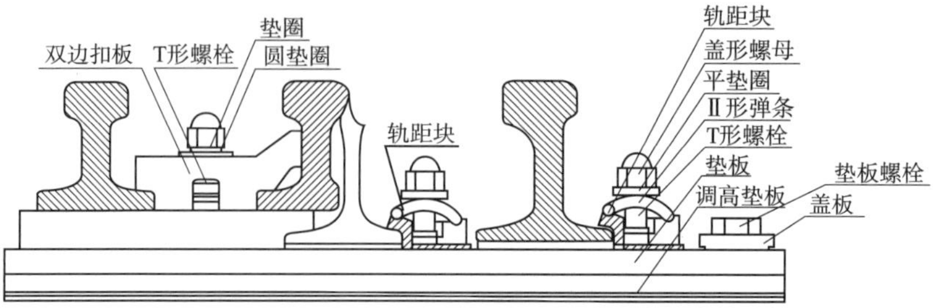

图 2-76　18 号道岔辙叉跟端断面

(2)42 号道岔辙叉跟端断面如图 2-77 所示。

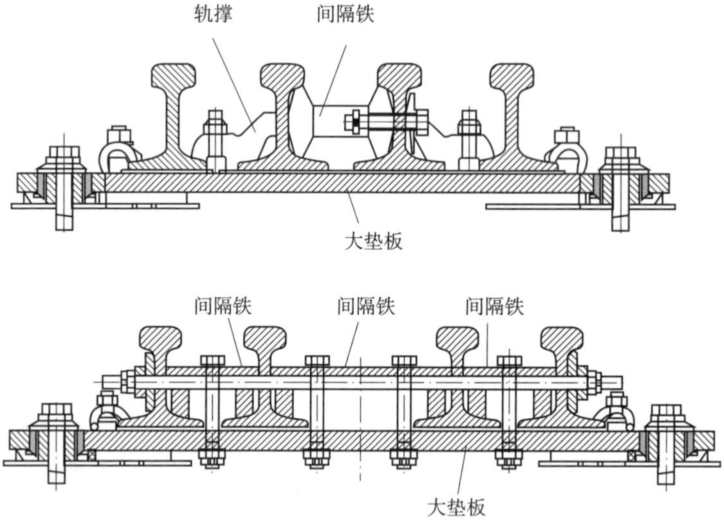

图 2-77　42 号道岔辙叉跟端断面

5. 心轨防跳

(1)心轨尖端位置设置间隔铁防跳，如图 2-78 所示。

(2)顶铁的扣压防跳功能。

(3)液压下拉装置的防跳效果是所有心轨防跳最好、最可靠的办法。

(4)无砟道岔设置液压下拉装置。

(5)有砟道岔不设液压下拉装置(如果应用于350 km/h客专也要求设置液压下拉装置)。

6. 辙叉焊接

(1)由于翼轨和心轨设置 1∶40 轨顶坡，翼轨、辙叉与导轨焊接时须注意扭曲的接头，调节钢轨顶点及行车面，

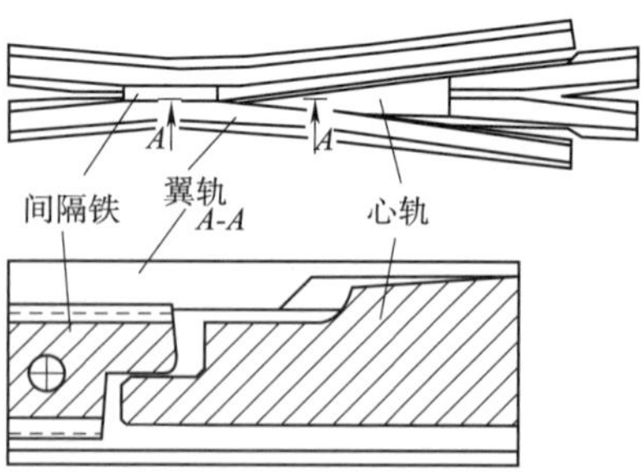

图 2-78　心轨防跳

忽略轨脚的错牙，如图 2-79 所示。

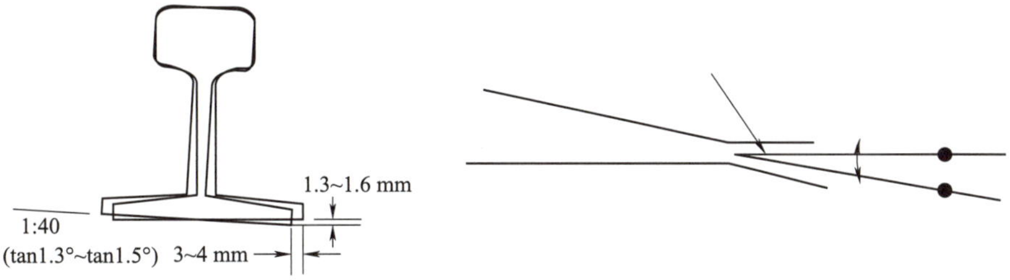

图 2-79 辙叉焊接

(2)在辙叉区域焊接之前用手摇曲柄将心轨移到中间位置。

7. 心轨降低值

(1)18 号道岔心轨降低值如表 2-52 所示。

表 2-52 时速 350 km18 号道岔心轨降低值(单位：mm)

序号	检测位置	降低值(与翼轨比)(mm)	轨头宽度(mm)
1	心轨尖端	17.5	0
2	距心轨尖端 1 348	2.7	55
3	距心轨尖端 2 496	0	96.3

(2)42 号道岔心轨降低值如表 2-53 所示。

表 2-53 42 号道岔心轨降低值(单位：mm)

序号	检测位置	降低值(与翼轨比)(mm)	轨头宽度(mm)
1	心轨尖端	17.5	0
2	距心轨尖端 2 720	2.7	55
3	距心轨尖端 5 191	0	91.8

(四)弹性扣压系统

1. 道岔弹性扣压件的特性

(1)道岔的弹性扣压件主要采用 SKL12 扣件系统，如图 2-80 所示。

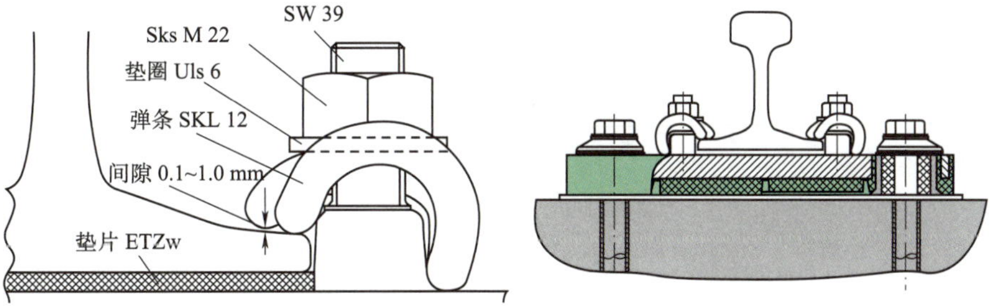

图 2-80 弹性扣压件

(2)扣压力为 12 kN。

(3)扣件与钢轨间不调距。

(4)防爬阻力为 8～10 kN。

(5)弹条紧固扭矩要求为 180～200 N·m,安装时使弹条中环部分与轨底表面间距为 0.1～1 mm即可达到扭矩要求。

(6)轨底必须抵紧外边的凸肋(铁座)。

(7)新道岔一般不使用轨距调整片调整轨距。

(8)枕螺栓紧固扭矩为 300 N·m。

2. 弹性基板

(1)弹性基板支座(ERL)是专门用于高速铁路道岔轨道的,它是通过硫化在基板中的弹性橡胶提供弹性的。不同位置弹性基板外形尺寸不同,但提供给不同位置相同的弹性刚度。在基板上的硫化橡胶垫可以实现动态荷载的减振,如图 2-81 所示。

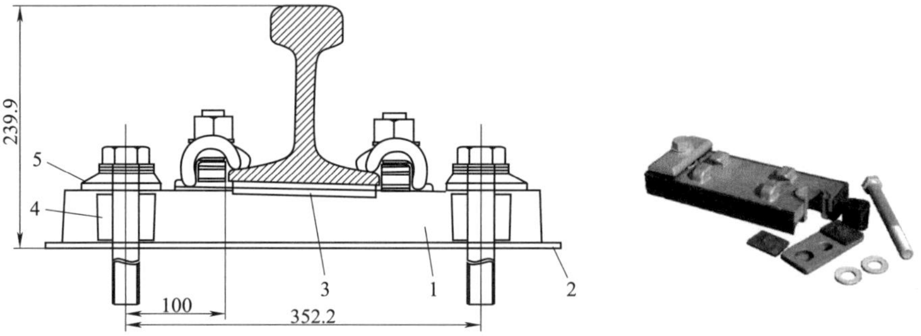

图 2-81 弹性基板

1—普通基板 FURp 206-40;2—调高垫片 Upf 6-…;3—轨下垫片 Zw60-40;4—调整锥套 Ek 2-…;5—盖板 Ka 10

(2)弹性基板系统(ERL)组件,如图 2-82 所示。

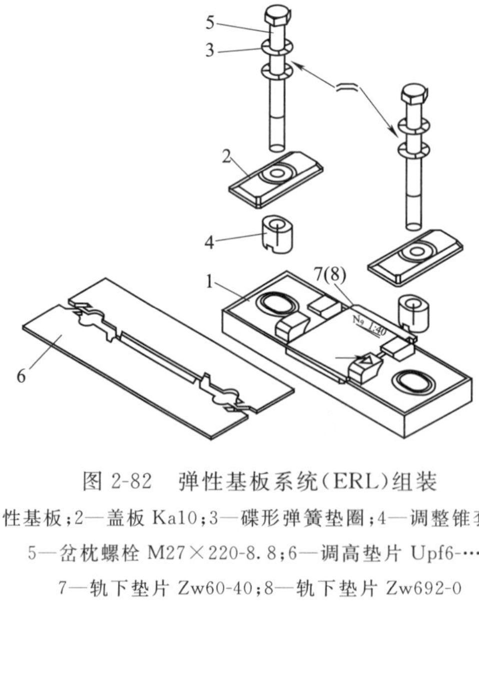

图 2-82 弹性基板系统(ERL)组装

1—弹性基板;2—盖板 Ka10;3—碟形弹簧垫圈;4—调整锥套 Ek2-…;5—岔枕螺栓 M27×220-8.8;6—调高垫片 Upf6-…;7—轨下垫片 Zw60-40;8—轨下垫片 Zw692-0

3. 弹性扣件

(1)调高垫片 Upf(无砟道岔用)

①道岔高度需要调整时,可以通过调高垫片 Upf 来调整,如图 2-83 所示。

图 2-83　调高垫片 Upf

②道岔出厂时,按图纸配置调高垫片,一般为 6 mm(辙叉位置特殊)的 Upf6-…。

③备件可以按 2、3、6 和 10 mm 厚等规格准备,这样可以在 −4 mm 和 26 mm 之间调整。

④如需要更大的高度调整时,就需要更换更长的岔枕螺栓。

⑤调高垫片的型号表示为 Upf*m*-*n*,其中:*m* 表示厚度,*n* 表示其类别编号。

(2)调整锥套 Ek(有砟道岔调整锥套为 OVE... 系列)

①道岔需要进行横向调整时,可以通过偏心调整套 Ek 来进行,如图 2-84 所示。

图 2-84　调整锥套 Ek

②调整锥套的型号表示为 Ek m/n,其中:*m* 表示其类别编号,*n* 表示其偏心距大小(mm)。

③调整锥套 Ek 的备件规格为:偏心距为 0～12 mm,以 1 mm 为一级。

④工厂预组装时一般使用 0 偏心距调整锥套,为调整轨距一般使用 2 或 4 mm 偏心距调整锥套,特殊情况下才使用 6 mm 套。

(3)滑床垫板

滑床垫板是指带有滑床台板的弹性基板,如图 2-85 所示。

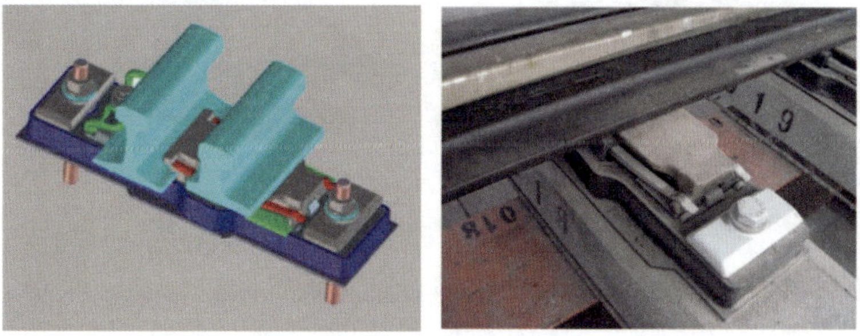

图 2-85　滑床垫板

①滑床垫板部件组装及转辙器断面，如图 2-86、图 2-87 所示。

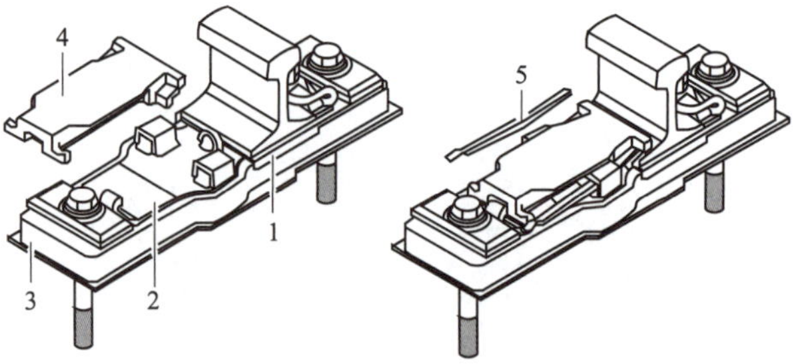

图 2-86　滑床垫板部件组装

1—钢轨垫片；2—垫片；3—基板；4—滑床台板；5—弹性压条 Usf 1

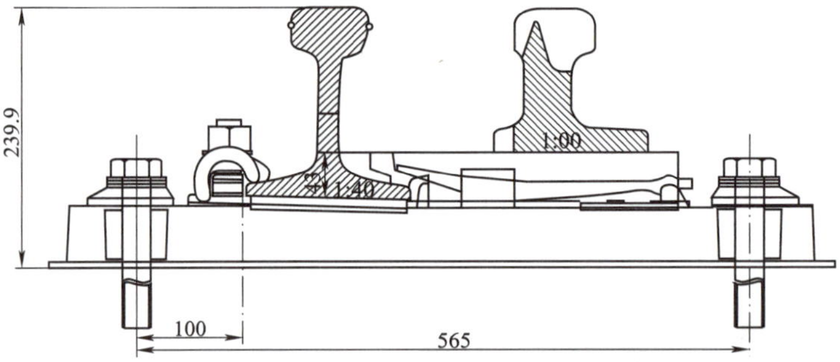

图 2-87　转辙器断面(单位：mm)

基本轨与尖轨滑床台板各有垫片，经由垫片将载重传递至基板，基板断面均匀，刚度无突然变化，无应力集中，抗疲劳度性能好，保证了弹性基板使用寿命及安全性。

②基本轨外侧靠弹条的扣压来固定。

③基本轨内侧通过一个独立的滑床台板来固定。

④该滑床台板一侧位于基本轨的轨脚处，而另一侧位于一个弹性中间垫片上，即位于基板上。

⑤扣压是通过两根弹性压条来实现的，弹性压条的两端在滑床台板上，中间在基板上的孔内。

(4)尖轨辊轮滑床垫板(图 2-88)

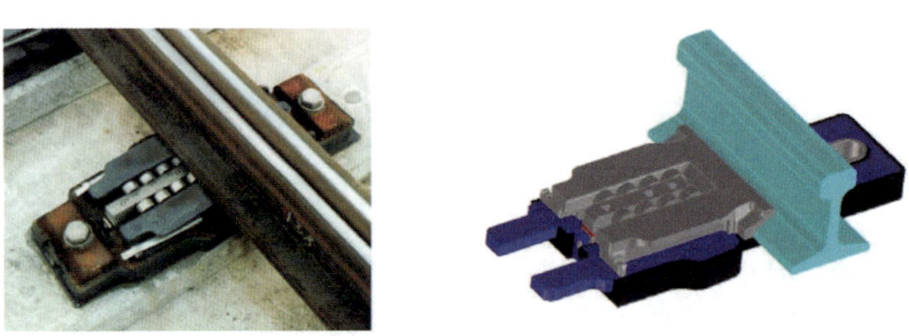

图 2-88　尖轨辊轮滑床垫板

①尖轨辊轮滑床垫板部件组装如图 2-89 所示。

②铝硅涂层的滑床台板以及尖轨辊轮滑床垫板可以改善尖轨的活动性能，降低转辙力。

③尖轨辊轮滑床板和铝硅涂层的滑床板不能进行润滑。

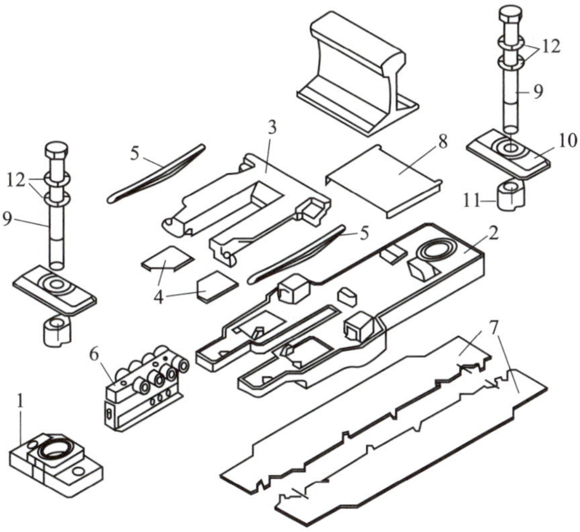

图 2-89　尖轨辊轮滑床垫板部件组装

1—连接片 VI4；2—基板；3—滑床台板；4—中间垫片 UZw 4；5—弹性压条 Usf 1；6—尖轨辊轮 CZr 1e-11-00 或尖轨辊轮 CZr 2e-11-00 或尖轨辊轮 CZr 3e-11-00；7—调高垫片 Upf 6-3；8—中间垫片；9—岔枕螺栓 M27×220—8.8；10—盖板 Ka 10；11—调整锥套 Ek 2-…；12—碟形弹簧垫圈

④在道岔转换过程中尖轨被辊轮抬起而不是在滑床台板上滑动，如图 2-90 所示。

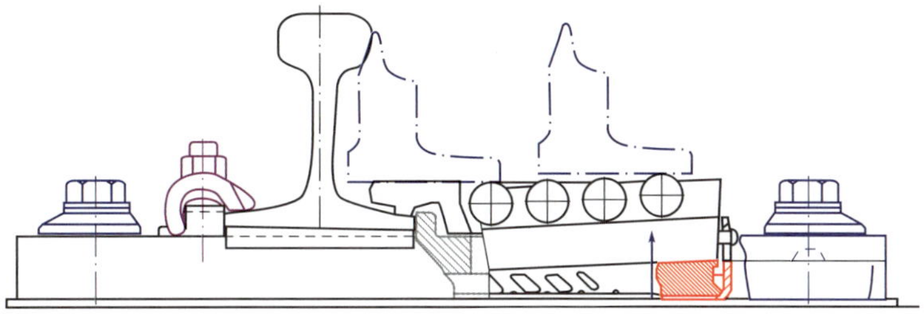

图 2-90　道岔转换断面

(5)辊轮

①辊轮类型

a. CZr 1e-11-00(2 辊轮)：在尖轨跟端，尖轨行程小于 60 mm 的区域。

b. CZr 2e-11-00(3 辊轮)：尖轨行程小于 105 mm 的区域。

c. CZr 3e-11-00(4 辊轮)：尖轨行程在 105～165 mm 之间的区域。

②辊轮的布置

a. 轻型尖轨辊轮 CZr 1e-11-00 用于尖轨跟端，当尖轨转辙时，在此区域尖轨不被抬起，用带铝硅层的滑床板来改进尖轨的活动性。

b. 尖轨辊轮 CZr 2e-11-00 和 CZr 3e-11-00 被用于位移 165 mm 以下的区域。尖轨在与基本轨贴合位置时，尖轨只在一个辊轮上，而且它的自重压缩了尖轨辊轮的弹性元件。在尖轨转辙过程中，当第二个辊轮开始受力时，刚度开始增大，从而抬起尖轨，并且将其滑至张开位置。

(五)导曲线及辙叉支距

1. 18 号道岔导曲线及辙叉支距如表 2-54 所示。

表 2-54 18 号道岔导曲线及辙叉支距

序号	与直基本轨跟端距离 x_i(mm)	导曲线支距 y_i(mm)	序号	与直基本轨跟端距离 x_i(mm)	导曲线支距 y_i(mm)
1	0	248.5	9	16 000	705.2
2	2 000	292.8	10	18 000	778.6
3	4 000	340.8	11	20 000	855.7
4	6 000	392.4	12	22 000	936.5
5	8 000	447.7	13	24 000	1020.9
6	10 000	506.6	14	26 000	1108.9
7	12 000	569.1	15	28 000	1200.6
8	14 000	635.3	16	30 000	1296.0

2.42 号道岔导曲线及辙叉支距如表 2-55 所示。

表 2-55 42 号道岔导曲线及辙叉支距

序号	与直基本轨跟端距离 x_i(mm)	导曲线支距 y_i(mm)	序号	与直基本轨跟端距离 x_i(mm)	导曲线支距 y_i(mm)
1	0	217.9	29	56 000	1 137.7
2	2 000	238.0	30	58 000	1 181.9
3	4 000	259.2	31	60 000	1 226.5
4	6 000	281.3	32	62 000	1 271.5
5	8 000	304.4	33	64 000	1 317.0
6	10 000	328.5	34	66 000	1 362.9
7	12 000	353.6	35	68 000	1 409.0
8	14 000	379.6	36	70 000	1 455.5
9	16 000	406.6	37	72 000	1 502.2
10	18 000	434.6	38	74 000	1 549.2
11	20 000	463.6	39	76 000	1 596.3
12	22 000	493.5	40	78 000	1 643.6
13	24 000	524.4	41	80 000	1 691.1
14	26 000	556.3	42	82 000	1 738.6
15	28 000	589.2	43	84 000	1 786.2
16	30 000	623.0	44	85 324	1 817.6
17	32 000	657.8	45	86 000	1 833.8
18	34 000	693.6	46	88 000	1 881.4
19	36 000	730.2	47	90 000	1 929.0
20	38 000	767.6	48	92 000	1 976.6
21	40 000	805.9	49	94 000	2 024.3
22	42 000	845.0	50	96 000	2 071.9
23	44 000	884.9	51	98 000	2 119.5
24	46 000	925.4	52	100 000	2 167.1
25	48 000	966.7	53	102 000	2 214.7
26	50 000	1 008.5	54	104 000	2 262.4
27	52 000	1 051.0	55	105 600	2 300.0
28	54 000	1 094.1			

五、CZ 系列道岔

(一)CZ 道岔主要尺寸

1. CZ18 号道岔平面布置

CZ18 号道岔平面布置图如图 2-91 所示。

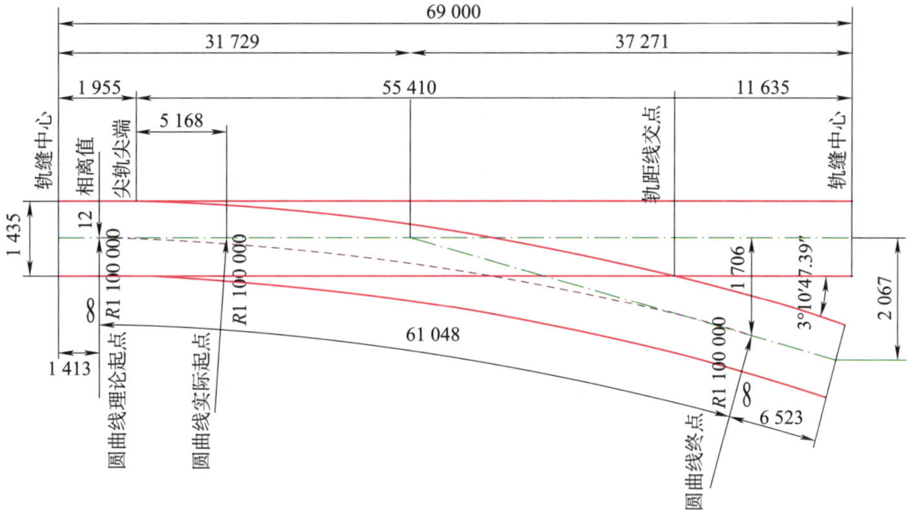

图 2-91　18 号道岔线形及主要尺寸(单位:mm)

2. CZ41 号道岔平面布置

CZ41 号道岔平面布置图如图 2-92 所示。

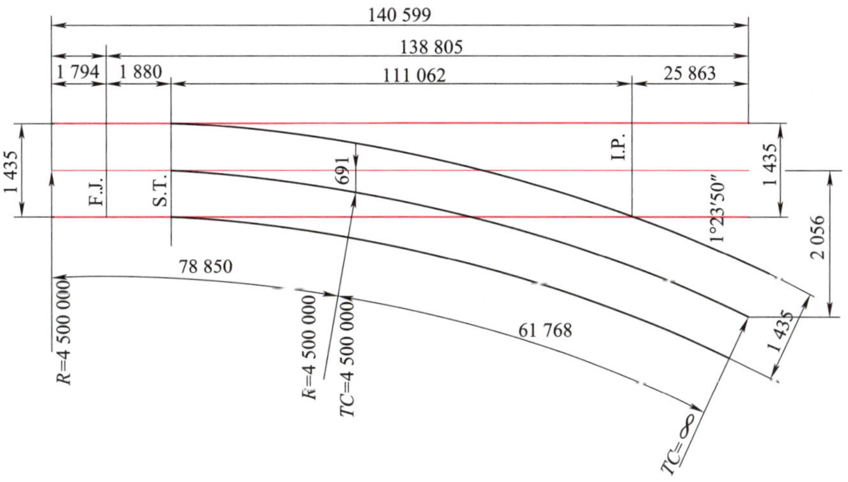

图 2-92　41 号道岔线形及主要尺寸(单位:mm)

3. 18 号道岔主要组件参数

18 号道岔主要组件参数如表 2-56、表 2-57 所示。

表 2-56 18 号有砟道岔(CZ6001、CZ6007)主要组件参数

60-18 有砟		尺寸			质量				面积	吊装
		长度 L(m)	宽度 W(m)	高度 H(m)	钢轨(t)	扣件(t)	轨枕(t)	总计(t)	(m^2)	最少起吊点数量
区段	转辙器轨排	24.645	3.3	0.432	5.96	5.87	18.1	29.3	69.6	6×2
	导轨组件(8 根)	24.680	—	—	5.74	—	—	5.74		6
	辙叉轨排	17.465	4.7	0.432	7.76	5	19.7	32.5	74.3	12
	其余零部件					3.7	30.1	33.8		—

表 2-57 18 号无砟道岔(CZ6002)主要组件参数

60-18 无砟		尺寸			质量				面积	吊装
		长度 L(m)	宽度 W(m)	高度 H(m)	钢轨(t)	扣件(t)	轨枕(t)	总计(t)	(m^2)	最少起吊点数量
区段	转辙器轨排	24.645	3.2	0.403	5.96	5.86	10.8	22.6	66.5	6×2
	导轨组件(8 根)	24.680	—	—	5.74	—	—	5.74		6
	辙叉轨排	17.465	4.7	0.403	7.76	5.2	12.2	25.2	75.1	12
	其余零部件					3.6	23.1	26.7		—

4. 41 号道岔主要组件参数

41 号道岔主要组件参数如表 2-58 所示。

表 2-58 41 号无砟和有砟道岔(CZ6006、CZ6011)主要组件参数

60-41 无砟		尺寸			质量				面积	吊装
		长度 L(m)	宽度 W(m)	高度 H(m)	钢轨(t)	扣件(t)	轨枕(t)	总计(t)	(m^2)	最少起吊点数量
区段	转辙器轨排	46.764	3.2	0.403	11.7	10.6	无砟:20.7 有砟:33.2	43 55.5	129	8×2
	导轨组件(8 根)	34.061	—	—	15.9	—	—	15.9		10
	辙叉轨排	22.719	4.7	0.403	9.8	8.7	无砟:15.9 有砟:25.5	32.5	95.2	5
	其余零部件					6.1	有砟:28.7 无砟:45.8	34.8 51.9		

5. 尖轨和心轨降低值

(1)18 号道岔尖轨和心轨降低值如表 2-59、表 2-60 所示。

表 2-59 18 号道岔尖轨降低值(单位:mm)

检测位置	降低值	轨头宽度
尖轨尖端	22.5	0
距尖端 2 314	9.3	12
距尖端 4 241	4.5	22
距尖端 5 168	3.2	26.8
距尖端 9 188	0	55

表 2-60　18 号道岔长心轨降低值(单位：mm)

检测位置	降低值	轨头宽度
心轨尖端	7.5	9
距心端 318.5	4.2	22
距心端 1 394.3	0.9	50
距心端 2 770	0	60.5

(2)41 号道岔尖轨和心轨降低值如表 2-61、表 2-62 所示。

表 2-61　41 号道岔尖轨降低值(单位：mm)

检测位置	降低值	轨头宽度
尖轨尖端	22.5	0
距尖端 6 719	7.7	12
距尖端 10 398	4.4	22
距尖端 18 576	0	55

表 2-62　41 号道岔长心轨降低值(单位：mm)

检测位置	降低值	轨头宽度
心轨尖端	7	10.3
距心端 630.3	4.5	22
距心端 3 460	0.4	50
距心端 4 249.9	0	54

(3)18 号和 41 号道岔尖轨尖端至心轨实际尖端的距离如表 2-63 所示。

表 2-63　尖轨尖端至心轨实际尖端的距离(单位：mm)

道岔型号	尖轨尖端至心轨实际尖端的距离
60-18 号道岔	53 323
60-41 号道岔	106 671

(二)导曲线及辙叉支距

1. 18 号道岔导曲线支距测量位置如图 2-93 所示，导曲线及辙叉支距如表 2-64 所示。

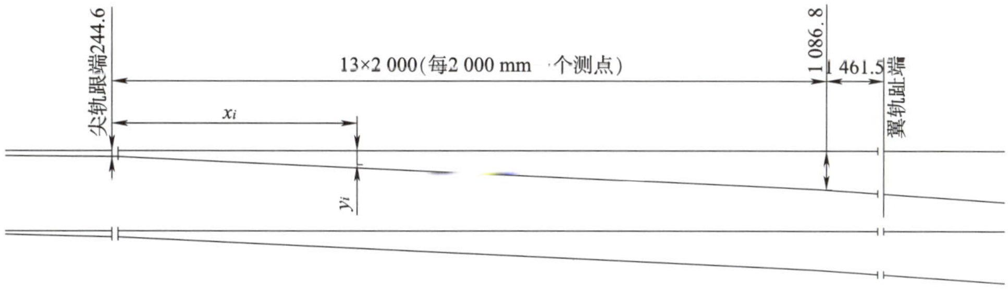

图 2-93　18 号道岔导曲线支距示意(单位：mm)

表 2-64　18 号道岔导曲线及辙叉支距(单位：mm)

与尖轨跟端距离 x_i	导曲线支距 y_i	与尖轨跟端距离 x_i	导曲线支距 y_i
0	244.6	14 000	621.7
2 000	287.6	16 000	690.1
4 000	334.2	18 000	762.1
6 000	384.4	20 000	837.8
8 000	438.3	22 000	917.2
10 000	495.8	24 000	1 000.2
12 000	556.9	26 000	1 086.8

2. 41 号道岔导曲线支距测量位置如图 2-94 所示，导曲线及辙叉支距如表 2-65 所示。

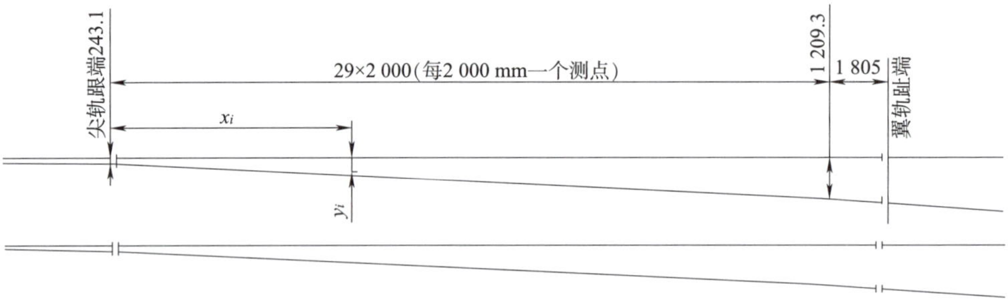

图 2-94　41 号道岔导曲线及辙叉支距示意(单位：mm)

表 2-65　41 号道岔导曲线及辙叉支距(单位：mm)

距直基本轨跟端距离 x_i	导曲线支距 y_i	距直基本轨跟端距离 x_i	导曲线支距 y_i
0	243.1	30 000	655.2
2 000	264.4	32 000	689.6
4 000	286.6	34 000	724.6
6 000	308.7	36 000	761.8
8 000	333.5	38 000	798.2
10 000	358.2	40 000	835.7
12 000	384.0	42 000	874.3
14 000	410.4	44 000	914.4
16 000	437.4	46 000	954.3
18 000	466.4	48 000	994.4
20 000	495.3	50 000	1 036.9
22 000	525.7	52 000	1 079.3
24 000	556.3	54 000	1 121.8
26 000	588.2	56 000	1 165.5
28 000	621.4	58 000	1 209.3

(三)转换设备

转换设备主要包括转辙机、外锁闭装置、密贴检查器、安装装置。

1. 18 号道岔转换设备主要技术参数如表 2-66、表 2-67 所示。

表 2-66　18 号有砟道岔转换设备主要参数(CZ6001)

60-18 有砟(250 km/h)	尖轨牵引点数	一机四点
	尖轨密检器数	3 对
	心轨牵引点数	一机两点
位置	尖轨开口(mm)	转辙机/连杆动程(mm)
尖轨一动	120	177
尖轨二动	106	106
尖轨三动	81	81
尖轨四动	38	38
心轨一动	115	180
心轨二动	52	52

表 2-67　18 号无砟道岔转换设备主要参数

60-18 无砟(350 km/h)	尖轨牵引点数	一机四点
	尖轨密检器数	3 对
	心轨牵引点数	一机两点
位置	尖轨开口(mm)	转辙机/连杆动程(mm)
尖轨一动	120	210
尖轨二动	107	107
尖轨三动	83	83
尖轨四动	81	41
心轨一动	115	180
心轨二动	54	54

2.41 号道岔转换设备主要技术参数如表 2-68、表 2-69 所示。

表 2-68　41 号无砟道岔转换设备主要参数

60-41 无砟(350 km/h)	尖轨牵引点数	八机八点
	尖轨密检器数	6 对
	心轨牵引点数	四机四点
位置	尖轨动程(mm)	转辙机动程(mm)
尖轨一动	120	220
尖轨二动	111	150
尖轨三动	101	140
尖轨四动	90	140
尖轨五动	78	120
尖轨六动	60	120
尖轨七动	37	120
尖轨八动	21	80
心轨一动	115	190
心轨二动	72.5	120
心轨三动	41	80
心轨四动	18	80

表 2-69 41 号有砟道岔转换设备主要参数

60-41 有砟(350 km/h)	尖轨牵引点数	八机八点
	尖轨密检器数	6 对
	心轨牵引点数	四机四点
位置	尖轨动程(mm)	转辙机动程(mm)
尖轨一动	120	190
尖轨二动	110	140
尖轨三动	100	140
尖轨四动	89	120
尖轨五动	77	120
尖轨六动	58	120
尖轨七动	35	120
尖轨八动	22	120
心轨一动	115	190
心轨二动	72	120
心轨三动	41	80
心轨四动	20	80

(四)CZ 系列道岔几何尺寸调整

1. 有砟道岔

采用 SKL12 窄型弹条,轨下设置 9 mm 橡胶垫层,板下设置 4 mm 橡塑垫板;滑床板部分轨下不设弹性垫层,板下设 9 mm 橡胶垫层;跟端固定区轨下及板下各设置 4.5 mm 橡胶垫层。铁垫板与岔枕的连接采用双排 ϕ24 高强螺栓结构。板下可设调高垫层,实现 0～10 mm 的调高量。不设轨距块,轨距调整依靠铁垫板端部的月牙挡块实现,可实现－4～＋2 mm 的调距量。

(1)有砟道岔调距

①普通垫板区域不设置轨距块,通过旋转偏心绝缘套(偏心 4 mm)来实现轨距－4～＋4 mm的调整,调整无需配件,如图 2-95 所示。

图 2-95 偏心绝缘套和普通铁垫板

②滑床板区域通过采用滑床板端头的挡肩(成对)组合移动滑床板(其上孔为长圆孔)进行调距,可实现－4～＋2 mm 的调距量,如图 2-96 所示。

(2)有砟道岔调高

有砟道岔高低、水平的调整主要通过起道、捣固调整。

也可通过在垫层下增加不同规格(1、2、4 mm)的调高垫板进行调高,调高范围为 0～

10 mm，如图 2-97、表 2-70 所示。

图 2-96　滑床板及其端头挡肩

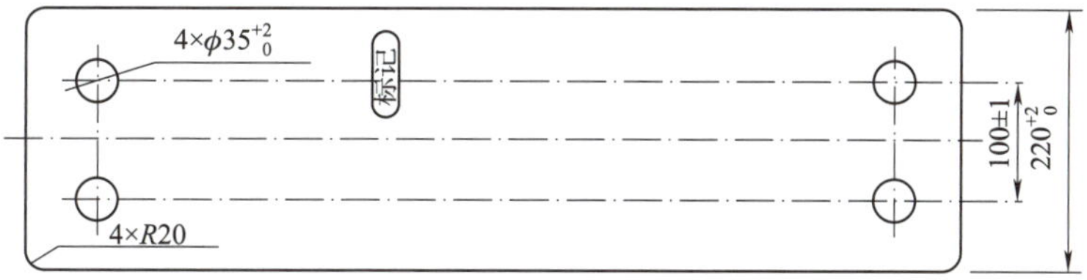

图 2-97　4 孔调高垫板(单位:mm)

表 2-70　有砟道岔调高垫板配置

调高范围	4 mm 调高垫板数量	2 mm 调高垫板数量	1 mm 调高垫板数量
0	—	—	—
+1	—	—	1
+2	—	1	—
+3	—	1	1
+4	1	—	—
+5	1	—	1
+6	1	1	—
+7	1	1	1
+8	2	—	—
+9	2	—	1
+10	2	1	—

2. 无砟道岔

(1)无砟道岔调距

采用 300W 扣件系统，如图 2-98 所示，使用 SKL15 弹条，轨下设 6 mm 橡胶垫层，板下设 12 mm 弹性垫层。铸铁挡肩与岔枕上的 V 形槽相配合，锚固螺栓受力点较低。板下设置调高垫层，可实现－4～＋26 mm 的调高量，绝缘轨距块与调整垫片相配合实现轨距调整，调距量为－4～＋8 mm。

通过采用不同厚度规格的调整片实现－4～＋4 mm 调距，如表 2-71 所示。

(2)无砟道岔调高

在弹性垫层下设置了 4 mm 的绝缘垫层，通过取消绝缘垫层或增加绝缘垫层实现－4 mm～＋26 mm 调高，当调节到一定高度时，需要更换不同高度的岔枕螺栓，如表 2-72 所示。

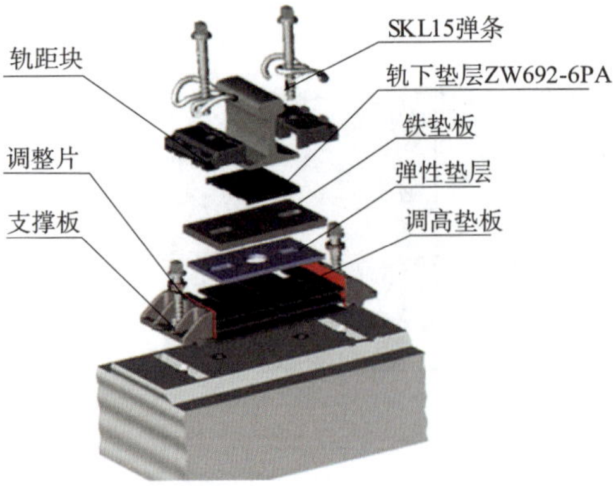

图 2-98 无砟道岔扣件系统

表 2-71 轨距调整片配置

单股钢轨位置	非工作边调整片	工作边调整片
−4	GS-4	GS-3
−3	GS-3	GS-2
−2	GS-2	GS-1
−1	GS-1	GS0
0	GS0	GS+1
+1	GS1	GS+2
+2	GS2	GS+3
+3	GS3	GS+4
+4	GS4	GS+5

表 2-72 调高垫板配置(单位:mm)

调高范围	中间垫层 Zwp386/210/4	调高垫板 10	调高垫板 6	调高垫板 3	调高垫板 2	岔枕螺栓
−4	—	—	—	—	—	Ss36-230
−2	—	—	—	—	1	Ss36-230
−1	—	—	—	1	—	Ss36-230
0	1	—	—	—	—	Ss36-230
+1	—	—	—	1	1	Ss36-230
+2	1	—	—	—	1	Ss36-230
+3	1	—	—	1	—	Ss36-230
+4	1	—	—	—	2	Ss36-230
+5	1	—	—	1	1	Ss36-240
+6	1	—	1	—	—	Ss36-240
+7	1	—	—	1	2	Ss36-240
+8	1	—	1	—	1	Ss36-240
+9	1	—	1	1	—	Ss36-240
+10	1	1	—	—	—	Ss36-240
+11	1	—	1	1	1	Ss36-250
+12	1	—	2	—	—	Ss36-250
+13	1	1	—	1	—	Ss36-250
+14	1	1	—	—	2	Ss36-250
+15	1	1	—	1	1	Ss36-250
+16	1	1	1	—	—	Ss36-250
+17	1	—	2	1	1	Ss36-250
+18	1	—	3	—	—	Ss36-250
+19	1	1	1	1	—	Ss36-250
+20	1	2	—	—	—	Ss36-250
+21	1	1	1	1	1	Ss36-250
+22	1	2	—	—	1	Ss36-250
+23	1	2	—	1	—	Ss36-260
+24	1	—	4	—	—	Ss36-260
+25	1	2	—	1	1	Ss36-260
+26	1	2	1	—	—	Ss36-260

(五)CZ 系列道岔螺栓标称扭矩

CZ 系列道岔螺栓标称扭矩如表 2-73 所示。

表 2-73 各部螺栓标称扭矩

螺栓种类	标称扭矩(N·m)
T 形螺栓(SKL12、SKL24、SKL15 弹条)	弹条前部与轨肢缝隙:0～0.5 mm
连接垫板和岔枕的 M24 螺栓	215～275
连接滑床板和岔枕的 M24 螺栓	130～160
滑床板端头月牙形挡块和岔枕的 M24 螺栓	215～275
护轨螺栓	270～330
轨撑横向螺栓	600±60
长短心轨连接螺栓	270～330(哈克螺栓除外)
翼轨和心轨间隔铁连接螺栓	540～660
翼轨间隔铁螺栓	540～660
顶铁螺栓	270～330

六、钢轨伸缩调节器

1. 钢轨伸缩调节器的作用

钢轨伸缩调节器(简称调节器)是高速铁路重要的轨道部件之一。高速铁路长大连续梁上铺设无缝线路,通常需要设置调节器。调节器的功能是协调因温度引起的长大桥梁梁端伸缩位移和长钢轨伸缩位移之间的位移差,使桥上长钢轨自动调整温度力,从而减小轨道及桥梁所承受的荷载。

2. 钢轨调节器的类型

(1)按运行速度分为时速 250 km 高速铁路有砟轨道(兼顾货运)钢轨伸缩调节器和时速 350 km 高速铁路无砟轨道钢轨伸缩调节器两种型号,如图 2-99 所示。

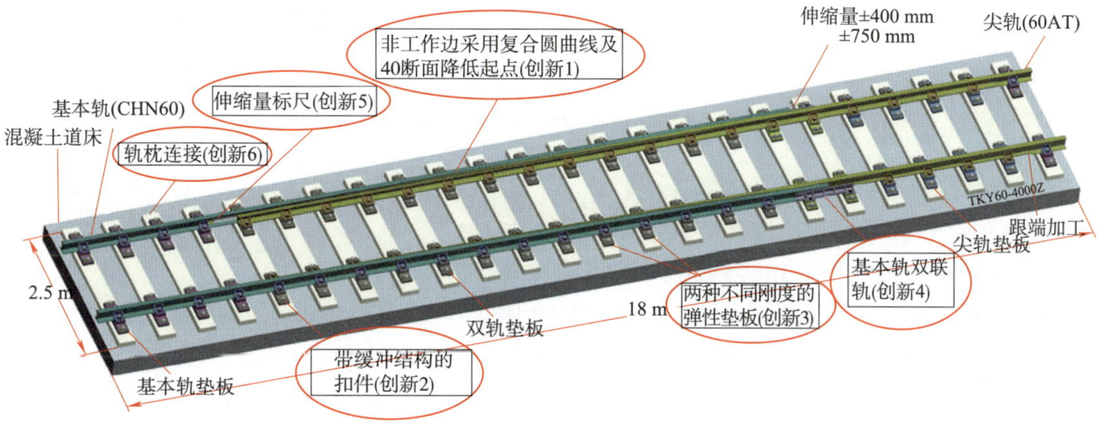

图 2-99 时速 350 km 高速铁路长枕埋入式无砟轨道 60 kg/m 钢轨单向伸缩调节器
(图号研线 0706-1,型号 TKY60-400DZ)

(2)按伸缩方向分为单向调节器和双向调节器两种类型,如图 2-100 所示。

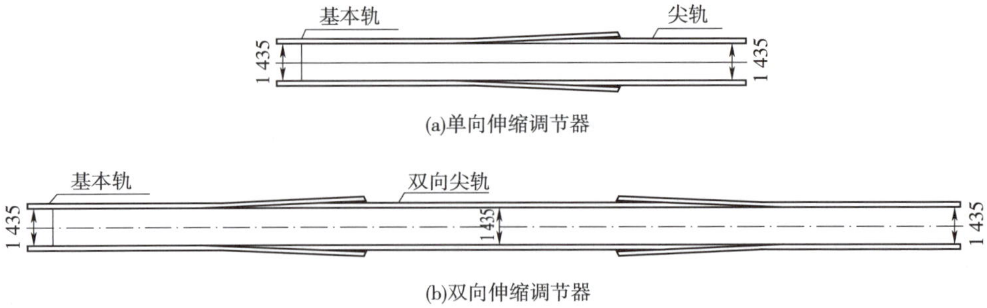

图 2-100 钢轨伸缩调节器(单位：mm)

(3)按轨下基础类型可分为无砟轨道用和有砟轨道用两种类型。

3. 钢轨调节器的组成

高速铁路钢轨伸缩调节器左右股对称，单向调节器由基本轨、尖轨、铁垫板总成、轨枕或轨道板组成；双向调节器由基本轨、双向尖轨、铁垫板总成、轨枕或轨道板组成，长度约是同类型单向调节器长度的 2 倍。调节器尖轨工作边提供轨距线，其基本轨伸缩、尖轨锁定。基本轨允许伸缩量为±400 mm。

铁垫板总成如图 2-101 所示，其零部件包括基本轨和尖轨轨撑、轨撑螺栓、轨距调整片、铁垫板、弹性垫板及调高垫板、垫板螺栓副。

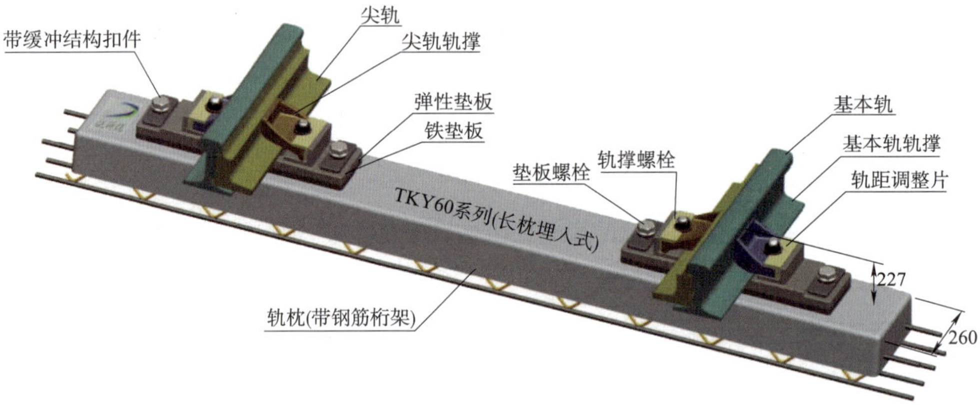

图 2-101 高速铁路钢轨伸缩调节器铁垫板总成(单位：mm)

4. 高速伸缩调节器的养护维修

高速伸缩调节器的养护维修应注意以下几个方面：

(1)钢轨伸缩调节器必须尖轨锁定、基本轨伸缩。

(2)注重尖轨是否爬行、基本轨伸缩是否超设计伸缩量、尖轨尖端是否藏尖、基本轨尖轨是否密贴、各部螺栓是否松动等问题。

(3)如果尖轨或基本轨顶面出现压溃飞边现象，应及时铲除并打磨，防止轨头掉块剥落，影响调节器正常工作。

(4)出现尖轨或基本轨轨头擦伤、剥落或低塌可采取焊补处理。

(5)有砟轨道调节器范围道床应丰满、密实。

(6)应及时清扫调节器的灰砂，每年将各部件及能卸下的螺栓清除污垢，并涂油至少一遍，保持不脏不锈。

七、道岔伤损标准

1. 道岔轮缘槽

(1)查照间隔(心轨工作边至护轨头部外侧的距离)不得小于 1 391 mm,测量位置按设计图纸规定。

(2)护轨轮缘槽宽度为 42 mm,容许误差为－1～＋3 mm,尖轨非工作边与基本轨工作边的最小距离不小于 63 mm。

(3)岔后到发线连接曲线半径不应小于该道岔导曲线半径,超高不应大于 15 mm,顺坡率不应大于 2‰。

2. 尖轨、心轨、叉跟尖轨伤损标准

尖轨、心轨、叉跟尖轨出现以下不良状态或伤损,应进行修理或更换:

(1)尖轨尖端与基本轨或可动心轨尖端与翼轨间隙大于 1 mm。

(2)尖轨、可动心轨侧弯,造成轨距不符合要求,或尖轨与基本轨、可动心轨与翼轨间隙超过 2 mm。

(3)尖轨、可动心轨拱腰,造成与滑床台间隙超过 2 mm。

(4)尖轨相对于基本轨降低值、心轨相对于翼轨降低值偏差超过 1 mm,且对行车平稳性有影响。

(5)尖轨与心轨因扭转或磨耗等原因造成光带异常,且对行车平稳性有影响。

(6)其他伤损达到钢轨轻伤标准。

3. 基本轨、翼轨、导轨和护轨伤损标准

基本轨、翼轨、导轨和护轨出现以下不良状态或伤损,应进行修理或更换:

(1)弯折点位置或弯折尺寸不符合要求。

(2)高锰钢摇篮出现裂纹。

(3)其他伤损达到钢轨轻伤标准。

4. 其他零部件伤损标准

应使用铁路专用防腐油脂定期对螺栓涂油,螺栓保持润滑状态。其他零部件安装应符合铺设图要求,缺少时应及时补充。

(1)间隔铁、限位器的连接螺栓、护轨螺栓、长短心轨联结螺栓、接头铁螺栓必须齐全,作用良好,折断时必须立即更换。同一部位同时有两条螺栓或接头铁螺栓有一条缺少或折损时,道岔应停止使用。

(2)顶铁、心轨防跳铁、尖轨防跳限位装置等各部件的连接和固定螺栓变形、损坏或作用不良时应进行修理或更换。

(3)尖轨防跳限位装置、心轨防跳顶铁和心轨防跳卡铁损坏或作用不良时应进行修理或更换。

八、道岔常见病害及整治

(一)尖轨、心轨与基本轨、翼轨竖切不靠的原因及整治

1. 尖轨、心轨前靠后不靠的原因

(1)尖轨心轨顶铁过长或顶得过死。

(2)基本轨、尖轨、长心轨有硬弯。

(3)曲基本轨第一弯折点位置靠尖轨尖端太近(理论上弯折点在尖轨尖,但一般以距尖轨尖端 70～90 mm 为宜);曲基本轨第一弯折点弯折量过大(理论上用 4 m 长弦线拉矢度为 5.2 mm,但现场一般是用 4 m 长弦线拉矢度为 4.5 mm 为宜)。

(4)尖轨、心轨尖端有方向或轨距偏小,即 1 435 mm 框架尺寸过小或实际咽喉尺寸 112.8 mm过小,造成尖轨、心轨第一动程不够。

2. 尖轨、心轨后靠前不靠的原因

(1)基本轨、尖轨有硬弯。

(2)转辙部位第二、三动作杆的框架尺寸 1 462.4、1 504.3 mm 过小。

3. 尖轨与基本轨动作杆处靠中间不靠的原因

(1)直尖轨有向内侧的硬弯。

(2)两基本轨中间框架尺寸过大。(原因有:曲股轨距大;曲基本轨长 5 160.8 mm 平直段外凸)。

(3)第一动作杆与第二动作杆之间有小方向。

(4)基本轨在动作杆处框架尺寸(1 437.5、1 462.4、1 504.3 mm)过小。

4. 心轨与翼轨两头都不靠的原因

电务密贴调整不良,原则上,只要心轨用撬棍撬密贴后不反弹,电务就能调密贴。

5. 尖轨、心轨与基本轨、翼轨竖切不靠的整治方法

(1)改正道岔的方向,减少方向对密贴的影响。建议改道时,将顶铁部分拆除(与尖轨、心轨离缝 2～3 mm),减少顶铁对密贴的影响。

(2)尖轨尖端可动心轨以及一动、二动、三动不密贴改框架尺寸、轨距后由电务部门调整密贴。

(3)整修过长或过短的顶铁,规范顶铁垫插片作业。尖轨、心轨部分的顶铁离缝,有时是一种表面现象,不能看到离缝就用插片去垫。正常情况下所有顶铁的插片不应该超过 2～3 mm,如果发现顶铁插片已经用了很多但还是离缝的话应该全面检查前后各部分框架是否有偏差,辙叉部分是否有方向,要从结构上来整治顶铁离缝。原则上应由电务先调整密贴,再根据实际情况垫顶铁插片。

(4)校正基本轨弯折点的位置与弯折量,使之符合设计要求。

(5)整修基本轨或尖轨硬弯,长短心轨或翼轨硬弯。

(6)整治尖轨,可动心轨爬行(加强各种螺栓的扭矩与扣件压力,减少温度应力的密贴的影响)。

(二)尖轨、心轨与滑床板离缝的原因及整治

1. 尖轨、心轨与滑床板离缝的原因

尖轨、心轨与滑床板的离缝是造成道岔上动态水平三角坑的重要原因之一,形成尖轨、心轨与滑床板的离缝原因有:

(1)埋入式岔枕在浇注前的精调时,对道岔曲股高低重视不够,岔枕没有调平,表现在曲基本轨和辙叉部位曲下股轨面低。

(2)尖轨辊轮安装不到位,造成尖轨轨底卡在辊轮上,抬高了尖轨。

(3)尖轨的拱腰:由于尖轨在吊装、运输或存放操作不规范,造成尖轨上拱。

2. 尖轨、心轨与滑床板离缝的整治方法

(1)通过在岔枕与滑床板之间垫调高垫片的方法将滑床板垫高,消除离缝。

(2)按规定调整辊轮的位置,滑床板表面与尖轨轨底理想空隙应该是 0 mm,具体的标准按"1—2—3"原则进行,即保证密贴尖轨轨底与相邻的辊轮间用塞尺在 45°角时有至少 1 mm 空隙,内侧辊轮的高度比滑床台高 2 mm,外侧辊轮的高度比滑床台高 3 mm。

(3)更换尖轨

(三)焊接接头的质量控制不良

随着列车速度不断提高,钢轨焊接接头不平顺对列车的平稳运行影响越来越大,高速铁路上,就显得更为重要。接头焊接不良,不仅在静态上会影响接头前后几何尺寸的调整,动态上造成列车点晃,而且也是造成列车高速运行时动力学指标(脱轨系数和减载率)超限主要原因,沪杭高铁在联调联试期间的动力学指标超限 95%发生在焊接接头上,直接关系到线路的运行品质。造成焊接接头质量不高的原因有:对轨不良,对轨时的上拱度控制不合理,打磨不到位等。

提高焊接接头质量的措施有:

1. 加大对轨工作控制力度,原则上以尖轨、基本轨和辙叉的前后趾为基准(尖轨与基本轨、辙叉厂家是以组件形式出厂的,尺寸相对比较准确)。

2. 严格控制接头的上拱度,不能太高。

3. 采用昆明奥通的精打磨机进行精细打磨,不合格接头必须重新处理,努力将其作用面精度要求控制在 0～0.2 mm 以内,以改善轮、轨接触关系,减少钢轨件作用面不平顺对列车的影响。

(四)第三动作杆之后尖轨的不足位移

由于 P601-18 号高速道岔[图号:客专线(07)009-1]的尖轨比较长(达到 21 450 mm),转辙部位采用 3 个牵引点,第三牵引点距尖轨尖 10 680 mm,在第三牵引点之后有近 8 m 的尖轨处于自由状态,在道岔扳动时往往会在此段位移不足,静态体现在尖轨侧弯,轨距偏小,顶铁离缝。

思考题

1. 客运专线 60-18 号道岔全长、道岔前长、道岔后长各是多少?
2. 客运专线道岔尖轨跟端传力结构有什么特点?
3. 客运专线道岔滑床台减摩方式有哪几种?
4. 客运专线道岔轨向调整是通过什么实现的?
5. 道岔转换设备主要包括哪些部件?
6. FAKOP 转辙器道岔主要特点是什么?
7. CNTT 道岔翼轨加高位置和加高值为何?
8. 41 号道岔全长为多少?
9. 钢轨伸缩调节器起什么作用?
10. 高速铁路钢轨伸缩调节器的养护维修应注意哪些方面?
11. 道岔基本轨、翼轨、导轨和护轨伤损标准有哪些?

第五节 无缝线路

一、无缝线路特点

高速铁路正线应采用跨区间无缝线路，到发线应采用无缝线路。跨区间无缝线路是在完善了长大桥上无缝线路、高强度胶接绝缘接头、无缝道岔等多项技术以后，把闭塞区间的绝缘接头乃至整区间甚至几个区间（包括道岔、桥梁、隧道等）都焊接（或胶接、冻结）在一起，取消缓冲区的无缝线路，如图 2-102 所示。

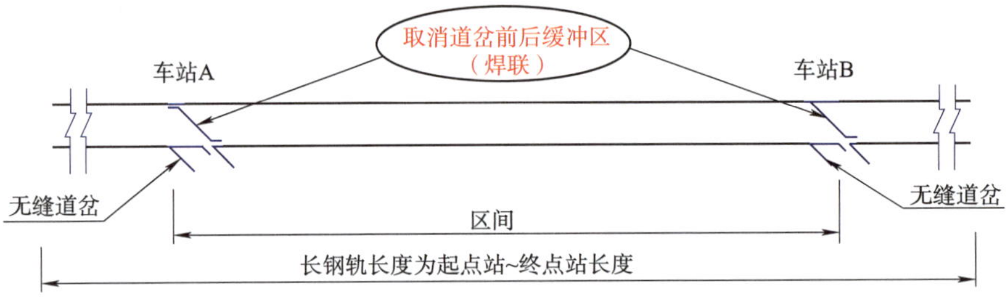

图 2-102 跨区间无缝线路结构

二、无缝线路基本原理

（一）无缝线路的类型

无缝线路根据处理钢轨内部温度应力方式的不同，可分为温度应力式和放散温度应力式两种。

无缝线路铺设锁定后，焊接长钢轨因受线路纵向阻力的抵抗，两端自由伸缩受到一定的限制，中间部分完全不能伸缩，因而在钢轨内部产生很大的温度力，其值随轨温变化而异。

我国高速铁路采用温度应力式无缝线路。

（二）温度力与温度应力

1. 温度力

当轨温变化时，固定区钢轨内部产生的力（拉力或压力）称为温度力。其计算式为

$$P_t=\alpha \cdot E \cdot A \cdot \Delta T$$

式中 P_t——温度力（kN）；

α——钢轨线胀系数，1.18×10^{-5}/℃；

E——钢轨弹性模量，2.1×10^{8} kN/m²；

A——钢轨截面积（cm）；

ΔT——轨温差（钢轨温度变化值）（℃）。

例：60 kg/m 钢轨，$A=77.45$ cm²，$P_t=19.2\Delta T$（kN）。

2. 温度应力

当轨温变化时，整个钢轨断面所承受的应力，称为温度应力，其计算式为

$$\sigma=\alpha \cdot E \cdot \Delta T=2.478 \cdot \Delta T \quad (\text{MPa})$$

由以上公式可知温度应力与钢轨长度、截面面积无关。

（三）锁定轨温设计

无缝线路相邻单元轨节之间锁定轨温之差不应大于5℃，同一区间内单元轨节最高与最低锁定轨温之差不应大于10℃；左右股钢轨锁定轨温之差不应大于3℃。

1. 钢轨温度

在夏季，由于太阳辐射热的作用，一般轨温比气温高10～20℃；在冬季，气温较低，气温与轨温大致相同。一般规定：最高轨温等于当地最高气温加20℃，最低轨温等于最低气温。

2. 锁定轨温

为降低长轨条内的温度力，需选择一个适宜的锁定轨温，又称零应力状态的轨温。在铺设无缝线路中，将长轨条始终端落槽就位时的平均轨温称为施工锁定轨温。施工锁定轨温不一定等于设计锁定轨温，但应在设计锁定轨温允许变化范围之内。

3. 设计锁定轨温

设计锁定轨温即长钢轨中和轨温，其根据线路的具体条件，通过轨道稳定性和强度计算确定。

（1）有砟轨道

$$T_e=\frac{T_{max}+T_{min}}{2}+\frac{[\Delta T_d]-[\Delta T_u]}{2}+\Delta T_k$$

式中 T_e—— 设计锁定轨温；

$[\Delta T_d]$，$[\Delta T_u]$——允许温降和允许温升；

T_{max}、T_{min}——当地历史最高、最低轨温；

ΔT_k——设计锁定轨温修正值，一般取0～5℃。

（2）无砟轨道

$$T_e=\frac{T_{max}+T_{min}}{2}\pm\Delta T_k$$

路基有砟无缝线路锁定轨温可适当提高；桥上无缝线路锁定轨温可适当降低；南方地区的无砟轨道，锁定轨温范围不应过低，否则夏季钢轨温升幅度过大，导致钢轨出现碎弯的几率增加。

4. 设计锁定轨温范围

无缝线路的铺设很难在设计锁定轨温下把整段长轨条锁定，因此，给定一个同时满足稳定性和强度条件的范围，即设计锁定轨温±（3～5℃）。

5. 实际锁定轨温

在运营中长轨条因轮轨相互作用而被碾长，或因维修作业不当，引起长轨条不均匀爬行，都会导致长轨条施工锁定轨温的改变（一般下降5～8℃），因此，无缝线路在运营中存在一个实际的锁定轨温。

（四）无缝线路上各种阻力

无缝线路上，阻止钢轨及轨道框架移动的阻力有纵向阻力和横向阻力。

1. 纵向阻力

轨温变化时，影响钢轨两端自由伸缩的原因是来自线路纵向阻力的抵抗，它包括接头阻力、扣件阻力及道床纵向阻力。

（1）接头阻力

钢轨两端接头处由钢轨夹板通过螺栓拧紧，产生阻止钢轨纵向位移的阻力，称接头阻力。

接头阻力由钢轨夹板间的摩阻力和螺栓的抗剪力提供。为了安全,我国接头阻力 P_H 仅考虑钢轨与夹板间的摩阻力。

当钢轨发生位移时,夹板与钢轨接触面之间将产生摩阻力 F,F 将阻止钢轨的位移。一根螺栓的拉力接近它所产生的接头阻力 P。在此情况下,接头阻力 P_H 的表达式,可写成

$$P_H = n \cdot P$$

接头阻力与螺栓材质、直径、拧紧程度和夹板孔数有关。在其他条件均相同的情况下,螺栓的拧紧程度就是保持接头阻力的关键。扭力矩 T' 与螺栓拉力的关系可用经验公式表示,即

$$T' = K \cdot D \cdot P$$

式中 T'——拧紧螺帽时的扭力矩(N·m);

K——扭矩系数,K=0.18～0.24;

D——螺栓直径(mm);

P——螺栓拉力(kN)。

列车通过钢轨接头时产生的振动,会使扭力矩下降,接头阻力值降低。因此,因定期检查扭力矩,重新拧紧螺帽,保证接头阻力值在长期运营过程中保持不变。

(2)扣件阻力

中间扣件和防爬设备抵抗钢轨沿轨枕面纵向位移的阻力,称扣件阻力。为了防止钢轨爬行,要求扣件阻力必须大于道床纵向阻力;在一些特殊地段,如桥上、钢轨伸缩调节器基本轨的伸缩范围内,为了降低桥梁所受纵向力和保证长轨的正常伸缩,要求扣件阻力小于道床阻力。

扣件阻力是由钢轨沿轨枕垫板面之间的摩阻力和扣件与轨底扣着面之间的摩阻力所组成。摩阻力的大小取决于扣件扣压力和摩擦系数的大小。常用扣件阻力如表 2-74 所示。

表 2-74 扣件阻力表(kN)

<table>
<tr><th>扣件类型</th><th>Ⅰ型</th><th>Ⅱ型</th><th>Ⅲ型</th><th>Ⅳ、Ⅴ、Ⅶ、Ⅷ型</th><th>防爬器</th><th>K型</th></tr>
<tr><td>螺母扭矩 80 N·m</td><td>9.0</td><td>9.3</td><td rowspan="2">16.0</td><td rowspan="2">大于 9.0</td><td rowspan="2">15.0</td><td rowspan="2">7.5</td></tr>
<tr><td>螺母扭矩 150 N·m</td><td>12.0</td><td>15.0</td></tr>
</table>

(3)道床纵向阻力

道床纵向阻力系指道床抵抗轨道框架纵向位移的阻力。一般以每根轨枕的阻力 R,或每延厘米分布阻力 p 表示。它是抵抗钢轨伸缩,防止线路爬行的重要参数。

另外,线路的养护维修作业在一定程度上破坏道床原状,使道床纵向阻力降低,需要通过一定时间的列车碾压后,才能恢复到原有的阻力值。道床纵向阻力与道床密实程度关系最为显著,如表 2-75 所示。

表 2-75 道床清筛前后的纵向阻力

作业项目	清筛前	筛边挖盒	方枕后	方枕后挖盒	综合捣固	筛后第三天	筛后第七天	筛后半个月	筛后一个月
纵向阻力(kN/根)	13.8	6.78	2.5	3.7	6.8	8.35	8.8	9.7	12.6
道床密实程度(%)	100	49.1	18.1	26.8	49.2	60.5	63.8	70.2	91.0

由于线路维修作业会扰动道床,致使道床纵向阻力降低,只有采取限制作业轨温的方法来保证无缝线路的正常工作状态。

2. 道床横向阻力

道床抵抗轨道框架横向位移阻力称道床横向阻力，它是防止无缝线路胀轨跑道，保证线路稳定的主要因素。

道床横向阻力是由轨枕两侧及底部与道砟接触面之间的摩阻力，和枕端的砟肩阻止横移的抗力组成。其中，道床肩部占 30%，轨枕两侧占 20%～30%，轨枕底部占 50%。道床横向阻力可用单根轨枕的横向阻力 Q 和道床单位横向阻力 p 表示，即

$$p=Q/a \quad (\mathrm{N/cm})$$

式中　a——轨枕间距(cm)。

（五）无缝线路的稳定性

无缝线路作为一种新型轨道结构，其最大特点是在夏季高温季节在钢轨内部存在巨大的温度压力，容易引起轨道横向变形。在列车动力或人工作业等干扰下，轨道弯曲变形有时会突然增大，这一现象常称为胀轨跑道（也称臌曲），在理论上称为丧失稳定，这将严重危及行车安全。

稳定的因素主要有道床横向阻力、轨道框架刚度。

丧失稳定的因素主要有温度力、轨道原始弯曲、外力偏心作用。

无缝线路丧失稳定情况大多是由于维修作业不当，降低了道床横向阻力而发生。因此要对影响道床横向阻力的因素有所了解，以利于指导工作。

（六）温度力图

温度力沿长钢轨的纵向分布，常用温度力图来表示，故温度力图实质是钢轨内力图。温度力图的横坐标轴表示钢轨长度，纵坐标轴表示钢轨的温度力（拉力为正，压力为负）。钢轨内部温度力和钢轨外部阻力随时保持平衡是温度力纵向分布的基本条件。一根焊接长钢轨沿其纵向的温度力分布并不是均匀的。它不仅与阻力、轨温变化幅度、施工过程等因素有关，而且还与轨温变化的过程有关。

无缝线路锁定以后，轨温单向变化时，温度力沿钢轨纵向分布的规律，称为基本温度力图，如图 2-103、图 2-104 所示。

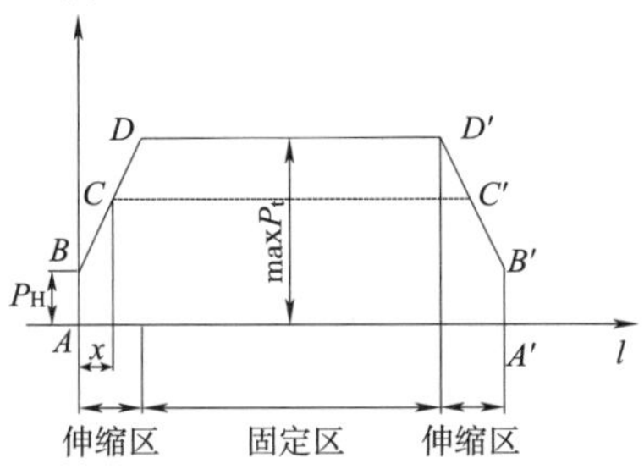

图 2-103　基本轨温度力图

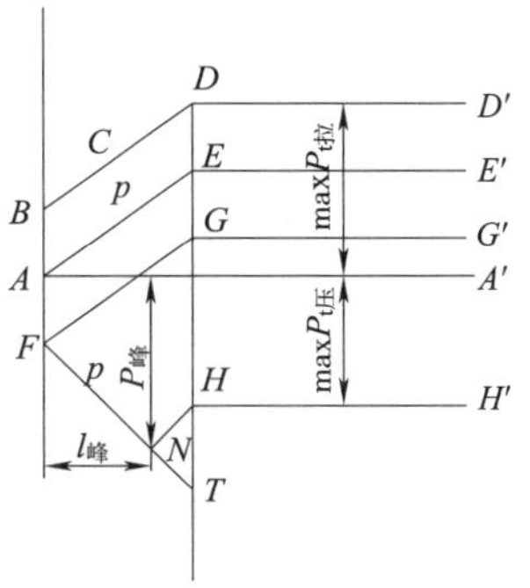

图 2-104　轨温反向变化时温度力图

温度压力峰的大小与锁定轨温无关，温度压力峰的位置相当于中间轨温锁定时的伸缩区终点。温度力峰现象是由道床阻力塑性性质决定的，其量值及位置均取决于接头阻力及道床阻力梯度的大小。

从国内外无缝线路失稳事故来看，事故多发季节不是在夏季的高温季节，而是在春夏之交的 3～5 月份，很重要的原因是在这一季节，轨温接近甚至低于锁定轨温，容易放松对道床阻力的重

视，而实际上此刻在伸缩区却有可能存在着相当于20℃的温度压力峰，因而导致事故的发生。

在取锁定轨温等于或小于中间轨温时，则不会在伸缩区出现温度压力峰，而是出现温度拉力峰。温度力峰值的大小与锁定轨温无关，锁定轨温的合理设置只能适当减小固定区的温度力，而不能改变伸缩区局部的最大温度力峰值。

冬季进行养护维修作业后，道床阻力将大大削弱，接头阻力也有一定程度的削弱，这些是很难恢复的。在夏季，养护维修作业停止，道床阻力在列车的压实作用下逐渐恢复，在轨温回升过程中，伸缩区附近将出现较正常情况更高的温度应力峰。比如，道床阻力在冬季降低25％时，温度压力峰值将增大10％左右。

三、无缝线路维修作业

（一）无缝线路地段维修要求

1. 无缝线路地段应根据季节特点、锁定轨温和线路状态，合理安排全年维修计划。在气温较低的季节，应安排锁定轨温较低或薄弱地段进行综合维修；在气温较高的季节，应安排锁定轨温较高地段进行综合维修。

2. 有砟轨道高温季节不应安排综合维修和影响线路稳定的作业。如必须进行综合维修或成段保养时，应有计划地先放散后作业，并适时重新做好放散和锁定线路工作。其他保养和临时补修，可采取调整作业时间的办法进行。高温季节可安排矫直钢轨硬弯、钢轨打磨等作业。在较低温度下，如需更换钢轨或夹板，可采用钢轨拉伸器进行。

3. 有砟轨道无缝线路综合维修，宜按单元轨节为单位安排作业。

4. 无砟轨道无缝线路作业必须掌握实际锁定轨温，测量作业轨温，根据作业轨温条件进行作业。

有砟轨道无缝线路作业必须掌握实际锁定轨温，根据作业轨温条件进行作业，应严格执行“作业前、作业中、作业后测量轨温”制度，并注意做好以下各项工作：

（1）在维修地段按需要备足道砟。

（2）起道前应先拨正线路方向。

（3）起、拨道器不得安放在铝热焊缝处。

（4）扒开的道床应及时回填、夯实。

5. 有砟轨道道床一般清筛，枕盒清筛深度为枕底向下50～100 mm，并做好排水坡，清筛后应及时捣固、稳定；边坡清筛为轨枕头外全部道砟，宜使用边坡清筛机施工，清筛后应及时夯实。

6. 对大坡道地段、列车制动地段无缝线路应加强检查和锁定，防止钢轨爬行和轨向变化。

7. 应加强隧道口前后100 m线路检查，采取措施防止线路出现碎弯。

（二）胀轨跑道防治和处理

1. 当线路连续出现碎弯并有胀轨迹象时，应限制列车运行速度或封锁线路，并尽快组织处理。

2. 作业中如出现轨向、高低不良时，必须停止作业，并及时采取防胀措施。

3. 发现胀轨跑道时应立即封锁线路进行处理。

4. 无缝线路发生胀轨跑道时，应将胀轨跑道情况按“无缝线路胀轨跑道情况登记表”做好记录。

（三）桥上无缝线路养护维修

桥上无缝线路养护维修应注意做好以下工作：

1. 应按设计要求，保持扣件布置方式和扣件紧固程度，尤其应加强温度跨度大的桥上无缝线路小阻力扣件养护。

2. 在高温和低温季节，应加强温度跨度大的桥上无缝线路结构和状态检查，加强连续梁活动端或桥台附近的线路状态检查，发现问题应及时处理。

3. 单根抽换桥枕应在实际锁定轨温+10～−20℃范围内进行，作业时抬起钢轨高度不应超过 60 mm。

4. 成段更换、方正桥枕等需要起道作业时，应在实际锁定轨温+5～−15℃范围内进行。

5. 联合接头位置不得设置在桥墩上和钢桁梁伸缩纵梁上，并要求距桥台边墙或桥墩不小于 2m。

(四)无缝线路作业轨温条件

1. 无缝线路维修作业轨温条件如表 2-76、表 2-77、表 2-78 所示。

表 2-76　无砟轨道无缝线路作业轨温条件

作业项目	线路平面条件	最多连续松开扣件个数(按实际锁定轨温计算)				
		−10℃及以下	−10～0℃	0～+10℃	+10～+20℃	+20℃以上
改道、垫板作业	$R<2000$ m	9	40	15	9	禁止
	$R\geqslant 2\ 000$ m 或直线	15	40	20	9	禁止
更换扣件或涂油	—	隔一松一、流水作业				禁止

表 2-77　有砟轨道无缝线路维修作业轨温条件表

线路平面	作业轨温范围(按实际锁定轨温计算)		
	连续扒开道床不超过 25 m，起道高度不超过 30 mm，拨道量不超过 10 mm	连续扒开道床不超过 50 m，起道高度不超过 40 mm，拨道量不超过 20 mm	扒道床、起道、拨道与普通线路相同
直线及 $R\geqslant 2000$ m 曲线	+20℃ 实际锁定轨温以下不限制	+15℃ −20℃	±10℃
800m$\leqslant R<2000$ m 曲线	+15℃ −20℃	+10℃ −15℃	±5℃

表 2-78　有砟轨道无缝线路作业轨温条件

序号	作业项目	按实际锁定轨温计算				
		−20℃以下	−20～−10℃	±10℃以内	+10～+20℃	+20℃以上
1	改道	与普通线路同	与普通线路同	与普通线路同	与普通线路同	禁止
2	更换扣件或涂油	隔二松一，流水作业	同左	同左	同左	禁止
3	方正轨枕	当日连续方动不超过 2 根	隔二方一，方后捣固，恢复道床逐根进行(配合起道除外)	与普通线路同	隔二方一，方后捣固，恢复道床逐根进行(配合起道除外)	禁止
4	更换轨枕	当日不连续更换	当日连续更换不超过 2 根(配合起道除外)	与普通线路同	当日连续更换不超过 2 根(配合起道除外)	禁止
5	更换钢轨	禁止	禁止	与普通线路同	禁止	禁止
6	更换道岔联结件	禁止	禁止	与普通线路同	禁止	禁止
7	不破底清筛道床	逐孔倒筛夯实	同左	同左	同左	禁止
8	处理翻浆冒泥(不超过 5 孔)	与普通线路同	同左	同左	禁止	禁止

2. 当轨温在实际锁定轨温减 30℃以下时，伸缩区禁止作业。

3. 无缝道岔尖轨及其前方 25 m 范围内，作业轨温范围为实际锁定轨温±10℃。

4. 线路上的钢轨硬弯，应在轨温较高季节矫直，矫直时轨温应高于 25℃。

5. 无缝线路作业后应及时清理现场，紧固扣件弹条到规定扭矩，并组织全面回检，根据线路状态确定开通条件。

(五)无缝线路应力放散与调整

应力放散就是在设计锁定轨温范围内，锯切长钢轨，并将长钢轨扣件全部松开，轨下垫入滚筒，辅助进行撞轨，使长钢轨能最大限度伸缩，然后再重新锁定线路。应力调整是指不锯切长钢轨，在一定范围内松开扣件，轨下垫入滚筒，辅助进行撞轨，使松开扣件范围的长钢轨应力均匀。

1. 应力放散或调整的条件

无缝线路锁定轨温必须准确、均匀，有下列情况之一者，应进行应力放散或调整：

(1)实际锁定轨温不在设计锁定轨温范围以内。

(2)锁定轨温不明、不准确。

(3)两相邻单元轨节锁定轨温差超过 5℃，或左右股钢轨实际锁定轨温相差超过 3℃，或同一区间单元轨节最高、最低锁定轨温相差超过 10℃。

(4)铺设或维修作业方法不当，使轨条产生不正常伸缩。

(5)出现严重不均匀位移。

(6)夏季线路轨向严重不良，碎弯多。

(7)通过位移观测或测试分析，发现温度力分布严重不匀。

2. 应力放散的方法

无缝线路应力放散可采用滚筒配合撞轨法或滚筒结合拉伸配合撞轨法。放散时要求做到：总放散量要够，沿钢轨全长放散要匀，最后锁定轨温要准。同时要求结合放散应力，整治线路爬行。

(1)滚筒配合撞轨

滚筒配合撞轨放散方法是指在接近设计锁定轨温的条件下，松开扣件和防爬器，长钢轨下每隔 10～15 m 垫入滚筒，配合以适当撞轨，使长钢轨正常伸缩。当达到预定锁定轨温，立即取下滚筒，重新锁定线路。这种放散法优点是放散较彻底，均匀性好，可以较准确的确定锁定轨温。

(2)滚筒结合拉伸配合撞轨法

滚筒结合拉伸配合撞轨法是指在轨温比较低的条件下，在利用滚筒放散的同时，用拉伸器拉伸并配合以适当撞轨，但原锁定轨温不清楚或不准确，必须在滚筒放散的基础上，通过计算后再用拉伸器拉伸。

应力放散前，应先调整缓冲区轨缝，并根据计算更换配轨，上紧全部扣件后，方能固定拉伸器进行拉伸。

无缝道岔应在设计锁定轨温范围内铺设和锁定，不宜进行应力放散。

3. 应力调整的方法

无缝线路应力调整(不改变长钢轨长度)，可在比较接近实际锁定轨温的条件下，采用轨下垫入滚筒、辅助进行撞轨的方法。

无缝线路应力放散和调整施工前，应制订施工计划及安全措施，组织人力，备齐料具，充分做好施工准备。

4. 放散量、锯轨量的计算

(1)计算放散量

长钢轨的放散量按下列自由伸缩公式计算：

$$\Delta l=\alpha \cdot L(T_{sh}-T_{sy})$$

式中 Δl——长钢轨放散量(mm)；

α——钢轨钢线膨胀系数，$\alpha=0.0118$ mm/℃；

L——需要放散应力的长钢轨长度(m)；

T_{sh}——放散后的锁定温度(℃)；

T_{sy}——原锁定轨温(℃)。

(2)计算锯轨量

$$K=\Delta l+\sum a-\sum b$$

式中 K——锯轨量(mm)；

Δl——放散量(mm)；

$\sum a$——缓冲区预留轨缝总和(mm)；

$\sum b$——缓冲区原有轨缝总和(mm)。

5. 设置位移观测点

设置位移观测点，随时掌握长钢轨的应力放散情况。通常 50～100m 设置一个观测点，其观测点伸缩量为

$$\Delta l_n=\frac{\Delta l}{N}\cdot n$$

式中 Δl_n——某观测点钢轨计算伸缩量(mm)；

Δl——计划放散量(mm)；

N——设立观测点数；

n——某观测点号数(n=1、2、…n)。

例如，某无缝线路总放散量为 200 mm 时，各观测点放散量，如图 2-105 所示。

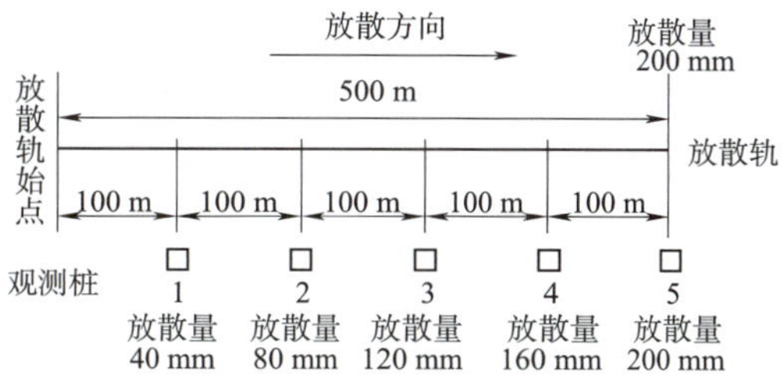

图 2-105 临时观测点放散量

6. 应力放散后，应按实际锁定轨温及时修改有关技术资料和位移观测标记。

(六)胶接绝缘接头的养护维修

1. 左右两股钢轨绝缘接头应相对铺设，且绝缘接头轨缝绝缘端板距轨枕边不宜小于 100 mm。

2. 胶接绝缘接头宜采用现场胶接。胶接绝缘接头与焊接接头间距不应小于 20m。

3. 应加强胶接绝缘接头的养护，做好轨端肥边打磨和捣固工作。

4. 胶接绝缘接头拉开时，应立即拧紧两端各 50m 线路的扣件，并加强观测。

5. 当绝缘失效时，应立即更换，进行永久处理。如暂时不能永久处理，可更换为普通绝缘，进行临时处理。进行永久处理时，应保证修复后无缝线路锁定轨温不变。

四、钢轨焊接标准与要求

(一)钢轨焊接方法

钢轨厂焊应采用固定闪光焊，现场焊应优先采用移动闪光焊，道岔、调节器焊接及伤损钢轨处理可采用铝热焊。

1. 固定式闪光焊接

固定式闪光焊接又称为固定式接触焊，通常在基地(或工厂)将 100 m 长定尺轨焊接成 500 m 的焊接长钢轨。常用焊接工艺主要有三种：电阻预热闪光焊接工艺、连续闪光焊接工艺和脉动闪光焊接工艺。我国 GAaS80/580 型直流焊机全部采用电阻预热闪光焊接工艺，K1000 型交流焊机采用连续闪光或脉动闪光焊接工艺。

钢轨闪光焊接工艺过程一般分为闪平、预热、烧化、顶锻四个阶段，顶锻过程又分为有电顶锻和无电顶锻。顶锻结束后自动完成推凸工作。

2. 移动式闪光焊接

移动式闪光焊接又称为移动式接触焊，是铁路现场焊接钢轨的主要方法，包括单元焊接(将 500 m 焊接长钢轨焊接成 1 500～2 000 m 的单元轨节)和单元轨节的锁定焊接。

我国现场焊接钢轨采用的移动式闪光焊机主要有 K922 型焊机和国产 LR1200 型焊机。全部是交流焊机，以脉动闪光焊接工艺为主。焊轨车有集装箱式和自走行式两种。

3. 铝热焊接

铝热焊接是以氧化铁为氧化剂，以铝粉为还原剂的一种热剂焊。焊接材料主要包括焊剂、砂模和坩埚。

铝热焊接工艺参数主要包括：焊接环境(如温度、湿度、风力等)；不同牌号、型号的钢轨所对应的焊剂；钢轨轨端的焊前准备及轨缝大小；详细的预热参数；从点燃焊剂到钢水浇铸的时间范围；允许列车通过时焊接接头的温度；焊后打磨等。

每焊接一个接头后，应详细记录焊接工艺参数，还应该记录焊接材料的唯一性标识、主要操作人员、探伤及平直度检查情况等。记录应保留 5 年。

(二)钢轨焊接质量

1. 内部缺陷

(1)缺陷种类

①灰斑：存在于闪光焊焊缝断口中的局部光滑区域，与周边金属有明显界限，如图 2-106 所示。

②未焊合：母材与母材之间未能完全结合的部分，如图 2-107 所示。

图 2-106　闪光焊灰斑缺陷引起轨头横向疲劳断裂

图 2-107　未焊合

③过烧：晶粒边界熔化，是体积型缺陷，存在于焊缝或热影响区。轻度过烧呈细小黑灰斑点，重度过烧呈黑色蜂窝状，如图 2-108 所示。

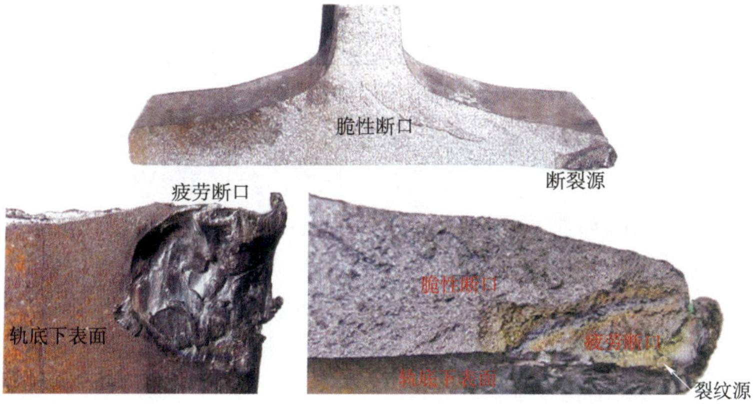

图 2-108　轨底角火焰烧伤引起的疲劳断裂

④夹渣：推凸时焊渣进入热态金属中，如图 2-109 所示。

(2)影响因素

①焊接工艺参数：参数设置不佳。

②焊机状态：电极老化、绝缘不良、冷却系统异常、机械磨损等。

③作业过程：除锈不良、端面斜度超标、推凸不良等。

④钢轨母材：母材夹杂物超标。

⑤焊接条件：环境不良或钢轨温度太低，电网电压波动大等。

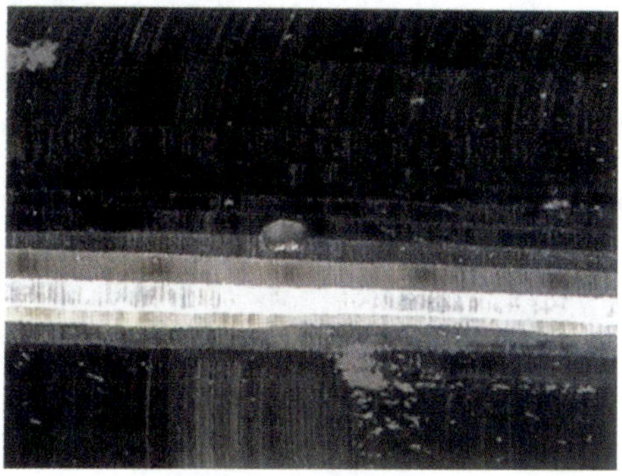

图 2-109　夹渣

(3)标准要求

①无未焊合、过烧、夹渣缺陷。

②允许存在少量灰斑：单个灰斑面积不大于 10 mm^2，灰斑总面积不大于 20 mm^2。

(4)检查方法

落锤试验是检验闪光焊接缺陷的主要方法。落锤试验机采用刚性基础，锤头 1t，砧座 10t。落锤高度是锤头落下时刻锤头底面至钢轨落锤试件轨头顶面之间的垂直距离。

以高速铁路普遍使用的 60 kg/m 钢轨为例：落锤高度 3.1 m 时，锤击两次，接头不断为落锤项目合格；落锤高度 5.2 m 时，锤击一次，接头不断为落锤项目合格。

断口检验：利用落锤试件、补加锤击击断，肉眼或借助放大镜检查折断的焊接接头断口，记录断口缺陷细节。

2. 外观质量

焊接接头的外观质量包括表面质量和平直度。

(1)表面质量

焊接接头及其附近钢轨表面不应有裂纹、明显压痕、划伤、碰伤、电极灼伤、打磨灼伤等伤损。

焊接接头的轨头工作面经外形精整后的表面不平度应满足：在焊缝中心线两侧各 100 mm 范围内，表面不平度不大于 0.2 mm。轨顶面及轨头侧面工作边母材打磨深度不应超过 0.5 mm。

表面不平度与平直度描述的是不同的现象，平直度描述的是方向的偏差，表面不平度描述的是表面状态，与粗糙度类似。

(2)平直度

焊接接头平直度是以焊缝中心的 1 m 范围内，焊接接头偏离直线的程度，包括接头顶面平直度和轨头侧面工作边的平直度。

平直度与接头错边量不同，前者描述的现象是折线形，后者描述的现象是平行偏差，是“台阶”。平直度偏差可以通过矫直纠正，接头错边不能通过矫直纠正。接头错边量是在焊接后、未经打磨处理的情况下测量，超标时只能锯掉。钢轨焊接接头平直度应符合有关规定。

平直度的实现应主要依靠矫直，而不是打磨，精磨的长度范围越短越好，标准规定最长不应超过焊缝两侧各 450 mm 的限度。

3. 焊接接头位置

(1)左右股单元轨节锁定焊接头相错量不宜超过 100 mm。

(2)由道岔前端和辙叉跟端接头焊缝确定的道岔全长偏差不得超过±20 mm。

(3)铝热焊焊缝距枕边不得小于 100 mm。

(4)单元轨节起止点不应设置在不同轨道结构过渡段或不同线下基础过渡段范围。

4. 机械性能

(1)拉伸：980 MPa 级钢轨，焊接接头的抗拉强度 $R_m \geqslant 880$ MPa，延伸率 $A \geqslant 6\%$；880 MPa 级钢轨，焊接接头的抗拉强度 $R_m \geqslant 800$ MPa，延伸率 $A \geqslant 6\%$。

(2)冲击：冲击吸收功 $A_{ku} \geqslant 6.5$J。

(3)硬度：速度大于 200 km/h 的线路，每条测试线应满足 $0.95H_P \leqslant H_J \leqslant 1.05H_P$，$H_{J1} \geqslant 0.8H_P$，软化区宽度 $W \leqslant 20$ mm。

(4)焊缝、热影响区显微组织和晶粒度：珠光体，可出现少量铁素体，不应有马氏体、贝氏体和魏氏组织。

(5)焊接接头机械性能的影响因素：热处理工艺是主要影响因素。

五、无缝线路技术管理

1. 无缝线路维修管理应以一次锁定的轨条为管理单元，无缝道岔应以单组或相邻多组一次锁定的道岔及其前后 200 m 线路为管理单元。

2. 可采用钢轨应力检测仪等检测设备测量无缝线路锁定轨温，以掌握桥头、隧道口等重点地段及锁定轨温不明地段的实际锁定轨温。

3. 应做好无缝线路钢轨位移观测，位移观测可采用仪器观测或弦线测量。累计位移量出现异常时(锁定轨温变化超过 5℃)，工务段应及时查明原因，采取相应措施。无缝线路钢轨位移观测桩应符合设置要求。

4. 钢轨位移观测桩必须预先埋设牢固，均匀布置，桥梁地段应在固定支座上方设置。

5. 区间无缝线路钢轨位移观测桩间距不应大于 500 m。

6. 道岔及其前后设置 7 对钢轨位移观测桩：岔头、限位器(或间隔铁)、岔尾(含直、曲股)、道岔前后 50 m 和 200 m 处。岔区道岔间距大于 50 m 时设一对钢轨位移观测桩。

7. 调节器及其前后设置 6 对钢轨位移观测桩：调节器两端及前后 50 m 和 200 m 处。双向调节器在中间增设 1 对。

8. 在轨条就位或轨条拉伸到位后，应立即进行标记。标记应明显、耐久、可靠。

思考题

1. 什么是跨区间无缝线路?

2. 什么是温度力？
3. 什么是锁定轨温？
4. 什么是纵向阻力？
5. 什么是扣件阻力？
6. 钢轨焊接方法主要有哪些？

第六节 线路设备维修

线路维修工作的基本任务是保持线路设备状态完好，保证列车以规定速度安全、平稳、舒适和不间断地运行，并尽量延长设备使用寿命。

线路维修应按照“预防为主、防治结合、严检慎修”的原则，根据线路状态的变化规律，合理安排养护与维修，做到精确检测、全面分析、精细修理，以有效预防和整治病害。

一、线路设备维修工作内容及计划

(一)无砟轨道

1. 工作分类

线路维修工作分为周期检修、经常保养和临时补修。

(1)周期检修

周期检修指根据线路及其各部件的变化规律和特点，对钢轨、道岔、扣件、无砟道床、无缝线路及轨道几何形位等按相应周期进行的全面检查和修理，以恢复线路完好技术状态。铁路局可根据线路设备状态、线路条件、运输条件和自然条件等具体情况调整维修周期，并报铁道部核备。

(2)经常保养

经常保养指根据动静态检测结果及线路状态变化情况，对线路设备进行的经常性修理，以保持线路质量经常处于均衡状态。

(3)临时补修

临时补修指对轨道几何尺寸超过临时补修容许偏差管理值或轨道设备伤损状态影响其正常使用的处所进行的临时性修理，以保证行车安全和舒适。

2. 工作内容

(1)周期检修基本内容

①线路设备质量动态检查。

②轨道几何尺寸和扣件扭矩静态检查。

③钢轨探伤。

④采用打磨列车对钢轨进行预打磨、预防性打磨和修理性打磨。

⑤连接零件成段涂油、复拧。

⑥根据刚度变化情况，成段更换弹性垫板。

⑦有计划地对无砟道床进行检查及修补。

⑧无缝线路钢轨位移、钢轨伸缩调节器(以下简称调节器)伸缩量的周期观测和分析。

⑨对沉降量较大地段的轨道状态进行周期观测和分析。

⑩精测网检查、复测。

(2)经常保养基本内容

①对轨道质量指数(TQI)超标区段或轨道几何尺寸超过经常保养容许偏差管理值的处所进行整修。

②根据钢轨表面伤损、光带及线路动态检测情况,对钢轨进行修理。

③整修焊缝。

④整修伤损扣件、道岔及调节器等轨道部件。

⑤无缝线路应力调整或放散。

⑥修补达到Ⅱ级及以上伤损的无砟道床。

⑦疏通排水。

⑧精测网维护。

⑨沉降地段轨道状态观测和分析。

⑩修理、补充和油刷标志。

⑪根据季节特点对线路进行重点检查。

⑫其他需要经常保养的工作。

(3)临时补修主要内容

①整修轨道几何尺寸超过临时补修容许偏差管理值的处所。

②处理伤损钢轨(含焊缝)和失效胶接绝缘接头。

③更换伤损的道岔护轨螺栓、可动心轨咽喉和叉后间隔铁螺栓、长心轨与短心轨联结螺栓等。

④更换伤损失效的扣件、道岔及调节器等轨道部件。

⑤更换或整治失效无砟道床。

⑥线路故障处理。

⑦其他需要临时补修的工作。

(二)有砟轨道

1. 工作分类

线路维修工作分为综合维修、经常保养和临时补修。

(1)综合维修

综合维修指根据线路变化规律和特点,以全面改善轨道弹性和轨面平顺性、调整轨道几何尺寸和更换、整修失效零部件为重点,以大型养路机械为主要作业手段,按周期、有计划地对线路进行的综合性修理,以恢复线路完好技术状态。

(2)经常保养

经常保养指根据动静态检测结果及线路状态变化情况,进行有计划、有重点的经常性修理,以保持线路质量经常处于均衡状态。成段保养以大型养路机械为主要作业手段。

(3)临时补修

临时补修指以小型养路机械为主要作业手段,及时对轨道几何尺寸超过临时补修容许偏差管理值或其他不良处所进行的临时性修理,以保证行车安全和舒适。

2. 工作内容

(1)综合维修基本内容

①根据线路、道岔、钢轨伸缩调节器(以下简称调节器)状态进行起道、拨道和改道,全面捣固、稳定,系统调整其各部几何形位。

②清筛枕盒不洁道床和边坡,补充道砟,整理道床。

③更换、方正和修理轨枕。

④锁定线路、道岔、调节器。

⑤采用打磨列车对钢轨进行预打磨、预防性打磨和修理性打磨。

⑥整修、更换和补充连接零件，并有计划地涂油。

⑦整修路肩，疏通排水设备，清除道床杂草和路肩大草。

⑧修理、补充和刷新线路标志，收集旧料。

⑨其他预防和整治病害工作。

(2)经常保养基本内容

①对轨道质量指数(TQI)超标区段或轨道几何尺寸超过经常保养容许偏差管理值的处所进行整修。

②根据钢轨表面伤损、光带及线路动态检测情况，对钢轨进行修理。

③整修焊缝。

④整修伤损的扣件、道岔及调节器等轨道部件。

⑤更换和修理轨枕。

⑥整治道床翻浆冒泥，均匀道砟，整理道床。

⑦有计划地成段整修连接零件，螺栓涂油。

⑧无缝线路应力调整或放散。

⑨精测网维护。

⑩沉降地段轨道状态观测和分析。

⑪修理、补充和油刷标志。

⑫整治冻害。

⑬疏通排水设备，清除道床杂草和路肩大草。

⑭季节性工作、周期短于综合维修的其他单项工作。

(3)临时补修主要内容

①整修轨道几何尺寸超过临时补修容许偏差管理值的处所。

②处理伤损钢轨(含焊缝)和失效胶接绝缘接头。

③更换伤损的道岔护轨螺栓、可动心轨咽喉和叉后间隔铁螺栓、长心轨与短心轨连接螺栓等。

④更换伤损失效的扣件、道岔及调节器等轨道部件。

⑤疏通淤塞的排水设备，处理严重冲刷的路肩和道床。

⑥线路故障处理。

⑦其他需要临时补修的工作。

二、线路设备检查内容及周期

(一)一般要求

1. 无砟轨道线路检查应坚持“动态检查为主，动、静态检查相结合，结构检查与几何尺寸检查并重”的原则。有砟轨道线路检查应坚持“动态检查为主，动、静态检查相结合”的原则。

2. 动态检查应以综合检测列车和探伤车检测结果为主要依据，巡检设备、车载式线路检查仪和添乘检查作为动态检查的辅助手段。发现问题时，应结合现场静态复核，全面分析原因，合理确定维修作业方案。对超过临时补修允许偏差管理值的处所应及时处理。

3. 应积极采用先进的线路检查设备，提高线路检查质量，加强线路设备状态分析，指导线路维修作业。

4. 对道岔、调节器、大跨桥梁、过渡段和沉降等重点地段的线路设备，应在昼间进行巡视，每年应不少于一遍。

（二）线路动态检查

1. 应采用综合检测列车、车载式线路检查仪等检测设备对线路进行周期性检查，按局部不平顺（峰值）和区段整体不平顺（均值）进行动态质量管理。

2. 工务段应设专人对动态检测结果进行全面分析，并进行必要的现场复核，编制月度动态检测分析报告，以指导线路维修作业。对Ⅲ级及以上偏差处所，应及时安排临时补修；对轨道质量指数（TQI）超过管理值的区段和超过经常保养容许偏差管理值的处所，应安排经常保养；对车辆动力学指标超限处所，应及时分析原因，安排整修。

3. 综合检测列车发现的轨向水平逆向复合不平顺和连续三波及多波高低、轨向不平顺，以及车载式线路检查仪和添乘检查发现的不良处所，应及时进行分析和处理，具体办法由铁路局规定。

4. 综合检测列车对线路局部不平顺采用偏差扣分办法进行评定，对整体不平顺采用 TQI 进行评定。综合检测列车检查结果应分线、分段汇入综合检测列车线路评分统计报告表中。

5. 检查周期

（1）综合检测列车每 10～15 天检查 1 遍。

（2）动车组应安装车载式线路检查仪，每天至少对线路检查 1 遍。

（3）工务段应使用便携式线路检查仪添乘检查线路，每月至少 2 遍。

6. 综合检测列车检查报告

（1）检查发现Ⅲ级及以上偏差或车辆动力学指标超限时，检测单位应立即通知铁路局。对Ⅲ级偏差处所应及时处理；对Ⅳ级偏差处所，或Ⅲ级偏差且车辆动力学指标超限处所应立即限速，200～250 km/h 线路限速不超过 160 km/h，250（不含）～350 km/h 线路限速不超过 200 km/h，具体处理程序执行铁道部相关规定。

（2）检测单位应及时将检测报告提交给有关单位，并向铁道部提报月度和年度检测分析报告（含综合检测列车线路评分统计报告表）。

7. 应采用巡检设备检查线路设备状态，每半年不少于 1 遍。

（三）线路静态检查

1. 工务段负责对线路设备进行周期性检查，并作好详细记录，掌握线路设备状态及变化规律，具体办法由铁路局规定。

2. 轨道几何尺寸检查

轨道几何尺寸检查有砟轨道每半年不少于 1 遍，无砟轨道每年不少于 1 遍，重点地段应加强检查。对重点病害或轨道不平顺地段，应使用轨道测量仪、轨道检查仪进行检查。

3. 无砟道床静态检查内容及周期

（1）每半年检查 1 遍。

（2）对未处理的Ⅱ级伤损处所每季度检查 1 遍。

（3）无砟道床静态检查内容及检查记录按有关要求执行。

4. 扣件系统静态检查内容和周期

扣件系统检查内容和周期如表 2-79、表 2-80 所示。

线路开通前，应对扣件安装状态、部件缺损、预埋套管等全面检查，对弹条紧固状态和锚固螺栓扭矩全面查看、重点检测。应加强扣件弹性垫板刚度检查，分析其弹性衰减规律。

表 2-79 无砟轨道扣件检查内容和周期

序号	检查内容	检查周期
1	扣件安装状态、部件缺损、预埋套管等	每半年检查 1 遍
2	弹条紧固状态(WJ-7、WJ-8、300-1 型扣件)	每半年检查 1 遍,每公里连续抽查 50 个
3	弹条扣压状态(SFC 型扣件)	每半年检查 1 遍,每公里连续抽查 50 个
4	钢轨与绝缘块(绝缘轨距块)、轨距挡板间隙	每半年检查 1 遍,每公里连续抽查 50 个
5	锚固螺栓扭矩(WJ-7、SFC 型扣件)	每半年检查 1 遍
6	弹性垫板刚度	每年抽检 1 次,抽检数量 3 块/(50 km)

表 2-80 有砟轨道扣件检查内容与周期

序号	检查内容	检查周期
1	扣件安装状态、部件缺损、预埋件等	每半年检查 1 遍
2	有螺栓弹条紧固状态(弹条 V 形扣件)	每半年检查 1 遍,每公里连续抽查 50 个
3	钢轨、绝缘轨距块、轨距挡板间隙	每半年检查 1 遍,每公里连续抽查 50 个
4	无螺栓弹条扣压力(弹条Ⅳ型、FC 型扣件)	每半年检查 1 遍,每公里连续抽查 50 个

5. 道岔静态检查内容和周期

道岔静态检查内容和周期如表 2-81 所示。

表 2-81 道岔检查内容和周期(无砟轨道)

序号	检查内容	检查方式	检查周期
1	轨距、水平、支距、高低、轨向	全面检测	每月检查 1 遍
2	斥离尖轨非工作边与基本轨工作边最小间距	全面查看,重点检测	
3	查照间隔		
4	护轨轮缘槽宽度		
5	尖轨与基本轨、心轨与翼轨、短心轨和叉跟尖轨间隙、尖轨与滑床台、心轨与滑床台间隙,尖轨与顶铁、心轨与顶铁间隙		
6	辊轮状态		
7	滑床台与基板脱焊及台面磨耗情况		
8	扣件状态		
9	弹性夹、拉簧状态		
10	弹性铁垫板、弹性基板等各种垫板状态		
11	限位器、间隔铁、顶铁、轨撑、接头铁、连杆等联结螺栓松动、变形或损坏情况		
12	尖轨防跳限位装置与斥离尖轨(标准开口)间隙,尖轨防跳顶铁与密贴尖轨间隙,心轨防跳顶铁、卡铁、间隔铁与心轨间隙		
13	尖轨相对于基本轨、心轨相对于翼轨的伸缩位移;两尖轨相对伸缩位移		
14	轮轨接触面(光带)检查,重点检查尖轨与基本轨共同受力部位接触面(位置、塑性变形、磨耗等)		
15	其他零件损坏、变形或缺失情况		
16	尖轨各控制断面相对于基本轨高差	全面检测	每季度检查 1 遍
17	心轨各控制断面相对于翼轨高差		

6. 调节器静态检查内容和周期

调节器静态检查内容和周期如表 2-82 所示。

表 2-82 调节器检查内容和周期

序号	检查内容	检查方式	检查周期
1	轨距、水平、高低、轨向	全面检测	每月检查 1 遍
2	尖轨与基本轨、尖轨与扣件间间隙、轨撑间隙	全面查看，重点检测	
3	扣件、垫板、轨撑状态		
4	其他零件损坏、变形或缺失情况		
5	尖轨控制断面相对于基本轨高差	全面检测	每季度检查 1 遍

对无缝线路、道岔及调节器钢轨纵向位移每季度全面观测一次。对需进行应力放散的区段应分析原因，采取相应措施。

(四)钢轨检查

钢轨检查分探伤和外观及表面伤损检查。

1. 钢轨探伤

(1)应采用以探伤车为主、探伤仪为辅的方式对正线钢轨进行周期性探伤，探伤车检查发现的伤损应采用探伤仪进行复核。

(2)应采用探伤仪对焊接接头、站线、道岔(包括尖轨尖端部分和心轨尖端部分的探伤检查)、调节器(含尖轨尖端)及其前后 60 m 钢轨进行周期性探伤。

(3)探伤周期

①使用探伤车对正线钢轨每年检查不少于 7 遍，冬季应适当缩短检查周期；使用钢轨探伤仪对正线钢轨每年检查 1 遍；使用钢轨探伤仪对到发线钢轨每年检查 4 遍，其他站线每年检查 1 遍。冬季可适当缩短探伤周期。

②使用钢轨探伤仪对正线道岔及调节器的钢轨每月检查 1 遍，对到发线道岔每年检查 4 遍，其他站线道岔每年检查 1 遍。

③对正线无缝线路和道岔、调节器钢轨的焊缝还应使用焊缝探伤仪进行全断面探伤，厂焊焊缝每 5 年检查 1 遍；现场闪光焊焊缝每年检查 1 遍，铝热焊焊缝每半年检查 1 遍。

(4)钢轨探伤判定

①钢轨探伤评判分轻伤和重伤两种。

②钢轨探伤检查有下列情况之一，即判为轻伤：

a. 材质缺陷虽未达到相关技术条件规定的钢轨报废程度，但与判废标准规定值相差不超过 6 dB。

b. 焊接缺陷虽未达到《工务作业 第 21 部分 钢轨焊缝超声波探伤作业》(TB/T2658.21)规定的焊缝报废程度，但与判废标准规定值相差不超过 6dB。

③钢轨探伤检查有下列情况之一，即判为重伤：

a. 在规定的探伤灵敏度下发现疲劳裂纹。

b. 达到或超过相关技术条件规定的钢轨报废程度的内部材质缺陷。

c. 达到或超过《工务作业 第 21 部分 钢轨焊缝超声波探伤作业》(TB/T2658.21)规定的焊缝报废程度的焊接缺陷。

(5)铁道部基础设施检测中心探伤车检查情况应及时通知有关单位，铁路局探伤车检查情况，应及时通知工务段。

2. 钢轨外观及表面伤损检查

(1)应采用巡检设备与人工巡视相结合的方式对钢轨外观进行检查。人工巡视检查每年不少于 1 遍。发现钢轨擦伤、鱼鳞裂纹、磨耗、锈蚀及其他伤损时，应进行复核。

(2)对磨耗达到轻伤的钢轨、道岔及调节器应使用钢轨轮廓(磨耗)测量仪每季度至少检查 1 遍。

(3)对达到轻伤的锈蚀钢轨应使用专用卡尺每季度至少检查 1 遍。

(4)对剥离裂纹、表面裂纹和擦伤每季度检查 1 遍，必要时进行涡流和磁粉探伤。涡流探伤主要用于曲线区段钢轨表面及近表面缺陷，特别是表面斜裂纹检查；磁粉探伤主要用于焊后焊接接头表面及近表面缺陷检查。

(5)对正线钢轨现场焊焊缝平直度应使用钢轨平直度测量仪每年至少检查 1 遍，对低塌达到轻伤的焊接接头每季度至少检查 1 遍。

(6)应对钢轨外观及表面伤损检查结果做好记录。

检查发现的重伤钢轨应立即通知线路车间和工务段调度。

工务段每月应将钢轨外观及表面伤损检查和钢轨探伤情况报铁路局。铁路局应每月汇总分析后报铁道部，报告含伤损钢轨月报。

3. 伤损钢轨管理

(1)线路上伤损钢轨应按表 2-83 所示做好标记。

表 2-83　伤损钢轨标记

伤损种类	伤损范围及标记		说　明
	连续伤损	一点伤损	
轻伤	|←△→|	↑△	用白铅油作标记
轻伤有发展	|←△△→|	↑△△	用白铅油作标记
重伤	|←△△△→|	↑△△△	用白铅油作标记

(2)对伤损钢轨应加强检查，并判定伤损发展情况。

(3)下道的重伤钢轨应严格管理，防止重伤钢轨重新上道。

三、线路设备维修主要作业要求

(一)钢轨打磨作业

1. 钢轨打磨作业基本要求

(1)钢轨(包括正线、道岔和调节器)打磨分预打磨、预防性打磨和修理性打磨。钢轨预打磨应在轨道精调完成后进行。钢轨预防性打磨周期按通过总重和钢轨运用状态确定，原则上每 30～50 Mt 通过总重打磨一次，最长不宜超过 2 年。道岔钢轨打磨周期应与正线钢轨打磨周期相同。当钢轨出现波磨、鱼鳞裂纹等伤损时，应及时进行修理性打磨。

(2)可采用钢轨打磨列车或铣磨车打磨或铣磨钢轨。钢轨焊接接头可采用小型打磨机械打磨，严禁使用手砂轮打磨。

(3)钢轨预防性打磨廓形宜根据钢轨表面状态、轮轨接触情况综合设计。未进行打磨廓形设计时，可根据线路运行动车组类型，参考钢轨预打磨廓形对钢轨进行打磨。

(4)钢轨修理性打磨方案应根据波磨、鱼鳞裂纹等表面伤损程度，比照上述第(3)条规定确定，打磨后应保证伤损得到消除。

2. 钢轨打磨质量技术要求

(1)打磨廓形应符合设计要求，并采用模板或钢轨轮廓(磨耗)测量仪进行打磨廓形检查和验收。钢轨打磨廓形检测地点应位于打磨小车下降与提起区域之外，车载检测时每 1 000 m

测试一处，手工检测 50 m 内测试两到三处，测试廓形与设计廓形以打磨钢轨最高点和轨角两侧对齐。钢轨打磨作业后应达到表 2-84、表 2-85、表 2-86 所示标准。

表 2-84 钢轨打磨作业验收标准

项目	验收标准(mm)	测量方法	说明
钢轨母材轨头内侧工作面	0，+0.2	1 m 直尺测量矢度	"+"表示凹进钢轨母材轨顶基面
钢轨母材轨顶面或马鞍形磨耗	0，+0.2		"+"表示凸出
焊缝顶面	0，+0.2		"+"表示凸出
焊缝内侧工作面	0，+0.2		"+"表示凹进
波形磨耗	谷深≤0.1		—

表 2-85 钢轨波磨打磨作业验收标准(速度不小于 200 km/h)

项目	验收标准				测量方法	说明
波长(mm)	10～30	30～100	100～300	300～1 000		
采样窗长度(mm)	600	600	1 000	5 000		
谷深平均值(mm)	0.02	0.02	0.03	0.15	测试精度 0.01 mm 及以上，且测试长度不小于采样窗长度	打磨作业完成后 8 天内或在打磨后通过总重 30 万 t 之前测量
允许超限百分率(%)	5	5	5	5	连续测量打磨波磨钢轨长度 100 m(车载检测)或 10～30 m(手工检测)	

表 2-86 钢轨打磨横断面验收标准

参数	指标		
偏差限定值(mm)	0.6	1.0	1.7
达限百分率(%)	80	100	100

(2)应使用便携式粗糙度检测仪检测粗糙度，在 10 mm 范围内同一个钢轨打磨面上，沿与钢轨打磨痕迹垂直方向进行表面粗糙度测量，至少连续测量 6 个点，打磨面粗糙度不大于 10 μm。

(3)打磨面最大宽度如图 2-110 所示，其中，*R*13 区域 5 mm，*R*80 区域 7 mm，*R*300 区域 10 mm。

(4)沿钢轨 100 mm 长度范围内，打磨面宽度最大变化量不应大于打磨面最大宽度的 25%。

(5)打磨后接触光带应居中，且宽度为 20～30 mm(打磨作业完成后 8 天内测量)。如接触光带宽度呈周期性变化，最大宽度超过 30 mm，应再次打磨，且满足廓形和光带要求，钢轨打磨面应无连续发蓝带。

3. 钢轨打磨作业准备及要求

(1)打磨前应调查待打磨地段钢轨状况，每 100 m 采用钢轨轮廓(磨耗)测量仪测试钢轨廓形，根据钢轨表面状态、钢轨伤损和轮轨接触情况，由线路维修和打磨技术人员共同研究确定打磨方案。

(2)打磨前应对影响正常打磨操作地段尤其是影响轨距角打磨的因素进行调查，并预先采取措施，以保证钢轨打磨正常进行。

(3)打磨前应对焊接接头轨面平直度进行检查。当超过标准时，应采用仿形打磨设备对焊接接头进行局部打磨，平直度不大于 0.2 mm/m。

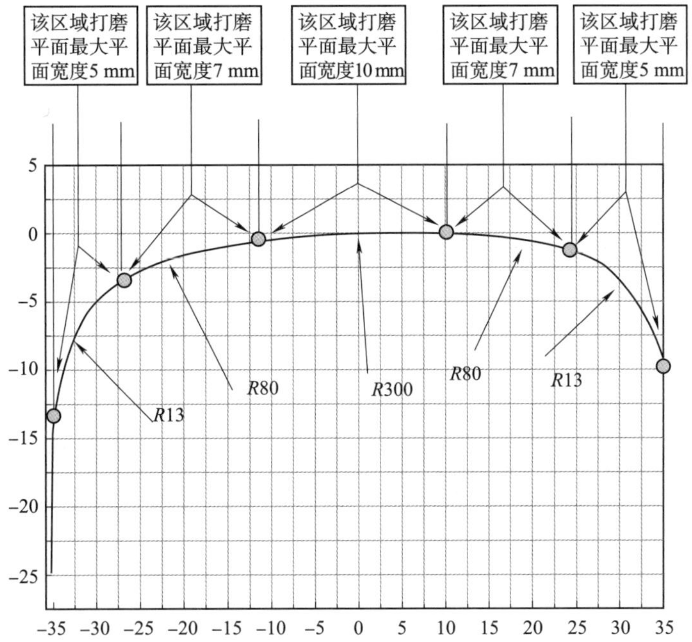

图 2-110 打磨面最大宽度示意图

(4)打磨前应在站线进行打磨参数调整试验,确认打磨廓形达到要求后,方可进行正式打磨。

(5)打磨车作业速度应根据打磨列车特性和打磨目的确定。

(6)最后一遍打磨应降低打磨功率或提高打磨速度,以保证钢轨打磨后表面粗糙度达标。

(7)打磨作业后,应立即(或两天内)对打磨小车下降与提起处附近 100m 范围内钢轨表面打磨痕迹进行目测,发现周期性打磨不平顺痕迹分布于轮轨走行光带内(分布光带外可不进行再次打磨),应进行平直度检测。如超过表 2-15 限值应再次打磨,直到符合表 2-85 要求为止。

(8)应及时清理轨道板、钢轨表面上的打磨碎屑。

正线道岔打磨应充分考虑结构特点,打磨技术要求和验收标准与区间钢轨相同。

(二)无砟道床维修作业

无砟道床维修作业包括无砟道床伤损修补作业和道床结构损坏修复作业。

1. CRTSⅠ型板式无砟道床伤损修补作业

(1)CRTSⅠ型板式无砟道床伤损形式和修补作业要求如表 2-87 所示。

(2)对于大跨连续梁梁端、路基地段底座伸缩缝附近的凸形挡台周围树脂出现的离缝,应根据高、低温季节离缝大小的变化情况,在适当时机采用弹性材料进行修补。

2. CRTSⅡ型板式无砟道床伤损修补作业

(1)CRTSⅡ型板式无砟道床伤损形式和修补作业要求如表 2-88 所示。

(2)对于轨道板预裂缝处裂缝、支承层裂缝、桥梁地段底座板(含后浇带)混凝土裂缝、轨道板间连接部位离缝等伤损,严禁在冬季进行注浆修补作业。如在夏季裂缝或离缝值仍达到Ⅲ级,可在底座板或轨道板设计锁定温度范围内,采用弹性聚氨酯材料按《高速铁路无砟轨道线路维修规则(试行)》附录十五进行伤损修补作业。

表 2-87 CRTSⅠ型板式无砟道床伤损修补作业要求

项　目	伤损形式	伤损等级	维修作业要求
轨道板伤损	裂缝	Ⅱ	采用“无压注浆法”
		Ⅲ	采用“低压注浆法”
	锚穴封端离缝	Ⅱ、Ⅲ	采用“低压注浆法”
	混凝土缺损		按有关要求作业
	锚穴封端脱落		按有关要求作业
水泥乳化沥青砂浆层伤损	砂浆与轨道板间离缝	Ⅱ、Ⅲ	按有关要求作业
	砂浆层缺损、掉块及剥落		
	砂浆层裂缝	Ⅱ、Ⅲ	
凸形挡台伤损	裂缝	Ⅱ	采用“无压注浆法”
		Ⅲ	采用“低压注浆法”
	混凝土缺损		按有关要求作业
挡台周围树脂伤损	离缝或裂缝	Ⅱ、Ⅲ	按有关要求作业
底座伤损	裂缝	Ⅱ	采用“表面封闭法”
		Ⅲ	采用“无压注浆法”
	混凝土缺损		按有关要求作业
	伸缩缝与底座混凝土离缝	Ⅱ、Ⅲ	按有关要求作业

表 2-88 CRTSⅡ型板式无砟道床伤损修补作业要求

项　目	伤损形式	伤损等级	维修作业要求
轨道板伤损	预裂缝处裂缝	Ⅱ、Ⅲ	采用“表面封闭法”
	非预裂缝处裂缝	Ⅱ	采用“无压注浆法”
		Ⅲ	采用“低压注浆法”
	混凝土缺损		按有关要求作业
轨道板间连接部位伤损	裂缝	Ⅱ、Ⅲ	采用“无压注浆法”
	混凝土缺损		按有关要求作业
	离缝	Ⅱ、Ⅲ	按有关要求作业
水泥乳化沥青砂浆充填层伤损	砂浆裂缝	Ⅱ、Ⅲ	按有关要求作业
	砂浆与轨道板间离缝	Ⅱ、Ⅲ	
	砂浆层缺损或剥落		
支承层伤损	裂缝	Ⅱ、Ⅲ	按有关要求作业
	支承层缺损		按有关要求作业
桥上底座板(含后浇带)伤损	裂缝	Ⅱ、Ⅲ	采用“表面封闭法”
	混凝土缺损		按有关要求作业
侧向挡块伤损	裂缝	Ⅱ、Ⅲ	采用“低压注浆法”
	与底座板粘连,引起侧向挡块混凝土伤损		分离侧向挡块与底座板混凝土,按有关要求对伤损处进行修补
	弹性限位板失效		拆除侧向挡块,更换弹性限位板,重新浇筑侧向挡块
高强度挤塑板伤损	离缝	Ⅱ、Ⅲ	采用“低压注浆法”

(3)对由于温度力引起的水泥乳化沥青砂浆充填层与轨道板或底座板(支承层)间的离缝(离缝贯通、值较大且随温度发生变化),应在轨道板设计纵连锁定温度范围内对轨道板进行应力放散、重新锁定,并采用低黏度树脂材料按《高速铁路无砟轨道线路维修规则(试行)》附录十七对离缝进行注浆修补。

3. 双块式无砟道床伤损修补作业

(1)双块式无砟道床伤损形式和修补作业要求如表 2-89 所示。

表 2-89 双块式无砟道床伤损修补作业要求

项　目	伤损形式	伤损等级	维修作业要求
双块式轨枕伤损	裂缝	Ⅱ、Ⅲ	采用“低压注浆法”
	混凝土缺损		按有关要求作业
道床板伤损	裂缝	Ⅱ	采用“表面封闭法”
		Ⅲ	桥梁地段,采用“无压注浆法” 路基隧道地段,按相关要求作业
	混凝土缺损		按有关要求作业
底座伤损	裂缝	Ⅱ	采用“表面封闭法”
		Ⅲ	采用“无压注浆法”
	混凝土缺损		按有关要求作业
支承层伤损	裂缝	Ⅱ、Ⅲ	按有关要求作业
	支承层缺损		按有关要求作业

注:道床板混凝土与双块式轨枕界面裂缝按双块式轨枕裂缝修补作业要求进行修补。

(2)对于纵向连续的道床板和支承层混凝土裂缝伤损,一般采用“表面封闭法”进行修补,严禁在冬季进行注浆修补作业。如夏季裂缝值仍达到Ⅲ级,可在道床板设计允许施工温度范围内,采用弹性聚氨酯材料按《高速铁路无砟轨道线路维修规则(试行)》附录十五进行伤损修补作业。

4. 道岔区轨枕埋入式无砟道床伤损修补作业

道岔区轨枕埋入式无砟道床伤损形式和修补作业要求如表 2-90 所示。

表 2-90 道岔区轨枕埋入式无砟道床维修作业要求

项　目	伤损形式	伤损等级	维修作业要求
岔枕伤损	裂缝	Ⅱ、Ⅲ	采用“低压注浆法”
	混凝土缺损		按有关要求作业
道床板伤损	裂缝	Ⅱ	采用“表面封闭法”
		Ⅲ	采用“无压注浆法”
	混凝土缺损		按有关要求作业
底座伤损	裂缝	Ⅱ	采用“表面封闭法”
		Ⅲ	采用“无压注浆法”
	混凝土缺损		按有关要求作业
	伸缩缝与底座混凝土离缝	Ⅱ、Ⅲ	按有关要求作业
支承层伤损	裂缝	Ⅱ、Ⅲ	按有关要求作业
	支承层缺损		按有关要求作业

注:道床板混凝土与岔枕界面裂缝按双块式轨枕裂缝修补作业要求进行修补。

5. 道岔区板式无砟道床伤损修补作业

(1)道岔区板式无砟道床伤损形式和修补作业要求如表 2-91 所示。

(2)对于桥梁地段道岔区板式无砟道床混凝土底座板裂缝、水泥乳化沥青砂浆充填层与轨道板间的离缝等伤损,参照桥上 CRTSⅡ板式无砟道床相关修补作业要求进行修补。

表 2-91　道岔区板式无砟道床维修作业要求

项　目	伤损形式	伤损等级	维修作业要求
道岔板伤损	裂缝	Ⅱ	采用“无压注浆法”
		Ⅲ	采用“低压注浆法”
	混凝土缺损		按有关要求作业
底座(自密实混凝土)伤损	裂缝	Ⅱ	采用“表面封闭法”
		Ⅲ	采用“无压注浆法”
	混凝土缺损		按有关要求作业
	离缝	Ⅱ、Ⅲ	采用“低压注浆法”
找平层伤损	裂缝	Ⅱ	采用“表面封闭法”
		Ⅲ	采用“无压注浆法”
水泥乳化沥青砂浆层伤损	砂浆裂缝	Ⅱ、Ⅲ	按有关要求作业
	砂浆与板间离缝	Ⅱ、Ⅲ	
	砂浆层缺损、掉块或剥落		
底座板伤损	裂缝	Ⅱ	采用“表面封闭法”
		Ⅲ	采用“无压注浆法”
	混凝土缺损		按有关要求作业
侧向挡块伤损	裂缝	Ⅱ、Ⅲ	采用“低压注浆法”
	与底座板粘连, 引起侧向挡块混凝土拉裂		分离侧向挡块与底座板混凝土,按相关要求进行修补
	弹性限位板失效		拆除侧向挡块,更换弹性限位板,重新浇筑侧向挡块
高强度挤塑板伤损	离缝	Ⅱ、Ⅲ	采用“低压注浆法”

(三)道岔及调节器作业

1. 道岔及调节器维修作业基本要求

(1)道岔和调节器尖轨或基本轨伤损时,宜同时更换尖轨和基本轨。如待换上的尖轨与原基本轨或原尖轨与待换上的基本轨降低值满足要求,可单独更换尖轨或基本轨,否则应同时更换尖轨和基本轨。

(2)道岔可动心轨辙叉伤损时,应整体更换。

(3)道岔基本轨、尖轨、辙叉及导轨伤损更换后但未焊接时,应限速不超过 160 km/h,并应尽快恢复原结构。

(4)作业时严禁撞击轨下基础,保持轨下基础完好。

(5)作业时按规定扭矩紧固螺栓。

(6)道岔(调节器)区水平、高低应通过更换不同规格调高垫板进行调整,调高垫板的规格和数量应符合铺设图要求。调整作业应做记录。

(7)道岔区轨距、支距应通过更换不同规格调整备件进行调整。轨向通过调换轨距块和缓冲调距块、轨距调整片、偏心锥进行调整。道岔直向方向不良时，可用弦线测量并调整；曲股方向不良时，应在直股方向符合要求的基础上，通过控制支距的方法进行调整。调整作业应做记录。

2. 道岔区间隙、间隔与降低值调整作业

(1)通过增减顶铁调整片，调整尖轨、心轨顶铁间隙，并同时考虑轨距、支距状态。通过调整转换设备状态和整修轨件确保尖轨与基本轨密贴，可动心轨在轨头切削范围内应分别与两翼轨密贴。

(2)尖轨或可动心轨轨底与台板间隙超标时，可采取以下作业方法：

①调整滑床板高低位置，使之处于同一平面上。

②调整转辙器滑床板上辊轮，使其状态符合要求。

②整修尖轨或心轨，消除其拱腰。

(3)通过调整扣件，更换调整片使护轨轮缘槽宽度、咽喉宽度、查照间隔满足要求。

(4)尖轨相对于基本轨降低值偏差超过 1 mm 且影响行车平稳性时，可通过更换不同厚度基本轨轨下橡胶垫板，调整尖轨相对于基本轨降低值。降低值调整量在 1～2 mm 时，应设置两级过渡；降低值调整量大于 2 mm 时，应更换尖轨与基本轨组件。

3. 调节器经常保养和维修作业

(1)应加强调节器经常保养，使其保持尖轨锁定、基本轨可伸缩状态，防止尖轨爬行或基本轨异常伸缩。

(2)调节器所有螺栓扭矩应达到设计要求。

(3)不得对调节器基本轨、尖轨及其所焊联的钢轨进行张拉或顶推作业。

(4)定期观测并分析基本轨伸缩量、焊缝位置与气温关系，发现伸缩故障应及时消除。

(5)尖轨或基本轨顶面出现肥边现象应及时打磨。

(6)尖轨或基本轨轨头出现擦伤应及时修理或更换。

(7)尖轨轨顶相对于基本轨轨顶无降低段的尖轨顶面低于基本轨顶面时，应及时修理或更换。

(8)焊接接头质量应满足相关规定。

(9)每半年对基本轨轨撑螺栓、尖轨轨撑螺栓涂油一次。不得对尖轨轨撑贴合面和台板顶面进行涂油或使油污落入。

(10)日常清扫，保持各部件清洁。

四、有砟轨道大型养路机械作业

1. 线路综合维修、成段保养应采用大型养路机械进行全面起拨道、捣固，并进行稳定。

2. 采用大型养路机械作业，有关部门应密切协作，确保大型养路机械无障碍连续作业和施工安全，正点开通。

3. 使用大型养路机械进行线路维修前，应利用精测网对作业地段的线路平面、纵断面进行全面测设和优化，并向施工单位提供有关线路技术资料；应做好补充道砟、撤除调高垫板、更换伤损胶垫和配件等工作。

4. 采用大型养路机械作业时，应根据测量结果和有关线路技术资料，组织捣固车、动力稳定车、配砟整形车联合施工，直线地段可使用激光照准进行拨道。

5. 捣固车一次起道量不宜超过 50 mm，起道量超过 50 mm 时应分两次起道捣固；一次拨道量不宜超过 80 mm。每次作业后应进行道床动力稳定。

6. 大型养路机械无缝线路地段的作业轨温条件：

(1)一次起道量小于 30 mm，一次拨道量小于 10 mm 时，作业轨温不得超过实际锁定轨温±20℃。

(2)一次起道量在31～50 mm,一次拨道量在11～20 mm时,作业轨温不得超过实际锁定轨温－20～＋15℃。

高温季节作业时,作业中机组人员应监视作业前后线路状况,发现胀轨迹象应立即停止作业。

7. 为保证捣固作业质量,对薄弱处所应增加捣固次数或采用两次插镐捣固。

五、线路设备维修标准

(一)轨道静态几何尺寸容许偏差管理值

1. 线路静态几何尺寸容许偏差管理值如表2-92、表2-93、表2-94所示。

表2-92　200～250 km/h线路轨道静态几何尺寸容许偏差管理值(无砟轨道)

项　　目	作业验收	经常保养	临时补修	限速(160 km/h)
轨距(mm)	＋1 －1	＋4 －2	＋6 －4	＋8 －6
水平(mm)	2	5	8	10
高低(mm)	2	5	8	11
轨向(直线)(mm)	2	4	7	9
扭曲[mm/(3 m)]	2	4	6	8
轨距变化率	1/1 500	1/1 000	—	—

注:①高低和轨向偏差为10 m及以下弦测量的最大矢度值。
　②扭曲偏差不含曲线超高顺坡造成的扭曲量。

表2-93　200～250 km/h线路轨道静态几何尺寸容许偏差管理值(有砟轨道)

项　　目	作业验收	经常保养	临时补修	限速(160 km/h)
轨距(mm)	＋2 －2	＋4 －2	＋6 －4	＋8 －6
水平(mm)	3	5	8	10
高低(mm)	3	5	8	11
轨向(直线)(mm)	3	4	7	9
扭曲[mm/(3 m)]	3	4	6	8
轨距变化率	1/1 500	1/1 000	—	—

注:①高低和轨向偏差为10 m及以下弦测量的最大矢度值。
　②扭曲偏差不含曲线超高顺坡造成的扭曲量。

表2-94　250(不含)～350 km/h线路轨道静态几何尺寸容许偏差管理值

项　　目	作业验收	经常保养	临时补修	限速(200 km/h)
轨距(mm)	＋1 －1	＋4 －2	＋5 －3	＋6 －4
水平(mm)	2	4	6	7
高低(mm)	2	4	7	8
轨向(直线)(mm)	2	4	5	6
扭曲[mm(3 m)]	2	3	5	6
轨距变化率	1/1 500	1/1 000	—	—

注:①高低和轨向偏差为10 m及以下弦测量的最大矢度值。
　②扭曲偏差不含曲线超高顺坡造成的扭曲量。

2. 道岔静态几何尺寸容许偏差管理值如表 2-95～表 2-97 所示。调节器静态几何尺寸容许偏差管理值如表 2-98、表 2-99 所示。

表 2-95 200～250 km/h 道岔静态几何尺寸容许偏差管理值(无砟轨道)

项目		作业验收	经常保养	临时补修	限速(160 km/h)
轨距(mm)		+1 −1	+4 −2	+5 −2	+8 −6
水平(mm)		2	5	7	10
高低(mm)		2	5	7	11
轨向(mm)	直股	2	4	6	9
	支距	2	3	4	—
扭曲[mm/(3 m)]		2	4	6	8
轨距变化率		1/1 500	1/1 000	—	—

注:①支距偏差为实际支距与计算支距之差,导曲线支距测量应从尖轨跟端开始直至道岔导曲线结束。
②导曲线下股高于上股的限值:12 号道岔作业验收为 2 mm,经常保养为 3 mm,临时补修为 5 mm;18 号及以上道岔作业验收为 0 mm,经常保养为 2 mm,临时补修为 3 mm。

表 2-96 200～250 km/h 道岔静态几何尺寸容许偏差管理值(有砟轨道)

项目		作业验收	经常保养	临时补修	限速(160 km/h)
轨距(mm)		+2 −2	+4 −2	+5 −2	+8 −6
水平(mm)		3	5	7	10
高低(mm)		3	5	7	11
轨向(mm)	直股	3	4	6	9
	支距	2	3	4	—
扭曲[mm/(3 m)]		3	4	6	8
轨距变化率		1/1 500	1/1 000	—	—

注:①支距偏差为实际支距与计算支距之差,导曲线支距测量应从尖轨跟端开始直至道岔导曲线结束。
②导曲线下股高于上股的限值:12 号道岔作业验收为 2 mm,经常保养为 3 mm,临时补修为 5 mm;18 号及以上道岔作业验收为 0 mm,经常保养为 2 mm,临时补修为 3 mm。
③轨距偏差不含构造轨距加宽量。

表 2-97 250(不含)～350 km/h 道岔静态几何尺寸容许偏差管理值

项目		作业验收	经常保养	临时补修	限速(200 km/h)
轨距(mm)	岔区	+1 −1	+4 −2	+5 −2	+6 −4
	尖轨尖	+1 −1	+2 −2	+3 −2	
水平(mm)		2	4	6	7
高低(mm)		2	4	7	8
轨向(mm)	直股	2	4	5	6
	支距	2	3	4	—
扭曲[mm/(3 m)]		2	3	5	6
轨距变化率		1/1 500	1/1 000	—	—

注:①支距偏差为实际支距与计算支距之差。
②导曲线下股高于上股的限值:18 号及以上道岔作业验收为 0 mm,经常保养为 2 mm,临时补修为 3 mm。

表 2-98 200～250 km/h 调节器静态几何尺寸容许偏差管理值

项目		作业验收	经常保养	临时补修	限速(160 km/h)
轨距(mm)	尖轨尖	+1 −1	+2 −2	+3 −2	+8 −6
	其他	+1 −1	+4 −2	+5 −2	
水平(mm)		2	5	7	10
高低(mm)		2	5	7	11
轨向(mm)		2	4	6	9
扭曲[mm/(3 m)]		2	4	6	8
轨距变化率		1/1 500	1/1 000	—	—

表 2-99 250(不含)～350 km/h 调节器静态几何尺寸容许偏差管理值

项目		作业验收	经常保养	临时补修	限速(200 km/h)
轨距(mm)	尖轨尖	+1 −1	+2 −2	+3 −2	+6 −4
	其他	+1 −1	+4 −2	+5 −2	
水平(mm)		2	4	6	7
高低(mm)		2	4	7	8
轨向(mm)		2	4	5	6
扭曲[mm/(3 m)]		2	3	5	6
轨距变化率		1/1 500	1/1 000	—	—

3. 轨道静态几何尺寸长弦测量作业验收容许偏差管理值如表 2-100、表 2-101 所示。

表 2-100 长弦测量作业验收容许偏差管理值(有砟轨道)

项目	基线长(m)	测点间距(m)	容许偏差(mm)
高低	300	150	≤10
	30	5	≤2
方向	300	150	≤10
	30	5	≤2

注:当弦长为 30 m 时,相距 5 m 的任意两测点实际矢度差与设计矢度差的偏差不得大于 2 mm;当弦长为 300 m 时,相距150 m的任意两测点实际矢度差与设计矢度差的偏差不得大于 10 mm。

表 2-101 长弦测量作业验收容许偏差管理值(无砟轨道)

项目	基线长(m)	测点间距(m)	容许偏差(mm)
高低	$480a$	$240a$	≤10
	$48a$	$8a$	≤2
轨向	$480a$	$240a$	≤10
	$48a$	$8a$	≤2

注:①表中 a 为扣件节点间距(m)。
②当弦长为 $48a$ 时,相距 $8a$ 的任意两测点实际矢度差与设计矢度差的偏差不得大于 2 mm;当弦长为 $480a$ 时,相距 $240a$ 的任意两测点实际矢度差与设计矢度差的偏差不得大于 10 mm。
③容许偏差指相距测点间距的任意两测点实际矢度差与设计矢度差的偏差。

4. 曲线正矢作业验收、经常保养和临时补修容许偏差管理值如表 2-102、表 2-103 所示。

表 2-102 200～250 km/h 线路曲线正矢容许偏差管理值

项目	实测正矢与计算正矢差(mm)		圆曲线正矢连续差(mm)	圆曲线最大最小正矢差(mm)
	缓和曲线	圆曲线		
作业验收	2	3	4	5
经常保养	3	4	5	6
临时补修	5	6	7	8

注:曲线正矢用 20 m 弦在钢轨踏面下 16 mm 处测量。

表 2-103 250(不含)～350 km/h 线路曲线正矢容许偏差管理值

项目	实测正矢与计算正矢差(mm)		圆曲线正矢连续差(mm)	圆曲线最大最小正矢差(mm)
	缓和曲线	圆曲线		
作业验收	2	3	3	5
经常保养	3	4	5	6
临时补修	4	5	6	8

注:曲线正矢用 20 m 弦在钢轨踏面下 16 mm 处测量。

5. 轨道静态几何尺寸容许偏差管理值中,作业验收管理值为周期检修、经常保养和临时补修作业后的质量检查标准;经常保养管理值为轨道应经常保持的质量管理标准;临时补修管理值为应及时进行轨道整修的质量控制标准;限速管理值为保证列车运行平稳性和舒适性,需进行限速的控制标准。

(二)轨道动态不平顺管理值

线路动态不平顺是指线路不平顺的动态反映,主要通过综合检测列车进行检测。动态不平顺管理分为峰值管理和均值管理。

1. 检查项目

轨道动态不平顺的检查项目为轨距、水平、轨向、高低、扭曲、复合不平顺、车体垂向振动加速度、车体横向振动加速度、轨距变化率等。

2. 峰值管理

(1)各项目偏差等级划分及容许偏差管理值

线路(含道岔及调节器范围)各项偏差等级划分四级[200～250 km/h 线路如表 2-104 所示,250(不含)～350 km/h 线路如表 2-105 所示]:Ⅰ级为经常保养标准,Ⅱ级为舒适度标准,Ⅲ级为临时补修标准,Ⅳ级为限速标准。

(2)偏差扣分标准

各项目偏差扣分标准:Ⅰ级每处扣 1 分,Ⅱ级每处扣 5 分,Ⅲ级每处扣 100 分,Ⅳ级每处扣 301 分。

(3)线路动态质量评定

线路动态评定以千米为单位,每千米扣分总数为各级、各项偏差扣分总和。每千米线路动态评定标准:优良——总扣分在 50 分及以内;合格——总扣分在 51～300 分;失格——总扣分在 300 分以上。

表 2-104 200～250 km/h 线路轨道动态质量容许偏差管理值

项目		经常保养	舒适度	临时补修	限速(160 km/h)
偏差等级		Ⅰ级	Ⅱ级	Ⅲ级	Ⅳ级
轨距(mm)		+4 −3	+6 −4	+8 −6	+12 −8
水平(mm)		5	8	10	13
扭曲(基长 3 m)(mm)		4	6	8	10
高低(mm)	波长 1.5～42 m	5	8	11	14
轨向(mm)		5	7	8	10
高低(mm)	波长 1.5～70 m	6	10	15	—
轨向(mm)		6	8	12	—
车体垂向加速度(m/s^2)		1.0	1.5	2.0	2.5
车体横向加速度(m/s^2)		0.6	0.9	1.5	2.0
轨距变化率(基长 3 m)(‰)		1.0	1.2	—	—

注:①表中管理值为轨道不平顺实际幅值的半峰值。
②水平限值不包含曲线按规定设置的超高值及超高顺坡量。
③扭曲限值包含缓和曲线超高顺坡造成的扭曲量。
④车体垂向加速度采用 20 Hz 低通滤波,车体横向加速度Ⅰ、Ⅱ级标准采用 0.5～10 Hz 带通滤波处理的值进行评判,Ⅲ、Ⅳ级标准采用 10 Hz 低通滤波处理的值进行评判。
⑤避免出现连续多波不平顺和轨向、水平逆向复合不平顺。

表 2-105 250(不含)～350 km/h 线路轨道动态质量容许偏差管理值

项目		经常保养	舒适度	临时补修	限速(200 km/h)
偏差等级		Ⅰ级	Ⅱ级	Ⅲ级	Ⅳ级
轨距(mm)		+4 −3	+6 −4	+7 −5	+8 −6
水平(mm)		5	6	7	8
扭曲(基长 3 m)(mm)		4	6	7	8
高低(mm)	波长 1.5～42 m	4	6	8	10
轨向(mm)		4	5	6	7
高低(mm)	波长 1.5～120 m	7	9	12	15
轨向(mm)		6	8	10	12
复合不平顺(mm)		6	8	—	—
车体垂向加速度(m/s^2)		1.0	1.5	2.0	2.5
车体横向加速度(m/s^2)		0.6	0.9	1.5	2.0
轨距变化率(基长 3 m)(‰)		1.0	1.2	—	—

注:①表中管理值为轨道不平顺实际幅值的半峰值。
②水平限值不包含曲线按规定设置的超高值及超高顺坡量。
③扭曲限值包含缓和曲线超高顺坡造成的扭曲量。
④车体垂向加速度采用 20 Hz 低通滤波,车体横向加速度Ⅰ、Ⅱ级标准采用 0.5～10 Hz 带通滤波处理的值进行评判,Ⅲ、Ⅳ级标准采用 10 Hz 低通滤波处理的值进行评判。
⑤复合不平顺指水平和轨向逆向复合不平顺,按水平和 1.5～42 m 轨向代数差计算。避免出现连续多波不平顺。

3. 均值管理

200～250 km/h 和 250(不含)～350 km/h 线路轨道质量指数(TQI)和单项标准差管理值如表 2-106、表 2-107 所示。

表 2-106　200～250 km/h 线路轨道质量指数(TQI)管理值

项目		高低	轨向	轨距	水平	扭曲	TQI
波长范围	1.5～42 m	1.4×2	1.0×2	0.9	1.1	1.2	8.0

注:波长范围为 1.5～42 m 的单项标准差计算长度 200 m。

表 2-107　250(不含)～350 km/h 线路轨道质量指数(TQI)管理值

项目		高低	轨向	轨距	水平	扭曲	TQI
波长范围	1.5～42 m	0.8×2	0.7×2	0.6	0.7	0.7	5.0

注:波长范围为 1.5～42 m 的单项标准差计算长度 200 m。

(三)车辆动力学指标管理值

车辆动力学指标包括脱轨系数、轮重减载率、轮轴横向力，横向力和垂向力通过综合检测列车的测力轮对来测量。

车辆动力学指标管理值如表 2-108 所示。

表 2-108　车辆动力学指标管理值

项目	脱轨系数 Q/P	轮重减载率 $\Delta P/\overline{P}$	轮轴横向力 H(kN)
管理值	≤0.8	≤0.8	$\leqslant 10+P_0/3$

注:①Q 为轮轨横向力；P 为轮轨垂向力；$\overline{P}$为平均静轮重；ΔP 为轮轨垂向力相对平均静轮重的减载量；P_0 为静轴重。
②间断式测力轮对的轮重减载率按双峰值评定。

(四)有砟轨道线路综合维修验收标准

1. 线路综合维修验收评分标准

线路综合维修验收评分标准按表 2-109 规定。满分为 100 分，100～85 分为优良，85(不含)～60 分为合格，60 分以下为失格。失格线路整修复验后，在 60 分及以上者为合格。

表 2-109　线路综合维修验收评分标准

项目	编号	内容	扣分条件	抽验数量	单位	扣分(分)	说明
轨道几何尺寸	1	轨距、水平、三角坑	超过作业验收标准容许偏差	连续检测 100 m	处	4	选择质量较差地段，有曲线时检测一个曲线的正矢
	2		超过经常保养标准容许偏差		处	41	
	3		轨距变化率大于 1/1 500		处	2	
	4	轨向、正矢、高低	超过作业验收标准容许偏差	全面查看，重点检测	处	4	
	5		超过经常保养标准容许偏差		处	41	
钢轨	6	打磨质量	波磨(按有关标准评判，允许超限百分率为 5%)	连续测量 100 m	每增加 1%	2	
	7		其他(按有关标准评判)	全面查看，重点检测	处	2	
	8	断轨处理	钢轨折断未及时永久性处理	全面查看	处	16	“未及时”指轨温具备焊接条件未进行永久处理
	9	焊缝	新焊接的焊缝：不符合规定的钢轨焊接接头平直度标准；原焊缝打磨后：不符合标准	全面检测	处	8	
	10	胶接绝缘接头	绝缘接头轨端肥边大于 2 mm	同上	处	8	
	11		胶接绝缘接头的质量不符合《铁路钢轨胶接绝缘接头技术条件》(TB/T 2975)	全面检测	处	8	

续上表

项目	编号	内容	扣分条件	抽验数量	单位	扣分(分)	说明
轨枕	12	位置	位置、间距偏差或偏斜大于 50 mm	全面查看，重点检测	处	1	枕上或枕下离缝大于 2 mm 者为吊板
	13	失效	失效	同上	处	41	
	14	修理	应修混凝土枕未修	全面查看	根	1	
	15	空吊率	大于 8%	连续检测 50 头	每增加 1%	2	
连接零件	16	扣件	零部件缺少、失效	连续查看 100 头	个	2	一组扣件的零件不全，按缺少一个计算
	17		弹条中肢前端下颚离缝大于 0.5 mm或扣件扭矩(扣压力)不符合规定者，超过 8%	连续查看 100 头	每增加 1%	1	
	18		绝缘轨距块(轨距挡板)前、后离缝大于 1 mm 者，超过 8%	连续检测 50 个	每增加 2%	1	
	19		橡胶垫板缺少/窜出或失效	连续查看 100 头	块	2/1	
	20		预埋套管失效	全面查看	个	2	
纵向位移观测桩	21	纵向位移	无缝线路位移观测桩缺少	全面检测	km	8	
道床	22	脏污	枕盒或边坡清筛深度不足，清筛不洁/翻浆冒泥	全面查看	每 10 m/孔	2/41	
	23						
	24	外观	道床断面不符合标准、不均匀、不整齐、有杂草	全面查看	每 10 m	1	
路基	25	路肩	不平整、有反坡、有大草	全面查看	每 20 m	1	单侧计算
	26	排水	侧沟未疏通或弃土不符合规定	全面查看	每 10 m	2	
标志标识	27	标志	缺损、歪斜、字迹不清	全面查看	个	2	
	28	标识	钢轨上各种标识不齐全，位置不对，不清晰或错误	全面查看	处	1	

2. 道岔综合维修验收评分标准

道岔综合维修验收评分标准按表 2-110 规定。满分为 100 分，100～85 分为优良，85(不含)～60 分为合格，60 分以下为失格。失格道岔整修复验后，在 60 分及以上者为合格。

表 2-110 道岔综合维修验收评分标准

项目	编号	内容	扣分条件	抽验数量	单位	扣分(分)	说明
轨道几何尺寸	1	轨距、水平、轨向、高低、支距、扭曲、轨距变化率	超过作业验收容许偏差管理值	轨距、水平、支距全面检测，轨向、高低、扭曲全面查看，重点检测	处	4	同时检测两线间距小于 5.2 m 的连接曲线轨向，用 10 m 弦测量，连续正矢差超过 2 mm，每处扣 4 分
	2		超过经常保养容许偏差管理值		处	41	
	3	查照间隔	小于 1 391 mm	全面检测	组	41	
	4	转辙器最小轮缘槽	小于 63 mm	全面检测	组	41	
密贴	5	尖轨尖端与基本轨、可动心轨尖端与翼轨密贴	0.5 mm<间隙≤1.0 mm	全面检测	处	4	
	6		间隙>1.0 mm		处	41	

续上表

项目	编号	内容	扣分条件	抽验数量	单位	扣分(分)	说明
密贴	7	尖轨与基本轨、可动心轨与翼轨其他密贴段密贴	1.0 mm<间隙≤1.5 mm	全面检测	头	4	
	8		1.5 mm<间隙≤2.0 mm	全面检测	头	16	
	9		间隙>2.0 mm	全面检测	头	41	
	10	短心轨与叉跟尖轨尖端密贴	1.0 mm<间隙≤1.5 mm	全面检测	处	16	
	11		间隙>1.5 mm	全面检测	处	41	
	12	尖轨、可动心轨与顶铁密贴	1.5 mm<间隙≤2.0 mm	全面检测	处	4	
	13		2.0 mm<间隙≤2.5 mm	全面检测	处	8	
	14		间隙>2.5 mm	全面检测	处	16	
	15	尖轨、可动心轨与滑床台密贴	1.5 mm<间隙≤2.0 mm	全面检测	处	4	
	16		2.0 mm<间隙≤2.5 mm	全面检测	处	8	
	17		间隙>2.5 mm	全面检测	处	16	
钢轨	18	轨件	存在尖轨、心轨、叉跟尖轨出现不良状态或伤损，应进行修理或更换第四项	全面检测、查看	处	41	
	19		存在尖轨、心轨、叉跟尖轨出现不良状态或伤损，应进行修理或更换第五、六项和基本轨、翼轨、导轨和护轨出现不良状态或伤损，应进行修理或更换第一、三项之一病害	全面检测、查看	处	16	
	20	打磨质量	波磨(按有关规定评判，允许超限百分率为5%)	全面查看，重点检测	处	2	
	21		其他(按有关规定评判)	全面查看，重点检测	处	2	
	22	断轨处理	钢轨折断未及时永久性处理	全面查看	处	41	“未及时”指轨温具备焊接条件未进行永久处理
	23	焊缝	新焊接的焊缝：不符合钢轨焊接接头平直度标准；原焊缝打磨后：不符合有关标准要求	全面检测	处	8	
	24	胶接绝缘接头	绝缘接头轨端肥边大于2 mm	全面检测	处	8	
	25		胶接绝缘接头的质量不符合《铁路钢轨胶接绝缘接头技术条件》(TB/T 2975)	全面检测	处	8	
纵向位移	26	道岔两尖轨尖端相错量尖轨、可动心轨允许伸缩位移	大于20 mm	全面检测	组	41	
	27		不符合有关标准	全面检测	组	41	
	28	位移观测桩	缺少	全面检测	个	8	
连接零件	29	轨撑	离缝大于2 mm或损坏、松动	全面查看、检测	个	2	
	30	螺栓	长、短心轨连接螺栓缺少/松动或扭矩不符合规定	全面查看、检测	个	41/16	
	31		限位器、顶铁、间隔铁及护轨螺栓缺少/松动或扭矩不符合规定	全面查看，检测	个	41/16	
	32		接头铁螺栓缺少、松动	全面查看、检测	个	41	
	33		其他各种螺栓缺少/扭矩不符合规定	全面查看，重点检测	个	16/8	

续上表

项目	编号	内容	扣分条件	抽验数量	单位	扣分(分)	说明
连接零件	34	辊轮	辊轮缺少或失效	全面查看	处	41	
	35		辊轮位置不符合要求	全面查看、检测	处	16	
	36	扣件	铁垫板缺少或折断	全面查看	块	41	
	37		橡胶垫板缺少/窜出或失效	全面查看	块	16/8	
	38		扣件失效、缺少/连续失效、缺少	全面查看	处	8/41	
	39		预埋套管失效	全面查看	个	8	
	40		弹条中肢前端间隙，岔枕螺栓扭矩不符合规定	连续检测 50 个	个	2	
	41	防跳限位装置	影响尖轨或心轨转换	全面查看	处	41	
岔枕	42	位置	位置或间距偏差大于 40 mm	连续检测 10 根	根	2	枕上或枕下离缝大于 2 mm 者为吊板
	43	失效	岔枕失效	全面查看	根	41	
	44	吊板率	大于 5%	连续检测 50 头	每增 1%	2	
道床	45	外形外观	道床断面不符合标准，不均匀，不整齐，有杂物	全面查看、检测	孔	4	
	46	清洁度	翻浆冒泥/严重不洁、影响排水	全面查看	孔	41/2	
路基	47	路肩	不平整、有反坡、有大草	全面查看	组	2	
	48	排水	侧沟未疏通或弃土未清理	全面查看	组	4	
标志标识	49	警冲标	损坏或不清晰	全面查看	组	8	缺少或位置不对，扣 41 分
	50	标识	缺少、错误、位置不对，字迹不清	全面查看	处	1	

3. 调节器综合维修验收评分标准

调节器综合维修验收评分标准按表 2-111 规定。满分为 100 分，100～85 分为优良，85(不含)～60 分为合格，60 分以下为失格。失格调节器整修复验后，在 60 分及以上者为合格。

表 2-111 调节器综合维修验收评分标准

项目	编号	内容	扣分条件	抽验数量	单位	扣分(分)	说明
轨道几何尺寸	1	轨距、水平、轨向、高低、扭曲、轨距变化率	超过作业验收容许偏差管理值	轨距、水平全面检测，轨向、高低、扭曲全面查看，重点检测	组	4	
	2		超过经常保养容许偏差管理值		组	41	
伸缩	3	基本轨伸缩量	超过设计伸缩量	重点检测	处	41	
	4	焊缝边缘至扣件或轨撑铁垫板距离	5 mm<间距≤20 mm	重点检测	处	4	
	5		间距≤5 mm	重点检测	处	41	
	6	尖轨伸缩量	0 mm<伸缩量≤10 mm	全面检测	处	4	
	7		10 mm<伸缩量≤30 mm	全面检测	处	16	
	8		伸缩量>30 mm	全面检测	处	41	
	9	位移观测桩	缺少	全面检测	个	8	
密贴	10	尖轨尖端至 5 mm 断面与基本轨密贴段密贴	0.5 mm<间隙≤1.0 mm	全面检测	处	4	
	11		间隙>1.0 mm	全面检测	处	41	

续上表

项目	编号	内容	扣分条件	抽验数量	单位	扣分(分)	说明
密贴	12	尖轨其余密贴段与基本轨密贴	0.5 mm＜间隙≤1.0 mm	全面检测	处	4	
	13		间隙＞1.0 mm	全面检测	处	16	
	14	尖轨轨撑与轨腰密贴	0.2 mm＜间隙≤0.5 mm	全面检测	个	4	
	15		间隙＞0.5 mm	全面检测	个	16	
	16	尖轨轨撑与轨底上表面密贴	0.5 mm＜间隙≤1.0 mm	全面检测	个	4	
	17		间隙＞1.0 mm	全面检测	个	16	
	18	尖轨轨底与台板密贴	0.2 mm＜间隙≤0.5 mm	全面检测	块	2	
	19		0.5 mm＜间隙≤1.5 mm	全面检测	块	4	
	20		间隙＞1.5 mm	全面检测	块	16	
	21	基本轨轨撑与轨腰密贴	0.2 mm＜间隙≤0.5 mm	全面检测	个	2	
	22		0.5 mm＜间隙≤2.0 mm	全面检测	个	4	
	23		间隙＞2.0 mm	全面检测	个	16	
	24	基本轨轨底与铁垫板密贴	0.5 mm＜间隙≤1.0 mm	全面检测	块	2	
	25		1.0 mm＜间隙≤2.0 mm	全面检测	块	4	
	26		间隙＞2.0 mm	全面检测	块	16	
钢轨	27	轨件	尖轨相对于基本轨降低值偏差超过 1 mm，且对行车平稳性有影响	全面检测	处	41	
	28		轻伤	全面检测、查看	处	16	
	29	断轨处理	折断未及时永久性处理	全面查看	处	41	“未及时”指轨温具备焊接条件未进行永久处理
	30	打磨质量	波磨(按有关标准评判，允许超限百分率为 5%)	全面查看，重点检测	处	2	
	31		其他(按有关标准评判)	全面查看，重点检测	处	2	
	32	焊缝	新焊接的焊缝：不符合钢轨焊接接头平直度标准；原焊缝打磨后：不符合有关要求	全面检测	处	8	
连接零件	33	轨撑及铁垫板螺栓	缺少	全面查看	个	16	
	34		松动	全面查看，重点检测	个	8	
	35		扭矩不符合规定	全面检测	个	4	
	36	扣件	铁垫板缺少或折断	全面查看	块	41	
	37		橡胶垫板缺少/窜出或失效	全面查看	块	8/4	
	38		扣件(含轨撑)失效、缺少/连续失效、缺少	全面查看	个	8/41	
	39		预埋套管失效	全面查看	个	8	
	40		弹条中肢前端间隙不符合规定	全面查看，重点检测	个	2	
护轨	41	连接零件	缺少或扭矩不符合规定	全面查看	个	2	
	42	位置	护轨与尖轨(基本轨)间净距偏差超过 10 mm	全面查看，重点检测	处	2	
	43		护轨高于尖轨(基本轨)5 mm 或低于尖轨(基本轨)25 mm	全面查看，重点检测	处	8	

续上表

项目	编号	内容	扣分条件	抽验数量	单位	扣分(分)	说明
轨枕	44	位置	位置或间距偏差大于 40 mm	全面查看,重点检测	处	4	
	45	失效	轨枕失效	全面查看,重点检测	根	41	
	46	吊板	枕上或枕下离缝大于 2 mm	全面查看,重点检测	头	8	
道床	47	外形外观	肩宽不足,不饱满,有杂物	全面查看,重点检测	处	4	
	48	清洁度	翻浆冒泥/严重不洁、影响排水	全面查看,重点检测	组	41/4	
标识	49	标识	缺少、错误、位置不对,字迹不清	全面查看	处	1	

六、线路质量评定

(一)线路设备状态评定

线路设备状态评定,是对正线线路设备质量基本状况的检查评定,是考核线路设备管理工作和线路设备状态改善情况的基本指标,是安排线路大维修计划的主要依据。线路设备状态评定原则上每年进行一次,评定报告每年 10 月 20 日前报铁道部。

线路设备状态评定应以千米为单位,评定标准如表 2-112、表 2-113 所示,满分为 100 分,100～85 分为优良,85(不含)～60 分为合格,60 分(不含)以下为失格。

表 2-112 线路设备状态评定评分标准(无砟轨道)

编号	项目	扣分条件	计算单位	扣分(分)	说明
1	慢行	线路设备不良(不含线下基础)	处	41	
2	钢轨	一年内新生轻伤钢轨(不含曲线磨耗)	根	2	长轨中 2 个焊缝间为 1 根
		现存曲线磨耗轻伤钢轨	每延长 100 m	4	按单股计算
		一年内新生重伤钢轨(不含焊缝)	根	20	长轨中 2 个焊缝间为 1 根
		无缝线路现存重伤钢轨(不含焊缝)	根	20	
		无缝线路现存重伤焊缝	个	20	
3	CRTSⅠ型板式轨道	轨道板Ⅲ级伤损	处	8	全面查看,每公里重点检查 100 m
		水泥乳化沥青砂浆充填层Ⅲ级伤损	处	8	
		凸形挡台Ⅲ级伤损	处	8	
		钢棒折断	根	8	
		预埋套管失效	个	8	
4	CRTSⅡ型板式轨道	轨道板Ⅲ级伤损	处	8	全面查看,每公里重点检查 100 m
		水泥乳化沥青砂浆充填层Ⅲ级伤损	处	8	
		底座板Ⅲ级伤损	处	8	
		支承层Ⅲ级伤损	处	8	
		侧向挡块Ⅲ级伤损	处	8	
		高强度挤塑板Ⅲ级伤损	处	8	
		预埋套管失效	个	8	

续上表

编号	项目	扣分条件	计算单位	扣分(分)	说明
5	双块式无砟轨道	双块式轨枕Ⅲ级伤损	根	8	全面查看,每公里重点检查 100 m
		道床板Ⅲ级伤损	处	8	
		底座Ⅲ级伤损	处	8	
		支承层Ⅲ级伤损	处	8	
		预埋套管失效	个	8	
6	岔区轨枕埋入式无砟轨道	岔枕Ⅲ级伤损	根	8	
		预埋套管失效	个	8	
		道床板Ⅲ级伤损	每组	8	
		底座或支承层Ⅲ级伤损	每组	8	
7	岔区板式无砟轨道	道岔板Ⅲ级伤损	块	8	
		预埋套管失效	个	8	
		底座Ⅲ级伤损	每组	8	
		找平层Ⅲ级伤损	每组	8	

注:岔区无砟轨道线路质量评定含在相应公里的线路中。

表 2-113 线路设备状态评定评分标准(有砟轨道)

编号	项目	扣分条件	计算单位	扣分(分)	说明
1	慢行	线路设备不良(不含路基、道床)	处	41	
2	道床	翻浆冒泥	每延长 10 m	4	道床不洁率指通过边长 25 mm(特级道砟地段为 22.4 mm)筛孔的颗粒的质量比
		道床不洁率大于 25%(在枕盒底边向下 100 mm 处取样)	每延长 100 m	8	
3	轨枕	混凝土枕失效率超过 4%	每增 1%	8	
4	钢轨	一年内新生轻伤钢轨(不含曲线磨耗)	根	2	长轨中 2 个焊缝间为 1 根
		现存曲线磨耗轻伤钢轨	每延长 100 m	4	按单股计算
		一年内新生重伤钢轨(不含焊缝)	根	20	长轨中 2 个焊缝间为 1 根
		无缝线路现存重伤钢轨(不含焊缝)	根	20	同上
		无缝线路现存重伤焊缝	个	20	

(二)线路设备保养质量评定

线路、道岔、调节器保养质量评定,是考核线路设备养护质量的基本指标,也是安排维修计划的主要依据之一。

线路、道岔、调节器保养质量评定应由工务段组织,采取定期抽样的办法进行。具体办法由铁路局规定。

1. 线路保养质量评定应以千米为单位,评定标准如表 2-114、表 2-115 所示,满分为 100 分,100~85 分为优良,85(不含)~60 分为合格,60 分(不含)以下为失格。

2. 道岔保养质量评定应以组为单位,评定标准如表 2-116、表 2-117 所示,满分为 100 分,100~85 分为优良,85(不含)~60 分为合格,60 分(不含)以下为失格。

表 2-114 线路保养质量评定标准(无砟轨道)

项目	编号	扣分条件	抽验数量	单位	扣分(分)	说明
轨道几何尺寸	1	超过经常保养容许偏差管理值	轨距、水平、扭曲连续检测100 m;轨向、高低全面检查,重点检测;曲线正矢全面检测	处	4	选择质量较差地段,有曲线时检测一个曲线的正矢
	2	超过临时补修容许偏差管理值		处	41	
	3	轨距变化率大于1/1 000		处	2	
钢轨	4	钢轨肥边大于1 mm	全面查看,重点检测	处	4	
	5	胶接绝缘接头质量不符合要求或轨端肥边大于2 mm	全面检测	处	4	
	6	钢轨折断未及时永久性处理	全面查看	处	16	"未及时"指轨温具备焊接条件未进行永久处理
轨道板、双块式轨枕、道床板	7	裂缝伤损达到Ⅱ级标准/伤损达到Ⅲ级标准	全面查看	块	1/4	
	8	挡肩或承轨台处缺损、掉块/其他处缺损、掉块	全面查看	块	16/4	
	9	预埋塑料套管失效/连续失效	全面查看	处	4/16	
水泥乳化沥青砂浆充填层	10	裂缝伤损达到Ⅱ级标准/伤损达到Ⅲ级标准	全面查看	处	1/4	
	11	掉块、缺损或剥落	全面查看	处	4	
	12	离缝伤损达到Ⅱ级标准/伤损达到Ⅲ级标准	全面查看	处	4/8	
底座(板)、支承层、凸形挡台及侧向挡块	13	裂缝伤损达到Ⅱ级标准/伤损达到Ⅲ级标准	全面查看	处	1/4	
	14	掉块、缺损或剥落	全面查看	处	2	
	15	侧向挡块与底座板粘连	全面查看	处	8	
高强度挤塑板	16	高强度挤塑板损坏	全面查看	块	2	
	17	离缝伤损达到Ⅱ级标准/伤损达到Ⅲ级标准	全面查看	块	4/8	
连接零件	18	Zw轨垫、钢制调节板、塑料调整垫、轨距挡板、扣件失效/连续失效/其他连接零件失效	连续查看100个	个	16/41/4	
	19	Zw轨垫、钢制调节板、塑料调整垫、轨距挡板、扣件缺少/其他连接零件缺少	全面查看	个	41/16	一组扣件的零件不全,按缺少一个扣件计算
	20	未按规定使用调高垫板和轨距挡板	连续查看100个	块	4	
	21	扣件前、后离缝大于2 mm的超过8%	连续检测100个	每增1%	1	
	22	扣件扭矩(扣压力)不符合规定或弹条扣件中部前端离缝不符合规定,超过8%	同上	每增1%	1	
纵向位移	23	爬行量超过10 mm	全面检测	km	16	爬行量超过20 mm扣41分
	24	观测桩缺损、失效或位移观测无记录	全面检测	处	8	
排水设施	25	未疏通	全面查看	每10 m	1	单侧计算
标志标识	26	缺损、歪斜、字迹不清	全面查看	个	1	
	27	各种标识不齐全,位置不对,不清晰或错误	全面查看	处	1	

表 2-115　线路保养质量评定标准(有砟轨道)

项目	编号	扣分条件	抽验数量	单位	扣分(分)	说明
轨道几何尺寸	1	超过经常保养标准容许偏差	轨距、水平、扭曲连续检测 100 m;轨向、高低全面查看,重点检测;曲线正矢全面检测	处	4	选择质量较差地段,有曲线时检测一个曲线的正矢
	2	超过临时补修标准容许偏差		处	41	
	3	轨距变化率大于 1/1 000		处	2	
钢轨	4	钢轨肥边大于 1 mm	全面查看,重点检测	处	4	
	5	胶接绝缘接头质量不符合要求或轨端肥边大于 2 mm	全面检测	处	4	
	6	钢轨折断未及时永久性处理	全面查看	处	16	“未及时”指轨温具备焊接条件未进行永久处理
轨枕	7	失效	全面查看,重点检测	根	41	
	8	每处调高垫板超过 2 块或总厚度超过 10 mm	连续查看,检测 100 个	个	1	
连接零件	9	零部件缺少、失效	连续查看 100 头	个	1	一组扣件的零件不全,按缺少一个扣件计算
	10	弹条中肢前端下颚离缝大于 0.5 mm 或扣件扭矩(扣压力)不符合规定者,超过 12%	连续查看 100 头	每增 1%	1	
	11	绝缘轨距块(轨距挡板)前、后离缝大于 1 mm者,超过 12%	连续检测 50 个	每增 2%	1	
	12	橡胶垫板缺少/窜出或失效	连续查看 100 头	块	2/1	
	13	预埋套管失效	全面查看	个	2	
纵向位移	14	爬行量超过 10 mm	全面检测	km	16	爬行量超过 20 mm扣 41 分
	15	观测桩缺损、失效或位移观测无记录	全面检测	处	8	
道床	16	翻浆冒泥	全面查看	孔	16	
	17	肩宽不足,不饱满,有杂草	全面查看	每 10 m	1	
排水设施	18	未疏通	全面查看	每 10 m	1	单侧计算
标志标识	19	缺损、歪斜、字迹不清	全面查看	个	1	
	20	钢轨上各种标识不齐全,位置不对,不清晰或错误	全面查看	处	1	

表 2-116　道岔保养质量评定标准(无砟轨道)

项目	编号	扣分条件		抽验数量	单位	扣分(分)	说明
轨道几何尺寸	1	轨距、水平、轨向、高低、支距、扭曲、轨距变化率超过经常保养容许偏差管理值		轨距、水平、支距全面检测,轨向、高低、扭曲全面查看,重点检测	处	4	
	2	轨距、水平、轨向、高低、支距、扭曲超过临时补修容许偏差管理值			处	41	
	3	查照间隔小于 1 391 mm		全面检测	组	41	
	4	转辙器最小轮缘槽小于 63 mm		全面检测	组	41	
密贴	5	尖轨尖端与基本轨、可动心轨尖端与翼轨密贴	0.5 mm＜间隙≤1 mm	全面检测	处	2	
	6		间隙＞1 mm		处	41	
	7	尖轨与基本轨、可动心轨与翼轨其他密贴段密贴	1.0 mm＜间隙≤1.5 mm	全面检测	头	2	
	8		1.5 mm＜间隙≤2.0 mm	全面检测	头	8	
	9		间隙＞2.0 mm	全面检测	头	16	

续上表

项目	编号	扣分条件		抽验数量	单位	扣分(分)	说明
密贴	10	叉跟尖轨与短心轨密贴	1.0 mm＜间隙≤1.5 mm	全面检测	处	16	
	11		间隙＞1.5mm	全面检测	处	41	
	12	尖轨、可动心轨与顶铁密贴	1.5 mm＜间隙≤2.0 mm	全面检测	处	2	
	13		2.0 mm＜间隙≤2.5 mm	全面检测	处	4	
	14		间隙＞2.5 mm	全面检测	处	16	
	15	尖轨、可动心轨与滑床台密贴	1.5 mm＜间隙≤2.0 mm	全面检测	处	2	
	16		2.0 mm＜间隙≤2.5 mm	全面检测	处	4	
	17		间隙＞2.5 mm	全面检测	处	16	
钢轨	18	轨件	存在尖轨、心轨、叉跟尖轨出现不良状态或伤损，应进行修理或更换第四项	全面检测、查看	处	41	
	19		存在尖轨、心轨、叉跟尖轨出现不良状态或伤损，应进行修理或更换第五、六项和基本轨、翼轨、导轨和护轨出现不良状态或伤损，应进行修理或更换第一、三项之一	全面检测、查看	处	16	
	20	钢轨折断未及时永久性处理		全面查看	处	41	“未及时”指轨温具备焊接条件未进行永久处理
	21	焊缝不符合钢轨焊接接头平直度标准		全面检测	处	8	
	22	钢轨肥边大于 1 mm；绝缘接头轨端肥边大于 2 mm		全面检测	处	8	
	23	胶接绝缘接头的质量不符合《胶接绝缘钢轨技术条件》(TB/T 2975)		全面检测	处	8	
纵向位移	24	位移超过 10 mm		全面检测	组	16	
	25	道岔两尖轨尖端相错量大于 20 mm		全面检测	组	41	
	26	尖轨、可动心轨允许伸缩位移不符合有关规定		全面检测	组	41	
	27	位移观测桩缺少或位移观测无记录		全面检测	个	8	
连接零件	28	轨撑离缝大于 2 mm 或损坏、松动		全面查看、检测	个	1	
	29	螺栓	长、短心轨连接螺栓缺少/松动或扭矩不符合规定	全面查看、检测	个	41/16	
	30		限位器、顶铁、间隔铁及护轨螺栓缺少/松动或扭矩不符合规定	全面查看、检测	个	41/4	
	31		接头铁螺栓缺少、松动	全面查看、检测	个	41	
	32		其他各种螺栓缺少/扭矩不符合规定	全面查看，重点检测	个	8/2	
	33	辊轮	辊轮缺少或失效	全面查看	处	16	
	34		辊轮位置不符合要求	全面查看、检测	处	4	
	35	扣件	铁垫板缺少或折断	全面查看	块	41	

续上表

项目	编号	扣分条件		抽验数量	单位	扣分(分)	说明
连接零件	36	扣件	橡胶垫板缺少/窜出或失效	全面查看	块	8/4	
	37		扣件失效、缺少/连续失效、缺少	全面查看	处	4/41	
	38		预埋套管失效	全面查看	个	2	
	39		弹条中肢前端间隙，岔枕螺栓扭矩不符合规定	连续检测 50 个	个	1	
无砟道床	40	岔枕、道床板、支承层(或底座)、道岔板	裂纹伤损达到Ⅱ级标准/达到Ⅲ级标准	全面查看，重点检测	处	1/4	
	41		缺损、掉块	全面查看	处	4	
	42		预埋套管失效/连续失效	全面查看	个	4/16	
	43	底座、找平层	裂纹伤损达到Ⅱ级标准/达到Ⅲ级标准	全面查看，重点检测	处	1/4	路基地段板式轨道
	44		掉块、缺损	全面查看	处	2	
	45		离缝达到Ⅱ级标准/掉块达到Ⅲ级标准	全面查看，重点检测	处	4/8	
	46	水泥乳化沥青砂浆层	裂缝伤损达到Ⅱ级标准/伤损达到Ⅲ级标准	全面查看，重点检测	处	1/4	桥梁地段板式轨道
	47		掉块、缺损或剥落	全面查看	处	4	
	48		离缝伤损达到Ⅱ级标准/伤损达到Ⅲ级标准	全面查看，重点检测	处	4/8	
	49	底座板、侧向挡块	裂缝伤损达到Ⅱ级标准/伤损达到Ⅲ级标准	全面查看，重点检测	处	1/4	
	50		掉块、缺损或剥落	全面查看	处	2	
	51		侧向挡块与底座板粘连	全面查看，重点检测	处	8	
	52	高强度挤塑板	高强度挤塑板损坏	全面查看	块	2	
	53		离缝伤损达到Ⅱ级标准/伤损达到Ⅲ级标准	全面查看，重点检测	块	4/8	
标志标识	54	警冲标	损坏或不清晰	全面查看	组	8	缺少或位置不对，扣 41 分
	55	标识	缺少、错位、位置不对，字迹不清	全面查看	处	1	

表 2-117 道岔保养质量评定标准(有砟轨道)

项目	编号	扣分条件		抽验数量	单位	扣分(分)	说明
轨道几何尺寸	1	轨距、水平、轨向、高低、支距、扭曲、轨距变化率超过经常保养容许偏差管理值		轨距、水平、支距全面检测，轨向、高低、扭曲全面查看，重点检测	处	4	同时检测两线间距小于 5.2 m 的连接曲线轨向，用 10 m 弦测量，连续正矢差超过 2 mm，每处扣 4 分
	2	轨距、水平、轨向、高低、支距、扭曲超过临时补修容许偏差管理值			处	41	
	3	查照间隔小于 1 391 mm		全面检测	组	41	
	4	转辙器最小轮缘槽小于 63 mm		全面检测	组	41	
密贴	5	尖轨尖端与基本轨、可动心轨尖端与翼轨密贴	0.5 mm<间隙≤1 mm	全面检测	处	2	
	6		间隙>1 mm		处	41	
	7	尖轨与基本轨、可动心轨与翼轨其他密贴段密贴	1.0 mm<间隙≤1.5 mm	全面检测	头	2	
	8		1.5 mm<间隙≤2.0 mm	全面检测	头	8	
	9		间隙>2.0 mm	全面检测	头	16	

续上表

项目	编号	扣分条件		抽验数量	单位	扣分(分)	说明
密贴	10	叉跟尖轨尖端与短心轨密贴	1.0 mm<间隙≤1.5 mm	全面检测	处	16	
	11		间隙>1.5 mm	全面检测	处	41	
	12	尖轨、可动心轨与顶铁密贴	1.5 mm<间隙≤2.0 mm	全面检测	处	2	
	13		2.0 mm<间隙≤2.5 mm	全面检测	处	4	
	14		间隙>2.5 mm	全面检测	处	16	
	15	尖轨、可动心轨与滑床台密贴	1.5 mm<间隙≤2.0 mm	全面检测	处	2	
	16		2.0 mm<间隙≤2.5 mm	全面检测	处	4	
	17		间隙>2.5 mm	全面检测	处	16	
钢轨	18	轨件	存在尖轨、心轨、叉跟尖轨出现不良状态或伤损，应进行修理或更换第四项	全面检测、查看	处	41	
	19		存在尖轨、心轨、叉跟尖轨出现不良状态或伤损，应进行修理或更换第五、六项和基本轨、翼轨、导轨和护轨出现不良状态或伤损，应进行修理或更换第一、三项之一	全面检测、查看	处	16	
	20	钢轨折断未及时永久性处理		全面查看	处	41	“未及时”指轨温具备焊接条件未进行永久处理
	21	焊缝不符合钢轨焊接接头平直度标准		全面检测	处	8	
	22	钢轨肥边大于1 mm；绝缘接头轨端肥边大于2 mm		全面检测	处	8	
	23	胶接绝缘接头的质量不符合《胶接绝缘钢轨技术条件》(TB/T 2975)		全面检测	处	8	
纵向位移	24	位移超过10 mm		全面检测	组	16	
	25	道岔两尖轨尖端相错量大于20 mm		全面检测	组	41	
	26	尖轨、可动心轨允许伸缩位移不符合有关规定		全面检测	组	41	
	27	位移观测桩缺少或位移观测无记录		全面检测	个	8	
连接零件	28	轨撑离缝大于2 mm或损坏、松动		全面查看、检测	个	1	
	29	螺栓	长、短心轨连接螺栓缺少/松动或扭矩不符合规定	全面查看、检测	个	41/16	
	30		限位器、顶铁、间隔铁及护轨螺栓缺少/松动或扭矩不符合规定	全面查看、检测	个	41/4	
	31		接头铁螺栓缺少、松动	全面查看、检测	个	41	
	32		其他各种螺栓缺少/扭矩不符合规定	全面查看，重点检测	个	8/2	
	33	辊轮	辊轮缺少或失效	全面查看	处	16	
	34		辊轮位置不符合要求	全面查看、检测	处	4	
	35	扣件	铁垫板缺少或折断	全面查看	块	41	
	36		橡胶垫板缺少/窜出或失效	全面查看	块	8/4	

续上表

项目	编号	扣分条件		抽验数量	单位	扣分(分)	说明
连接零件	37	扣件	扣件失效、缺少/连续失效、缺少	全面查看	处	4/41	
	38		预埋套管失效	全面查看	个	2	
	39		弹条中肢前端间隙，岔枕螺栓扭矩不符合规定	连续检测 50 个	个	1	
岔枕	40	失效	岔枕失效	全面查看	根	41	枕上或枕下离缝大于 2 mm 者为吊板
	41	吊板率	大于 5%	连续检测 50 头	每增 1%	1	
道床	42	外形外观	肩宽不足，不饱满，有杂物	全面查看、检测	孔	2	
	43	清洁度	翻浆冒泥/严重不洁、影响排水	全面查看	孔	16/2	
标志标识	44	警冲标	损坏或不清晰	全面查看	组	8	缺少或位置不对，扣 41 分
	45	标识	缺少、错误、位置不对，字迹不清	全面查看	处	1	

3. 调节器保养质量评定应以组为单位，评定标准如表 2-118、表 2-119 所示，满分为 100 分，100～85 分为优良，85(不含)～60 分为合格，60 分(不含)以下为失格。

表 2-118　调节器保养质量评定标准(无砟轨道)

项目	编号	扣分条件		抽验数量	单位	扣分(分)	说明
轨道几何尺寸	1	轨距、水平、轨向、高低、扭曲、轨距变化率超过经常保养容许偏差管理值		轨距、水平全面检测，轨向、高低、扭曲全面查看，重点检测	组	4	
	2	轨距、水平、轨向、高低、扭曲、轨距变化率超过临时补修容许偏差管理值			组	41	
伸缩调节器	3	基本轨伸缩量超过调节器设计伸缩量		重点检测	处	41	
	4	焊缝边缘至扣件或轨撑铁垫板距离	5 mm＜间距≤20 mm	重点检测	处	4	
	5		间距≤5 mm	重点检测	处	41	
	6	尖轨伸缩量	0 mm＜伸缩量≤10 mm	全面检测	处	4	
	7		10 mm＜伸缩量≤30 mm	全面检测	处	16	
	8		伸缩量＞30 mm	全面检测	处	41	
	9	位移观测桩缺少或位移观测无记录		全面检测	个	4	
密贴	10	尖轨尖端至 5 mm 断面与基本轨密贴段密贴	0.5 mm＜间隙≤1.0 mm	全面检测	处	4	
	11		间隙＞1.0 mm	全面检测	处	41	
	12	尖轨其余密贴段与基本轨密贴	0.5 mm＜间隙≤1.0 mm	全面检测	处	4	
	13		间隙＞1.0 mm	全面检测	处	16	
	14	尖轨轨撑与轨腰密贴	0.2 mm＜间隙≤0.5 mm	全面检测	个	4	
	15		间隙＞0.5 mm	全面检测	个	8	
	16	尖轨轨撑与轨底上表面密贴	0.5 mm＜间隙≤1.0 mm	全面检测	个	4	
	17		间隙＞1.0 mm	全面检测	个	16	
	18	尖轨轨底与台板密贴	0.2 mm＜间隙≤0.5 mm	全面检测	块	2	
	19		0.5 mm＜间隙≤1.5 mm	全面检测	块	4	
	20		间隙＞1.5 mm	全面检测	块	8	

续上表

项目	编号	扣分条件		抽验数量	单位	扣分(分)	说明
密贴	21	基本轨轨撑与轨腰密贴	0.2 mm<间隙≤0.5 mm	全面检测	个	2	
	22		0.5 mm<间隙≤2.0 mm	全面检测	个	4	
	23		间隙>2.0 mm	全面检测	个	8	
	24	基本轨轨底与铁垫板密贴	0.5 mm<间隙≤1.0 mm	全面检测	块	2	
	25		1.0 mm<间隙≤2.0 mm	全面检测	块	4	
	26		间隙>2.0 mm	全面检测	块	8	
钢轨	27	尖轨相对于基本轨降低值偏差超过1 mm,且对行车平稳性有影响		全面检测、查看	处	16	
	28	尖轨、基本轨轻伤		全面检测、查看	处	16	
	29	钢轨肥边>1 mm		全面检测	处	4	
	30	钢轨折断未及时永久性处理		全面查看	处	41	“未及时”指轨温具备焊接条件未进行永久处理
	31	焊缝不符合钢轨焊接接头平直度标准		全面检测	处	8	
连接零件	32	轨撑及铁垫板螺栓	缺少	全面查看	个	16	
	33		松动	全面查看,重点检测	个	4	
	34		扭矩不符合规定	全面检测	个	2	
	35	扣件	铁垫板缺少或折断	全面查看	块	41	
	36		橡胶垫板缺少/窜出或失效	全面查看	块	8/4	
	37		扣件(含轨撑)失效、缺少/连续失效、缺少	全面查看	个	8/41	
	38		预埋套管失效	全面查看	个	8	
	39		弹条中肢前端间隙不符合规定	全面查看,重点检测	个	2	
轨枕	40	失效		全面查看,重点检测	根	41	
	41	吊板(枕上离缝大于2 mm)		全面查看,重点检测	头	4	
无砟道床	42	道床板、底座	裂纹伤损达到Ⅱ级标准/达到Ⅲ级标准	全面查看,重点检测	处	1/4	
	43		缺损、掉块	全面查看	处	2	
标识	44	缺少、错误、位置不对,字迹不清		全面查看	处	1	

表 2-119　调节器保养质量评定标准(有砟轨道)

项目	编号	扣分条件		抽验数量	单位	扣分(分)	说明
轨道几何尺寸	1	轨距、水平、轨向、高低、扭曲、轨距变化率超过经常保养容许偏差管理值		轨距、水平全面检测,轨向、高低、扭曲全面查看,重点检测	组	4	
	2	轨距、水平、轨向、高低、扭曲、轨距变化率超过临时补修容许偏差管理值			组	41	
伸缩	3	基本轨伸缩量超过设计伸缩量		重点检测	处	41	
	4	焊缝边缘至扣件或轨撑铁垫板距离	5 mm<间距≤20 mm	重点检测	处	4	
	5		间距≤5 mm	重点检测	处	41	
	6	尖轨伸缩量	0 mm<伸缩量≤10 mm	全面检测	处	4	

续上表

项目	编号	扣分条件		抽验数量	单位	扣分(分)	说明
伸缩	7	尖轨伸缩量	10 mm<伸缩量≤30 mm	全面检测	处	16	
	8		伸缩量>30 mm	全面检测	处	41	
	9	位移观测桩缺少或位移观测无记录		全面检测	个	4	
密贴	10	尖轨尖端至5 mm断面与基本轨密贴段密贴	0.5 mm<间隙≤1.0 mm	全面检测	处	4	
	11		间隙>1.0 mm	全面检测	处	41	
	12	尖轨其余密贴段与基本轨密贴	0.5 mm<间隙≤1.0 mm	全面检测	处	4	
	13		间隙>1.0 mm	全面检测	处	16	
	14	尖轨轨撑与轨腰密贴	0.2 mm<间隙≤0.5 mm	全面检测	个	4	
	15		间隙>0.5 mm	全面检测	个	8	
	16	尖轨轨撑与轨底上表面密贴	0.5 mm<间隙≤1.0 mm	全面检测	个	4	
	17		间隙>1.0 mm	全面检测	个	8	
	18	尖轨轨底与台板密贴	0.2 mm<间隙≤0.5 mm	全面检测	块	2	
	19		0.5 mm<间隙≤1.5 mm	全面检测	块	4	
	20		间隙>1.5 mm	全面检测	块	8	
	21	基本轨轨撑与轨腰密贴	0.2 mm<间隙≤0.5 mm	全面检测	个	2	
	22		0.5 mm<间隙≤2.0 mm	全面检测	个	4	
	23		间隙>2.0 mm	全面检测	个	8	
	24	基本轨轨底与铁垫板密贴	0.5 mm<间隙≤1.0 mm	全面检测	块	2	
	25		1.0 mm<间隙≤2.0 mm	全面检测	块	4	
	26		间隙>2.0 mm	全面检测	块	8	
钢轨	27	尖轨相对于基本轨降低值偏差超过1 mm,且对行车平稳性有影响		全面检测、查看	处	16	
	28	尖轨、基本轨轻伤		全面检测、查看	处	16	
	29	钢轨肥边>1 mm		全面检测	处	4	
	30	钢轨折断未及时永久性处理		全面查看	处	41	“未及时”指轨温具备焊接条件未进行永久处理
	31	焊缝不符合钢轨焊接接头平直度标准		全面检测	处	8	
连接零件	32	轨撑及铁垫板螺栓	缺少	全面查看	个	16	
	33		松动	全面查看,重点检测	个	4	
	34		扭矩不符合规定	全面检测	个	2	
	35	扣件	铁垫板缺少或折断	全面查看	块	41	
	36		橡胶垫板缺少/窜出或失效	全面查看	块	8/4	
	37		扣件(含轨撑)失效、缺少/连续失效、缺少	全面查看	个	8/41	
	38		预埋套管失效	全面查看	个	8	
	39		弹条中肢前端间隙不符合规定	全面查看,重点检测	个	2	

续上表

项目	编号	扣分条件	抽验数量	单位	扣分(分)	说明
护轨	40	连接零件缺少或扭矩不符合规定	全面查看	个	2	
	41	护轨与尖轨(基本轨)间净距偏差超过10 mm	全面查看,重点检测	处	2	
	42	护轨高于尖轨(基本轨)5 mm或低于尖轨(基本轨)25 mm	全面查看,重点检测	处	4	
轨枕	43	位置或间距偏差大于40 mm	全面查看,重点检测	处	2	
	44	失效	全面查看,重点检测	根	41	
	45	吊板(枕上或枕下离缝大于2 mm)	全面查看,重点检测	头	4	
道床	46	肩宽不足,不饱满,有杂物	全面查看,重点检测	处	2	
	47	翻浆冒泥/严重不洁、影响排水	全面查看,重点检测	组	16/4	
标识	48	缺少、错误、位置不对,字迹不清	全面查看	处	1	

思考题

1. 线路维修的工作任务是什么?
2. 无砟轨道线路维修工作分哪几类?
3. 什么是有砟轨道综合维修?
4. 线路设备检查周期是怎么规定的?
5. 钢轨打磨质量技术要求有哪些?
6. 大型养路机械无缝线路地段的作业轨温条件是什么?
7. 轨道动态不平顺管理值的检查项目有哪些?

第七节　精密测量控制网

一、一般要求

1. 高速铁路应建立统一的精密工程测量控制网(简称精测网),作为勘察设计、工程施工和运营维护统一的测量基准。精测网分平面控制网和高程控制网。

2. 应加强精测网控制点日常检查和维护工作,定期对精测网进行复测,为线路运营养护提供稳定可靠的控制基准。

3. 精测网各项技术要求应执行《高速铁路工程测量规范》(TB 10601)有关技术标准。

二、精测网构成及主要技术标准

1. 平面控制网在框架平面控制网(CP0)的基础上分三级布设,第一级为基础平面控制网(CPⅠ),主要为勘测、施工和运营维护提供坐标基准;第二级为线路平面控制网(CPⅡ),主要为勘测和施工提供控制基准;第三级为轨道控制网(CPⅢ),主要为轨道铺设和运营维护提供控制基准。全线的平面坐标系应采用工程独立坐标系统,在对应的线路轨面设计高程面上坐标系统的投影变形值不宜大于10 mm/km。

2. 各级平面控制网的主要技术要求，如表 2-120 所示。

表 2-120 各级平面控制网主要技术要求

控制网级别	测量方法	测量等级	点间距	相邻点相对中误差(mm)	备注
CP0	GPS		50 km	20	
CPⅠ	GPS	二等	≤4 km 一对点	10	点间距≥800 m
CPⅡ	GPS	三等	600～800 m	8	
	导线	三等	400～800 m	8	附合导线网
CPⅢ	自由设站边角交会		50～70m 一对点	1	

注：CPⅡ采用 GPS 测量时，CPⅠ可按 4 km 一个点布设。

3. CPⅠ、CPⅡ及水准基点埋深至最大冻土深度以下 0.3 m。标心钉采用不锈钢制作，标石表面均采用统一的模具标识点号等信息，并统一制作混凝土护井和护盖对标志进行保护。

4. CPⅢ点应沿线路埋设在路基两侧接触网杆或其基础、桥梁防护墙、隧道边墙上，元器件由预埋件、棱镜连接件、水准测量杆等三部分组成，为数控机床精加工的强制对中标志，全线应采用统一的 CPⅢ标志和棱镜组件。

5. CP0、CPⅠ、CPⅡ控制网 GPS 测量精度指标，如表 2-121 所示。

表 2-121 CP0、CPⅠ、CPⅡ控制网 GPS 测量精度指标

控制网级别	基线边方向中误差	最弱边相对中误差
CP0	—	1/2 000 000
CPⅠ	≤1.3″	1/180 000
CPⅡ	≤1.7″	1/100 000

6. CPⅡ控制网导线测量精度指标，如表 2-122 所示。

表 2-122 CPⅡ控制网导线测量精度指标

控制网	附合长度(km)	边长(m)	测距中误差(mm)	测角中误差(″)	相邻点相对中误差(mm)	导线全长相对闭合差限值	方位角闭合差限值(″)	导线等级
CPⅡ	≤5	400～800	5	1.8	8	1/55 000	$\pm 3.6\sqrt{n}$	三等

7. CPⅢ平面控制网的主要技术要求如表 2-123 所示。

表 2-123 CPⅢ平面控制网主要技术要求

控制网名称	测量方法	方向观测中误差(″)	距离测量中误差(mm)	相邻点相对中误差(mm)
CPⅢ平面控制网	自由测站边角交会	1.8	1.0	1.0

8. 高程控制网分两级布设，第一级为线路水准基点控制网（基岩点、深埋水准点和普通水准点），第二级为轨道控制网（CPⅢ）。全线高程基准应采用国家 85 高程基准。

9. 高程控制网测量等级及布点要求，如表 2-124 所示。

表 2-124 高程控制网测量等级及布点要求

控制网级别	测量方法	测量等级	点间距
基岩点	水准	一、二等	50 km
深埋点	水准	二等	10 km
普通水准点	水准	二等	2 km
CPⅢ	水准	精密水准	50～70 m

10. 高程控制网的测量精度指标，如表 2-125 所示。

表 2-125 高程控制网的测量精度指标

水准测量等级	每千米高差偶然中误差 M_{Δ}(mm)	每千米高差全中误差 M_{w}(mm)	限差			
			检测已测测段高差之差	往返测高差不符值	附合路线或环线闭合差	左右路线高差不符值
二等水准	≤1.0	≤2.0	$\pm 6\sqrt{L}$	$\pm 4\sqrt{L}$	$\pm 4\sqrt{L}$	—
精密水准	≤2.0	≤4.0	$\pm 8\sqrt{L}$	$\pm 8\sqrt{L}$	$\pm 8\sqrt{L}$	$\pm 6\sqrt{L}$

注：L 为水准路线长度或检测的测段长度(km)。

三、高速铁路无砟轨道控制网测设标准

1. 高速铁路轨道控制网 CP0、CPⅠ、CPⅡ、CPⅢ和水准基点测设标准应符合《高速铁路工程测量规范》。工程验交时，设计、施测单位须提交完整的测量数据档案。

2. 同一控制点(CP0、CPⅠ、CPⅡ和水准基点)在测量资料移交时应有不少于三次且测量时间间隔大于三个月的观测成果数据，以确定控制点的稳定性及维护标准。

3. 为及时、准确的获得无砟轨道各个时间段内线路整体及各段(区间)的本次和累计沉降变形数据，正线上的路基、桥、涵、隧等建筑物上应设置稳固的监测桩标，监测桩标按无砟轨道沉降监测有关规定设置。

4. 无砟轨道线路按一般 50～70 m 间隔设立维护基点，均匀分布在 CPⅢ点对中间，如图 2-111 所示。

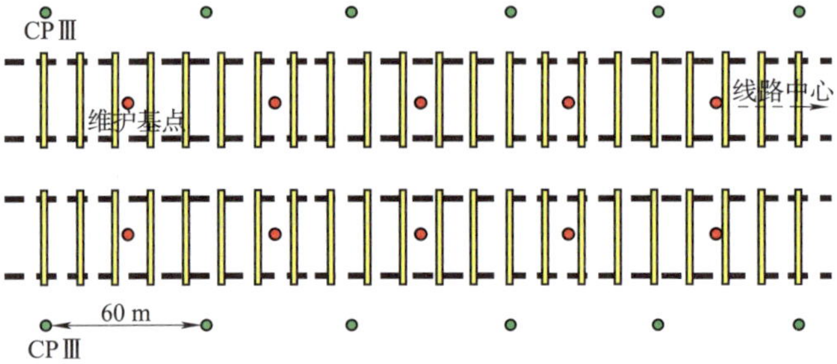

图 2-111 线路维护基点位置关系图

(1)线路维护基点三维坐标测量应依据 CPⅢ控制点，采用全站仪自由设站极坐标法进行测量。使用的全站仪精度不应低于 1″，1 mm+2 ppm。以左线为例，在线路维护基准点上放置可以调节水平的强制对中装置，如图 2-112 所示。

图 2-112 全站仪、棱镜强制对中装置

(2)自由设站观测的 CPⅢ控制点不应少于 4 对，相邻基点的观测重叠的 CPⅢ控制点不应少于 2 对，如图 2-113 所示。

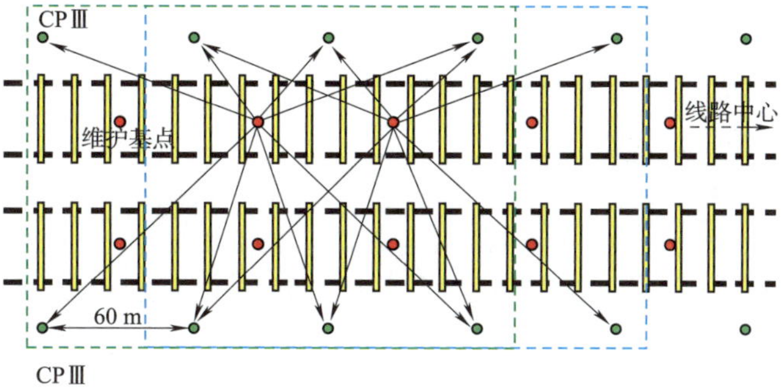

图 2-113 自由设站观测的 CPⅢ控制点布置图

(3)完成自由设站后，自由设站点精度应符合表 2-126 的要求，CPⅢ控制点的坐标不符值应满足表 2-127 的要求。当 CPⅢ点坐标不符值 x、y、h 大于表 2-126 的规定时，该 CPⅢ点不应参与平差计算。每一测站参与平差计算的 CPⅢ控制点不应少于 6 个。

表 2-126 自由设站点精度要求

项　目	误　差
x	≤0.7 mm
y	≤0.7 mm
h	≤0.7 mm
定向精度	≤2″

表 2-127 CPⅢ控制点坐标不符值限差要求

项　目	控制点余差
x	≤2.0 mm
y	≤2.0 mm
h	≤2.0 mm

(4)线路维护基点必须统一编号，使用反光牌清晰标记。上行为按每公里偶数顺序编号，下行为按每公里奇数顺序编号，如图 2-114 所示。

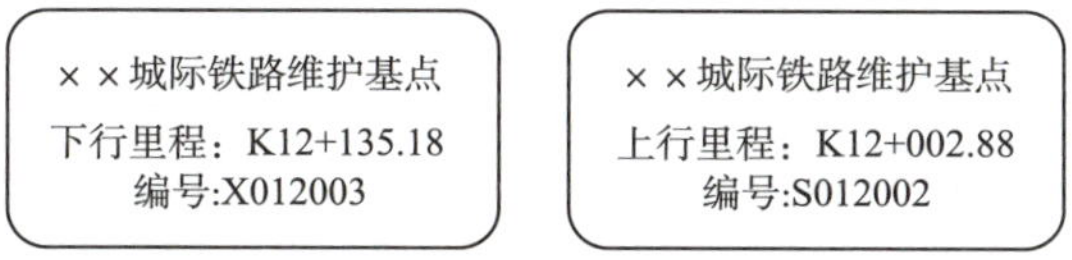

图 2-114 线路维护基点编号

5. 高速铁路竣工验收前应进行竣工测量。无砟轨道线路交验的控制网竣工资料主要包括以下内容：

(1)控制网联测的国家平面及高程控制点成果表及点之记。

(2)CP0、CPⅠ、CPⅡ控制桩原测、复测成果(含设计、复测及评估报告)及点之记。

(3)水准点原测、复测成果(含设计、复测及评估报告)及点之记。

(4)CP0、CPⅠ、CPⅡ、CPⅢ及水准基点平面示意图、控制点成果表。

(5)CPⅢ、GRP各种测量原始记录(包括磁卡、电脑记录)、计算成果和图表。

(6)大跨度桥梁和长连续梁桥上CPⅢ测点温度变化坐标改正表。

(7)评审合格的完整沉降观测数据及分析报告。

(8)无砟轨道维护基点成果表。

四、精测网维护和应用

1. 应利用精测网做好轨道几何状态检测、基础沉降和构筑物变形监测等工作。

2. 承担精测网复测的单位应具备相应的工程测量资质,使用的仪器设备应符合《高速铁路工程测量规范》相关要求。

3. 精测网日常检查和维护由使用单位负责,并设专人建立管理台账。桩点缺失或桩位变化不能满足测量精度需要时,应结合复测进行补桩和测设。

4. 精测网复测周期

为保证精测网稳定和精度,应对精测网进行复测。

(1)CP0、CPⅠ、CPⅡ、CPⅢ平面控制网复测周期不宜超过3年,沉降区段的平面控制网复测周期应适当缩短。

(2)高程控制网复测周期:在地质条件较好、建设期沉降不大的地段,与平面控制网相同;在区域地面沉降地段、软土路基等特殊地段,不宜超过一年;在差异沉降较大的地段,复测周期应适当缩短。

5. 精测网复测要求

(1)精测网复测宜在原网基础上进行。复测网精度等级应与原网相同,复测方法及技术要求应与原测保持一致。

(2)平面复测后应按表2-128要求对成果进行评定,水准点间复测高差与原测高差之差按要求进行评定。

表 2-128 平面控制网复测限差要求

控制点	同精度复测坐标较差限差(mm)	相邻点间坐标差之差的相对精度限差
CP0	20	—
CPⅠ	20	1/130 000
CPⅡ	15	1/80 000
CPⅢ	3	—

注:表中相邻点间坐标差之差的相对精度按下式计算:

$$\frac{d_s}{s}=\frac{\sqrt{(\Delta x_{ij}^2+\Delta y_{ij}^2+\Delta z_{ij}^2)}}{s}$$

式中 Δx_{ij}——$(x_j - x_i)_{复} - (x_j - x_i)_{原}$;

Δy_{ij}——$(y_j - y_i)_{复} - (y_j - y_i)_{原}$;

z_{ij}——$(z_j - z_i)_{复} - (z_j - z_i)_{原}$;

s——相邻点间二维平面距离或三维空间距离;

Δx_{ij},Δy_{ij}——相邻点i与j间二维坐标差之差(m);

Δz_{ij}——相邻点i与j间z方向坐标差之差,当只统计二维坐标差之差的相对精度时,该值为零(m)。

思考题

1. 高速铁路为什么要建立统一的精测网？
2. 高程控制网分几级布设？各起什么作用？
3. 自由设站点精度应符合的精度要求是什么？
4. 无砟轨道线路交验的控制网竣工资料主要包括哪些内容？
5. 精测网复测周期是怎么规定的？

第八节　限界及线路标志

一、铁路限界

为了确保机车车辆在铁路线路上运行的安全，防止机车车辆撞击邻近线路的建筑物和设备，而对机车车辆和接近线路的建筑物、设备所规定的不允许超越的轮廓尺寸线，称为限界。铁路基本限界可分为建筑限界和机车车辆限界两种。

《铁路技术管理规程》规定：一切建筑物、设备，在任何情况下均不得侵入铁路的建筑限界。与机车、车辆有直接互相作用的设备，在使用中不得超过规定的侵入范围。

客运专线铁路建筑限界（200 km/h≤v≤350 km/h），如图 2-115 所示。

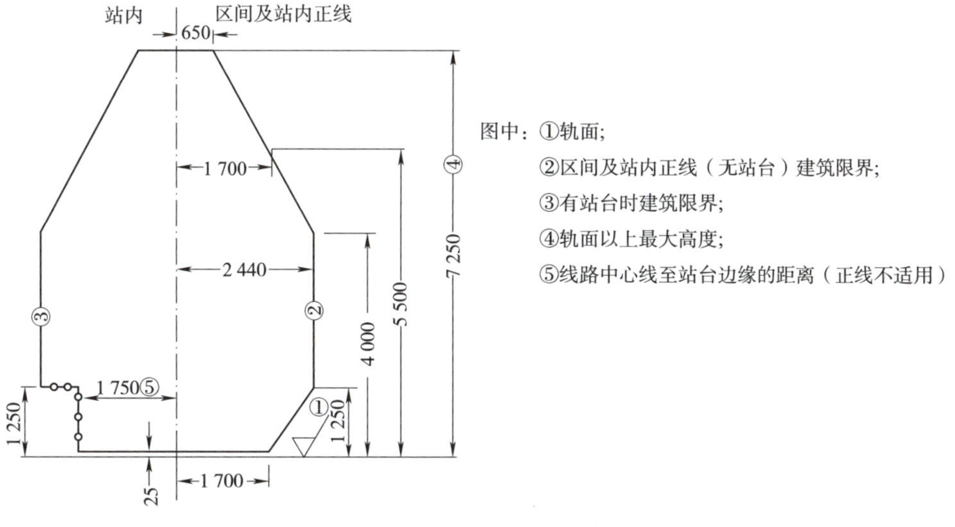

图 2-115　客运专线铁路建筑限界基本尺寸及轮廓（单位：mm）

注：1. —○—○—站台建筑限界（正线不适用）；

2. —各种建筑物的基本限界，也适用于桥梁和隧道

客运专线的高度主要考虑接触网悬挂方法、导线高度、结构高度、带电体对地绝缘距离以及施工误差等因素。其中，接触网悬挂点高度为 5 300 mm，结构高度不小于 1 400 mm，水平腕臂上承力索零件安装高度 50 mm，带电体对地绝缘距离、建筑物沉降、工务抬道及安全裕量等因素合计考虑 500 mm，以上合计为 7 250 mm。因此，规定建筑限界的高度不小于 7 250 mm。

由于动车组客车车辆地板高度确定为 1 250 mm，因而站台高度限界确定为 1 250 mm，便于旅客上下车。

客运专线铁路站台限界的宽度定为 1 750 mm，与既有线站台限界宽度一致。列车无论停靠客运专线站台，还是停靠既有铁路站台，车厢侧壁与站台边缘的间隙可以大大减少，保证旅客上下列车的安全。

曲线地段的建筑限界，应考虑因超高产生车体倾斜对曲线内侧的限界加宽。其加宽量为

$$W=\frac{Hh}{1\ 500}$$

式中 W——曲线内侧加宽量(mm)；

H——轨顶面至计算点的高度(mm)；

h——外轨超高值(mm)。

曲线上建筑限界的加宽范围，包括全部圆曲线、缓和曲线和部分直线，采用如图 2-116 所示阶梯加宽方法。

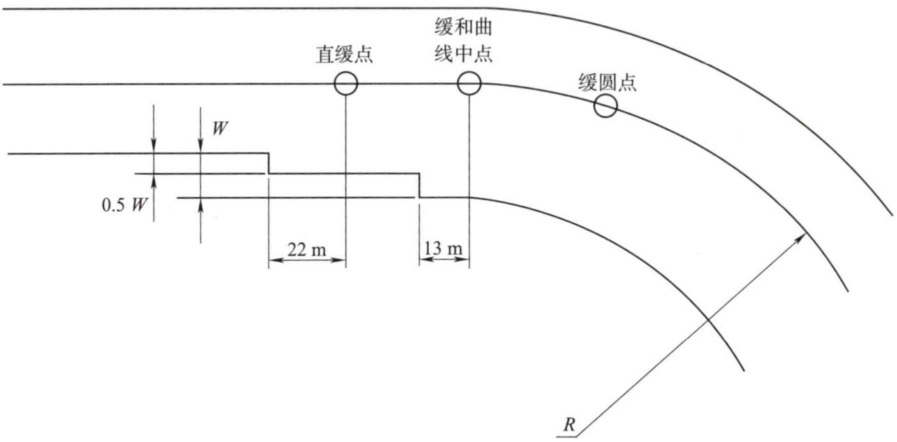

图 2-116 客运专线铁路建筑限界的曲线加宽方法

建筑限界的曲线加宽，通常考虑曲线上车辆的几何偏移量和超高引起的车辆偏移量，经计算，车体在曲线上的几何偏移量甚小(小于附加的安全裕量 150 mm)。故曲线限界加宽只考虑由于超高引起车体倾斜的曲线内侧加宽。

由于，在桥梁上和隧道内的建筑限界之外均有足够的空间，故上图适用于桥梁和隧道。

二、标志标识

1. 线路标志包括公里标、半公里标，信号标志(与工务有关的)包括警冲标。

2. 线路标志应设在本线列车运行方向的左侧。

公里标和半公里标式样应符合规定，安设应牢固、可靠。有接触网支柱地段设置在距实际位置最近的接触网支柱上，隧道地段设置在边墙上，站内无接触网支柱地段按标准式样标注在站台侧面。公里标和半公里标实际位置应在钢轨轨腰上做标识，标识位置应正确。

3. 警冲标应设在两会合线路线间距离为 4 m 的中间，有曲线时按限界加宽办法加宽。

4. 桥梁、隧道、曲线中点、圆曲线及缓和曲线始终点、涵渠、变坡点和铁路局、工务段管界均不设标志，但应做出标识，标识在桥梁地段可标注在线路一侧防护墙上，路基地段可标注在

钢轨轨腰上，隧道地段可标注在边墙上（隧道标识应标注在隧道进出口处），站内可标注在站台侧面，标识位置应正确。

思考题

1. 什么是建筑限界？
2. 曲线上建筑限界加宽范围是怎么规定的？
3. 线路标志包括哪些？
4. 公里标设置在什么位置？
5. 桥梁标设置在什么位置？

复　习　题

1. 线路纵断面坡段间的连接应符合哪些规定？
2. 高速铁路曲线超高顺坡是怎么规定的？
3. 高速铁路钢轨重伤标准有哪些？
4. 高速铁路钢轨折断标准有哪些？
5. 什么是波浪形磨耗？
6. 钢轨重伤处理方法有哪些？
7. 钢轨折断紧急处理方法有哪些？
8. 有砟轨道混凝土枕严重伤损判定标准有哪些？
9. 桥梁地段 CRTSⅠ型板式无砟轨道结构特点为何？
10. CRTSⅡ型板式无砟道床伤损形式及伤损等级判定标准为何？
11. CRTSⅢ型板式无砟轨道结构特点为何？
12. 道岔区轨枕埋入式无砟轨道结构特点为何？
13. 弹条Ⅳ型扣件主要技术要求有哪些？
14. 弹条Ⅴ形扣件有哪些部件组成？
15. WJ-7 型扣件有哪些部件组成？
16. WJ-8 型扣件主要技术要求有哪些？
17. W300-1 型扣件有哪些部件组成？
18. SFC 型扣件有哪些部件组成？
19. 无砟轨道扣件伤损标准有哪些？
20. 有砟轨道设计锁定轨温怎么计算？
21. 无砟轨道设计锁定轨温怎么计算？
22. 进行无缝线路维修作业应注意做好哪些工作？
23. 什么是温度应力？
24. 无缝线路有哪些情况应进行应力放散或调整？
25. 什么是无砟轨道周期检修？
26. 有砟轨道线路维修工作分哪几类？

第三章　相关知识

高速铁路系统由土建工程、牵引供电、列车运行控制、高速列车、运营调度、客运服务及防灾安全监控等子系统构成。土建系统是一个庞大的系统，涉及线路、站场、路基、桥涵、轨道、建筑和环保等专业工程，其中：路基工程是铁路轨下基础的重要组成部分，是保证列车高速、安全、舒适运行系统中的关键工程；桥梁结构必须具有足够的强度和刚度，必须保证可靠的稳定性和保持桥上轨道的高平顺状态，使高速铁路桥梁结构具备良好的动力特性；由于高速列车进入隧道后诱发空气动力学效应，因此，必须增大隧道净空面积和修建洞口缓冲结构等辅助措施。

牵引供电系统为高速铁路列车运行提供稳定、高质量的电能；列车运行控制系统为高速列车安全、高密度运行提供保证；高速列车系统是高速铁路的核心技术装备和实现载体；运营调度系统是完成高速铁路运输组织特别是日常运营的根本保证；客运服务系统是处理与旅客服务相关事件的系统，具有统计分析功能，为管理层提供决策依据；防灾安全监控系统提供有关防灾数据，为列车运行计划调速、行车控制提供依据，保证列车正常运行。

第一节　路基、桥涵、隧道设备基本常识

一、高速铁路路基基本知识

（一）路基面标准宽度

1. 无砟轨道支承层（或底座）底部范围内路基面可水平设置，支承层（或底座）外侧路基面两侧设置不小于 4%的横向排水坡。有砟轨道路基面形状应为三角形，由路基面中心向两侧设置不小于 4%的横向排水坡。曲线加宽时，路基面仍应保持三角形。

2. 有砟轨道路基两侧的路肩宽度，双线不应小于 1.4 m，单线不应小于 1.5 m。

3. 直线地段标准路基面宽度应按表 3-1 采用。

表 3-1　路基面标准宽度

轨道类型	设计最高速度(km/h)	双线线间距(m)	路基面宽度	
			单线(m)	双线(m)
无砟轨道	250	4.6	8.6	13.2
	300	4.8		13.4
	350	5.0		13.6
有砟轨道	250	4.6	8.8	13.4
	300	4.8		13.6
	350	5.0		13.8

4. 路基面在无砟轨道正线曲线地段一般不加宽，当轨道结构和接触网支柱等设施的设置有特殊要求时，根据具体情况分析确定；有砟轨道正线曲线地段加宽值应在曲线外侧按表 3-2 的规定加宽。曲线加宽值应在缓和曲线内渐变。

表 3-2　有砟轨道曲线地段路基面加宽值

设计最高速度(km/h)	曲线半径 R(m)	路基外侧加宽值(m)
250	R≥10 000	0.2
	10 000>R≥7 000	0.3
	7 000>R≥5 000	0.4
	5 000>R≥4 000	0.5
	R<4 000	0.6
300	R≥14 000	0.2
	14 000>R≥9 000	0.3
	9 000>R≥7 000	0.4
	7 000>R≥5 000	0.5
	R<5 000	0.6
350	R>12 000	0.3
	12 000≥R>9 000	0.4
	9 000≥R≥6 000	0.5
	R<6 000	0.6

（二）路基横断面

路基标准横断面主要有：双线无砟轨道路堤标准横断面，如图 3-1 所示；双线无砟轨道路堑标准横断面(非硬质岩)，如图 3-2 所示；双线无砟轨道路堑标准横断面(硬质岩石)，如图 3-3 所示。

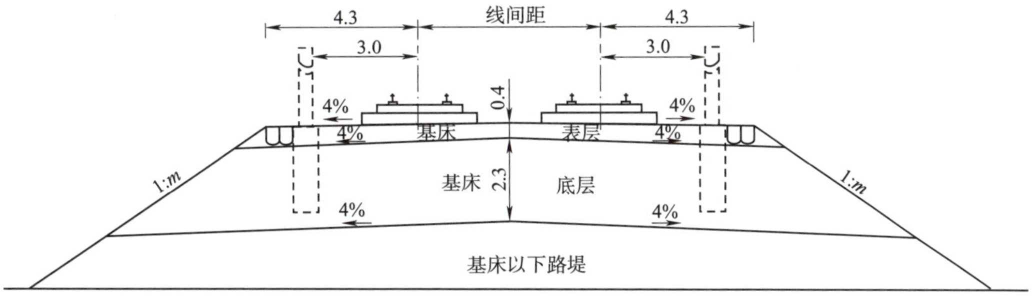

图 3-1　无砟轨道双线路堤标准横断面图(单位：m)

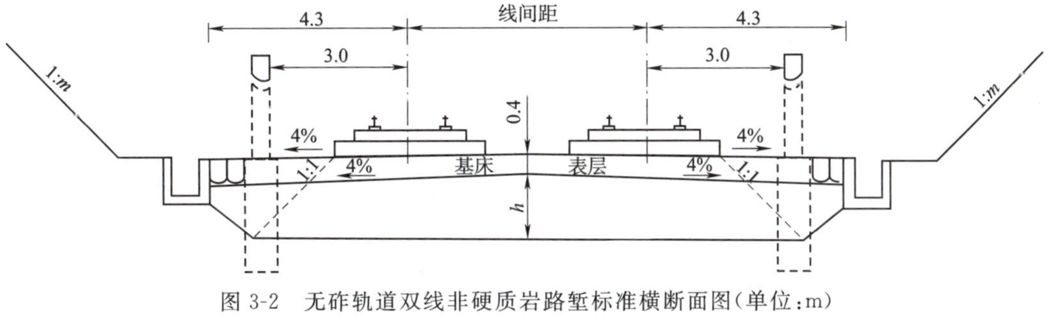

图 3-2　无砟轨道双线非硬质岩路堑标准横断面图(单位：m)

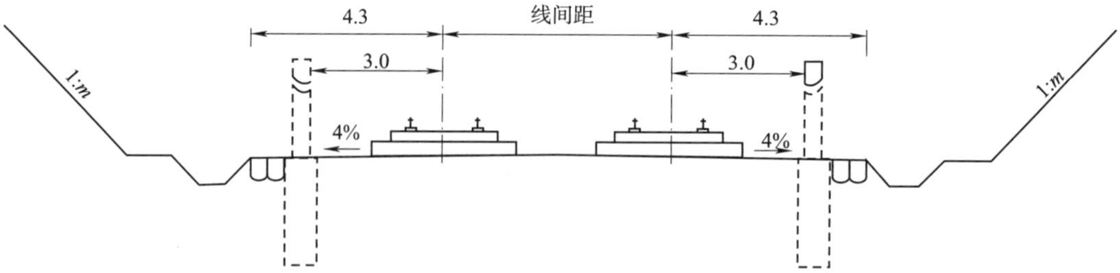

图 3-3 无砟轨道双线硬质岩路堑标准横断面图(单位:m)

双线有砟轨道路堤标准横断面,如图 3-4 所示;双线有砟轨道硬质岩路堑标准横断面,如图 3-5 所示;双线有砟轨道非硬质岩路堑标准横断面,如图 3-6 所示。

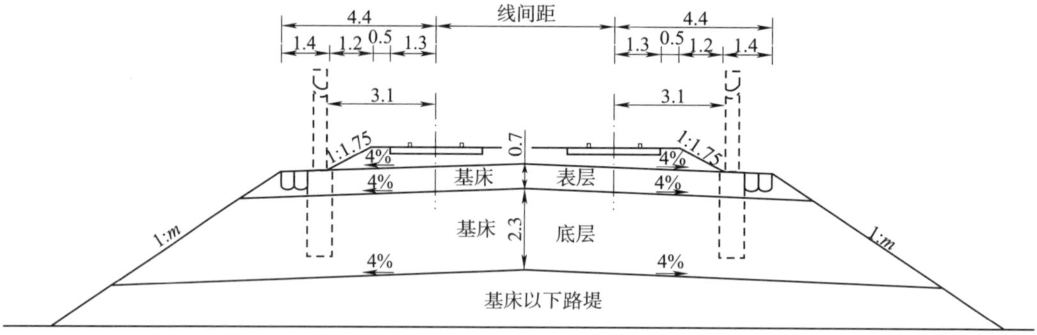

图 3-4 双线有砟轨道路堤标准横断面图(单位:m)

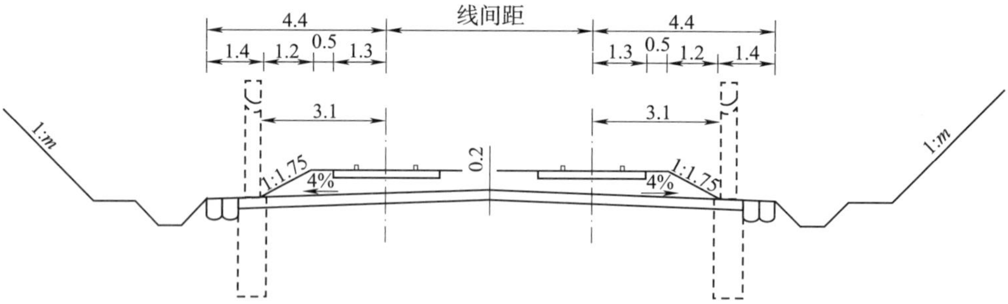

图 3-5 双线有砟轨道硬质岩路堑标准横断面图(单位:m)

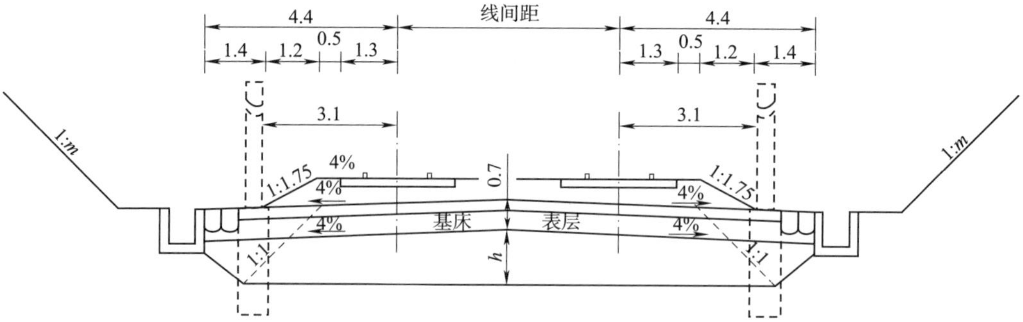

图 3-6 双线有砟轨道非硬质岩路堑标准横断面图(单位:m)

（三）基　　床

1. 路基基床应由基床表层和基床底层构成。基床表层厚度无砟轨道为 0.4 m，有砟轨道为 0.7 m，基床底层厚度为 2.3 m。

2. 基床表层应填筑级配碎石，压实标准应符合表 3-3 的规定。

其材料规格应符合下列规定：

（1）基床表层级配碎石材料由开山块石、天然卵石或砂砾石经破碎筛选而成。

（2）基床表层级配碎石的粒径级配应符合表 3-4 规定。其不均匀系数 C_u 不得小于 15，0.02 mm 以下颗粒质量百分率不得大于 3%。

表 3-3　基床表层压实标准

压实标准	级配碎石
压实系数 K	≥0.97
地基系数 K_{30}（MPa/m）	≥190
动态变形模量 E_{vd}（MPa）	≥55

注：无砟轨道可采用 K_{30} 或 E_{v2}。当采用 E_{v2} 时，其控制标准为 E_{v2}≥120 MPa 且 E_{v2}/E_{v1}≤2.3。

表 3-4　基床表层级配碎石粒径级配

方孔筛孔边长(mm)	0.1	0.5	1.7	7.1	22.4	31.5	45
过筛质量百分率(%)	0～11(5)	7～32	13～46	41～75	67～91	82～100	100

注：括号内数字适用于寒冷地区铁路。

3. 基床表层级配碎石与下部填土之间应满足 $D_{15}<4d_{85}$ 的要求。当不能满足时，基床表层应采用颗粒级配不同的双层结构，或在基床底层表面铺设土工合成材料。当下部填土为改良土时，可不受此项规定限制。

4. 在粒径大于 22.4 mm 的粗颗粒中带有破碎面的颗粒所占的质量百分率不小于 30%。

5. 级配碎石粒径大于 1.7 mm 颗粒的洛杉矶磨耗率不大于 30%，硫酸钠溶液浸泡损失率不大于 6%。粒径小于 0.5 mm 的细颗粒的液限不大于 25%，塑性指数小于 6。不得含有黏土及其他杂质。

6. 基床底层应采用 A、B 组填料或改良土，A、B 组填料粒径级配应满足压实性能要求，寒冷地区冻结影响范围填料应满足防冻胀要求。基床底层压实标准应符合表 3-5 的规定。

表 3-5　基床底层填料及压实标准

压实标准	化学改良土	砂类土及细砾土	碎石类及粗砾土
压实系数 K	≥0.95	≥0.95	≥0.95
地基系数 K_{30}（MPa/m）	—	≥130	≥150
动态变形模量 E_{vd}（MPa）	—	≥40	≥40
7 d 饱和无侧限抗压强度（kPa）	≥350(550)	—	—

注：①无砟轨道可采用 K_{30} 或 E_{v2}。当采用 E_{v2} 时，其控制标准为 E_{v2}≥80 MPa 且 E_{v2}/E_{v1}≤2.5。
②括号内数字为寒冷地区化学改良土考虑冻融循环作用所需强度值。

（四）路　　堤

1. 基床以下路堤宜选用 A、B 组填料和 C 组碎石、砾石类填料，其粒径级配应满足压实性能要求；当选用 C 组细粒土填料时，应根据填料性质进行改良。基床以下路堤压实标准应符合表 3-6 的规定。

表 3-6　基床以下路堤填料及压实标准

压实标准	化学改良土	砂类土及细砾土	碎石类及粗砾土
压实系数 K	≥0.92	≥0.92	≥0.92
地基系数 K_{30}(MPa/m)	—	≥110	≥130
7 d 饱和无侧限抗压强度(kPa)	≥250	—	—

注：无砟轨道可采用 K_{30} 或 E_{v2}。当采用 E_{v2} 时，其控制标准为 $E_{v2}\geqslant45$ MPa 且 $E_{v2}/E_{v1}\leqslant2.6$。

2. 路基工后沉降应符合下列规定：

(1)无砟轨道路基工后沉降应满足扣件调整能力和线路竖曲线圆顺的要求。工后沉降不宜超过 15 mm；沉降比较均匀并且调整轨面高程后的竖曲线半径满足下式的要求时，允许的工后沉降为 30 mm。

$$R_{sh}\geqslant0.4v_{sj}^2$$

路基与桥梁、隧道或横向结构物交界处的差异沉降不应大于 5 mm，不均匀沉降造成的折角不应大于 1/1 000。

(2)有砟轨道路基工后沉降应满足表 3-7 要求。

表 3-7　路基工后沉降控制标准

设计速度(km/h)	一般地段工后沉降(cm)	桥台台尾过渡段工后沉降(cm)	沉降速率(cm/年)
250	10	5	3
300、350	5	3	2

(五)路　　堑

1. 不易风化的硬质岩基床应按以下规定进行处理：

(1)铺设无砟轨道时，开挖至路基面，直接在开挖面上施做支承层或底座。

(2)铺设有砟轨道时，开挖至路基面以下 0.2 m 处，开挖面由路基中心向两侧设 4% 的横向排水坡，其上填筑级配碎石。

(3)开挖面上的松动岩石应予清除。开挖面不平整处应采用强度等级不低于 C25 的混凝土嵌补。

2. 软质岩、强风化的硬质岩及土质基床应满足表 3-4、表 3-5 的要求，基床范围内的地基应无 $P_s<1.5$ MPa 或 $\sigma_0<0.18$ MPa 的土层。不能满足时，应进行加固处理，并符合下列规定：

(1)基床表层应换填级配碎石并满足设计规范要求。

(2)天然地基满足基床底层土质要求时，可采取翻挖回填或加强碾压夯实的措施。

(3)天然地基不满足基床底层土质要求时，可采取换填、地基改良或加固措施，换填范围应根据具体情况计算分析确定。

(4)基床翻挖、换填或改良、加固处理时，应采取加强排水和防渗等措施，分层压实应执行基床相应部位标准。

3. 半填半挖路基轨道下横跨挖方与填方时，挖方部分可通过换填调整与填方部分的强度及刚度差异，换填厚度宜根据填方部分高度及地基条件确定。

4. 路堑均应设置侧沟平台，平台宽度不宜小于 1.0 m。在土石分界处、透水和不透水层交界面处及路堑边坡高度较大时，均应设置边坡平台，平台宽度不宜小于 2.0 m，并应满足路堑边坡稳定需要，边坡平台上应做好防水及加固措施。

（六）路基排水

1. 路基面排水设计应综合考虑轨道形式、电缆槽、接触网立柱基础、声屏障基础等因素。

线间排水应根据线路、气候条件及对轨道电路的影响等综合考虑，有条件时，优先采用横向直排方式。当轨道结构要求采用集水井排水时，集水井的位置、排水管的材质和结构尺寸及埋设深度和方式应根据荷载、降雨量和防冻、防渗要求等综合确定。

2. 侧沟、天沟、排水沟应采用混凝土浇筑或预制拼装，不得采用浆砌片石。

3. 低矮路堤或路堑地段，地下水位较高或无固定含水层时，可采用明沟、排水槽、渗水暗沟、边坡渗沟、支撑渗沟等设施排除地下水；埋藏较深的地下水或固定含水层危害路基时，可采用渗水隧洞、渗井、渗管或仰斜式钻孔等设施排除地下水。渗水暗沟等地下排水设施应设置反滤层。

渗水暗沟和渗水隧洞的纵坡不宜小于5‰，条件困难时亦不应小于2‰，在出口位置应采用较陡纵坡。

在易产生冻害的地区，渗水暗沟和渗水隧洞应设置在最大冻结深度以下不小于0.25 m处，或采用必要的防冻设施。严寒地区出水口应采取防冻措施。

4. 路基排水设备应与桥涵、隧道、车站等排水设施衔接配合，与水土保持及农田水利设施的综合利用相结合。

（七）路基防护

1. 路堤边坡应设置坡面防护工程，根据周围环境、填料性质、气候条件、边坡高度、浸水及冲刷等具体情况因地制宜确定防护形式，并符合下列规定：

（1）当路堤边坡适宜进行植物防护，且能保证路基边坡的稳定时，宜采用绿色植物防护措施，不宜采用全坡面圬工防护。

（2）当路堤边坡高度较高时，可在两侧边坡内分层铺设宽度不小于3 m的土工格栅等土工合成材料。

（3）浸水地段受水流冲刷的路基边坡应根据流速、流向及冲刷深度，采用抗冲刷能力强的防护措施。

2. 土质、软质岩及全、强风化的硬质岩路堑的边坡坡面（含边坡平台、侧沟平台）均应进行防护或加固，并符合下列规定：

（1）土质路堑边坡可采用植物防护措施，较高的土质路堑边坡视地层性质可采取骨架或锚杆框架梁等措施。

（2）软质岩、强风化的硬质岩路堑应根据岩体结构、结构面产状、风化程度、地下水及气候条件等确定边坡加固措施，可采用喷混植生、锚杆框架梁内喷混或客土植生等措施防护。

（3）较完整的硬质岩路堑边坡应采用预裂、光面爆破并结合嵌补及锚杆框架梁防护。当边坡岩体破碎、节理发育时，根据边坡高度可采用喷混植生、锚杆框架内梁内喷混或客土植生等措施防护，边坡较高时可在锚杆框架梁内打设锚杆挂钢绳网防护。

（4）骨架护坡一般应采用带截水槽的结构，骨架埋置深度应大于0.6 m，间距不宜大于3 m。

（5）地下水发育及膨胀土路堑边坡宜结合边坡防护，采用边坡支撑渗沟加固，必要时结合深层排水孔加强地下水排泄。

（八）过渡段

为减小不同线路结构之间线路刚度的突变，需要在无砟轨道与有砟轨道、路基与桥涵、路基与隧道及路堤与路堑的连接处设置过渡段，以实现过渡段范围内线路刚度的渐变过渡。

1. 路堤与桥台过渡段

路堤与桥台连接处应设置过渡段，可采用沿线路纵向倒梯形过渡形式，如图 3-7 所示，并应符合下列规定：

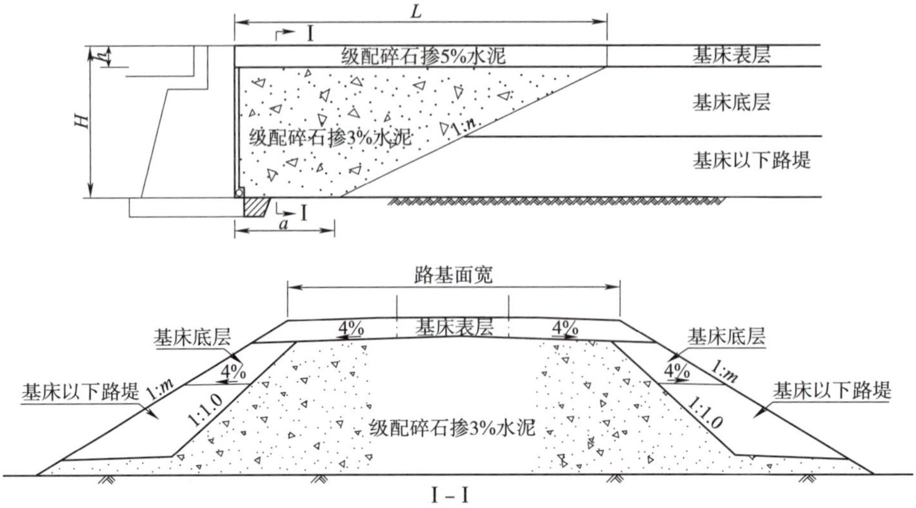

图 3-7　台尾过渡段设置示意图

(1)过渡段长度按下式确定，且不小于 20 m。

$$L=a+(H-h)\times n$$

式中　L——过渡段长度(m)；

H——台后路堤高度(m)；

h——基床表层厚度(m)；

a——倒梯形底部沿线路方向长度，取 3～5 m；

n——常数，取 2～5。

(2)过渡段路基基床表层应满足《高速铁路设计规范》的要求，并掺入 5%水泥。基床表层以下倒梯形部分分层填筑掺入 3%水泥的级配碎石，级配碎石的级配范围应符合表 3-8 规定，压实标准应满足压实系数 $K\geqslant 0.95$、地基系数 $K_{30}\geqslant 150$ MPa/m、动态变形模量 $E_{vd}\geqslant 50$ MPa。

表 3-8　过渡段碎石级配范围

级配编号	通过筛孔(mm)质量百分比(%)									
	50	40	30	25	20	10	5	2.5	0.5	0.075
1	100	95～100	—	—	60～90	—	30～65	20～50	10～30	2～10
2	—	100	95～100	—	60～90	—	30～65	20～50	10～30	2～10
3	—	—	100	95～100	—	50～80	30～65	20～50	10～30	2～10

注：颗粒中针状、片状碎石含量不大于 20%；质软、易破碎的碎石含量不得超过 10%。

(3)过渡段桥台基坑应以混凝土回填或以碎石、灰土分层填筑并用小型机具碾压密实，混凝土应满足设计强度要求，碎石、灰土填筑应满足 $E_{vd}\geqslant 30$ MPa。

2. 路堤与横向结构物(立交框构、箱涵等)过渡段

路堤与横向结构物(立交框构、箱涵等)连接处，应设置过渡段，可采用沿线路纵向倒梯形

过渡形式，如图 3-8(a)所示。横向结构物顶部及过渡段路基基床表层应满足《高速铁路设计规范》有关要求；过渡段填料、压实标准及基坑回填应符合路堤与桥台过渡段规定，寒冷地区过渡段设置应充分考虑与横向结构物接触区冻结影响范围填料的防冻，如图 3-8(b)所示。

横向结构物顶面填土厚度不大于 1.0 m 时，横向结构物及两侧 20 m 范围基床表层级配碎石应掺加 5% 水泥，如图 3-8(c)所示。

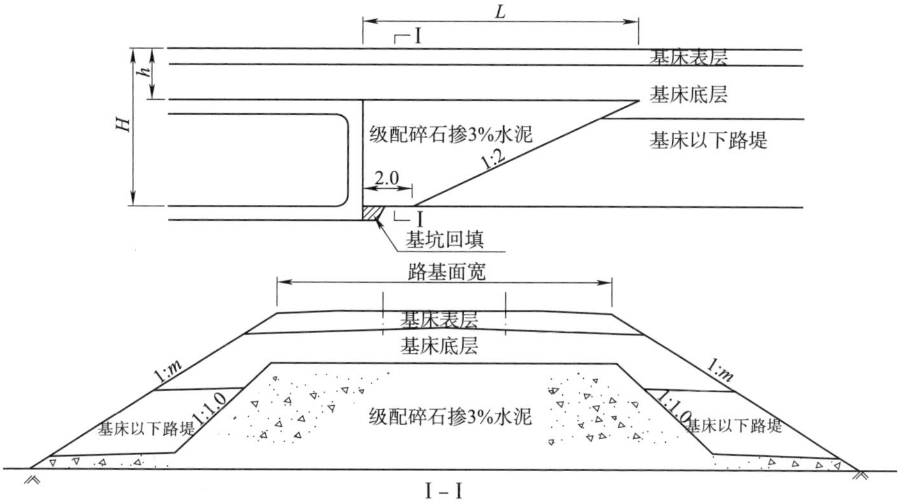

(a)一般路堤与横向结构物(h>1.0 m)过渡段示意图

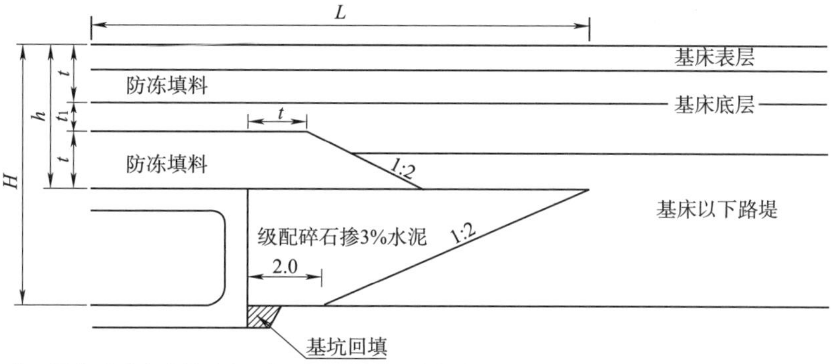

注：图中t为最大冻结厚度，当t_1<0.3 m时涵顶全部填筑防冻填料。

(b)寒冷地区路堤与横向结构物(h>1.0 m)过渡段示意图

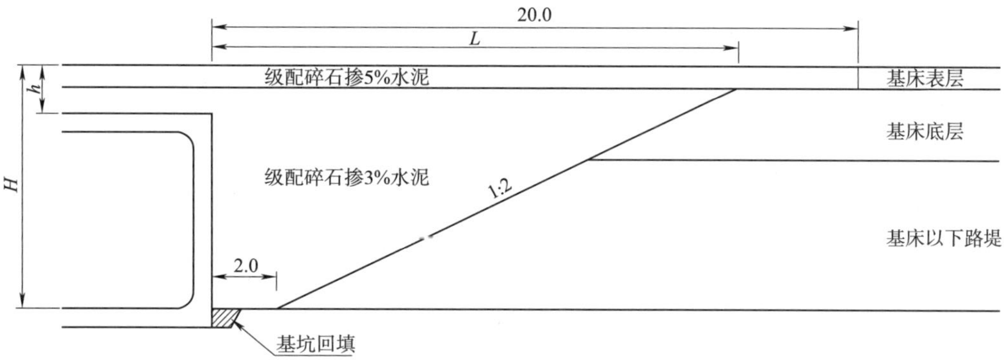

(c)路堤与横向结构物(h≤1.0 m)过渡段示意图

图 3-8　路堤与横向结构物过渡段(单位：m)

3. 路堤与路堑过渡段

路堤与路堑连接处应设置过渡段。过渡段可采用下列设置方式：

(1)当路堤与路堑连接处为硬质岩石路堑时，在路堑一侧顺原地面纵向开挖台阶，台阶高度 0.6 m 左右，并应在路堤一侧设置过渡段，如图 3-9 所示。过渡段填筑要求应符合路堤与桥台过渡段的规定。

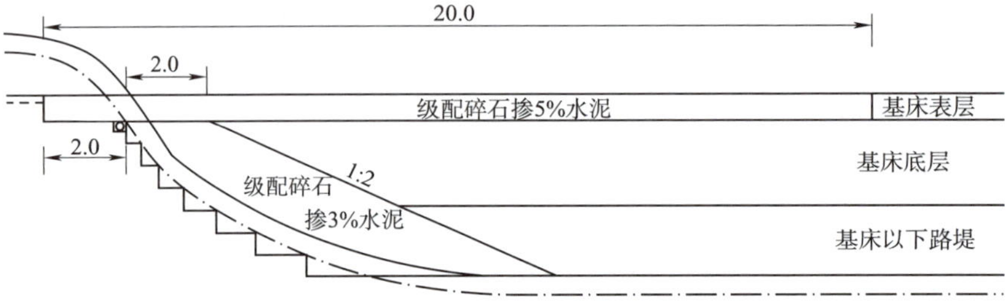

图 3-9 硬质岩石堤堑过渡段示意图(单位：m)

(2)当路堤与路堑连接处为软质岩石或土质路堑时，应顺原地面纵向开挖台阶，台阶高度 0.6 m 左右。如图 3-10 所示，其开挖部分填筑要求应与路堤相同。

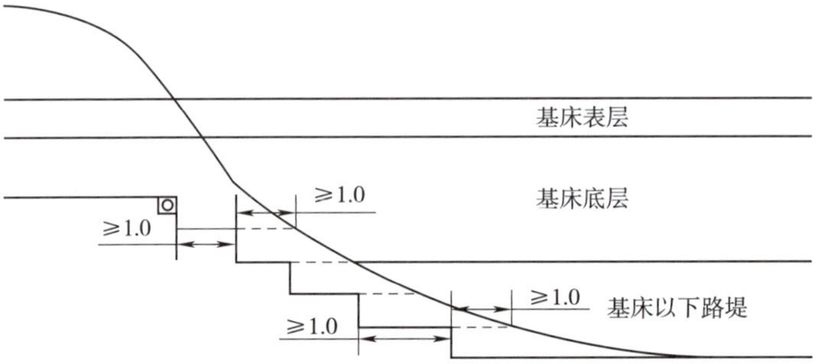

图 3-10 软质岩石或土质堤堑过渡段示意图(单位：m)

土质、软质岩及强风化硬质岩路堑与隧道连接地段，应设置过渡段，并采用渐变厚度的混凝土或掺入 5%水泥的级配碎石填筑。

无砟轨道与有砟轨道连接处路基应设置过渡段，满足轨道形式过渡要求。

两桥之间、桥隧之间及两隧之间的短路基宜采取适宜措施，平顺过渡；当两桥间为小于 150 m 非硬质岩路堑时，路基基础可采用桩板结构或保证刚度平顺过渡的工程措施处理。

二、高速铁路桥涵基本知识

(一)高速铁路桥梁特点

1. 结构动力效应大

桥梁在列车通过时的受力要比列车静置时大，其比值$(1+\mu)$称为动力系数(冲击系数)。产生动力效应的主要因素如下：

(1)移动荷载列的速度效应。

(2)轨道不平顺造成车辆晃动。

$$\mu=k\alpha+i=k\frac{v}{2n-L}+i$$

式中　k——系数；

α——速度参数；

i——轨道不平顺的影响（常数项）；

v——车速（m/h）；

n——结构自振动频率（Hz）；

L——跨度（m）。

高速铁路速度效应大于普通铁路，桥梁的动力效应相应较大，对常用刚度的混凝土梁、车速为130、160、300 km/h时，$\alpha-L$的关系如图3-11所示。

跨度40 m以下的高速铁路简支梁桥当$\alpha>0.33$、相当于$n<\frac{1.5v}{L}$时，会出现大的动力效应，甚至发生共振。为此，应当选择合理的结构自振频率n，避免与列车通过时的激振频率接近。

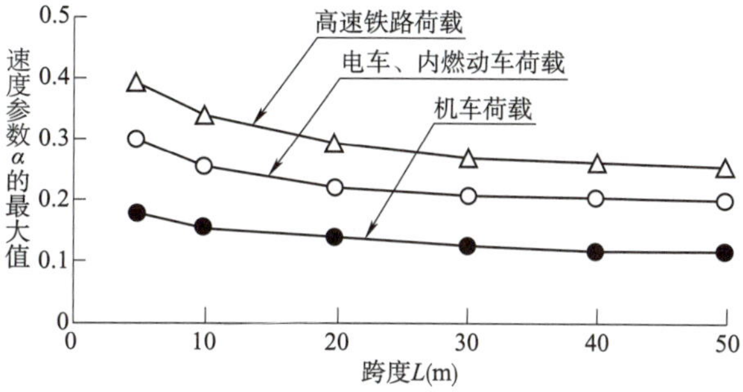

图3-11　$\alpha-L$关系图

列车高速通过时，桥梁竖向加速度达到$0.7g$（$f\leqslant20$ Hz）以上会使有砟道床丧失稳定，道砟液化、松塌，影响行车安全。

2. 桥上无缝线路与桥梁共同作用

桥上无缝线路可看作为不能移动的线上结构，而桥梁在列车荷载、列车制动作用下和温度变化时要产生位移。当梁、轨体系产生相对位移时，桥上钢轨会产生附加应力。如果附加应力过大，会造成线路丧失稳定。因此，应尽量减小桥梁的位移与变形，以限制桥上钢轨的附加应力，保证桥上无缝线路行车安全。

3. 满足乘坐舒适度

高速铁路具有高速度、高安全性、高舒适性、高密度连续运营的特点，必须保证高速运行的列车有很好的旅客乘坐舒适度，它取决于车体的垂直振动加速度，如表3-9所示。

列车通过桥梁时，影响乘坐舒适度的主要因素是桥梁的竖向刚度。

4. 使用寿命长

高速铁路桥梁，在预定作用和预定维修的使用条件下，主要承力结构要有100年使用年限的耐久性。

表3-9　乘坐舒适度评定标准

乘坐舒适度	垂直振动加速度（m/s^2）
很好	1.0
好	1.3
可接受	2.0

5. 维修养护时间少

高速铁路采用全封闭行车模式，行车密度大，桥梁比例大、数量多。

（二）钢筋混凝土及预应力混凝土结构构造

1. 箱梁

（1）箱梁内净空高度不宜小于1.6 m，并应根据需要设置进人孔，进人孔宜设置在两孔梁梁缝处或梁端附近的底板上。

(2)梁端桥轴方向的受拉预应力钢筋应不少于1/2伸过支点并锚固。

(3)对箱梁梁端各倒角部位、吊点下方顶板与梗肋交界部位、梁端底板、进人孔等部位应进行预加应力、存梁、运架梁等施工阶段的局部应力分析,在上述部位构造应适当加强以防裂纹产生。

(4)宽跨比较大的箱梁,在截面设计时应考虑剪力滞的影响,有效宽度折减系数可按有关规范取值。

(5)有砟(无砟)箱梁设计应考虑铺砟前(无砟轨道铺设前)施工阶段及成桥后各种工况时温度梯度对箱梁受力的影响。

(6)预制(现浇)箱梁尚应根据施工组织需要考虑运架设备通过时对箱梁的影响。

(7)双线箱梁横向内力分析宜采用整体计算。

2. T形梁

(1)为便于支座安装和检查,T形梁端隔板高度应比梁底向上减小10 cm。

(2)多片式T形梁横向须形成整体截面,使各片主梁之间能共同分担活载,在分片架设后必须将横隔板和翼缘连成整体,并施加横向预应力。

(3)多片式T形梁可作为由主梁及横隔梁组成的格子结构进行分析。

(4)分片架设预制T形梁,湿接缝宽度不宜小于300 mm;湿接缝处钢筋构造应满足整体截面受力要求。

3. 预应力钢筋或管道的净距及保护层厚度

(1)预应力钢筋管道间的净距,当管道直径小于或等于55 mm时,不应小于40 mm;当管道直径大于55 mm时,不应小于管道直径。

(2)预应力钢筋或管道表面与结构表面之间的保护层厚度,在结构的顶面和侧面不应小于1.0倍的管道直径并不小于50 mm,结构底面不应小于60 mm。

4. 当要求严格控制结构的徐变变形时,恒载作用下,混凝土应力不宜大于0.4倍的混凝土轴心抗压强度,并应分阶段按相应的混凝土龄期计算混凝土的徐变变形。

5. 预应力混凝土梁的封锚及接缝处,应在构造上采取防水措施,防止雨水渗入。各种接缝应尽量避开最不利环境作用的部位。对于结构有可能产生裂纹的部位,应适当增设普通钢筋防止裂纹发生。

6. 桥梁检查通道构造

(1)梁端构造除了应满足结构的受力要求外,还必须考虑便于在运营期间的检查、维修,同时应满足各种施工方法实施的可能性。

(2)根据维修养护的需要,为方便日后的支座及墩顶的检查和维修,在梁端底板设置0.25 m×1.5 m的槽口进人孔,为减少底板因设槽口而引起的应力集中,在槽口直角处设置半径为250 mm的倒角,如图3-12所示。

(3)采用梁端底板中部开槽方案,在相邻两孔梁的底板中部设置槽口,两个槽口相对形成进人孔,梁端开槽位置与桥墩顶面设置的槽口相对应,检查维修人员可从此处进入梁体。

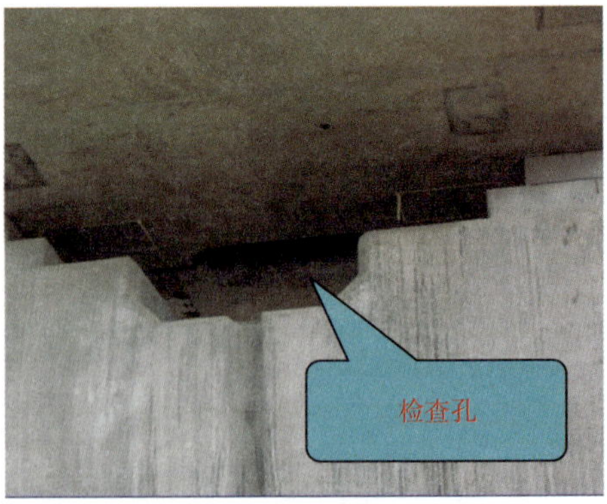

图3-12 维修检查孔

7. 桥梁走行检查设备

轨行式桥梁检查车有吊篮式和平台式。

如图 3-13 所示，为吊篮式检查车。

图 3-13　吊篮式检查车

如图 3-14 所示，为平台式检查车。

图 3-14　平台式检查车

（三）桥面布置

1. 桥面布置规定

（1）桥上有砟轨道轨下枕底道砟厚度不应小于 0.35 m。

（2）桥上应设置挡砟墙或防护墙，其高度采用与相邻轨道轨面等高。直线和曲线，曲线内侧和外侧可采用不同的高度。有砟轨道桥梁，直线上时线路中心线至挡砟墙内侧净距不应小于 2.2 m。

（3）曲线地段桥上建筑限界加宽按有关规范办理。

（4）桥面应为主要设备的安装预留位置。

（5）桥上栏杆高度不应小于 1.0 m。

（6）强风口地段应设置防风设施，当设置防风设施时，桥上栏杆或声屏障与防风设施要结合考虑，同时要考虑旅客观光需要。

（7）线路中心线距接触网支柱内侧最小距离不应小于 3.0 m。曲线地段接触网支柱内侧边缘至线路中心净距应满足建筑限界加宽的要求。当接触网支柱设置在桥面上时，不宜设在梁跨跨中。

（8）主梁翼缘悬臂板端部宜设遮板。

（9）桥面宽度应按照建筑限界、作业维修通道及电缆槽、接触网立柱构造宽度的要求计算确定。

2. 桥长超过 3 km 时，应结合地面道路条件，每隔 3 km（单侧 6 km）左右，在线路两侧交错设置1处可上下桥的救援疏散通道。救援疏散通道侧对应的桥上栏杆或声屏障位置应预留出口。

3. 桥涵结构构造应便于检查和养护，根据需要设置检查设施。

4. 桥梁必须设置性能良好的防、排水设施。

(1)梁部或墩台的表面形状应有利于排水，对于可能受雨淋或积水的水平面做成斜面。桥梁顶面宜设置不小于2%的横向排水坡。桥梁墩台的顶面应设置不小于3%的排水坡。

(2)桥梁端部应采取有效防水构造措施，防止污水回流污染支座和梁端表面。

5. 桥面布置图

如图3-15、图3-16所示，为高速铁路桥面优化前后布置图。

如图3-17所示，为伸缩缝构造。

如图3-18所示，为电缆槽构造。

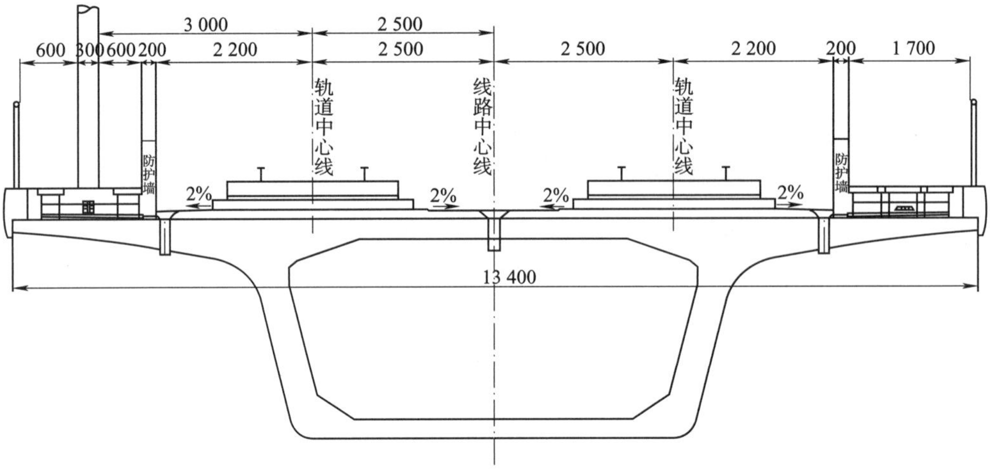

图3-15 时速350 km高速铁路优化前桥面布置(13.4 m)(单位：mm)

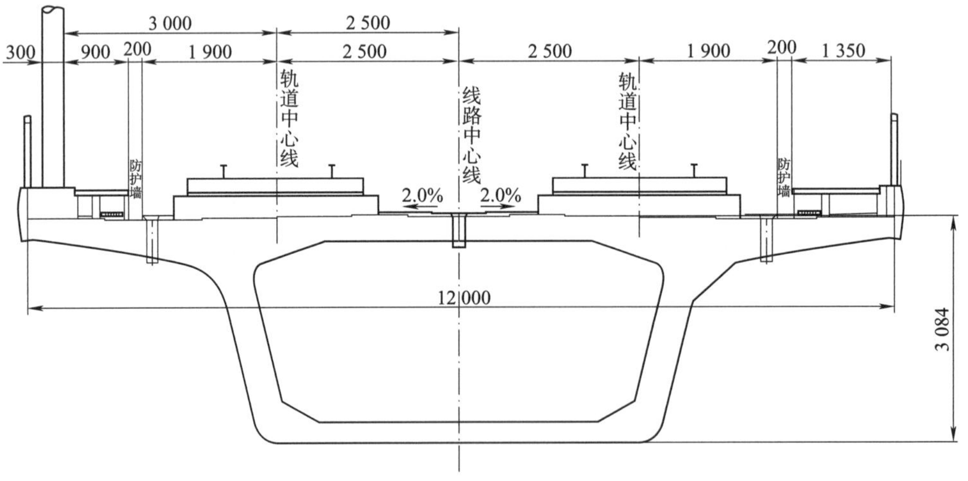

图3-16 时速350 km高速铁路优化后桥面布置(13.4 m)(单位：mm)

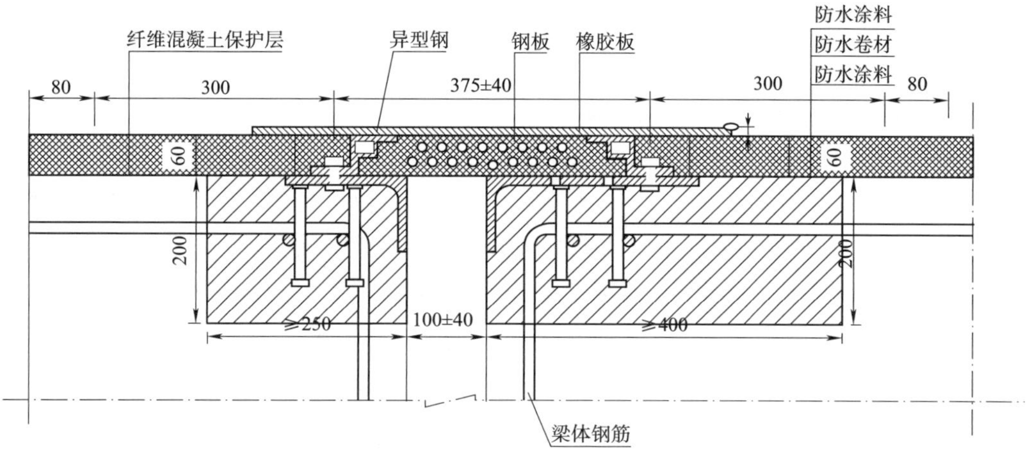

图 3-17　伸缩缝构造(单位:mm)

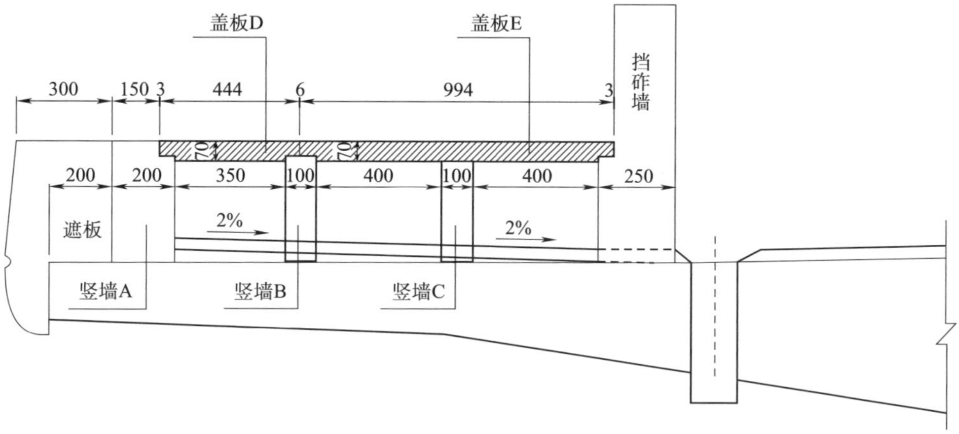

图 3-18　电缆槽构造(单位:mm)

(四)支　　座

1. 桥梁支座的功能

桥梁支座设置在梁体与墩台之间,起承上启下的作用。

(1)传递梁体作用的反力:竖向力和水平力。

(2)适应桥梁的位移需要:温度伸缩位移(双向),混凝土收缩徐变位移(单向性),列车活载引起梁体下翼缘伸长所产生的位移,位移可取分为顺桥向和横桥向。

(3)满足桥梁梁端转角的要求:恒载转角,活载转角,梁体安装误差引起的初始转角、转角设计余量。

2. 桥梁支座的分类

(1)按支座用材料可区分为:钢支座,橡胶支座,聚四氟乙烯滑板支座。

(2)按支座类型可区分为:钢铰轴,辊轴支座,板式橡胶支座,盆式橡胶支座,球形钢支座,柱面支座(双曲面支座)。

(3)按支座受力功能可区分为:固定支座,纵向活动、横向活动和多向活动支座。

3. 支座的设置

(1)桥梁支座宜采用盆式橡胶支座或钢支座,橡胶支座应水平设置。对于沉降难以控制区段的桥梁,经技术经济比较,可采用可调高支座。

(2)横向宽度较大的梁,其支座部分必须能横向移动及转动,否则在计算支座时应考虑端横梁和末端横框架固端弯矩在支承线上所引起的约束作用。

(3)对斜交梁,支座纵向位移方向应与梁轴线或切线一致。

(4)支座设置应满足检查、维修和更换的要求,采用架桥机架设箱形梁,要保证四支点在同一平面上。支承垫石到墩台边缘距离及垫石高度应考虑顶梁的空间。

(5)支座垫板纵向和横向最外边缘到墩台边缘的距离,应大于表 3-10 的规定。

表 3-10　支座板边缘至墩台边缘的距离

跨度(m)	$L<16$	$16\leqslant L<20$	$20\leqslant L<32$	$32\leqslant L<40$	$L\geqslant 40$
距离(cm)	15	20	25	35	40

(6)每孔简支箱梁的 4 个支座采用四种型号。4 个支座分别为:固定、纵向活动、横向活动及多向活动,如图 3-19 所示。目前,我国高速铁路用的盆式橡胶支座主要有 ALGATMT、KTPZ、TGPZ 等类型。预制简支箱梁采用改变上支座板顶面坡度的方式以适应梁体坡度(20‰)的要求,当坡度大于 20‰时,采用梁底调整,现浇简支梁采用梁底调整,简支箱梁的每个支撑垫石内侧装有防落梁装置,并做接地处理。

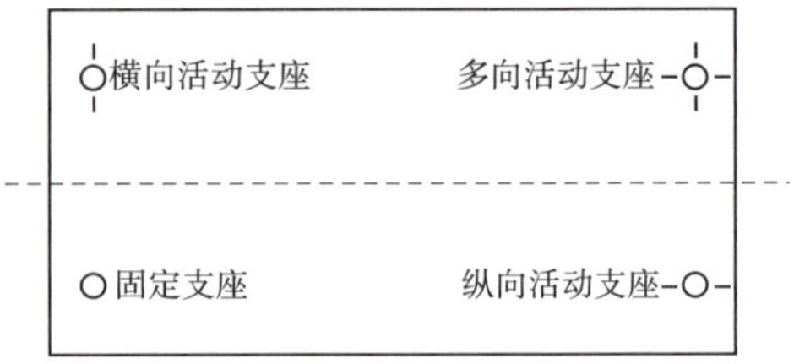

图 3-19　简支箱梁支座布置

(五)桥梁墩台

1. 桥梁墩台宜采用混凝土或钢筋混凝土结构。

2. 承台桩基布置在满足刚性角的情况下,承台底部应布置一层钢筋网,当钻孔桩桩径为 ϕ1.00 m 时钢筋直径不小于 20 mm;当钻孔桩桩径为 ϕ1.25 m 或 ϕ1.50 m 时钢筋直径不小于 25 mm;钢筋间距均为 10 cm。

3. 混凝土实体桥墩应设置护面钢筋,竖向护面钢筋直径不宜小于 14 mm,间距不大于 15 cm;环向箍筋直径不小于 10 mm,间距不大于 20 cm,墩底加密区采用 10 cm。空心桥墩的箍筋间距,在固端干扰区为 10 cm,其他区段不大于 20 cm。

4. 桥墩台顶面尺寸应满足架设、检查、养护、维修和支座更换及顶梁的要求,并应设排水坡。

(六)涵　　洞

1. 涵洞顶至轨底的高度不宜小于 1.5 m。

2. 涵洞可布置成斜交,但斜交涵洞的斜交角度不宜大于 45°。

3. 涵洞宜采用钢筋混凝土框架箱涵,沉降缝不应设在轨枕或无砟轨道板下方,可设在两线中间,轨下涵节长度不宜小于 5 m。

4. 软弱地基上的涵洞,涵洞地基处理方式应与两侧路基地基处理方式相协调。

(七)高架车站桥梁结构

1. 高架车站桥梁结构除满足车站使用功能要求外,并应满足美观及环境保护的要求,处理好铁路车站与城市交通及城市规划的关系。

2. 道岔区桥梁结构应满足道岔对结构的相对变形和变位的要求。

3. 道岔区(警冲标以外)多线桥应按两条线路在最不利位置承受列车活载、其他线路不承受列车活载计算。站内(警冲标以内)多线桥按有关规范规定办理。

4. 高架车站结构可采用站、桥分离式结构,当采用分离式结构时车站正线梁体结构的变形、变位和自振频率等应符合有关规范的规定;站线梁体由静活载所引起的竖向挠度应符合有关规范的规定。采用整体的高架结构应考虑其组合变形的影响。

(八)紧急疏散通道

高速铁路桥梁长度多在 10 km 以上,一旦发生紧急情况旅客很难就近、迅速逃离危险区域,为了应对在桥梁上突然发生如地震、洪水、意外中断行车、列车出轨等重大意外情况时旅客能够快速、有序地疏散至安全地区,因此设计上采取沿桥梁长度每隔 3～5 km 设置一处紧急疏散平台的措施来解决旅客紧急避险问题,如图 3-20 所示。

图 3-20 紧急疏散通道

三、高速铁路隧道基本知识

(一)高速铁路隧道的特点

1. 列车运行的高速度,引起的空气动力学问题突出,不容忽视。这主要包括三个方面的问题:

(1)舒适性:隧道净空有效断面积的确定。

(2)耐久性:列车运行产生的空气压对结构物的影响。

(3)缓冲结构的设置:对周边环境的影响。

2. 考虑列车高速运营的特点,隧道的净空有效断面积增大,例如在 350 km/h 速度的条件下,Ⅴ级围岩隧道的开挖断面积可达 170 m^2,属于超大断面隧道的范畴,与三车道公路隧道的开挖断面积相当,给设计、施工提出来许多新课题。

3. 由于开挖断面积的增大,施工难度也急剧增加,特别是对一般地质条件下的初期支护技术和不良地质条件下的超前支护技术,提出来很高的要求。

4. 列车高速运行的作用,对洞内轨道(包括基底结构,如仰拱或铺底、混凝土填充层等)的影响增大,不仅需要加强基底结构,对衬砌结构也具有一定的影响,不容忽视。

5. 对衬砌混凝土的耐久性,如抵抗列车风压的疲劳特性;如何保证初期支护的喷混凝土的耐久性,以及大断面衬砌结构的抗开裂特性等,都提出来了明确的要求。

(二)大断面隧道

根据我国不同的行车速度目标值和运行列车的限界,考虑空气动力学效应等各种情况,似定的隧道净空有效面积,如表 3-11 所示。

表 3-11 高速铁路隧道净空有效面积标准(m^2)

序号	类　型	单线	双线
1	200 km/h 高速铁路兼顾普货运输	52(53.6)	80(85)
2	250 km/h 高速铁路	58(60)	92
3	300～350 km/h 高速铁路	70	100
括号内数值为高速铁路兼顾双层集装箱运输条件下,考虑特定接触网高度等因素的面积			

新建高速铁路隧道内轮廓如图 3-21、图 3-22 所示。

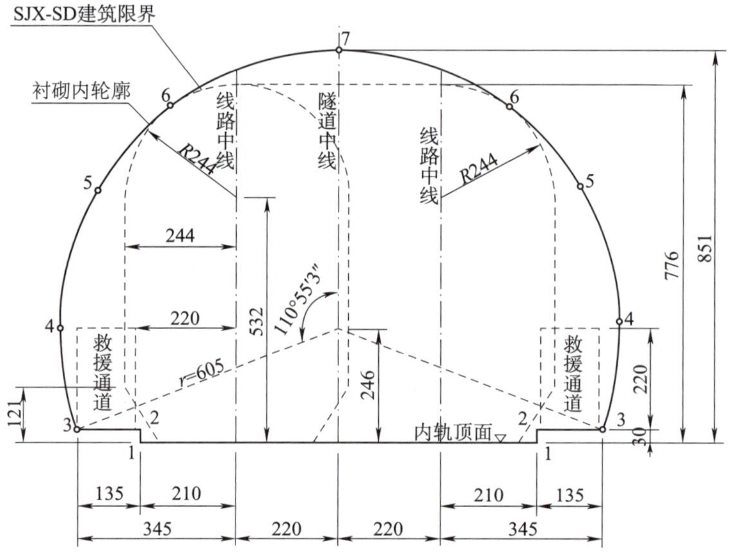

图 3-21　250 km/h 高速铁路双线隧道内轮廓(单位:cm)

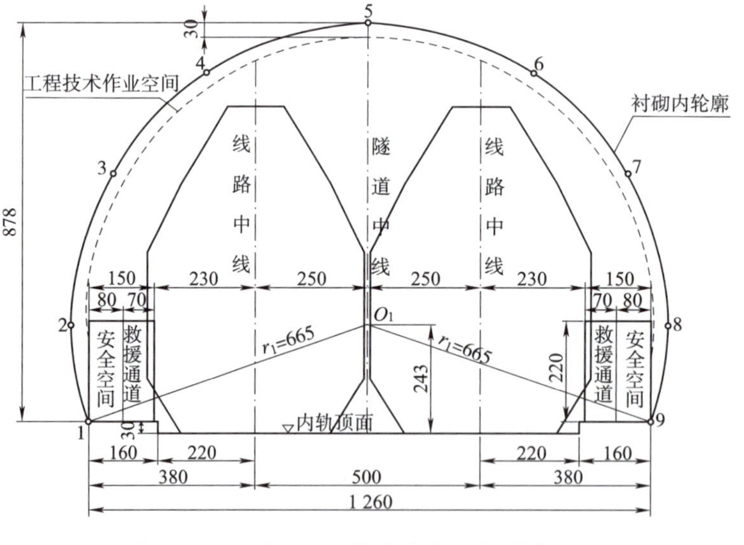

图 3-22　350 km/h 双线隧道内轮廓(单位:cm)

（三）高速对隧道的影响

1. 列车运行速度与隧道断面积的关系（缓冲结构的设置原则，即舒适性）

在高速运行的条件下，高速列车通过隧道时会产生一系列的空气动力学效应，如压力波动、出口微压波、洞内行车阻力增大等，这些对隧道横断面的确定具有重要意义。

当高速列车进入隧道时，强烈冲击处于隧道中的静止空气柱，压力脉冲作为纵向运动的波以声速通过隧道，并在隧道的另一端（即开放端）发生反射，由正压变为负压，同样以声速沿列车运行相反的方向向回运动，遇到列车后空气阻力在大气压力（100 kPa）附近发生波动，使旅客的耳朵发生明显不适。研究表明：这种现象，当车速愈快，堵塞比（列车断面积与隧道断面积之比）愈大，越明显。

隧道的微气压波是列车突入隧道时形成的压缩波，在隧道内传播到达出口时向外放射脉冲状的压力波，其发生的实态如图 3-23 所示。

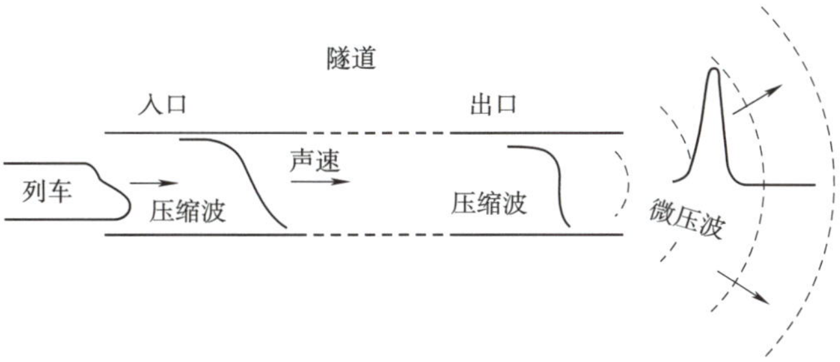

图 3-23　隧道压力波的产生过程

隧道的横断面面积通常是根据隧道建筑限界和列车运营的要求决定的。但在高速铁路的条件下，还必须考虑满足列车空气动力学的要求。根据设计基准，即满足最大瞬变压力控制标准值[P]＝3.0 kPa/(3 s)的要求。

应该指出，为降低微气压波的影响，在列车进洞速度超过 160 km/h 时，都要采取相应措施。一种措施是扩大隧道断面到一定程度，采用 90～100 m^2 的隧道断面积。一种方法是不增加隧道断面积，而在隧道入口设置相应的缓冲段。如图 3-24 所示为两种隧道洞口形式。表 3-12、表 3-13 分别为缓冲段设置基准和缓冲段建议长度。

图 3-24　隧道洞口缓冲结构

2. 列车运行速度与二次衬砌（包括洞内设备等）的关系（重视衬砌的初期开裂，即安全性）

根据调查结果，外部原因中否定了地压、水压作用、地震、接近施工、冻胀压力的影响。

表 3-12 缓冲段设置基准

条件	说明		微气压波峰值(Pa)
洞口有建筑物	建筑物无特殊环境要求	建筑物处	小于 20
	建筑物有特殊环境要求	建筑物处	按要求
洞口无建筑物	住宅距洞口大于 50 m	距洞口 20 m	小于 50

表 3-13 缓冲段建议长度

隧道断面积(m^2)	堵塞比(%)	列车速度(km/h)	缓冲段长度(m)
70	0.14	350	13
100	0.10	350	11

关于列车振动和空气压变动，在事故发生地点，对列车走行时衬砌混凝土的动态进行了种种量测，其结果如下：

(1)列车振动：最大 0.3 cm/s(衬砌表面切线方向)；最大 0.1 cm/s(衬砌表面法向方向)。

(2)空气压变动：最大 6 kPa(列车尾部通过时的压力下降)。

(3)应变：最大 12 μm(衬砌表面切线方向)。

一般地，使衬砌开裂的振动速度是 20～30 cm/s，使混凝土开裂的拉应变一般是 200 μm 左右，因此列车振动、空气压变动、应变不会成为剥落的主要原因。但是，空气压变动和列车振动的反复作用，对开裂的发展是有影响的。因此，进行了空气压反复变动影响的试验。其结果是：随着荷载的反复作用，开裂的端部的混凝土发生疲劳，微细的开裂徐徐发生；最终是开裂急剧发展，而剥落。

根据这个结果，预计实际的剥落形状、荷载的形态、荷载的水平(5 kPa)，反复次数(剥落发生预计 120 万次)，认为疲劳破坏是造成剥落的可能性的主要原因。

3. 列车运行速度和重载对隧道基底的影响(确保基底的稳定性、加强基底的检测)

列车高速行驶时，结构动力响应在边墙和仰拱部位的加速度，随列车速度的增加而加大，250 km/h 时的加速度比 160 km/h 的加速度增加 23%左右，高应力区重要集中最边墙与仰拱的连接处，而仰拱填充材料具有较好的减震作用。因此，在设计施工中，其边墙和仰拱的设计，特别是边墙和仰拱连接处的设计十分重要，检测也应将这些部位作为重点。

4. 既有隧道的变异状态(加速变异的发展，安全形势不容忽视)

根据统计资料，我国既有隧道普遍存在各种各样的病害，如漏水、开裂、基底翻浆冒泥等，变异程度也不相同，在这种情况下，列车提速会加速变异的发展，因此，对既有隧道已经发生的变异，必须进行整治，特别是基底的变异。

思考题

1. 高速铁路路基病害处理有哪些方法？
2. 高速铁路桥面布置有哪些规定？
3. 高速铁路涵洞设计有哪些规定？
4. 高速铁路隧道有哪些特点？
5. 高速铁路隧道净空面积是如何规定的？

第二节　电务、供电、运输设备基本知识

一、电务设备基本知识

(一)信号系统

1. 主要包括计算机联锁系统、CTCS-3列控系统、调度集中系统和信号集中监测系统等。

2. 车站、线路所、动车段(所)应采用计算机联锁设备和调度集中设备。

计算机联锁系统具备与调度集中(CTC)或列车调度指挥系统(TDCS)、无线闭塞中心(RBC)、列控中心(TCC)、信号集中监测等设备的接口能力,安全信息传输采用不同物理径路的冗余配置专用通道。

3. CTCS-2级线路的车站、区间中继站、线路所、动车段(所)均设置列控中心。

列控中心应具备与车站联锁系统、临时限速服务器、轨道电路、地面电子单元(LEU)、CTC/TDCS车站设备、信号集中监测及相邻列控中心的接口。

在CTCS-3级区段设置进站信号机、出站信号机、进站预告标;正线、到发线不宜设置调车信号机,岔线、段管线与正线相衔接时,根据需要设置调车信号机;区间不设通过信号机,在闭塞分区分界处设置区间信号标志牌。

4. 信号集中监测系统包括主机、站机、各级终端及数据传输设备,全程联网,实现远程诊断和故障报警功能。

5. 调度所、车站、线路所、动车段(所)应采用CTC系统实现列车调度指挥自动化。CTC具备与无线闭塞中心、GSM-R接口服务器、临时限速服务器、相邻调度区段的CTC/TDCS、计算机联锁、列控中心及运营调度和客服系统的接口能力。

(二)地面固定信号及标志牌

1. 地面固定信号及标志牌包括高柱色灯信号机、矮型色灯信号机及信号标志牌。

2. 信号机及闭塞分区分界处区间信号标志牌的设置:设在列车运行方向的左侧。特殊地段因条件限制,需设于右侧时,按《铁路技术管理规程》的规定执行。

信号机或标志牌安装位置和显示方向应符合设计规定,便于瞭望、无遮挡,并保证从列车上不被误认为是邻线的信号机或标志牌。

3. 信号机与轨道电路绝缘节的相对位置

(1)电气绝缘节处信号机或区间信号标志牌,安装在距列车正向运行方向发送调谐匹配单元盒中心(1 000±200)mm处。

(2)机械绝缘节安装应与信号机对齐,当设置位置安装困难时,可在下列范围内调整:

①进站、调车信号机可装在机械绝缘节前方1 m或后方1 m的范围内。

②出站信号机可装在机械绝缘节前方1 m或后方6.5 m的范围内,如图3-25所示。

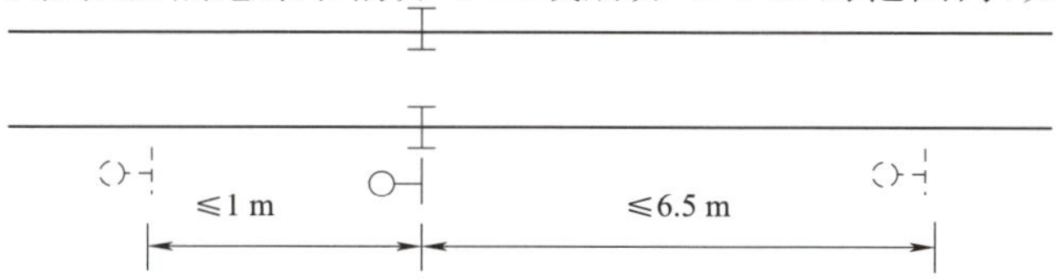

图3-25　出站信号机安装调整范围示意图

（三）色灯信号机

色灯信号机的作用是为列车提供安全信号和行驶指导，保障铁路交通运输的安全和通畅，如图 3-26、图 3-27 所示。

图 3-26 高柱色灯信号机

图 3-27 矮型色灯信号机

（四）信号标志牌

1. 高速铁路信号用标志牌包括区间信号标志牌及号码牌、预告标志牌、级间转换标志牌、中继站标志牌、调谐区标志牌。标志牌采用方形反光标志牌。

2. 标志牌在路基和桥梁地段应安装在接触网支柱上，在隧道内应安装在隧道壁上并有补强措施。遇特殊情况无法安装在接触网支柱上时，路基地段及有砟桥梁地段可安装在特制金属支柱上，无砟桥梁地段可安装在防护墙内侧壁上。

3. 区间信号标志牌（蓝底黄三角）及号码牌（黑底黄字），设于列车正向运行方向线路左侧的信号点处，并与线路垂直安装。区间信号标志牌黄三角顶端指向线路；号码牌安装在区间信号标志牌的下方，号码为横向排列。区间信号标志牌及号码牌可采用分设方式或整体方式。

4. 调谐区标志牌

调谐区标志牌安装在调谐区两端，调谐区标志牌距调谐匹配单元（PT）纵向距离为（1 000 ±200）mm。

Ⅰ型为反向区间停车位置标，涂有白底色、黑框、黑“停”字、斜红道，写有 26 m（或 35 m 等）字样的反光菱形板标志，如图 3-28（a）所示。

Ⅱ型为反方向行车困难区段的容许信号标，涂有黄底色、黑框、黑“停”字、斜红道，写有 26 m（或 35 m 等）字样的反光菱形板标志，如图 3-28（b）所示。

Ⅲ型用于反方向运行合并轨道区段之间的调谐区或因轨道电路超过允许长度而设立分隔点调谐区标志，涂有蓝底色、黑框、白“停”字、斜红道，写有 26m（或 35m 等）字样的反光菱形板标志，如图 3-28（c）所示。

5. 预告标

（1）预告标分别为一、二、三条黑斜杠的白底标志牌，如图 3-29 所示，三个预告标应安装在

(a)　(b)　(c)

图 3-28　调谐区标志牌

进站信号机外方 900、1 000、1 100 m 处就近接触网支柱上。

（2）设于接触网支柱时，标志牌顶端距钢轨顶面为 1 900～2 000 mm，最凸出边缘距所属线路中心不应小于 2 440 mm。

6. 级间转换标

级间转换标采用白底色、黑框、写有黑“C3”或“C2”或“C0”标记的反光标志牌。级间转换标志应设于级间转换应答器组对应的就近接触网支柱上，在隧道内应安装在隧道壁上，如图 3-30 所示。

图 3-29　预告标

图 3-30　级间转换标

7. 中继站标志牌

中继站标志牌装设于中继站应答器组邻近的接触网支柱上，该标志牌不宜越过相应应答器组，如图 3-31 所示。

图 3-31　中继站标志牌

（五）转辙装置及道岔融雪装置

1. 转辙装置

转辙装置包括外锁闭装置、转辙机、密贴检查装置、锁闭检查器等。

2. 道岔融雪装置

道岔融雪装置包括道岔融雪电气控制柜、隔离变压器、轨温传感器、电加热元件、气象站、室内控制终端等，如图 3-32 所示为加热元件。

(a)直形加热元件局部安装图　(b)L形加热元件局部安装图　(c)基本轨牵引点加热组安装图

图 3-32　加热元件

（六）轨道电路

轨道电路设备包括轨旁设备、补偿电容、钢轨绝缘、轨道连接线、扼流变压器。

1. 轨旁设备

轨旁设备有 ZPW—2000 调谐区处设备和 ZPW—2000 机械绝缘节处设备，ZPW—2000 调谐区处设备设置要求如下：

（1）调谐匹配单元（ZPW. PT）设于调谐区两端，区间空芯线圈（ZPW. XKD）设于调谐区中间。

（2）调谐区设备不得安装在无砟轨道两块轨道板的接缝处。

（3）路基地段设备防护罩边缘至钢轨内缘不应小于 1 500 mm。基础顶面应高于地面 300 mm；设备防护罩顶面应不高于所属线路的钢轨顶面。

（4）桥梁地段金属支架应采用 M16 通透式防松螺栓和补强板固定在防护墙外侧，设备防护罩不得侵入限界。

（5）隧道内热镀锌金属支架采用 M16 通透式防松螺栓和补强板固定在电缆槽外壁上，受地形影响限界不足时，可切除混凝土“踏步”。

2. 补偿电容

（1）轨道区段大于 300 m 时，应配置补偿电容。补偿电容应全密封防护，引接线与钢轨连接应采用标准塞钉。同一区段内补偿电容为等间距安装，两端第一个补偿电容距调谐匹配单元或机械绝缘节距离为半间距。

（2）无砟轨道补偿电容

无砟轨道地段补偿电容安装在轨道板或道床板侧面和支承层平面上，如图 3-33 所示。

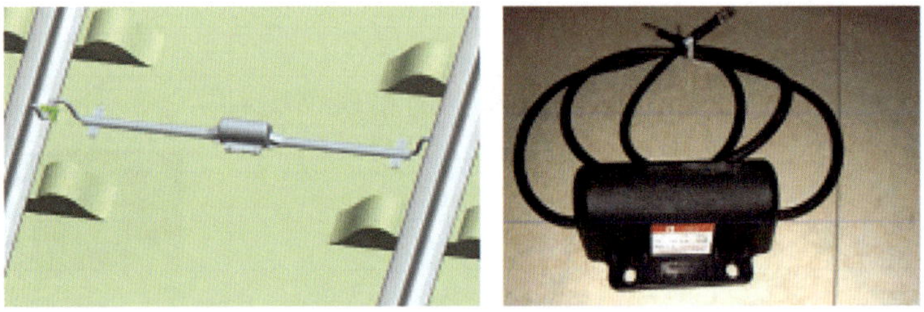

图 3-33　补偿电容

（3）有砟轨道补偿电容

有砟轨道地段补偿电容设置位置如下：

①有电容枕时，补偿电容及连接线宜安装在电容枕槽内，用防护板与轨枕连接牢固。

②无电容枕时，补偿电容应采用专用支架或螺栓将补偿电容安装在列车正向运行的轨枕背面。

③宽型轨枕板的补偿电容可固定在轨枕板端部立面上。在钢轨中间的连接线应采用三点固定方式,安装在两轨枕板间的V形槽内。采用倒L形镀锌卡具和化学锚栓固定。

3．钢轨绝缘

(1)装设在警冲标内方的钢轨绝缘(除渡线外)安装位置距警冲标实际距离不应小于5 m。

(2)交叉渡线上应增设两组钢轨绝缘。

(3)异型钢轨接头处不得安装钢轨绝缘。

(4)护轮轨区域的绝缘节设置如下:

①有护轮轨的区域内不宜设置电气绝缘节。

②当电气绝缘节设在护轮轨区域内,调谐区内的护轮轨长度大于25 m时,每根护轮轨两端应加装两组钢轨绝缘,且护轮轨与基本轨间及左右护轮轨间不得有电气连接。

③当护轮轨长度超过200 m时,每200 m应加装钢轨绝缘一对;不足200 m时应在护轮轨区域内对角接缝处加装一对钢轨绝缘。

(5)钢轨绝缘安装要求

①绝缘夹板相邻两螺栓应对向安装,紧固螺母时须使用扭矩扳手按规定扭矩紧固,无松动。

②轨端绝缘的顶部应与轨面平齐。

③钢轨绝缘的各类配件应齐全完整、安装正确。

④胶结式钢轨绝缘与钢轨的连接牢固、无松动,测试电气绝缘性能良好,其钢轨扣件不得与钢轨连接夹板相碰。

4．轨道连接线

轨道连接线包括钢轨引接线、道岔跳线及并联线、钢轨接续线、横向连接线。

(1)钢轨引接线

①ZPW-2000轨道电路的钢轨引接线应并拢布设。并拢布设时,应采用绝缘卡具固定。采用金属卡具固定时应在金属卡具上增加绝缘套管。

②机械绝缘节处引接线,只需一根须绕过机械绝缘节且贴近轨腰安装。

③双钢轨引接线应分别连接机械绝缘节空芯线圈和调谐匹配单元。

(2)道岔跳线及并联线

①道岔区段道岔多分支轨道电路区段应采用“分支并联的一送一受轨道电路”结构。

道岔并联线从道岔弯股末端(道岔弯股的轨道绝缘节)起,向岔心方向(道岔绝缘节)依次间隔设置,间隔不应大于20 m、岔心间隔不应大于30 m,两端部必须设置道岔分支并联线,如图3-34所示。

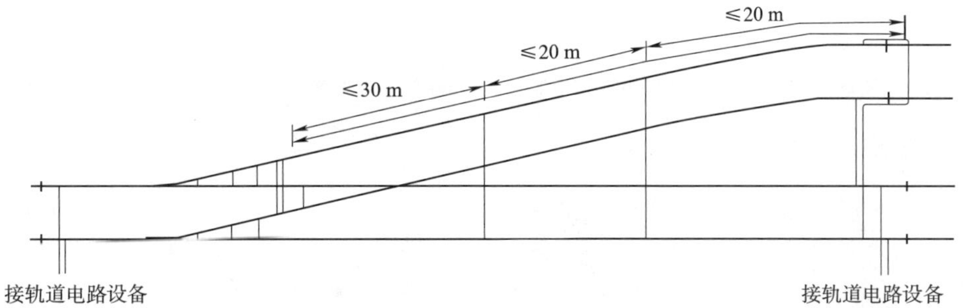

图3-34　道岔跳线及分支并联线布置图

②车站渡线两相邻区段均为ZPW-2000轨道电路时,绝缘节处的跳线及并联线,应贴近轨腰绕过绝缘节安装,如图3-35所示。

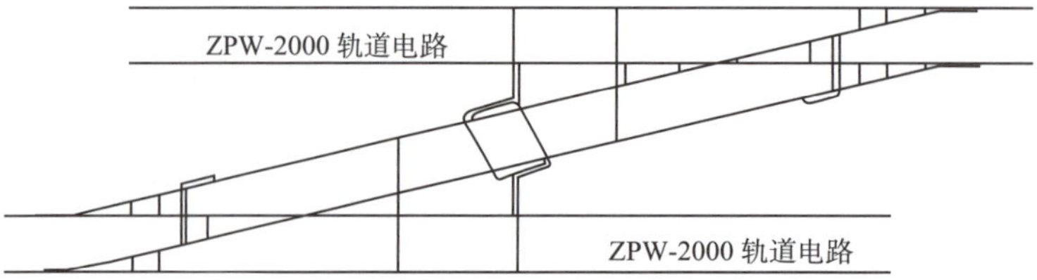

图 3-35 渡线绝缘节处的跳线及并联线布置图

当两区段分别为 ZPW-2000 和 25 Hz 相敏轨道电路轨道电路时，道岔渡线绝缘节处并联线不再绕过绝缘节。

(3)横向连接线

横向连接线长度按实际测量数据为准，最长不得大于 105 m。

(4)轨道连接线安装要求：

①钢轨钻孔时，应根据塞钉大小选用匹配钻具。电钻角度应与钢轨钻孔面垂直，并稳固。

②钢轨引接线塞钉孔中心距钢轨绝缘夹板(鱼尾板)端部为(100±10)mm，两相邻塞钉孔间距为 60～80 mm。

③引接线与塞钉连接时，应使引接线向远离钢轨绝缘夹板方向倾斜，引接线与钢轨底部夹角为 30°～60°。

④塞钉打入深度为露出钢轨 1～4 mm；安装完成后，应立即在塞钉头与钢轨的接缝处涂漆封闭。塞钉端部为螺栓连接时，应采用防松螺母固定，如图 3-36 所示。

⑤在轨道板或道床板的轨道连接线均应采用 M8 化学锚栓和 Ω 形镀锌卡具进行固定。有砟地段普通轨枕的轨道连接线穿越钢轨时，应采用尼龙卡具固定，距轨底不得小于 30 mm。

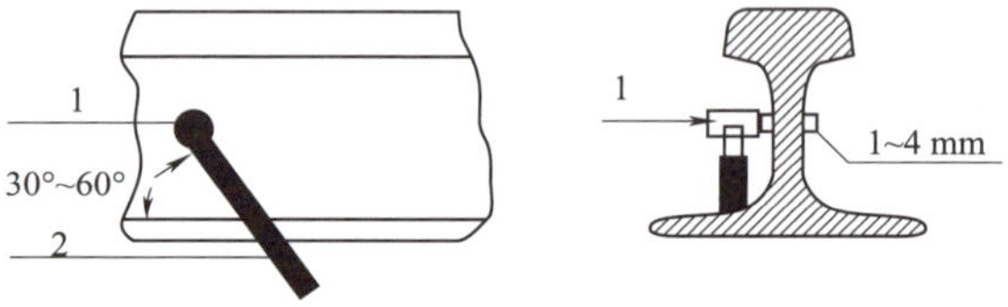

图 3-36 塞钉安装及固定示意图

1—塞钉；2—钢轨引接线

5. 扼流变压器

扼流变压器是用来把轨道电路的发送和接收设备同钢轨连接起来，以传输信息和通过牵引电流，是牵引电流的一种通道，同时又不干扰轨道电路的正常使用，使钢轨上的牵引电流通过扼流变压器流向下一个区段，如图 3-37 所示。

6. 应答器

应答器应安装轨道中间，其周围无金属体空间位置。应答器安装高度、横向偏移和角度在轨道中间的位置允许范围内，如图 3-38 所示。

图 3-37 扼流变压器

图 3-38 应答器

7. 轨道电路设备安装要求

(1)在钢轨上钻孔应使用专用钻孔机具,连接线安装孔两侧应采用专用45°倒棱工具进行倒角,其深度为1~2 mm。钢轨钻孔后应立即安装塞钉,塞钉与钢轨连接处涂油漆封闭。

(2)路基地段轨道电路设备基础采用砖砌围台防护;桥梁地段基础安装在防护墙外侧;隧道内基础安装在电缆槽外壁上。

(3)电容连接线、钢轨引接线、道岔跳线的安装孔与钢轨焊缝距离不得小于400 mm。

(4)轨道设备与基础连接,卡具与轨枕板、道床板连接均采用双螺母(其中外部是防松螺母)紧固,露出螺母外的螺扣不应少于5 mm。

二、供电设备基本知识

(一)电气化铁路的组成(图3-39)

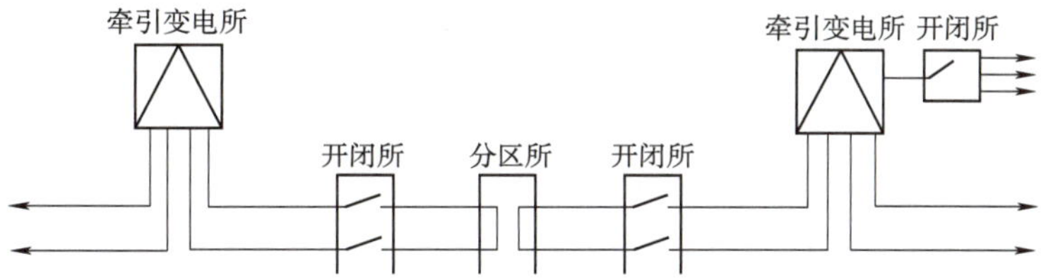

图3-39 电气化供电

1. 牵引变电所

牵引变电所其功能是电力系统输送来的110 kV或220 kV等级的工频交流高压电,通过一定接线形式的牵引变压器,变成适合电力机车使用的27.5 kV等级的单相工频交流电,通过不同的馈电线将电能送到相应方向的电气化铁路(抵触网),满足动车组、电力机车的供电需要。牵引变电所一般设在车站的一端,在车站和区间分界处与另一端不同相位的供电臂,通过分相绝缘器或电分段锚段关节相连。同一方向馈出回路的高压开关具备一旁路备用开关,可满足不间断可靠供电要求和检修的需要。

2. 分区所

分区所是将电气化铁路上下行接触网通过分区并联起来,以提高供电臂末端接触网上的电压水平,均衡上下行供电臂的电流,降低电能损失,在一个牵引变电所故障情况下,通过分区所可以由相邻牵引变电所实行越区供电。

3. 开闭所

开闭所是实现分束、分段供电,提高供电的可靠性,缩小停电范围,减少事故对铁路运行的影响。如果开闭所有供电端的末端,通常将其与分区所合建。同样,不同馈出回路的高压开关具备共用旁路备用开关,可满足不间断可靠供电要求和检修的需要。

4. 馈电线

馈电线是牵引变电所与接触网之间的连接线,它的功能是从牵引变电所向接触网供电。它由馈出开关引出,在分相装置的两侧连接到接触网上,使之获得27.5 kV电源。

5. 接触网

接触网是电气化铁路上的主要供电装置,它通过钢筋混凝土方柱或等径圆支柱及软横跨、硬横跨,以一定的悬挂形式将接触线直接架设在铁路线路的上方。它的功能是电力机车顶部受电弓的滑动接触将电能供给电力机车(或电动车组)。架空式接触网由四大部分组成,如图3-40所示。

(1)接触悬挂:它包括接触网导线、吊弦、承力索和坠砣补偿器。

(2)支持装置:它包括腕臂、拉杆和绝缘子。

(3)定位装置(定位器):它把接触网导线固定在线路中心的一定位置,使机车受电弓在导线上滑行取流时,导线不会超出受电弓的范围,并能保证受电弓磨耗均匀。

(4)支柱与基础:用于承受接触网的全部重量并将导线固定在《铁路技术管理规程》规定的高度。

图 3-40 架空式接触网

6. 钢轨和吸上线

在电气化铁路,动车组、电力机车是利用钢轨作为牵引电流回路的,大部分牵引电流经过与之相连的吸上线(绝缘电缆)直接回到变电所。由于轨道和大地之间是不绝缘的,所以牵引电流的一部分要流经大地,从埋设在牵引变电所下面的接触网回到变压器。同时钢轨和吸上线不是直接相连,而是在轨道电路绝缘节处增设扼流变压器,二者分别与变压器的接线柱和中性点牢固连接,从而使牵引电流回路和轨道信号回路各自形成导通回路,互不干扰。

7. 回流线

回流线是轨道电路与牵引变电所之间的连接线,其作用是将流经吸上线的牵引电流直接回送牵引变电所内的牵引变压器,一方面减少电能损失,另一方面降低了以电气化铁路沿线通信、信号线路和装置的电磁谐波干扰。通常回流线与接触网线路同杆架设,每隔一定的区段通过吸上线与钢轨相连。

(二)牵引供电系统

1. 供电方式

(1)牵引网应采用同相单边供电,自耦变压器(AT)所、分区所处应具备上、下行并联供电条件。分区所接线应满足非正常运行方式下的越区供电。

(2)正线牵引网供电方式一般应采用 2×25 kV 供电方式;枢纽地区跨线列车联络线、动车组走行线和动车段(所,场)等可采用 1×25 kV 供电方式。动车段(所)应采用两回电源供电,其中至少应有一回为独立电源。

(3)牵引供电系统应保证独立性和完整性;在确保高速铁路可靠供电的前提下,有条件时可对相邻线和枢纽供电及电力供电。

(4)牵引变电所进线电源应采用 220 kV 或以上。应采用两回独立进线,互为热备用。

2. 接触网电压

接触网的额定电压为 25 kV,长期最高工作电压为 27.5 kV,短时(5 min)最高电压为 29 kV,最低电压为 20 kV。

3. 牵引供电系统应满足高速铁路最高运行速度及最小追踪间隔时间要求。具有越区供电能力。

4. 变压器

主变压器采用固定备用方式;正常时一台(组)运行,另一台(组)备用。牵引变压器结线型式优先采用单相结线,困难时可采用其他结线型式。

5. 牵引变电所

应采用综合自动化系统，纳入运营调度系统，实现远程监控。牵引变电所应采用安全监视系统，纳入本线综合视频监控系统。电气设备接地装置应接入综合接地系统。

6. 防雷装置

雷害特别严重地区，可以考虑增设架空避雷线；对柱上设备可增设避雷针或氧化锌避雷器。接触网用绝缘子的漏泄距离应不小于 1 400 mm。

7. 接触网

(1)接触网悬挂类型采用全补偿简单链形悬挂或全补偿弹性链形悬挂。

(2)正线区段接触网锚段长度不宜大于 2×700 m。

(3)站场和区间接触线的高度应一致。接触线最低的悬挂点高度不宜小于 5 330 mm，接触线最低点高度不小 5 150 mm。对于双层集装箱运输线路，悬挂点高度不宜小于 6 450 mm，最低高度不小于 6 330 mm。

(4)正线接触网支柱内侧至线路中心线距离，无砟轨道地段不小于 3.0 m，有砟轨道不小于 3.1 m。

(5)接触网分相装置应采用带中性段的空气间隙的锚段关节形式。中性段长度应小于 200 m 或无电区长度大于 220 m。

8. 控制保护

(1)电力变、配电所的控制保护测量设备应纳入远动系统调度管理。箱式变电站应设置远动终端，纳入远动系统。

(2)电力负荷应根据对供电可靠性的要求和中断供电造成的损失及影响程度分为一、二、三级。一级负荷应由两路相互独立电源分别供电至用电设备或低压双电源切换处。当一路电源发生故障时，另一路电源不应同时受到损坏。

三、运输设备基本知识

(一)调度集中

1. CTC 系统具备列车进路及调车进路的控制、列车运行监视、车次号追踪、列车运行计划调整和临时限速设置等功能。

2. CTC 系统具备分散自律控制和非常站控两种模式。分散自律控制模式可提供自动和人工两种控制与操作方式。非常站控模式是当 CTC 设备故障、发生危及行车安全的情况或行车设备施工、维修需要时，转换为车站控制的模式。

3. 在调度终端、车站控制终端上设置 CTC 系统控制模式状态表示灯：

(1)红灯亮：表示非常站控模式。

(2)绿灯亮：表示分散自律控制模式。

(3)黄灯亮：表示允许转回分散自律控制模式。

4. 分散自律控制模式可无条件转向非常站控模式，并向列车调度员进行提示报警；非常站控模式转回分散自律控制模式应符合以下条件：

(1)CTC 设备正常。

(2)非常站控模式下没有正在执行的按钮操作。

(二)站场设备

1. 车站站内不得设置平过道。站台两端应设防护设施。

2. 旅客站台高度为 1 250 mm，位于到发线一侧，站台边缘至线路中心线距离为 1 750 mm，站台安全标线与站台边缘距离为 1 000 mm。

3. 严格控制站台边缘至线路中心线的距离，须符合建筑限界的规定。

4. 有客运作业的车站，应设置动车组列车停车位置标，设置位置由铁路局规定。

该标志为表面采用反光材料的蓝底白字牌，8 辆编组写有“8 辆动车组停车位置”，16 辆编组写有“16 辆动车组停车位置”。

（三）动 车 组

1. 采用交流传动、动力分散式，最大轴重不大于 17t 的动车组。

2. 动车组应有识别的标记：路徽、配属局段简称、车型、车号、定员、自重、载重、全长、最高运行速度、制造厂名及日期、定期修理的日期及处所等标识。

3. 动车组应具有列车运行安全监控功能，对重要的运行部件和功能系统进行实时监测、报警和记录，并能提前向检修基地传输。

4. 200～250 km/h 动车组须装备 CTCS-2 级列控车载设备，根据需要加装 LKJ。300～350 km/h 动车组须装备 CTCS-3 级列控车载设备。

5. 制动初速度为 200 km/h 时，列车紧急制动距离限值为 2 000 m；制动初速度为 250 km/h时，紧急制动距离限值为 3 200 m。制动初速度为 300 km/h 时，列车紧急制度距离限值为 3 800 m，制动初速度为 350 km/h 时，列车紧急制度距离限值为 6 500 m。

6. 动车组应装备车载自动过电分相装置。

7. 动车组应具有良好的密封性。动车组应设集便装置和废水箱，污物、废水应定点集中处理。

8. 动车组不得通过半径小于 180m 的曲线，不得侧向通过小于 9 号的单开道岔和小于 6 号的对称双开道岔。

思考题

1. 高速铁路信号系统包括哪些内容？
2. 高速铁路信号机与轨道电路绝缘节的相对位置设置有何规定？
3. 高速铁路的信号标志牌有哪些？
4. 高速铁路的轨道电路有哪些设备？
5. 开闭所、分区所有何作用？
6. 接触网由哪几部分组成？

第三节 大型养路机械养护技术

一、大型养路机械性能及工作原理

近年来，我国铁路线路广泛采用三枕捣固综合作业车、正线和道岔综合作业捣固车、道岔清筛机、高精度连续式捣固车、高效清筛机、路基处理车、线路大修列车、96 头钢轨打磨车、移动式焊轨车和大容量的物料运输车等大型养路机械设备，如图 3-41、图 3-42、图 3-43、图3-44、图 3-45 所示。

图 3-41　SRM80 型道砟清筛机

图 3-42　D09-32 型捣固车

图 3-43　SPZ200 型配砟整形车

图 3-44　WD320 型动力稳定车

图 3-45　路基整修车

根据线路维修施工要求，需要配置的大型养路机械有：线路和道岔捣固车、动力稳定车、配砟整形车、钢轨和道岔打磨车，这些大机都自备动力，自行速度最高 80 km/h。

(一)捣　固　车

1. 捣固车的用途

(1)捣固车用于对轨道进行拨道、起道抄平、道砟捣固及道床肩部道砟的夯实作业，使轨道方向、左右水平和前后高低均达到线路设计标准或线路维修规则的要求，提高道床石砟的密实度，增加轨道的稳定性，保证列车安全运行。

(2)捣固车可以单独进行起拨道抄平作业或是捣固作业，但是为了提高作业质量，一般情况下都是拨道、捣固作业同时进行，即综合作业。

(3)捣固车必须封闭线路进行作业，捣固车在运行状态下与其他机械连挂进入封闭区间，到达作业地点后，机组解体，捣固车由运行状态转换为作业状态后开始工作，作业中捣固车需要操纵及辅助人员 5～7 人，若线路封闭 3 h，捣固车可以完成 2 km 左右的线路综合维修。

2. 捣固车的类型

捣固车主要车型是 D08-32 型、D08-475 型、D09-32 型，D09-3X、DWL-48 型。其中 D09 32 型连续式捣固车是奥地利普拉塞一陶依尔公司 20 世纪 80 年代中后期的研制的，是 D08-32 型捣固车的换代产品，也是目前世界上非常先进的线路捣固机械，具有较高的作业精度和作业效率。

3. D09-32 型捣固机结构

捣固头、夯实器、起拨道等主要机构安装在车体下部的一台作业小车上，工作时，作业小车与主机差速运动，主机始终连续、匀速地向前行进，工作小车在主机下部以钢轨导向步进作业。

从一根枕木到下一根枕木循环移动，一次捣固循环周期为：工作小车运行→工作小车制动→捣镐振动下插→捣镐枕下夹实→捣镐提升。作业效率比D08-32型捣固车提高30%左右。

4. D09-32型捣固机主要特点

(1)采用异步捣固原理，起、拨、捣同时进行，能在起道同时将道砟捣实，对保证轨道的几何形位，提高稳定性最为有利。

(2)连续式的起道量均匀，不会出现"鼓包"和"坑凹"。

(3)具有枕端夯实的功能。在捣固的同时，对枕端道砟进行夯实，可阻止道砟自枕端溢出，有利于枕底道砟挤紧密实，且能直接提高约10%的线路横向阻力，对提高线路捣固质量和稳定性极有好处。

(4)在同一作业地点同时完成起、拨、捣和枕端夯实作业，不仅能充分保证作业质量，而且效率高。根据线路作业需要，也可将起、拨、捣、夯作业单独进行。

(5)D09-32型连续式捣固车采用电子计算机控制系统，由机、电、液机构自动反馈执行得以实现各种作业功能。在作业中可实现人工、半自动或自动控制。计算机为工业PC机，能存储各种线路的几何参数及作业所需的正矢补偿值。

(6)具有较高的作业精度。起道作业精度，横向水平：±2 mm；纵向水平：直线10 m的两测点之间的差为4 mm。拨道作业精度，用16m弦长在4 m距离内测量最大正矢误差为±2 mm。能自动记录作业精度和检测结果。

在长大直线区段进行拨道作业时，为提高线路的准直精度，可在机器前方轨道上200～600 m的距离范围内安置一个激光发射器，使拨道精度达到每300 m不大于±1.5 mm。

5. CD08-475型道岔捣固车

CD08-475型道岔捣固车是我国现阶段应用于道岔范围内进行道床捣固的专用机械。该机在道岔维修中采用三线同步起道、四线同步捣固作业原理，有4套相互独立、均可独立工作的捣固装置，由滑移回转装置和伸缩回转装置实现对道岔的起道、拨道、抄平、钢轨两侧枕下道砟捣固和枕端道砟夯实作业。

利用车上测量系统，可对作业前、后线路的轨道几何参数进行测量和记录，并通过控制系统实现按设定的轨道几何参数进行作业。

(二)WD320型动力稳定车

1. 动力稳定车用途

(1)铁路线路经过破底清筛和捣固作业后，道床仍不够密实，道床横向阻力和稳定性都较差。动力稳定车作业使大、维修后铁路线路迅速提高道床横向阻力和道床的稳定性，从而提高线路维修后首次列车的运行速度，为取消线路作业后列车慢行创造了条件。

(2)动力稳定车一次作业后，线路的横向阻力值便恢复到作业前的80%以上，从而有效地提高了捣固作业后的线路质量，为列车的安全运行创造了必要的条件。

2. 工作原理

WD320型动力稳定车的工作原理是：激振器使轨排产生水平振动的同时，再由稳定装置的垂直油缸对每条钢轨自动地施加必要的下压力，轨道在振动力和垂直下压力的共同作用下，道砟重新排列达到密实，并使轨道有控制地均匀下沉。

3. 组成与结构特点

(1)组成

稳定装置由液压马达、传动轴、稳定装置Ⅰ、稳定装置Ⅱ和四杆机构等部分组成。

(2)结构特点

①激振器为全密闭、两轴平行的结构形式。主、从动轴通过轴承座内的轴承支承在箱体上,在每根轴的两端靠近轴承座的地方,安装着两个偏心块,两轴上的偏心块对称安装。在每根轴的中间位置,安装着一个直齿圆柱齿轮。激振器工作时,液压马达带动主动轴旋转,由啮合齿轮驱动从动轴同时旋转,并产生水平振动。

②当主、从动轴上的偏心块分别处于向上和向下的垂直位置时,两轴上的偏心块远离;两轴继续旋转180°,两轴上的偏心块靠得最近。在上述两种情况,激振器产生的激振力相互抵消。随两轴旋转90°或270°时,两轴的四个偏心块同时处于同一个水平方向,激振力是叠加的,这一激振力称为水平激振力。

(三)道床配砟整形车

1. 道床配砟整形车的用途

(1)道床配砟整形车将道床整理成形,同时将散落在轨枕或扣件上的道砟清扫干净,它具有对道床进行配砟、整形和清扫轨枕枕面等作用。现阶段我国应用较广的车型是SPZ-200型双向道床配砟整形车。

(2)SPZ-200型双向道床配砟整形车可以进行正、反两个方向作业,通过中犁、侧犁、翼犁等工作装置完成道床的配砟整形作业,使道床布砟均匀,道床断面按技术要求成形。

清扫装置将作业时残留于轨枕和扣件上的道砟清扫并收集,通过输送带移送到道床边坡。

2. SPZ-200型道床配砟整形车的组成

SPZ-200型道床配砟整形车由发动机、传动装置、制动系统、走行装置、走行和作业液压系统、清扫装置、中犁、侧犁、车架、牵引缓冲装置、电气操作系统及驾驶室等组成。

3. SPZ-200型道床配砟整形车的工作原理

配砟整形车的工作装置由中犁、侧犁和清扫装置组成,其工作原理就是由中犁和侧犁完成道床的配砟及整形作业,使作业后的道床布砟均匀,并按线路的技术要求使道床断面成形。清扫装置将作业过程中残留于轨枕及扣件上的道砟清扫干净,并收集后通过输送带移向道床边坡,通过适当调整侧犁的转角,使道床断面按1∶1.75成形,达到线路外观整齐、美观。

二、大机线路综合维修施工组织及安全要求

1. 施工组织

大机线路维修包括线路、道岔起整捣固,轨道动力稳定,道床配砟整形,钢轨、道岔打磨等大机作业项目和大机作业前准备、作业中配合、作业后细整等人工配合作业项目,由工务段担任施工主体,负责制订施工技术方案,提报施工计划,组织技术交底和施工准备,协调施工配合;负责施工现场指挥和作业质量验收。工务机械段密切配合工务段共同制订施工方案和施工计划,组织调配大机,参加技术交底,细化作业分工,严格按标准组织大机作业。施工工序流程为:大机作业前准备→大机作业(包括地面配合作业)→大机作业后细整。

工务段和工务机械段应加强沟通,在保证作业质量前提下,以大机作业效果最大化原则,共同商定每日施工计划。执行技术交底制,工务段必须提前组织施工技术交底,明确施工方案、作业标准和配合要求。工务机械段必须保证机械状态良好,细化每台大机作业分工,召开班前准备会,明确工序节点时分和安全注意事项,布置落实到机组每个岗位,确保施工安全正点质量优良。

2. 施工安全

大机线路施工作业,特别是曲线精拔、道岔整治施工,涉及车务、电务配合等,人机集中,工

序交错，施工情况复杂，必须建立现场指挥体系和安全防护体系，统一现场指挥，密切施工配合，协调应急处置，强化施工组织管理和现场作业全过程控制。在遵守营业线施工安全和电气化铁路施工安全有关规定基础上，特别注意以下安全事项：

(1)加强邻线来车安全防护，指定专门防护员负责测量线间距人员人身安全。

(2)大机和供电调网轨道车不得盲目倒车，以免伤及地面配合人员。

(3)若配置配砟整形车作业，必须确认邻线无列车通过后才可放下或收起靠邻线一侧作业装置。

(4)必须严格执行曲线正矢地面复核制和线路开通联合签认制度，工务段和工务机械段共同确认开通条件。

三、大机作业配合要求

大机作业质量取决于大机设备状态和操作水平，但施工前准备和地面配合质量对大机作业质量的影响，决不亚于大机本身。大机作业需要具备一定的作业条件，施工前准备和地面配合就是为大机创造好必要条件。

如果轨距不顺、垫板不拆、胶垫歪斜、零配件缺失、扣压力不足、轨枕失效歪斜、钢轨硬弯、道床冒浆板结、严重缺砟、电缆不捆不扎不拆、道岔不脱杆、曲线标桩不准、技术资料有误、镐窝不及时回填、基本起道量不足，根本无法保证大机能够实施正常的起道、拨道、捣固、夯拍和动力稳定作业，更谈不上保证大机作业质量、作业有效率，提高线路设备质量储备。

工务段必须牢固树立零缺陷理念，要建立固定队伍配合大机作业，严格按照作业标准，做到调查彻底、准备充分、配合默契、细整细改全面到位。施工前准备和地面配合具体要求如下：

(1)轨距、胶垫必须整正到位。

(2)零配件齐全有效。

(3)预卸预拉石砟。

(4)轨枕状态良好。

(5)提供技术资料和起拨道量。

(6)地面配合和大机作业后细整。

思考题

1. 大型养路机械有哪几种？
2. 大型养路机械作业应如何组织？
3. 大型养路机械作业有哪些安全注意事项？
4. 工务段配合大型养路机械作业有哪些要求？

第四节　高速铁路联调联试

一、联调联试的定义及目的

联调联试是采用实际运营列车或检测列车，对客运专线各个系统的状态、性能、功能和系统间匹配进行的综合测试、验证、调整、优化，使客运专线整体系统达到设计要求。联调联试是客运专线工程建设的重要组成部分。

联调联试主要是检验、调试线桥设备、动车组、通信信号、牵引供电、运营调度、客运服务等系统的性能或功能和系统间接口关系是否满足设计和运营要求。重点是动车组与轨道、通信信号、牵引供电、运营调度、客服等系统间的匹配。

二、工务系统线桥设备联调联试的主要内容

根据高速铁路各个系统具体设计要求和接口关系的分析，确定各个专业的检测内容，检测、调试各系统的状态、功能和接口功能。

线桥设备间的联调联试主要是检验轮轨关系是否满足列车运行的稳定性(安全性)和平稳性要求。具体要求在测试试验列车运行下，轨道的几何状态和路基及过渡段、桥涵、隧道、轨道、道岔等线桥设备的动力性能及动力响应(包括脱轨系数、减载率、轮对横向力和竖、横向振动加速度等)；隧道空气动力学效应(列车交会、隧道气动力效应等)和噪声振动及减振降噪措施效果等。调试的重点是轨道和道岔状态。

三、高速铁路动态检测有关要求

1. 动态验收和动态检测

(1)动态验收是在静态验收合格并经铁道部确认后，对工程质量和系统集成安全运行状态进行全面检查和验收。其工作重点是进行动态检测。

(2)动态检测是采用检测车或实际运用列车，检查工程在规定速度范围内的工作状态，确定其功能和性能是否达到设计要求和相关技术标准的规定。

2. 动态检测的内容

动态检测内容分为常规检测和专项检测。

(1)常规检测是每条高速铁路的动态检测必须进行的检测项目，主要包括轨道状态、供变电系统、接触网系统、通信系统、信号系统、客运服务系统、综合接地、电磁兼容性等。

(2)专项检测是为准确评价铁路工程中某些特殊工点、特殊结构、新结构等特定工程设施以及运营条件变化时的功能、性能，根据需要进行的检测项目。主要包括轨道结构、路基、桥梁、隧道、噪声振动、防灾安全监控系统等。

3. 动态检测的工作流程

(1)铁科院会同铁路局、客专公司共同编制“动态检测大纲”，经部组织专家审查后，批准实施。

(2)动态检测中，列车速度由低到高，逐级提速，检测最高速度为设计速度的110%；信号系统检测范围包括所有进路。

(3)动态检测完成后，由铁科院编制“动态检测报告”，报告内容包含检测目的、内容和方法，检测结果与分析，评价结论和建议等。

4. 动态检测的工作步骤

针对具体线路情况、运营模式等，分阶段、分区段实施。

(1)准备阶段：轨道、接触网状态和通信、信号功能检测、调整。

(2)动车组试验：动车组与线下基础、牵引供电、接触网、通信等系统的调试、检测。

(3)全线拉通：全线按线路允许速度，ATP控车进行拉通试验。

(4)试运行：全线试运行。

思考题

1. 高速铁路联调联试有哪些内容?
2. 联调联试动态检测有哪些项目?
3. 简述联调联试动态检测的工作流程。
4. 联调联试动态检测分哪几个阶段?

第五节　无砟轨道施工技术常识

一、CRTS Ⅰ 型板式无砟轨道混凝土底座及凸形挡台施工

(一)混凝土底座及凸形挡台施工流程

混凝土底座及凸形挡台施工基本工艺流程,如图 3-46 所示。

(二)施工程序与要领

1. 清理基础面杂物,检查基础面预埋件状态,复测基础面中线、高程、平整度。

2. 梁面及隧道仰拱回填层表面拉毛或凿毛处理,浮砟、碎片、油渍清除干净,无积水。

3. 根据 CPⅢ控制点采用全站仪自由设站进行底座及凸形挡台中心平面位置放样。

4. 在梁体预埋套筒植入连接钢筋。

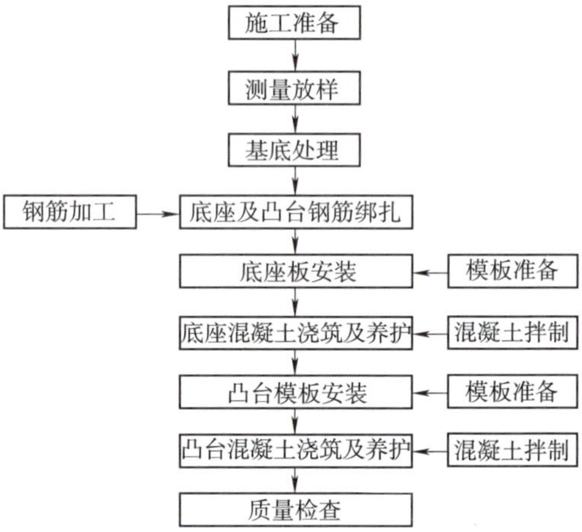

图 3-46　混凝土底座及凸形挡台施工基本工艺流程

5. 将底座结构钢筋与预埋的连接钢筋、凸形挡台钢筋相连。若钢筋相碰,可沿线路纵向稍作调整。

6. 绑扎底座钢筋骨架,并放好钢筋保护层垫块。钢筋绑扎完毕后严禁踩踏。

7. 支立底座模板。曲线地段模板高度应满足曲线超高设计要求,混凝土底座中线位置应考虑向外的偏移量,凸形挡台应考虑竖向的偏移。

8. 埋设过轨管线等预埋件,并固定牢靠,如图 3-47 所示。

9. 安装底座伸缩缝板。安装时应确保位置准确、固定牢靠,防止伸缩缝板上浮。

10. 浇筑底座混凝土。

11. 底座混凝土浇筑后应及时抹面,并严格控制顶面的高程和平整度。

12. 底座混凝土拆模 24h 后,方可进行凸形挡台施工。施工前应精确测定凸台位置,并对底座表面凸台范围内混凝土进行凿毛处理。

13. 安装凸形挡台模板,调节模板顶面高程至设计位置,模板采用锚固钢筋固定,如图 3-48 所示,混凝土浇筑完成后及时进行养生,养生时间不少于 7 d。

图 3-47 排水管安装

图 3-48 凸形挡台模板固定

(三)质量标准

1. 底座外形尺寸允许偏差应符合表 3-14 的要求。

表 3-14 底座外形尺寸允许偏差

序号	项目	允许偏差(mm)	序号	项目	允许偏差(mm)
1	顶面高程	±5	4	平整度	10/(3m)
2	宽度	±10	5	伸缩缝位置	10
3	中线位置	3			

2. 凸形挡台外形尺寸允许偏差应符合表 3-15 的要求。

表 3-15 凸形挡台外形尺寸允许偏差

序号	项目	允许偏差(mm)	序号	项目	允许偏差(mm)
1	圆形挡台直径	±3	4	挡台中心间距	±5
2	半圆形挡台的半径	±2	5	顶面高程	0,+5
3	中线位置	3			

二、CRTS Ⅰ型板式无砟轨道轨道板铺设

(一)轨道板铺设流程

轨道板铺设基本工艺流程,如图 3-49 所示。

(二)施工程序与要领

1. 复测底座、凸形挡台平面位置及高程。

2. 清理底座表面,做到表面无残渣、积水等。

3. 在两凸形挡台间的底座表面放置支承垫木,尺寸宜为 50 mm×50 mm×300 mm。

4. 铺设轨道板如图 3-50 所示。

5. 曲线地段铺设轨道板时,将轨道板向曲线外侧移动正矢的 1/2,如图 3-51 所示。曲线地段高程调整时,应四点兼顾,遵循“高点降低、低点升高”的调整原则。

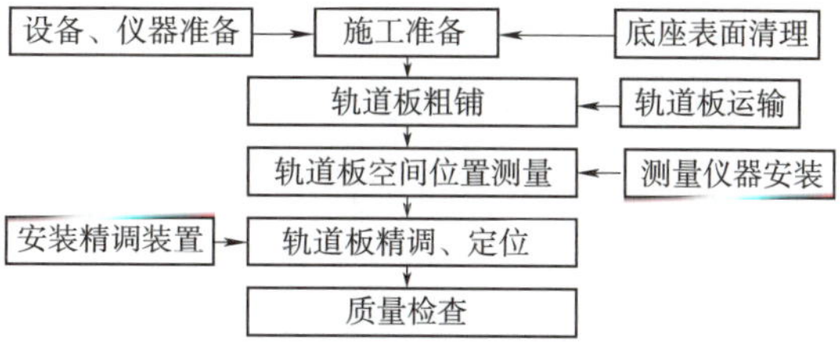

图 3-49 轨道板铺设基本工艺流程

图 3-50　铺设轨道板

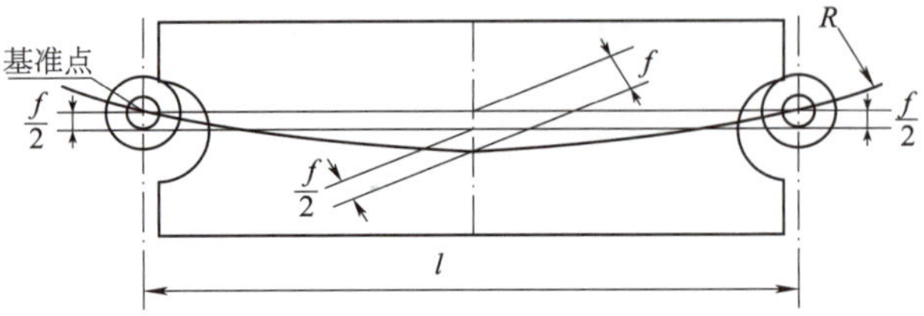

图 3-51　曲线地段铺设轨道板调整

(三)轨道板精调

1. 以 CPⅢ控制点为依据,全站仪自由设站。

2. 轨道板粗铺就位后,在板上安装标架或螺栓孔定位适配器。

3. 用已设程序控制的全站仪测量放置在标架或适配器上的棱镜,获取各工位的调整量。

4. 使用轨道板专用调整机具对轨道板进行调整,固定轨道板,如图 3-52 所示。

5. 重复步骤 3 和 4,直至满足轨道板铺设允许偏差的要求。

6. 一个测站精调长度宜为 6～10 块板。换站后应对上一测站精调的最后一块轨道板进行检测。

7. 轨道板与底座的间隙不应小于 40 mm,不应大于 100 mm。

8. 轨道板与凸形挡台的间隙不应小于 30 mm。轨道板与凸形挡台前后的调整精度满足图 3-53 所示 A、B 的位置关系:$|A-B|\leqslant 5$ mm。

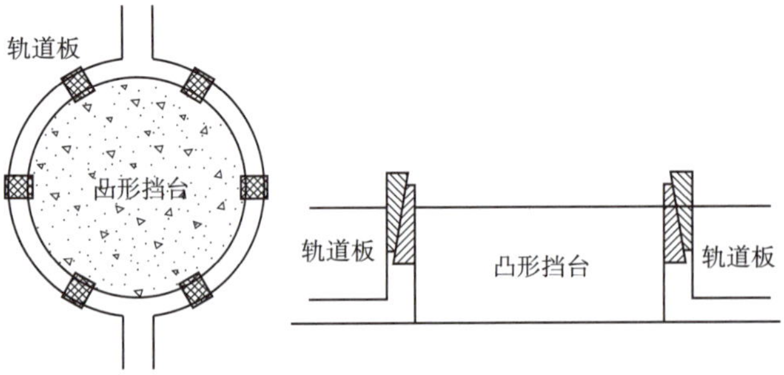

图 3-52　轨道板固定

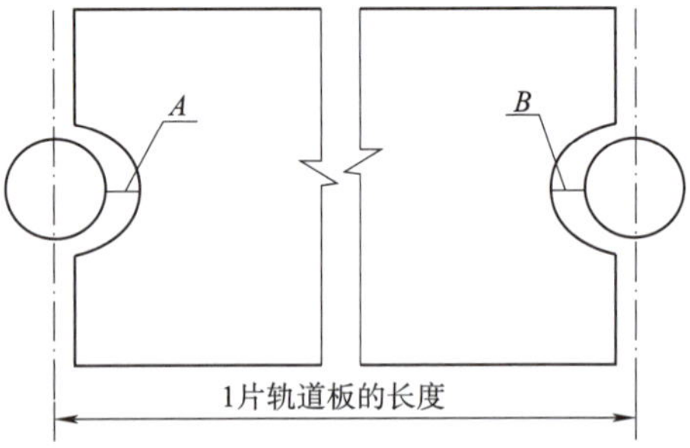

图 3-53　轨道板与凸形挡台前后的调整精度

(四)质量标准

轨道板铺设位置的允许偏差应符合表 3-16 所示规定。

表 3-16　轨道板铺设位置允许偏差

序号	项　目	允许偏差(mm)	序号	项　目	允许偏差(mm)
1	中线位置	2	3	相邻轨道板接缝处承轨面相对横向偏差	2
2	测点处承轨面高程	±1	4	相邻轨道板接缝处承轨面相对高差	2

（五）注意事项

1. 轨道板铺设时应防止轨道板撞击凸形挡台，并保证轨道板中心线与两凸台中心连线基本吻合且与两个凸形挡台的间距基本一致。

2. 轨道板铺设过程中，减振型轨道板板底粘贴的橡胶垫层不得变位、脱落，接缝处及周边无翘曲、无空鼓。

3. 轨道板精确调整后，将支承螺栓拧入轨道板的预埋螺栓孔内，并支承在底座混凝土上。复测轨道板状态，不符合规定时，应重新调整轨道板状态，直至符合精度要求。

4. 调整好的轨道板，应采取防护措施，严禁踩踏和撞击轨道板，并尽早灌注水泥乳化沥青砂浆。

三、CRTS Ⅰ 型板式无砟轨道板下充填层砂浆施工

（一）板下充填层砂浆施工流程

板下充填层砂浆施工基本工艺流程，如图 3-54 所示。

（二）施工程序与要领

1. 砂浆灌注袋铺设

（1）检查灌注袋灌注厚度尺寸，使水泥乳化沥青砂浆的灌注达到轨道板的底面。

（2）清理底座混凝土表面，底座表面无杂物、积水。

（3）将灌注袋平整地铺设在混凝土底座上，平展无褶皱，灌注袋的 U 形边切线应与轨道板边缘平齐，铺设允许偏差应小于 10 mm。直线地段灌注口朝轨道外侧，曲线地段灌注口均朝曲线内侧。

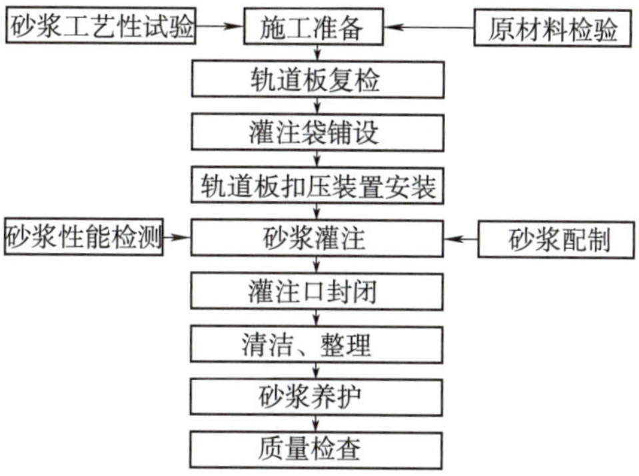

图 3-54 板下充填层砂浆施工基本工艺流程

（4）灌注袋铺设完成后，使用胶带等进行固定，防止移动。外轨超高区段，应在轨道板曲线内侧面设置壁板，防止因水泥沥青砂浆的流动压力使得灌注袋从轨道板的侧面突出。

2. 砂浆灌注

（1）安装防止轨道板上浮和侧移的扣压装置。

（2）灌注前，再次确认轨道板状态，检查灌注袋的位置，并在轨道板表面铺设塑料薄膜，防止轨道板受到污染。

（3）每块轨道板下面的砂浆应一次灌注完成，曲线地段，砂浆按由低向高的方向进行灌注。

（4）砂浆宜匀速、连续注入，防止产生气泡。当板边砂浆灌注厚度达到施工控制值且完全覆盖轨道板底面后，结束灌注。水泥乳化沥青砂浆的灌注应充分饱满。

（三）砂浆养护及注意事项

1. 施工中应按有关规定的检验项目、频次和方法进行砂浆性能指标检验。

2. 灌注过程中，严禁踩踏轨道板，并由专人在轨道板四角进行监控，防止轨道板受力偏斜，并监测轨道板顶面高程。

3. 砂浆灌注时，可有少量的水渗出，但不得有乳化沥青和 P 乳液等渗出。

4. 灌注结束后，在水泥沥青砂浆凝固之前，将灌注口内的砂浆挤入灌注袋，直至轨道板的

支撑螺栓稍微松动。灌注口内的砂浆不够时，应补充挤入。挤入结束后，用 U 形夹具堵住灌注口的根部。

5. 板下充填层施工环境温度应在 5～35℃范围内。当天最低气温低于－5℃时，全天不得进行砂浆灌注。雨天不宜进行灌注。

6. 轨道板状态调整好后，应及时灌注水泥乳化沥青砂浆。间隔时间较长时，应对轨道板进行覆盖、防晒。环境重新检查和调整轨道板。

7. 砂浆灌注完成后，一般采用自然养护。

8. 当日最低气温在 0℃以下时，应对新灌注的砂浆采取适当的保温措施。

9. 砂浆层强度达到 0.1 MPa 以上后，撤除轨道板的支撑螺栓，并切断灌注口，切口应整齐并按要求将灌注口封闭。

10. 砂浆灌注完成 7 d 以上或抗压强度达到 0.7 MPa 以上后，轨道板上方可承重。

11. 水泥乳化沥青砂浆灌注后应与轨道板密贴，轨道板边角悬空应小于 50 mm。

12. 板下充填层施工中，应采取相应安全保护措施避免人体直接接触砂浆，产生的污水及废料应集中妥善处理，不得随意排放或丢弃。

四、CRTSⅡ型板式无砟轨道桥上滑动层、高强度挤塑板施工

(一)桥上滑动层、高强度挤塑板施工流程

桥上滑动层、高强度挤塑板施工工艺流程如图 3-55 所示。

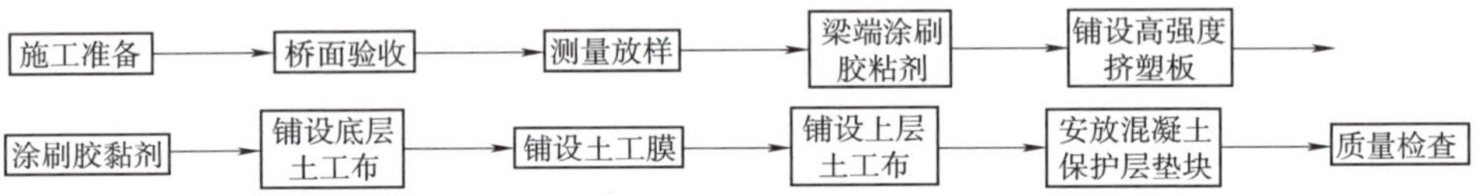

图 3-55　桥上滑动层、高强度挤塑板施工工艺流程

(二)施工程序与要领

1. 高强度挤塑板铺设

(1)确定铺设位置：高强度挤塑板设于梁面凹槽、桥台顶、无覆土框构桥面及过渡板处。桥梁上铺设时在梁缝处必须断开，如图 3-56 所示。

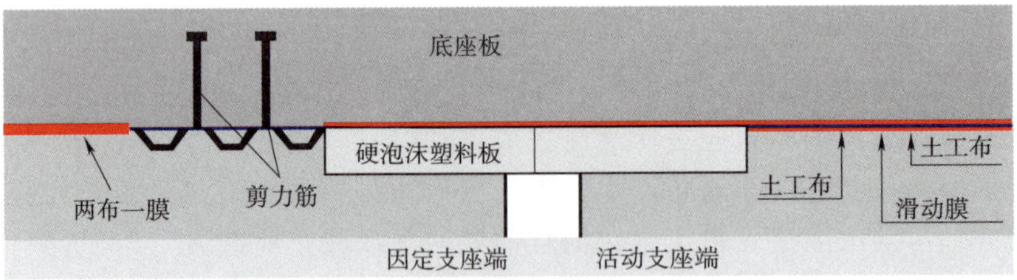

图 3-56　两布一膜和高强挤塑板的结构

(2)丈量尺寸：高强度挤塑板规格尺寸应按桥面拼接需要加工为定尺规格，高强度挤塑板横向可采用对接方式。安装后的高强度挤塑板间不得有缝隙。

(3)清理现场：高强度挤塑板安装前桥梁表面不得残留石子或破坏高强度挤塑板的硬质颗粒。

(4)涂抹胶黏剂:高强挤塑板与其下的接触面应满黏胶黏剂,不得有缝隙。

(5)允许偏差:高强挤塑板顶面与桥梁加高平台上表面的高度允许偏差为 0～+2 mm。

(6)高强度挤塑板安装好后,即可开始铺设滑动层。

2. 桥梁上滑动层(两布一膜)铺设

(1)用高压水对桥面清洗,清除残留附着突起物,防水层表面不得残留石子或砂粒之类可能破坏滑动层的颗粒。防水层破裂处应进行修补。

(2)从剪力齿槽边缘连续铺设,跨过梁缝到下一孔梁的剪力齿槽边缘为止。滑动层下层土工布在梁缝处必须断开。

(3)在底座板范围内沿线路纵向两侧及中间各涂刷 30 cm 宽的粘合剂涂刷带,及时将下层土工布粘贴在桥梁防水层上,桥梁梁缝区域粘贴在高强度挤塑板上。

(4)下层土工布可对接,接缝区域 30 cm 范围内应与桥梁表面全面积粘贴。土工膜对接应采用熔接方式。上层土工布可搭接,搭接长度不小于 20 cm。各层之间接头的距离不得小于 1 m,且不得设在高强度挤塑板范围内。

(5)滑动层铺设应宽出底座板两侧不小于 5 cm,且每块土工布最小长度不小于 5 m。

(6)梁缝部位上层土工布顶面铺设镀锌钢板条,钢板条在梁缝中心线对称放置,保证前后梁端有至少 5 cm 的搭接宽度,作为梁缝处底座板混凝土支撑,确保底座板混凝土浇筑时梁缝处滑动层不出现凹陷。

(三)注意事项

1. 高强度挤塑板不应破损。安装钢筋网时要选择合适的垫块间距,以免钢筋刺穿高强度挤塑板。一旦破损,必须整块更换。

2. 滑动层铺设应平整,无褶皱、无破损。中间土工膜及上层土工布铺设时,两端可采用张拉机具辅助张拉,确保铺设平整。

3. 滑动层铺设完成后,及时安放混凝土垫块,以免大风将滑动层卷起或钢筋安装时刺穿滑动层。

4. 滑动层上不得行车。

5. 底座混凝土浇筑完成后,应将滑动层的外露部分紧贴底座混凝土剪去。

五、CRTSⅡ型板式无砟轨道轨道板铺设

(一)轨道板铺设流程

轨道板铺设基本工艺流程如图 3-57 所示。

(二)施工程序与要领

1. 铺设轨道板

(1)检查混凝土底座板或支承层的顶面高程,对超标地段进行处理。

(2)制定轨道板运输、存放计划,设置临时存板场并提前存放轨道板,如图 3-58 所示。

(3)检查轨道板规格、尺寸,要求符合设计,外观无破损、无裂纹,纵向连接螺纹钢筋无弯曲,扣件完整,预埋件齐全。

(4)按布板图给定的编号依次铺设。

(5)清洗表面、清理疏通灌浆孔,要求无尘土、无油污。

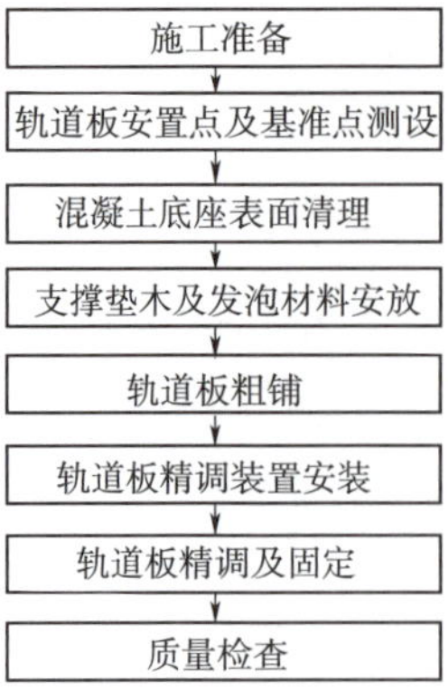

图 3-57 轨道板铺设基本工艺流程

图 3-58 轨道板堆放

(6)在轨道板精调装置位置板底粘接发泡材料制成的模制件,用于灌浆时保护精调装置,如图 3-59 所示。

图 3-59 发泡材料

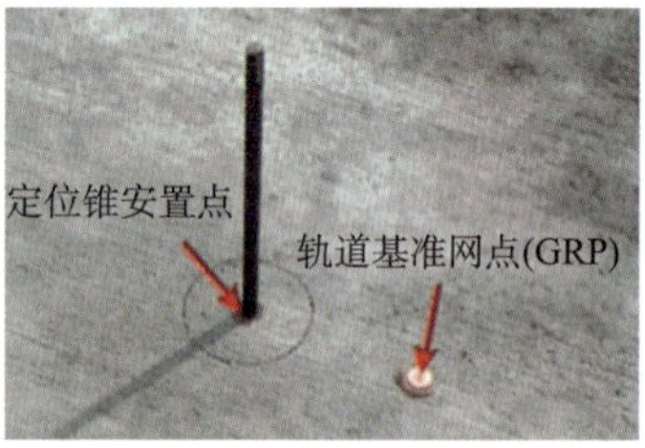

图 3-60 定位锥安置点

(7)在底座板表面放置 6 块支承方木条:30 mm×30 mm×350 mm,用于临时支承轨道板。方木条应摆放在板两端及板中部两侧。

(8)通过定位圆锥(定位圆圈)定位,如图 3-60 所示,铺设时应紧靠圆锥体(定位圆圈),侧面对齐支承层或底座上的安装边线,置于支承方木条上,铺放后的轨道板板端半圆与定位圆锥(定位圆圈)的相对平面位置偏差应小于 5 mm。

(9)轨道板铺设就位后,按设计在轨道板两侧已旋转泡沫块的位置安装精调装置,将轨道板支承起来后取出支承垫木,并粗调轨道板。安装在轨道板两端的精调装置可竖向和横向调节,安装在轨道板中部的精调装置可竖向调节。精调装置在安装前应将精调螺母置于最大调程的 1/2 处。

2. 轨道板精调

(1)检校测量标架,数据文件确认无误。

(2)轨道板快速测量系统全站仪设站和后视棱镜安装应使用强制对中三脚座,全站仪的定向应使用轨道板基准点和已调好的相邻轨道板的两个棱镜,如图 3-61 所示。

(3)精调过程中应进行记录,记录内容包括:轨道板类型和板号、观测员、各精调时间的温度、精调日期(含时间)、天气说明、调控点的位置差(理论一实际值)、轨道基准点和定向点上的最终误差。

(4)防止轨道板精调后扰动和砂浆灌注时轨道板上浮或侧移,轨道板精调定位后及时安装扣压装置,对板的两端中部及板的两侧中部同时进行扣压。

图 3-61 轨道板精调

(5)轨道板精调后及时采取防护措施，严禁踩踏和撞击轨道板，并及时灌注水泥乳化沥青砂浆充填层。如果轨道板放置时间过长，或环境温度变化超过 10℃，或受到使轨道板位置发生变化的外部条件影响时，必须进行复测和必要的调整，确认满足要求后，方能进行水泥乳化沥青砂浆充填层灌注施工。

(三)质量标准

轨道板精调控制允许偏差应符合下列规定：

1. 轨道板与支承层或底座的间隙不应小于 20 mm，最大不宜超过 40 mm。

2. 依据基准点对轨道板进行精调时，轨道板精调定位的允许偏差应符合表 3-17 所示的规定。

表 3-17 轨道板铺设定位允许偏差

序号	检查项目	允许偏差(mm)	序号	检查项目	允许偏差(mm)
1	高程	±0.5	3	相邻轨道板接缝处承轨台顶面相对高差	0.3
2	中线	0.5	4	相邻轨道板接缝处承轨台顶面平面位置	0.3

(四)注意事项

混凝土底座板或支承层强度达到设计强度的 70%后，方可进行轨道板铺设。

六、CRTS Ⅰ 型双块式无砟轨道混凝土道床板施工

(一)混凝土道床板施工流程

混凝土道床板施工基本工艺流程如图 3-62 所示。

(二)施工程序与要领

1. 测量放样

(1)清除道床板范围内结构表面的浮渣、灰尘及杂物。

(2)依据 CPⅢ控制点，每隔 10 m 在基础面上测放出轨道中线控制点。

(3)以轨道中心控制点为基准放样出轨枕控制边线和道床板的纵、横向模板边线位置。

2. 绑扎道床板底层钢筋

(1)铺设道床板底层钢筋，对钢筋交叉点进行绝缘处理。

(2)在底层钢筋下设置混凝土保护层垫块。

3. 散枕

(1)根据现场情况采用龙门吊或轮胎式挖掘机与散枕器配合施工。

(2)进行设备组装调试、整备。检查设备状况，并调整好布枕间距。

(3)龙门吊(挖掘机)与散枕器组合后，走行到轨枕垛处作业工位。散枕装置从轨枕垛一次

抓取一组 5 根轨枕，移动至线路中心线上，调整到设计轨枕间距，将轨枕均匀散布到设计位置。

4. 组装轨排

(1)检查轨枕桁架无扭曲变形，承轨槽内干净无杂物。

(2)轨枕铺设垂直于线路，位置符合设计要求，轨枕间距允许偏差为±5 mm。

(3)对工具轨编号配对，相邻工具轨配轨时应考虑钢轨不对称度、断面尺寸偏差等对轨道平顺性的影响，合理配对。

(4)检查确保轨枕胶垫居中，扣件紧固时应保证扣压力达到设计要求，扣件各部位密贴。

(5)检查轨排轨距、轨枕间距。

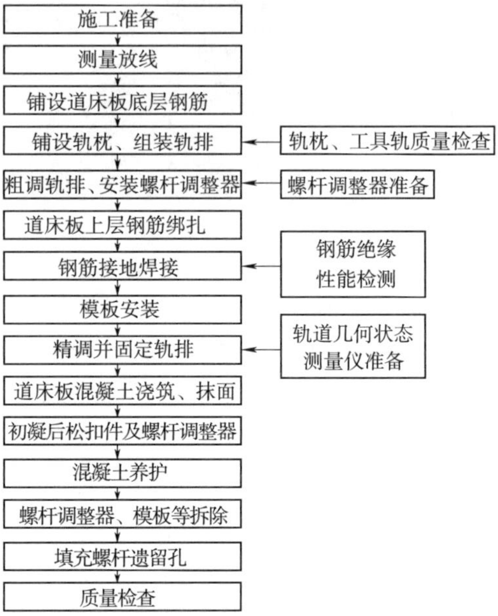

图 3-62 混凝土道床板施工基本工艺流程

5. 安装螺杆调整器托盘

(1)直线地段每隔 3 根轨枕、曲线地段每隔 2 根轨枕安装一对螺杆调整器托盘，同时应在轨排端头轨枕间安装一对螺杆调整器托盘。

(2)螺杆调整器托盘安装前应清理干净并确保托盘伸缩灵活、居中。托盘安装时应检查插销与插孔对应位置正确，确保托盘与轨底密贴，各部螺栓紧固到位。

6. 粗调轨排

(1)轨排组装完成后，粗调机沿轨排自行驶入，均匀分布在轨排上。

(2)粗调机走行到位后，放下两侧辅助支撑边轮，支撑在底部结构物顶面上。放下夹轨器，夹紧钢轨。

(3)全站仪采用自由设站法，测量测站附近 3 对 CPⅢ控制点棱镜，计算确定测站坐标。改变全站仪测站时，必须至少观测后方 2 对交叉 CPⅢ控制点。

(4)全站仪自动搜索，测量每个粗调机顶部的棱镜，测量数据与理论值对比生成轨排的方向、高低、水平和中心线位置偏差，通过无线传输装置发出调整指令。

(5)粗调机组接收调整指令，自动实现轨排提升、横移、偏转、侧倾 4 个自由度的调整，直到轨排方向、高低、水平满足标准要求。

(6)先对偏差较大处进行调整。当轨排横向偏差较大时，粗调应分多次调整到位，避免在钢轨横向出现硬弯。

(7)采用人工粗调时，应遵循“先中线、后高程”的原则。轨排起升应两侧同进进行。

(8)轨排粗调到位后，及时安装螺杆调整器螺杆，确保各螺杆受力均匀无松动。

(9)检查螺杆基本垂直后，拧紧侧面锁定小螺栓。

(10)轨顶标高允许偏差为－5～0 mm，中线位置允许偏差为 5 mm。

(11)轨排粗调完成后，相邻轨排应用鱼尾板进行连接，轨缝宜控制在 10～30 mm。钢轨接头处应平顺，不得有错牙及错台。

7. 铺设上层钢筋、绑扎道床板钢筋网

(1)确定钢筋的规格、数量、位置正确，钢筋的搭接长度满足设计要求。

(2)钢筋与钢筋、钢筋与轨枕桁架之间应绝缘绑扎牢固。

8. 道床板钢筋接地焊接及绝缘性能检查

(1)检查接地钢筋单面焊缝搭接焊焊缝长度、宽度及高度,应符合规定要求。

(2)接地端子的焊接应在轨道精调完成后进行,端子表面应加以保护膜,焊接时应保证其与模板密贴。

(3)绝缘钢筋的绝缘电阻实测值应大于 2 MΩ。

9. 安装模板

(1)清理道床内杂物。

(2)检查模板无变形,模板安装应顺直且与下部结构物垂直,无错台、错牙现象,并加固牢靠。

(3)封堵好模板缝隙,防止混凝土浇筑时漏浆。

(4)检查钢筋的保护层厚度应符合规定要求,允许偏差+100 mm。

(5)清理模板与混凝土接触面,涂刷脱模剂。模板安装后,调整模板的几何尺寸。

(6)路基与桥梁及路基与隧道相接处,无砟道床应按设计要求设置横向伸缩缝,横向伸缩缝应设置通缝,并按设计要求作好防水处理。

10. 精调轨排

(1)采用轨道几何状态测量仪配合全站仪和螺杆调整器进行轨排方向、高低、水平精调。

(2)复核所有线形设计资料、CPⅢ成果资料无误,并输入准确。

(3)使用至少 4 对 CPⅢ控制点自由设站,设站间距不得大于 70 m,两次设站至少重叠观测 2 对 CPⅢ点。

(4)自由设站点应尽量靠近轨道中线,设于相邻两对 CPⅢ控制点中部位置。

(5)现场组装轨道几何状态测量仪,安装棱镜,置于轨道上推行,由远及近靠近全站仪,自动测量每根轨枕的轨距、超高、水平等几何形位。

(6)使用全站仪测量棱镜,将数据通过通信接口传递给轨道几何状态测量仪。

(7)轨道几何状态测量仪接收观测数据,通过配套软件,计算轨道平面位置、水平、超高、轨距等误差值,在屏幕上显示,指导轨道精确调整。

(8)调整螺杆调整器,进行轨排轨向、高低和水平的调整。

(9)每次精调时需与上次或前一站重叠至少 8 根轨枕,同一点位的横向和高程的相对偏差均不应超过 2 mm。精调过程中,应先调整偏差较大处,相邻几对螺杆调整器同时调整,调整时步调应协调一致。曲线地段调整时竖直和水平方向同时调整。

(10)轨排精调到位后,应对轨排采取相应的措施进行加固,防止混凝土浇筑时轨排横向移位及上浮,并采集数据作为最终的精调数据。

(11)精调合格后,对线路进行保护,禁止轨排上进行任何作业或行人。

11. 道床板混凝土浇筑前的准备

(1)清理支承层或底座表面的杂物。

(2)复测轨排几何形位、钢筋、模板状态,复测接地及绝缘性能。

(3)对钢轨、扣件、螺杆调整器和轨枕等采取防护措施,不得污染。

(4)对调整螺栓涂刷油脂,便于混凝土浇筑后拆卸。

(5)对浇筑道床板范围的支承层或底座及轨枕洒水湿润。

(6)提前报检,确认满足浇筑条件后开始浇筑。

12. 浇筑道床板混凝土

13. 拆除螺杆调整器、模板、工具轨

(1)拆除螺杆调整器、模板及工具轨,不得堆放在道床板上。

(2)及时清理干净或涂油。

(3)采用同强度无收缩混凝土及时封堵拆除螺杆后留下的孔洞。

(4)对道床的缺棱掉角及局部混凝土缺陷进行修补和整修。

(5)及时上紧扣件,防止丢失。

(三)质量标准

1. 轨排组装允许偏差应符合表 3-18 所示要求。

表 3-18 轨排组装允许偏差

序号	检查项目	允许偏差(mm)	附注	序号	检查项目	允许偏差(mm)	附注
1	轨距	±1	变化率不大于 1/1500	2	轨枕间距	±5	

2. 精调完成后轨道几何形位允许偏差应符合有关标准。

3. 混凝土道床板外形尺寸允许偏差应符合表 3-19 所示规定。

表 3-19 混凝土道床板外形尺寸允许偏差

序号	检查项目	允许偏差(mm)	序号	检查项目	允许偏差(mm)
1	顶面宽度	±10	3	中线位置	2
2	道床板顶面与承轨台面相对高差	5	4	平整度	3/(1 m)

(四)注意事项

1. 高温、大风、雨雪等恶劣气候条件下不得进行精调作业。

2. 轨排精调好后,应及时浇筑混凝土。如间隔时间过长,或环境温度变化超过 15℃,或受到外部条件影响,必须重新检查或调整轨排。

3. 混凝土浇筑完成 24 h 后,方可拆除螺杆调整器、模板及工具轨。

4. 拆除螺杆调整器、模板及工具轨时应避免对道床板混凝土的碰撞。

5. 混凝土浇筑完成后应及时进行覆盖洒水或喷养护剂养护,养护时间不宜少于 7 昼夜。

6. 长钢轨铺设前,应将混凝土道床板、扣配件及承轨槽内杂物清理干净。

七、CRTSⅡ型双块式无砟轨道混凝土道床板施工

(一)混凝土道床板施工流程

混凝土道床板施工基本工艺流程,如图 3-63 所示。

(二)施工程序与要求

1. 安装支脚

(1)在线路中心两侧,直线段每隔 3.27 m 安放支脚;曲线段两支脚中心线连线与曲线径方向一致,外侧两支脚距离为 3.27 m,内侧两支脚距离小于 3.27 m。

(2)利用 CPⅢ控制点和支脚的计算里程,在现场测量放样出支脚定位点,现场测量放出支脚定位“十”字线。利用定位模具在基面上辅助定位四个钻孔的位置,然后采用冲击钻钻孔。将尼龙套管埋入钻好的孔内,对好孔位安放支脚,用螺钉将支脚牢固的固定在基础面上。

(3)精调定位后的支脚顶点三维空间位置允许偏差不应大于 0.5 mm。

2. 安装钢模板轨道

(1)清理干净道床内杂物。

(2)检查钢模板轨道,无变形。

(3)清理干净模板与混凝土的接触面,并涂脱模剂。

(4)采用尼龙锚栓将钢模板轨道固定在基础面上,钢模板轨道安装应顺直且与下部结构物垂直,无错台、错牙现象,并加固牢靠,接缝严密,不得漏浆。

(5)支脚与钢模板轨道之间应相互独立,确保后续各项施工不影响支脚的定位精度。

3. 精调支脚

(1)通过全站仪的目标追踪系统对放置在支脚上部凹槽内的特殊球状棱镜进行观测,获得棱镜的三维坐标,对支脚的方向、距离、水平进行精确调整。

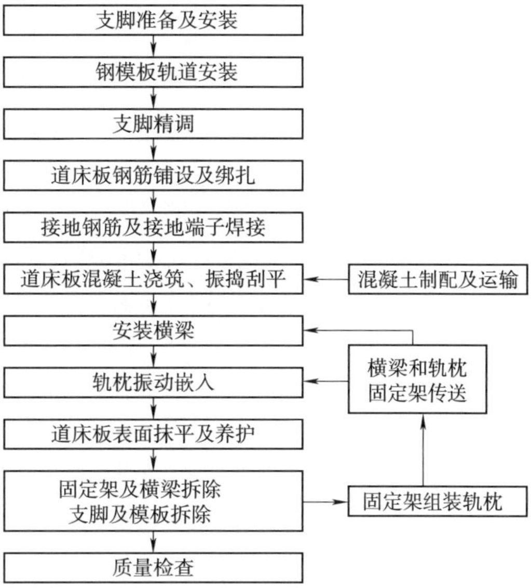

图 3-63　混凝土道床板施工基本工艺流程

(2)通过专用转接器板将全站仪与某一支脚(60 m 范围内选择一处)上部相连接(曲线地段全站仪设置在曲线外侧支脚上),后视至少 4 对 CPⅢ点进行自由设站。

(3)人工对支脚进行精确调整,使球状棱镜实测三维坐标和理论值相符。支脚上部用于调整的钢板,横向调整时不得超过支脚中心位置 40 mm,以防止施工中卡住横梁,纵向调整时应平行于线路中心线,以保证各个施工单元车安全通过。

(4)精调过程中,每调整 5 对支脚后,应对前后视距中的任意一个 CPⅢ控制点进行一次检查对比测量。

(5)为保证支脚调整精度,测站点前 15 m 范围内的 4 对支脚在全站仪转入下一测站时进行精调。重新设站后,前一次设站的最后 3～5 对支脚应重复测量。调整支脚的三维坐标与设计值偏差均控制在 0.5 mm 以内,精度达标后,锁定所有固定螺栓。

4. 绑扎钢筋

(1)在精调支脚的同时,铺设绑扎道床板钢筋,钢筋铺设数量、钢筋间距及保护层厚度应符合设计要求。

(2)钢筋交叉点,按要求绝缘绑扎固定。

(3)底座抗剪凹槽处钢筋笼的安放位置应精确,与道床板纵向、横向钢筋交叉点采用塑料软管进行绝缘处理。

(4)钢筋保护层垫块位置和数量应符合设计要求。一般垫块数量不应小于 4 个/m^2。

(5)绑扎钢筋同时按设计要求安装扁钢及接地端子。

5. 道床板钢筋接地焊接及绝缘性能检查

(1)接地钢筋单面焊缝搭接焊焊缝长度、宽度及高度应符合规定要求。

(2)接地端子表面加保护膜,焊接时应保证其与模板密贴。

(3)实测绝缘钢筋的绝缘电阻,值应大于 2 MΩ。

6. 浇筑道床板混凝土

7. 轨枕振动嵌入

(1)及时安装横梁、振动嵌入轨枕。

(2)轨枕铺设车将一根横梁和一个固定架运送到轨枕安装位置,先将横梁安装在支脚上,在直线段将横梁的红色固定端安装在线路左侧支脚上,在曲线段将横梁的红色固定端安装在设有超高的一侧。

(3)轨枕铺设车将已组装好的固定架吊装到横梁上,当吊装到横梁上方 5 cm 时,将固定架与横梁精确对位,使横梁上的钢球位于固定架支撑部位的中间位置。

(4)轨枕振动嵌入时用塞尺检查轨枕框架和横梁之间的接触点,确保无间隙,保证轨枕的嵌入深度及位置的精确。轨枕嵌入后,对混凝土表面的变形进行抹面。

(5)轨枕嵌入振动力应符合要求,禁止过振或欠振。

(6)用塞尺检查支脚、横梁、固定架和轨枕之间所有接触面完全接触后,轨枕铺设车返回。

(7)轨枕嵌入后,对混凝土表面进行收面,采用铁抹子将混凝土刮平、压光,在混凝土与轨枕交接处进行钩边。

8. 固定架、横梁、支脚拆卸

(1)混凝土初凝后,拆除固定架和横梁,清洁备下一循环使用。

(2)固定架及横梁通过拆卸车运送到轨枕装配车再用。

(3)固定架及横梁拆除后,拆除支脚。侧模板应在混凝土强度达到 2.5 MPa 以上时方可拆除。

(4)模板、支脚及连接件由回收车运送下一循环进行重复组装。支脚运输过程中,应加强防护,以免磕碰。

9. 固定架组装轨枕

(1)检查轨枕固定架和横梁,保证其状态良好,并确保轨枕、固定架及横梁各接触面清洁,不得有杂物。

(2)每个固定架上按设计扭力矩上紧螺栓固定 5 根轨枕。

(3)检查确认轨枕与固定架的位置偏差,并做好记录。

(4)轨枕固定架拼装后连同横梁一同移到轨枕装配车的前端,等待安装。

(三)质量标准

1. 轨枕振动嵌入允许偏差及检验方法应符合表 3-20 所示规定。

表 3-20 轨枕振动嵌入允许偏差及检验方法

序号	检查项目	允许偏差
1	相邻轨枕承轨台中心高差	0.5 mm
2	轨枕承轨台轨底坡	1/35～1/45
3	每枕两承轨台相对翘曲度	1 510 mm×100 mm 范围内 4 点误差<0.7 mm
4	轨枕间距	框架内±5 mm,框架间±30 mm

2. 混凝土道床板外形尺寸允许偏差

参照 CRTSⅠ型双块式无砟轨道混凝土道床板施工有关规定。

八、枕式无砟道岔铺设道岔道床板施工

（一）道岔道床板施工流程

道岔道床板施工基本工艺流程，如图 3-64 所示。

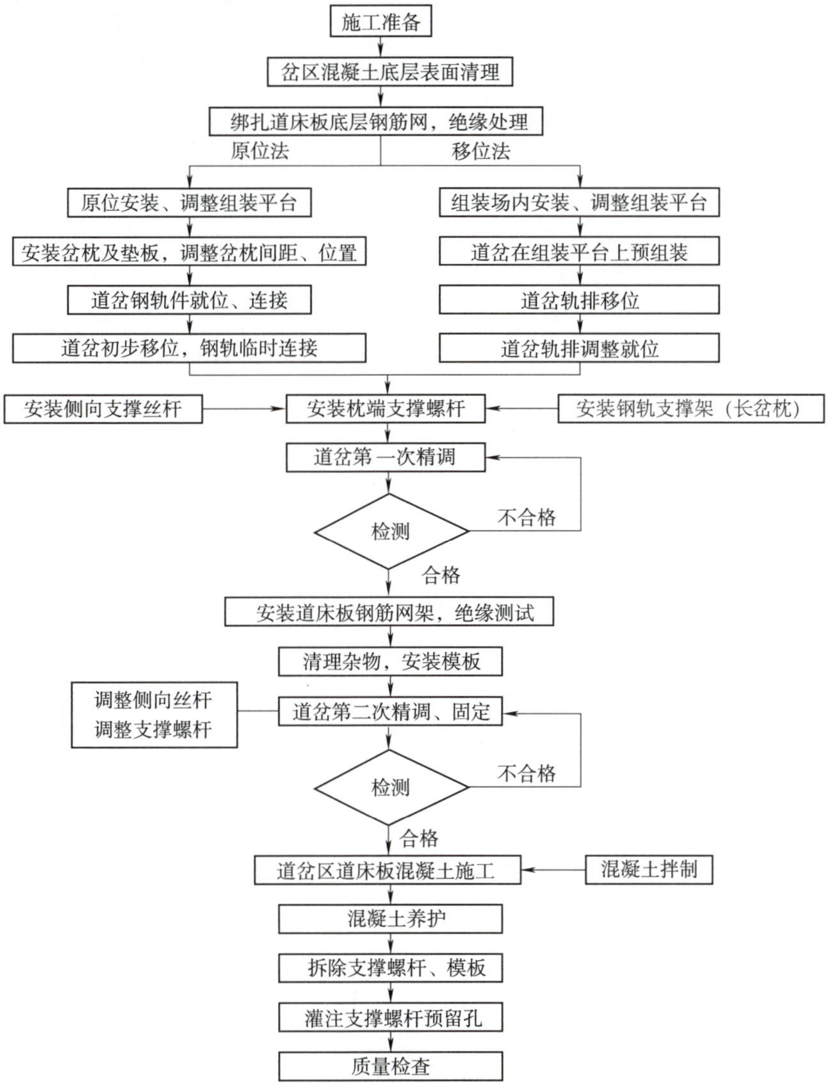

图 3-64 道岔道床板施工基本工艺流程

（二）施工程序与要领

1. 依据 CPⅢ控制点测设道岔岔心、岔前、岔后铺设控制点。

2. 安放道床板底层钢筋，并同预埋钢筋绑扎固定，按设计采取绝缘措施，如图 3-65 所示。

3. 道岔原位组装铺设

（1）在设计道岔位置安装道岔原位组装平台，组装平台应安装有道岔限位调整机构，具备组装和调试道岔的能力。

（2）道岔原位组装平台安装前，先根据道岔线路中心线在底座混凝土表面弹墨线，放样定

出组装平台纵梁位置，然后安装纵梁。

(3)纵梁顶面标高值按设计线路标高值返算确定，纵梁顶面标高调整到位后，进行固定。在纵梁上按岔枕枕间隔作标记。

(4)道岔前后的工具轨应采用与正线轨型相同的钢轨，且无变形、损伤、毛刺、磨耗等。

(5)道岔组装工序：铺设混凝土岔枕→安装道岔垫板、扣件→吊装道岔钢轨→连接、紧固道岔→起平、调整。

(6)利用组装平台调整机构进行整组道岔的总体方向水平调整，检查轨距、支距、钢轨端头方正等主要几何尺寸指标，调整密贴、直线度、消除超限偏差。

图 3-65 道岔板底层钢筋

(7)整组道岔组装、调整完毕后应符合下列规定：

①道岔各部件组装应正确、完整。

②道岔钢轨、工具轨之间连接牢靠，钢轨接头处应平顺，不得有错牙及错台。

③道岔岔枕间距允许偏差±5 mm。

④道岔主要尺寸允许偏差应符合有关规定。

⑤转辙器部分最小轮缘槽宽度不得小于 65 mm。

⑥查照间隔不得小于 1 391 mm。

⑦整组道岔精调完毕后，弹条螺栓、岔枕螺栓、限位器螺栓、翼轨间隔铁螺栓、长短心轨与间隔铁螺栓的扭力应达到设计值。

⑧整组道岔精调完毕后，使用轨道几何状态测量仪测量道岔轨道几何状态，允许偏差应符合有关规定。

(8)道岔采用支撑系统支撑后，拆除道岔组装平台，拆除的部件应归类存放。

(9)道岔初定后，高程允许偏差－5～0 mm，中线允许偏差 5 mm。

4. 道岔预组装、移位铺设

(1)选择道岔组装场。组装场的平面尺寸应满足道岔组装要求，明确划分岔料堆码区和道岔组装区，地面硬化找平并搭设防雨棚。

(2)配备起重和道岔专用吊具等设备，起吊能力应满足分段吊装道岔轨排的要求。

(3)设组装调试平台，调试平台应安装道岔限位调整机构，具备组装和调试道岔的能力。

(4)道岔预组装应符合质量标准的相关规定。

(5)按道岔铺设图分解为道岔轨排运至铺设现场。

(6)道岔轨排运输可根据现场实际，选用运输平车或道岔轨排移动平车等，并应根据装载方式的特点，预先确定行驶路线、速度等。

(7)采用专用吊具和大型吊车分段吊装道岔轨排就位，如图 3-66 所示。

(8)道岔轨排采用道岔轨排移动平车纵移、就位应符合下列规定：

①道岔轨排移动平车安装前，应在钢筋混凝土底座表面测放线路中线，用墨线标出道岔对位线，侧向支撑支座等预埋位置。

②安装道床板底层纵横向钢筋，同预埋钢筋绑扎固定。当设计有绝缘要求时，应按设计采取绝缘措施。

③底层钢筋网绑扎完毕后，安装道岔轨排移动平车，如图 3-67 所示。

图 3-66　吊装道岔轨排

图 3-67　安装轨排移动平车

④以道岔铺设图为准，将道岔轨排依次吊装至各段道岔轨排移动平车上。

⑤道岔轨排沿走行轨道纵向移动到道岔设计位置。

⑥依据道岔控制点，对道岔进行初步定位。平面位置允许偏差控制在 5 mm 以内。

⑦道岔初步定位后，支立竖向支撑螺杆，拆除道岔轨排移动平车，如图 3-68 所示，此时高程允许偏差－5～0 mm。

图 3-68　支立竖向支撑螺杆和移动平车拆除

5. 道岔第一次精调

(1)依据 CPⅢ控制点采用全站仪自由设站，轨道几何状态测量仪配合支撑调整装置对道岔轨排进行精调。

(2)全站仪自由设站应符合高速铁路施工测量相关标准的规定。

(3)采用轨道几何状态测量仪检测道岔方向、高低、水平、轨距等几何形位。

(4)根据偏差值进行轨排几何形位调整。

(5)调整竖向支撑螺杆丝杆高度，精调起平道岔。

(6)调整侧向支撑丝杆，使道岔方向满足设计要求。

(7)调整轨距、支距，调整尖轨、可动心轨密贴和顶铁间隙等细部尺寸，如图 3-69 所示。

图 3-69　道岔精调定位

(8)道岔精调整理到位后，轨道几何状态静态平顺度应符合有关标准。

6. 道岔一次精调完成后，进行上层道床板钢筋安装及绝缘测试，并安装固定销钉。

7. 依据道岔控制基标或加密基标放出的道床板模板边线安装模板。道床板混凝土侧模板应采用定型钢模板，模板安装应牢固、稳定、接缝严密，并避免与道岔调整装置接触。

8. 选配道岔转换设备基坑模板结构形式。转换设备基坑两侧岔枕之间加设临时支撑，固定岔枕间距。

9. 道床板混凝土浇筑前，应对道岔系统进行二次精调。道岔二次精调依据CPⅢ轨道控制网，采用轨道几何状态测量仪检测道岔方向、高低、水平、轨距等几何形位指标，根据检测反馈数值逐点调整道岔轨排高低、水平、方向，使其符合设计要求。

10. 道岔二次精调完成后，采用固定装置对道岔轨排进行固定，固定装置应有足够的强度、刚度和稳定性，确保浇筑道床板混凝土时道岔轨排不产生上浮和侧移。

11. 整组道岔调试完毕应对各部螺栓进行复紧，紧固扭矩达到设计值。

12. 道岔区与区间轨道或站线轨道之间的过渡段设置应符合设计要求。

13. 浇筑道床板混凝土，如图3-70所示。

图3-70　浇筑道床板混凝土

14. 道床板混凝土初凝后，及时松开道岔支撑系统及除转辙器和可动心轨辙叉以外的钢轨扣件螺栓。

(三)质量标准

混凝土道床板外形尺寸应符合表3-21和表3-22所示规定。

表3-21　道床板外形尺寸允许偏差

序号	检查项目	允许偏差(mm)
1	顶面宽度	±10
2	道床板顶面与承轨台面相对高差	±5
3	中线位置	2
4	平整度	3/(1 m)

表3-22　转换设备基坑外形尺寸允许偏差

序号	检查项目	允许偏差(mm)	序号	检查项目	允许偏差(mm)
1	深度	±10	4	轴线偏斜	5
2	宽度	±5	5	平整度	2/(1 m)
3	轴线位置	2			

（四）注意事项

1. 底座混凝土强度达到75%后方可进行道岔铺设。

2. 混凝土浇筑后，对道床板混凝土进行覆盖保湿养护。养护期间，严禁行人、车辆在道岔上通过。

3. 道床板混凝土模板拆除后，及时清理道岔部件及混凝土表面，修复混凝土缺陷，同级砂浆填充密实竖向支撑螺杆留下的孔洞。

4. 道床板混凝土达到一定强度后，恢复拧紧各扣件螺栓。

九、板式无砟道岔道岔板铺设

（一）道岔板铺设施工流程

道岔板铺设施工基本工艺流程如图3-71所示。

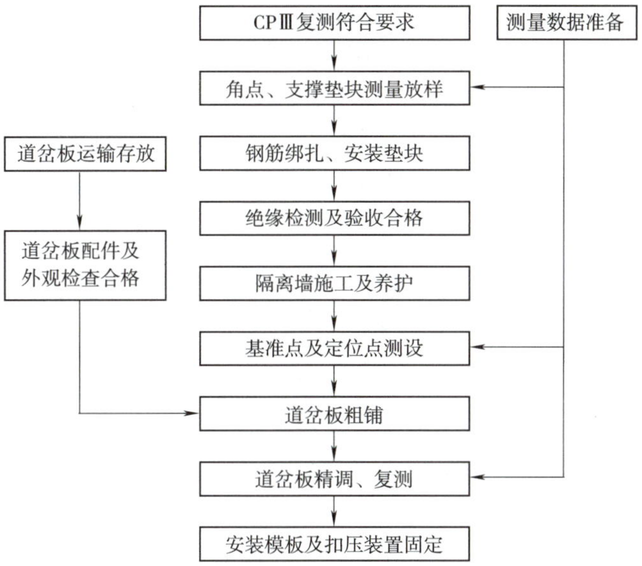

图3-71 道岔板铺设施工基本工艺流程

（二）施工程序与要领

1. 对CPⅢ控制点进行道岔板使用范围内（道岔区两端各延长200 m）的局部复核。

2. 根据换算的道岔板角点及支撑垫块点设计大地坐标，用全站仪和精密小支架及精密微型棱镜在垫层上测放出各特征点位置，标识各点距设计值高差。

3. 精调垫块安装时，底面用速凝高标号砂浆调整垫块高度并固结垫块，垫块顶面用水平尺找平。中部调高垫块安装时四边与测放出的边缘线对齐。对影响垫块安装的钢筋可适当调整间距以避开。垫块位置及标高允许偏差应在±3 mm范围内。

4. 底座板钢筋绑扎

（1）底座板钢筋纵横向采用绝缘材料连接。钢筋的下料、焊接和安装应符合标准要求。

（2）已加工好的成品、半成品钢筋应按不同型号、尺寸挂牌堆放。

（3）钢筋底部保护层垫块按保护层厚度预制条形垫块支垫，横向交错布置，纵向间距1～2 m。

(4)钢筋绑扎安装完成后用兆欧表对钢筋网绝缘性能进行检测,电阻值要求不小于2 MΩ,合格后进行隔离墙施工。

5. 隔离墙高度在道岔板底面以下 3 cm 处,根据垫层标高确定模板实际高度。模板应安装牢固,防止漏浆和跑模。隔离墙设计宽度应为板缝宽度两侧各加 7 cm,模板到板缝中线的宽度允许偏差−10～0 mm。隔离墙模板安装的同时将中间扣压装置螺杆安装完成。

6. 扣压装置螺杆用 ϕ18 mm 长 80 cm 通长螺纹的螺杆,安装时用钻锤在垫层上钻孔 10～20 cm 深,清理钻孔后,植入 2/3 植筋胶,插入螺杆后静置 1 h。位置接近板的中线,不影响基准点及定位点的位置,并在板缝中线上。

7. 隔离墙混凝土与底座板混凝土标号一致,灌注完成应及时洒水、覆盖养护 2 天。隔离墙混凝土达到拆模强度后人工拆除模板,并将隔离墙两侧凿毛,用空压机等将垫层上杂物清理干净。隔离墙混凝土高程允许偏差±5 mm 范围,宽度允许偏差−20～0 mm。

8. 测设基准点和定位点

(1)基准点的测设应符合高速铁路测量相关标准的规定。

(2)道岔板定位点应精确测量放样,并在隔离墙上明显标识。

9. 安装道岔板

(1)安装道岔板时应用空压机将钢筋网下的杂物、灰尘清理干净。将规格为 15 cm×15 cm×9 cm 的方木块两层叠放在靠近精调垫块位置,用以临时支垫道岔板。

(2)用铺板门吊或汽车吊配合人工平稳吊装道岔板,对准定位点初步定位安装,粗铺各向精度为±5 mm。

(3)道岔板安装后,及时进行精调装置的安装,初步调平道岔板并取出道岔板下的支垫木块,为精调作好准备。

(4)有中间调高螺栓的道岔板,安装时应注意调高螺栓与垫块的对位。

10. 精调道岔板

(1)道岔板精调通过快速精调系统(包括精调装置、全站仪、对中三脚架、精密微型棱镜及底座等)实现。

(2)利用基准点精调道岔板时,全站仪架设在特制对中三脚架上,在基准点上进行设站,设站位置应距离待精调道岔板 6.5～25m 范围内,定向棱镜设在待精调道岔板的另一端基准点上。

(3)单开道岔从一端向另一端与全站仪测量司镜相反的方向依次精调,渡线道岔板宜先精调渡线区内道岔板,再由此向两端延伸。

(4)单块道岔板精调方法如下:

①先调整 4 个角点棱镜孔的高度,使道岔板的 4 个角点处于同一高程。

②精调平面位置时以直股一侧的两点为标准,曲股两点进行核查。

③对短板精调时使用两对角进行调整。

④在 4 个角点的平面及高度调整好后,调整板中部高程。

(5)道岔板精调应采用全站仪三维放样模式,分别精确测量每块道岔板上的 4 个(或 6 个)棱镜位的三维坐标,并根据放样与计算差值调整道岔板调节架,对道岔板进行横向、纵向和竖向的调整。道岔板精调实测与设计值偏差应满足:纵向偏差≤0.3 mm、横向偏差≤0.3 mm、竖向偏差≤0.3 mm 的要求。

(6)精调完成后,对道岔板进行系统的平面和高程复测,根据精度具体情况适时对道岔板进行微调。

①平面测量:用全站仪测量4对CPⅢ点自由设站后,对精调棱镜孔位进行整体复测,最大视距不应超过25m。

②高程测量:使用精密数字水准仪进行水准测量。

③复测时,司镜方向应保持一致,站与站之间应重叠1~2块板,以便判定搭接误差和测量精度。

(7)将复测结果进行分析处理后,作出复测分析评估报告,对超出允许偏差范围的道岔板进行再次微调并复测,分析数据合格后,即满足底座板自密实混凝土灌注施工。

(8)精调完成后,依据CPⅢ控制点对道岔板进行复测。

(三)质量标准

道岔板棱镜孔允许偏差应符合表3-23所示的规定。

表3-23 精调后复测道岔板允许偏差

项目	纵向	横向	高程	相邻道岔板横向及高程相对偏差
允许偏差(mm)	±3	1	±1	±1

思考题

1. 底座及凸形挡台中心平面应采用什么方法放样?
2. 底座混凝土拆模多长时间后方可进行凸形挡台施工?
3. 曲线地段铺设CRTSⅠ型轨道板时对正矢有什么要求?
4. 叙述铺设CRTSⅠ型轨道板时砂浆灌注袋铺设施工程序与要领。
5. 叙述高强度挤塑板的铺设程序与要领。
6. 枕式无砟道岔铺设时整组道岔组装、调整完毕后应符合哪些规定?

第六节 防灾安全监控系统基本知识

一、防灾安全监控系统概述

(一)防灾安全监控系统的要求

1. 高速铁路应根据沿线的气象、地形地貌、地质条件、地震设防烈度、线路周边环境情况和运营速度等建立风、雨量、雪深、异物侵限及地震监测监控等防灾安全监控系统。

2. 防灾系统对危及高速铁路运行安全的地震和异物侵限进行实时监测报警,控制列车停车;对风、雨、雪等进行实时监测报警,列车调度员根据报警信息发出调度命令,指示列车司机采取限速或停车。

3. 防灾安全监控系统是确保动车组运行安全的重要基础装备之一,属重要的行车设备,按《铁路技术管理规程》规定的一类设备进行管理。

4. 防灾安全监控系统应在铁路局高铁综合设施维护台设置监控终端,应具备实时性、可靠性、准确性、安全性,采用的现场监测设备应具有免维护或少维护功能,系统功能和设置应符合铁道部、铁路局有关规定，经验收合格后方可投入运行。

(二)防灾安全监控系统组成

1. 防灾安全监控系统是风监测子系统、雨量监测子系统、异物侵限监控子系统、雪量监测子系统以及地震监测子系统的集成系统。系统采用统一的处理平台，由风、雨、雪、异物侵限及地震等现场监测设备，防灾电缆，中继站，通信基站(含车站通信机房)防灾监控单元和牵引变电所或分区所主控室防灾监控单元，监控数据处理设备(含维修终端)，工务段监控设备，调度所行车调度、工务调度监控设备以及传输通信网络、接口等组成。

2. 风、雨监测设备由风速计、雨量计和现场控制箱组成，异物侵限现场监测设备由异物侵限监测传感器和轨旁控制箱组成，监测信息通过电缆传送至离监测点最近的通信基站防灾监控单元内。

防灾安全监控系统风速风向计采用每个监测点设置 2 套，其中超声波式风速风向计具有雨量监测功能。风速风向计托架安装在接触网支柱上，垂直于线路方向，安装在托架上的风速风向计高度距轨面 4 m。现场控制箱采用小型化结构，固定在接触网支柱的位置。

3. 防灾安全监控系统异物侵限为公跨铁桥异物侵限，现场监测设备由监测防护网(内嵌双电网传感器)、轨旁控制器、安装附件和传输线缆等组成。异物侵限轨旁控制箱安装在线路外侧(混凝土基础固定)。

4. 防灾安全监控系统地震监测子系统采用力平衡加速度传感器、强震动记录器及传输线缆等组成，安装在沿线变电所或分区所。

5. 基站监控单元采用模块化结构，由监控主机、各种监测功能模块、继电器组合模块、防雷单元、UPS 电源、机柜等组成，安装于现场监测设备附近的通信基站或车站通信机房内。风速监测、雨量监测、雪量监测、异物侵限监控装置接入离监测点最近的通信基站。

监控数据处理设备由数据服务器、应用服务器、通信服务器、串口服务器、磁盘阵列、维护终端、网络交换机、防雷单元、激光打印机、UPS 电源等设备组成。

工务段及调度所防灾安全监控设备包括监控终端、工控机、UPS 电源等。

二、防灾安全监控系统运用规定

(一)风速监测

1. 风监测子系统应具备大风监测报警功能。动车组列车遇大风行车限速的规定如下：在环境风风速不大于 15 m/s 时，可正常速度运行；环境风风速不大于 20 m/s 时，运行速度不超过 300 km/h；环境风风速不大于 25 m/s 时，运行速度不超过 200 km/h；环境风风速不大于 30 m/s 时，运行速度不超过 120 km/h；环境风风速大于 30 m/s 时，严禁动车组列车进入风区。

2. 列车调度员实时监控防灾安全监控系统的监控终端，当防灾安全监控系统发出风速报警信息(自动生成限速里程及限速值，下同)后，列车调度员应根据报警信息立即向动车组列车发布限速调度命令(限速里程为报警监测点的相邻两端监测点之间的区段；如终端监测点报警，限速里程则为相邻端监测点至终端监测点前移 10 km 的区段)。对来不及发布调度命令的动车组列车，应立即通知动车组司机限速运行，动车组司机应按相应的限速要求运行。当防灾安全监控系统发出禁止运行报警信息时，列车调度员应立即通知报警区段内或接近报警区段的动车组停车。动车组司机接到通知后，应立即采取停车措施。

3. 当环境风继续加大或逐步减弱达到一个限速等级时，防灾安全监控系统自动发出相对应的报警信息。列车调度员应根据不同的报警信息,及时向动车组列车发布限速调度命令或通知报警区段内或接近报警区段的动车组停车(取消前发限速调度命令或对停车的列车通知司机继续运行)。

4. 防灾安全监控系统工作异常以及监控终端接收不到风速监测点的数据时,工务段监控终端自动报警,工务段调度员应立即在《行车设备检查登记簿》内登记,并报告列车调度员和工务调度员。同时,工务段调度员应立即通知并组织相关设备管理单位及设备厂商技术人员赶赴现场进行修复。

5. 当风监测子系统故障时,调度所、工务防灾监控终端自动报警,列车或工务调度员应立即通知相关单位组织修复。当风监测系统故障尚未解除前,如遇预报有 7 级及以上大风天气时,列车调度员按照天气预报的最大风级向相关列车发布调度命令。相关限速规定如下:最大风速达 7 级时,运行速度不超过 300 km/h;8～9 级时,运行速度不超过 200 km/h;10 级时,运行速度不超过 120 km/h;11 级及以上禁止列车进入风区。

(二)雨量监测

1. 雨量监测子系统应具备降雨量监测报警功能。设备管理部门应根据降雨量报警信息,及时进行雨中检查。检查工作按相关规定执行。发现影响行车安全时,须及时通知列车调度员限速运行或封锁线路。需开行轨道车(或摘单机)检查时,设备管理部门应提出申请,经调度所值班主任批准,由列车调度员发布调度命令(包括运行区段、停车地点及安全注意事项)实施。

2. 当小时降雨量达到或超过 45 mm,限速 120 km/h;当小时降雨量达到或超过 60 mm,限速 45 km/h。当报警监测点 1 h 降雨量降至 20 mm 及以下,且持续 30 min 以上,可解除限速。当降雨量未达到上述警戒值时,动车组可按正常速度运行。

3. 当降雨量达到临界值时,防灾安全监控系统监控终端自动报警,列车调度员应根据报警信息立即向动车组列车发布限速调度命令(限速里程为已确定的长大路堑及隧道洞门口地段),对来不及发布调度命令的列车,应立即通知动车组司机限速运行,动车组司机应按相应的限速要求运行。工务段调度员应根据报警信息立即通知相关工区人员进行冒雨检查,调度所工务调度督促巡查工作。

4. 工务段应根据高速铁路工务安全度汛措施,执行降雨量(洪水位)警戒防范制度,做好冒雨检查和汛期防洪地点临时看守工作,执行添乘机车检查等制度。

5. 工务人员巡查确认线路路基设备安全后,应立即向本工务段调度员汇报,工务段调度填写《暴雨天气取消列车或提高临时限速申请书》盖章后传真至调度所工务调度,并经电话确认。工务调度员接到报告后,应通过监控终端确认报警监测点的降雨量。工务调度员应及时向列车调度员申请取消动车组临时限速运行的调度命令(通过工务调度监控终端设置取消),并经电话确认。

(三)异物侵限监控

1. 异物侵限监控子系统监测侵入铁路限界的异物,触发列控系统使列车自动停车。异物侵限监控子系统发出异物侵限灾害报警后,工务部门应立即赶往灾害报警点检查处理。若确认线路上有异物时,需立即清除异物,线路具备开通条件后,应及时到调度所登记办理线路开通,并组织防灾系统相关设备管理单位检修异物侵限监控子系统,恢复系统功能;若确认线路无异物时,应组织防灾系统相关设备管理单位检查异物侵限监控子系统,消除设备故障报警。

在异物侵限监控子系统维修期间，工务部门应派人在灾害报警点临时看守。

2. 当异物侵限导致双电网断线时，路局调度所、工务段监控终端发出灾害报警信息，防灾安全监控系统同时向列控系统发送报警信息，使进入报警点闭塞分区内的列车自动停车。当双电网的一路电网断线时，路局调度所、工务段监控终端发出异物侵限传感器故障报警信息，防灾安全监控系统不向列控系统发送灾害报警信息。

3. 列车调度员接到监控终端异物侵限灾害报警信息后，应立即通知已进入区间的列车禁止通过异物侵限报警点线路，在工务段调度员未报告现场恢复通车前或列车调度员未通过远程视频监控系统确认线路无异物前禁止向区间放行列车。列车如在区间报警点闭塞分区前停车，未得到列车调度员可以继续运行的通知前，禁止动车。

4. 列车调度员应向调度所值班主任汇报，并通过远程视频监控系统检查侵限报警点线路，当视频监控系统不能显示、显示不清或显示无异物时，应立即向开往异物侵限报警点线路的第一趟列车发布以不超过 20 km/h 的速度通过报警点线路的调度命令。持限速调度命令的列车司机应将列控车载设备转入目视行车模式，以遇到阻碍能随时停车的速度运行，并将线路情况及时报告列车调度员，列车调度员接到列车司机通过线路无异常的报告后，应将防灾安全监控系统"上下行临时通车"按钮解锁，通知已进入该区间的后续列车恢复正常行车。

5. 工务段调度员接到监控终端异物侵限灾害或故障报警信息后，应立即通知报警点附近工区工务人员赶赴异物侵限点现场进行抢修，同时通知通信、电务、供电段人员赶赴现场按设备分界检查确认各自设备运用状态。工务人员到达现场后，应立即清理线路上的异物(灾害报警)或查明无异物(故障报警)，确认线路恢复通车条件后报告工务段调度员，列车调度员接到工务段调度员恢复通车的报告后，应将防灾安全监控系统"上下行临时通车"按钮解锁，通知进入区间的列车恢复正常行车。工务及设备厂商维修人员利用天窗点，尽快修复异物侵限传感器，并在轨旁控制箱中扭动现场恢复开关，同时通知列车调度员按下"调度复原"按钮使系统复原。

6. 当防灾系统故障一时无法修复且按下"上下行临时通车"按钮系统无法解锁时，在工务现场临时代替监控异物侵限功能的看守监护人员已经到位的情况下，列车调度员得到工务段调度员监护人员已经到位的通知后，下达调度命令，通知有关车站(电务)应急值守人员按下车站行车监控室(信号机械室)内"上下行应急通车"按钮。此时，设备管理单位要加快抢修进度，以减小对运输的影响。

(四)雪量监测

雪量监测子系统应具备降雪量监测报警功能。当运行区段降中雪或积雪覆盖轨枕板或道砟面时，无砟轨道区段限速 250 km/h 及以下，有砟轨道区段限速 200 km/h 及以下；当运行区段降大雪、暴雪时，无砟轨道区段限速 200 km/h 及以下，有砟轨道区段限速 160 km/h 及以下。

当无砟轨道区段轨道板积雪厚度 10 cm 以上时，限速 200 km/h 及以下；有砟轨道区段道砟面积雪厚度 5 cm 以上时，限速 160 km/h 及以下。

根据降雪情况，工务设备需限速时，由工务部门在调度所登记限速申请；电务部门需限速时，可向工务部门提出书面申请，由工务部门在调度所登记限速申请。电务、工务部门根据积雪量变化情况，可提出提速或进一步限速的申请，列车调度员应及时发布限速调度命令。

（五）地震监测

1. 地震监测系统能准确识别地震波，监测地震加速度，生成强震报警，实现强震应急处置。

当两个及以上地震监测点监测出的地震加速度达到 0.04g 及以上时，路局调度所、工务段监控终端发出灾害报警信息，防灾安全监控地震子系统自动触发信号系统使安装有 ATP 的动车组自动停车、触发牵引变电所牵引供电控制装置使接触网停电。

2. 报警方式

（1）关于地震报警判定方案，从参与报警判定的监测点角度来看，有单点报警判定与两点报警判定两种方式。

（2）单点 S 波报警判定方式为某一个地震监测点（该点布设两台强震计，二者相距大约 40 m）的两台强震仪同时检测到超过 0.04g（加速度报警值）的地震动时，立即发出强震报警。

（3）两点报警判定方式为全线有两个地震监测点在一定时间内，所监测到的地震动加速度值均超过预先设定的报警门限值时，经逻辑判定后再发出强震报警。双点报警时，监测点的报警信息统一上传至应用服务器，由应用服务器统一判断，并将判断信息发送到对应的控车、控电监控单元。系统自动触发信号系统使安装有 ATP 的动车组自动停车、触发牵引变电所牵引供电控制装置使接触网停电。

（4）鉴于地震发生为小概率事件，为防止误报，地震监控系统具备上述两种报警判定方式功能。在系统开通初期，先采用两点报警判定方式运营；待系统运营一段时间、数据积累，验证单点报警不产生误报后，再改为判定逻辑简单、实时性好、漏报率低的单点判定报警方式。

三、防灾系统故障报警处置办法

1. 报警处置

（1）当监控终端显示界面弹出单点报警对话框后，工务调度要立即查看事件记录，确定准确的报警地点，通知工务、供电、通信等设备管理部门相关人员进行现场核查，检查人员检查确认无地震报警解除设备故障后，向工务调度汇报。

（2）当终端显示界面弹出两点报警对话框后，此时为地震报警，系统已经自动触发信号系统使安装有 ATP 的动车组自动停车、触发牵引变电所牵引供电控制装置使接触网停电。工务调度要立即确定准确的报警地点，通知工务、供电、通信等设备管理部门相关人员进行现场设备检查，并同时通知工务、电务和机务值班处长到工务调度进行指挥。现场各专业检查人员确认设备具备开通条件后，向工务调度进行汇报，工务调度操作地震报警解除程序。

2. 报警解除

工务调度接工务、电务、牵引供电等维护单位确认线路条件可满足通车要求后，点击解除报警按钮，首先输入密码点击列控地震报警解除按钮，点击后通知调度所列车调度员输入密码点击按钮进行列控报警解除；其次输入密码点击牵引供电解除按钮，点击后通知调度所列车调度员输入密码点击按钮进行牵引供电报警解除；工务调度确认牵引供电报警解除后，驻工务调度机务处值班处长通知调度所电调人员恢复供电。解除地震报警后，地震监控系统中的列控、牵引供电接口继电器落下，系统恢复正常状态。

思考题

1. 试述防灾安全监控系统的作用。
2. 防灾安全监控系统由哪些设备组成？
3. 试述动车组在不同风速的环境行车速度的规定。
4. 试述动车组在不同雨量的情况下行车速度的规定。
5. 防灾系统故障报警如何处理？

复 习 题

1. 有砟轨道路基两侧路肩宽度标准是多少？
2. 无砟轨道路基工后沉降是怎样规定的？
3. 路堤与桥台过渡段长度是怎样规定的？
4. 箱梁内净空高度有什么要求？
5. 桥上有砟轨道道砟厚度有什么规定？
6. 桥梁救援疏散通道设置怎样规定的？
7. 每孔简支梁 4 个支座的型号是怎样规定的？
8. 涵洞顶至轨底的高度是怎么规定的？
9. 为降低微气压力波影响应采取哪些措施？
10. 计算机联锁应具备哪些设备的接口能力？
11. 调谐区标志牌有哪几种类型？各起什么作用？
12. 轨道连接线包括哪些部件？
13. 接触网电压一般为多少？
14. 动车组识别标记有哪些？
15. 动车组的紧急制动距离是怎样规定的？
16. 捣固车的主要车型有哪些？
17. 联调联试的目的是什么？
18. 底座及凸形挡台施工支立底座模板时有什么要求？
19. 铺设 CRTSⅠ型轨道板时曲线地段高程调整时，有什么要求？
20. 叙述铺设 CRTSⅠ型轨道板时砂浆灌注施工程序与要领。

ShiZuo JiNeng

实作技能

第四章　基 本 技 能

电子轨距尺采用传感技术和优化的数据处理算法，精确测量线路道岔的超高和轨距，运用计算机综合数据处理技术，实现对线路设备质量科学管理。电子轨距尺是高速铁路现场职工检查线路道岔的常用工具。

高速铁路长钢轨焊缝接头平直度对行车安全和旅客舒适度影响较大，电子平直尺能有效测量钢轨焊补、接头以及绝缘轨接头的平顺度，其非接触型测量方式可同时测量垂直和水平两个方位的平顺度情况。

高速铁路使用扣件是调整轨道几何尺寸的重要组件，特别是无砟轨道取消了道砟层，代之以刚性或半刚性道床，原来由道砟提供的弹性，方便调整轨道几何形位的功能需由扣件实现。轨道弹性由“扣件＋道床”提供变成单由扣件提供，且高速行车对扣件弹性的要求更高；几何形位调整由“扣件＋道床”调整变成单由扣件调整实现。因此要求扣件具有低刚度和大调整量，扣件成为无砟轨道最关键的部件之一。

第一节　电子轨距尺的使用

电子（数显）轨距尺尺身采用铝合金工字形型材，由机械部分、电子测量仪表（含超高传感器）、位移传感器、电池及充电器四部分构成。测量仪表安装在尺身凹槽上，靠近活动测头一侧，仪表盒体高度和宽度比尺身略大。超高传感器在仪表壳体之中，位移传感器在仪表盒体左侧下方，电池盒在尺子中部，如图 4-1 所示。

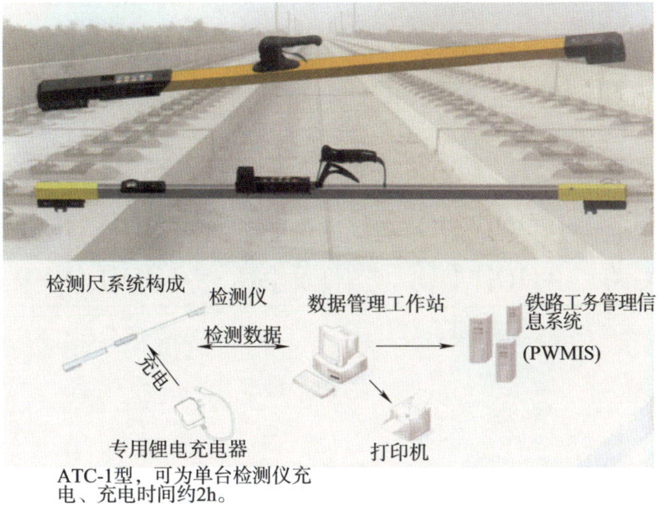

图 4-1　电子轨距尺

一、电子轨距尺的构造

轨距尺主要用于测量线路轨距和水平(超高)。其准确度分为 0 级、1 级、2 级三个等级，0 级轨距尺用于测量允许速度不大于 350 km/h 的线路，1 级轨距尺用于测量允许速度不大于 250 km/h 的线路，2 级轨距尺用于测量允许速度不大于 160 km/h 的线路，如图 4-2 所示。

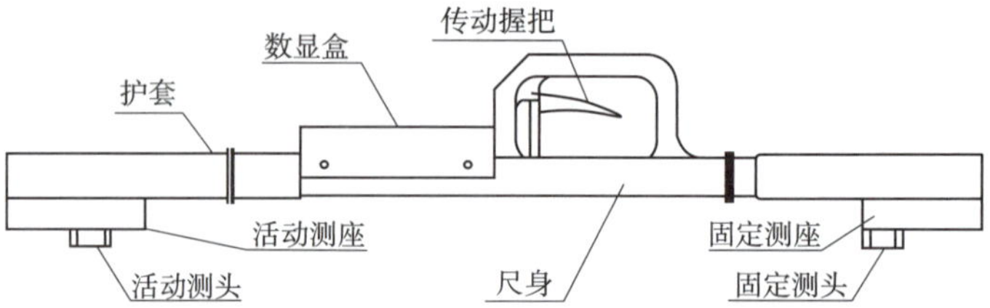

图 4-2 整机示意图

二、电子轨距尺的使用方法

1. 电子轨距尺的控制面板，如图 4-3 所示。

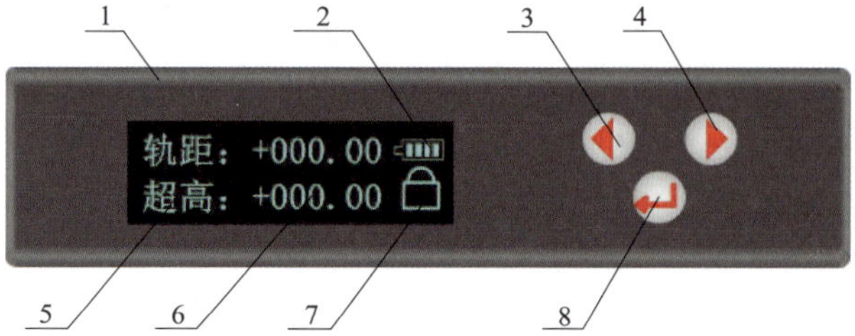

图 4-3 控制面板

1—显示盒外壳；2—电量显示；3—按键左；4—按键右；

5—内容指示显示区；6—数值显示区；7—数据锁定状态指示；8—确定键

2. 开机及显示

在关机状态下，长按"↵"键 3 s 钟。开机后，进入轨距、超高显示状态，数据处于非锁定状态，如图 4-4 所示。

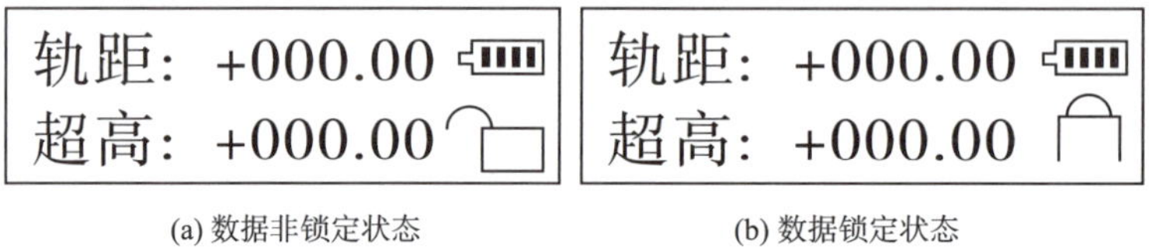

图 4-4 数据状态

3. 使用方法

(1)轨距超高显示状态

如图 4-4 所示，轨距在 1 435 位置为 0 位，大于 1 435 为正值，小于 1 435 为负值，测量范围为－25.00～＋35.00(即 1 410.00～1 470.00)。

超高在水平零位时为零位，活动端高于固定端为正，活动端低于固定端为负。

(2)查照护背显示状态(图 4-5)

查照间隔在 1 391 位置为零位,大于 1 391 为正值,小于 1 391 为负值,测量范围为－10.00～＋10.00(即 1 381.00～1 401.00)。

护背距离在 1 348 位置为零位,大于 1 348 为正值,小于 1 348 为负值,测量范围为－10.00～＋10.00(即 1 338.00～1 458.00)。

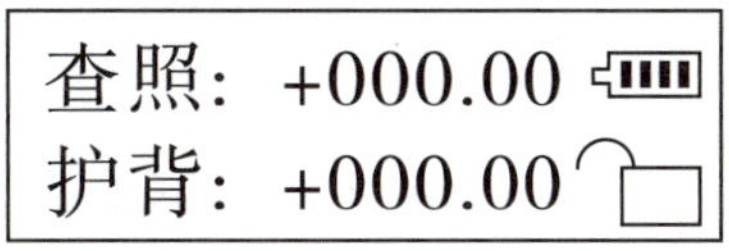

图 4-5　查照护背显示状态

在测量状态下,按“◀”键或按“▶”键,状态在轨距、超高显示状态和查照、护背显示状态之间切换。

(3)锁定与锁定状态

如图 4-5 所示,右下角为一个锁型图标,此时为非锁定状态,数据会随高度、位移的变化而变化。在非锁定状态下,按下“↵”键,数据锁定,显示屏上显示的是按下“↵”键那一瞬间的数据,以便于观察。当再次按下“↵”键,数据恢复非锁定状态。

(4)电量指示

如图 4-5 所示,右上角,有一个电池的图标,图标内有 4 格表示电量,如果电量为 4 格表示电量充足。当电量为 3 格时,表示还有 75%,当电量为 2 格时,表示还能使用 8 h,当电量为 1 格时,表示电量不足,不能保证测量数据的准确性。电量如果为空,表示即将关机,请及时充电。

4. 关机

在任何状态下,长按“↵”键超过 3 s,进入关机校准选择界面,“↓”在关机上方时,按下“↵”键,系统关机。

当系统处于测量状态,但是轨距尺位移没有移动,系统又恢复测量状态,在进入待机状态后 5 min 内,如果位移没有移动,系统自动关机,需长按确认键才能开机。

三、注意事项

1. 测量仪是重要的线路测量设备,非专业人员严禁拆卸仪器。
2. 为保证测量精度的长期稳定,不要快速拉动活动测头。
3. 使用中应轻拿轻放,避免碰撞。
4. 完成测量后,及时关闭电源。
5. 校准完毕后将校准开关拨动到 OFF 状态,并重启电源。
6. 严禁将该仪器放入水中浸泡,浸水后无法保证其正常工作。

思考题

1. 电子(数显)轨距尺分哪几级?
2. 各级轨距尺使用的线路区间速度是怎样规定的?
3. 电子(数显)轨距尺有哪几部分组成?
4. 轨距超高的显示状态是怎样规定的?

第二节 焊缝平直度检查作业及病害分析

一、焊缝平直度测量操作程序与要领

1. 连接计算机。

2. 将电子平直尺放在轨顶或轨头工作边，中部靠近焊缝。

3. 按开始键，测量将自动进行。

4. 测量完成后，输出 1 m 范围内均布的 200 个数据，并自动计算出最大值和最小值等信息，最后形成数字文件储存起来。如图 4-6 所示为采用该方法测量后将数据输入电脑后所绘制的曲线。

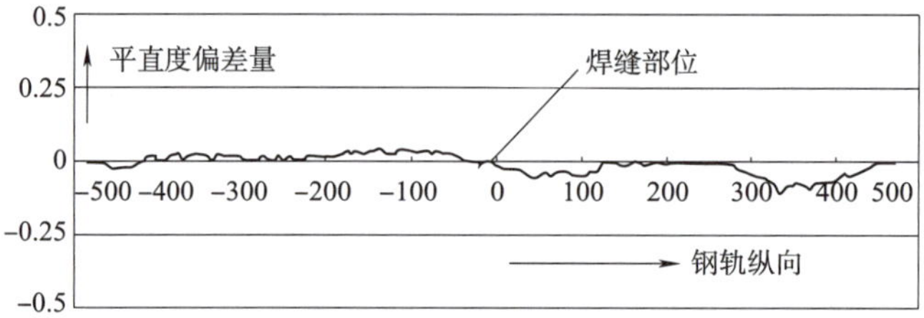

图 4-6 曲线显示

二、焊缝平直度曲线分析

对钢轨焊接接头测量发现，钢轨实际焊接接头平直度曲线十分复杂。典型的测量曲线主要有四种。

1. 理想意义上的平直度曲线，如图 4-7 所示。这种曲线的特点是形状接近简单凸起。由于曲线的最高点在焊缝中部，只需要测量两端和焊缝中部就可以有效地测量出所要求的结果，因此，这种焊接接头的平直度采用 1 m 钢板尺就可以实现有效的测量。

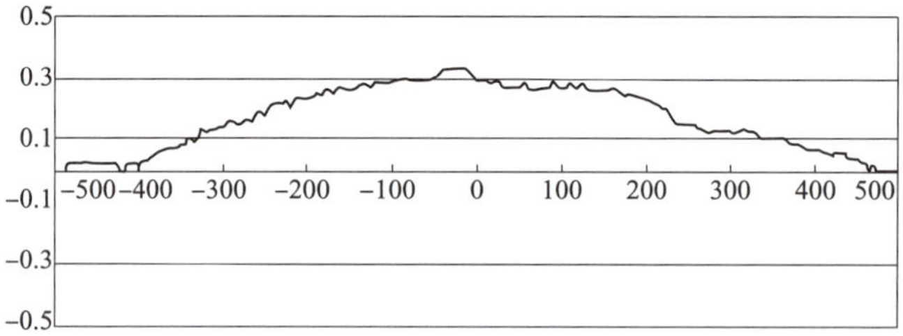

图 4-7 单凸起特征的平直度曲线

2. 焊缝两侧凹陷的平直度曲线，如图 4-8 所示。这种曲线的特点是虽然焊缝处的峰值在 0.1 mm 左右，但两侧下凹处的最低值已经达到 −0.1 mm 以下，属于平直度不合格接头。

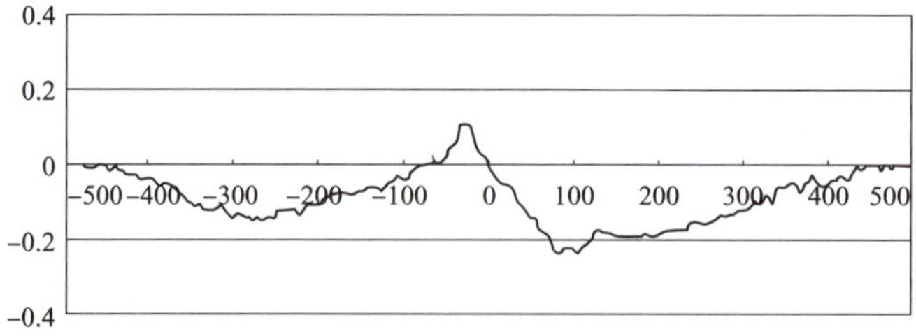

图 4-8 焊缝两侧凹陷的平直度曲线

产生这种曲线的原因是打磨不当。钢轨焊接并推凸完成后，焊缝部位会出现高出钢轨表面 1～2 mm 左右的推凸余量，如果直接沿着钢轨 1 m 范围内均匀打磨，即下压力度一致，就容易出现这种曲线。防止产生这种曲线的方法是，打磨钢轨时，应将推凸余量部分基本磨平后，再实施纵向均匀打磨。

3. 焊缝两侧不对称的平直度曲线，如图 4-9 所示。这种曲线的特点是焊缝一侧大部分为负值，而另一侧的大部分为正值，正、负最大值相减，差值较高。图 4-9 中，差值已经达到了 0.5 mm以上，属于平直度严重不合格接头。由于差值达到了 0.5 mm 以上，这样的曲线对于列车行驶的平顺度影响是相当大的。

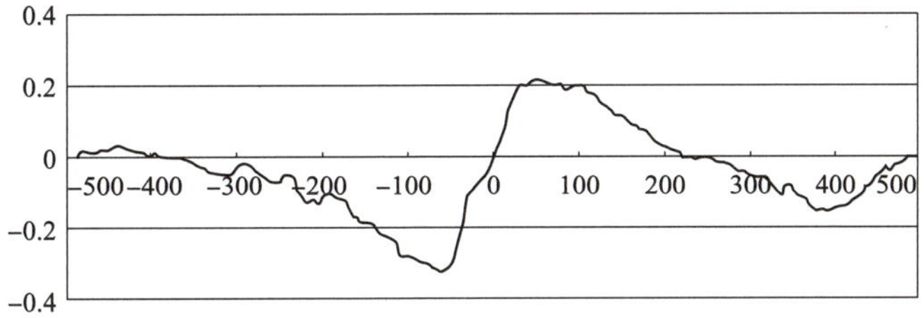

图 4-9　焊缝两侧不对称的平直度曲线

产生这种曲线的原因是焊接时两条钢轨端面处于错口状态，且打磨未能有效消除由于错口产生的不平。

4. 焊缝部位凸起的平直度曲线，如图 4-10 所示。这种曲线的特点是焊缝中部陡然凸起，而两边较平。由于低凹处的数值已经为负值，接头平直度实际为不合格。这种接头凸起较为突然，对列车行驶的平顺性影响较大，应当进行打磨处理。

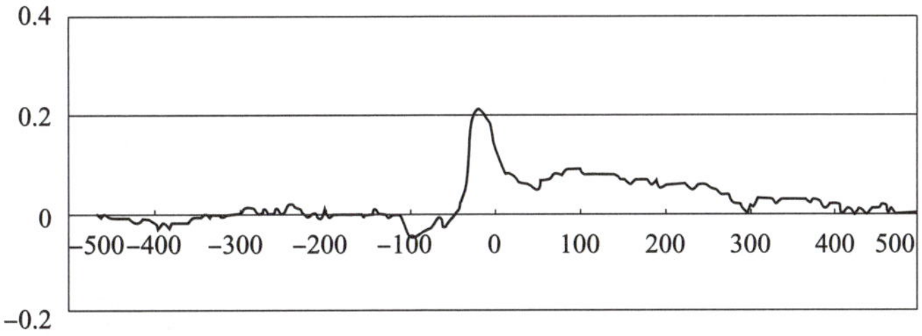

图 4-10　焊缝中部陡然凸起的平直度曲线

产生这种曲线的原因是焊接推凸余量没有打磨平顺，接头整体打磨不足。

以上四种曲线是实际中遇到的较为典型的曲线，每种曲线都存在相应的工艺问题。依据焊接接头平直度曲线，可以获得大量焊接及打磨过程中的信息。通过分析这些信息，可以指导钢轨焊接及打磨。

三、质量标准

钢轨焊接接头平直度标准，如表 4-1 所示。

四、注意事项

打磨钢轨焊接接头时，如果过于集中在接头附近，就会出现焊缝高而接头附近为低的情况，这样的平直度采用传统的测量方法会判为合格，但对于列车的行驶影响较大。因此，检测出这样的不合格平直度接头并进行处理，对于提高列车运行平稳性十分必要。

表 4-1　钢轨焊接接头平直度标准

部　　位	平直度要求		说　　明
	200 km/h	200 km/h 以上	
轨顶面[mm/(1 m)]	+0.3,0	+0.2,0	"+"表示高出钢轨母材轨顶基面
轨头内侧工作面[mm/(1 m)]	+0.3,−0.3	+0.3,0	"+"表示凹进
轨底面(mm)	+0.5,0	+0.5,0	"+"表示焊筋凸出

注:平直度以焊缝为中心进行测量。

思考题

1. 焊缝平直度质量标准是怎么规定的?
2. 焊缝平直度的测量方法是什么?
3. 产生焊缝两侧凹陷的平直度曲线的原因是什么?
4. 产生焊缝两侧不对称的平直度曲线的原因是什么?

第三节　扣件系统安装作业

一、弹条Ⅳ型扣件安装作业

(一)部件规格及安装要求

1. 弹条

弹条分 C4 型、JA 型和 JB 型三种,如图 4-11 所示。一般地段安装 C4 型弹条,钢轨接头处安装 JA 和 JB 型弹条,C4 型弹条的直径为 20 mm,JA 和 JB 型弹条的直径为 18 mm。JA 型弹条防锈涂料为灰色,与 7 号、8 号和 9 号接头绝缘轨距块配用;JB 型弹条防锈涂料为黑色,与 10 号、11 号、12 号和 13 号接头绝缘轨距块配用。

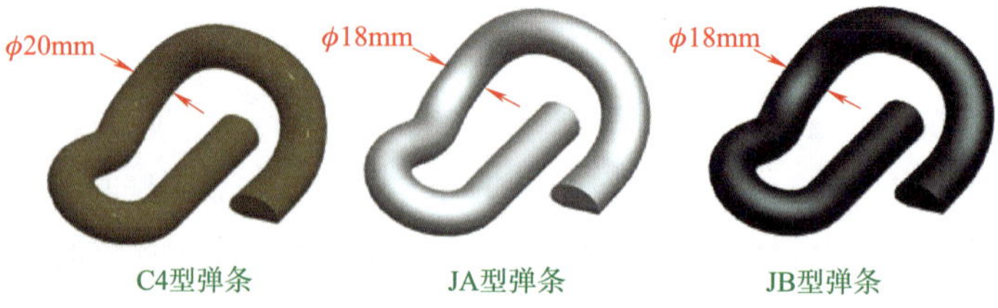

图 4-11　弹条型式

弹条就位以其小圆弧内侧与预埋铁座端部相距 8～10 mm 为准,如图 4-12 所示。不得顶紧或距离过大,如图 4-13 所示。

2. 预埋铁座

该部件预先埋设于轨枕中,埋设精度应满足图 4-14 所示要求。

3. 绝缘轨距块

绝缘轨距块(简称轨距块)分一般地段使用的轨距块 G4 和钢轨接头处使用的轨距块 G4J 两种,每种轨距块又各有 7 个规格,即 7 号、8 号、9 号、10 号、11 号、12 号、13 号。标准轨距时采用 9 号和 11 号,如图 4-15 所示。除 7 号、8 号和 9 号接头轨距块为非黑色外,其他轨距块均为黑色。

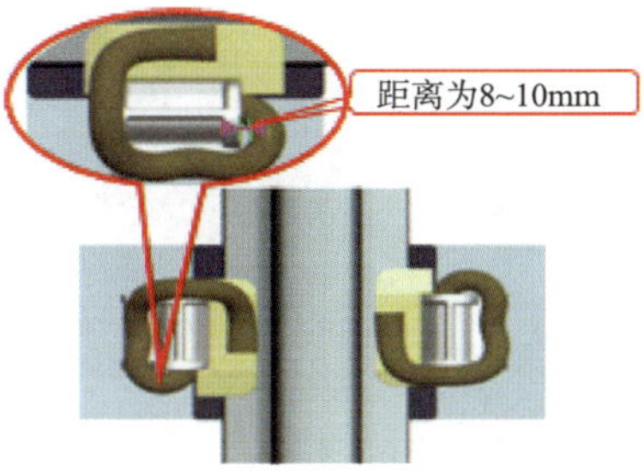

图 4-12　弹条正确就位

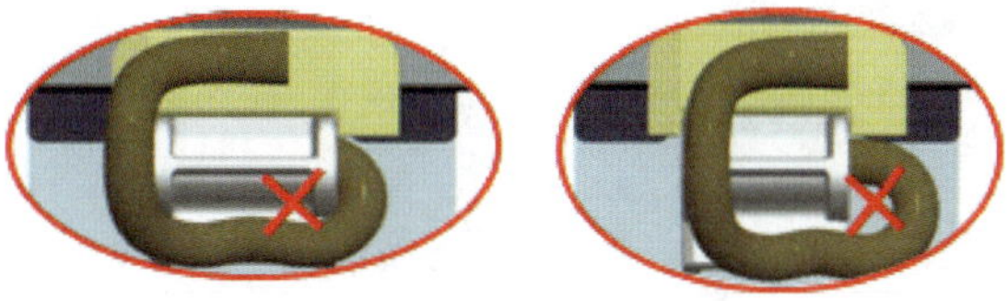

图 4-13　弹条位置不正确

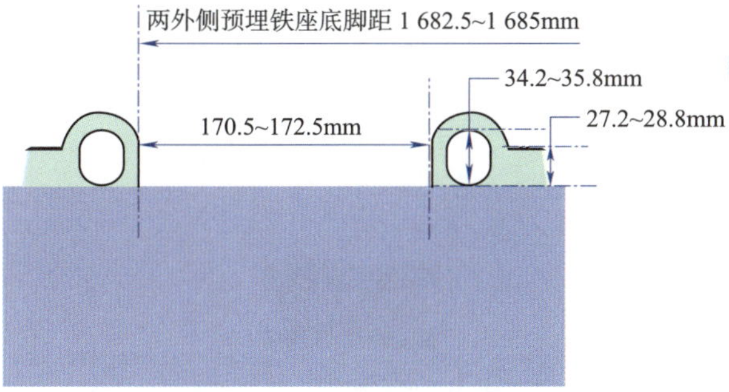

图 4-14　弹条Ⅳ型扣件预埋件埋设精度图

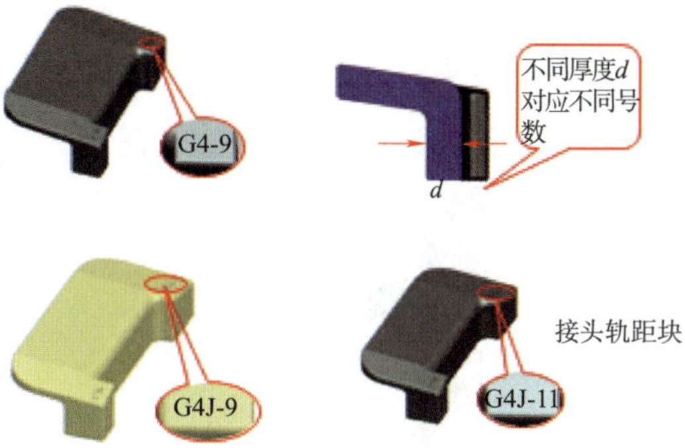

图 4-15　绝缘轨距块

（二）作业程序与要领

1. 安装前准备

（1）按表 4-2 选择并准备 9 号和 11 号轨距块，适当准备 8 号、10 号和 12 号轨距块，以备轨距不合适时调整轨距之用；同时还要适当准备相应号码的接头轨距块，以备用于钢轨接头处。

表 4-2　轨距块号码配置表

轨距调整量(mm)	左股钢轨		右股钢轨		轨距调整量(mm)	左股钢轨		右股钢轨	
	外侧轨距挡板	内侧轨距挡板	内侧轨距挡板	外侧轨距挡板		外侧轨距挡板	内侧轨距挡板	内侧轨距挡板	外侧轨距挡板
−8	13	7	7	13	−1	9	11	10	10
−7	12	8	7	13	0	9	11	11	9
−6	12	8	8	12	+1	8	12	11	9
−5	11	9	8	12	+2	8	12	12	8
−4	11	9	9	11	+3	7	13	12	8
−3	10	10	9	11	+4	7	13	13	7
−2	10	10	10	10					

（2）准备 C4 型弹条，适当准备 JA 和 JB 型弹条，以备用于钢轨接头处。

（3）上道轨枕中预埋铁座的埋设位置必须准确。凡预埋铁座埋设位置歪斜、上翘或埋设高度、同一侧两预埋铁座的间距或两外侧预埋铁座的底角距不符合图 4-16 规定的轨枕不得上道。

（4）清除两预埋铁座间轨枕承轨面的泥污和预埋铁座孔内的砂浆，如图 4-17 所示。

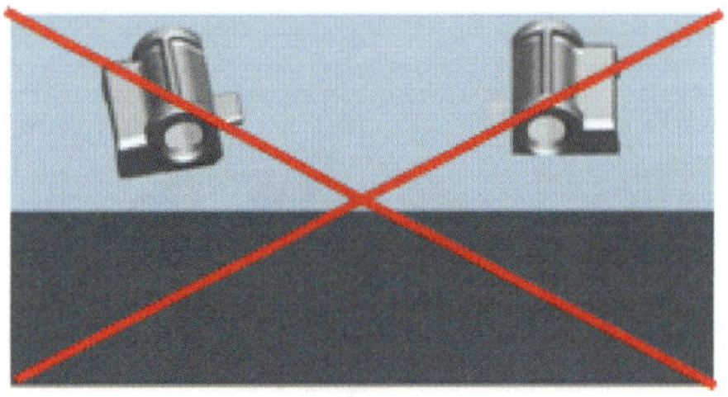

图 4-16　预埋铁座的底角距不符合要求

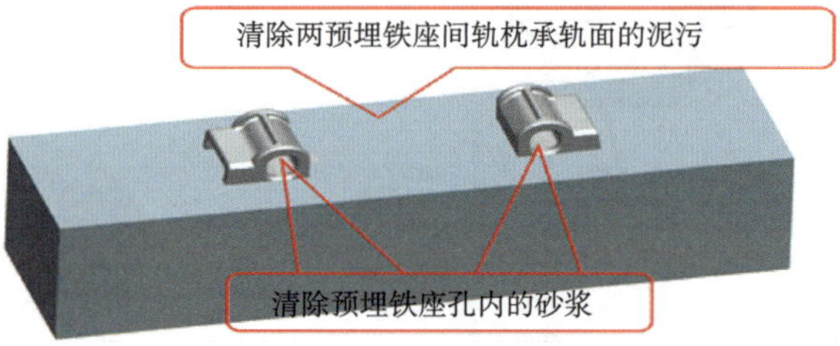

图 4-17　清除预埋铁座泥污砂浆

(5)清除轨底的泥污,如图 4-18 所示。

2. 安装顺序及要求

(1)铺设橡胶垫板

将橡胶垫板放在两预埋铁座之间,橡胶垫板两侧的槽口中心线与预埋铁座中心线应对齐,如图 4-19 所示。

图 4-18　清除轨底泥污

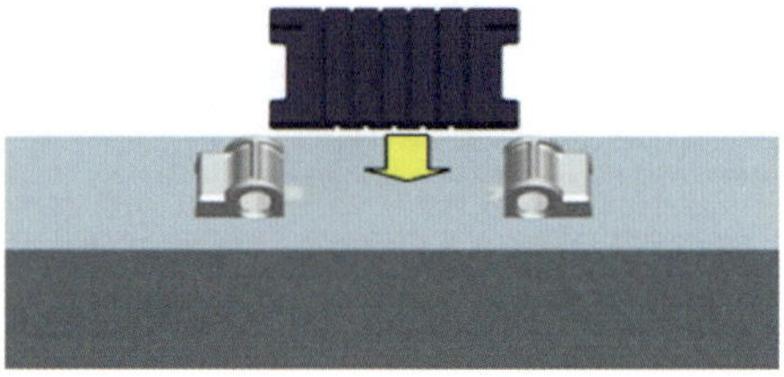

图 4-19　橡胶垫板位置铺设图

如图 4-20 所示,左图为错误的安放橡胶垫板方位,右图是正确的方位。

(2)铺设钢轨

铺设钢轨如图 4-21 所示。

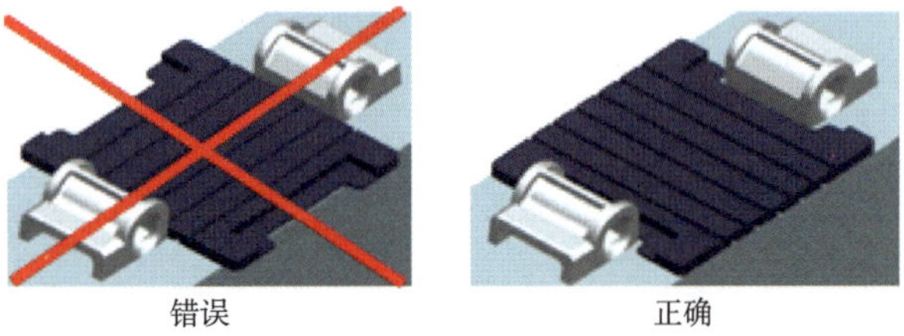

图 4-20　安放橡胶垫板方位

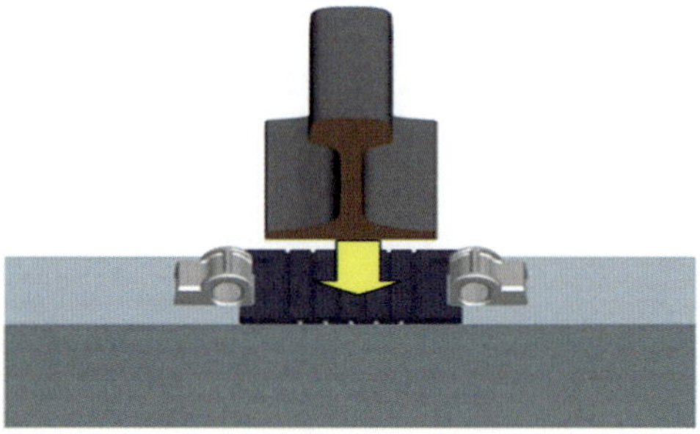

图 4-21　铺设钢轨

(3)安装轨距块

根据所检查的轨距调整量,对照表 4-4,选取合适的轨距块型号安装,如图 4-22 所示。

标准轨距按表 4-4 安设 9 号和 11 号轨距块,轨距块的边耳应扣住预埋铁座,如图 4-23 所示。若因钢轨、轨枕和轨距块的制造偏差,安设规定号码的轨距块不能满足轨距要求或轨距块不能安装入位时,可根据实际情况予以调换,不得猛烈敲击使其入位,如图 4-24 所示。

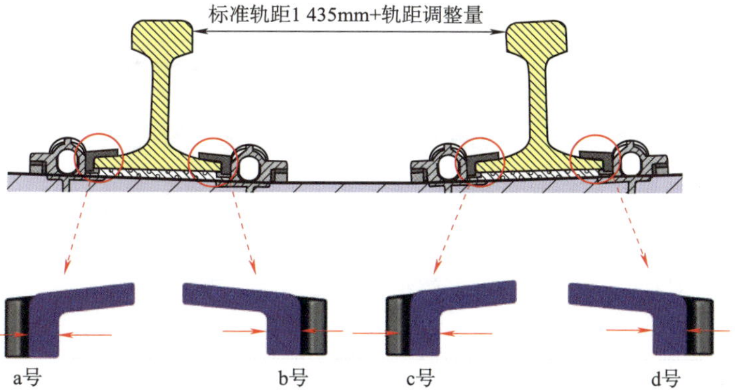

图 4-22 不同型号轨距块选择

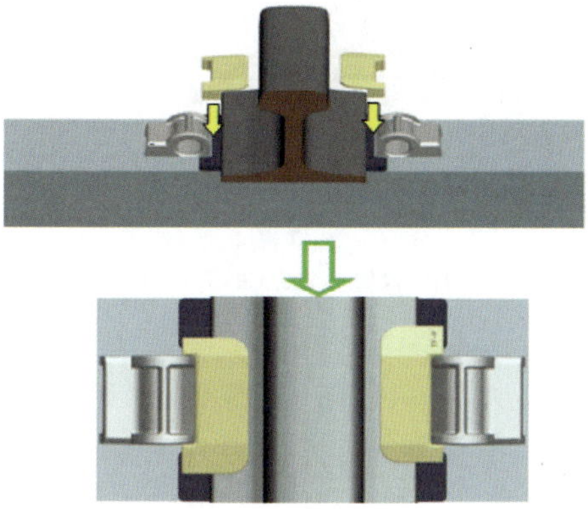

图 4-23 轨距块安装

图 4-24 不得猛烈敲击轨距块

(4)钢轨接头处应使用接头轨距块 G4J,如图 4-25 所示。

(5)安装弹条

①安装弹条前,钢轨、橡胶垫板和轨枕承轨面之间以及轨距块扣压钢轨面与钢轨轨底上表面均应密贴,如图 4-26 所示。

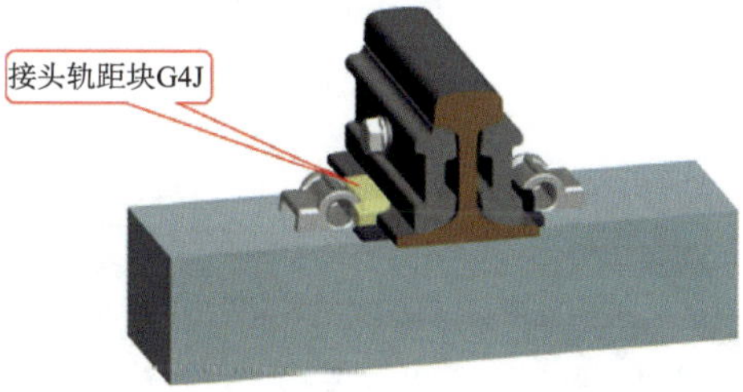

图 4-25 接头轨距块 G4J

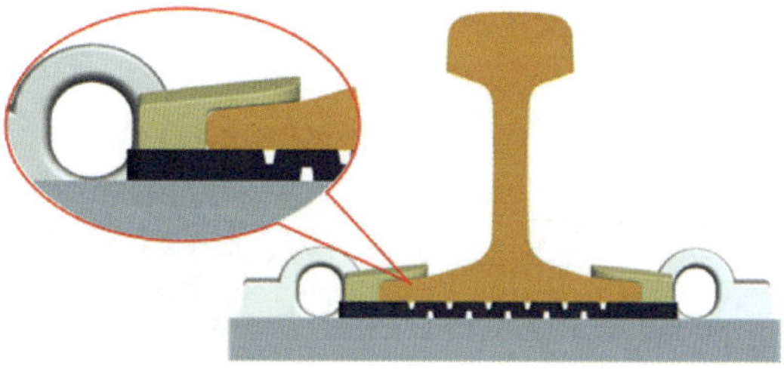

图 4-26 安装弹条前各部件要求

②安装弹条时应采用专用工具、弹条中肢入孔位置要平放、放正,不得歪斜,如图 4-27 所示。

安装时切忌生拉硬扳,用力要适中,支点与加力点要正确,如图 4-28 所示。

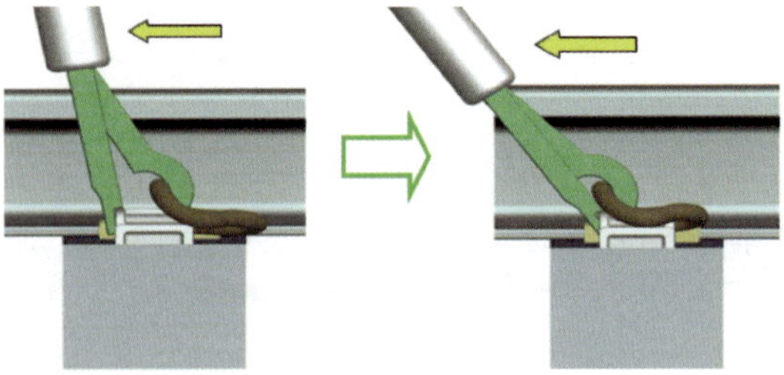

图 4-27 安装弹条专用工具

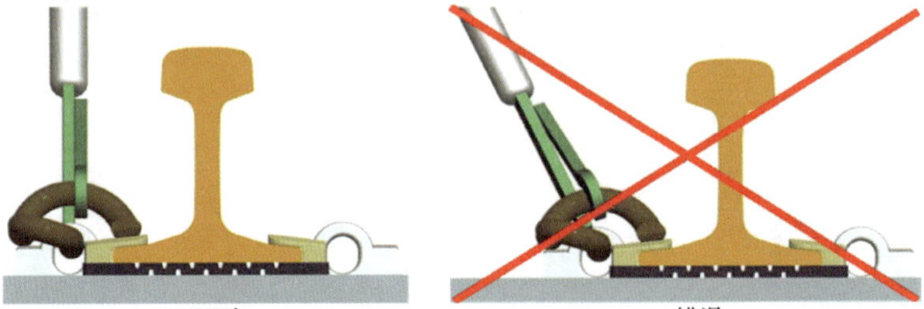

图 4-28 安装弹条

如遇到个别弹条就位困难时，在使用安装工具的同时可用小锤轻敲弹条尾部，使其就位，如图 4-29 所示。

③在钢轨接头处应安装 JA 和 JB 型弹条，如图 4-30 所示；灰色的 JA 型弹条与非黑色的 7 号、8 号和 9 号接头轨距块配用，如图 4-31 所示；黑色的 JB 型弹条与黑色的 10 号、11 号、12 号和 13 号接头轨距块配用，如图 4-32 所示。

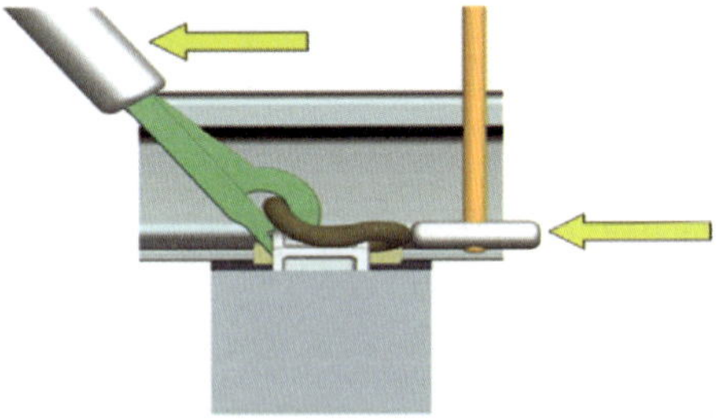

图 4-29 小锤轻敲弹条尾部

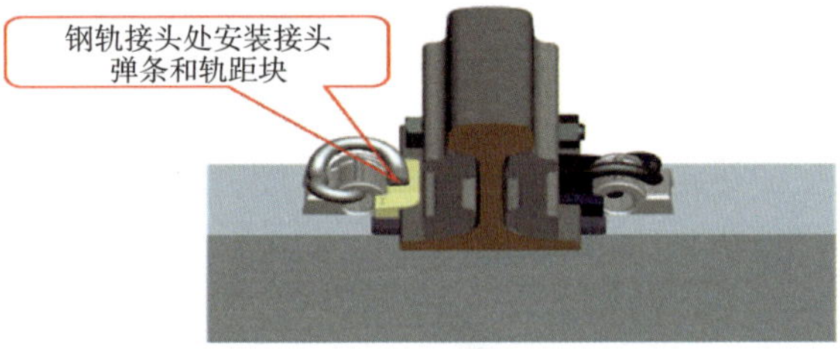

图 4-30 钢轨接头处弹条

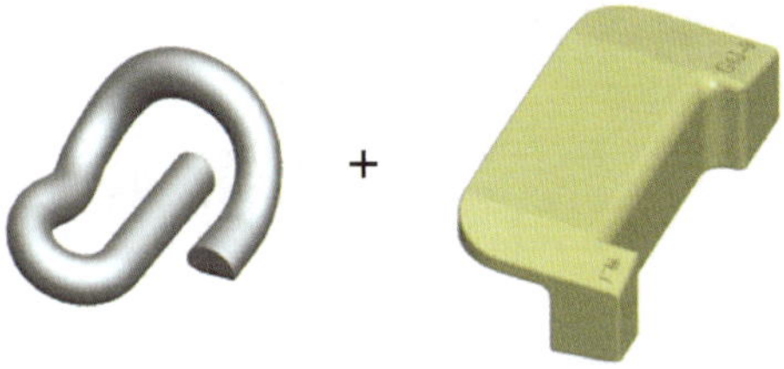

图 4-31 灰色与非黑色接头轨距块配用

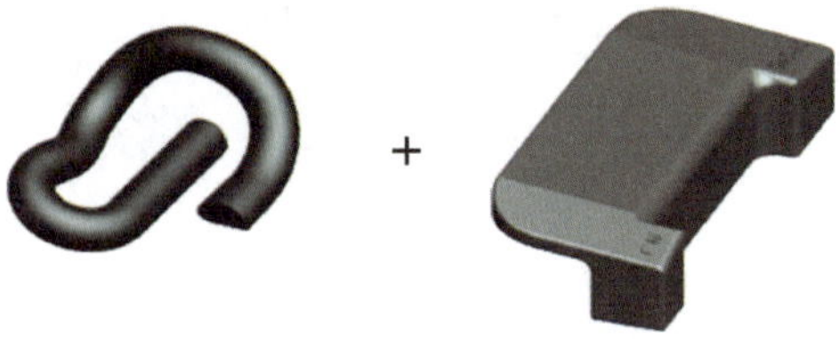

图 4-32 黑色与黑色接头轨距块配用

（三）注意事项

1. 使用弹条Ⅳ型扣件不得在轨下安设调高垫板，以免造成弹条残余变形甚至折断，如图

4-33 所示。

2. 运营初期应注意观察轨枕和扣件的使用情况，发现有轨枕空吊、高低和水平不平顺或三角坑时，应及时进行起道捣固，不得使用调高垫板进行钢轨调高作业。

3. 使用中若发现轨距块破裂、橡胶垫板破裂或弹条折断应及时更换，如图 4-34 所示。

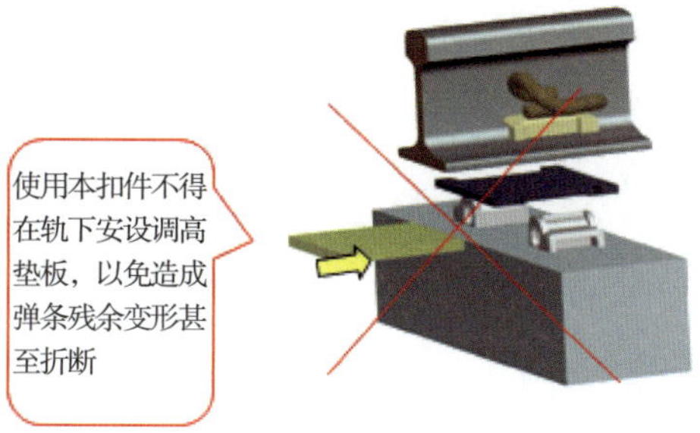

图 4-33　错误安装调高垫板

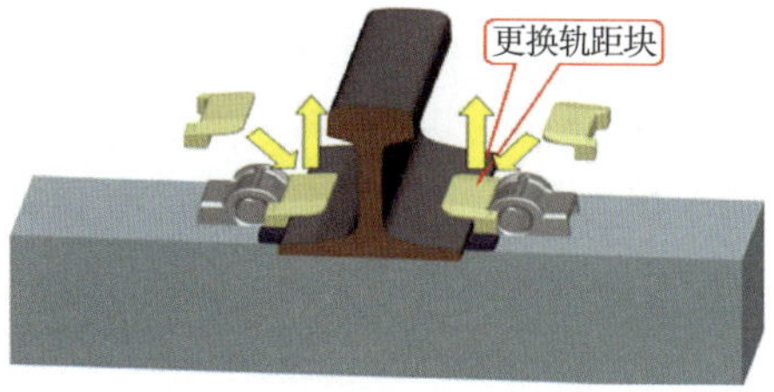

图 4-34　更换轨距块

4. 在进行无缝线路应力放散时，须用专用工具(同安装工具)将弹条卸下，如图 4-35 所示。应力放散结束后，应检查橡胶垫板和轨距块位置是否正确，如有错位，应在调整后再安装弹条。

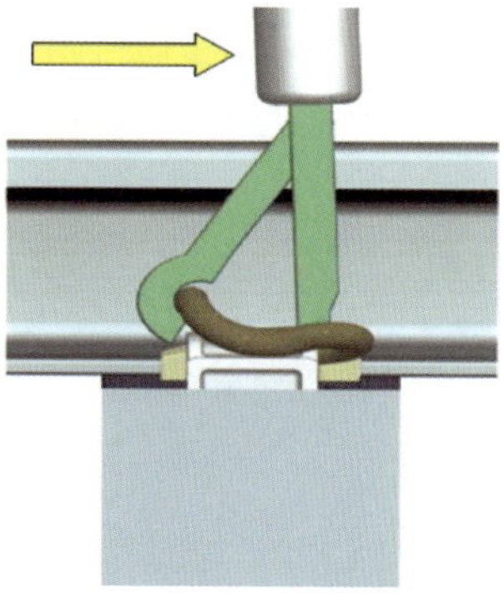

图 4-35　拆卸弹条

二、弹条 V 型扣件安装作业

(一)部件规格及安装要求

1. 弹条

弹条分两种，即一般地段使用的 W2 型和桥上可能使用的 X3 型，W2 型弹条的直径为14 mm，X3 型弹条的直径为 13 mm，如图 4-36 所示。此外，作为备件的弹条Ⅰ型扣件 A 型弹条可能用于钢轨接头处。

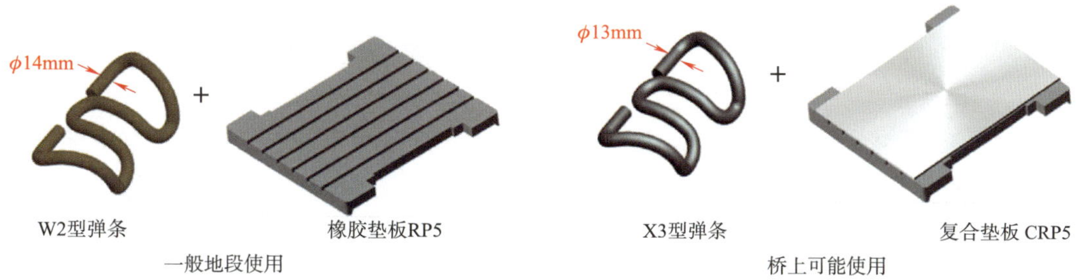

图 4-36　弹条型式

2. 轨下垫板

轨下垫板分一般地段使用的橡胶垫板 RP5 和桥上可能使用的复合垫板 CRP5 两种。桥上需要降低线路阻力时，可采用 X3 型弹条并配用复合垫板，此时每组扣件的钢轨纵向阻力为 4 kN。

3. 轨距挡板

轨距挡板 G5 分 7 种型号，即 2 号、3 号、4 号、5 号、6 号、7 号和 8 号，如图 4-37 所示。标准轨距时采用 4 号和 6 号。

图 4-37　轨距挡板

4. 预埋套管

该部件预先埋设于轨枕中，埋设精度应满足图 4-38 所示的要求，且预埋套管顶面应与轨枕承轨面齐平。

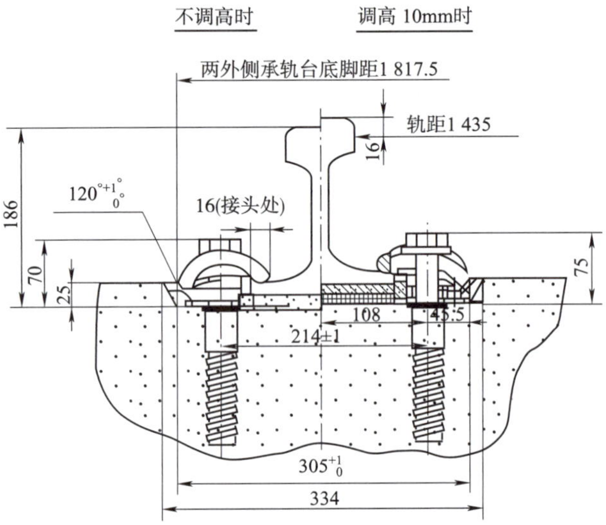

图 4-38　预埋套管埋设精度（单位：mm）

预埋套管埋设后，应加盖塑料（或其他材料）盖以防雨水和泥污进入，如图 4-39 所示。

5. 调高垫板

调高垫板 TD5 按厚度分为 1、2、5 和 8 mm 四种规格，放置于轨下垫板与轨枕承轨面之间，如图 4-40 所示。

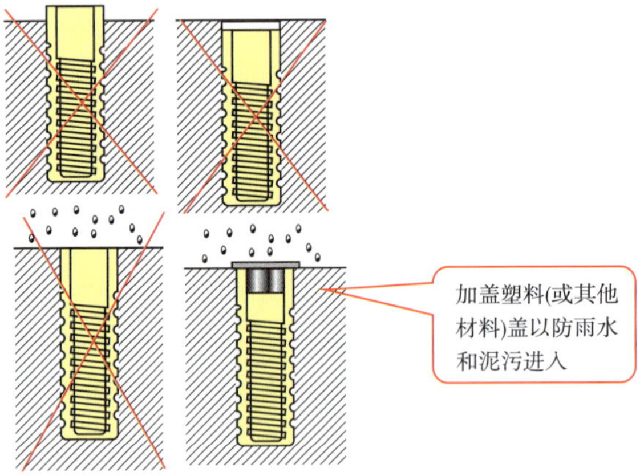

图 4-39　弹条Ⅴ形扣件预埋套管

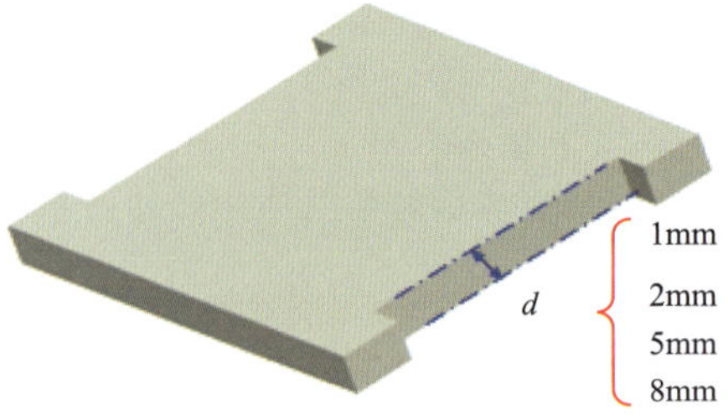

图 4-40　轨下调高垫板

（二）作业程序与要领

1. 安装前准备

（1）按以上要求选择并准备合适类型的弹条（W2 型或 X3 型）和合适类型的轨下垫板（橡胶垫板 RP5 或复合垫板 CRP5）。

（2）适当准备弹条Ⅰ型扣件 A 型弹条，以备用于钢轨接头处。

（3）根据表 4-3 选择并准备 4 号和 6 号轨距挡板，并适当准备 3 号、5 号和 7 号轨距挡板，以备轨距不合适时调整轨距之用。

表 4-3　轨距挡板号码配置表

轨距调整量（mm）	左股钢轨		右股钢轨		轨距调整量（mm）	左股钢轨		右股钢轨	
	外侧轨距挡板	内侧轨距挡板	内侧轨距挡板	外侧轨距挡板		外侧轨距挡板	内侧轨距挡板	内侧轨距挡板	外侧轨距挡板
-8	8	2	2	8	-1	4	6	5	5
-7	7	3	2	8	0	4	6	6	4
-6	7	3	3	7	+1	3	7	6	4
-5	6	4	3	7	+2	3	7	7	3
-4	6	4	4	6	+3	2	8	7	3
-3	5	5	4	6	+4	2	8	8	2
-2	5	5	5	5					

（4）清除轨枕承轨面和轨底的泥污，如图 4-41、图 4-42 所示。

（5）摘除预埋套管上的塑料（或其他材料）盖，如图 4-43 所示。

2. 安装顺序及要求

（1）铺设轨下垫板，如图 4-44 所示。

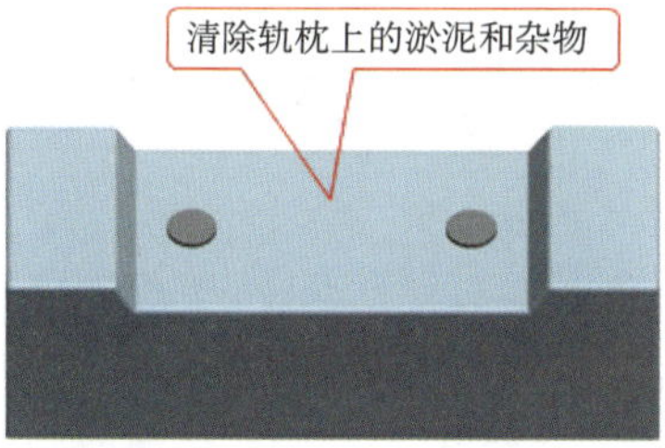

图 4-41　清除轨枕承轨面泥污

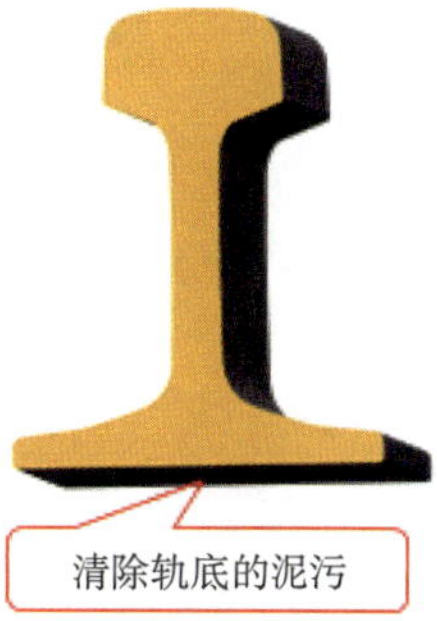

图 4-42　清除轨底泥污

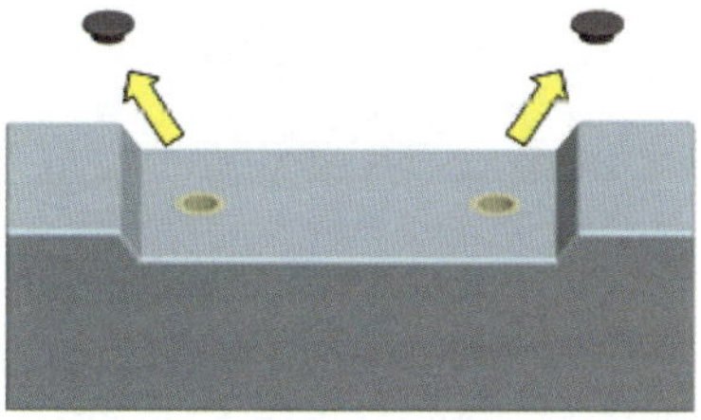
图 4-43　摘除预埋套管上塑料（或其他材料）盖

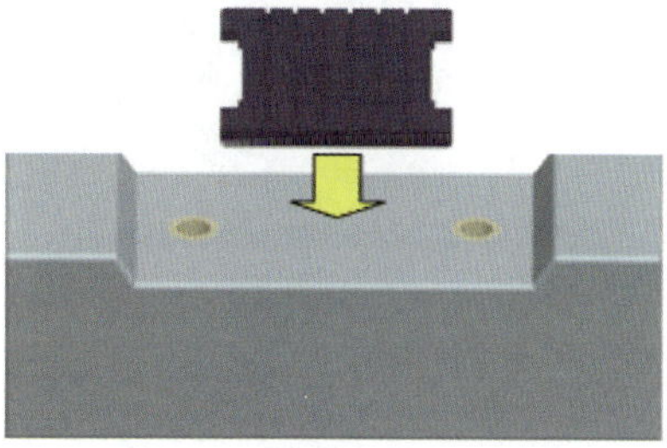
图 4-44　铺设轨下垫板

将轨下垫板放在承轨面的中间位置，垫板的凸缘应扣住承轨面，如图 4-45 所示。

(2)铺设钢轨，如图 4-46 所示。

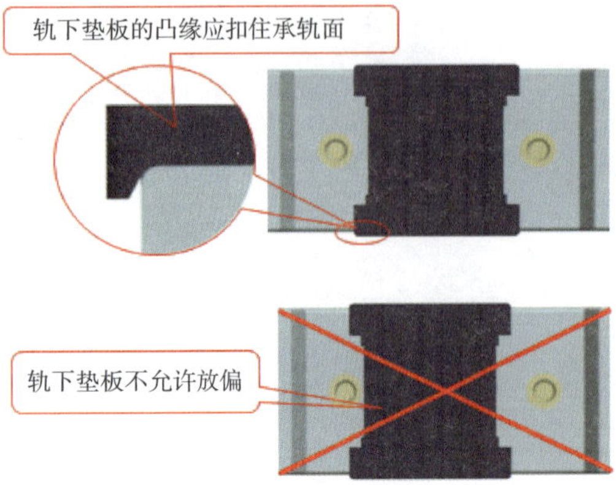

图 4-45 轨下垫板安置

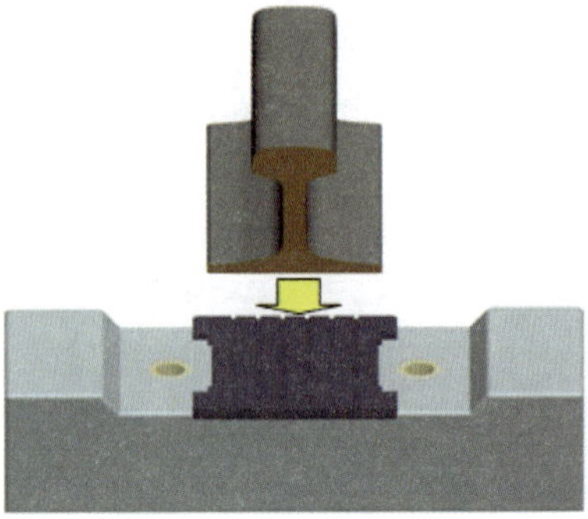

图 4-46 铺设钢轨

(3)安装轨距挡板，按表 4-5 所列、图 4-47 所示选择合适规格的轨距挡板，进行安装，如图 4-48 所示。

轨距挡板应放置在轨下垫板两边之间，不得压住轨下垫板，如图 4-49 所示。

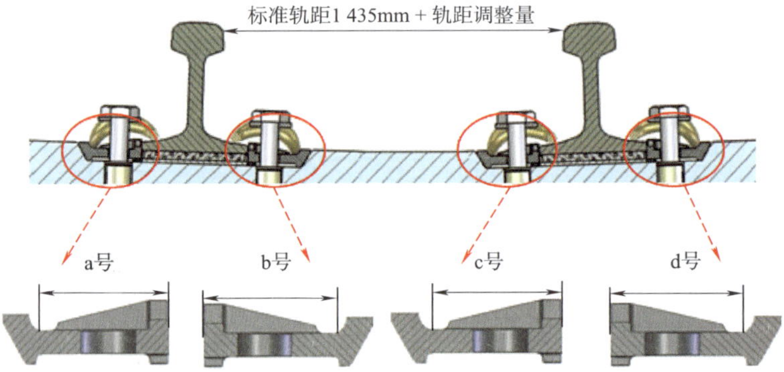

图 4-47 选择合适轨距挡板

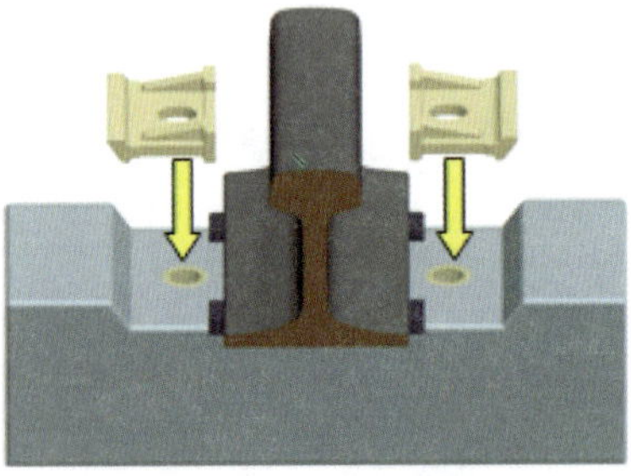

图 4-48 安装轨距挡板

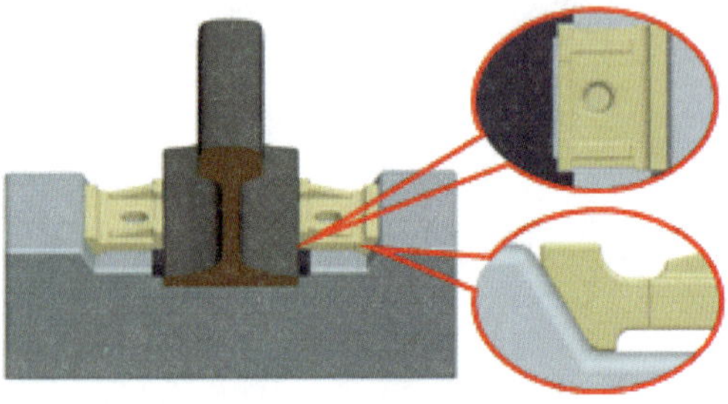

图 4-49 正确安装轨距挡板

若因钢轨、轨枕和轨距挡板的制造偏差，安设规定号码的轨距挡板不能满足轨距要求或轨距挡板不能安装入位时，可根据实际情况予以调换，不得猛烈敲击使其入位，如图 4-50 所示。

(4)安装弹条,如图 4-51 所示。

图 4-50　错误安装轨距挡板

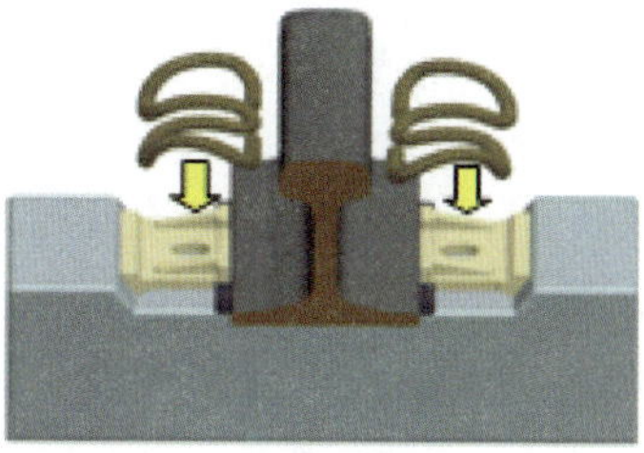

图 4-51　安装弹条

将螺旋道钉套上平垫圈,螺纹部分涂满铁路专用防护油脂,如图 4-52 所示。
拧入套管,紧固弹条,如图 4-53 所示。

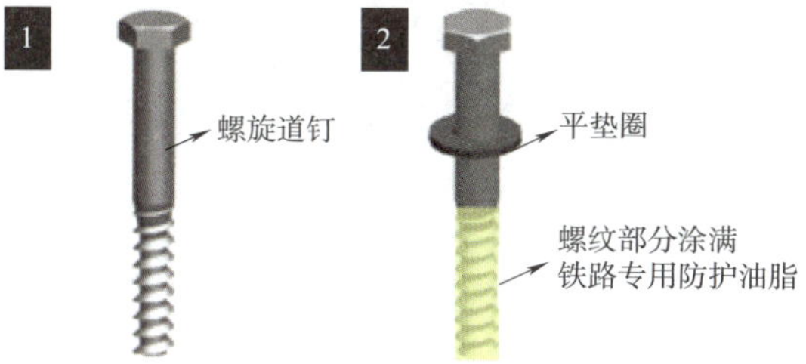

图 4-52　涂防护油脂

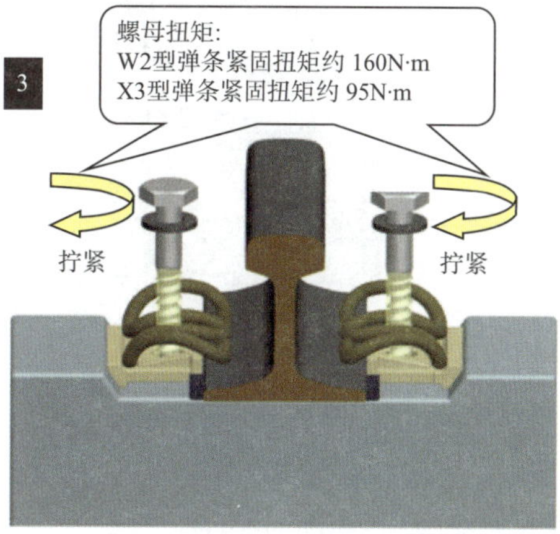

图 4-53　拧紧螺母

弹条的紧固以弹条中部前端下颚与钢轨不宜接触,两者间隙不得大于 0.5 mm 为准,如图 4-54 所示,此时紧固扭矩如表 4-4 所示。

(5)在钢轨接头处,当在小号码轨距挡板上安装 W2 型弹条和 X3 型弹条有困难时,应安装弹条Ⅰ型扣件 A 型弹条,如图 4-55 所示。

表 4-4　紧固扭矩值

弹条类型	W2 型弹条	X3 型弹条
紧固扭矩(N·m)	约 160	约 95

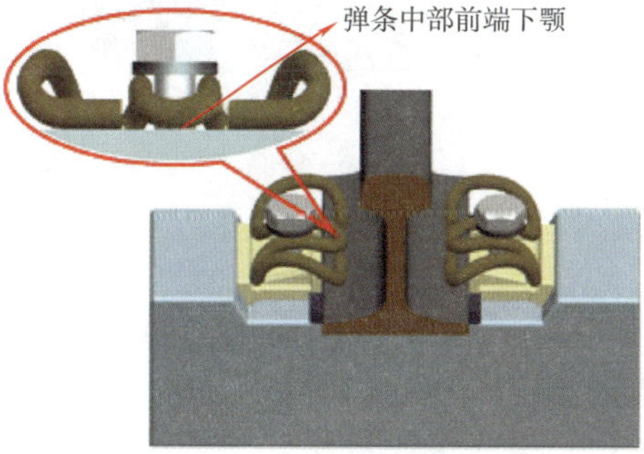

图 4-54　弹条就位正确位置

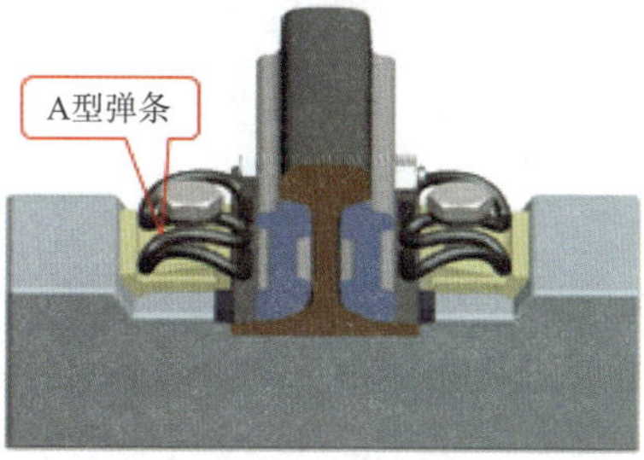

图 4-55　钢轨接头处弹条安装

(6)检查轨距和轨向,如有不适,按规定调换不同号码的轨距挡板。

(三)注意事项

1. 运营初期应注意观察扣件和轨枕的使用情况,如因轨下垫板压缩残变引起扣件松弛,应及时复拧。发现有轨枕空吊、高低和水平不平顺或三角坑时,应及时进行起道捣固,如遇有少量高低和水平不平顺难以进行起道捣固作业时,可以垫入调高垫板,如图 4-56 所示。

作业时,应提升钢轨,在轨下垫板下放入调高垫板并使其边耳卡住轨距挡板,如图 4-57 所示。

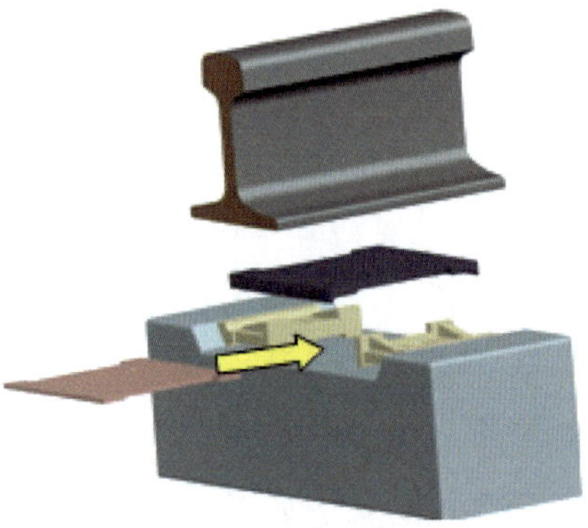

图 4-56 钢轨下垫入调高垫板

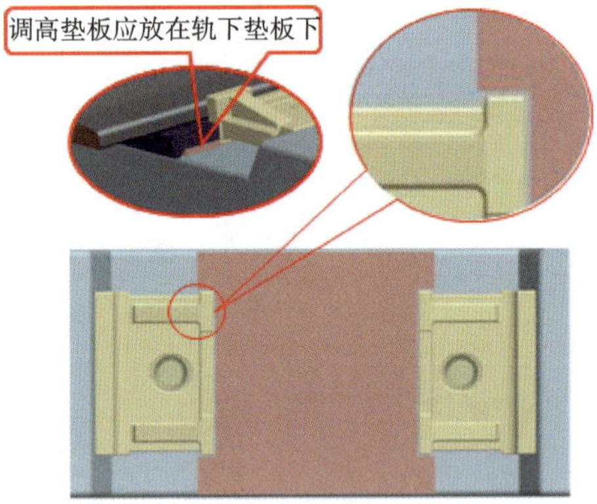

图 4-57 调高垫板正确安放

2. 调高垫板应放在轨下垫板下,放入的调高垫板总厚度不得大于 10 mm,调高垫板的数量不得超过两块,如图 4-58 所示。

轨距挡板应放置在调高垫板和轨下垫板两边耳之间,不得压住调高垫板或轨下垫板,如图 4-59 所示。

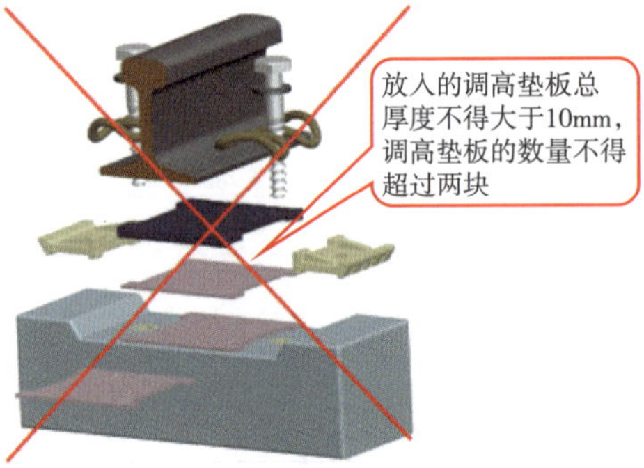

图 4-58 调高垫板安装要求

图 4-59 调高垫板安装要求

3. 使用中如发现扣件部件损坏应及时更换。

4. 在进行大型养路机械起道捣固作业前,应将调高垫板全部取下。起道捣固作业完成后,如个别地段钢轨高低和水平有少量不平顺时,可按以上方法放入调高垫板。

5. 如遇需要卸下螺旋道钉的情况时,应避免泥污进入预埋套管。

三、FC 型扣件安装作业

（一）部件规格及安装要求

1. 弹条（带绝缘帽）

FC 型扣件弹条分 FC1504 型、FC1502 型和 FC1306 型三种，如图 4-60 所示。其中，FC1504 型和 FC1306 型弹条分别配用 8494 型和 12133 型绝缘帽，且出厂时已将绝缘帽装配在相应的弹条上；FC1502 型弹条不安装绝缘帽。

(a) FC1504 型弹条　(b) FC1502 型弹条　(c) FC1306 型弹条

图 4-60　弹条形式

一般地段安装 FC1504 型弹条，钢轨绝缘接头处安装 FC1502 型弹条，小纵向阻力地段安装 FC1306 型弹条。FC1504 型和 FC1502 型弹条的直径为 15 mm，FC1306 型弹条的直径为 13 mm。FC1504 型弹条防锈涂料为红色，配用的 8494 型绝缘帽为白色；FC1306 型弹条防锈涂料为红色，配用的 12133 型绝缘帽为蓝色；FC1502 型弹条为黄色，且绝缘帽不安装在弹条上。

2. 预埋底座

该部件预先埋设于轨枕中，埋设精度应满足图 4-61 所示的要求。

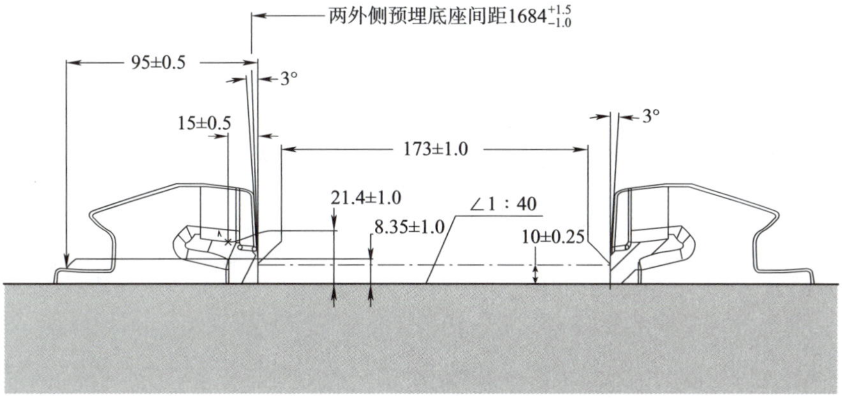

图 4-61　FC 型扣件预埋件埋设精度图（单位：mm）

3. 绝缘轨距挡块

绝缘轨距挡块（以下简称轨距挡块）共有 10 个规格，如图 4-62 所示，即 6 mm 厚度的 8691 型、7 mm 厚度的 9816 型、8 mm 厚度的 7551 型、9 mm 厚度的 8272 型、10 mm 厚度的 8690 型、11 mm 厚度的 8274 型、12 mm 厚度的 8102 型、13 mm 厚度的 8277 型、14 mm 厚度的

9556 型和 15 mm 厚度的 8999 型。标准轨距时同一轨底内外两侧分别采用 10 mm 厚度 8690 型和 11 mm 厚度 8274 型，安装时两两配对安装。

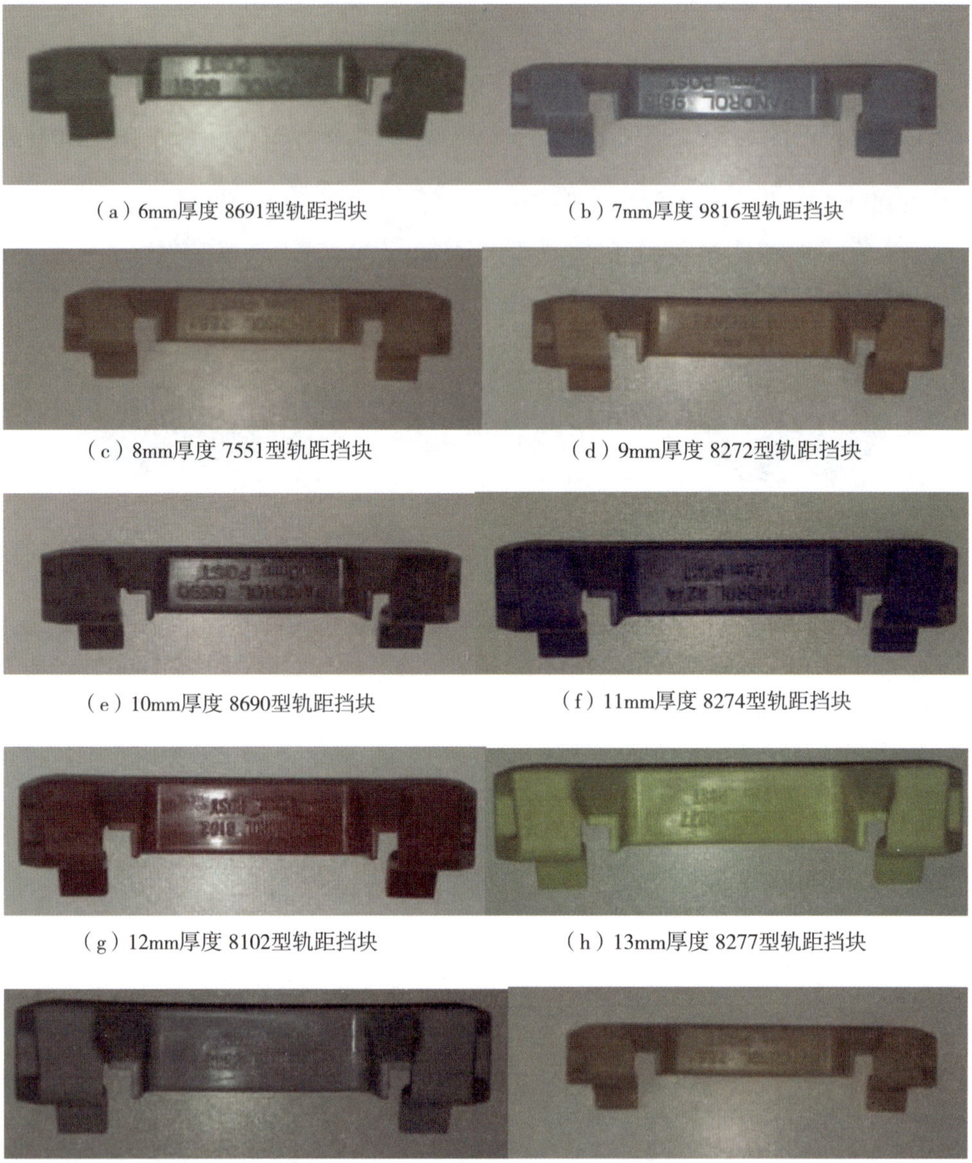

(a) 6mm厚度 8691型轨距挡块　(b) 7mm厚度 9816型轨距挡块

(c) 8mm厚度 7551型轨距挡块　(d) 9mm厚度 8272型轨距挡块

(e) 10mm厚度 8690型轨距挡块　(f) 11mm厚度 8274型轨距挡块

(g) 12mm厚度 8102型轨距挡块　(h) 13mm厚度 8277型轨距挡块

(i) 14mm厚度 9556型轨距挡块　(j) 15mm厚度 8999型轨距挡块

图 4-62　FC 型扣件绝缘轨距挡块

4. 钢轨绝缘接头处使用的覆盖板和绝缘套

在钢轨绝缘接头处，需使用覆盖板和绝缘套，如图 4-63 所示。

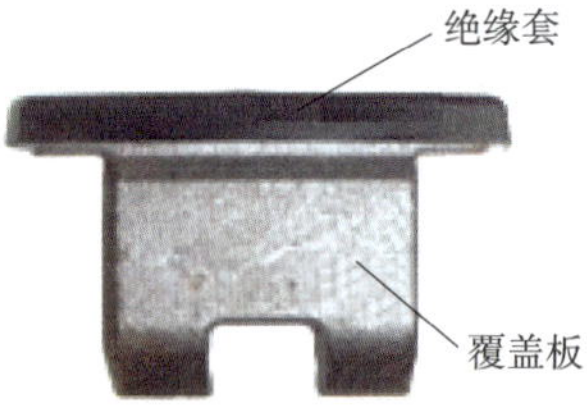

图 4-63　覆盖板和绝缘套

5. FC 型扣件的扣入位置

FC 型扣件共有三个扣入位置：扣紧工作位、预扣位和轨距挡块更换位，如图 4-64 所示。

扣件安装到位后，弹条所处的位置为扣紧工作位，此时，弹条通过自身变形，提供扣压力。扣件在预组装状态下，弹条所处的位置即为预扣位，此时，扣件各部件被弹条牢固地扣紧在轨枕上。当需要进行应力放散及安装和更换钢轨时，可将弹条退至预扣位。当需要更换轨距挡块时，弹条将被退回至预埋底座后部挡位，即轨距挡块更换位，此时，弹条及绝缘帽仍旧扣紧在预埋底座中，但位于轨底侧边的轨距挡块可被取出和更换。

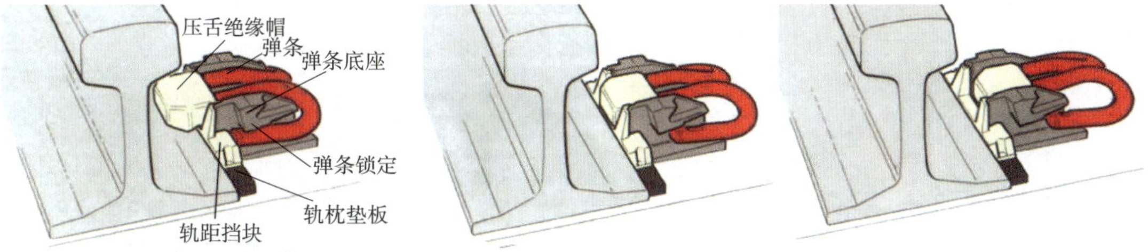

(a) 扣紧工作位　(b) 预扣位　(c) 轨距挡板更换位

图 4-64　FC 型扣件的扣入位置

（二）FC 型扣件预组装

1. 预组装前的准备工作

（1）准备 10 mm 与 11 mm 厚度的轨距挡块。

（2）准备 FC1504 型弹条。若轨枕所用地段有小纵向阻力要求，应适当准备 FC1306 型弹条。

（3）上道轨枕中预埋底座的埋设位置必须准确。凡预埋底座埋设位置歪斜、埋设高度、同一侧两预埋底座的间距或两外侧预埋底座间距不符合规定的轨枕不得上道。

（4）检查轨枕承轨面，不应有裂纹。清除轨枕两侧预埋底座间承轨面和预埋底座前表面的泥渣和砂浆残余。

2. 预组装顺序

（1）安装轨距挡块

在清洁的承轨面和预埋底座上，安设 10 mm 和 11 mm 厚度的轨距挡块。其中，钢轨外侧安设 10 mm，内侧安设 11 mm 厚度的轨距挡块。放置轨距挡块后，用一个软面锤子把他们敲到位，到位后的轨距挡块应扣住预埋底座。安设时，严禁使用硬面锤子或其他硬物猛烈敲击，使轨距挡块入位，如图 4-65 所示。

若因钢轨、轨枕和轨距挡块的制造偏差，安设规定号码的轨距挡块不能满足轨距要求或轨距挡块不能安装入位时，可根据实际情况予以调换。

（2）铺设橡胶垫板

将橡胶垫板置放在承轨槽内，确保橡胶垫板每个角的伸出部位适合轨距挡块形成的凹空位置，如图 4-66 所示。

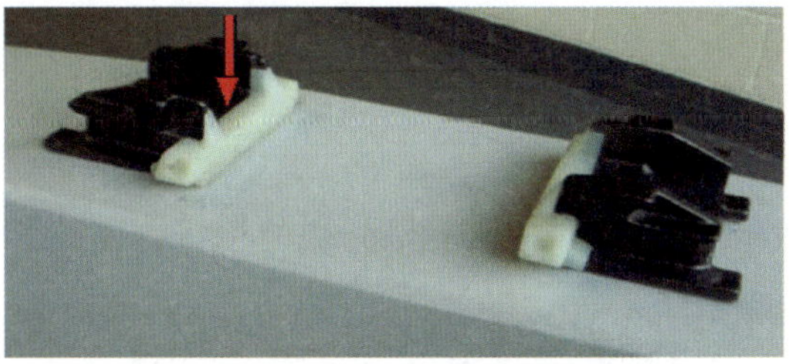

图 4-65　安装轨距挡块

图 4-66　铺设橡胶垫板

(3)安装弹条

安装弹条前,再次检查轨距挡块的位置,确保已经安装到位。将弹条放置到预埋底座上,使之可随时扣入到"预扣位",如图 4-67 所示。然后,使用专用工具进行弹条预组装,把工具放在弹条和预埋底座上,并使工具爪头抓住预埋底座相应位置,如图 4-68 所示。拉动手柄,确保弹条绝缘帽接触到"止位",此时,弹条被安装至"预扣位"。此外,预组装过程也可以在轨枕厂实现机械化。

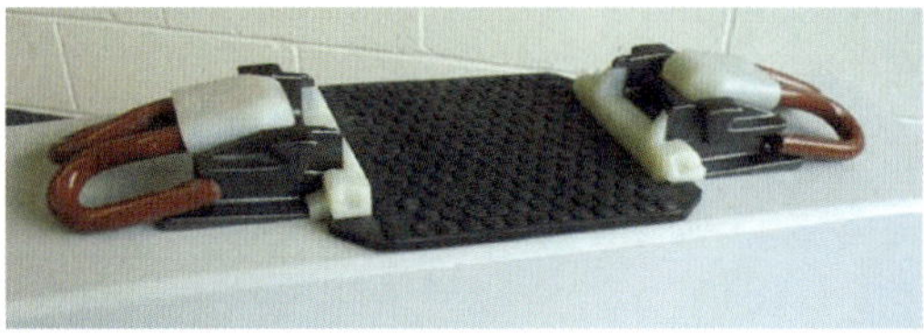

图 4-67　放置弹条

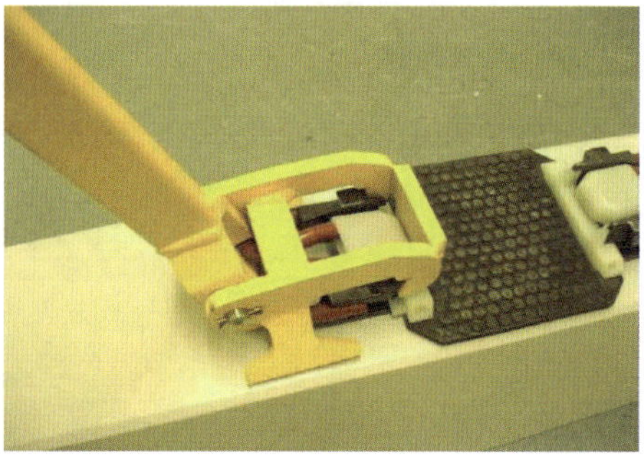

图 4-68　安装弹条

已经完成的预组装后的扣件,弹条处在"预扣位",其余所有零部件均应被弹条稳扣在位。预组装完成后,可在承轨槽内放置合适高度的木块(一般至少高 65 mm),然后堆放轨枕,以防止在运送和装卸过程中由于撞击等引起的预埋底座破损。

(三)作业程序与要领

1. 安装前准备

(1)检查轨枕上已预组装的扣件,确保扣件系统没有出现零部件丢失或破损等现象。

(2)检查轨枕铺设情况。轨枕应对平对正,以方便进行扣件的安装。

(3)钢轨轨底应该清理干净,不带有任何泥污等杂物。

2. 安装顺序及要求

(1)铺设钢轨

将钢轨放置在预组装后的承轨槽中。由于承轨槽上有橡胶垫板的存在,钢轨只有在被滑动滚轮支撑起时,才能在承轨槽内拖动。若钢轨无法坐入槽中可能是由于两边的轨距挡块"弓起"或被向前挪动引起的,应将钢轨顶起,然后将轨距挡块正确放置到位。

(2)检查扣件系统部件与钢轨轨底之间的相对位置

钢轨放置在承轨槽内后,钢轨、橡胶垫板、轨枕承轨面之间,以及轨距挡块与预埋底座间均应密贴。此外,需检查扣件系统各部件与钢轨轨底之间的相对位置。

钢轨轨底上表面应与承轨槽两侧轨距挡块的上表面基本持平,如图 4-69 所示,确保下一步安装时弹条能够顺利进入扣紧工作位。若钢轨轨底上表面应与承轨槽两侧轨距挡块的上表面之间存在较大的高度偏差,如图 4-70 所示,将会导致弹条非常难以进入扣紧工作位,并严重影响弹条扣压力。如将弹条强行挤入,甚至会导致绝缘帽严重破损。此时,应使用轨枕提升器将轨枕提起,进行弹条安装。

将轨枕提升器夹钳打开,使夹钳锁紧在预埋底座上,同时,将工具的另一"钩"置于轨顶上,向前推动手柄,轨枕便会被提起,如图 4-71 所示。

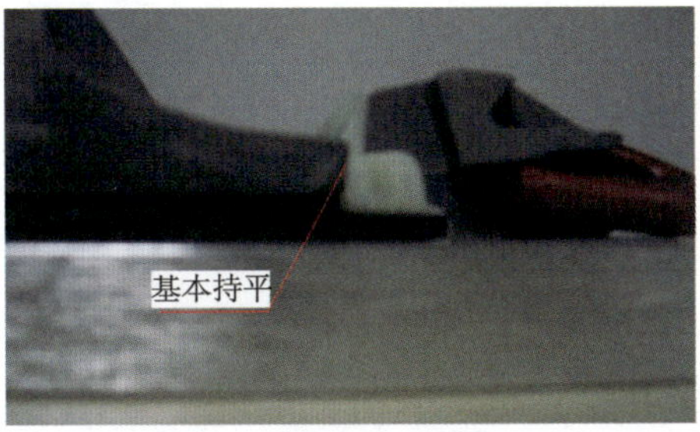

图 4-69 正确安装

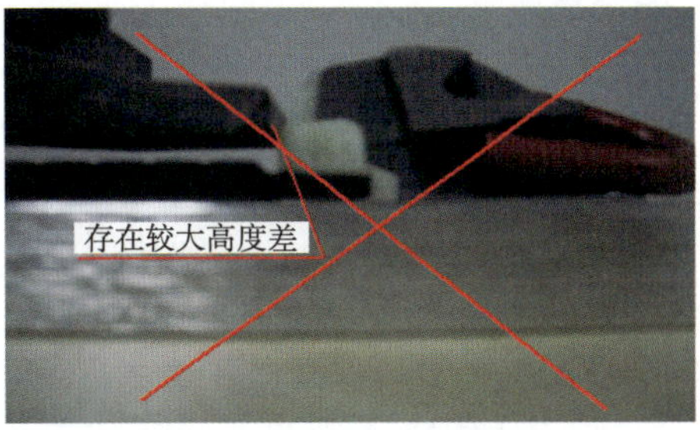

图 4-70 不正确安装

图 4-71 提起轨枕

实际施工时，需两人在轨枕两外侧同时使用轨枕提升器，将位置偏低的轨枕提起。此时，将轨枕两内侧的弹条从预扣位推入扣紧工作位，然后松开轨枕提升器，再将该轨枕两外侧的弹条安装到位。

(3)安装弹条

FC 型扣件弹条安装可选用手工工具安装、半自动化设备安装和全自动化设备安装等方式。以下以手工工具安装为例阐述 FC 扣件弹条安装的方法。

使用专用的弹条安装工具进行安装，将弹条从预扣位置挤入扣紧的工作位置。

安装时，将安装工具前爪钩抓住预埋底座的上前部，用力拉动手柄，直到将弹条彻底顶进。完全安装到位的弹条，两侧的底脚应可顶住轨底侧面的轨距挡块，如图 4-72 所示。

图 4-72 安装弹条

3. 小纵向阻力地段和绝缘接头处扣件安装

对小纵向阻力地段，若预组装时已将弹条换成 FC1306 型弹条，则可直接进行安装，方法与普通地段一致；若预组装时使用的是 FC1504 型弹条，则可将其卸下，并安装上 FC1306 型弹条即可(其余部件不用更换)。

对钢轨绝缘接头处,需将已经预组装的 FC1504 型弹条卸下,并换上 FC1502 型弹条以及配套使用的覆盖板和绝缘套。具体安装方法和步骤如下:

(1)将绝缘套装配到覆盖板前端。

(2)将覆盖板扣在预埋底座上,并注意有字面朝下。装有绝缘套的一端压在绝缘接头处钢轨轨底上表面,另一端刚好可卡入预埋底座。

(3)将 FC1502 型弹条摆放在预埋底座上,并用工具将弹条推入扣紧工作位。此时,覆盖板在弹条扣压力作用下扣紧绝缘接头处钢轨轨底。安装到位后,弹条前端应紧抵轨底两侧的轨距挡块,如图 4-73 所示。

图 4-73 绝缘接头处扣件安装

4. 线路应力放散和 FC 型扣件的拆卸

当线路需要应力放散或需要对 FC 型扣件进行拆卸时,可按照如下步骤进行操作(图 4-74):

(1)将专用的拆卸工具放在预埋底座上,工具的"顶出头"处在弹条绝缘帽的前方,并使手柄位置与安装时相反。

(2)向前推动手柄,直至弹条推出至"止位环"的极限位置(即弹条的预扣位)。这是应力放散需要的位置。此时,钢轨可自由移动,但所有的组件均保持在位。

(3)继续推动手柄,并将"止位环"抬起,可将弹条继续退出。首先推到可进行"轨距挡块更换"的位置,再推,便可弹条完全退出,脱离预埋底座。

图 4-74 FC 扣件拆卸

5. FC 型扣件的安装调整

(1)检查轨距,如有不适,须用专用拆卸工具将弹条退至"轨距挡块更换"位。

(2)根据所检查的轨距调整量,对照表 4-5,更换不同厚度的轨距块。

(四)注意事项

1. 运营初期应注意观察扣件和轨枕的使用情况,发现有轨枕空吊、高低和水平不平顺或三角坑时,应及时进行起道捣固,不得使用调高垫板进行钢轨调高作业。

2. 使用中如发现扣件部件损坏应及时更换。如果预埋底座遭到破坏，可采用现场修复工艺，该修复技术采用一套空心钻装置和环氧树脂灌浆方式来替换原有的底座锚固。

3. 在进行无缝线路应力放散时，须用专用拆卸工具或采用有关方法，将弹条退至“预扣”位。

4. 在任何情况下，扣件系统周围应留有足够的空间，以防扣件被各种设备偶然相撞。

表 4-5　FC 型扣件轨距调整量表

轨距调整量(mm)	左股钢轨(mm)		右股钢轨(mm)		轨距调整量(mm)	左股钢轨(mm)		右股钢轨(mm)	
	外侧轨距挡板	内侧轨距挡板	内侧轨距挡板	外侧轨距挡板		外侧轨距挡板	内侧轨距挡板	内侧轨距挡板	外侧轨距挡板
−8	14	7	7	14	+1	9	12	11	10
−7	13	8	7	14	+2	9	12	12	9
−6	13	8	8	13	+3	8	13	12	9
−5	12	9	8	13	+4	8	13	13	8
−4	12	9	9	12	+5	7	14	13	8
−3	11	10	9	12	+6	7	14	14	7
−2	11	10	10	11	+7	6	15	14	7
−1	10	11	10	11	+8	6	15	15	6
0	10	11	11	10					

四、WJ-7 型扣件安装作业

(一)部件规格及安装要求

1. 弹条

弹条分两种，即一般地段使用的 W1 型和桥上可能使用的 X2 型，W1 型弹条的直径为 14 mm，X2 型弹条的直径为 13 mm，如图 4-75 所示。

2. 轨下垫板

轨下垫板分 A、B 两类。A 型用于兼顾货运的客运专线。B 类用于客运专线。每一类又分一般地段使用的橡胶垫板和桥上可能使用的复合垫板两种，如图 4-75 所示。

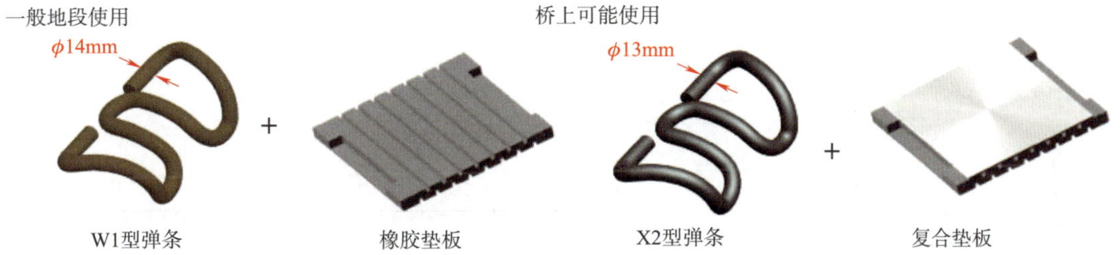

图 4-75　弹条与垫板图

桥上需要降低线路阻力时，可采用 X2 型弹条并配用复合垫板，此时每组扣件的钢轨纵向阻力为 4 kN。

3. 预埋套管

该部件预先埋设于轨枕或轨道板中，埋设精度应满足图 4-76 所示的要求，且预埋套管顶面应与轨枕或轨道板承轨面齐平，如图 4-77 所示。预埋套管埋设后，应加盖塑料（或其他材料）盖以防雨水和泥污进入。

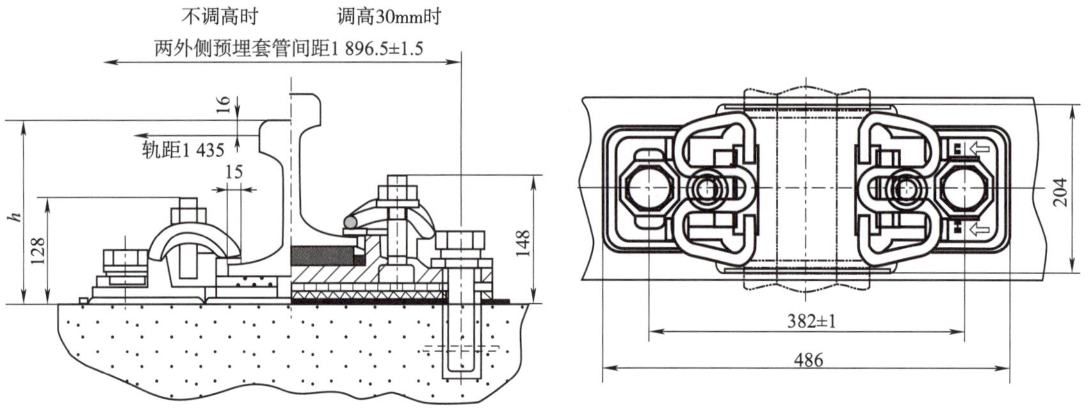

WJ-7 型扣件预埋套管埋设精度

轨下垫板类型	WJ7-A 橡胶垫板	WJ7-A 复合垫板	WJ7-B 橡胶垫板	WJ7-B 复合垫板
h	211	212.2	213	214.2

图 4-76　预埋套管埋设精度（单位：mm）

4．调高垫板

调高垫板分轨下调高垫板和铁垫板下调高垫板两种，分别放置于轨下垫板与铁垫板之间和铁垫板与绝缘缓冲垫板之间。轨下调高垫板按厚度分为 1、2、5 和 8 mm 四种规格；铁垫板下调高垫板按厚度分为 5 和 10 mm 两种规格，如图 4-78 所示。

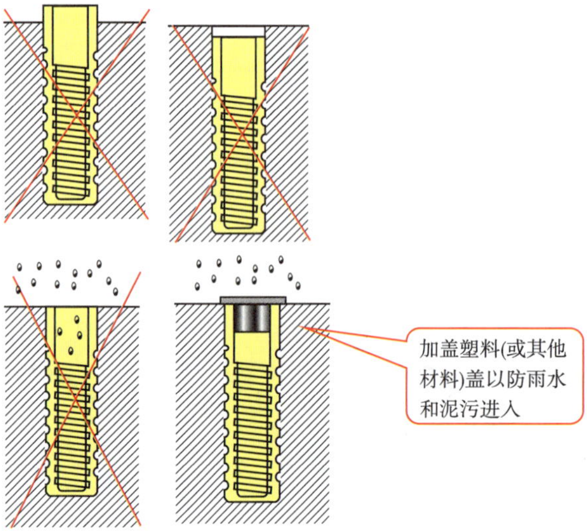

图 4-77　预埋套管

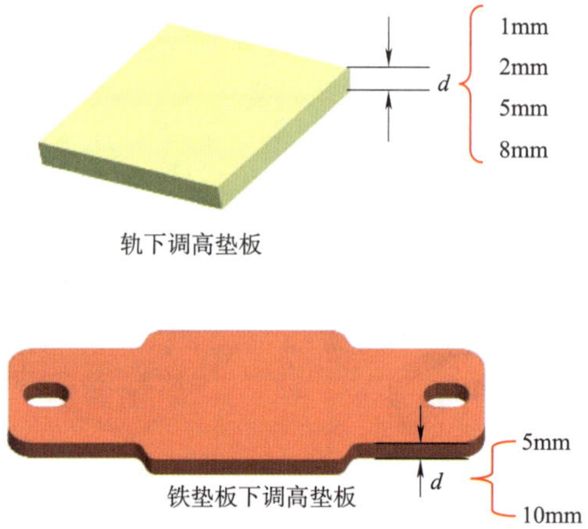

图 4-78　调高垫板尺寸

（二）作业程序与要领

1．安装前准备

（1）按以上要求选择并准备合适类型的弹条（W1 型或 X2 型）和合适类型的轨下垫板（A

类或 B 类橡胶垫板或复合垫板）。

（2）适当准备轨下调高垫板，以备微量调整钢轨高低之用。

（3）清除轨枕或轨道板承轨面和轨底的泥污，如图 4-79 所示。

（4）摘除预埋套管上的塑料（或其他材料）盖，如图 4-80 所示。

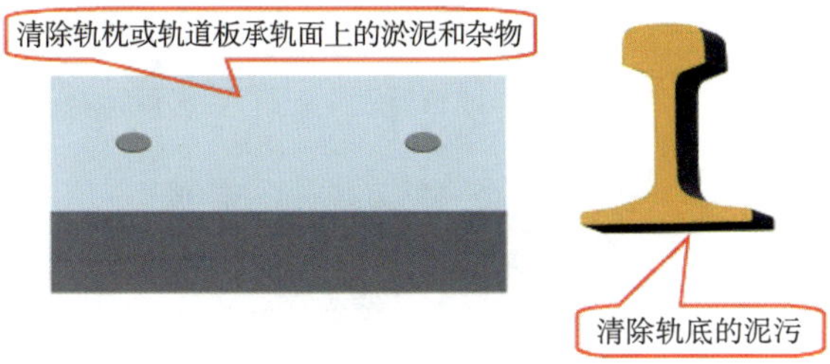

图 4-79　轨枕或轨道板承轨面和轨底泥污

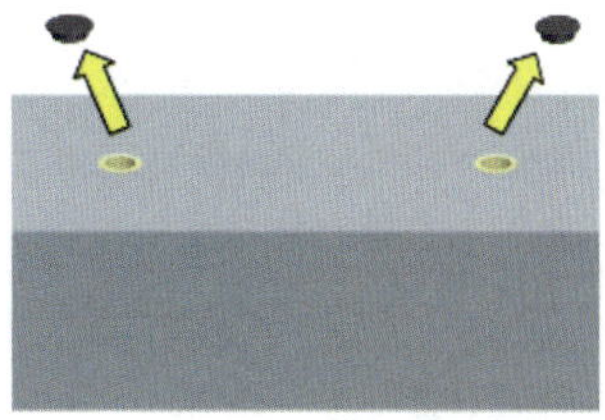

图 4-80　预埋套管上塑料盖

2. 安装顺序及要求

（1）铺设绝缘缓冲垫板，使垫板孔与预埋套管孔对中，如图 4-81 所示。

（2）安放铁垫板，使轨底坡朝向轨道内侧（按铁垫板上的箭头方向）。铁垫板的螺栓孔中心应与预埋套管中心对正，如图 4-82 所示。

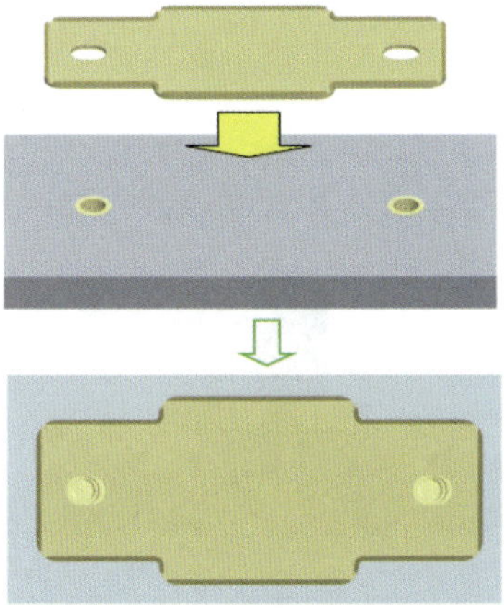

图 4-81　垫板孔与预埋套管孔对中

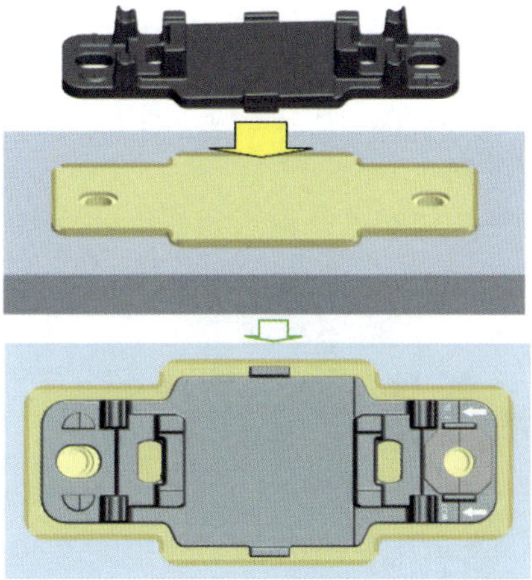

图 4-82　螺栓孔中心与预埋套管中心对正

单根轨枕上安装两块铁垫板，如图 4-83 所示。

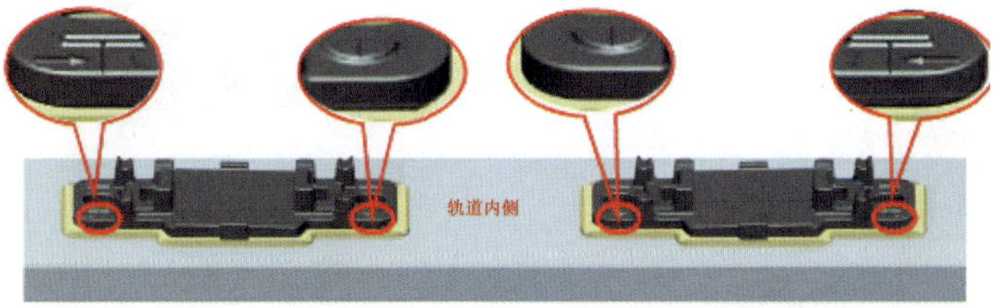

图 4-83　单根轨枕上安装两块铁垫板效果图

（3）将平垫块放在铁垫板上，并使平垫块距圆孔中心较长一侧朝内，如图 4-84 所示。

（4）将锚固螺栓套上弹簧垫圈，并将螺纹部分涂满铁路专用防护油脂，旋入预埋套管中。在锚固螺栓拧紧前调整铁垫板位置使铁垫板上标记线与平垫块上的标记线对齐，如图 4-85 所示。

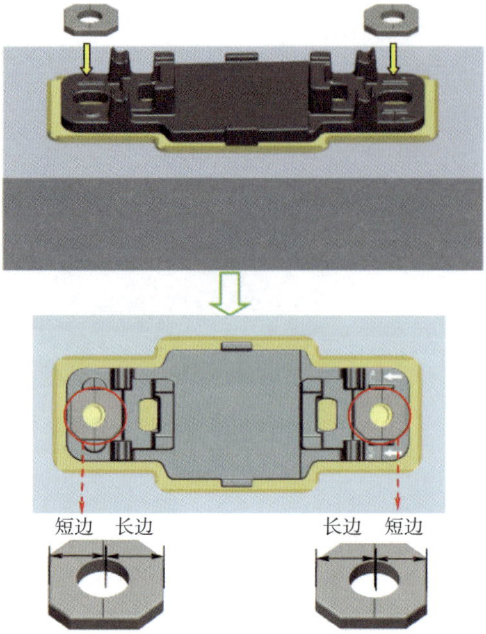

图 4-84 平垫块与铁垫板

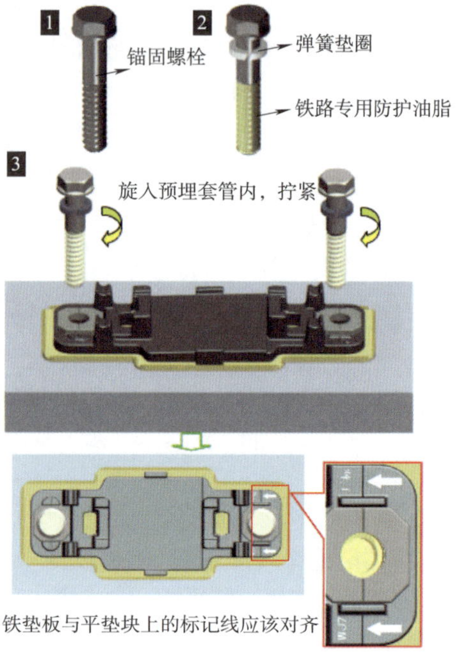

图 4-85 拧紧锚固螺栓

(5)将轨下垫板安放在铁垫板承轨面上，如图 4-86 所示。

(6)铺设钢轨。

(7)将绝缘块安放在钢轨和铁垫板挡肩之间，不得猛烈敲击使其入位，如图 4-87 所示。

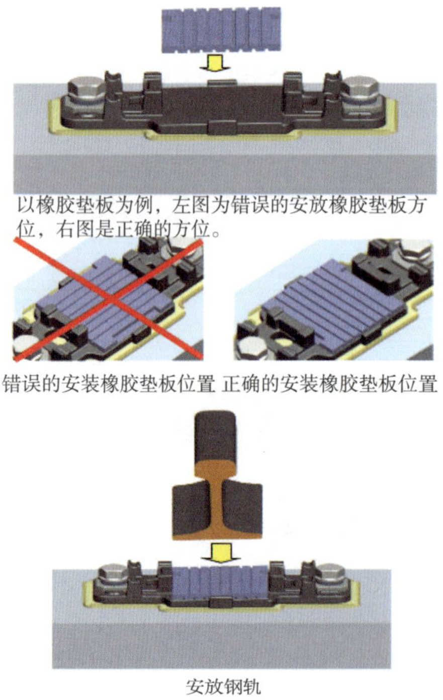

图 4-86 安放轨下垫板

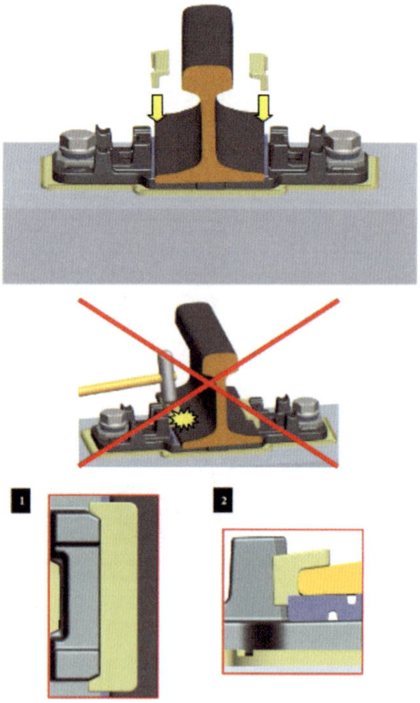

图 4-87 安放绝缘块

(8)安放 T 形螺栓,如图 4-88 所示。

将 T 形螺栓头部插入铁垫板底部后旋转 90°,然后上提使 T 形头完全嵌入槽中,具体的过程如下:

①T 形螺栓头部按照图 4-89 所示角度,插入铁垫板。

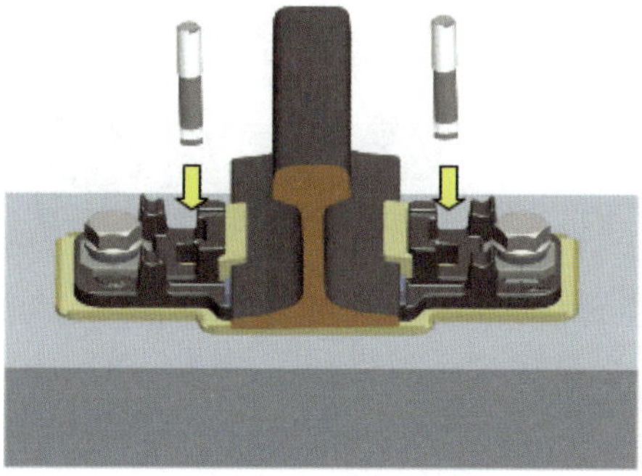

图 4-88　安放 T 形螺栓

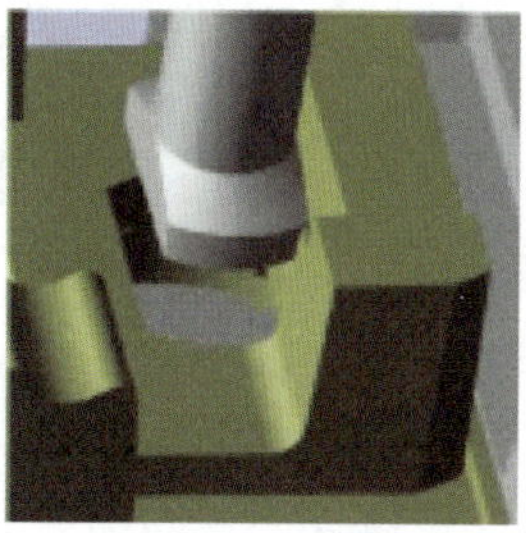

图 4-89　插入 T 形螺栓

②T 形螺栓头部插入铁垫板后,按顺时针方向旋转 T 形螺栓 90°,螺栓头部到预定位置,然后上提使 T 形头完全嵌入槽中,如图 4-90 所示。

图 4-90　T 形螺栓安装

(9)安放弹条及垫圈

①安放弹条,如图 4-91 所示。

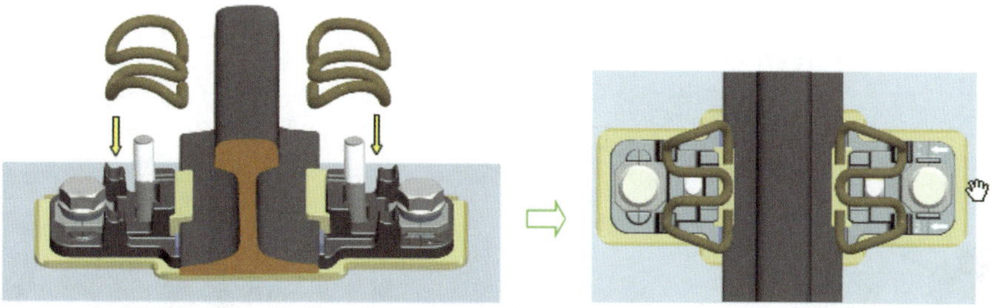

图 4-91　安放弹条

②安放平垫圈和拧紧螺母,在 T 形螺栓的螺纹部分涂油,然后紧固弹条,如图 4-92 所示。

③弹条的紧固以弹条中部前端下颚与绝缘块不宜接触,两者间隙不得大于 0.5 mm 为准,如图 4-93 所示,此时紧固扭矩如表 4-6 所示。

表 4-6　紧固扭矩值

弹条类型	W1 型弹条	X2 型弹条
紧固扭矩(N·m)	约 120	约 80

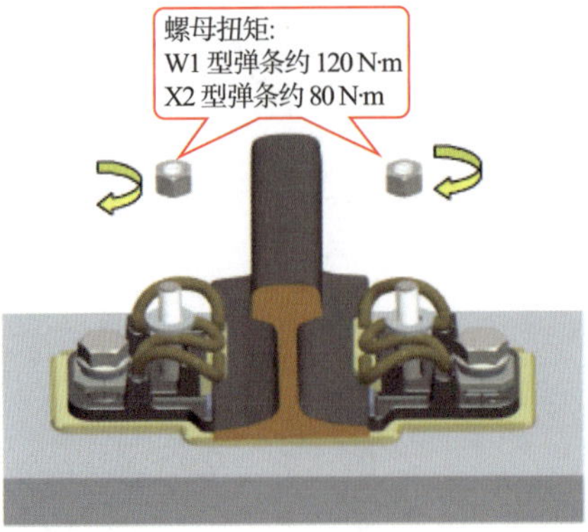

图 4-92 安放平垫圈

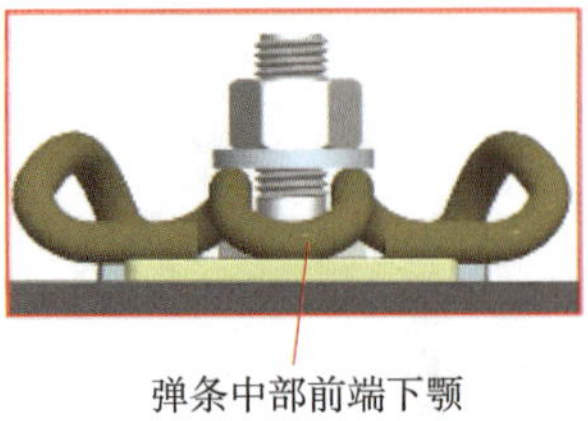

图 4-93 紧固弹条

(10)调整轨距和轨向,如图 4-94 所示。

①检查轨距和轨向,如有不适,调整轨距的步骤如图 4-95 所示。

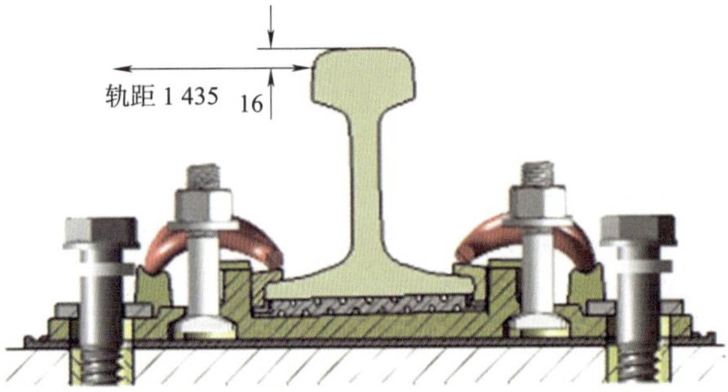

图 4-94 调整轨距和轨向(单位:mm)

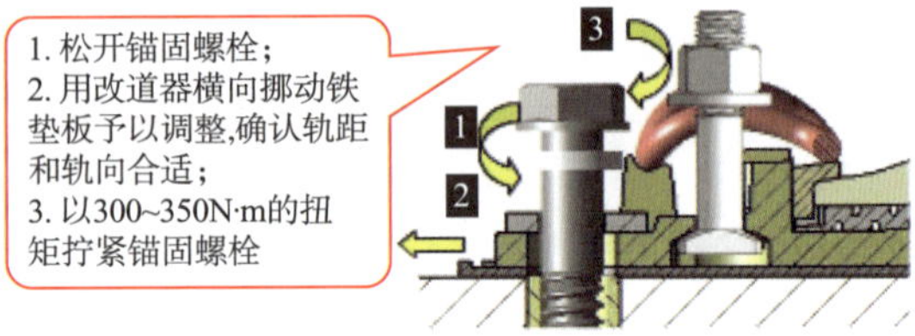

图 4-95 调整轨距

②若出现卡阻时,如图 4-96 所示,按图 4-97 所示步骤进行操作。

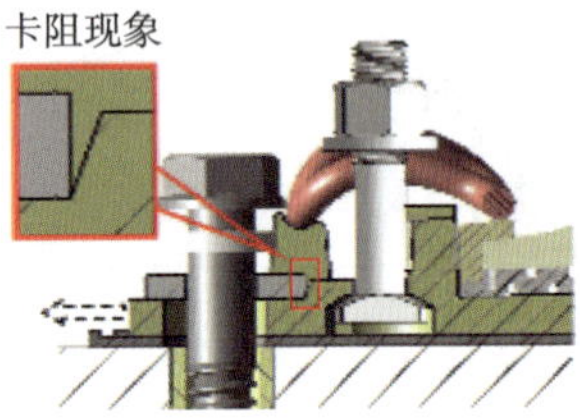

图 4-96 卡阻现象

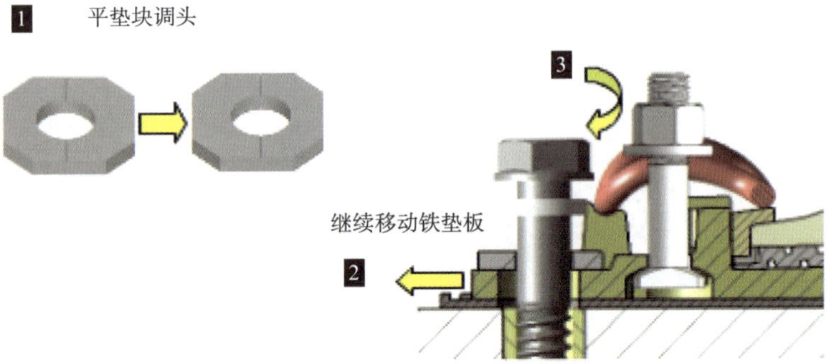

图 4-97 调整卡阻

(11)检查钢轨空吊、高低和水平,如有不适,用轨下调高垫板进行钢轨高度调整。此时应松开弹条,提升钢轨,在轨下垫板下放轨下调高垫板,钢轨落下后,再拧紧弹条。

(12)轨下调高垫板应放在轨下垫板下,放入的轨下调高垫板总厚度不得大于 10 mm,轨下调高垫板的数量不得超过两块,并应把最薄的轨下调高垫板放在下面,以防轨下调高垫板窜出,如图 4-98、图 4-99 所示。

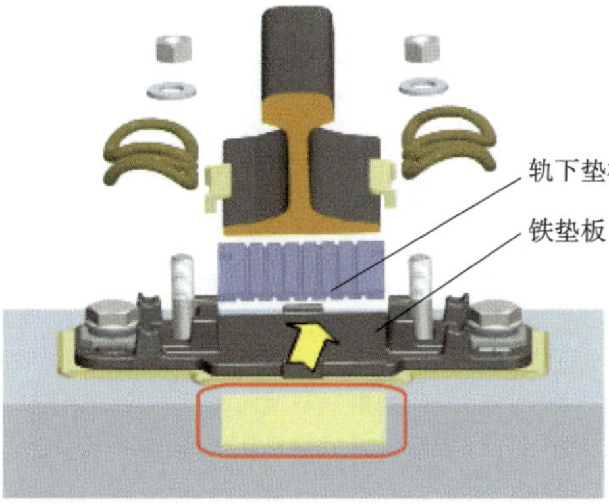

图 4-98　钢轨下调高

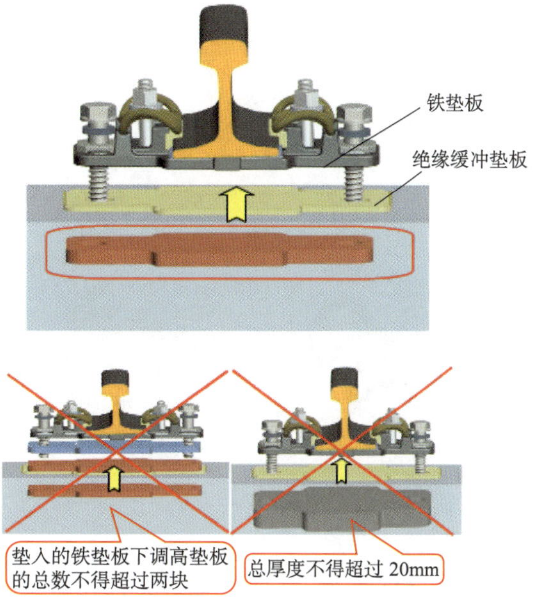

图 4-99　铁垫板下调高

（三）注意事项

1. 运营初期应注意观察钢轨空吊和高低、水平不平顺，如发现上述情况，应及时垫入轨下调高垫板。如因轨下垫板压缩残余变形引起扣件松弛应及时复拧。

2. 在运营期间如因桥梁徐变上拱或基础下沉引发钢轨高低和水平不平顺时，可在轨下设置调高垫板，当调高量超过 10 mm 时，可同时在铁垫板下设置调高垫板，此时，应卸下锚固螺栓，提升钢轨，垫入需要厚度的铁垫板下调高垫板，钢轨复位后检查轨向和轨距，必要时予以调整，确认轨向和轨距合适后，再拧紧锚固螺栓。

3. 垫入的铁垫板下调高垫板的总数不得超过两块，总厚度不得超过 20 mm，如图 4-100 所示。

4. 当需要进行轨向和轨距调整时，松开锚固螺栓，用改道器移动铁垫板，如果移动铁垫板被平垫块阻卡时，应将平垫块调头使用。确认轨距和轨向合适后，再行拧紧锚固螺栓。

5. 应对 T 形螺栓进行定期涂油，防止螺栓锈蚀。

6. 应保持扣件系统的清洁，特别要防止缓冲垫板排水口堵塞，如图 4-101 所示。

7. 如遇需要卸下锚固螺栓的情况时，应避免泥污进入预埋套管。

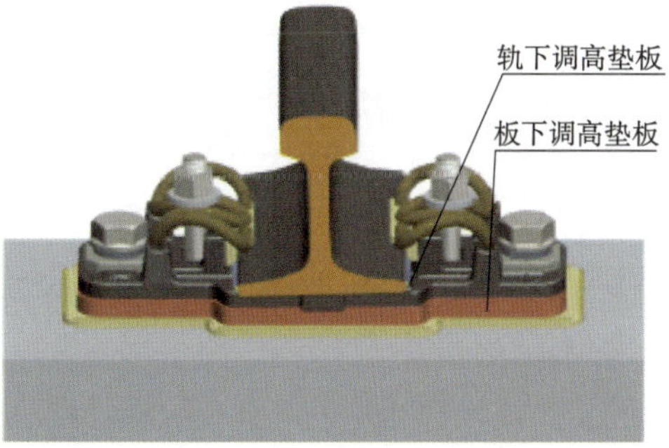

图 4-100　垫板总块数

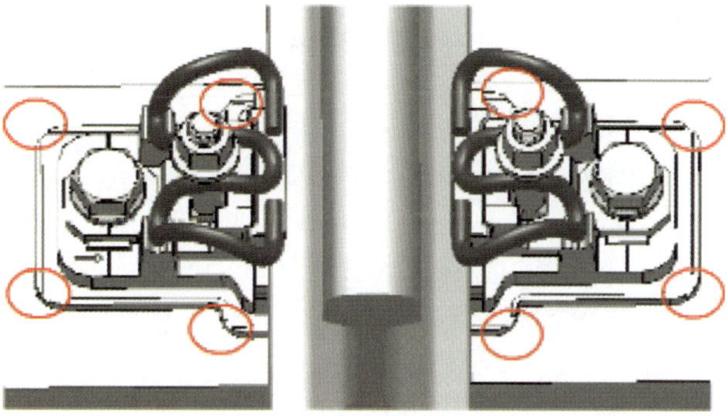

特别要防止缓冲垫板排水口(上图所圈位置)堵塞

图 4-101　保持扣件系统的清洁

五、WJ-8 型扣件安装作业

(一)部件规格及安装要求

1. 弹条

弹条分两种,即一般地段使用的 W1 型和桥上可能使用的 X2 型,W1 型弹条的直径为 14 mm,X2 型弹条的直径为 13 mm,如图 4-102 所示。

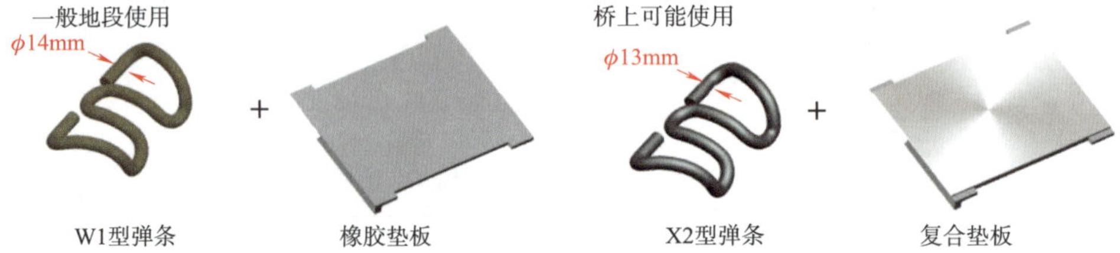

图 4-102　弹条和垫板

2. 轨下垫板

轨下垫板分一般地段使用的橡胶垫板和桥上可能使用的复合垫板两种。桥上需要降低线路阻力时,可采用 X2 型弹条并配用复合垫板,此时每组扣件的钢轨纵向阻力为 4 kN。

3. 轨距挡板

轨距挡板分一般地段用 WJ8 轨距挡板和钢轨接头处用 WJ8 接头轨距挡板两种。

一般地段用 WJ8 轨距挡板分 2、3、4、5、6、7、8、9、10、11 和 12 号 11 种规格,标准轨距时使用 7 号轨距挡板,其中 10、11、12 号 3 种规格可用于钢轨接头处,如图 4-103 所示。

WJ8 接头轨距挡板分 2、3、4、5、6、7、8、9 号 8 种规格,标准轨距时使用 7 号,如图 4-104 所示。

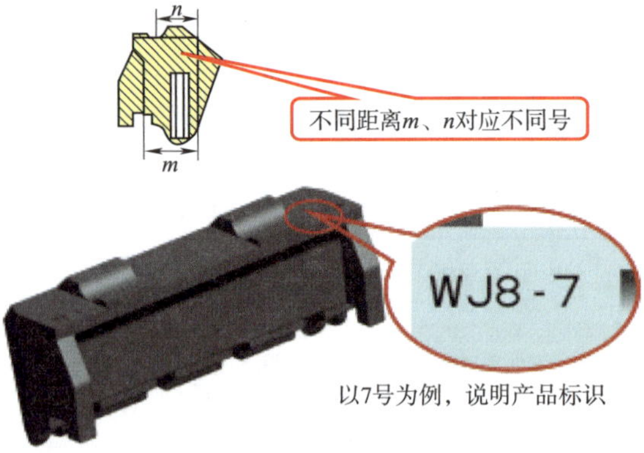

图 4-103　轨距挡板

图 4-104　接头轨距挡板

4. 绝缘块

绝缘块分Ⅰ型和Ⅱ型两种。一般地段采用Ⅰ型,钢轨接头处采用Ⅱ型绝缘块,如图4-105、图 4-106 所示。

5. 铁垫板下弹性垫板

铁垫板下弹性垫板分 A、B 两类。A 类用于兼顾货运的客运专线,B 类用于客运专线,如图 4-107 所示。

6. 螺旋道钉

螺旋道钉分 S2 型和 S3 型两种,如图 4-108 所示。在钢轨调高量不大于 15 mm 时用 S2

型，大于 15 mm 时用 S3 型。

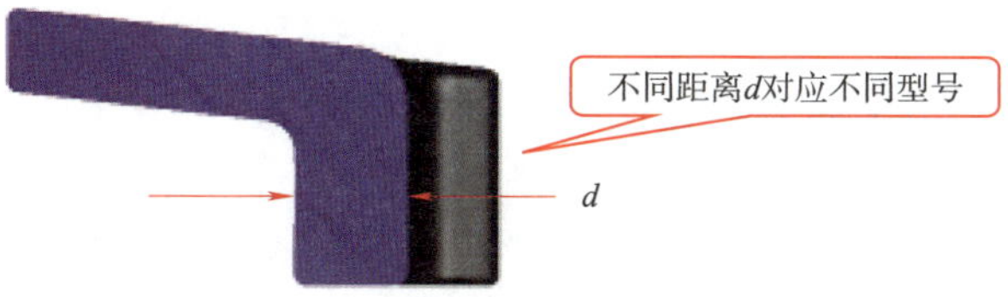

图 4-105　绝缘块

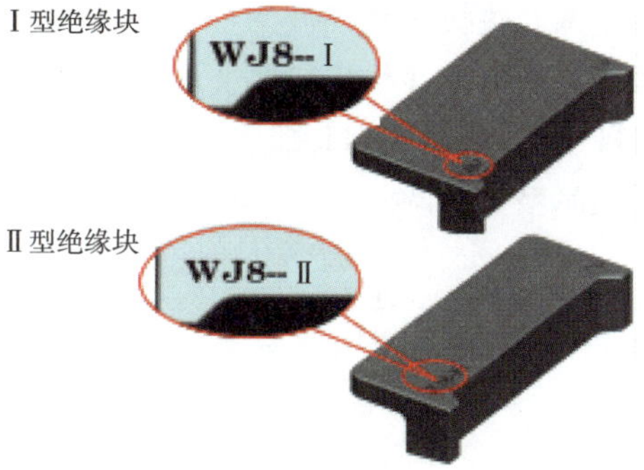

图 4-106　Ⅰ、Ⅱ型轨距块

图 4-107　铁垫板下弹性垫板

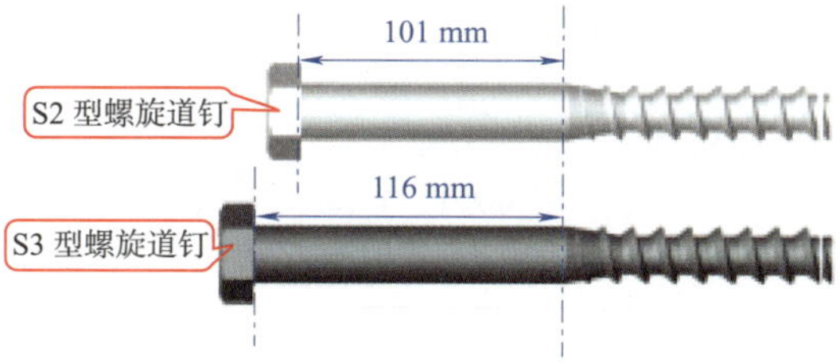

图 4-108　螺旋道钉

7. 预埋套管

该部件预先埋设于轨枕或轨道板中，埋设精度应满足图 4-109 所示的要求，且预埋套管顶面应与轨枕或轨道板承轨面齐平。预埋套管埋设后，应加盖塑料（或其他材料）盖以防雨水和泥污进入，如图 4-110 所示。

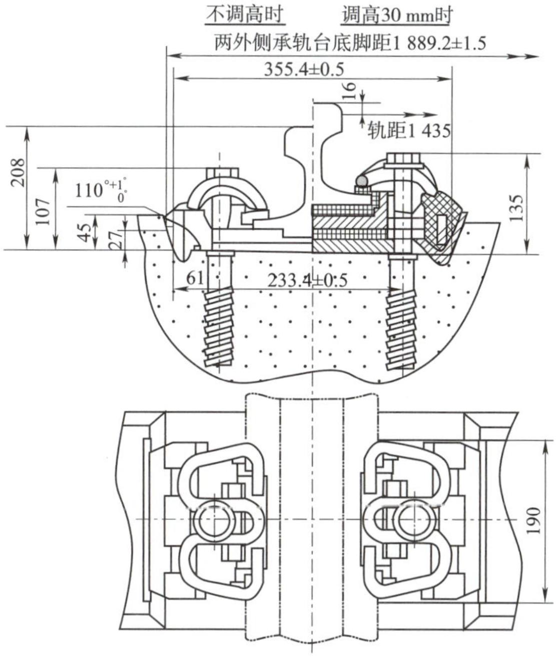

图 4-109　WJ-8 型扣件预埋套管埋设精度图（单位：mm）

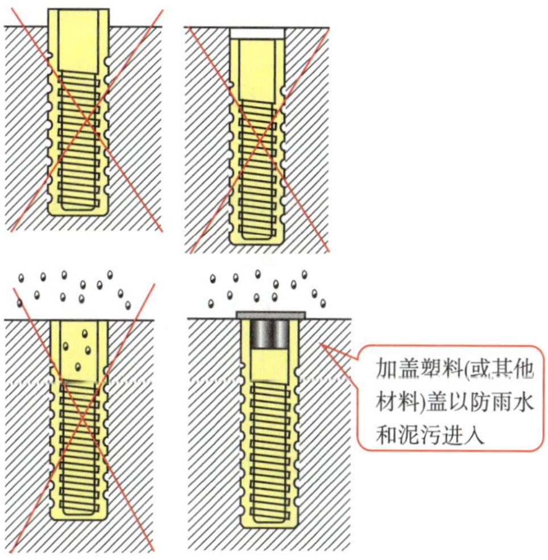

图 4-110　预埋套管

8. 调高垫板

调高垫板分轨下微调垫板和铁垫板下调高垫板两种，分别放置于轨下垫板与铁垫板之间和铁垫板下弹性垫板与轨枕或轨道板承轨面之间。轨下微调垫板按厚度分为 1、2、5 和 8 mm 四种规格，如图 4-111 所示；铁垫板下调高垫板按厚度分为 10 mm 和 20 mm 两种规格，铁垫板下调高垫板由两片组成，应成对使用，如图 4-112 所示。

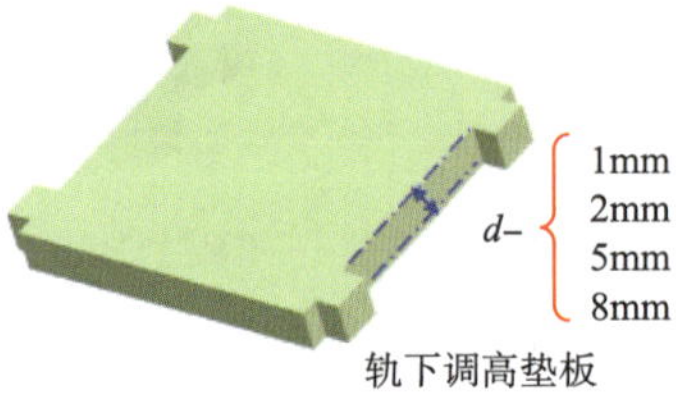

图 4-111 轨下调高垫板

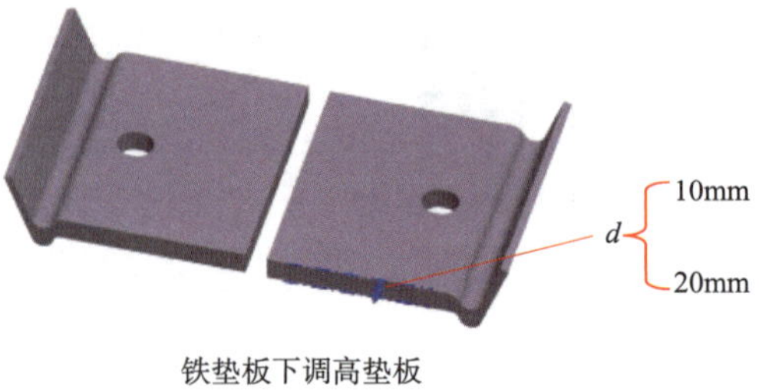

图 4-112 铁垫板下调高垫板

(二)作业程序与要领

1. 安装前准备

(1)按以上要求选择并准备合适类型的弹条(W1 型或 X2 型)和合适类型的轨下垫板(橡胶垫板或复合垫板)。同时适当准备厚度 1 mm 和 2 mm 的轨下微调垫板。

(2)准备Ⅰ型绝缘块，并适当准备Ⅱ型绝缘块以备用于钢轨接头处。

(3)根据表 4-7 选择并准备 7 号轨距挡板，并适当准备 6 号、8 号轨距挡板和相同型号的接头轨距挡板。

表 4-7 轨距挡板号码配置表

轨距调整量(mm)	左股钢轨		右股钢轨		轨距调整量(mm)	左股钢轨		右股钢轨	
	外侧轨距挡板	内侧轨距挡板	内侧轨距挡板	外侧轨距挡板		外侧轨距挡板	内侧轨距挡板	内侧轨距挡板	外侧轨距挡板
−10	12	2	2	12	+1	6	8	7	7
−9	11	3	2	12	+2	6	8	8	6
−8	11	3	3	11	+3	5	9	8	6
−7	10	4	3	11	+4	5	9	9	5
−6	10	4	4	10	+5	4	10	9	5
−5	9	5	4	10	+6	4	10	10	4
−4	9	5	5	9	+7	3	11	10	4
−3	8	6	5	9	+8	3	11	11	3
−2	8	6	6	8	+9	2	12	11	3
−1	7	7	6	8	+10	2	12	12	2
0	7	7	7	7					

(4)根据前面要求选择并准备铁垫板下弹性垫板(A 类或 B 类)。

(5)选择并准备 S2 型螺旋道钉。

(6)清除轨枕或轨道板承轨面和轨底的泥污，如图 4-113 所示。

(7)摘除预埋套管上的塑料(或其他材料)盖,如图 4-114 所示。

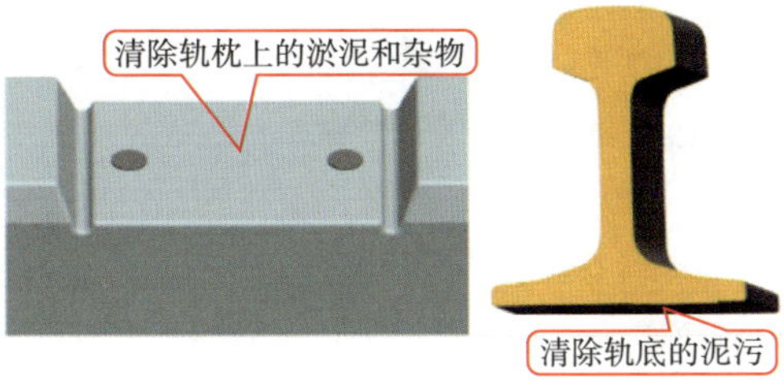

图 4-113　清除泥污

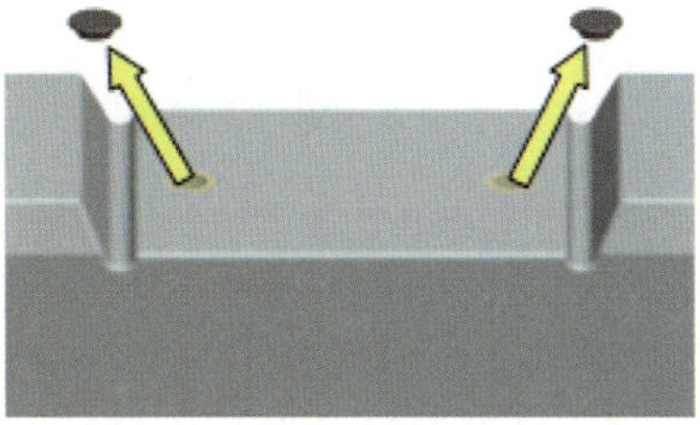

图 4-114　摘除塑料

2. 安装顺序及要求

(1)在承轨台中间位置铺设铁垫板下弹性垫板,使垫板孔与预埋套管孔对中,如图 4-115 所示。

(2)安放铁垫板,铁垫板的螺栓孔中心应与预埋套管中心对正,如图 4-116 所示。

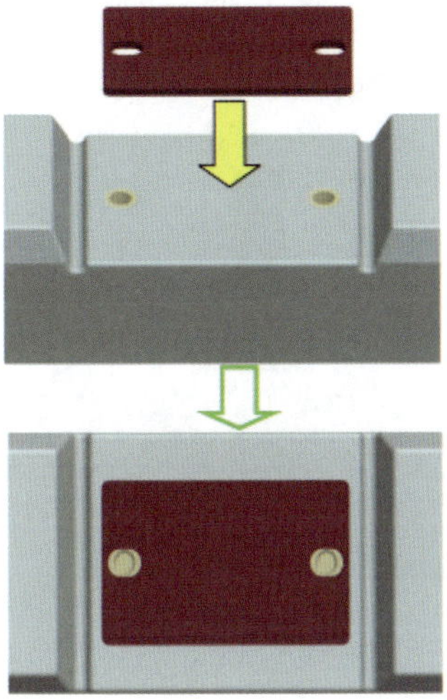

图 4-115　垫板孔与预埋套管孔对中

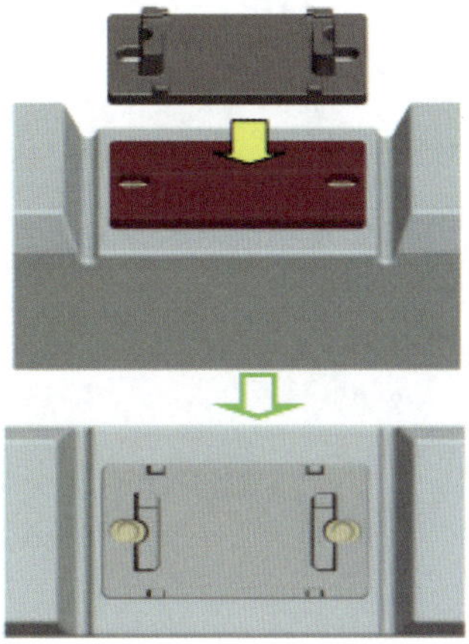

图 4-116　螺栓孔中心与预埋套管中心对正

(3)在铁垫板中间位置安放轨下垫板,轨下垫板的凸缘应扣住铁垫板,如图 4-117 所示。

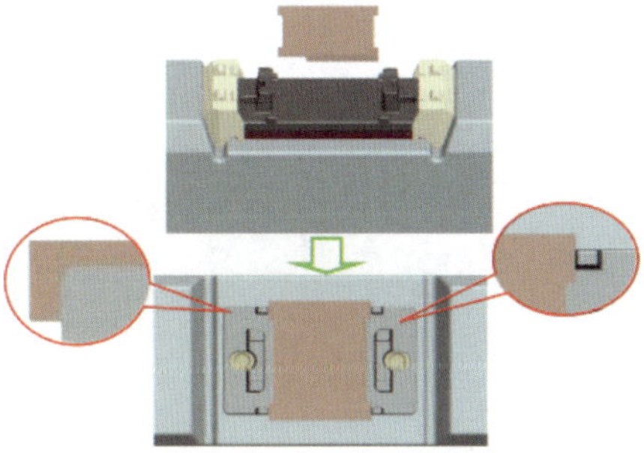

图 4-117　轨下垫板凸缘

(4)按表 4-8 安设合适规格的轨距挡板,轨距挡板的圆弧凸台应安放在轨枕或轨道板承轨槽底脚的凹槽内,如图 4-118 所示。

轨距挡板斜面和前端两支撑面应与轨枕或轨道板的承轨槽挡肩、承轨面密贴。若因钢轨、轨枕和轨距挡板的制造偏差,安设规定号码的轨距挡板不能满足轨距要求或轨距挡板不能安装入位时,可根据实际情况予以调换,如图 4-119 所示,不得猛烈敲击使其入位,如图 4-120所示。

(5)铺设钢轨,如图 4-121 所示。

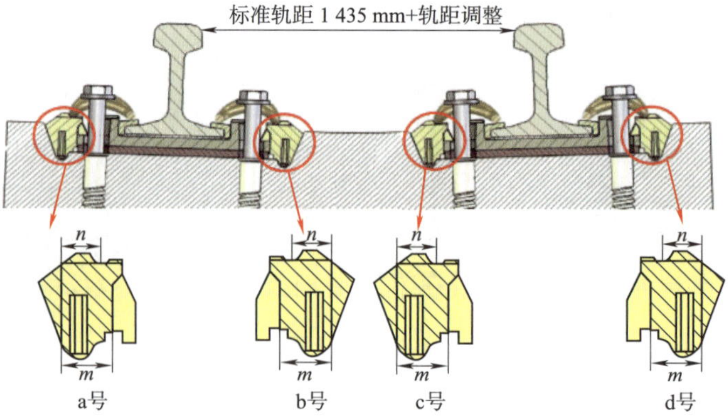

图 4-118　选择合适的轨距挡板

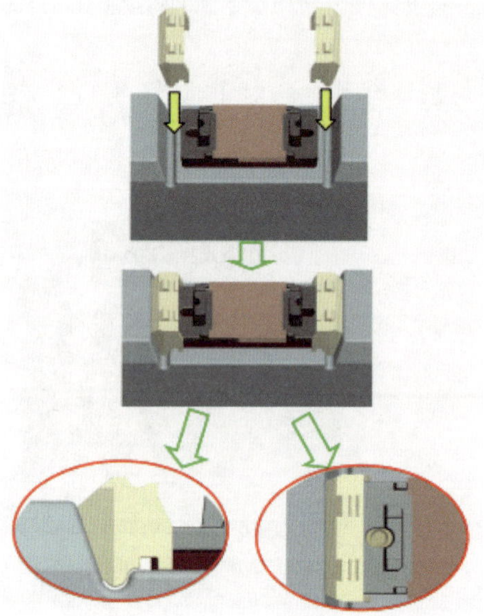

图 4-119　调整轨距挡板

图 4-120　禁止猛烈敲击

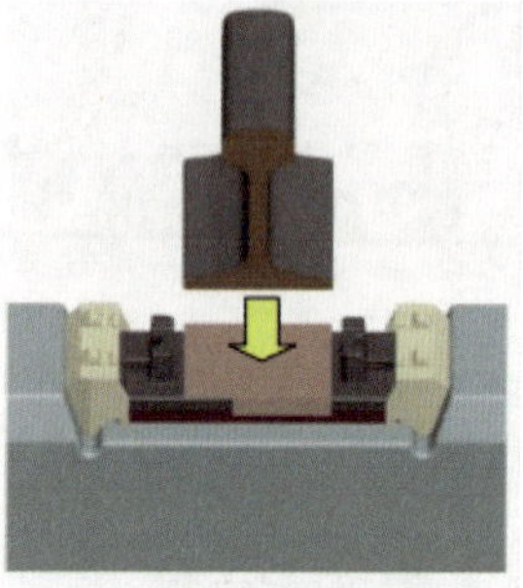

图 4-121　铺设钢轨

(6)绝缘块,不得猛烈敲击使其入位,如图 4-122 所示。

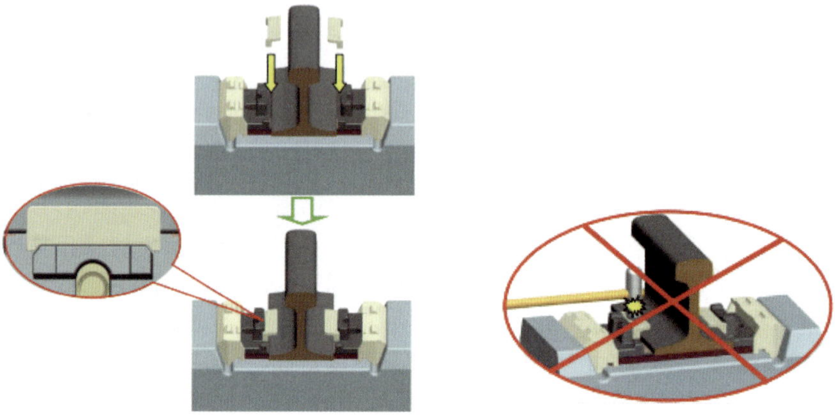

(a)　(b)

图 4-122　安放绝缘块

(7)安放弹条,如图 4-123 所示,将螺旋道钉套上平垫圈且在螺纹部分涂满铁路专用防护油脂,然后拧入套管,紧固弹条,如图 4-124 所示。弹条的紧固以弹条中部前端下颚与绝缘块不宜接触,两者间隙不得大于 0.5 mm 为准,如图 4-125 所示,此时紧固扭矩如表 4-8 所示。

钢轨接头处要用 WJ8 接头轨距挡板和Ⅱ型绝缘块,如图 4-126 所示。

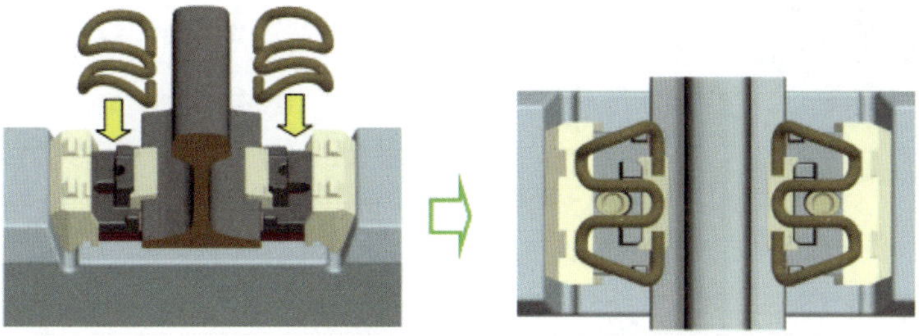

图 4-123　安放弹条

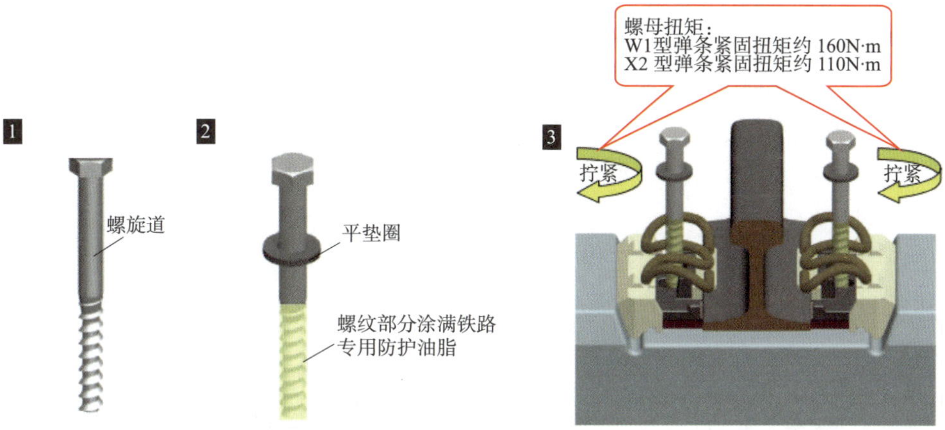

图 4-124　安装螺旋道钉

图 4-125　弹条中部前端下颚与绝缘块接触

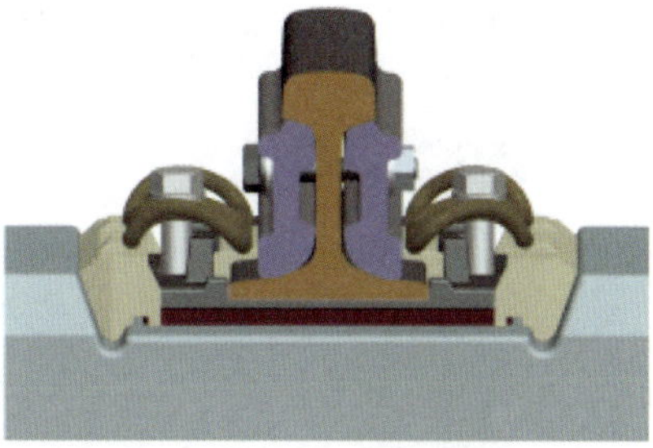

图 4-126　WJ8 接头轨距挡板和Ⅱ型绝缘块

表 4-8　紧固扭矩值

弹条类型	W1 型弹条	X2 型弹条
紧固扭矩(N·m)	约 160	约 110

(8)检查轨距和轨向,如有不适,按表 4-8 调换不同号码的轨距挡板,如图 4-127 所示。

(9)检查钢轨空吊、高低和水平,如有不适,参照表 4-9 放入适当厚度的调高垫板。

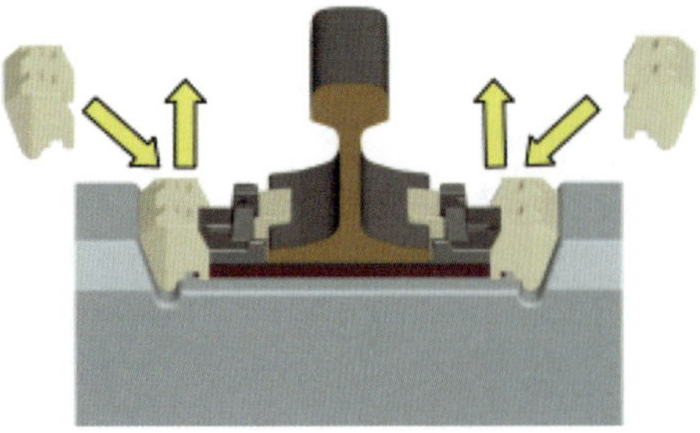

图 4-127 调换轨距挡板

表 4-9 调高垫板使用表

钢轨高低调整量(mm)	轨下微调垫板总厚度(mm)	铁垫板下调高垫板厚度(mm)
0	0	0
1～10	1～10	0
11～20	1～10	10
21～30	1～10	20

(10)轨下调高垫板应放在轨下垫板下,放入垫板的总厚度不得大于 10 mm,总数不得超过两块,如图 4-128 所示。

(三)注意事项

1. 运营初期应注意观察扣件的使用情况,如因铁垫板下弹性垫板压缩残变引起扣件松弛,应及时复拧。当发现钢轨空吊和高低不平顺,应及时垫入调高垫板。

2. 铁垫板下调高垫板每对由两片组成,从侧面插入。铁垫板下调高垫板只能单对使用,不能摞叠使用,如图 4-129 所示。钢轨相对正常状态的调高量大于 15 mm 时,应采用 S3 型螺旋道钉。

3. 使用中如发现扣件部件损坏应及时更换。

4. 如遇需要卸下螺栓道钉的情况时,应避免泥污进入预埋套管。

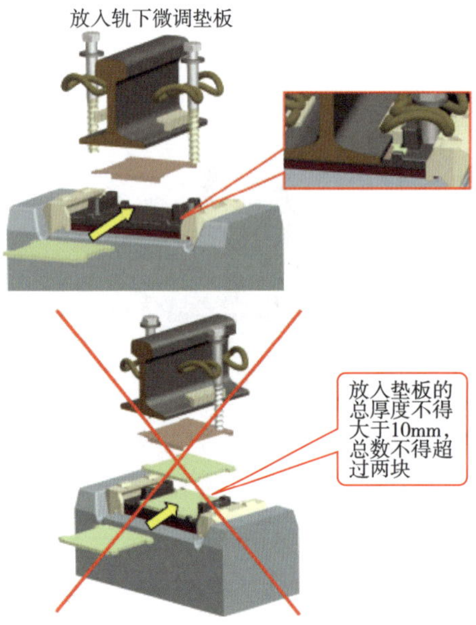

图 4-128 安装调高垫板

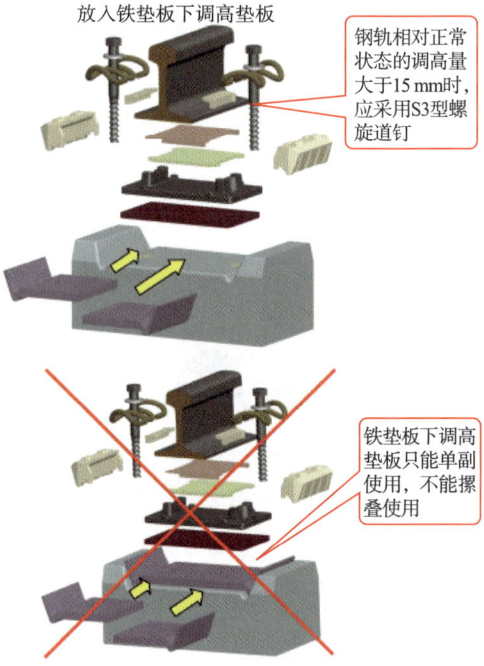

图 4-129 铁垫板下调高垫板

六、W300-1 型扣件安装作业

(一)部件规格及安装要求

1. 弹条分两种,分别为一般地段使用的 SKL15 型弹条和桥上可能使用的小阻力弹条 SKL B15 型弹条。SKL 15 型弹条(黑色)的直径为 15 mm,SKL B15 型弹条(蓝色)的直径为 13 mm,如图 4-130、图 4-131 所示。

图 4-130　SKL 15 型弹条

图 4-131　SKL B15 弹条扣件

2. 标准规格轨枕螺栓(Ss36-230)总长为 230 mm,为了钢轨调高的需要,还配有 Ss36-240、Ss36-250、Ss36-260、Ss36-270 和 Ss36-280 轨枕螺栓,如图 4-132 所示。

3. 标准规格的轨下垫板(Zw692-6)厚度为 6 mm,为了钢轨调高的需要,还配有 Zw692-2、Zw692-3、Zw692-4、Zw692-5、Zw692-7 和 Zw692-8 等不同厚度的轨下垫板,如图 4-133 所示。

图 4-132　Ss36 螺栓

图 4-133　Zw693-6 轨下垫板

4. 标准规格的轨距挡板分为 Wfp 15a 型挡板(适用于 W300-1a 型扣件)和 Wfp 15U 型挡板(适用于 W300-1U 型扣件)。为了钢轨左右位置调整的需要,还配有 Wfp 15a±1(Wfp 15U±1)～Wfp 15a±8(Wfp 15U±8)各 16 种规格,如图 4-134、图 4-135 所示。

图 4-134　Wfp 15a 轨距挡板

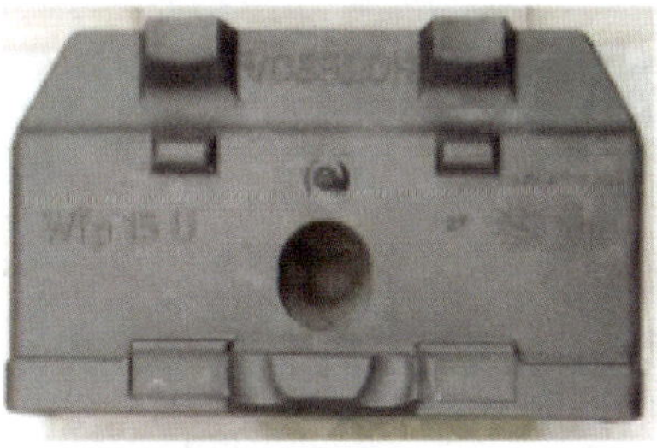

图 4-135　Wfp 15U 轨距挡板

5. 弹性垫板放置于铁垫板下。如图 4-136 所示，是两种不同颜色的弹性垫板，性能相同。

图 4-136 弹性垫板

6. 预埋套管预先埋设于轨枕/轨道板中，埋设精度应满足要求，且预埋套管顶面应低于轨枕/轨道板承轨面 0～2 mm。预埋套管埋设后，如果不是在轨枕厂进行预先安装，则应盖上塑料(或其他材料)盖，以防雨水和泥污进入，如图 4-137 所示。

图 4-137 套管盖

7. 绝缘垫片 Is15 露天存放时，如图 4-138 所示，现场必须加盖顶棚或苫布。在现场铺轨时，将其安装到弹条弹臂下正确位置。

图 4-138 绝缘垫片 Is15

8. 调高垫板分塑料调高垫板和钢制调高垫板，其中塑料调高垫板按厚度分为 6 mm 和 10 mm两种，标号分别为 Ap20-6(Ap20U-6)和 Ap20-10(Ap20U-10)，钢制调高垫板为厚度 20 mm的 Ap20S(Ap20U-S)，如图 4-139、图 4-140 所示。

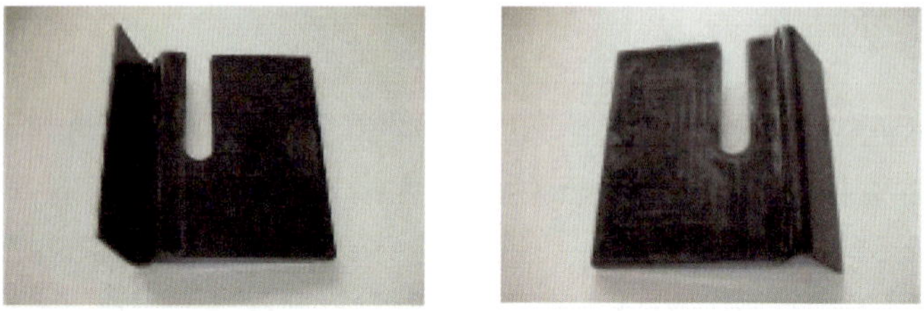

图 4-139 塑料调高垫板 Ap20-10(适用于 W300-1a 型系统的塑料调高垫板)

图 4-140 钢制调高垫板 Ap20S

（二）作业程序与要领

1．安装前的准备工作

（1）清除套管中的杂质和积水。

（2）在套管中添加 10～15 g 油脂。

（3）检查轨枕/轨道板承轨槽，不应有裂纹。清除轨枕/轨道板承轨槽的泥渣。

2．预安装

（1）铺设弹性垫板。将弹性垫板放在承轨面的中间位置，如图 4-141 所示。

（2）铺设铁垫板。将铁垫板放在弹性垫板上，如图 4-142 所示。

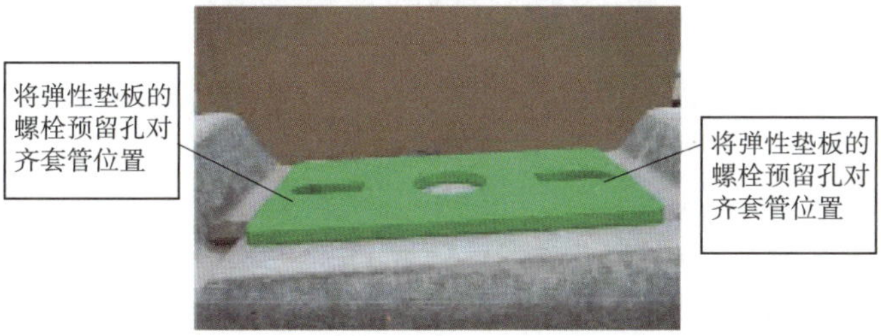

图 4-141　安放弹性垫板

图 4-142　铺设铁垫板

（3）铺设轨垫。将轨垫放在铁垫板上，如图 4-143 所示。

（4）安放轨距挡板。将轨距挡板放入承轨槽中，使轨距挡板压住轨垫边缘并与承轨槽密贴，如图 4-144 所示。

图 4-143　铺设轨垫

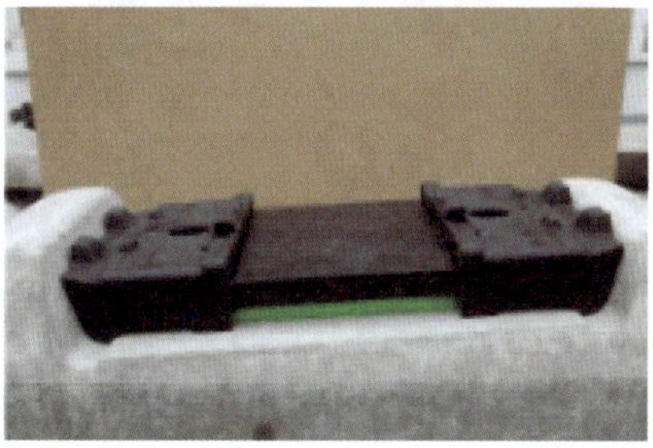

图 4-144　安放轨距挡板

（5）安放弹条。将弹条放在轨距挡板预安装位置，如图 4-145 所示。

（6）安装轨枕螺栓。将轨枕螺栓拧入预埋套管，使用配套的套筒扳手拧紧，扭矩为 30～50 N·m，如图 4-146 所示。不得使用锤子击打轨枕螺栓。

图 4-145　安放弹条

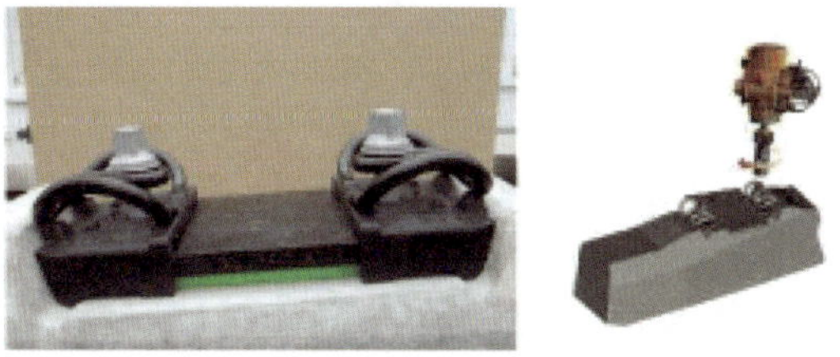

图 4-146　安装轨枕螺栓

3. 现场最终安装

(1)铺设钢轨。将钢轨安放在正确位置,即两个轨距挡板之间,轨垫之上,如图4-147所示。

(2)安放绝缘垫片。将绝缘垫片放于轨底上表面的弹条扣压肢待安装位置,注意方向,半圆开口朝外,如图4-148所示。

图4-147 铺设钢轨

图4-148 安放绝缘垫片

(3)安放弹条。将弹条从预安装位置移到安装位置,如图4-149所示。

(4)安装轨枕螺栓。拧紧螺栓直至弹条的中肢前端与轨距挡板前端突起部分接触,扭矩约为250 N·m(采用SKLB 15弹条时,扭矩约为180 N·m),如图4-150所示。

图4-149 安放弹条

图4-150 安装轨枕螺栓

(三)注意事项

1. 弹条安装到位的判断方法如图4-151所示。

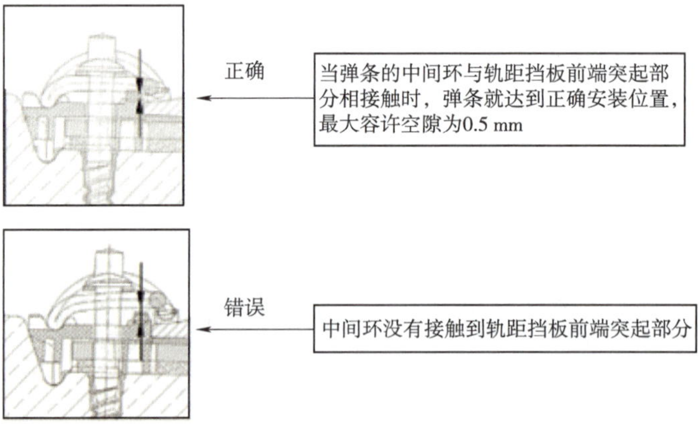

图4-151 判断弹条安装到位

2. 现场大规模安装前，一般先取 10 个左右扣件节点进行安装，以测出弹条安装到位的实际扭矩进行大规模安装。正确安装位置如图 4-152 所示。

3. 安装时，请注意绝缘垫片方向和位置，圆弧段朝外，正确的安装方向和位置，如图 4-153 所示。

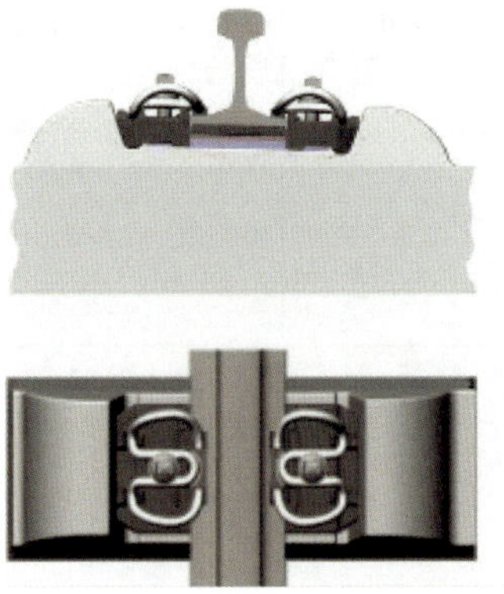

图 4-152　扣件正确安装位置

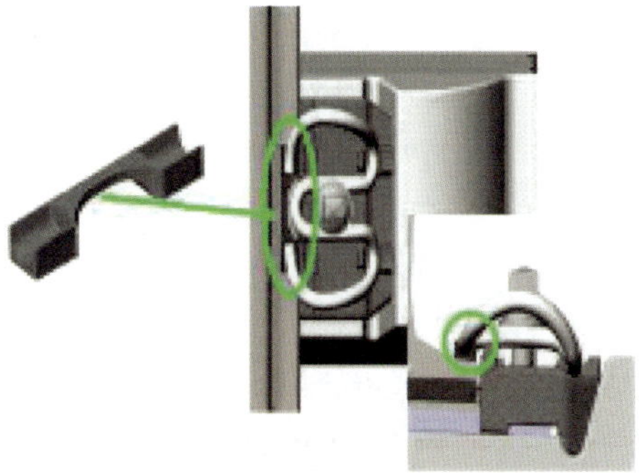

图 4-153　绝缘垫片安装示意

4. 运营初期应注意观察扣件的使用情况，如通过目测发现弹条未达到最终安装位置，应及时按照前述方法拧紧到位。

当发现钢轨空吊、高低和水平不平顺时，应及时按下列要求进行调整。

(1)轨距和轨向调整

①根据设计要求，轨距调整范围为±16 mm。

②通过更换不同规格的轨距挡板，实现±8 mm 范围内的单轨横向调整，调整级别为 1 mm。

调整时轨距挡板配置如表 4-10 所示(以 W300-1U 型扣件为例，W300-1a 型扣件调整原理与之相同)。

表 4-10　轨距挡板配置表

轨距调整量(mm)	左股钢轨		右股钢轨		轨距调整量(mm)	左股钢轨		右股钢轨	
	外侧轨距挡板	内侧轨距挡板	内侧轨距挡板	外侧轨距挡板		外侧轨距挡板	内侧轨距挡板	内侧轨距挡板	外侧轨距挡板
−16	Wfp15U+8	Wfp15U−8	Wfp15U−8	Wfp15U+8	−5	Wfp15U+3	Wfp15U−3	Wfp15U−2	Wfp15U+2
−15	Wfp15U+8	Wfp15U−8	Wfp15U−7	Wfp15U+7	−4	Wfp15U+2	Wfp15U−2	Wfp15U−2	Wfp15U+2
−14	Wfp15U+7	Wfp15U−7	Wfp15U−7	Wfp15U+7	−3	Wfp15U+2	Wfp15U−2	Wfp15U−1	Wfp15U+1
−13	Wfp15U+7	Wfp15U−7	Wfp15U−6	Wfp15U+6	−2	Wfp15U+1	Wfp15U−1	Wfp15U−1	Wfp15U+1
−12	Wfp15U+6	Wfp15U−6	Wfp15U−6	Wfp15U+6	−1	Wfp15U+1	Wfp15U−1	Wfp15U	Wfp15U
−11	Wfp15U+6	Wfp15U−6	Wfp15U−5	Wfp15U+5	0	Wfp15U	Wfp15U	Wfp15U	Wfp15U
−10	Wfp15U+5	Wfp15U−5	Wfp15U−5	Wfp15U+5	+1	Wfp15U−1	Wfp15U+1	Wfp15U	Wfp15U
−9	Wfp15U+5	Wfp15U−5	Wfp15U−4	Wfp15U+4	+2	Wfp15U−1	Wfp15U+1	Wfp15U+1	Wfp15U−1
−8	Wfp15U+4	Wfp15U−4	Wfp15U−4	Wfp15U+4	+3	Wfp15U−2	Wfp15U+2	Wfp15U+1	Wfp15U−1
−7	Wfp15U+4	Wfp15U−4	Wfp15U−3	Wfp15U+3	+4	Wfp15U−2	Wfp15U+2	Wfp15U+2	Wfp15U−2
−6	Wfp15U+3	Wfp15U−3	Wfp15U−3	Wfp15U+3	+5	Wfp15U−3	Wfp15U+3	Wfp15U+2	Wfp15U−2

续上表

轨距调整量(mm)	左股钢轨		右股钢轨		轨距调整量(mm)	左股钢轨		右股钢轨	
	外侧轨距挡板	内侧轨距挡板	内侧轨距挡板	外侧轨距挡板		外侧轨距挡板	内侧轨距挡板	内侧轨距挡板	外侧轨距挡板
+6	Wfp15U−3	Wfp15U+3	Wfp15U+3	Wfp15U−3	+12	Wfp15U−6	Wfp15U+6	Wfp15U+6	Wfp15U−6
+7	Wfp15U−4	Wfp15U+4	Wfp15U+3	Wfp15U−3	+13	Wfp15U−7	Wfp15U+7	Wfp15U+6	Wfp15U−6
+8	Wfp15U−4	Wfp15U+4	Wfp15U+4	Wfp15U−4	+14	Wfp15U−7	Wfp15U+7	Wfp15U+7	Wfp15U−7
+9	Wfp15U−5	Wfp15U+5	Wfp15U+4	Wfp15U−4	+15	Wfp15U−8	Wfp15U+8	Wfp15U+7	Wfp15U−7
+10	Wfp15U−5	Wfp15U+5	Wfp15U+5	Wfp15U−5	+16	Wfp15U−8	Wfp15U+8	Wfp15U+8	Wfp15U−8
+11	Wfp15U−6	Wfp15U+6	Wfp15U+5	Wfp15U−5					

(2)钢轨高低位置调整

①根据设计要求,高低位置调整范围为−4～+56 mm。

②三种高度调整方式分别通过嵌入塑料调高垫板 Ap20-6、Ap20-10、Zw692 轨垫和 Ap20S 钢制调高垫板实现。通过更换不同规格的轨垫,如图 4-154 所示,实现−4～+2 mm的调整,配置如表 4-11 所示。

表 4-11　高低调整量配置表一

高低调整量(mm)	塑料调高垫板(型号:Ap20-x,厚度:6 或 10 mm)	钢制调高垫板(型号:Ap20S,厚度:20 mm)	轨垫(型号:Zw692-x,厚度:2～8 mm)	轨枕螺栓(型号:Ss36,长度:230～280 mm)
+2			1×8 mm	2×230
+1			1×7 mm	2×230
0(标准设计)			1×6 mm	2×230
−1			1×5 mm	2×230
−2			1×4 mm	2×230
−3			1×3 mm	2×230
−4			1×2 mm	2×230

通过嵌入塑料调高垫板和更换轨垫,如图 4-155 所示,实现+3～+22 mm 的调整,配置如表 4-12 所示,并根据高度调节量选择正确的轨枕螺栓。

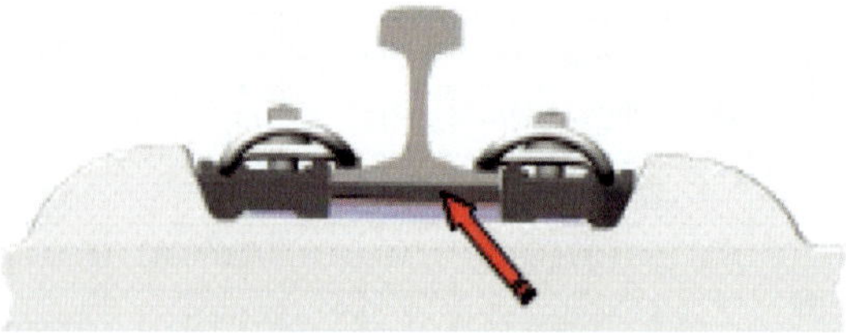

图 4-154　更换不同规格轨垫

图 4-155　嵌入塑料调高垫板和更换轨垫

表 4-12　高低调整量配置表二

高低调整量(mm)	塑料调高垫板(型号:Ap20-x,厚度:6或10 mm)	钢制调高垫板(型号:Ap20S,厚度:20 mm)	轨垫(型号:Zw692-x,厚度:2～8 mm)	轨枕螺栓(型号:Ss36,长度:230～280 mm)
+22	2×10 mm		1×8 mm	2×250
+21	2×10 mm		1×7 mm	2×250
+20	2×10 mm		1×6 mm	2×250
+19	2×10 mm		1×5 mm	2×250
+18	1×10 mm+1×6 mm		1×8 mm	2×240
+17	1×10 mm+1×6 mm		1×7 mm	2×240
+16	1×10 mm+1×6 mm		1×6 mm	2×240
+15	1×10 mm+1×6 mm		1×5 mm	2×240
+14	2×6 mm		1×8 mm	2×240
+13	2×6 mm		1×7 mm	2×240
+12	1×10 mm		1×8 mm	2×240
+11	1×10 mm		1×7 mm	2×240
+10	1×10 mm		1×6 mm	2×240
+9	1×10 mm		1×5 mm	2×240
+8	1×6 mm		1×8 mm	2×230
+7	1×6 mm		1×7 mm	2×230
+6	1×6 mm		1×6 mm	2×230
+5	1×6 mm		1×5 mm	2×230
+4	1×6 mm		1×4 mm	2×230
+3	1×6 mm		1×3 mm	2×230

通过嵌入塑料调高垫板、钢制调高垫板和更换轨垫，如图 4-156 所示，实现＋23～＋56 mm的调整，配置如表 4-13 所示，并根据高度调节量选择正确的轨枕螺栓。

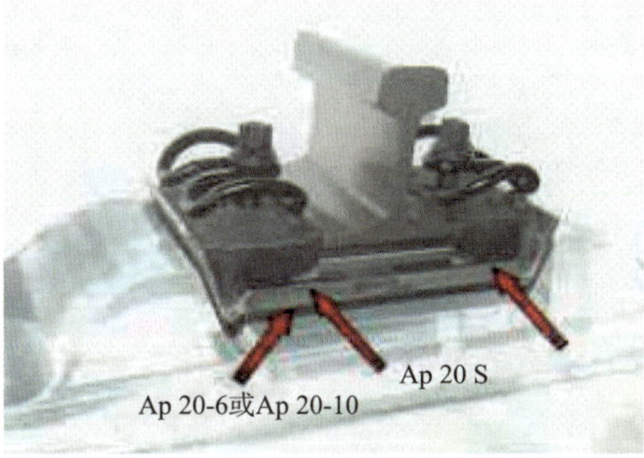

图 4-156　嵌入塑料调高垫板、钢制调高垫板和更换轨垫

表 4-13 高低调整量配置表三

高度调程（mm）	塑料调整垫 组合型号：Ap20-x(1+r) 厚度：6 或 10 mm	钢制调节板 组合型号：Ap20S 厚度：20 mm	Zw 轨垫 组合型号：Zw692-x 厚度：2～8 mm	轨枕螺栓 组合型号：Ss36 长度：230～280 mm
+56	1×10 mm+1×6 mm	2×20 mm	1×6 mm	2×280
+55	1×10 mm+1×6 mm	2×20 mm	1×5 mm	2×280
+54	2×6 mm	2×20 mm	1×8 mm	2×280
+53	2×6 mm	2×20 mm	1×7 mm	2×280
+52	3×10 mm	1×20 mm	1×8 mm	2×280
+51	3×10 mm	1×20 mm	1×7 mm	2×280
+50	3×10 mm	1×20 mm	1×6 mm	2×280
+49	3×10 mm	1×20 mm	1×5 mm	2×280
+48	2×10 mm+1×6 mm	1×20 mm	1×8 mm	2×270
+47	2×10 mm+1×6 mm	1×20 mm	1×7 mm	2×270
+46	2×10 mm+1×6 mm	1×20 mm	1×6 mm	2×270
+45	2×10 mm+1×6 mm	1×20 mm	1×5 mm	2×270
+44	2×10 mm+1×6 mm	1×20 mm	1×4 mm	2×270
+43	2×10 mm+1×6 mm	1×20 mm	1×3 mm	2×270
+42	2×10 mm	1×20 mm	1×8 mm	2×270
+41	2×10 mm	1×20 mm	1×7 mm	2×270
+40	2×10 mm	1×20 mm	1×6 mm	2×270
+39	2×10 mm	1×20 mm	1×5 mm	2×270
+38	1×10 mm+1×6 mm	1×20 mm	1×8 mm	2×260
+37	1×10 mm+1×6 mm	1×20 mm	1×7 mm	2×260
+36	1×10 mm+1×6 mm	1×20 mm	1×6 mm	2×260
+35	1×10 mm+1×6 mm	1×20 mm	1×5 mm	2×260
+34	1×10 mm+1×6 mm	1×20 mm	1×4 mm	2×260
+33	1×10 mm+1×6 mm	1×20 mm	1×3 mm	2×260
+32	1×10 mm	1×20 mm	1×8 mm	2×260
+31	1×10 mm	1×20 mm	1×7 mm	2×260
+30	1×10 mm	1×20 mm	1×6 mm	2×260
+29	1×10 mm	1×20 mm	1×5 mm	2×260
+28	1×6 mm	1×20 mm	1×8 mm	2×250
+27	1×6 mm	1×20 mm	1×7 mm	2×250
+26	1×6 mm	1×20 mm	1×6 mm	2×250
+25	1×6 mm	1×20 mm	1×5 mm	2×250
+24	1×6 mm	1×20 mm	1×4 mm	2×250
+23	1×6 mm	1×20 mm	1×3 mm	2×250

七、锚列式 SFC 型扣件安装作业

（一）部件规格及安装要求

1. 弹条（带绝缘帽）

锚列式 SFC 型扣件弹条分 FC1504 型、FC1502 型和 FC1306 型三种，如图 4-60 所示。其中，FC1504 型和 FC1306 型弹条分别配用 8494 型和 12133 型绝缘帽，且出厂时已将绝缘帽装配在相应的弹条上；FC1502 型弹条不安装绝缘帽。

一般地段安装 FC1504 型弹条，钢轨绝缘接头处安装 FC1502 型弹条，小纵向阻力地段安装 FC1306 型弹条。FC1504 型和 FC1502 型弹条的直径为 15 mm，FC1306 型弹条的直径为 13 mm。FC1504 型弹条防锈涂料为红色，配用的 8494 型绝缘帽为白色；FC1306 型弹条防锈涂料为红色，配用的 12133 型绝缘帽为蓝色；FC1502 型弹条为黄色，且绝缘帽不安装在弹条上。

2. 预埋套管

该部件预先设置于轨枕/轨道板中，预埋精度应满足要求，且预埋套管顶面应与轨枕/轨道板承轨面齐平。预埋套管埋设后，应加盖塑料盖以防止雨水和泥污的进入，如图 4-157 所示。

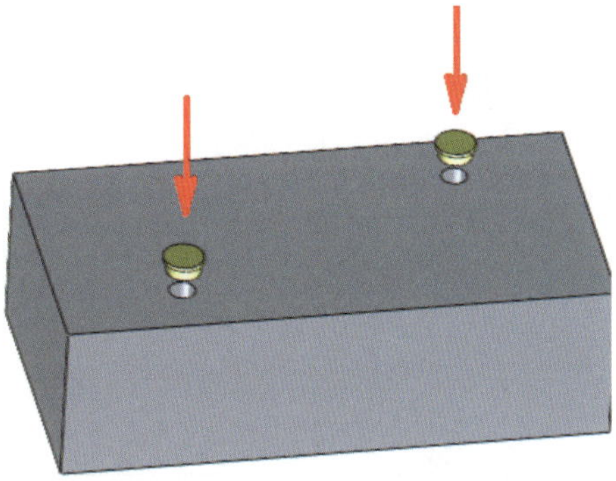

图 4-157 预埋套管埋设

3. 耦合垫板和调高垫板

耦合垫板由低密度聚乙烯制成，分为 2 mm（红色）、2.5 mm（黄色）、3 mm（浅绿色）、3.5 mm（深绿色）和 4 mm（黑色）5 个规格。其中 4 mm 厚度为标准设计厚度。

调高垫板根据厚度和材质不同，分为 3、5、10、15、20、25 和 30 mm 厚度的高密度聚乙烯（全部为黑色）以及 1 mm 和 2 mm 厚度的镀锌钢板（全部为本色）9 种规格。

4. 锚固系统

锚列式 SFC 扣件系统配用的锚固系统由 M22 锚固螺栓、M22 平垫片、M22 贝氏垫片和尼龙套筒组成，如图 4-158、图 4-159 所示。

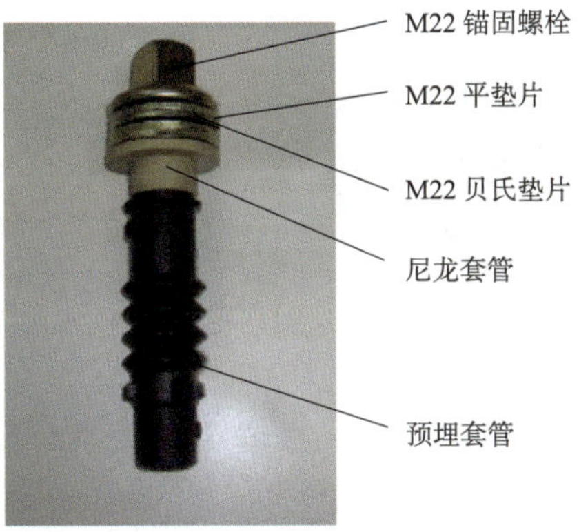

图 4-158 锚固系统

图 4-159 贝氏垫片的安装方法

(1)两片 M22 贝氏垫片应背靠背安装。贝氏垫片的正确安装非常重要,否则铸铁底板可能在线路运营时出现松动的可能。

(2)当垫板(含调高垫板和耦合垫板)叠加总厚度超过 15 mm 时,需要使用更长的螺栓(部件编号:12671)替换当前使用的螺栓(部件编号:10866),如图 4-160 所示。

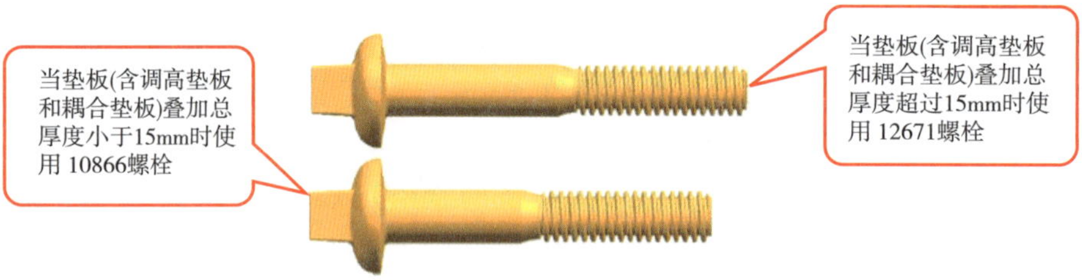

图 4-160 螺栓选择

(二)错列式 SFC 型扣件预组装

在轨枕/轨道板运送至铺轨基地或现场前,需将错列式 SFC 型扣件预组装在轨枕/轨道板上。预组装不仅可以提高施工和后续铺轨的速度,还可以保证扣件安装的正确性,并减少现场扣件零部件的丢失。

1. 预组装前的准备工作

(1)准备 FC1504 型弹条。若线路段有小纵向阻力要求,应适量准备 FC1306 型弹条。

(2)适当准备不同厚度的调高垫板,以备微量调整钢轨高低之用。

(3)检查轨枕/轨道板承轨面,不应有裂纹。清除轨枕/轨道板承轨面的泥渣。

(4)摘除预埋套管上的塑料盖。

2. 预组装顺序

(1)安放耦合垫板:铺设耦合垫板,使垫板孔与预埋套管孔对中。

(2)安放铸铁底板:安放铸铁底板,使轨底坡朝向轨道内侧(F 字样应在轨道外侧)。铸铁底板的螺栓孔中心应与预埋套管中心对正,如图 4-161 所示。

(3)安放锯齿垫片:按中位安放锯齿垫片,锯齿垫片应与底板牙型啮合紧密,圆孔侧应朝外安装,如图 4-162 所示。

图 4-161 安放铸铁底板

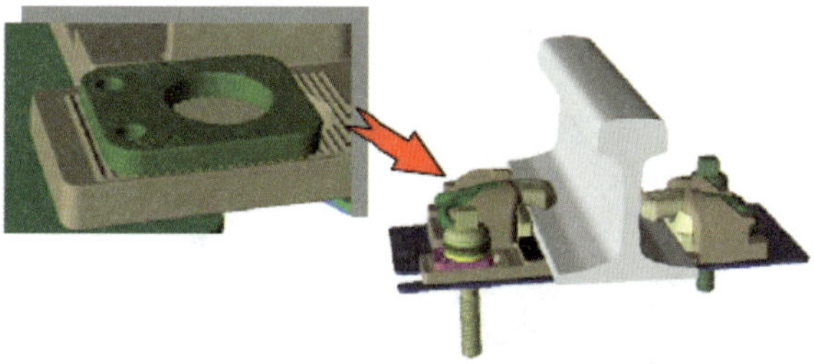

图 4-162 安放锯齿垫片

(4)安装锚固螺栓系统:将锚固螺栓系统一一安放到位,并再次确认 M22 贝式垫片是否在两片平垫片间背靠背安装。将锚固螺栓拧紧,扭矩应达到 150～200 N·m。

（5）安装轨距挡块和轨下橡胶垫板：用软面小锤先安放好轨距挡块，再插入橡胶垫板，如图 4-163 所示。

（6）安装弹条

在铸铁底板两侧挡肩的弹条安装位置安放弹条，并用安装工具的前端爪头抓住铸铁底板挡肩上相应位置，拉动手柄，将弹条推至正确的预扣位置，如图 4-164 所示。

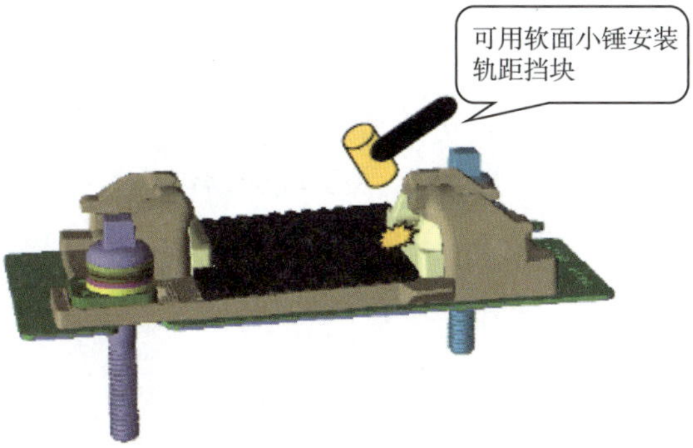

图 4-163　安装轨距挡块和轨下橡胶垫板

图 4-164　弹条预组装

（三）作业程序与要领

1. 安装前的准备工作

（1）检查运送到现场的轨枕/轨道板上预组装的错列式 SFC 扣件，确保扣件系统没有出现零部件丢失或破损现象。

（2）钢轨轨底应该清理干净，不带有任何泥污等杂物。

2. 安装顺序

（1）铺设钢轨：将钢轨放置在预组装后的承轨槽中，如图 4-165 所示。

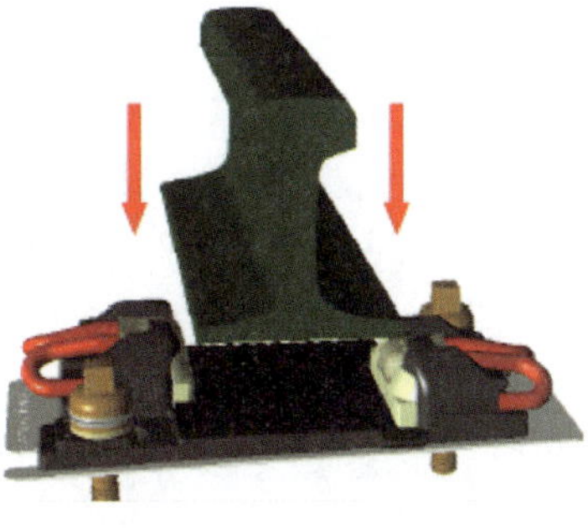

图 4-165　铺设轨钢

（2）检查扣件系统各部件与钢轨轨底间的相对位置

钢轨放置在扣件承轨槽内后，钢轨、橡胶垫板、铸铁底板承轨面之间，以及轨距挡块与铸铁底板挡肩相应位置间均应密贴。需特别指出的是，钢轨轨底上表面应与承轨槽两侧轨距挡块的上表面基本持平，确保下一步安装时弹条能够顺利进入扣紧工作位。

（3）安装弹条

错列式 SFC 型扣件弹条安装与 FC 型扣件一样，均可选用手工工具安装、半自动化设备安装和全自动化设备安装等方式。以下以手工工具安装为例阐述错列式 SFC 扣件弹条安装的方法。

使用专用的弹条安装工具进行安装，将弹条从预扣位置挤入扣紧的工作位置。安装时，将安装工具前爪钩抓住预埋底座的上前部，用力拉动手柄，直到将弹条彻底顶进。

3. 小纵向阻力地段和绝缘接头处扣件安装

错列式 SFC 扣件在小阻力地段和绝缘接头处的扣件安装，类似于 FC 型扣件。

4. 错列式 SFC 型扣件的安装调整

(1)调整轨距和轨向

检查轨距和轨向，如有不适，按如下步骤调整轨距：

①松开锚固螺栓。

②用改道器横向挪动铸铁底板，直到轨距和轨向合适为止。在不旋转锯齿垫片时，横向调整步长为 3 mm。锯齿垫片旋转 180°后，每格可横向移动 1.5 mm。需移动量小于 1.5 mm 时，铸铁底板采用无级方式进行微调。

③以 150～200 N·m 的扭矩拧紧锚固螺栓。

(2)调整钢轨高低

当遇有钢轨高低和水平不平顺时，可在铸铁底板和耦合垫板之间放入不同厚度搭配的调高垫板，实现钢轨高低的调整。错列式 SFC 型扣件系统最大调高 30 mm，最低调高 −2 mm。

在新线建设和初期维护调整中，使用的高度调节范围幅度一般不会很大。因此，在常用的调高幅度范围内，可使用标准调高垫板搭配形式和可替代的搭配形式进行调整。

在维护期间，当调高需求超过 6 mm 以上时。需要更大厚度的调高垫板配合使用，以达到所需的调高量，可采用典型搭配方式进行调整。

(四)注意事项

1. 铺设钢轨时，由于承轨槽上有橡胶垫板的存在，钢轨只有在底部支撑上滑动滚轮时，才能在承轨槽内拖动，否则将会严重损坏橡胶垫板。

2. 铺设钢轨时，若钢轨无法坐入槽中可能是由于两边的轨距挡块“弓起”或被向前挪动引起的，应将钢轨顶起，然后将轨距挡块正确放置到位。

3. 轨枕/轨道板安装好后，为调整基准轨的位置，只能松动基准轨侧铸铁底板上的螺栓。铸铁底板横向移动的范围是 −12～+12 mm。

4. 基准轨侧底板位置调整好后，将两股钢轨分别推向外侧轨距挡块时，使用轨距尺以相同的方式将另一侧的底板位置调整到满足标准轨距的要求。

5. 在进行任何操作后都应保证铸铁底板上螺栓已重新拧紧至正确的扭矩 150～200 N·m范围内。

6. 一个铸铁底板下最多只能插入三块垫板(含耦合垫板在内)，且耦合垫板总厚度不得大于 4.5 mm。

7. 当垫板(含调高垫板和耦合垫板)叠加总厚度超过 15 mm 时，需要使用更长的螺栓(部件编号：12671)替换当前使用的螺栓(部件编号：10866)。

8. 低密度聚乙烯耦合垫板应安放于最下层。

9. 运营初期应注意观察扣件的使用情况。当发现钢轨空吊、高低和水平不平顺时，应及时按有关要求进行调节。

10. 错列式 SFC 型扣件具有极少的维护量，其部件设计寿命与钢轨相同。在使用中如发现扣件部件不慎损坏，应及时更换。

11. 如遇有需要卸下锚固螺栓的情况时，应避免泥污、雨水等进入预埋套管。

八、直列式 SFC 型扣件安装作业

(一)部件规格及安装要求

1. 弹条(带绝缘帽)

直列式 SFC 型扣件弹条分 FC1504 型、FC1502 型和 FC1306 型 3 种，如图 4-60 所示。其中，FC1504 型和 FC1306 型弹条分别配用 8494 型和 12133 型绝缘帽，且出厂时已将绝缘帽装配在相应的弹条上；FC1502 型弹条不安装绝缘帽。

一般地段安装 FC1504 型弹条，钢轨绝缘接头处安装 FC1502 型弹条，小纵向阻力地段安装 FC1306 型弹条。FC1504 型和 FC1502 型弹条的直径为 15 mm，FC1306 型弹条的直径为 13 mm。FC1504 型弹条防锈涂料为红色，配用的 8494 型绝缘帽为白色；FC1306 型弹条防锈涂料为红色，配用的 12133 型绝缘帽为蓝色；FC1502 型弹条为黄色，且绝缘帽不安装在弹条上。

2. 预埋套管

该部件预先设置于轨枕/轨道板中，预埋精度应满足要求，且预埋套管顶面应与轨枕/轨道板承轨面齐平。预埋套管埋设后，应加盖塑料盖(或其他材料)以防止雨水和泥污的进入。

3. 调高垫板

调高垫板根据其厚度和材质的不同，可分为 4 mm(黑色)、5 mm(深蓝色)、10 mm(黑色)、15 mm(黑色)、20 mm(黑色)、25 mm(黑色)和 30 mm(黑色)厚度的高密度聚乙烯(HDPE)调高垫板，以及 1 mm(本色)和 2 mm(本色)镀锌钢板。其中，常用的调高垫板分别为 1 mm、2 mm钢板，5 mm 高密度聚乙烯调高垫板。

(二)直列式 SFC 型扣件预组装

在轨枕/轨道板运送至铺轨基地或现场前，需将错列式 SFC 型扣件预组装在轨枕/轨道板上。预组装不仅可以提高施工和后续铺轨的速度，还可以保证扣件安装的正确性，并减少现场扣件零部件的丢失。

1. 预组装前的准备工作

(1)准备 FC1504 型弹条。若线路段有小纵向阻力要求，应适量准备 FC1306 型弹条。

(2)检查轨枕/轨道板承轨面，不应有裂纹。清除轨枕/轨道板承轨面的泥渣。

(3)摘除预埋套管上遮盖物。

2. 预组装顺序

(1)安放耦合垫板：首先放置好 3 mm 耦合垫板，使垫板孔与预埋套管对中，如图 4-166 所示。

(2)安放铸铁底板：安放铸铁底板，使铸铁底板螺栓孔中心与预埋套管中心对正，如图 4-167所示。

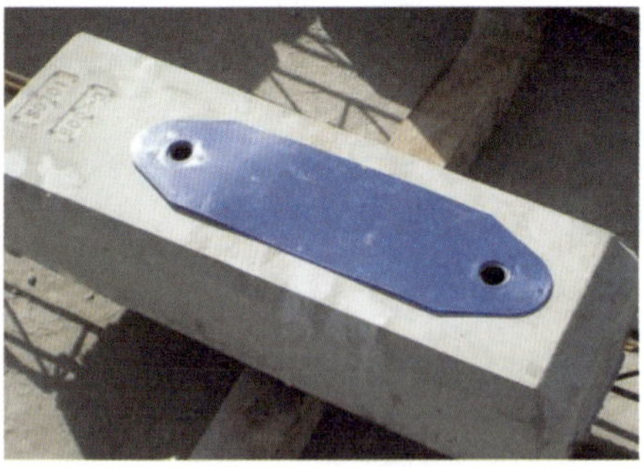

图 4-166 安放耦合垫板

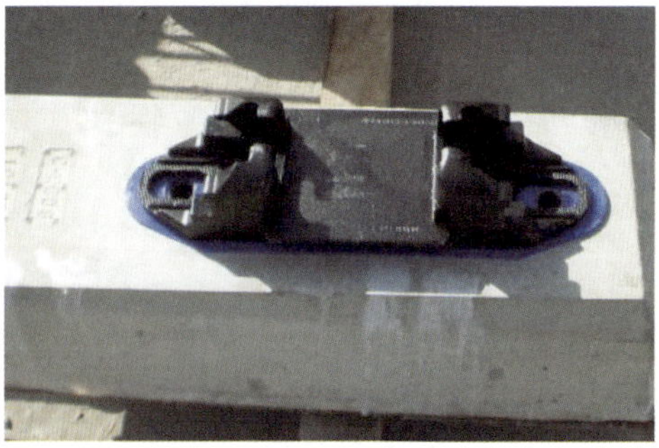

图 4-167 安放铸铁底板

(3)安装锚固螺栓系统:按中位安放锯齿垫片,锯齿垫片应与铸铁底板牙型啮合紧密。再将两片 M27 贝式垫片背靠背安装方式放好,并将锚固螺栓串入并拧紧,扭矩应达到 150～200 N·m,如图 4-168 所示。

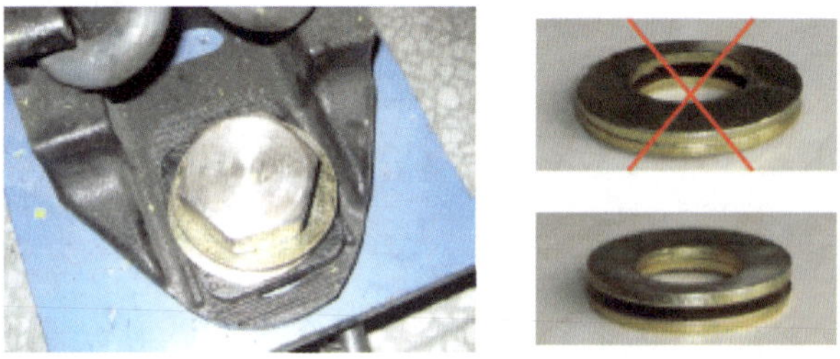

图 4-168 安装锚固螺栓系统

(4)安放轨距挡块和橡胶垫板:用软面小锤将轨距挡块轻轻敲下,安装到铸铁底板挡肩上。然后,将橡胶垫板插入轨距挡块与铸铁底板件形成的凹槽,如图 4-169 所示。

(5)安装弹条:使用专用工具 LP19019 将弹条安装至预扣位,如图 4-170 所示。

图 4-169 安放轨距挡块和橡胶垫板

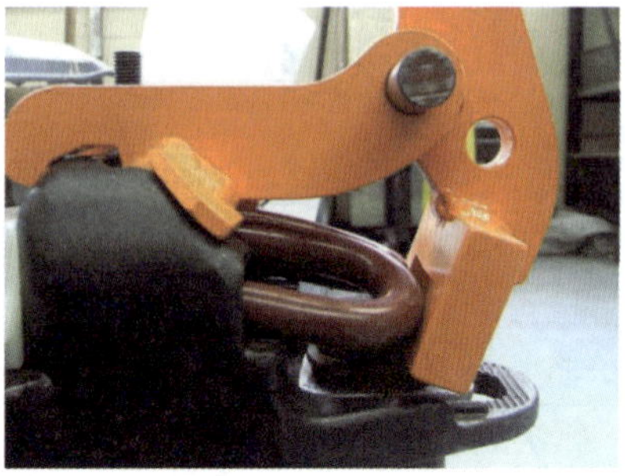

图 4-170 安装弹条

此外,直列式 SFC 型扣件的预组装,也非常容易在轨枕/轨道板厂实现机械化。完成预组装后的直列式 SFC 型扣件系统各部件均被牢固地安装在轨枕/轨道板上。

（三）作业程序与要领

1. 安装前的准备工作

（1）检查运送到现场的轨枕/轨道板上预组装的直列式SFC型扣件，确保扣件系统没有出现零部件丢失或破损现象。

（2）钢轨轨底应该清理干净，不带有任何泥污等杂物。

2. 安装顺序

（1）铺设钢轨：将钢轨放置在预组装后的承轨槽中。

（2）检查扣件系统各部件与钢轨轨底间的相对位置。

钢轨放置在扣件承轨槽内后，钢轨、橡胶垫板、铸铁底板承轨面之间，以及轨距挡块与铸铁底板挡肩相应位置间均应密贴。需特别指出的是，钢轨轨底上表面应与承轨槽两侧轨距挡块的上表面基本持平，确保下一步安装时弹条能够顺利进入扣紧工作位。

（3）安装弹条：直列式SFC型扣件弹条安装与FC型扣件一样，均可选用手工工具安装、半自动化设备安装和全自动化设备安装等方式。手工工具安装直列式SFC扣件弹条方法如下：

①使用专用的弹条安装工具进行安装，将弹条从预扣位置挤入扣紧的工作位置。

②安装时，将安装工具前爪钩抓住预埋底座的上前部，用力拉动手柄，直到将弹条彻底顶进。

3. 小纵向阻力地段和绝缘接头处扣件安装

直列式SFC扣件在小阻力地段和绝缘接头处的扣件安装，类似于FC型扣件。

4. 直列式SFC型扣件安装调整

（1）调整轨距和轨向

检查轨距和轨向，如有不适，可进行调整。单个直列式SFC型扣件具有±12 mm范围内的横向调节能力。具体调整步骤如下：

①松开锚固螺栓。

②用改道器横向挪动铸铁底板，直到轨距和轨向合适为止锯齿垫片与铸铁底板对正放置时，底板可移动的步长为3 mm，锯齿垫片旋转180度后铸铁底板可以进一步移动1.5 mm；需移动量小于1.5 mm时，铸铁底板采用无级方式进行微调。

③定位轨距。将两股钢轨推至与底板外侧的轨距挡块紧密接触时，使用轨距尺测量轨距，并调整铸铁底板位置，以达到标准轨距的要求。

在实施任何调整后，螺栓扭矩值应为150～200 N·m。

（2）调整钢轨高低

直列式SFC型扣件能够通过在铸铁底板和耦合垫板之间安装调高垫板，而获得最大30 mm高低位置调整量的能力。高度调节的操作步骤如下：

①松开底板上的螺栓，提升钢轨。

②卸下需调高处扣件铸铁底板上的螺栓，插入所需调高厚度的调高垫板。

③落下钢轨并拧紧锚固螺栓，扭矩为150～200 N·m。

直列式SFC扣件具有0～30 mm范围内的高度调节能力。每个调整级数所对应的典型调高垫板搭配形式如表4-14所示。

表 4-14 直列式 SFC 扣件高低调整量搭配形式

调高幅度(mm)	HDPE 调高垫板(mm)	镀锌钢板(mm)	调高幅度(mm)	HDPE 调高垫板(mm)	镀锌钢板(mm)	备注
1	—	1	16	15	1	1. 调高垫板始终安放在铸铁底板和低密度聚乙烯材料的耦合垫板之间。 2. 任何一个铸铁底板下面最多允许安装 3 块调高垫板(不含耦合垫板)。 3. 耦合垫板应安放在最下层
2	—	2	17	15	2	
3	—	1+2	18	4+4+10	—	
4	4	—	19	4+15	—	
5	5	—	20	20	—	
6	5	1	21	20	1	
7	5	2	22	20	2	
8	4+4	—	23	4+4+15	—	
9	4+5	—	24	4+20	—	
10	10	—	25	25	—	
11	10	1	26	25	1	
12	4+4+4	—	27	25	2	
13	4+4+5	—	28	4+4+20	—	
14	4+10	—	29	4+25	—	
15	15	—	30	30	—	

(四)注意事项

1. 铺设钢轨时，由于承轨槽上有橡胶垫板的存在，钢轨只有在底部支撑上滑动滚轮时，才能在承轨槽内拖动，否则将会严重损坏橡胶垫板。

2. 铺轨时若钢轨无法坐入槽中可能是由于两边的轨距挡块“弓起”或被向前挪动引起的，应将钢轨顶起，然后将轨距挡块正确放置到位。

3. 运营初期应注意观察扣件的使用情况。当发现钢轨空吊、高低和水平不平顺时，应及时有关要求进行调节。

4. 直列式 SFC 型扣件具有极少的维护量，其部件设计寿命与钢轨相同。在使用中如发现扣件部件不慎损坏，应及时更换。

5. 如遇有需要卸下锚固螺栓的情况时，应避免泥污、雨水等进入预埋套管。

思考题

1. 弹条Ⅳ型扣件安装作业质量有哪些要求?
2. 弹条Ⅴ型扣件安装作业注意事项有哪些?
3. FC 型扣件安装作业注意事项有哪些?
4. WJ-7 型扣件安装作业注意事项有哪些?
5. WJ-8 型扣件安装作业质量有哪些要求?
6. W300-1 型扣件安装作业注意事项有哪些?
7. 错列式 SFC 型扣件安装作业注意事项有哪些?
8. 直列式 SFC 型扣件安装作业注意事项有哪些?

复习题

1. 产生焊缝中部陡然凸起的平直度曲线的原因是什么?
2. 查照护背的显示状态是怎样规定的?
3. 弹条Ⅳ型扣件安装作业顺序及要求有哪些?
4. 弹条Ⅴ型扣件安装作业质量有哪些要求?
5. FC型扣件安装作业质量有哪些要求?
6. WJ-7型扣件安装作业质量有哪些要求?
7. WJ-8型扣件安装作业注意事项有哪些?
8. W300-1型扣件安装作业质量有哪些要求?
9. 错列式SFC型扣件安装作业质量有哪些要求?
10. 直列式SFC型扣件安装作业质量有哪些要求?

第五章　常用仪器及工具

高速铁路轨道线路维修常用仪器及工机具应按《高速铁路无砟轨道线路维修规则(试行)》或《高速铁路有砟轨道线路维修规则(试行)》有关要求配备,辖区内有车站正线、到发线数量超过 6 条时,应适当增加检测、维修、照明、发电及通信设备数量。动车段(所)线路工区的线路维修工机具参照铁道部《高速铁路有砟轨道线路维修规则(试行)》的规定配备。

第一节　电子水准仪使用

一、电子水准仪操作程序与要领

以 Trimble DiNi 电子水准仪为例说明电子水准仪的使用,Trimble DiNi 电子水准仪如图 5-1 所示。

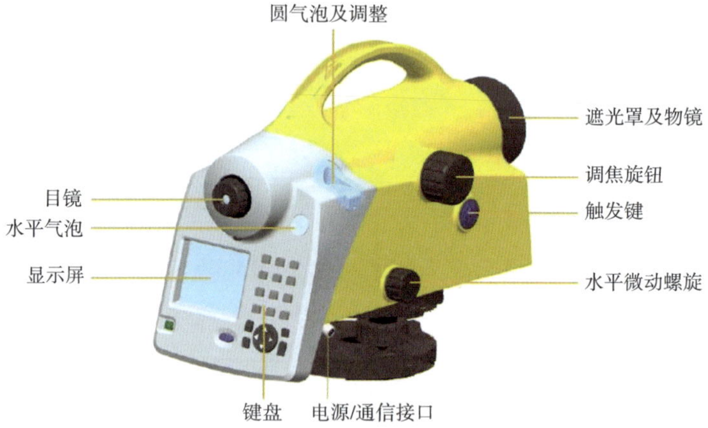

图 5-1　Trimble DiNi 电子水准仪

(一)操作面板

图 5-2 所示选定在文件项目上,要更改选择项目,用导航键相应方向改变,按回车键进行选择。

(二)菜　　单

菜单内容及项目说明,如图 5-3、图 5-4 及表 5-1 所示。

(三)操作程序与要领

1. 新建项目(图 5-5)

操作步骤:文件—项目管理—新建项目。

2. 配置项目

(1)输入(图 5-6)

操作步骤：配置—输入。

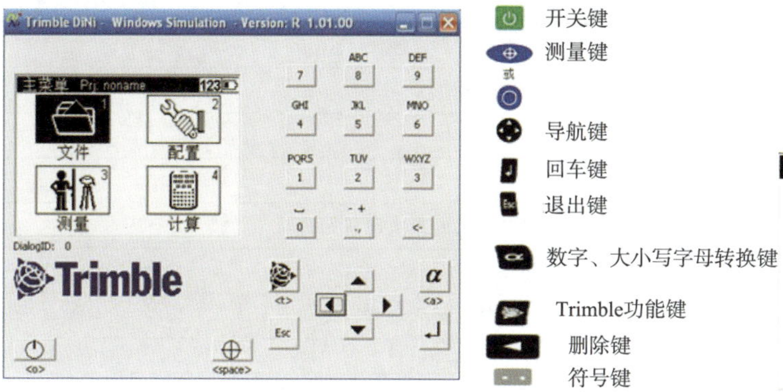

图 5-2　电子水准仪面板

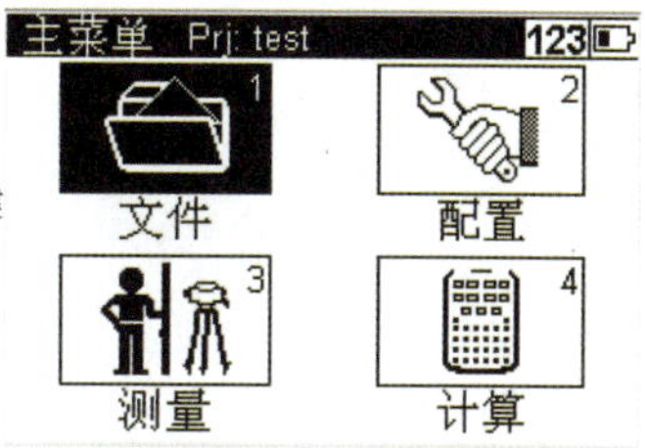

图 5-3　主菜单

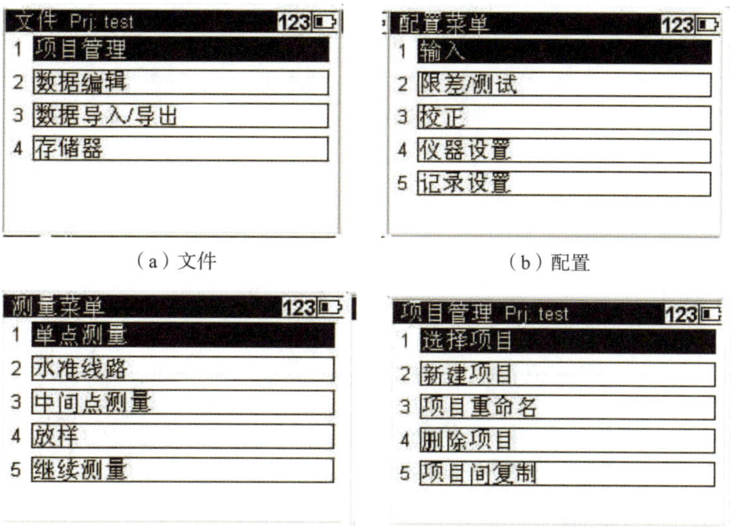

（a）文件　（b）配置

（c）测量　（d）项目管理

图 5-4　菜单项内容

表 5-1　菜单项内容说明

序号	主菜单	子菜单	子菜单	说　明
1	文件	项目管理	选择项目	选择以前的一个项目
			新建项目	开始一个新的项目
			项目重命名	给项目重新命名
			删除项目	删除已有的项目
			项目间复制	在两个项目间复制数据
		数据编辑		输入、编辑数据、代码
		数据导入/导出	DiNi 到 USB	将数据传输到一个 USB 设备
			USB 到 DiNi	将 USB 设备中的数据传输到 DiNi 仪器中
		存储		格式化内存

续上表

序号	主菜单	子菜单	子菜单	说　　明
2	配置	输入	大气折射	输入大气折射率改正
			加常数据	标尺读数改正
			日期	日期
			时间	时间
		限差/测试	最大视距	仪器与标尺的最大测量距离
			最小视距高	最低视线高度
			最大视距高	水准测量的最大视线高度
			30 cm 检测	测量的最小标尺尺段
			单站前后视距差	单站前后视距差
			水准线路前后差	水准线路前后差
		校正		对水准仪进行校正
		仪器设置		设置单位、小数位数据、关机时间、语言、时间日期格式
		记录设置		设置数据记录格式、开始点号及步长等信息
3	测量	单点测量		单点测量
		水准测量		水准线路测量
		中间点测量		中间点测量
		放样		放样
		继续测量		继续上一次的测量
4	计算	线路平差		线路平差

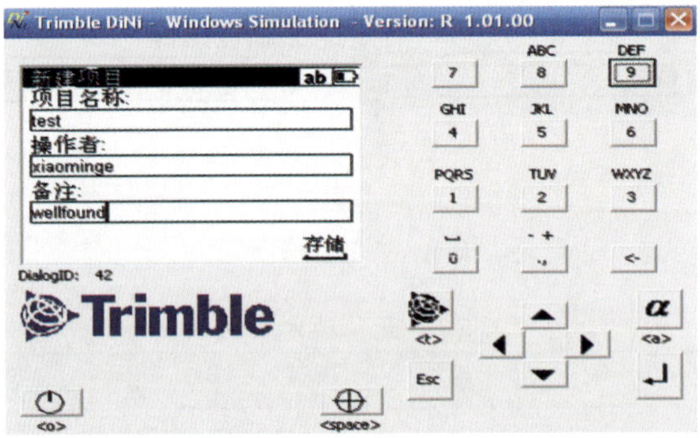

图 5-5　新建项目

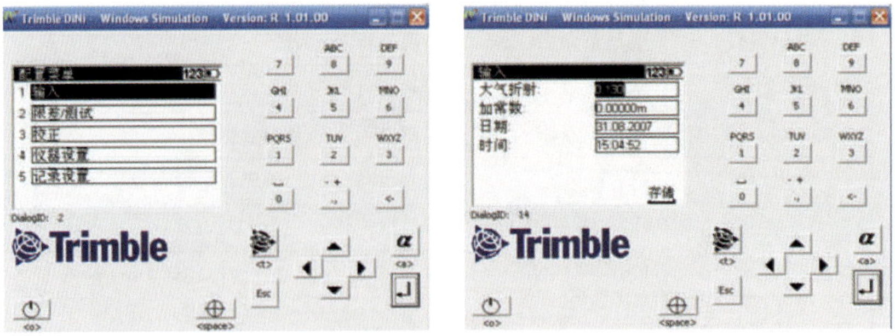

（a）　（b）

图 5-6　输入

注：所有的配置都保存为上一次的配置参数。

(2)限差/测试(图 5-7)

操作步骤：配置—限差/测试。

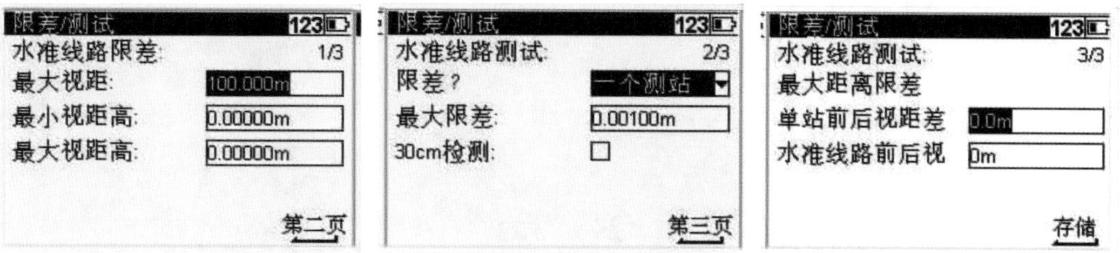

(a)　(b)　(c)

图 5-7　限差/测试

在测量过程中，如果测量结果超出所设置的限差，则仪器会发出提示信息。

(3)仪器设置(图 5-8)

操作步骤：配置—仪器设置。

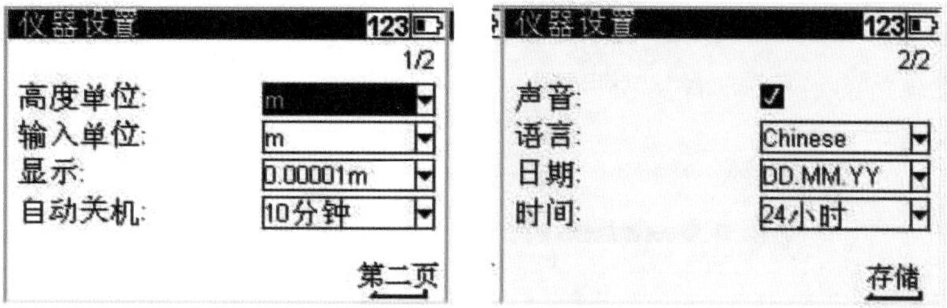

(a)　(b)

图 5-8　仪器设置

(4)记录设置(图 5-9)

操作步骤：配置—记录设置。

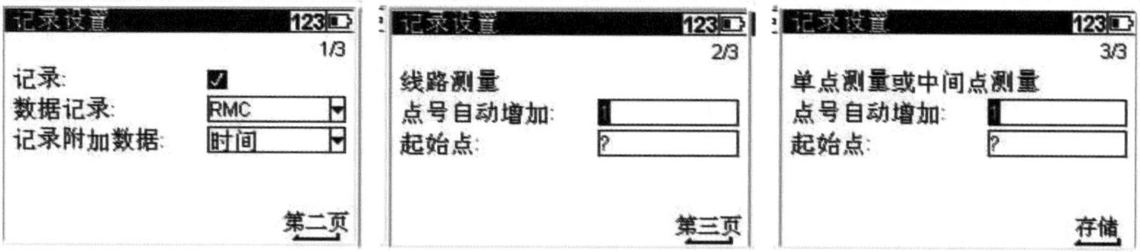

(a)　(b)　(c)

图 5-9　记录设置

注：如果要进行平差计算，请选择数据记录格式为 RMC。

3. 单点测量

操作步骤：测量—单点测量。

(1)输入点号，如图 5-10 所示。

(2)瞄准标尺，点击测量按钮进行测量。

(3)在屏幕的左边“结果”部分可以看到测量的结果，在屏幕的右边“下一点”部分是下一个要测量的点的信息。

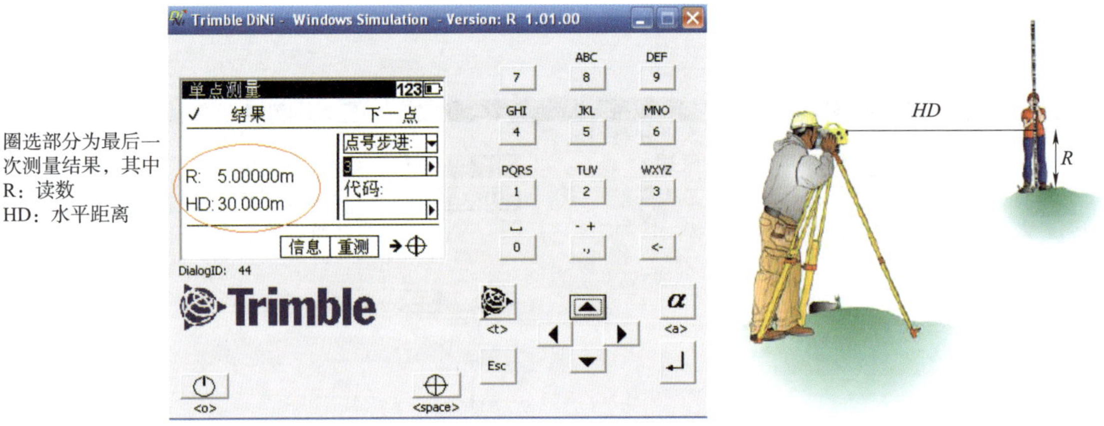

(a) (b)

图 5-10 单点测量

(4)如果对测量的结果不满意，还可以利用进行重测。

4. 水准测量

(1)输入新线路的名称(或者从项目中选择一旧线路继续测量)，如图 5-11 所示。

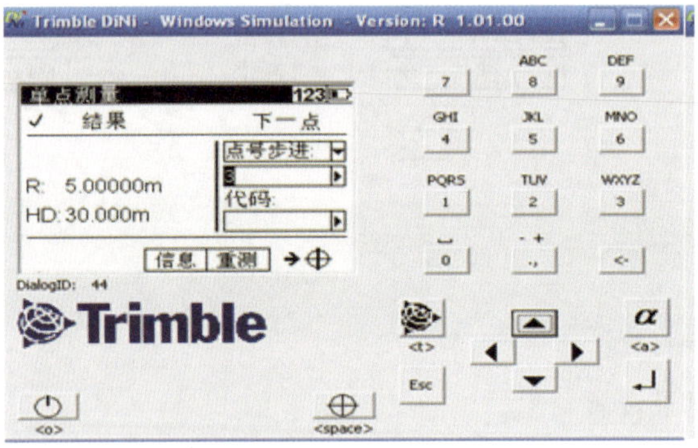

图 5-11 新线路名称及测量模式

(2)设置测量模式，如 BF(测量模式有：BF、BFFB、BFBF、BBFF、FBBF)；观测时，一般按后—前—前—后的顺序进行，对于有变换奇偶站功能的电子水准仪，按以下顺序进行：

往测：奇数站为后—前—前—后，偶数站为前—后—后—前；

返测：奇数站为前—后—后—前，偶数站为后—前—前—后。

(3)奇偶站交替，利用向左键进行选择。

(4)输入要测量的点号，如图 5-12 所示。

(5)可以输入代码。

(6)输入基准高，如图 5-12 所示。

(7)瞄准要测量的标尺，点击测量键测量，如图 5-13 所示。

(8)测量结果(图 5-14)

①屏幕左边表示上一点(后视点)的测量结果。

②屏幕右边表示将要测量的下一个点(前视点)。

③如果测量的结果不满足要求，可以重新进行测量。

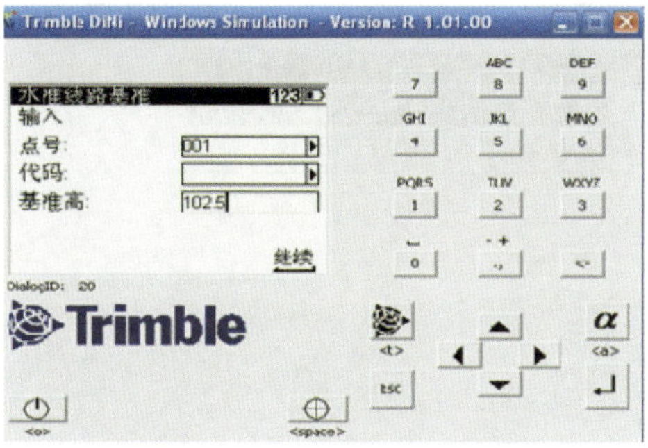

图 5-12　输入测量点号及基准高

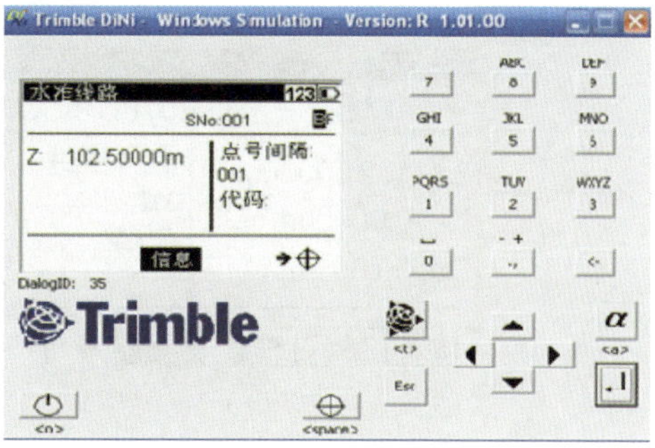

图 5-13　测量键

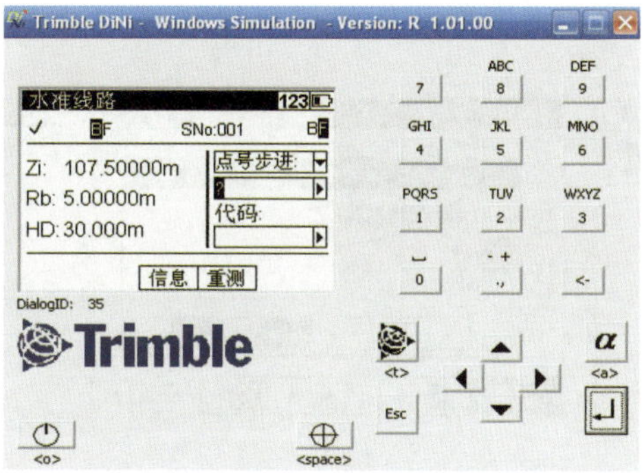

图 5-14　测量结果

(9)点击“信息”可以看到更多的信息(图 5-15)

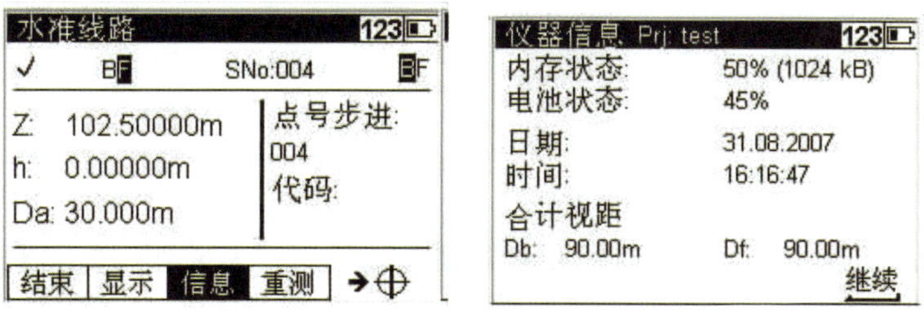

(a)　(b)

图 5-15　点击“信息”

(10)点击“显示”可以看到更多的信息(图 5-16)

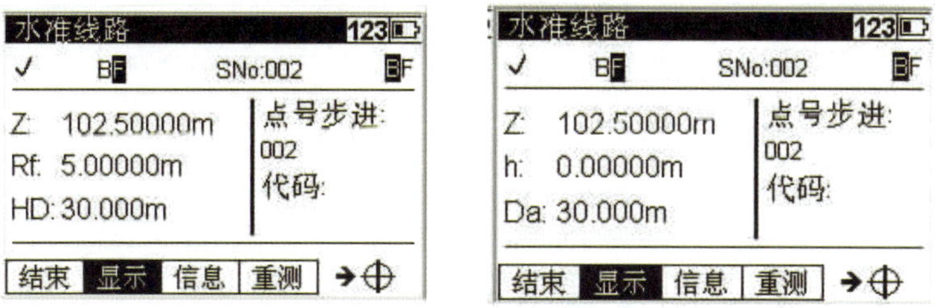

(a)　(b)

图 5-16　点击“显示”

(11)点击"重测"可以对最后的测量或最后的测站进行重测(图 5-17)

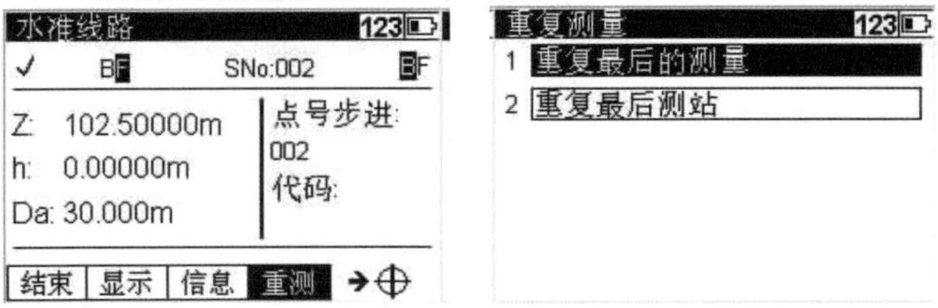

(a)　　(b)

图 5-17　点击"重测"

(12)点击"结束"可以结束一条水准线路的测量(图 5-18)

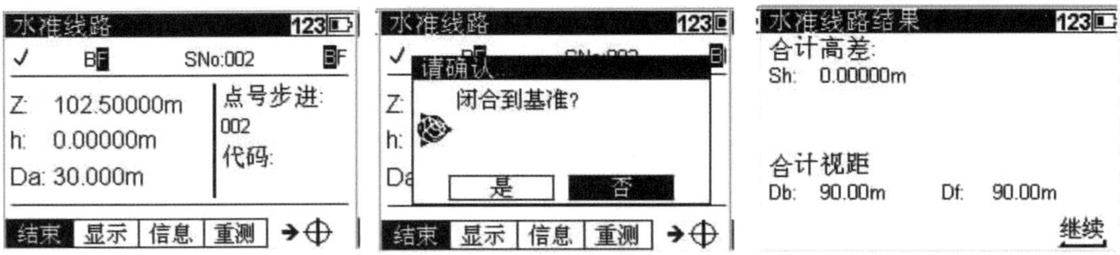

(a)　　(b)　　(c)

图 5-18　点击"结束"

5. 中间点测量(支线测量)

(1)输入点号,如图 5-19 所示。

(2)输入基准高,如图 5-20 所示。

(3)瞄准要测量的标尺测量。

(4)点击接受,如图 5-21 所示。

图 5-19　输入点号

图 5-20　输入基准高

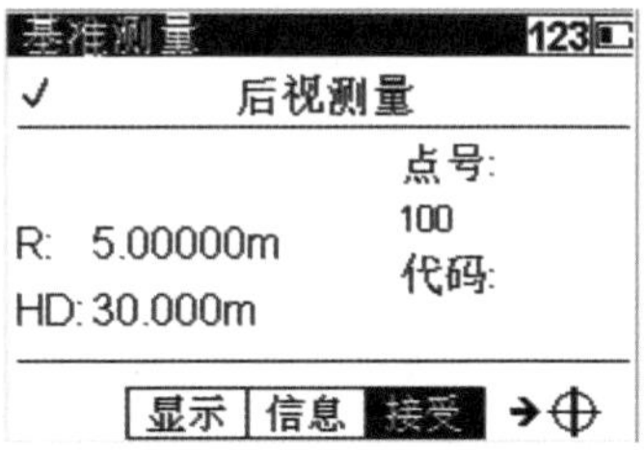

图 5-21　点击接受

(5)输入下一点的点号,如图 5-22 所示。

(6)瞄准要测量的标尺,进行测量,如图 5-23 所示。

(7)"ESC"键退出中间点测量程序,如图 5-24 所示。

6. 放样

(1)输入后视点号,如图 5-25 所示。

(2)输入后视点高程,如图 5-25 所示。

(3)瞄准后视点进行测量,如图 5-26 所示。

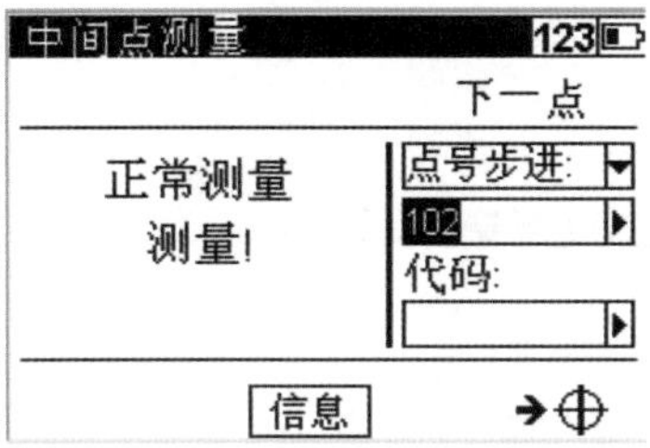

图 5-22　输入下一点点号

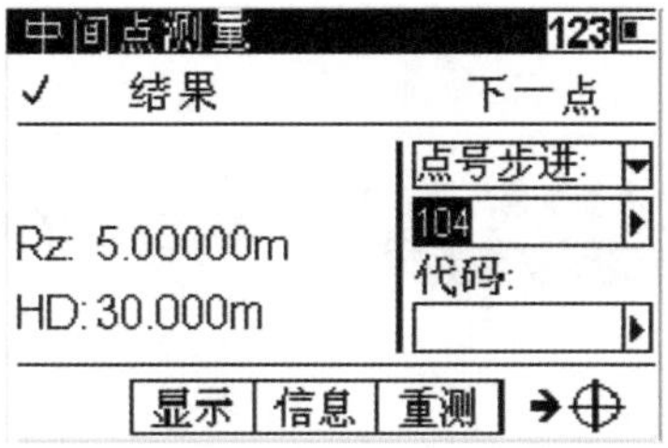

图 5-23　测量

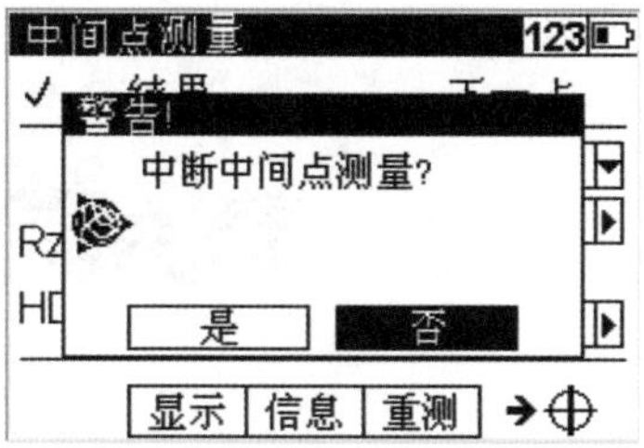

图 5-24　“ESC”键测量程序

图 5-25　输入后视点号及高程

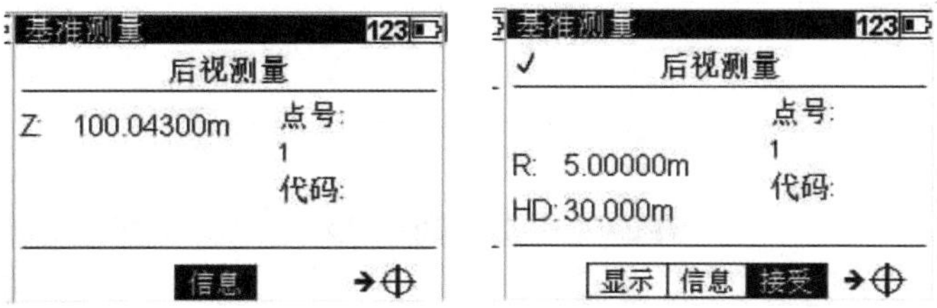

(a)　(b)

图 5-26　测量

(4)输入要放样的点号,如图 5-27 所示。

(5)瞄准要放样的点测量,如图 5-28 所示。

(6)调整放机关报点的高程,直到 dz 的值满足要求,“接受”,然后进行下一点的放样,如图 5-29 所示。

图 5-27　输入放样点号

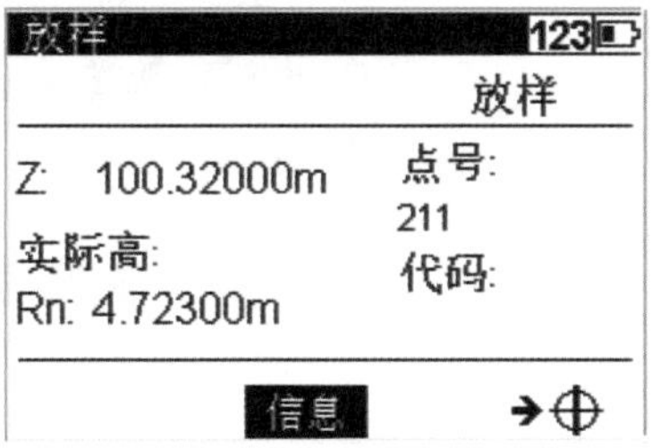

图 5-28　放样点测量

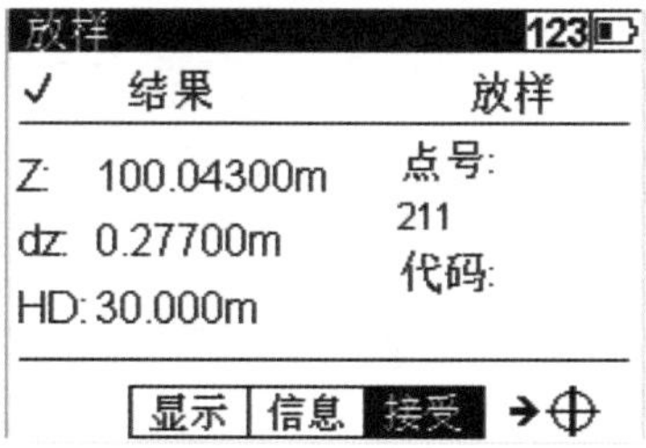

图 5-29　按“接受”

7. 继续测量(图 5-30)

继续上一次的测量,并且可以设置测量的次数及是否自动关机。

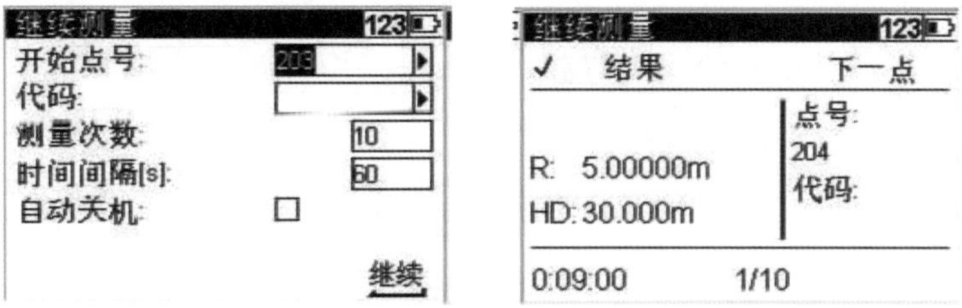

(a)　(b)

图 5-30　继续测量

（四）线路平差

1. 选择项目，如图 5-31 所示。

2. 选择要平差的线路名，如图 5-32 所示。

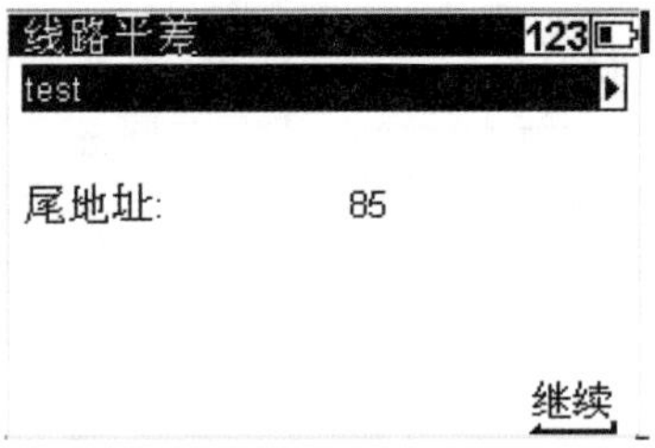

图 5-31　选择 test

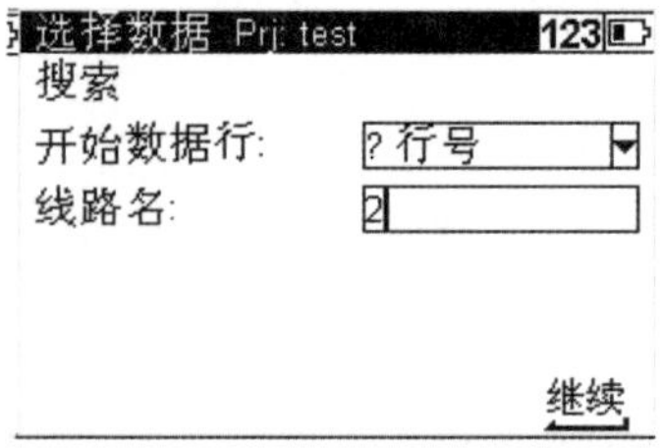

图 5-32　选择平差线路名

3. 如果线路已平差，则不能再次平差，如图 5-33、图 5-34 所示。

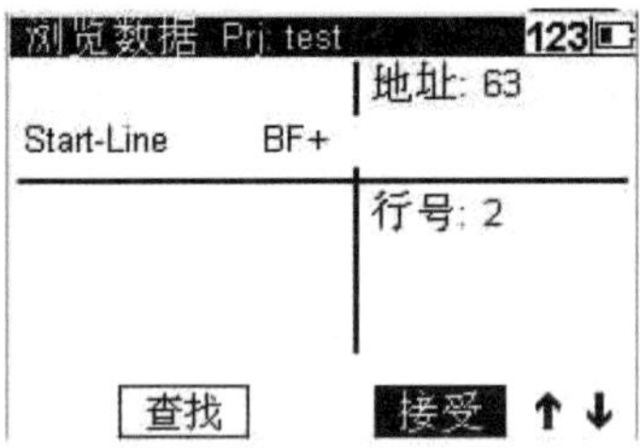

（a）

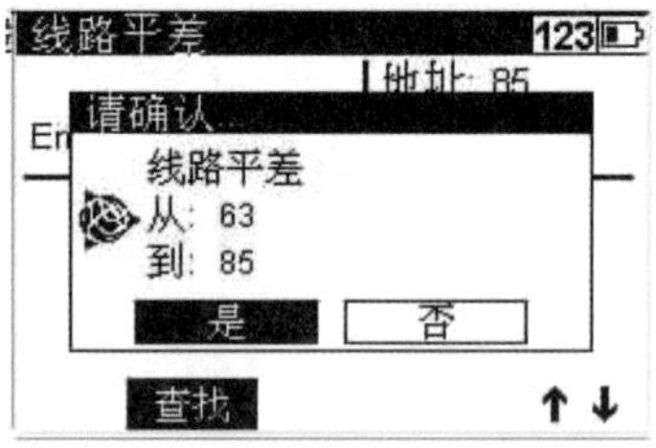

（b）

图 5-33　线路平差

注意：

(1) 线路平差可以对闭合线路和附和线路进行平差；

(2) 在你对一个内存中的闭合环进行平差后，被平差过的信息会被保存起来，所以记住在平差之前要下载下来它的原始数据

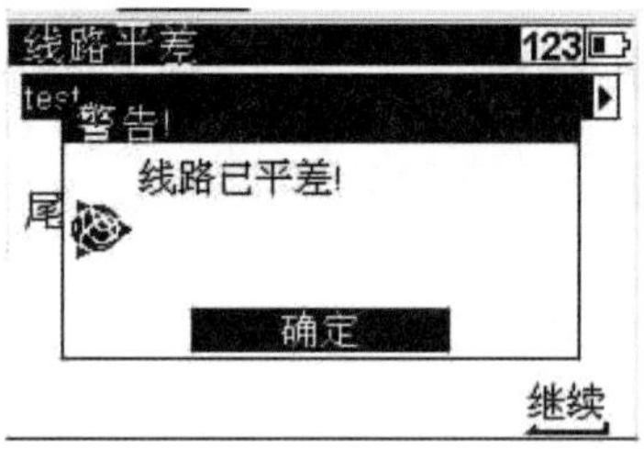

图 5-34　线路已平差

4. 输入起点、终点的高程，如图 5-35 所示。

（a）

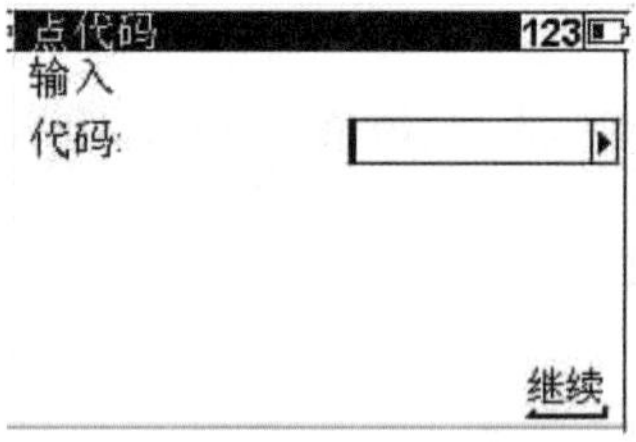

（b）

图 5-35　输入起点、终点高程

5. 闭合差是否满足要求，如图 5-36 所示。

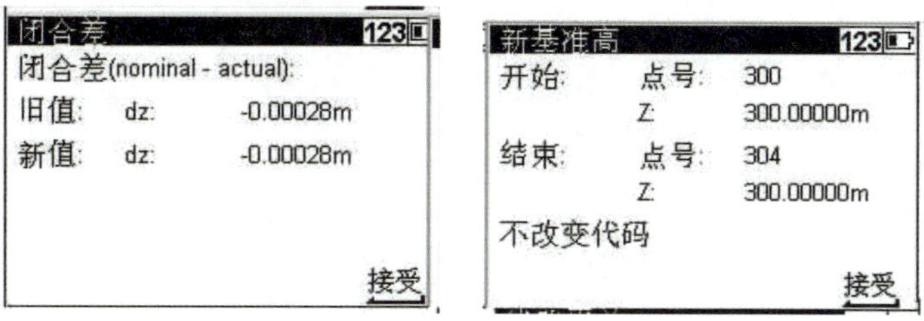

（a）　（b）

图 5-36　检查闭合差

6. 平差成功，如图 5-37 所示。

（五）Trimble 功能键（图 5-38）

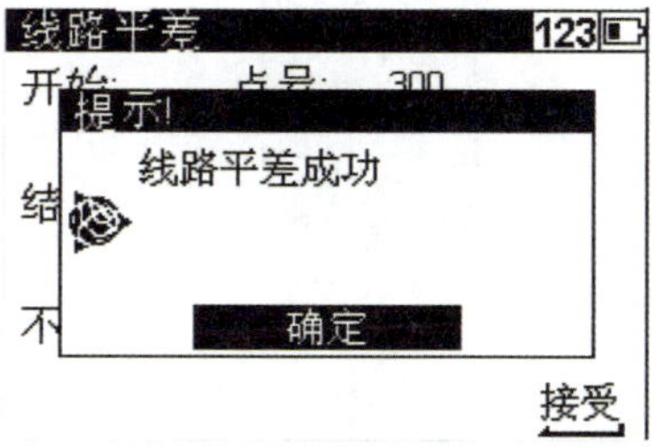

图 5-37　平差成功

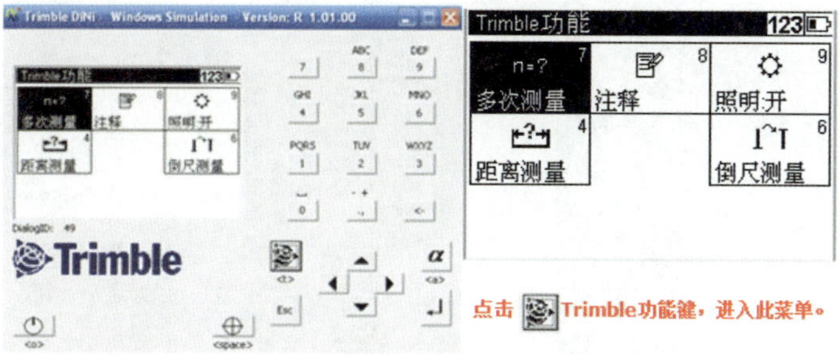

图 5-38　Trimble 功能键

1. 多次测量：可以设置测量次数及最在标准偏差。
2. 注释：编辑注释。
3. 照明开关：打开或关闭照明。
4. 距离测量：测量距离。
5. 倒尺测量：常规测量与倒尺测量的转换。

二、记录及相关软件的使用方法

（一）数据传输（图 5-39）

1. 连接 DiNi 到 PC。
2. 打开 DataTransfer。
3. 选择 DiNiUSB 设备。
4. 在 PC 与 DiNi 间传输数据。

（二）数据格式（图 5-40）

数据文件在电子水准下以文件形式保存，并且可以在任何文本编辑器中编辑，也没有必要来修改文件格式。

有两个不同的数据格式：Rec_E（M5）和 Rec 500。

1. Rec_E 数据文件（图 5-41）

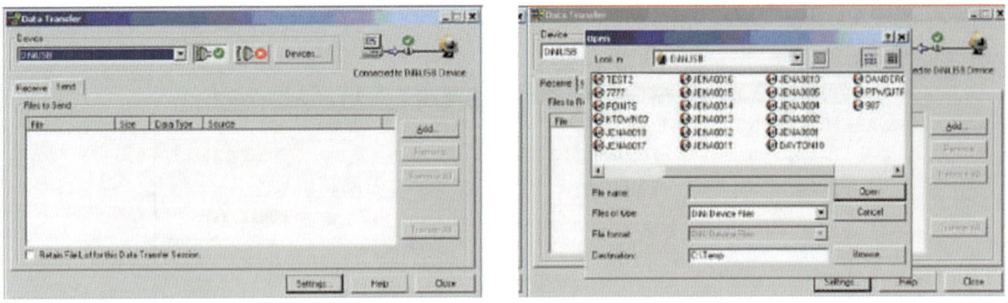

（a）　　　　　　　　　　（b）

图 5-39　数据传输

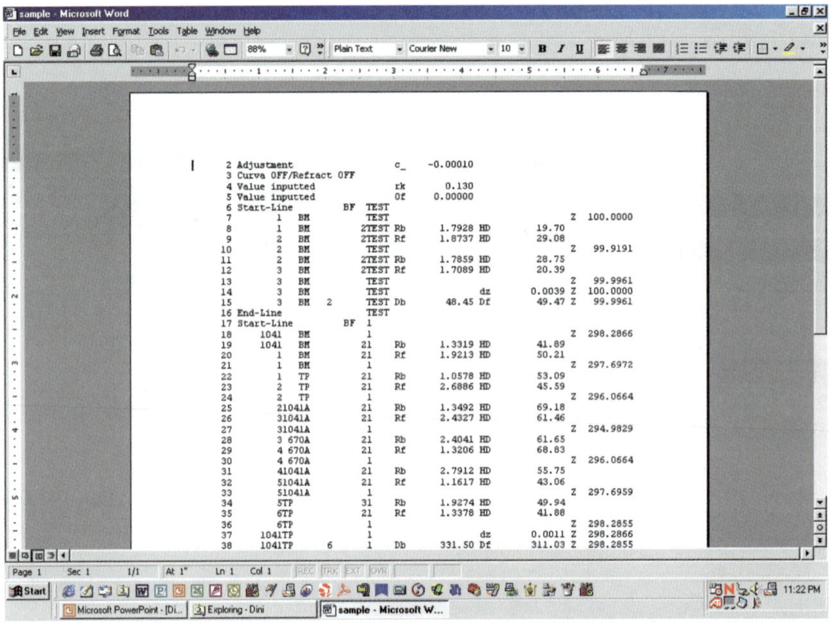

图 5-40　数据格式

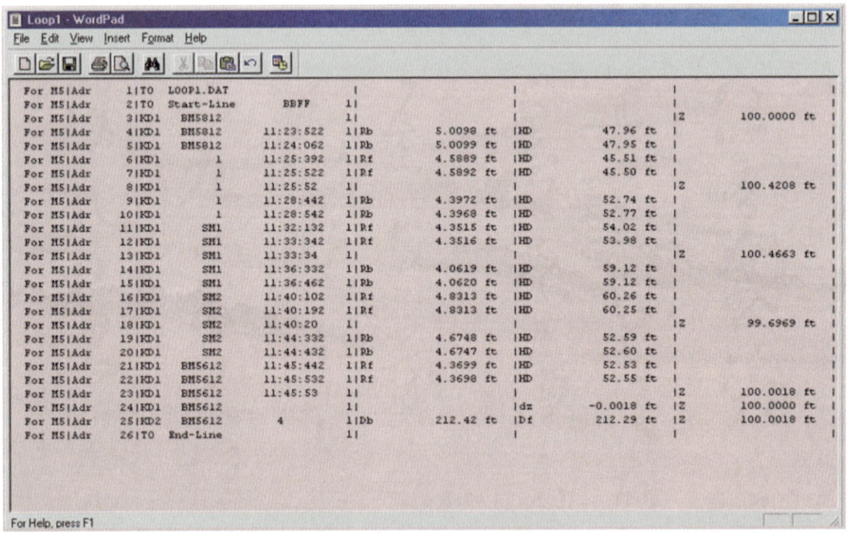

图 5-41　Rec_E 数据文件

2. Rec 500 数据文件(图 5-42)

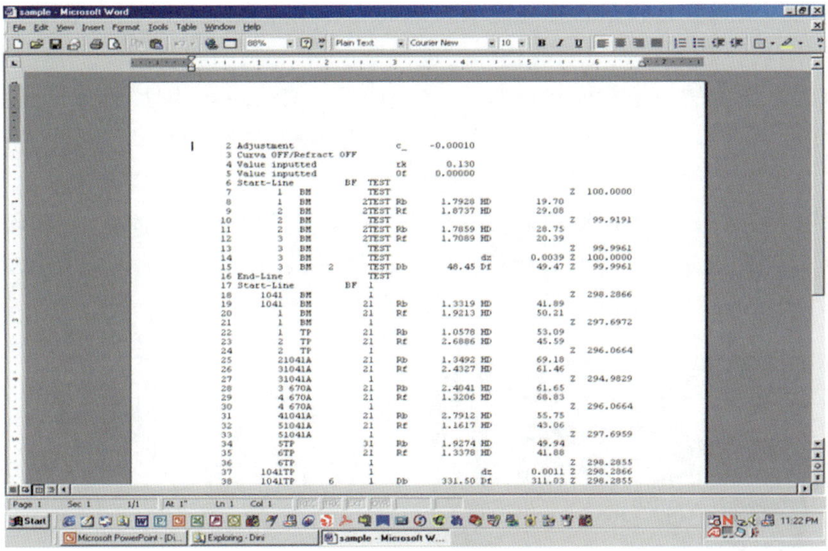

图 5-42　Rec 500 数据文件

三、注意事项

1. 精密水准测量采用满足精度要求的电子水准仪(电子水准仪每千米水准测量高差中误差为±0.3 mm),配套因瓦尺;因瓦尺上必须有 30 cm 的刻度区域可见,也就是大约在十字丝上方必须有 15 cm 的条码可见。

2. 电子水准仪是高精度仪器需要小心使用:日常护理和检查是非常必要的;使用仪器设备必须在鉴定有效期内,每年必须对测量仪器精确度进行一次校准。

3. 水准观测第一周每天作业前应采用仪器自带的软件进行检验和校准,若检验指标满足要求并稳定,后续作业前可不进行该项检验,但应每月进行仪器指标检验。

思考题

1. Trimble DiNi 电子水准仪主要有哪些部件组成?
2. Trimble DiNi 电子水准仪测量菜单项内容主要有哪些?
3. Trimble DiNi 电子水准仪单点测量的操作步骤是什么?
4. Trimble DiNi 电子水准仪测量有哪些注意事项?

第二节　全站仪设站测设作业

一、全站仪操作程序与要领

(一)全站仪的安置

1. 安置前的准备工作

在去现场进行测量前,必须对仪器设备进行检查,确保仪器在检定期内,各种配件齐全有效，仪器设备连接正常，保证测量设备到现场后能够正常使用，重点以下内容：

(1)首先应该检查全站仪是否在规定的检定期内(1″以上全站仪检定有效期1年)，对于超过检定有效期的仪器必须送到专业检校部门进行检校，合格后方可使用。

(2)三脚架是设备的一个重要组成部分，必须确保三脚架的牢固性，确保测量精度，首先把三脚架固定在地面进行目视故障检查：木柄是否有裂纹，螺丝是否缺损，零件是否缺失。

(3)每次测量前必须确保三脚架头部的稳定性[图5-43(a)]，若三脚架顶部不紧固，测量过程中仪器可能产生移动，从而导致测量失败。若三脚架头部没有正确固定，则应该对其螺丝进行紧固[图5-43(b)]。如果三脚架头螺丝固定后还是不稳定，那么检查晃动架腿末端，检查其稳固性。如果频繁紧固仍不稳固则停止使用该脚架。

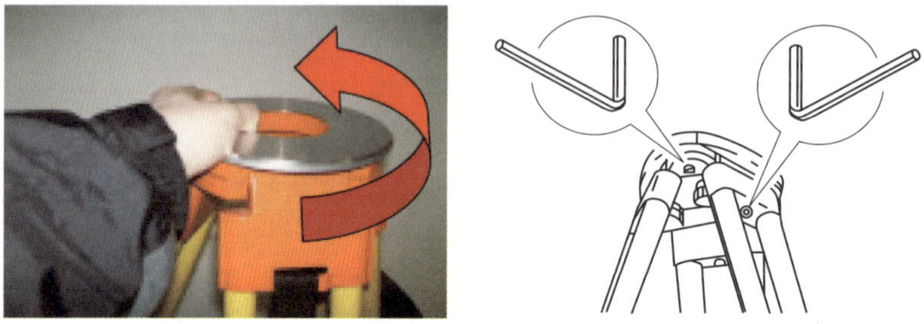

(a) (b)

图5-43 三脚架头部稳定性检查

(4)检查三脚架脚架螺丝是否已拧紧，将侧面螺丝拧紧后即可将三角架固定，若无法紧固请停止使用，如图5-44所示。

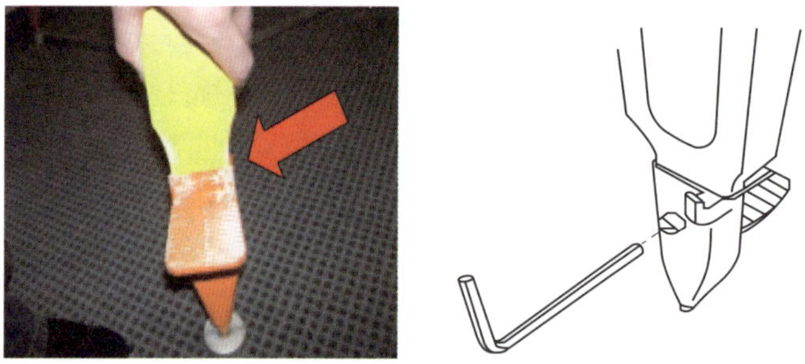

(a) (b)

图5-44 三脚架脚架螺丝检查

(5)脚架的快锁装置是否已拧紧，脚架腿是否已固定，如图5-45所示。

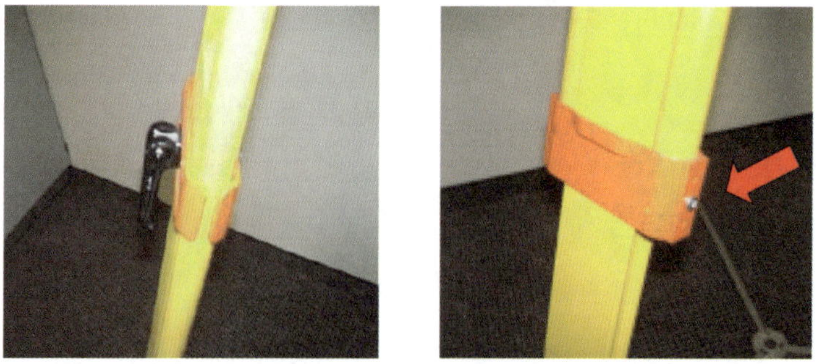

(a) (b)

图5-45 三脚架快锁装置检查

(6)三脚架基座是否干净整洁，基座脚螺旋是否顺滑易移动，锁定装置能否正常工作，如图5-46所示。

(7)另外还应检查棱镜零件是否松动，棱镜是否清洁干燥等。

2. 仪器的安置

轨道养护维修精测采用自由设站，全站仪应选择在两个CPⅢ中点的待测轨道中心线安置。在安置仪器时，注意以下几点：

(1)把脚架螺丝松开并向外拉出适当距离后拧紧。

(2)考虑到观测姿势的舒适性，调节三脚架腿到合适的高度，尽量保证三角架基座水平，确认所有脚架螺旋拧紧，为使其稳置，防止仪器滑落，顺着脚架腿方向向下施力，使脚架与地面紧贴，如图5-47所示。

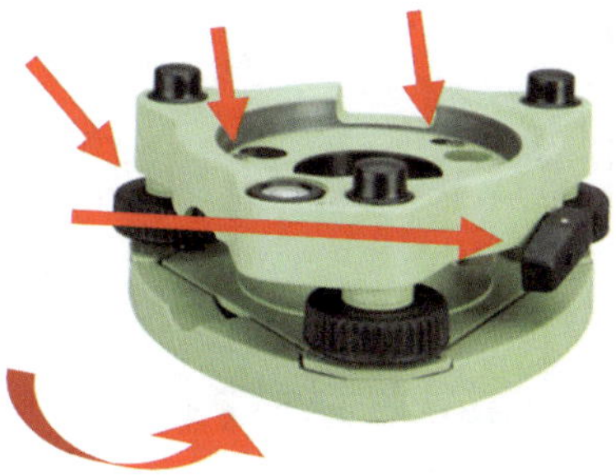

图5-46　三角基座各锁定装置稳定性检查

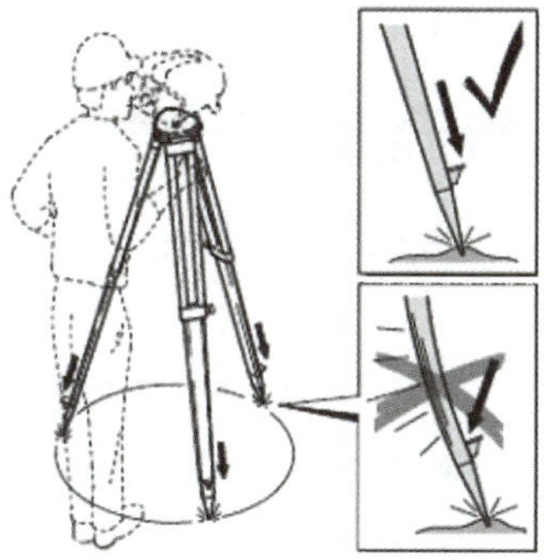

图5-47　三脚架的安装

(3)旋紧中心连接螺旋，将基座及仪器固定到脚架上；在室内与室外温差较大的情况下，应让仪器适应外界环境15～20 min，然后进行操作。

(4)按PROG键并持续2 s后打开仪器进入主界面，如图5-48(a)所示。然后按SHIFT+F12进入状态整平 & 激光对中屏页，如图5-48(b)所示，启动激光对中器。

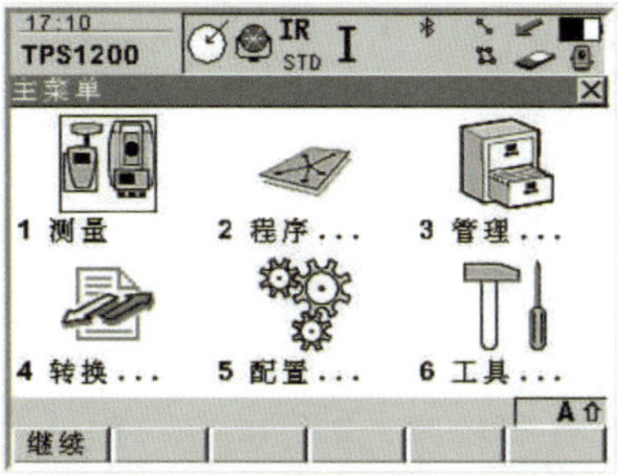

(a) 主界面

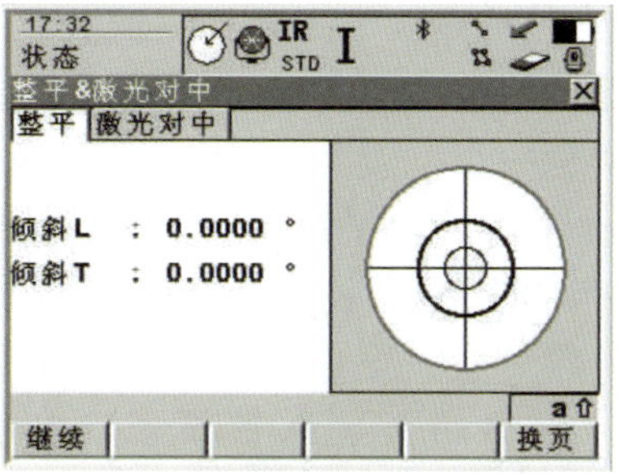

(b) 整平对中

图5-48　TPS1200全站仪主界面及整平

(5)通过电子水准器的指示，转动基座脚螺旋以精确整平仪器，使电子水准器居中。

在整平的过程中，先左右手同时向里或向外转动与仪器视准轴垂直的两个脚螺旋，使气泡在此方向上居中(此时气泡的运动方向与左手大拇指的运动方向一致)；再用左手调节第三个螺旋使气泡剧中(气泡运动方向与左手大拇指运动一致)，然后再各个方向上转动仪器看是否居中，如不居中，重复上述动作。

电子气泡控制标准：倾斜 $L \leqslant 0.0005°$，倾斜 $T \leqslant 0.0005°$。

（二）全站仪校准

1. 补偿器校准

当仪器架设好后，水准气泡在一个方向上调整到 0.000 5 的范围以内时，调转方向后，偏差却很大时，这时要对补偿器进行校准，校准的步骤如下：

（1）在主界面点击 6 工具菜单，按 7 进行检查与校准，点击 3 补偿器（L，T）进行测设，如图 5-49 所示。

图 5-49　补偿器测设界面

（2）点击测量，测量两个测回后回到主界面，点击 SHIFT＋F12 再次调平看校准的效果，如不好，可继续进行校准，直到得到满意结果为止。

2. 组合校准

正倒镜检查全站仪水平角和竖角偏差，如果超过 3″，在气象条件较好的情况下进行组合校准及水平轴倾斜误差（α）校准；检查全站仪目标自动识别 ATR 照准是否准确，有无 ATR 的偏差也应少于 3″。

在主界面点击 6 进入工具菜单，按 7 进行检查与校准，点击 1 进行组合校准（l，t，i，c，ATR），如图 5-50(a)所示；使 ATR 校准处于打开状态，然后瞄准 90～110 m 的一个棱镜目标，利用人眼精确对准棱镜内的十字丝，然后点击测量，仪器转变方向后再精确瞄准十字丝，点击测量进入图 5-50(b)所示；瞄准十字丝后再点击测量，如此这样再测量两个测回，并保证 δ 值在 1″以内，如图 5-50(c)所示，这次的校准算完成；最后点击继续出现，如图 5-50(d)所示。

得到了各个选项的新值，校准完后进入测量模式，利用正倒镜测量的方法进行测量，保证水平角，竖直角在找准 90～110 m 目标的时候保证在 3″以内，高程偏差在 1 mm 以内。

3. 水平轴倾斜误差（a）

进行完组合校准后，如果竖直角的状态一直不好，就要进行水平轴倾斜误差（a）的校准，

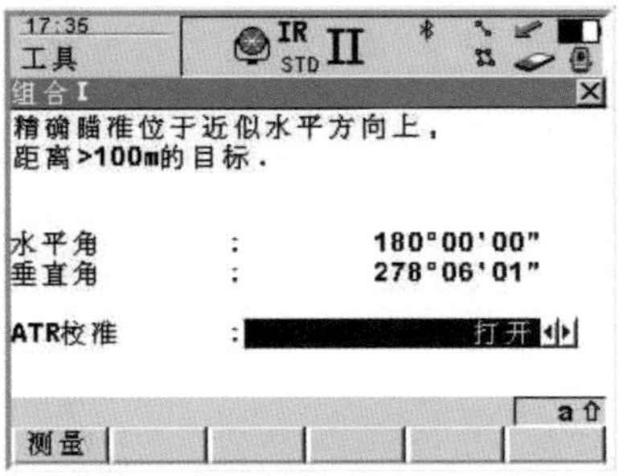

(a) 组合Ⅰ测量

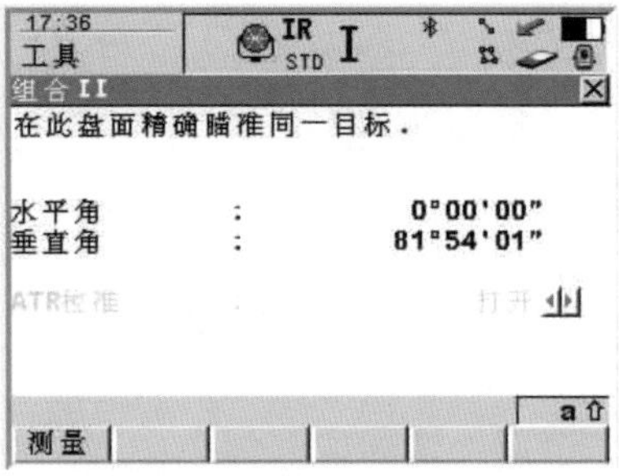

(b) 组合Ⅱ测量

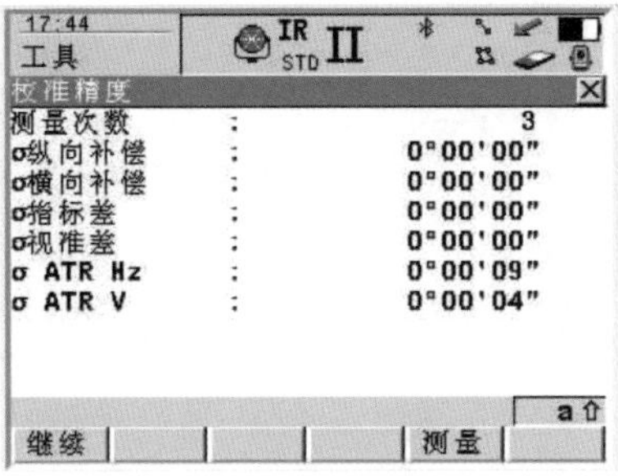

(c) 校准精度

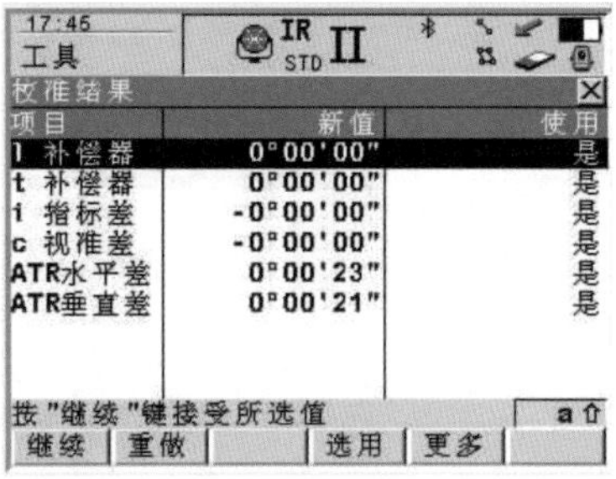

(d) 校准结果

图 5-50　组合校准

校准步骤如下：在主界面按 6 进入工具菜单，按 7 进行检查与校准，点击 2 水平轴倾斜误差（*a*）；测量时人工精确瞄准目标棱镜的十字丝后，进行Ⅰ、Ⅱ面测量；之后进行正倒镜测量符合，如不满足要求需重新进行校准。

（三）作业管理

1. 仪器安置完成后，退回到主菜单，按数字键 3 进入管理界面，如图 5-51(a)所示，按 1 进行作业管理设置，如图 5-51(b)所示。

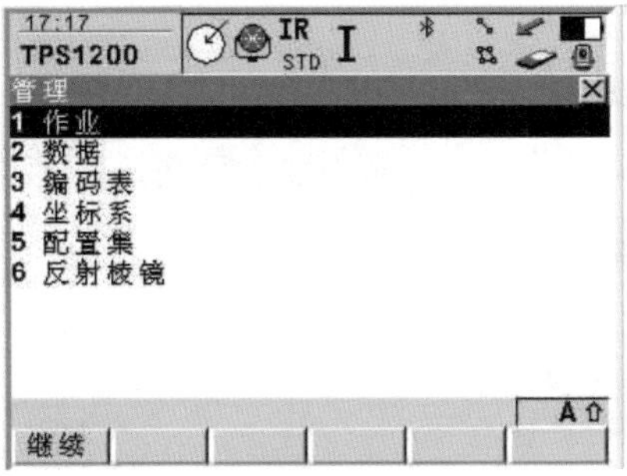

(a)

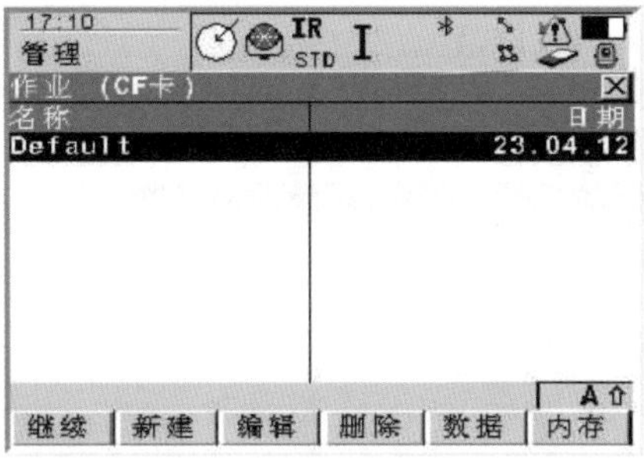

(b)

图 5-51　作业管理界面

2. 在作业管理窗口按 F2(新建)打开创建新作业的窗口如图 5-52 所示。在名称一栏输入作业名称，如需要通过导航键完成描述、创建等设置；通过按 F6(换页)切换窗口完成编码表、坐标系及平均设置。坐标系缺省为无；平均窗口，选取平均方式，输入平均前限差检查值。如果选关闭即不进行平均。

3. F1(保存)，保存作业设置。

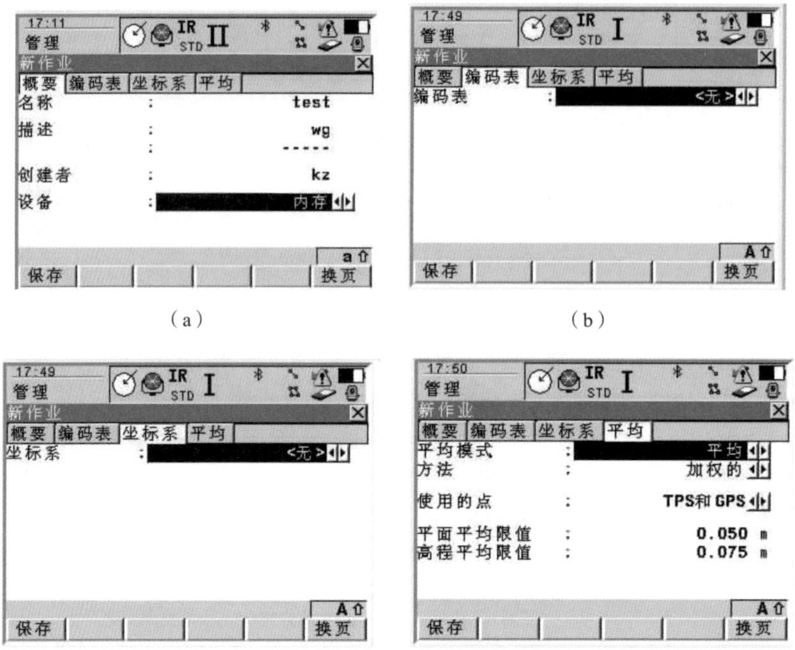

(a)　(b)　(c)　(d)

图 5-52　新建作业管理

（四）全站仪设站

由于外界环境的影响，在测量之前，我们首先要根据天气的实际情况，对仪器进行设置，设置气象改正参数、几何改正参数和折光差改正参数，一般地对距离改正，只进气象改正 PPM，而将几何改正、折光改正 PPM 设为 0。一般而言，轨道测量在午夜进行，设备销售厂家在出厂设置或现场指导时，进行了设置。

1. 在主菜单下依次完成如下操作：2 程序→2 设站，依次出现如图 5-53 所示界面。

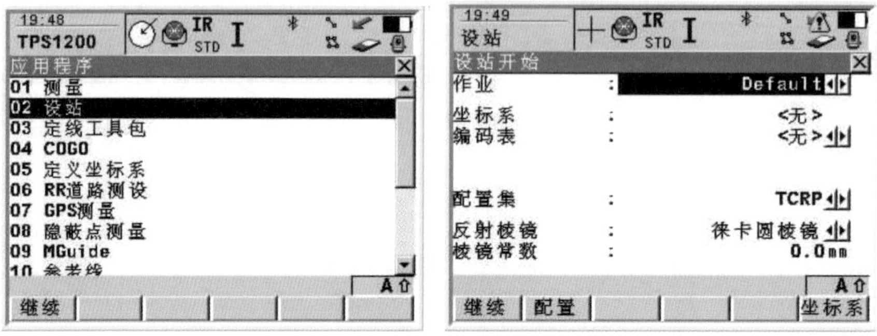

(a)　(b)

图 5-53　建立设站

2. 作业名有所不同，根据测量记录习惯键入作业名，其他的选项要和图 5-53(b)所示中显示的一样，这时可以点击配置看一下，看设置是否正确，按照图 5-54(a)所示进行设置，然后点击继续，出现如图 5-54(b)所示。

3. 设站方法选择为后方交会，测站号任意输入（不重复），确认目标自动识别 ATR 处于打

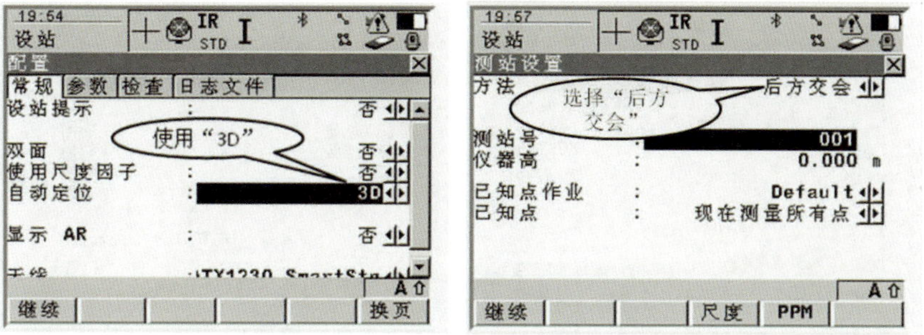

（a）　　　　　　（b）

图 5-54　设站配置

开状态，然后对准一后视点棱镜，并输入该点点号，点继续完成测距并查看：当水平定向误差在1.4″以内，东坐标、北坐标、高程误差均在 0.7 mm 以内时，即可测存完成这一后视点的测量。

4. 转动仪器，大致照准下一点棱镜，输入点号，点击测距（打开 ATR 后仪器会自动对准）查看（水平定向误差：1.4″以内，东坐标、北坐标、高程误差：0.7 mm 以内），满足要求后测存，继续。此时仪器会自动寻找下一点，点击测存，依次完成 8 个已知后视点的测存。

5. 照准 8 个点后，点击计算，Sigma 值坐标在 0.7 mm 以内，水平定向误差在 1″内。为了达到这个标准有些不好的点可以剔除（与轨检小车同向的控制点自由设站计算时弃用要谨慎），然后进行计算，达到标准为止，最后要保证 3D 点有 6 个，小车所在方向的点要尽量保证，要最少保证 3 个。完成了自由设站后，就可以连接小车进行测量。

二、记录及相关软件的使用方法

（一）TPS1200 全站仪使用方法

1. 控制点数据导入全站仪

要将 CPⅢ数据导入全站仪，先建立好文本文件格式 CPⅢ控制点的文件，建立 CPⅢ控制点文件时，数据以点号—分隔符—东坐标—分隔符—北坐标—分隔符—高程存储（建议分隔符以英文输入法状态下的逗号“，”），如图 5-55（a）所示，然后将其拷贝到 CF 卡上的 DATA 文件夹里。在插拔 CF 卡时一定要注意防止损坏卡片，操作演示如图 5-55（b）所示。

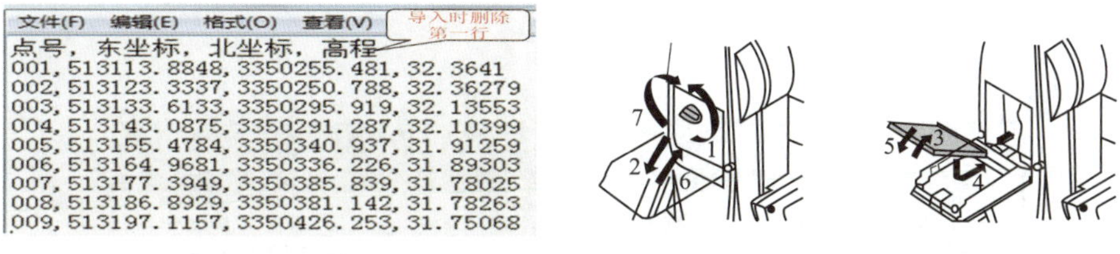

（a）　　　　　　（b）

图 5-55　控制点数据转换

待 CF 卡安装无误后，打开全站仪，然后在全站仪主菜单选择 4 转换数据—2 把数据导入作业—1 导入 ASCⅡ/GSI，点击继续出现如图 5-56（a）所示界面，点击配置，进入图 5-56（b）所示界面，选择 CPⅢ控制点对应的文件名，定义控制点属性。

根据控制点文件的格式，编辑弹出的图 5-56（b）所示配置界面，确定并配置好各项数据，

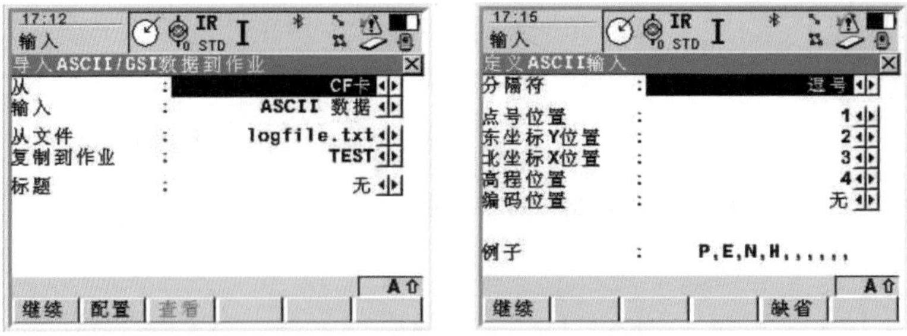

（a） （b）

图 5-56 控制点数据的导入

确定一一对应无误后点击继续。

然后将拷贝到 CF 卡上的文件复制到所建新作业中。点击继续，数据成功导入会提示，未成功自行进行控制点文件的检查。导入后在主菜单点击 3 管理—2 数据，就能查看各控制点信息，点击编辑进行察看和检查，确定是否同新建立的控制点文件中的坐标一样，一样就证明导入成功。

2. 全站仪通信配置

在主界面依次点击 5 配置—4 接口设置，如图 5-57(a)所示，选中 GeoCOM 模式点击编辑，出现如图 5-57(b)所示。

（a） （b）

图 5-57 接口配置

点击设备选中 RS232 GeoCOM，出现如图 5-58(a)所示界面，然后点击编辑，出现如图 5-58(b)所示界面。

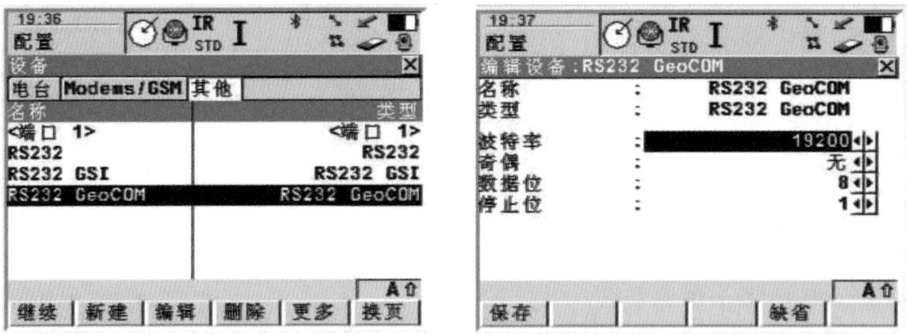

（a） （b）

图 5-58 GeoCOM 模式配置

波特率选择 19200，奇偶选择无，数据位选择 8，停止位选择 1，设置完点击保存。

三、注意事项

1. 全站仪工作之前要适应环境温度，并定期检定。

2. 全站仪设站的位置要尽量架设于轨道中心线上，而不是在两侧控制点的外侧；设站位置首先要考虑目标距离，其次是与近处控制点之间的距离（一般应超过 15 m）。

3. 全站仪采用后方交会的方法进行设站，每个测量区间全站仪自由设站时需要使用 8 个控制点自由设站（至少应使用 6 个控制点），其中前后至少各使用一个 60 m 以上的控制点。测站之间应 50～60 m 为宜，以满足精度要求。根据天气条件确定最大目标距离。状况好时控制在 60 m 以内，不好时将距离缩短。下一区间设站时至少要包括 4 个上一区间精调中用到的控制点，以保证轨道线形的平顺性。

4. 设站后要使用控制点检核全站仪设站，搬站前也要再次检核，以证实此次设站测量结果的可靠性；如测量条件不佳，测量期间可增加检核次数。

5. 桥上设站时，慎重选用桥梁活动端位置。

6. 全站仪搬站并重新设站，检核设站后，注意比较搭接测量长度内的测量结果，如偏差普遍超过 2 mm，需重新设站。

7. 严禁在大风、大雾、湿度大等恶劣条件下进行测量。

思考题

1. 全站仪的检定周期是多长？
2. 全站仪的安置应注意哪些？
3. 电子气泡控制标准是怎样规定的？
4. 水平轴倾斜误差的校准步骤有哪些？
5. 全站仪设站一般采用什么样的设站方法？

第三节　轨道测量仪的使用

一、轨道测量仪操作程序与要领

轨道测量仪的类型较多，下面以安博格 GRP1000S 轨道测量仪为例介绍轨道测量仪的使用。安博格 GRP1000S 轨道测量仪由 TGS FX 手推轨检车、GPC 100 棱镜组以及 GRPwin5 测量和分析软件包三大部分组成。TGS FX 轨检车内安装高精度的传感器装置，用于测量轨道高低、轨向、水平、轨距、里程。单独使用 GPC 100 棱镜，可以测量轨道平顺度的相对精度。为了满足对轨道三维绝对位置坐标的精度测定要求，需要用 1 台 LEICA TPS1200/2000/1200 全站仪对 GPC 100棱镜定位。上述定位测量通过全站仪的自动目标照准 ATR 功能，以及与 GPC 100 棱镜之间持续无线电通信的无线调制解调器，配以轨道精测控制网 CPⅢ配套棱镜来完成。

（一）硬　　件

1. TGS FX—手推式轨检小车

TGS FX—手推式轨检小车组成，如图 5-59 所示。

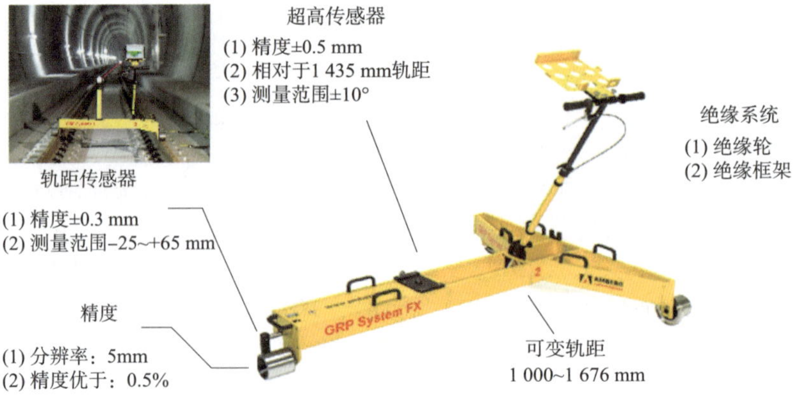

图 5-59 TGS FX—手推式轨检小车组成

2. GPC 100 棱镜柱及配套 GPA 100 棱镜适配器

棱镜位置高于轨面约 60 cm，以尽量降低大气折射的影响，如图 5-60 所示。

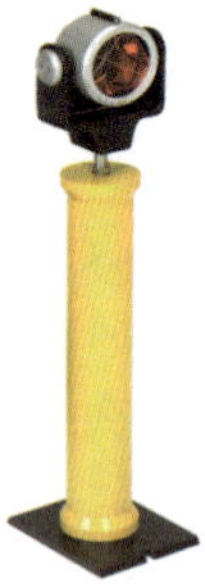

图 5-60 GPC 100 棱镜组

3. 全站仪(图 5-61)

除了满足 CPⅢ精密测控网测量精度，还要求具备自动目标照准 ATR 功能，能实现与 GPC 100 棱镜之间持续无线电通信的无线调制解调器，以实现同小车的通信。

4. 传感器

传感器如图 5-62 所示。

图 5-61 全站仪

图 5-62 传感器

（二）基本原理

TGS FX—手推式轨检小车应用自带的 GRPwin5 程序(尽量选用高版本软件)，利用已知的 CPⅢ精测网，经全站仪自由设站，实测得轨检小车上棱镜的三维坐标，然后结合标定的轨检小车几何参数、小车的定向参数、水平传感器所测横向倾角及实测轨距，换算出对应里程处的实测平面位置和轨面高程，继而与该里程处的设计平面位置和轨面高程进行比较，得到其偏差，再由配套的 GRP SlabRep 报表输出软件进行分析适算，用于指导轨道调整，如图 5-63 所示。

由于小车上棱镜不是在轨道的中间，要完成以上计算，首先应根据棱镜坐标计算轨道中线点的坐标，这需要对轨检小车定向，即要知道轨检小车的方位角，其方位角可根据规定了曲线方向的设计中线数据得到，进而由小车系统解决。另外还需要确定轨检小车的正负方向及曲线、超高对应的正负号法则。轨检小车方向符号法则如下：

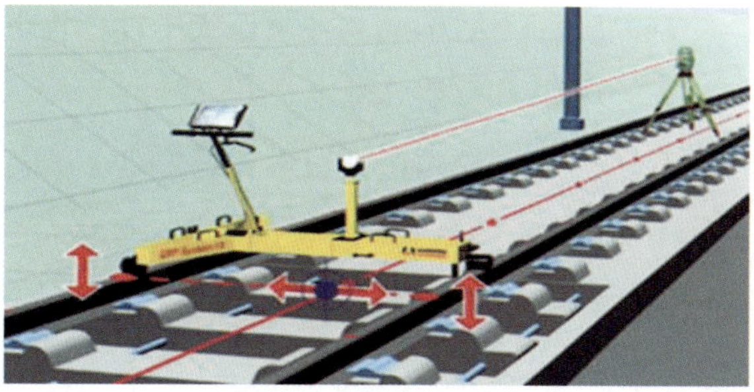

图 5-63　轨检小车测量

1. 轨检车方向确定(图 5-64)

轨检车上道后，首先应辨认轨检车方向，总是以面对里程增加的方向来判定轨检小车的正负方向；站在小车后方，顺小车望向全站仪，当线路里程增加且双轮在左时，小车为正方向；反之小车方向为负。

2. 曲线超高符号法则

(1)曲线测量符号法则

顺里程增加的方向，右转曲线为正，左转曲线为负，如图 5-65 所示。

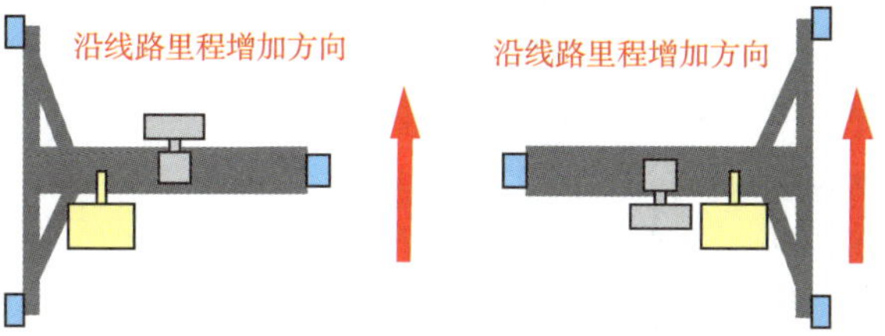

图 5-64　轨检车方向确定

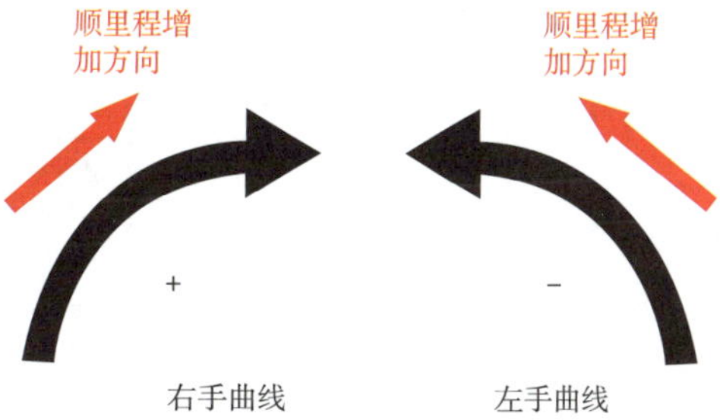

图 5-65　曲线符号法则

(2)超高测量符号法则(图 5-66)

超高正负根据里程增加的方向决定，和轨检小车的方向无关。超高符号法则与曲线正负对应，顺里程增加的方向，当左轨高于右轨时，即右转曲线时，超高为正，反之为负。

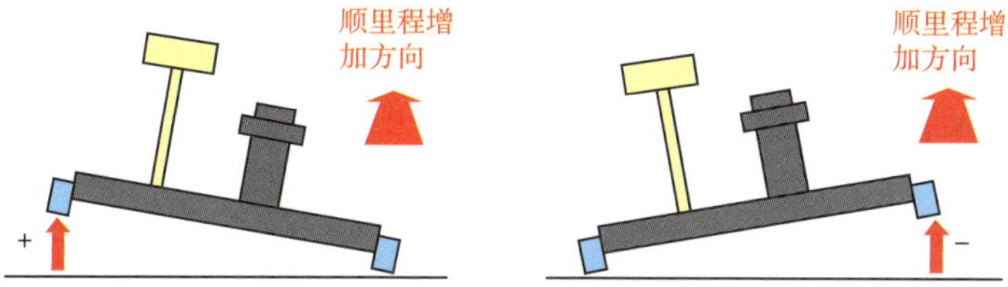

图 5-66　超高符号法则

3. GRP SlabRep 软件输出偏差与调整量符号规则

(1)偏差与调整量符号相反。

(2)以面向大里程方向定义左右。

(3)平面位置：实际位置位于设计位置右侧时，偏差为正，调整量为负。

(4)轨面高程：实际位置位于设计位置上方时，偏差为正，调整量为负。

(5)超高(水平)：外轨(名义外轨)过超高时，偏差为正，欠超高时偏差为负，调整量相反，即实测超高值大于设计超高时，偏差为正，调整量为负。

(6)轨距:以大为正,实测轨距大于设计轨距时,偏差为正,调整量为负。

(三)GRPwin5 软件基本设置

1. GRPwin5 数据流程如图 5-67 所示。

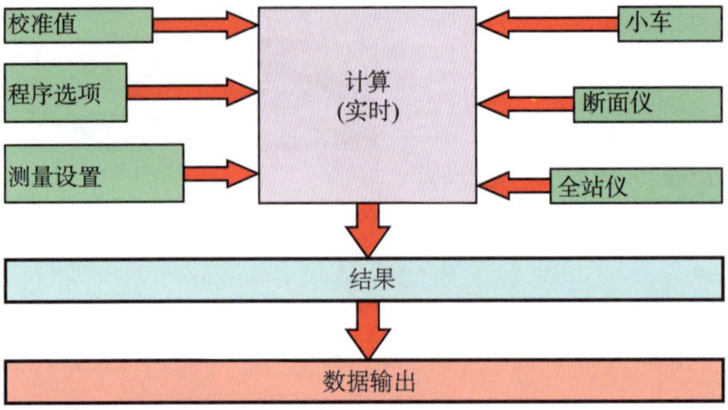

图 5-67 数据流程

2. GRPwin5 软件系统原理如图 5-68 所示。

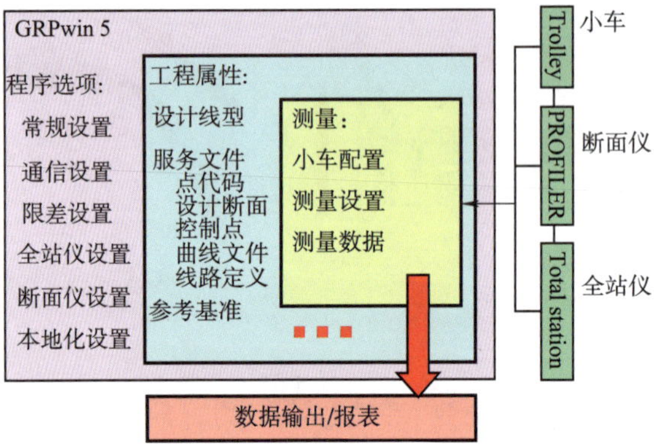

图 5-68 GRPwin5 软件系统

3. GRPwin5 软件设计参数设置按有关使用手册操作。

4. GRPwin5 软件设置按有关使用手册操作。

5. 现场采集作业

(1)超高校准

到达测量点后,全站仪设站的同时组装轨检小车,完成各参数设置,在曲线段测量时应将双轮部分靠近低轨并注意查看小车方向。

每次开始测量前,在稳固的轨道上校准超高传感器,如气温变化迅速,可再次校准。校准方法是,待架设好全站仪设站成功后,在稳固的轨道上测量一个超高值,然后调整小车 180°并精确置于第一次测量位置,再次测量超高值,若正负相反,绝对值之差在 0.3 mm 以内,就证明超高值是准确的,超高校准很好。

小车校准可在主界面单击【设置】—【斜率校准向导】图标,如图 5-69 所示,然后根据斜率校准向导进行校准。校准完成后在测量项目栏新建一个相对测量文件(测量类型为相对)。用相对文件检核小车超高校准是否可靠。

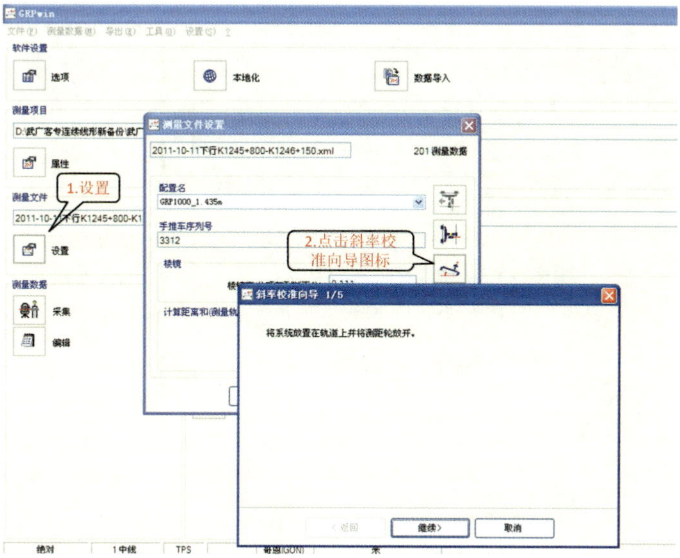

图 5-69　现场校准超高

(2)数据采集

打开内业准备好的测量项目,并选用绝对模式,然后新建测量文件。建议对新建测量文件名进行统一命名,且包含测量日期、行别和实测区段,以便于内业分析和适算管理,如图 5-70 所示。

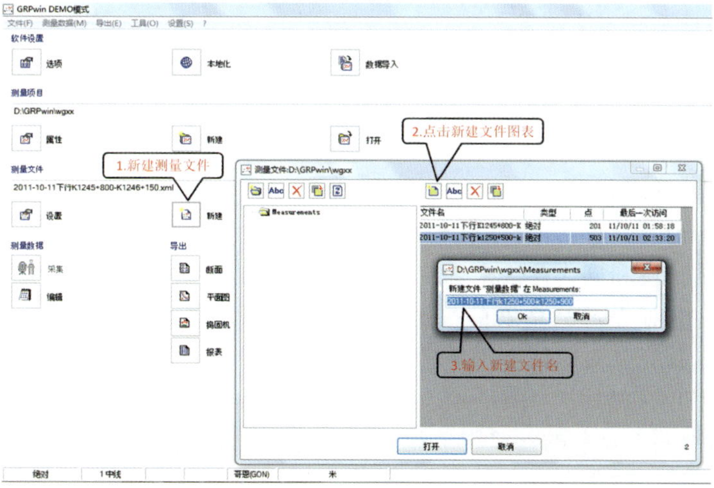

图 5-70　新建测量文件

建立好文件后,连接轨检车与设好站的全站仪的通信,点击采集就可以进入采集窗口了,如图 5-71 所示,锁定棱镜后就可以开展本站的数据采集。注意采集界面中轨检小车正负方向的选项,当轨检小车的检测方向顺里程增加时,方向取正,反之取负。在全站仪换站时要测量一个点并保存,以便检核和软件进行补偿。

轨道精测时,全站仪目标距离控制在 60 m 以内,每次转站时轨检小车应退回 8 至 10 根轨枕重测,实现前后两站线路的搭接补偿,具体搭接见全站仪搬站处理方式。

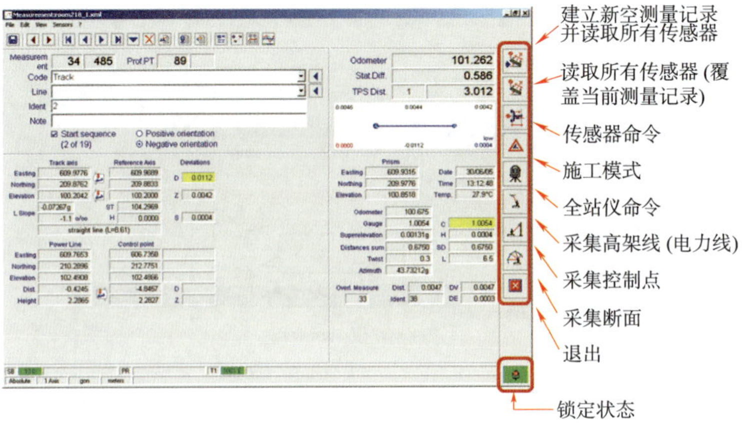

(a)

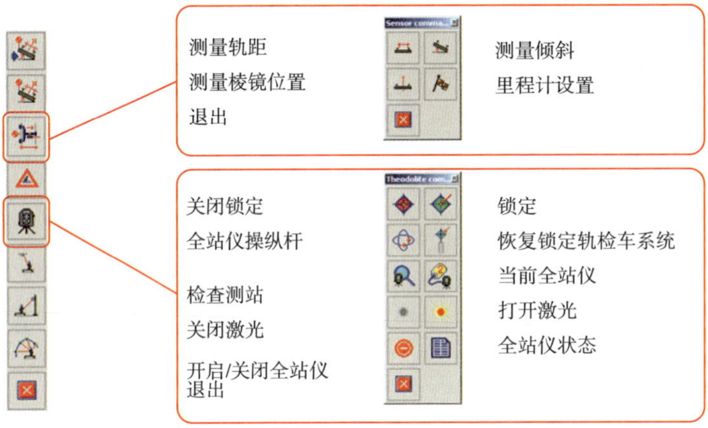

(b)

图 5-71 采集窗口

(3)全站仪搬站处理方式

在全站仪搬站前,还应检查全站仪本站是否跑站,气泡是否稳定。在全站仪搬站时,设站的精度由控制网的精度和操作办法来确定。所以,上一个测站的最后一个点和下一个测站的第一个点之间会存在偏差。高精度的控制网和正确的测量方法可以将误差降低到最小。然而,误差还是存在,并且会对短波不平顺值造成影响。

这时如果使用“动态补偿”,GRPwin5 在处理两个测站 2 mm 的偏差时会在某一区间内逐渐过渡,而不是直接将 2 mm 的偏差直接施加在新序列的起点上。轨检小车有如下几种作业补偿模式:

①无补偿及标准补偿(图 5-72)

其中,无补偿模式前后两个测站的所有点都为有效数据,只是选取最后一个测量数据。标准补偿只把重叠点平均化,重叠距离末端没有进行调整。

②跳过重叠点及扩展补偿(图 5-73)

跳过重叠点补偿模式是应用前一次的测量结果,转站后测量的重叠点数据不用。

扩展补偿是一种在重叠部分前后做的一种补偿。图中 l 是扩展长度,长度 l 是做的线性误差补偿,由偏差的一半 s 乘以 x 确定,x 是补偿增加长度,x 的默认值为 30 000。可在程序选项—常规的补偿扩展长度区域设置。

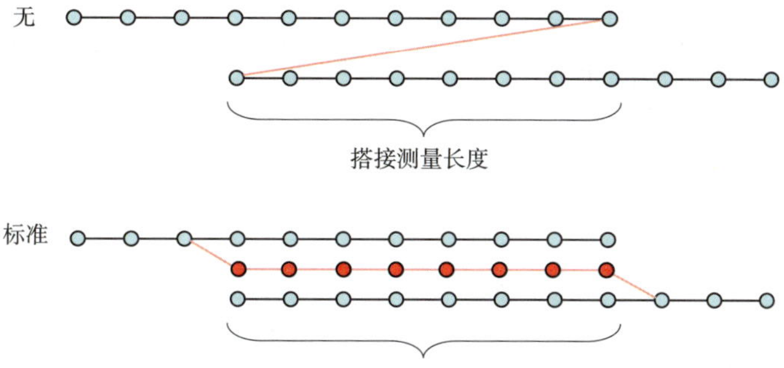

图 5-72　无补偿及标准补偿处理方式

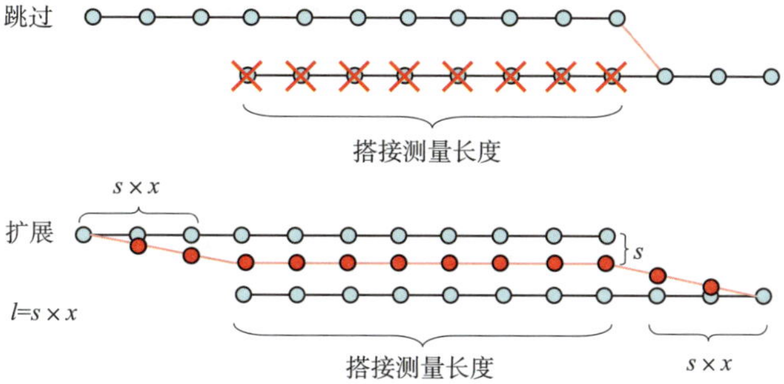

图 5-73　跳过重叠点及扩展补偿处理方式

通常采集数据时使用扩展补偿方式进行搭接处理。

6. 全站仪设站与轨检小车数据采集操作流程归纳如下：

(1)正倒镜检查全站仪水平角和竖角偏差，如果超过 3″，在气象条件较好的情况下进行组合校准及水平轴倾斜误差(α)校准；检查全站仪 ATR 照准是否准确，有无 ATR 的偏差也应少于 3″。

(2)使用至少 8 个控制点自由设站，其中前后至少各使用一个 60 m 以上的控制点。根据天气条件确定最大目标距离。状况好时控制在 60 m 以内，不好时将距离缩短。

(3)设站的同时组装轨检小车，将双轮部分靠近低轨。

(4)在稳固的轨道上校准超高传感器，一般每天开始测量前校准一次，如气温变化迅速，可再次校准；校准后可在同一点进行正反两次测量，测量值之和应在 0.3 mm 以内。

(5)将全站仪对准轨检小车棱镜，检查通信，关闭全站仪强力搜索，并锁定棱镜；数据采集时棱镜要对准全站仪；锁定后开始采集数据。

(6)放样 60 m 以上的一个控制点对设站进行检核。

(7)检核全站仪设站，看与上次检核结果的偏差。

(8)全站仪搬站并重新设站，检核设站后，重复测量上一次设站已经测量过的 5～10 个点，如果偏差大于 2 mm，需重新设站。

(9)重复上述操作，条件较差时可增加全站仪检核次数。

二、记录及相关软件的使用

(一)软件参数设置及使用说明

1. 新建工程模式，如图 5-74 所示。

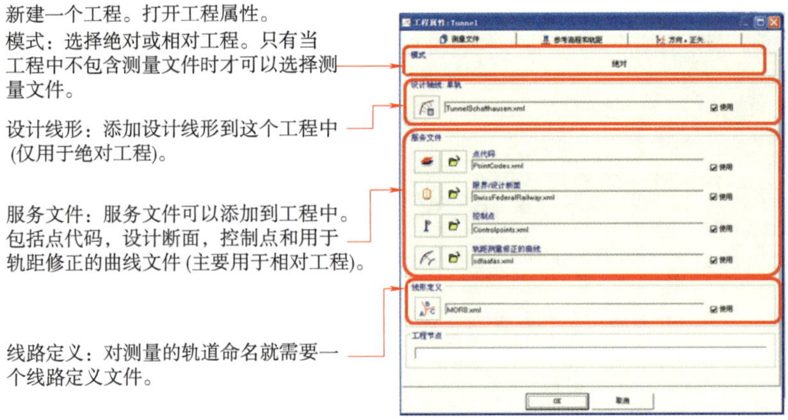

图 5-74 新建工程模式

2. 设计线形

设计线形用来计算轨道当前位置与设计位置的偏差，也可以在测量后添加，设计线形通常包括平曲线、竖曲线和设计超高，如果要评估偏差信息，需要输入这三种设计数据，一般建设单位会移交相关设计数据。

在正式应用设计数据(平曲线，竖曲线，超高，控制点)前，应有专业技术人员仔细核对检核无误后输入到计算机中，平竖曲线里程要对应缓和曲线类型选择回旋曲线(名义上为“三次抛物线”)。

(1)平面曲线(图 5-75)

平曲线输入时输入的当前点的线形信息由下一段线形的类型来确定；平面曲线应平曲线需要 5 大桩坐标；缓和曲线需要输入缓和曲线长度，圆曲线需要输入半径，沿着里程增大的方向右转曲线半径正值，左转曲线半径值为负值。

在录入平曲线线形时应注意以下问题：

①确定角度单位和缓和曲线的类型。

②要输入每一要素的起始点。

③半径必须有符号(负号表示左曲线)。

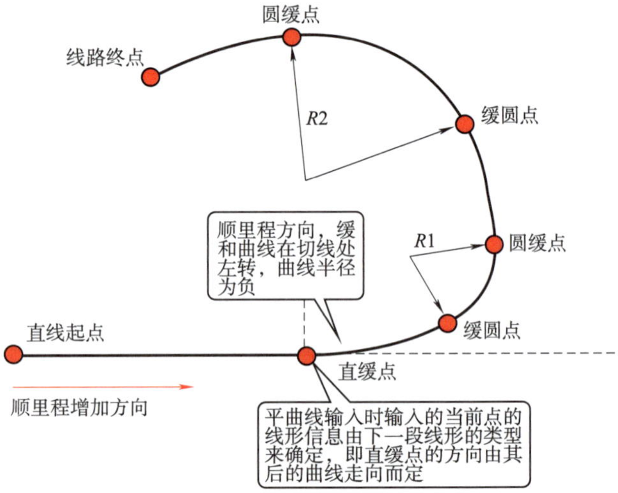

图 5-75 平面曲线

④用图形预览检查输入的数据(特别要通过放大检查要素改变)，水平线向数据，如图5-76所示。

(2)竖曲线(图 5-77)

竖曲线通过切线交点定义，竖曲线需要曲线的半径，变坡点以及相应的里程和轨面高程信息，曲线是凸的半径值为正，为凹的半径值是负的。

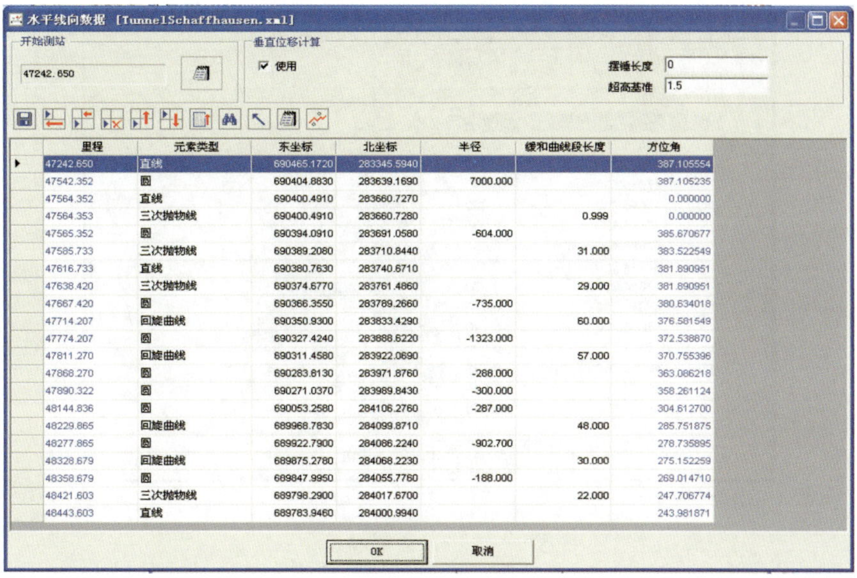

里程	元素类型	东坐标	北坐标	半径	缓和曲线段长度	方位角
47242.650	直线	690465.1720	283345.5940			387.105554
47542.352	圆	690404.8830	283639.1690	7000.000		387.105235
47564.352	直线	690400.4910	283660.7270			0.000000
47564.353	三次抛物线	690400.4910	283660.7280		0.999	0.000000
47565.352	圆	690394.0910	283691.0580	-604.000		385.670677
47585.733	三次抛物线	690389.2080	283710.8440		31.000	383.522549
47616.733	直线	690380.7630	283740.6710			381.890951
47638.420	三次抛物线	690374.6770	283761.4860		29.000	381.890951
47667.420	圆	690366.3550	283789.2660	-735.000		380.634018
47714.207	回旋曲线	690350.9300	283833.4290		60.000	376.581549
47774.207	圆	690327.4240	283888.6220	-1323.000		372.538870
47811.270	回旋曲线	690311.4580	283922.0690		57.000	370.755396
47868.270	圆	690283.8130	283971.8760	-288.000		363.086218
47890.322	圆	690271.0370	283989.8430	-300.000		358.261124
48144.836	圆	690053.2580	284106.2760	-287.000		304.612700
48229.865	回旋曲线	689968.7830	284099.8710		48.000	285.751875
48277.865	圆	689922.7900	284086.2240	-902.700		278.735895
48328.679	回旋曲线	689875.2780	284068.2230		30.000	275.152259
48358.679	圆	689847.9950	284055.7760	-188.000		269.014710
48421.603	三次抛物线	689798.2900	284017.6700		22.000	247.706774
48443.603	直线	689783.9460	284000.9940			243.981871

图 5-76　平曲线参数

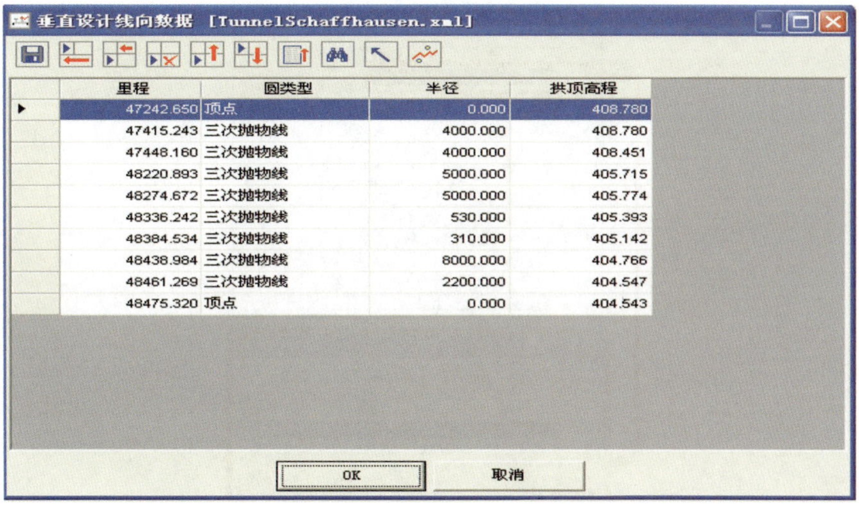

里程	圆类型	半径	拱顶高程
47242.650	顶点	0.000	408.780
47415.243	三次抛物线	4000.000	408.780
47448.160	三次抛物线	4000.000	408.451
48220.893	三次抛物线	5000.000	405.715
48274.672	三次抛物线	5000.000	405.774
48336.242	三次抛物线	530.000	405.393
48384.534	三次抛物线	310.000	405.142
48438.984	三次抛物线	8000.000	404.766
48461.269	三次抛物线	2200.000	404.547
48475.320	顶点	0.000	404.543

图 5-77　竖曲线参数

(3)设计超高

①输入主要点的超高值(变坡点)。

②在输入的值之间进行超高的线性内插。

③超高数据如图 5-78 所示。

(4)服务文件

①编码定义

通常定义的编码文件用于多个工程。

a. 编码类型

一个编码文件包括 6 个编码组:轨道点、普通点、控制点、接触网点、断面点(点为连接在一起的)、特殊点(断面点,但没有连接在一起)。同一个编码组的点必须有唯一的编码号。每个

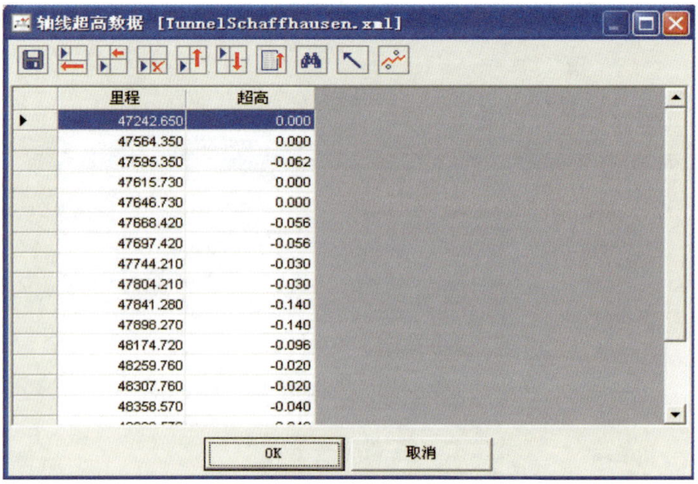

图 5-78　超高参数

编码组可以包括几种已定义的编码，如图 5-79 所示。

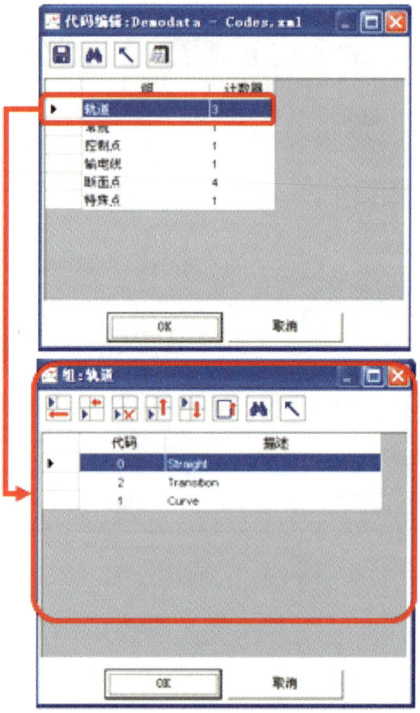

图 5-79　代码编辑

b. 编码处理

如果编码文件中的编码发生改变，所有用到这一文件的测量文件都会受到影响。

②控制点(图 5-80)

a. 控制点用于野外工作中更好的定向和一些检验功能。

b. 用于用断面仪的绝对轨道测量。

c. 用于图 5-76 线形窗口和位置检验功能。

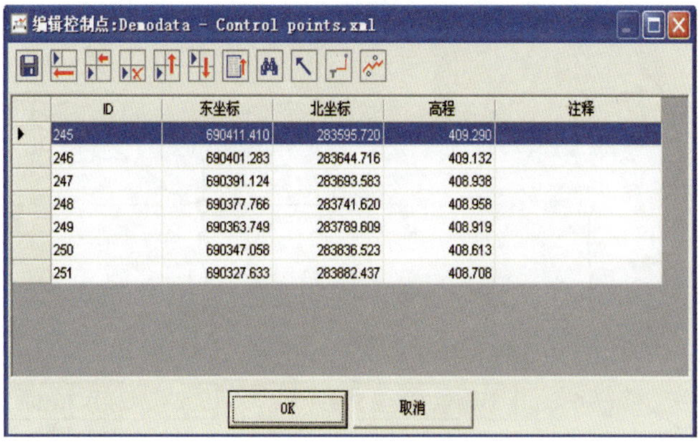

图 5-80　编辑控制点

d. 格式必须是小数点后有 4 位小数的 GSI16 格式（用 LEICA Survey Office 建立这种文件）；CPⅢ控制点的信息直接导入就可以，具体导入操作见本节 GRPwin5 软件设置有关内容。

③轨距测量修正曲线

用来在没有设计轴线的情况下对测量轨距进行修改，如图 5-81 所示。

（5）平面和高程基准（图 5-82）

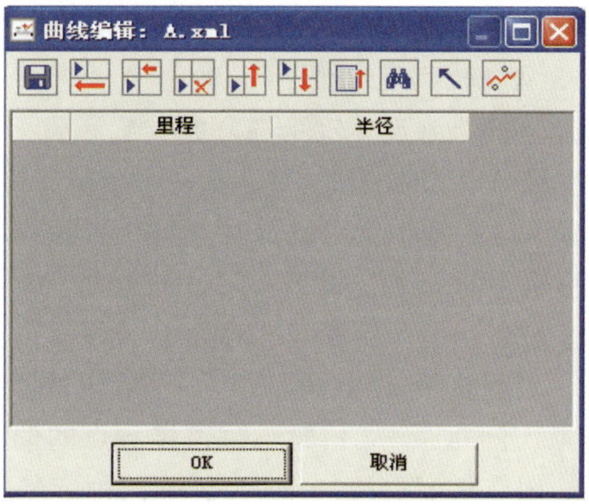

图 5-81　曲线编辑

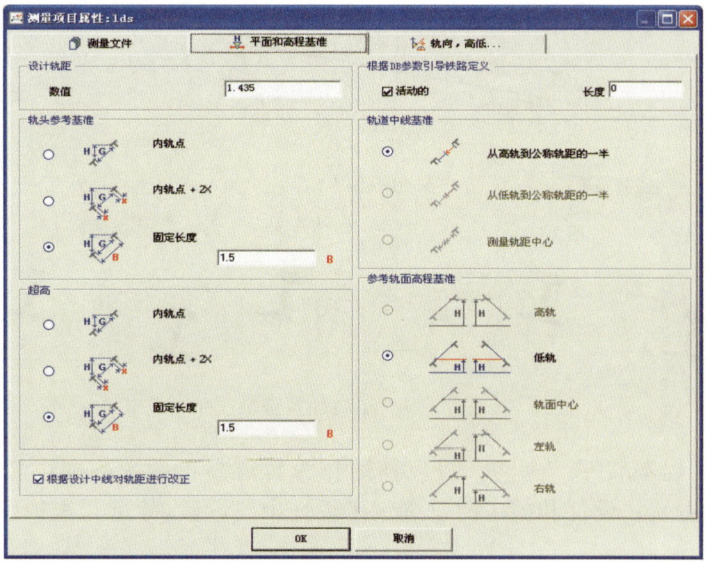

图 5-82　高程和轨距基准

图中各项参数意义及设置说明如下：

①轨道中线基准，有如下三种方式(图 5-83)：

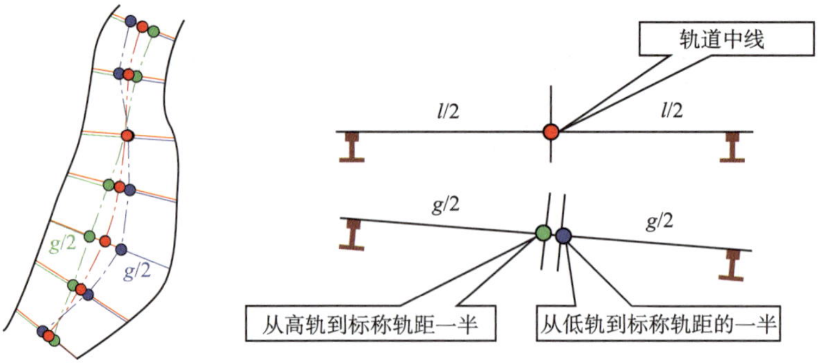

图 5-83 轨道中线基准

a. 实测轨道中线(测定轨距为 l)。

b. 从高轨到设计轨距(g)的一半。

c. 从低轨到设计轨距(g)的一半。

生成 ASCⅡ报表时，要生成左轨、右轨和轨道中线点的坐标。计算轴线点就要考虑到这一设置。运营维护应用设置时，应根据线路设计和施工时的设置方式选用，一般采用“从高轨到公称轨距的一半”，如图 5-83 中已选取的轨道中线基准。

②超高。超高计算基准有如下三种(图 5-84)：

a. 实测轨距，以测量轨距为基准(求取实测轨距间的超高值)。

b. 实测轨距＋2 倍轮与轨道接触点的偏移(求取轮轨接触点间的超高值)。

c. 固定长度(1.5 m，以 1.5 m 的固定基长求取超高值)。

轨头参考基准与超高对应，也有这三种模式，二者选型应一致。运营维护一般选用固定长度(1.5 m)。

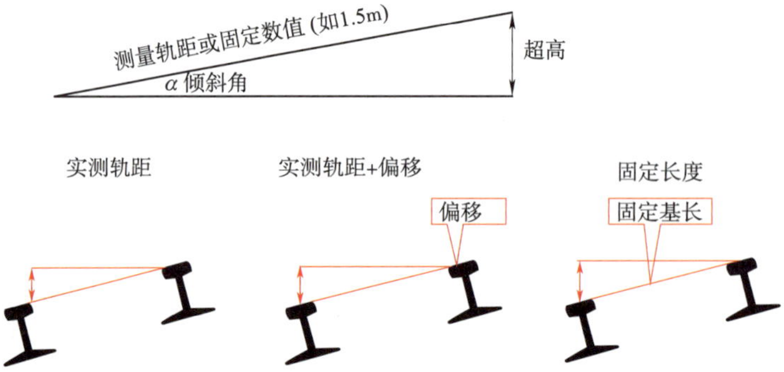

图 5-84 超高计算基准

③参考轨面高程基准(图 5-85)。可以使用作为轨道高程参考标准设置内容：轨道轴线、低轨、高轨、左轨、右轨。设计和施工时已确定了设计中线参数，故运营维护设置同施工对应即可，一般选择低轨。

(6)轨距改正(图 5-86)

①轨距改正的绝对数值是很小的，必须在小半径曲线中考虑。

②这种曲线见于岔区。

③这一选项只在设计轴线可用时用到。

④对相对工程可以定义一个曲线文件(服务文件)。

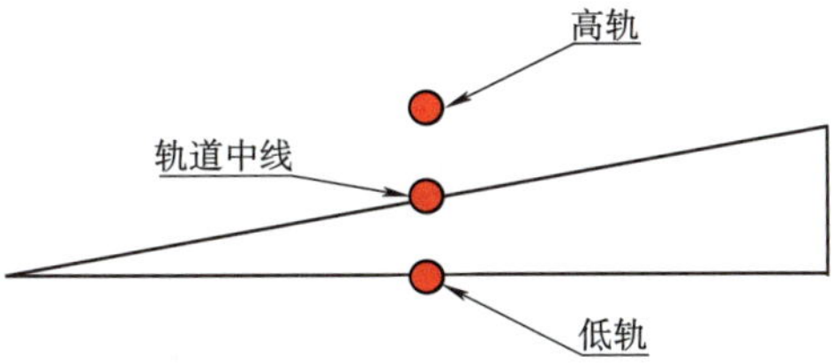

图 5-85　高程基准

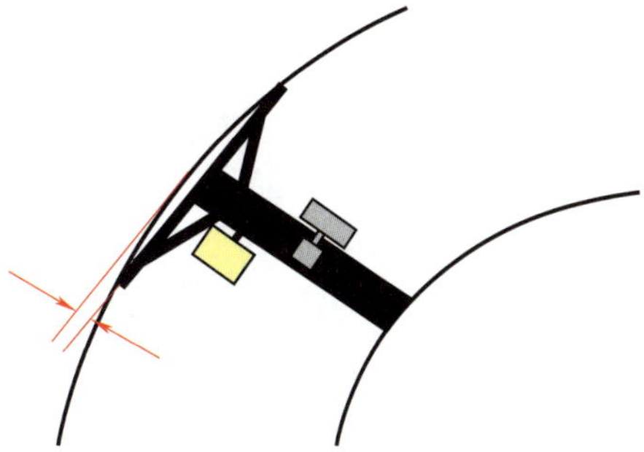

图 5-86　轨距改正

(7)方向、正矢

①轨检车方位角、正矢如图 5-87 所示。

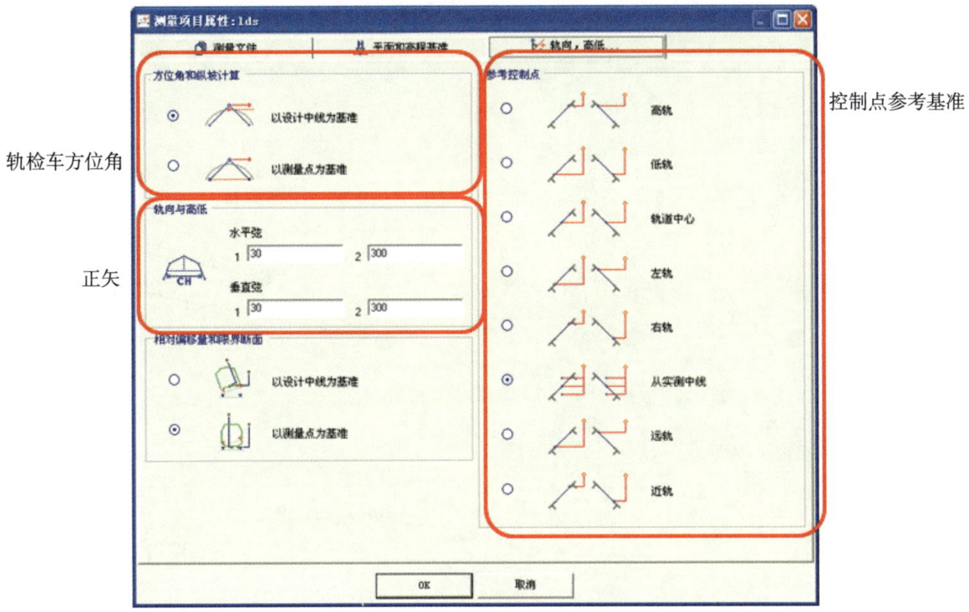

图 5-87　轨检车方位角、正矢

②平面和高程基准如图 5-88 所示。

③轨检车方位角计算(图 5-89)

a. 根据设计中线计算小车方位角。

b. 根据测量点计算小车方位角。

其中对最后一点，方向用前一点和当前测量计算；对所有其他点，方向用前一点和后续一点来计算。

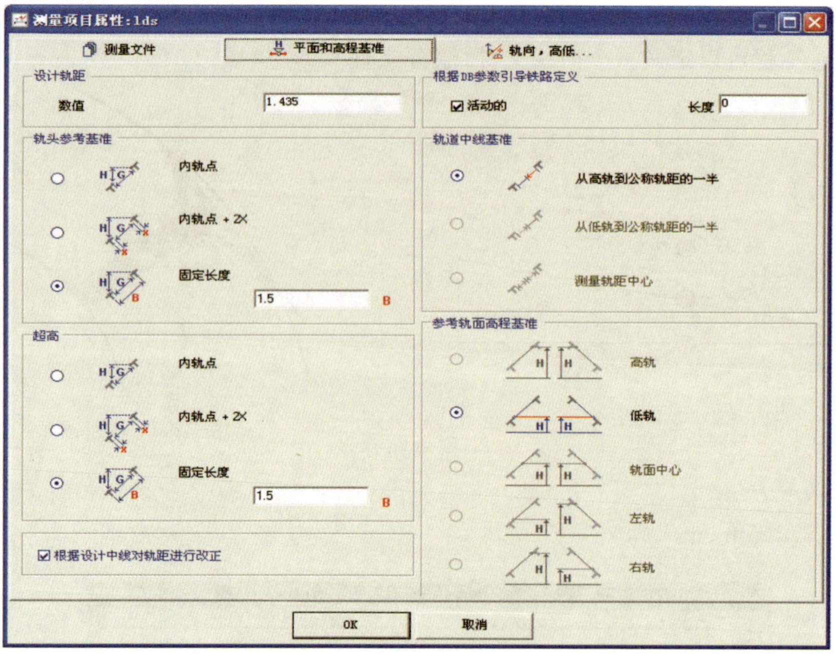

图 5-88 平面和高程基准

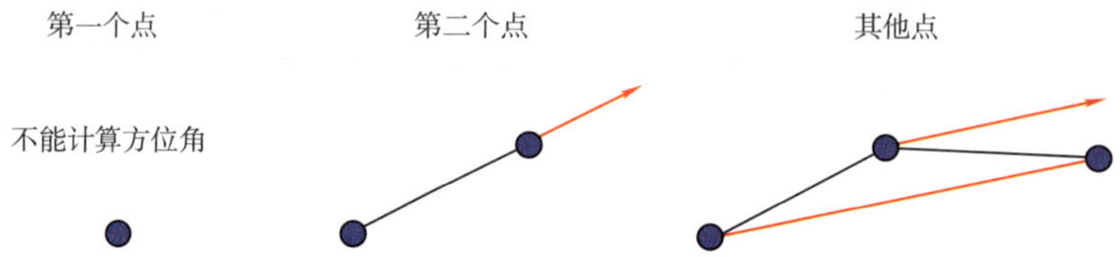

图 5-89 方位角计算

④轨向和高低如图 5-90 所示。

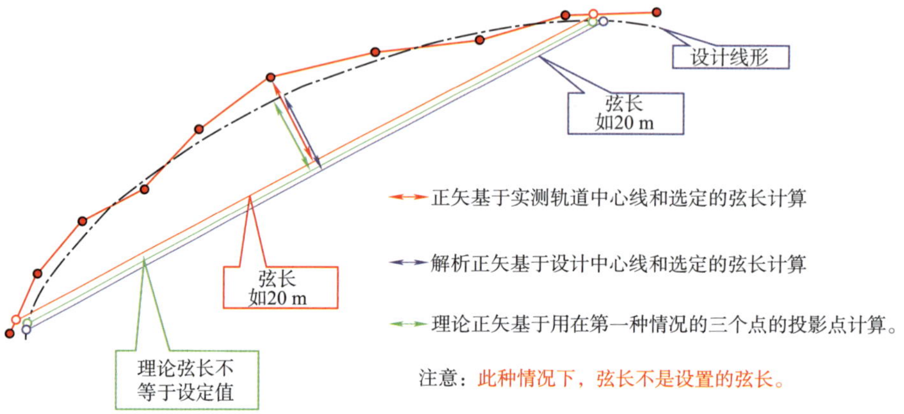

图 5-90 轨向和高低

3. 测量文件

(1)测量文件设置(图 5-91)

应注意以下几点：

①测量文件里只存储原始传感器值。

②计算的轴线点不存储在测量文件中。

③建立一个新的测量文件时，校准值存储在里面。

④测量文件的扩展名是.XML。

(2)手推车内部参数值(图 5-92)

①手推车的内部参数值设置和更改必须由专业人员完成；

②GRPwin5 每个轨距宽的参数值都存储在传感器装置里(Up to 14)。

③每一配置(校准)包括内部传感器的所有几何校准值和传感器校准值。

④只要系统不重新校准，这些值就不要改动。

⑤如果测量后改变这些值，将影响所有的测量数据。

⑥校准轨距要知道精确的轨距值，否则轨距校准错误。

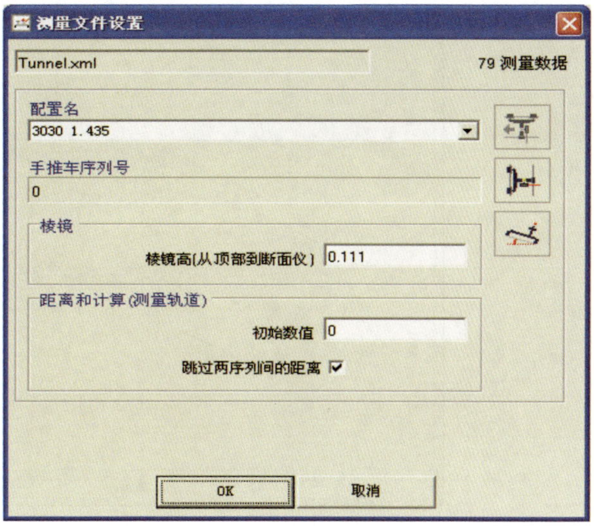

图 5-91　测量文件设置

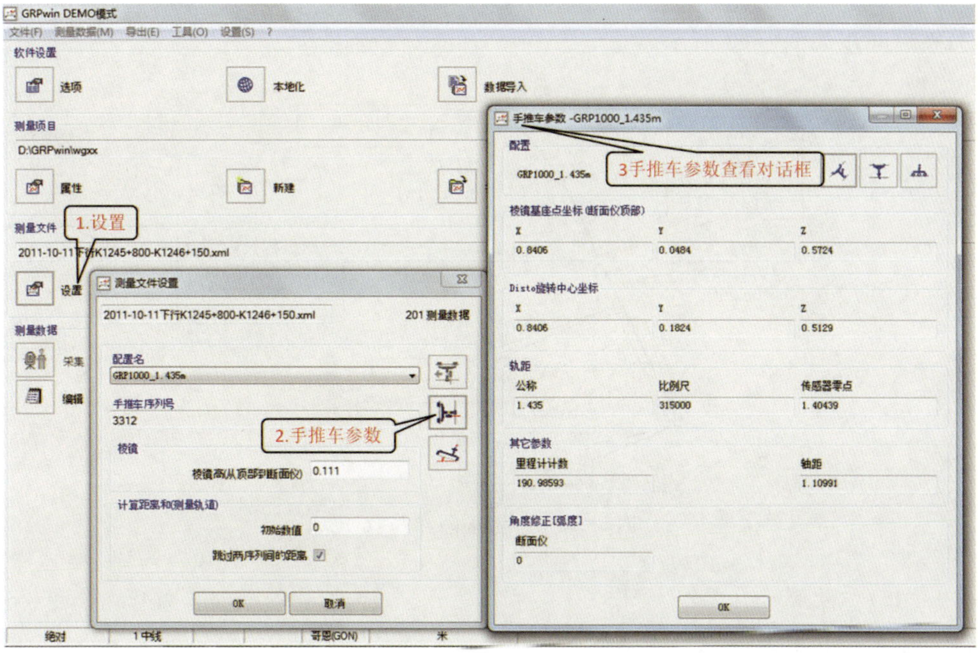

(a) 手推车参数查看

图　5-92

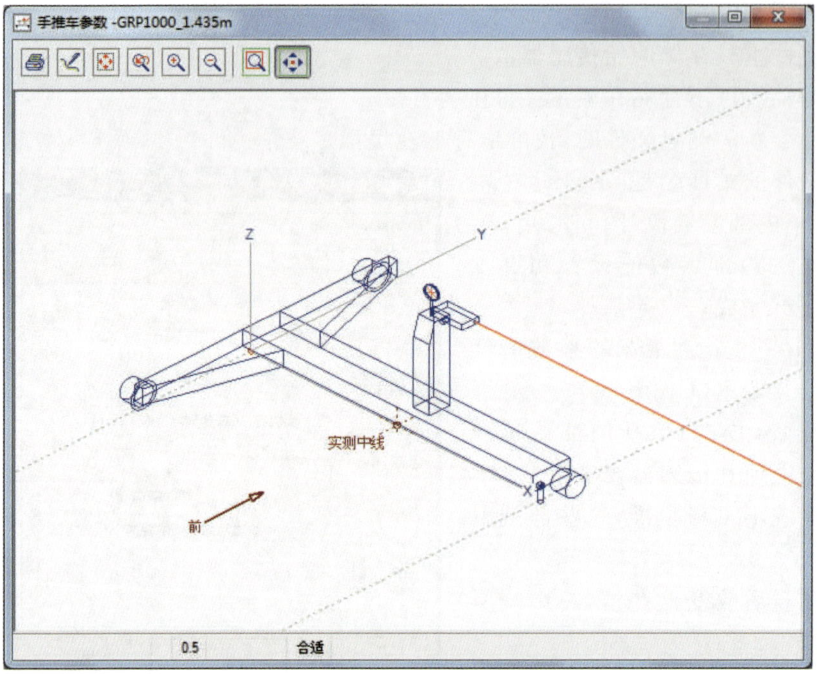

（b）手推车参数示意图

图 5-92 手推车参数查看及示意图

(3)里程同步如图 5-93 所示。

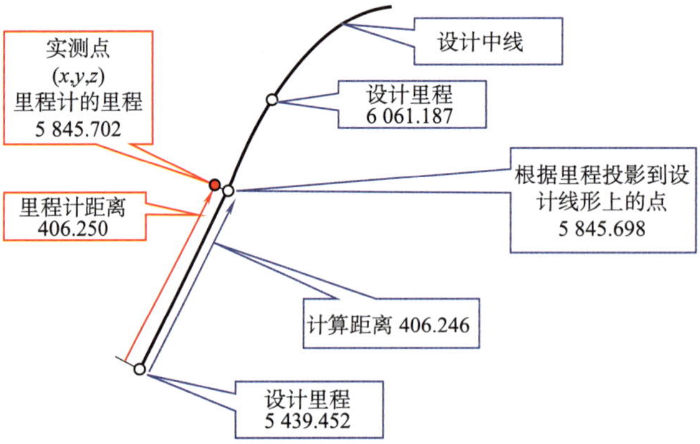

图 5-93 里程同步(单位:m)

(二)导出/后处理

1. 导出 ASCⅡ报表

导出 ASCⅡ报表如图 5-94 所示。

2. 导出平面

导出平面如图 5-95 所示。

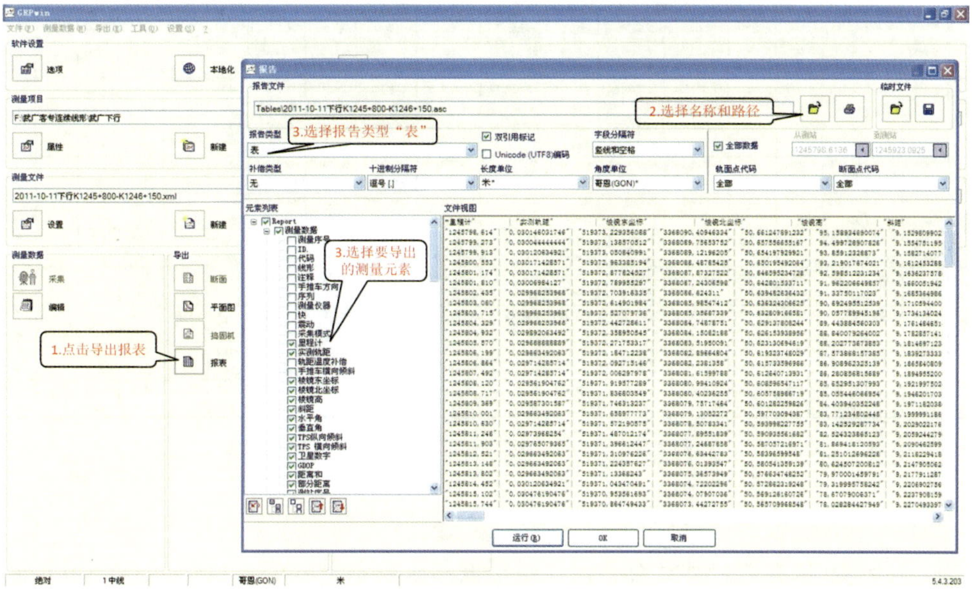

图 5-94　导出 ASCⅡ报表

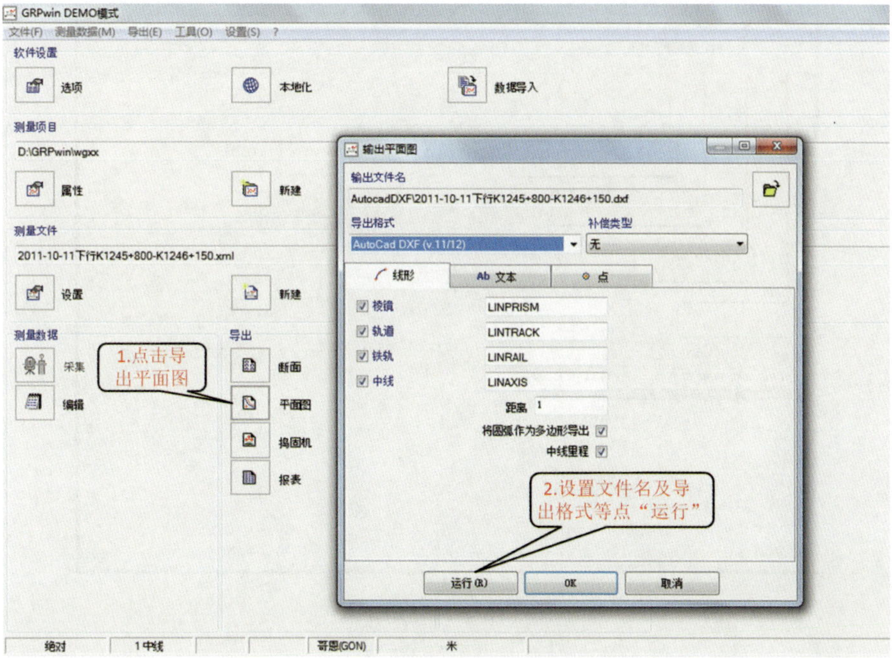

图 5-95　导出平面

3．生成测量报表

生成测量报表如图 5-96 所示。

测量序号	里程计	轨距	超高	扭曲	扭曲限制	轨道轴线东坐标	轨道轴线北坐标	轨道轴线高	设计轴线东坐标	设计轴线北坐标	设计轴线高程	平面偏差	轨道高程偏差	测量纵坡	设计纵坡	纵坡偏差	测量超高	设计超高	超高偏差
1	47463.284	1.4365	-0.001568	0.0256454	5.8308541	690420.8117	283561.7227	408.3655668	690420.7886	283561.718	408.3974569	0.02361857	-0.031890094	-0.00421	-0.00354	-0.00066	-0.00157	0	-0.00157
2	47468.291	1.4349	-0.00144	0.0256454	5.8308541	690419.8049	283566.6279	408.3445092	690419.7812	283566.6231	408.3797272	0.02419389	-0.035217908	-0.00421	-0.00354	-0.00066	-0.00144	0	-0.00144
3	47473.303	1.4365	-0.001632	0.0384082	5.8293449	690418.7943	283571.5369	408.3257951	690418.773	283571.5326	408.3619814	0.02175953	-0.03618633	-0.00373	-0.00354	-0.00019	-0.00163	0	-0.00163
4	47478.311	1.4361	-0.001353	0.0558132	5.830745	690417.7849	283576.4419	408.3033716	690417.7656	283576.438	408.3442505	0.01967867	-0.040878944	-0.00448	-0.00354	-0.00094	-0.00135	0	-0.00135
5	47483.306	1.4357	-0.002058	0.1412576	5.8351976	690416.779	283581.334	408.2857824	690416.7609	283581.3303	408.3265669	0.01846632	-0.040784519	-0.00352	-0.00354	1.89E-05	-0.00206	0	-0.00206
6	47488.325	1.4353	-0.002248	0.0377532	5.8269758	690415.7691	283586.2504	408.2664656	690415.7513	283586.2467	408.308796	0.01820597	-0.042330374	-0.00385	-0.00354	-0.00031	-0.00225	0	-0.00225
7	47493.332	1.4362	-0.002541	0.0585828	5.8309524	690414.7591	283591.1546	408.2480958	690414.744	283591.1515	408.2910673	0.01543963	-0.042971454	-0.00367	-0.00354	-0.00013	-0.00254	0	-0.00254
8	47498.296	1.4343	-0.001799	0.1493627	5.8453226	690413.758	283596.0167	408.2284674	690413.7454	283596.0141	408.2734912	0.0128463	-0.045023881	-0.00395	-0.00354	-0.00041	-0.0018	0	-0.0018
9	47503.312	1.4353	-0.001966	0.0331475	5.8277931	690412.7452	283600.93	408.2094414	690412.7363	283600.9281	408.255729	0.00911025	-0.046287641	-0.00379	-0.00354	-0.00025	-0.00197	0	-0.00197
10	47508.306	1.4359	-0.001447	0.103848	5.8353196	690411.7376	283605.8213	408.1902131	690411.7316	283605.8201	408.2380467	0.00614355	-0.047833575	-0.00385	-0.00354	-0.00031	-0.00145	0	-0.00145

图 5-96　生成测量报表

4. GRP SlabRep 报表输出软件

GRP SlabRep 软件能自动计算输出轨道短波和长波不平顺值。运行 GRP SlabRep 软件，进入主界面，如图 5-97 所示。

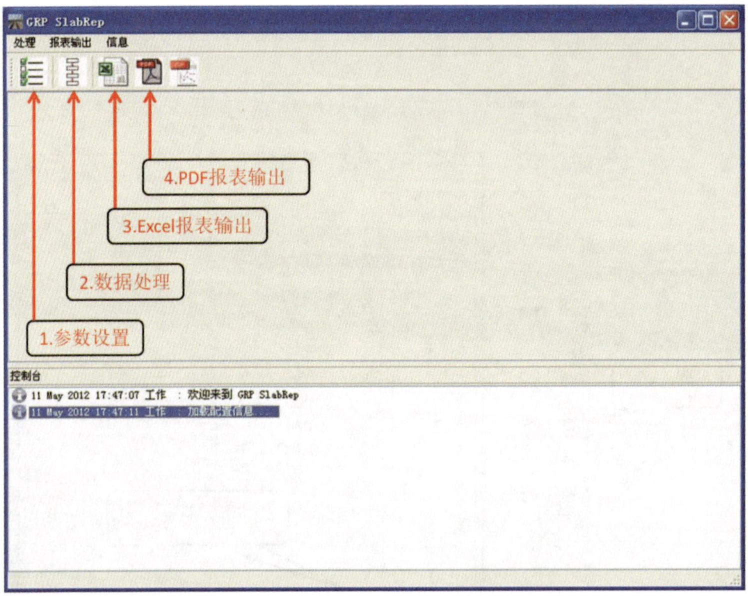

图 5-97　GRP SlabRep 主界面

参数配置界面如图 5-98 所示。

参数设置好后，在主界面点击【数据处理】，在弹出的对话框中点击【附加文件】，如图 5-99(a)所示，打开附加文件后运行，并保存到目标文件夹，如图 5-99(b)所示。

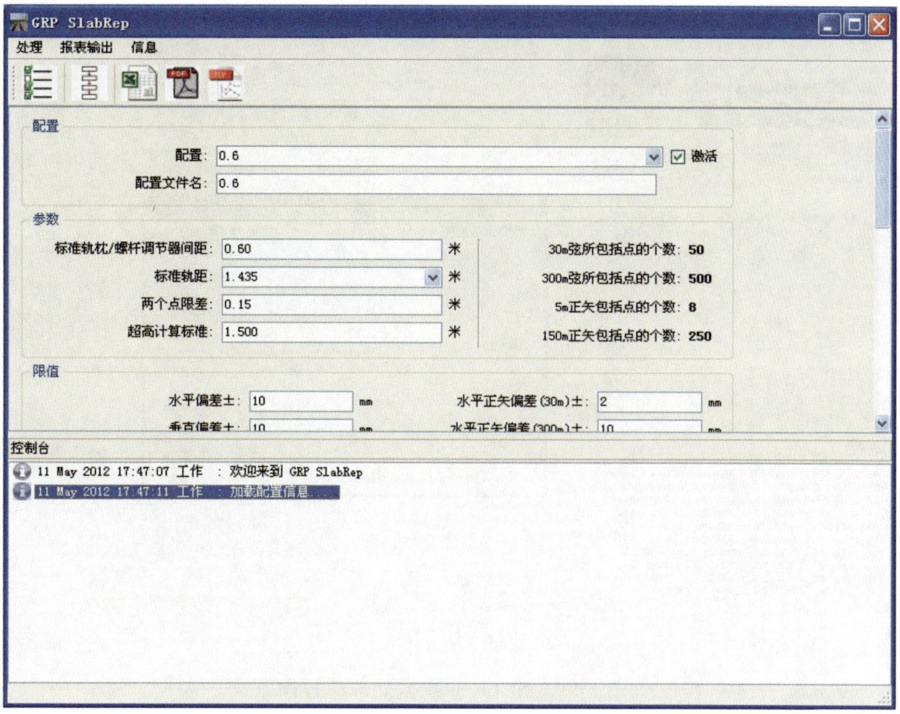

图 5-98　SlabRep 参数配置界面

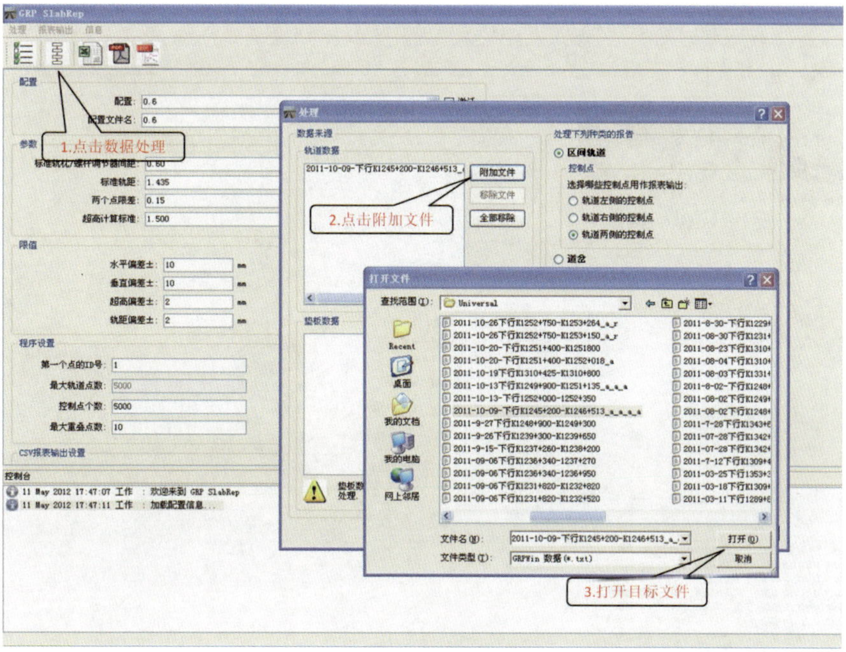

（a）附加待处理数据

图　5-99

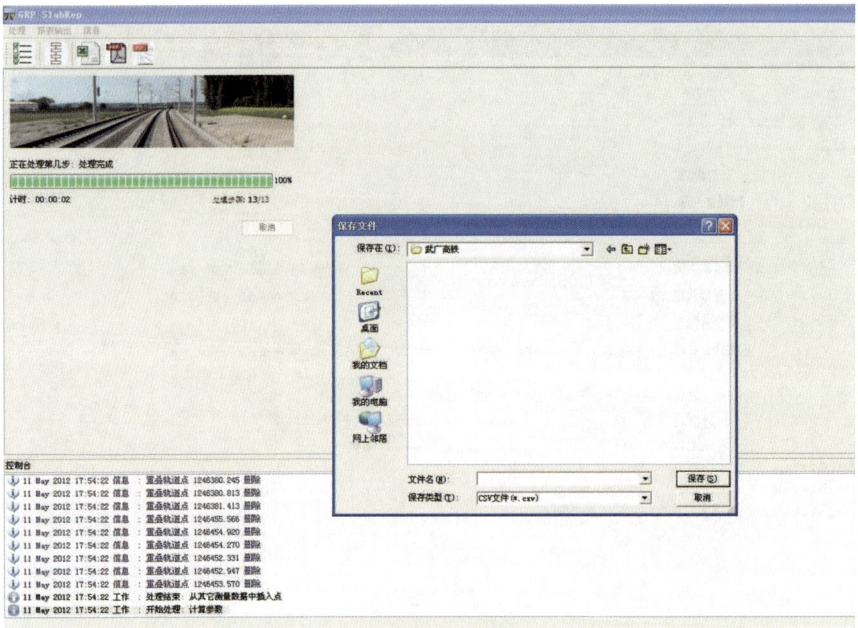

（b）处理数据

图 5-99　SlabRep 数据处理流程图

SlabRep 软件可以导出 Excel 文件、PDF 文件，图 5-100 所示是导出 PDF 格式文件报表输出界面。

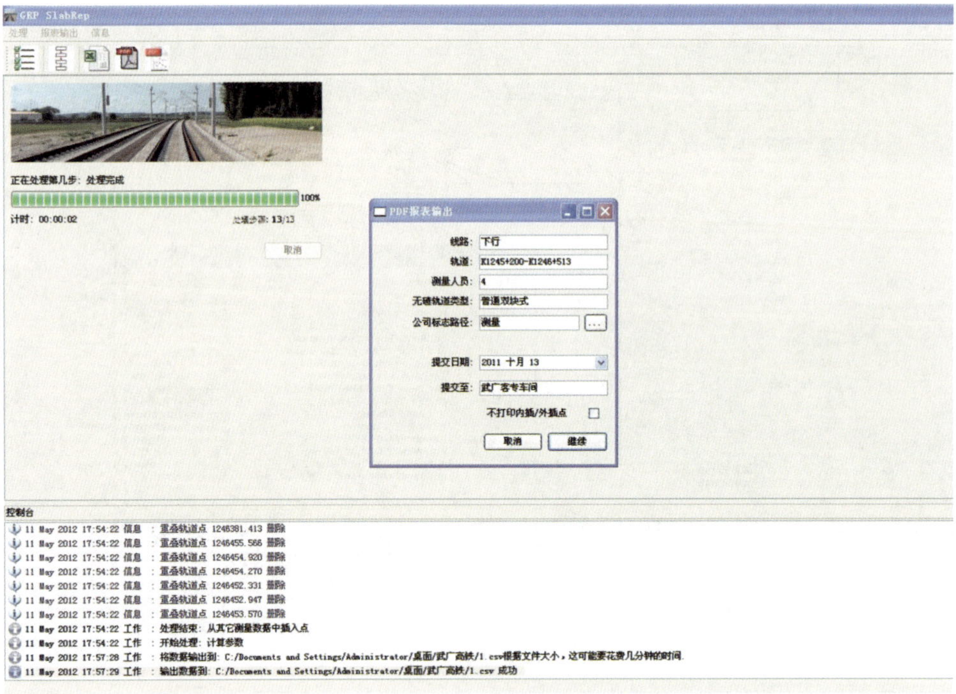

图 5-100　PDF 格式报表输出界面

输出后的 PDF 报表如图 5-101(a)、(b)所示。

无砟轨道:线型记录

线路: 下行　　无砟轨道类型: 普通双块式　　提交日期: 02.11.2011

轨道: 下行K1245+200-K1246+513　　测量日期: 09.10.2011 - 27.10.2011　　提交者: 武广客专车间

开始里程 1245.2+00.6　　结束里程 1246.5+13.6　　测量人员: 4

起始位置 1245.2+00.6　　结束位置 1246.5+13.6　　仪器: Amberg GRP轨道测量系统

签名: ....　　签名: ....

测量点(MP)	轨枕号.	里程	绝对精度 调整量(设计-实测)		相对精度(间隔：标准距离，弦长：30米，每隔5米检核；弦长：300m，每隔150米检核)																							
			竖曲线	平曲线	超高			轨距			竖曲线								平曲线							
											不平顺值信息				不平顺值信息				不平顺值信息				不平顺值信息			
			最大10mm	最大10mm	设计值	实测	调整量 最大2mm	设计值	实测	调整量 最大2mm	检核点	设计值	实测	调整量 最大2mm	检核点	设计值	实测	调整量 最大10mm	检核点	设计值	实测	调整量 最大2mm	检核点	设计值	实测	调整量 最大10mm
		公里	毫米	毫米	毫米	毫米	毫米	毫米	毫米	毫米	测量点+5米	毫米	毫米	毫米	测量点+150米	毫米	毫米	毫米	测量点+5米	毫米	毫米	毫米	测量点+150米	毫米	毫米	毫米
1	1	1245.2+00.6	2.0	-4.1	140.	139.	0.8	1435.0	1435.2	-0.2	-	-	-	-	-	-	-	-	-	-	-	-	-	-	-	-
2	2	1245.2+01.3	1.8	-3.6	140.	138.	1.1	1435.0	1435.2	-0.2	10	0.0	0.2	-0.2	233	0.0	-0.4	0.4	10	6.5	6.8	-0.3	233	1197.4	1195.9	1.5
3	3	1245.2+01.9	1.5	-3.8	140.	138.	1.3	1435.0	1435.1	-0.1	11	0.0	0.4	-0.4	234	0.0	0.0	0.0	11	6.1	6.8	-0.6	234	1186.9	1185.4	1.5
4	4	1245.2+02.5	2.2	-3.6	140.	138.	1.2	1435.0	1435.1	-0.1	12	0.0	-0.1	0.1	235	0.0	-0.6	0.6	12	5.8	6.2	-0.4	235	1176.5	1174.7	1.8
5	5	1245.2+03.2	1.8	-3.0	140.	138.	1.2	1435.0	1435.1	-0.1	13	0.0	0.0	0.0	236	0.0	-0.3	0.3	13	5.4	5.1	0.3	236	1165.6	1163.3	2.3
6	6	1245.2+03.8	2.3	-3.1	140.	138.	1.2	1435.0	1435.1	-0.1	14	0.0	0.0	0.0	237	0.0	-1.0	1.0	14	5.1	4.6	0.5	237	1156.1	1153.6	2.4
7	7	1245.2+04.4	1.8	-3.0	140.	138.	1.1	1435.0	1434.8	0.2	15	0.0	0.4	-0.4	238	0.0	-0.4	0.4	15	4.7	4.2	0.5	238	1145.4	1142.9	2.5
8	8	1245.2+05.0	2.0	-3.3	140.	138.	1.2	1435.0	1434.4	0.6	16	0.0	0.2	-0.2	239	0.0	-0.4	0.4	16	4.4	3.7	0.6	239	1135.0	1132.7	2.3
9	9	1245.2+05.7	2.0	-3.5	140.	138.	1.4	1435.0	1434.3	0.7	17	0.0	0.3	-0.3	240	0.0	-0.4	0.4	17	4.0	3.3	0.7	240	1124.8	1122.9	1.9
10	10	1245.2+06.3	2.1	-3.6	140.	138.	1.5	1435.0	1434.2	0.8	18	0.0	-0.3	0.3	241	0.0	-0.5	0.5	18	3.7	2.8	0.9	241	1114.1	1112.3	1.8
11	11	1245.2+07.0	2.1	-3.4	140.	138.	1.5	1435.0	1434.3	0.7	19	0.0	0.3	-0.3	242	0.0	-0.6	0.6	19	3.3	2.4	0.9	242	1103.6	1101.7	1.9
12	12	1245.2+07.6	2.3	-3.4	140.	138.	1.5	1435.0	1434.4	0.6	20	0.0	0.0	0.0	243	0.0	-0.7	0.7	20	2.9	2.0	0.9	243	1092.9	1090.6	2.1
13	13	1245.2+08.2	1.9	-3.6	140.	138.	1.4	1435.0	1434.4	0.6	21	0.0	0.2	-0.2	244	0.0	-0.4	0.4	21	2.6	1.8	0.8	244	1082.7	1080.8	1.9
14	14	1245.2+08.8	2.4	-3.9	140.	138.	1.3	1435.0	1434.4	0.6	22	0.0	-0.3	0.3	245	0.0	-1.1	1.1	22	2.2	1.3	1.0	245	1072.4	1070.9	1.5

(a)

			最大10mm	最大10mm			最大2mm			最大2mm				最大2mm				最大10mm				最大2mm				最大10mm
		公里	毫米	毫米	毫米	毫米	毫米	毫米	毫米	毫米	测量点+5米	毫米	毫米	毫米	测量点+150米	毫米	毫米	毫米	测量点+5米	毫米	毫米	毫米	测量点+150米	毫米	毫米	毫米
930	930	1245.7+96.0	1.2	-5.5	140.	139.	0.8	1435.0	1434.7	0.3	938	0.0	-0.6	0.6	1161	11.2	12.5	-1.3	938	5.5	4.8	0.7	1161	1077.5	1079.0	-1.5
931	931	1245.7+96.7	1.2	-5.3	140.	139.	0.8	1435.0	1434.8	0.2	939	0.0	-0.3	0.3	1162	11.2	12.4	-1.3	939	5.1	3.9	1.2	1162	1066.6	1067.8	-1.2
932	932	1245.7+97.3	1.2	-5.4	140.	139.	0.9	1435.0	1434.8	0.2	940	0.0	-0.6	0.6	1163	11.2	12.4	-1.2	940	4.7	3.3	1.5	1163	1056.3	1057.7	-1.4
933	933	1245.7+98.0	0.9	-5.8	140.	139.	1.0	1435.0	1434.8	0.2	941	0.0	-0.4	0.5	1164	11.2	12.7	-1.6	941	4.3	3.1	1.3	1164	1045.4	1047.1	-1.7
934	934	1245.7+98.6	0.6	-6.0	140.	138.	1.1	1435.0	1434.7	0.3	942	0.0	0.0	0.0	1165	11.2	13.1	-1.9	942	4.0	2.4	1.5	1165	1034.6	1036.8	-2.1
935	935	1245.7+99.3	0.5	-5.9	140.	138.	1.1	1435.0	1434.7	0.3	943	0.0	0.4	-0.4	1166	11.2	13.1	-1.9	943	3.6	2.2	1.4	1166	1024.0	1025.8	-1.8
936	936	1245.7+99.9	0.7	-5.9	140.	138.	1.1	1435.0	1434.7	0.3	944	0.0	-0.1	0.1	1167	11.2	13.0	-1.8	944	3.2	1.1	2.1	1167	1013.0	1015.4	-2.3
937	937	1245.8+00.6	1.0	-6.1	140.	138.	1.2	1435.0	1434.7	0.3	945	0.0	-0.7	0.7	1168	11.2	12.7	-1.5	945	2.8	1.3	1.5	1168	1002.7	1005.0	-2.3
938	938	1245.8+01.2	0.9	-6.4	140.	138.	1.4	1435.0	1434.7	0.3	946	0.0	-0.3	0.4	1169	11.2	13.0	-1.8	946	2.5	0.9	1.6	1169	992.4	995.3	-2.8
939	939	1245.8+01.8	1.2	-6.7	140.	138.	1.5	1435.0	1434.4	0.6	947	0.0	-0.7	0.7	1170	11.2	12.6	-1.4	947	2.2	0.6	1.5	1170	982.1	984.8	-2.7
940	940	1245.8+02.4	1.0	-7.0	140.	138.	1.7	1435.0	1434.3	0.7	948	0.0	-0.9	0.9	1171	11.2	12.3	-1.1	948	1.8	0.8	1.0	1171	971.7	974.8	-3.1
941	941	1245.8+03.1	0.8	-7.2	140.	138.	1.3	1435.0	1434.3	0.7	949	0.0	-0.1	0.1	1172	11.2	12.5	-1.3	949	1.4	0.5	1.0	1172	961.1	964.2	-3.1
942	942	1245.8+03.7	0.9	-7.7	140.	138.	1.1	1435.0	1434.3	0.7	950	0.0	-0.8	0.8	1173	11.2	12.6	-1.4	950	1.1	0.1	0.9	1173	950.6	953.7	-3.1
943	943	1245.8+04.3	1.3	-7.5	140.	139.	1.0	1435.0	1434.3	0.7	951	0.0	-0.3	0.3	1174	11.2	12.0	-0.8	951	0.7	-0.9	1.6	1174	940.5	943.0	-2.5
944	944	1245.8+04.9	1.0	-8.2	140.	139.	0.9	1435.0	1434.3	0.7	952	0.0	-0.1	0.1	1175	11.2	12.7	-1.5	952	0.4	-0.4	0.8	1175	930.5	933.9	-3.5
945	945	1245.8+05.6	0.6	-7.7	140.	139.	0.8	1435.0	1434.1	0.9	953	0.0	0.6	-0.6	1176	11.2	12.9	-1.7	953	0.1	-1.0	1.0	1176	919.9	922.4	-2.5
946	946	1245.8+06.2	0.9	-8.1	140.	139.	0.9	1435.0	1434.0	1.0	954	0.0	0.0	0.0	1177	11.2	12.4	-1.2	954	-0.3	-0.5	0.2	1177	909.5	912.1	-2.6
947	947	1245.8+06.9	0.9	-8.4	140.	139.	0.8	1435.0	1434.1	0.9	955	0.0	0.4	-0.4	1178	11.2	12.1	-0.9	955	-0.7	-0.3	-0.4	1178	898.6	900.8	-2.2
948	948	1245.8+07.5	0.5	-8.2	140.	139.	0.9	1435.0	1434.1	0.9	956	0.0	0.5	-0.5	1179	11.2	12.6	-1.4	956	-1.0	-0.9	-0.1	1179	888.2	890.3	-2.2
949	949	1245.8+08.1	1.1	-8.4	140.	139.	0.9	1435.0	1433.9	1.1	957	0.0	-0.2	0.2	1180	11.2	12.0	-0.8	957	-1.4	-0.9	-0.5	1180	877.8	880.2	-2.5
950	950	1245.8+08.7	0.5	-8.8	140.	138.	1.1	1435.0	1433.9	1.1	958	0.0	0.7	-0.7	1181	11.2	13.0	-1.8	958	-1.7	-0.8	-0.9	1181	867.8	870.8	-3.0
951	951	1245.8+09.4	1.3	-9.3	140.	138.	1.2	1435.0	1434.0	1.0	959	0.0	0.0	0.0	1182	11.2	12.2	-1.0	959	-2.1	-0.3	-1.8	1182	857.1	860.4	-3.3
952	952	1245.8+10.0	1.3	-9.2	140.	138.	1.4	1435.0	1434.0	1.0	960	0.0	0.1	-0.1	1183	11.2	12.4	-1.2	960	-2.5	-0.2	-2.2	1183	846.6	850.2	-3.6
953	953	1245.8+10.6	1.6	-9.0	140.	138.	1.4	1435.0	1434.1	0.9	961	0.0	-0.3	0.3	1184	11.2	12.4	-1.2	961	-2.8	-0.4	-2.4	1184	836.1	839.3	-3.2
954	954	1245.8+11.2	1.2	-8.5	140.	138.	1.4	1435.0	1434.1	0.9	962	0.0	0.5	-0.5	1185	11.2	12.9	-1.6	962	-3.2	-1.1	-2.1	1185	825.9	828.8	-2.9
955	955	1245.8+11.9	1.6	-8.2	140.	138.	1.2	1435.0	1434.1	0.9	963	0.0	-0.6	0.6	1186	11.2	12.8	-1.6	963	-3.6	-1.7	-1.9	1186	815.1	817.9	-2.8

使用GRPSlabRep软件进行输出,软件版权(2007)归安伯格技术公司所有　　*内插的测量值　　**外推的测量值

(b)

图 5-101 GRP SlabRep PDF 格式报表输出结果

5. 轨道质量分析适算表的生成

轨道质量分析适算可以通过轨检车自带的软件或自制的 Excel 适算表完成,用来计算轨道扣件的调整量。

(1)新建精调文件:进入轨道精调适算软件,点击【文件】—【新建】,如图 5-102 所示,首先"新建"文件,然后导入 csv 格式数据,或打开之前保存过的 dts 格式文件,然后便可进行调整。

(2)导入精调文件:在软件主界面点击【导入】,导入计划精调的文件,如图 5-103(a)、(b)所示。

图 5-102 新建文件精调文件

（a）精调适算数据导入

图 5-103

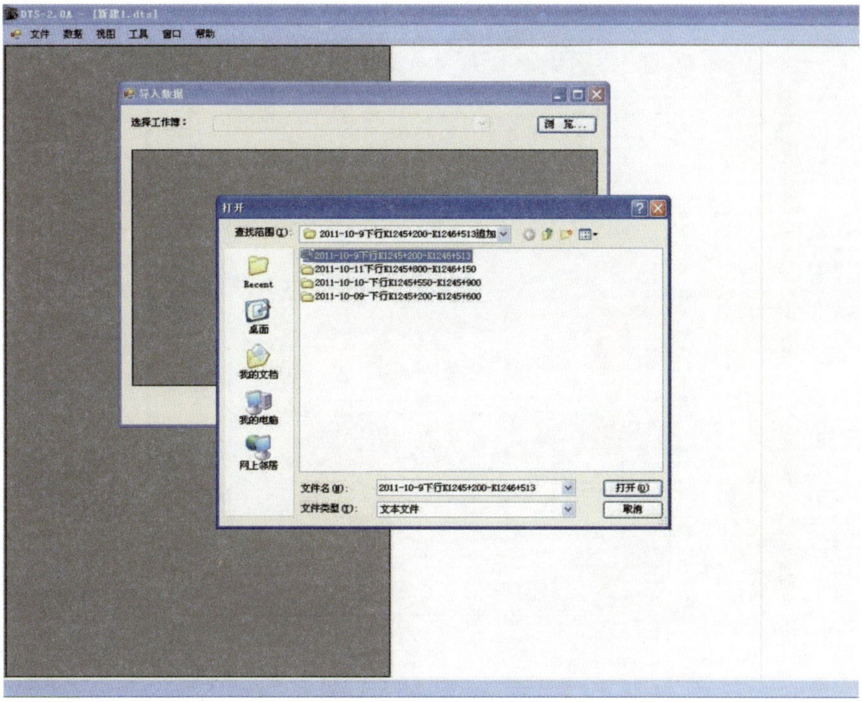

（b）导入精调数据

图 5-103　导入精调数据流程图

导入结果及适算分析界面如图 5-104 所示。

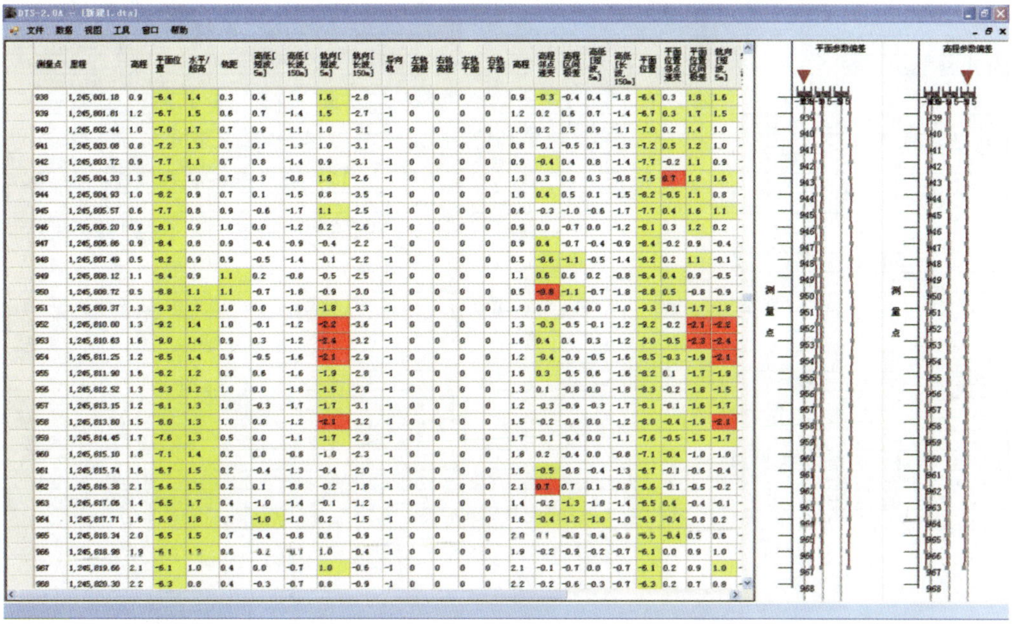

图 5-104　适算分析界面

然后根据“先轨向后轨距，先高低后水平（超高）”的原则进行轨道调整，如图 5-105 所示模拟适算结果。

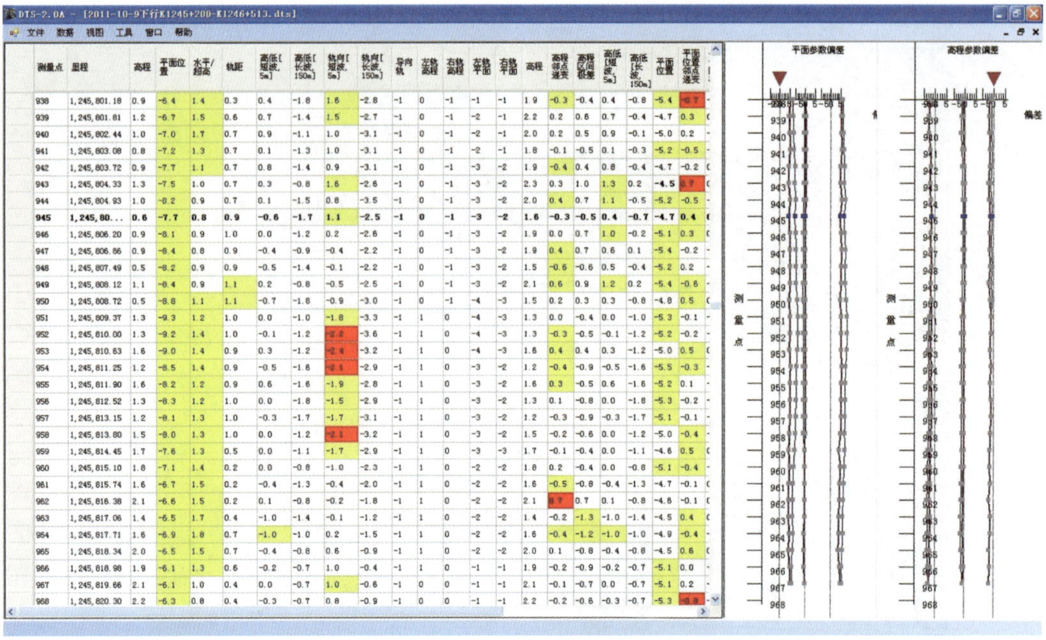

图 5-105 模拟适算结果

导出模拟适算分析 Excel 结果如图 5-106 所示。

轨枕ID号	K里程	理论调整量				初始平顺性指标				导向轨	模拟调整量				剩余调整量					调整后平顺性指标				轨枕编号
		高程	平面位置	水平/超高	轨距	高低[短波,5m]	高低[长波,150m]	轨向[短波,5m]	轨向[长波,150m]		左轨高程	右轨高程	左轨平面	右轨平面	高程	平面位置	水平/超高	轨距	轨距邻点递变	高低[短波,5m]	高低[长波,150m]	轨向[短波,5m]	轨向[长波,150m]	
938	1245801.181	0.9	-6.4	1.4	0.3	0.35	-1.8	1.6	-2.8	-1	0	-1	-1	-1	1.9	-5.4	0.4	0.3	-0.7	0.35	-0.8	-0.4	-0.8	1245325-044
939	1245801.81	1.2	-6.7	1.5	0.6	0.66	-1.4	1.53	-2.7	-1	0	-1	-2	-1	2.2	-4.7	0.5	-0.4	0.1	0.66	-0.4	0.53	0.28	1245325-045
940	1245802.435	1	-7	1.7	0.7	0.9	-1.1	0.98	-3.1	-1	0	-1	-2	-1	2	-5	0.7	-0.3	0	0.9	-0.1	-0	-0.1	1245325-046
941	1245803.08	0.8	-7.2	1.3	0.7	0.09	-1.3	0.99	-3.1	-1	0	-1	-2	-1	1.8	-5.2	0.3	-0.3	0	0.09	-0.3	-0	-0.1	1245325-047
942	1245803.715	0.9	-7.7	1.1	0.7	0.81	-1.4	0.94	-3.1	-1	0	-1	-3	-2	1.9	-4.7	0.1	-0.3	0	0.81	-0.4	-0.1	-0.1	1245325-048
943	1245804.329	1.3	-7.5	1	0.7	0.33	-0.8	1.63	-2.6	-1	0	-1	-3	-2	2.3	-4.5	0	-0.3	0	1.33	0.24	0.63	0.45	1245325-049
944	1245804.932	1	-8.2	0.9	0.7	0.08	-1.5	0.84	-3.5	-1	0	-1	-3	-2	2	-5.2	-0.1	-0.3	0.2	1.08	-0.5	-0.2	-0.5	1245325-050
945	1245805.57	0.6	-7.7	0.8	0.9	-0.6	-1.7	1.05	-2.5	-1	0	-1	-3	-2	1.6	-4.7	-0.2	-0.1	0.1	0.39	-0.7	0.05	0.49	1245325-051
946	1245806.199	0.9	-8.1	0.9	1	0.04	-1.2	0.22	-2.6	-1	0	-1	-3	-2	1.9	-5.1	-0.1	0	-0.1	1.04	-0.2	0.22	-0.6	1245325-052
947	1245806.863	0.9	-8.4	0.8	0.9	-0.4	-0.9	-0.4	-2.2	-1	0	-1	-3	-2	1.9	-5.4	-0.2	-0.1	0	0.63	0.12	-0.4	-0.2	1245325-053
948	1245807.492	0.5	-8.2	0.9	0.9	-0.5	-1.4	-0.1	-2.2	-1	0	-1	-3	-2	1.5	-5.2	-0.1	-0.1	0.2	0.53	-0.4	-0.1	-0.2	1245325-054
949	1245808.12	1.1	-8.4	0.9	1.1	0.18	-0.8	-0.5	-2.5	-1	0	-1	-3	-2	2.1	-5.4	-0.1	0.1	-0	1.18	0.19	-0.5	-0.5	1245325-055
950	1245808.717	0.5	-8.8	1.1	1.1	-0.7	-1.8	-0.9	-3	-1	0	-1	-4	-3	1.5	-4.8	0.1	0.1	-0.1	0.32	-0.8	0.07	0.01	1245325-056
951	1245809.369	1.3	-9.3	1.2	1	-0	-1	-1.8	-3.3	-1	1	0	-4	-3	1.3	-5.3	0.2	0	0	-0	-1	-0.8	-0.3	1245325-057
952	1245810.001	1.3	-9.2	1.4	1	-0.1	-1.2	-2.2	-3.6	-1	1	0	-4	-3	1.3	-5.2	0.4	0	-0.1	-0.1	-1.2	-0.2	-0.6	1245325-058
953	1245810.63	1.6	-9	1.4	0.9	0.28	-1.2	-2.4	-3.2	-1	1	0	-4	-3	1.6	-5	0.4	-0.1	0	0.28	-1.2	-0.4	-0.2	1245325-059
954	1245811.248	1.2	-8.5	1.4	0.9	-0.5	-1.6	-2.1	-2.9	-1	1	0	-3	-2	1.2	-5.5	0.4	-0.1	0	-0.5	-1.6	-1.1	-0.9	1245325-060
955	1245811.903	1.6	-8.2	1.2	0.9	0.63	-1.6	-1.9	-2.8	-1	1	0	-3	-2	1.6	-5.2	0.2	-0.1	0.1	0.63	-1.6	-0.9	0.16	1245325-061
956	1245812.522	1.3	-8.3	1.2	1	0.03	-1.8	-1.5	-2.9	-1	1	0	-3	-2	1.3	-5.3	0.2	0	0	0.03	-1.8	-0.5	0.12	1245325-062
957	1245813.148	1.2	-8.1	1.3	1	-0.3	-1.7	-1.7	-3.1	-1	1	0	-3	-2	1.2	-5.1	0.3	0	0	-0.3	-1.7	-0.7	-0.1	1245325-063
958	1245813.802	1.5	-8	1.3	1	0.01	-1.2	-2.1	-3.2	-1	1	0	-3	-2	1.5	-5	0.3	0	0.5	0.01	-1.2	-0.1	-0.2	1245325-064
959	1245814.452	1.7	-7.6	1.3	0.5	0.01	-1.1	-1.7	-2.9	-1	1	0	-3	-3	1.7	-4.6	0.3	0.5	-0.3	0.01	-1.1	0.3	0.12	1245325-065
960	1245815.102	1.8	-7.1	1.4	0.2	-0	-0.8	-1	-2.3	-1	1	0	-2	-2	1.8	-5.1	0.4	0.2	0	-0	-0.8	0.04	-0.3	1245325-066
961	1245815.744	1.6	-6.7	1.5	0.2	-0.4	-1.3	-0.4	-2	-1	1	0	-2	-2	1.6	-4.7	0.5	0.2	0	-0.4	-1.3	-0.4	0.04	1245325-067
962	1245816.384	2.1	-6.6	1.5	0.2	0.08	-0.8	-0.2	-1.8	-1	1	0	-2	-2	2.1	-4.6	0.5	0.2	0.2	0.08	-0.8	-0.2	0.19	1245325-068
963	1245817.055	1.4	-6.5	1.7	0.4	-1	-1.4	-0.1	-1.2	-1	1	0	-2	-2	1.4	-4.5	0.7	0.4	0.3	-1	-1.4	-0	0.76	1245325-069
964	1245817.706	1.6	-6.9	1.8	0.7	-1	-1	0.2	-1.5	-1	1	0	-2	-2	1.6	-4.9	0.8	0.7	0	-1	-1	0.2	0.54	1245325-070
965	1245818.337	2	-6.5	1.5	0.7	-0.4	-0.8	0.62	-0.9	-1	1	0	-2	-2	2	-4.5	0.5	0.7	-0.1	-0.4	-0.8	0.62	1.09	1245325-071

图 5-106 轨道适算分析结果表

三、注意事项

(一)轨检小车常见问题与处理

1. 警告“修改全站仪模式或选项错误”:全站仪和小车通信失败,原因包括:仪器各部连接是否正常，各指示灯是否正常；通信猫所用电池电量不足，通信猫故障，Y形电缆损坏等；全站仪GeoCOM模式是否激活选用；通信参数设置是否一致：全站仪的GeoCOM参数、无线电通信调制解调器设置、windows COM接口设置和GRPwin5通信设置GeoCOM设置正确；无线电通讯调制解调器一个为基准端（全站仪），另一个为远程端（小车）等。

2. 警告“采集不成功”：棱镜失锁，重新锁定棱镜。

3. 设站精度无法满足要求：实际测量控制点与输入点号不对应；设站测量时ATR未打开；全站仪未及时进行校准；个别点坐标不准确。

4. 明显的高程偏差：误输入棱镜高和/或仪器高；小车棱镜未完全插入；平曲线和竖曲线里程不对应。

（二）操作注意事项

1. 数据采集人员应该对采集数据做到心中有数，对换站搭接误差要做到心中有数，对突变区域要现场了解情况确认非测量原因引起的点位突变。

2. 数据采集过程中要严格按照承轨槽编号输入注释信息，避免内业数据混乱；按指定轨枕间距，在设站区间内逐点采集数据。

3. 数据采集务必要真实客观反映，因钢轨污染，扣件扣压力不足，存在非标扣件测量数据不可采用。

4. 数据采集前从连接的小车中读取配置，选择正确的配置，检查标准轨距设置是否正确，如果不正确在工程属性中更改，检查棱镜高设置是否正确。

5. 等小车停稳时，即里程计归零时再进行数据采集，并且需要做到：“快、准、稳”以提高工作效率。推小车时，如果里程差归零，则证明该点已经测过，反之没测过。

6. 每次测量之前都要在稳固的轨道上对超高传感器进行校准，校准后可在同一点进行正反两次测量，测量值偏差应在0.3 mm以内；如发生颠簸、碰撞或气温变化迅速，可再次校准。

7. 测量时应尽量保证工作的连续性，轨检小车应由远及近靠近全站仪的方向进行测量，因为随着时间的增加，全站仪的设站的精度在降低，而测距的精度随着距离的缩短在增加。

8. 测量时要实时关注偏差值，如果存在明显异常，需重复采集数据，覆盖之前采集的结果，如依然存在突变，要及时分析原因。

9. 设站后要使用控制点检核全站仪设站，搬站前也要再次检核，以证实此次设站测量结果的可靠性；如测量条件不佳，测量期间可增加检核次数。

10. 全站仪设站的位置应靠近线路中心，而不是在两侧控制点的外侧；设站位置首先要考虑目标距离，其次是与近处控制点之间的距离（一般应超过15 m）。

11. 小车距全站仪5 m左右进行搬站，小车要退后8～10根轨枕，以免前后数据偏差较大。

思考题

1. TGS FX手推式轨检小车有哪几部分组成？

2. 轨检小车方向怎样规定？

3. 曲线超高符号法则怎样规定？

4. 全站仪无补偿及标准补偿搭接测量长度怎样规定？

5. 超高计算基准有哪几种？

第四节　电子平直仪的使用

一、电子平直仪检测原理及构造

电子平直仪采用电磁感应原理非接触无损测量，适用于检测各种钢轨运行表面平直度、侧面平直度，能测量钢轨表面的细小波纹，特别适合对无缝线路钢轨焊缝打磨和运行磨损状态的监测，并与以前的数据对比。该设备的便携式电脑可以在检测现场立即显示钢轨表面的平直度绝对数值、最大值、最小值和分布曲线。能把数据储存在便携式电脑中，输出打印报告，做进一步分析评估，有利于建立长期的钢轨平直度数据库，实施动态管理，为行车安全提供保障。

（一）电子平直仪特点

1. 完成测量后，它可以绘制出放大的测量表面的曲线（平直度），给出最大值和最小值及绝对值。

2. 测量过程中，测量探头根据电磁原理沿着测量梁移动，测量检测表面与测量梁之间的距离。

3. 采用非接触无损测量的方法测量磁性金属表面的几何形状。

4. 轨道测量完成后进行必要的轨道维修，完成后可再次进行测量，具有新获得的结果能够和前一次的结果进行比较功能。

5. 可将测量数据传送存储到计算机上。

6. 仪器可用于直道，弯道和过渡弯道处的行车面和导向面的检测。

7. 通过测试块上的测量可定期完成对测量梁的检测。

8. 手提箱能够方便仪器和它的附件搬运。

9. 一般配有内部温度计，能够检测测量梁的温度。检测值在测量程序中可以读取。如果这个温度超出规定的限度，测量程序会阻止测量的进行。

图 5-107　1 m 电子平直度测量仪

（二）电子平直仪的组成

电子平直仪通常由计算机连接器、测量梁、测量定位块、测量梁手柄、可更换的电池包等组成，如图 5-107 所示。

1. 测量梁

测量梁一般带探头和移动探头机械，测量梁从设计上防止灰尘和湿气进入移动机械和探头中（如测量梁表面覆盖树脂玻璃等材料）。

2. 测量定位装置

通过调节测量定位装置保证测量梁在合适的位置上，实现对各种类型钢轨的平直度测量。如图 5-108 所示，是某一种型号仪器定位装置的四种状态。通过拉拽，旋转及最终将定位装置回归原位来设定想要的位置。

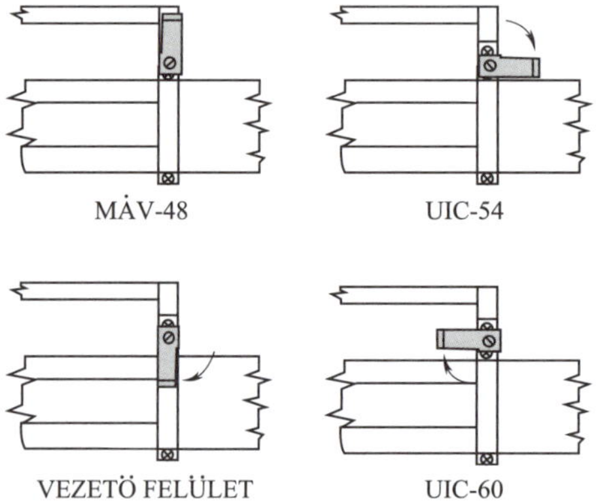

图 5-108　测量梁定位装置的四种状态的底视图

3. 测量梁手柄

在运输和测量过程中，手柄能保证在任何位置安全拿取和定位测量梁。

4. 可更换电池包

电池一般安装在测量梁内，拧开防尘保护盖后可将内部电池组取出。

（三）电子平直仪的主要规格

电子平直仪有 1、15、50 m 等规格，现场一般采用 1 m 长电子平直仪对钢轨平直度进行测量。

二、电子平直仪钢轨焊缝平直度检查使用方法

（一）1 m 电子平直仪进行操作介绍

1. 把计算机连接器连接到测量仪，有直接连接和无线连接两种模式。

2. 按 ON/ESC 键打开计算机连接器和电子平直仪。

3. 使用←、→键搜索测量程序图标，图 5-109 所示是一种英文计算机连接器，使用↑、↓键搜索要使用的数据文件。

4. 若想打开一个新数据文件，在操作系统中按 MENU 键，选择 FILE/NEW，如图 5-110 所示。在给出文件名和地址后，这个程序立即启动并检查常用的参数。

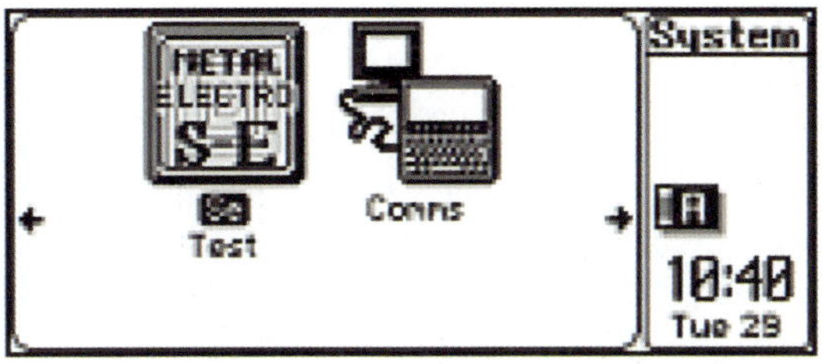

图 5-109　图标窗口

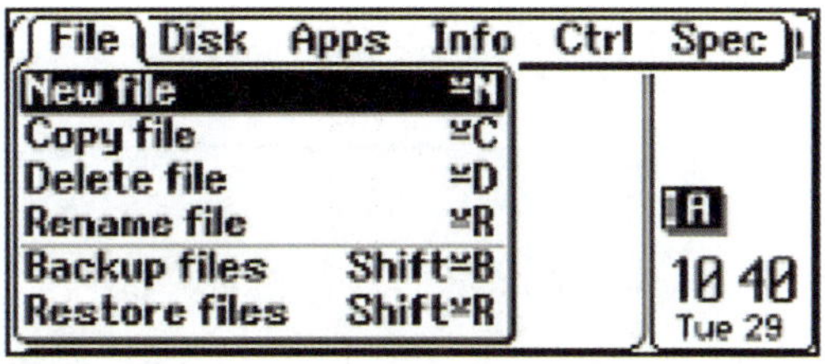

图 5-110　FILE/NEW 菜单窗口

5. 将平直仪放在钢轨上（图 5-111），用箭头标记的中线应和被测的焊接头或截面的中心对齐，但距离支撑点 20 mm 处的钢轨表面不能有剥落和短距的波纹，否则会影响测量结果。然后按 MESURING/START 或 M 键，输入测量参数，如图 5-112 所示。

行驶面　　导向面

图 5-111　测量面的正确放置图示

测量精度将在温度骤变的情况下产生偏差，比如在 20℃的环境下将仪器直接放置于测 0℃的钢轨上。因此，在温差大的情况下，请将仪器在测量环境温度中至少放置 15～30 min 后再开始测量。

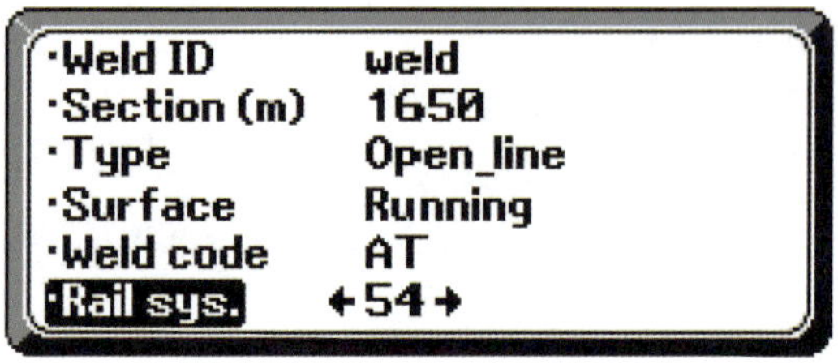

图 5-112 参数数据窗口

6. 数据应包括三个对话框，若没有空的清单使用，那么有两个对话框。在最后一个对话框之后测量开始。

7. 经过计算后测量结果出现，通过 MEASURING/SAVE 或热键保存。

8. 在每个测量点重复步骤 5、6、7。

9. 完成所有测量后，通过 FILE/EXIT 或 X 键退出程序，按 OFF 键关闭。

（二）施密特 SEC-RC 钢轨电子平直仪操作介绍

施密特 SEC-RC 钢轨电子平直仪测量控制计算机采用具备蓝牙功能的 PDA 掌上电脑，计算机同测量梁连接简单，移动操作性强。

1. 开启 PDA 电源。

2. 从 PDA 开始菜单中运行 SEC-RC 测量程序，如图 5-113 所示。

此菜单下可建立新的测量文件或打开已有文件，还可以进行文件标题编辑及其他各种设置（如语言选择等）。

3. 点击程序主窗口测量菜单，进入测量程序，如图 5-114 所示。

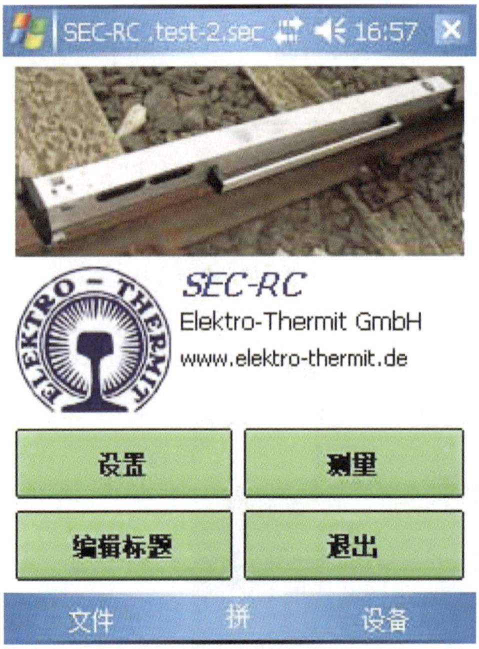

图 5-113 SEC-RC 测量程序主窗口

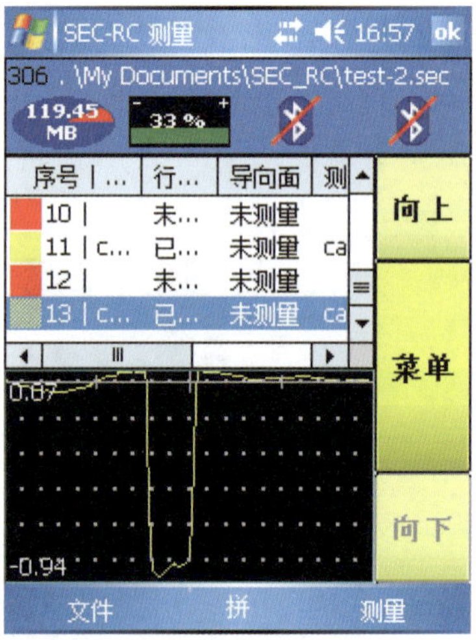

图 5-114 测量程序界面

4. 点击菜单按钮显示测量界面，如图 5-115 所示。

5. 打开测量梁电源开关。

6. 点击选择测量行车面或导向面。

7. 选择待测的测量面，将仪器放置于测量表面，如图 5-116 所示。

图 5-115　测量按钮界面

行驶面　　导向面

图 5-116　测量面的放置

8. 点击连接＋开始测量，通过计算后，测量结果将会显示在屏幕上，如图 5-117 所示。测量结果可以通过文件/保存菜单储存，也可在文件菜单中选择自动保存。继续测量时可重复上述步骤，并直接点击开始测量即可。

完成所有测量后，可以通过点击文件→退出→退出程序，然后关闭 PDA 电源。

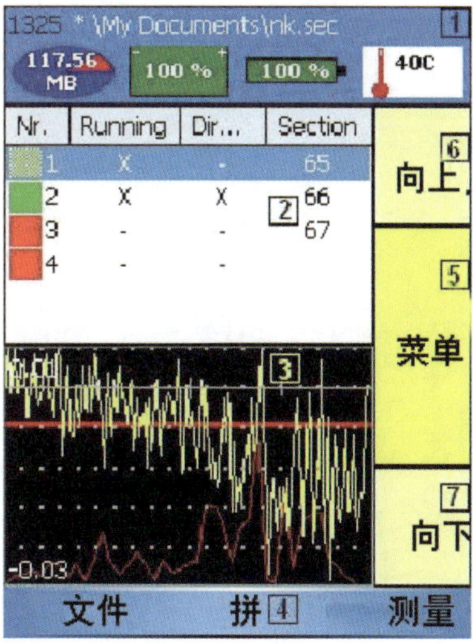

图 5-117　测量结果

三、注意事项

1. 计算机电力不足或未关闭计算机就取下备用电池会导致全部测量数据的丢失。

2. 测量精度将在温度骤变的情况下产生偏差，因此，在温差大的情况下，应将仪器在测量环境温度中至少放置 15～30 min 后再开始测量。

3. 为了避免出现故障、意外事故或电击，请不要把测量仪器放在潮湿的地方。

4. 在带电的钢结构上进行测量，例如在轨道的绝缘接头部位，应使用绝缘平直仪。

5. 为了维持仪器的测量精度，应禁止测量仪器受强烈辐射及强烈机械冲击，防止测量梁受高温的作用。

6. 如测量梁损坏或弯曲，或表面覆盖层破损或损坏，或产生任何的变形，应立即停止测量，并送厂商修理。

7. 测量梁只能放在手提箱里进行运输。置放在测量面时不要将其倾斜。

8. 不能打开仪器或不能打开计算机连接器时，可能没有电。

9. 屏幕过热会造成屏幕变黑。

10. 建议每 6 个月进行 1 次校准。每月或每 1 000 次测量后使用测试块。

11. 要确认此测量仪器是由受过专门培训的技术人员来使用。

思考题

1. 电子平直仪测量特点有哪些?
2. 电子平直仪有哪几部分组成?
3. 叙述 1 m 电子平直仪焊缝平直度检查方法?
4. 电子平直仪一般多长时间校准一次?

复习题

1. 电子水准仪项目管理含哪些内容?
2. 电子水准仪进行中间点测量的操作步骤有哪些?
3. 叙述全站仪设站的操作步骤。
4. 全站仪测量应注意哪些事项?
5. 叙述轨检小车常见问题与处理方法。
6. 叙述轨检小车操作注意事项。
7. 叙述全站仪与轨检小车数据采集操作流程。
8. 轨道中线基准有哪几种方式?
9. 电子平直仪多少次测量后使用测试块?

第六章　线路、道岔检查及作业

线路检查分动态检查和静态检查，以动态检查为主，做到动、静态检查相结合。作业人员应掌握相关技术标准和作业方法。作业前，应对检测资料进行综合分析，制定作业方案。作业方案应明确质量要求和安全措施，并应经审批。现场作业负责人应确定作业范围和作业量，作业人员应按操作规程使用作业机具。作业后，现场作业负责人应组织质量回检，填写作业日志。

第一节　线 路 检 查

一、线路(手工)检查

(一)作业目的

对线路动态检查出的轨距、水平(直线扭曲，曲线含外轨超高、缓和曲线超高顺坡、扭曲)、轨向(曲线地段为曲线正矢)、高低等不良信息进行静态检查复核。

(二)作业条件

“天窗”点内作业。

(三)作业程序与要领

1. 作业准备

(1)人员情况：对检查作业人员进行有针对性的安全教育，确定检查地点；做到分工明确，责任到位，上班前穿好防护服(夜间穿反光防护服)，戴好劳保用品。

(2)工料：电子道尺、弦绳(电子弦线)、钢板尺、笔、记录本、石笔和照明设备。

(3)照明设备检查：检查头灯照明良好。

(4)防护：按规定设置防护。

2. 检查

(1)电子道尺使用前，由检查人对电子道尺校对，检查电子道尺性能完好，当轨距误差≥0.5 mm或水平误差≥1.0 mm时，禁止上道使用，并及时送检。

(2)测量轨距：将两端测座搭在两股钢轨上，拉动提手测头与钢轨作用边接触，移动测头位置，使读数最小时，待显示数据稳定后，读取轨距值。检查时要求在每根轨枕处进行测量，认真标注和记录，全面分析，从而判断轨距、轨距顺坡率是否符合标准。

(3)测量水平或超高：将两端测座搭在两股钢轨上，待显示数据稳定后，读取水平值或超高值。检查时要求在每根轨枕处进行测量，认真标注和记录，全面分析，从而判断水平、顺坡率和三角坑或线路扭曲等项目是否符合标准。

(4)轨向、高低测量：检查轨向时，应使用30～40 m的长弦线拉轨向；检查高低时，使用不长于10 m的短弦线拉高低；检查时要在某点前后交替测量，需要时还可向某点的两端适当延长，增加测量点，选取最大测量值，以保证拉出的数据准确。

(5)曲线正矢测量:检查时应使用 20 m 的弦长在钢轨顶面下 16 mm 处测量,并符合正矢检查"三不、三要、两准确"的要求。

(6)把检查的轨距、水平数据导出,结合轨向、曲线正矢、高低测量数据分析病害,制定整修方法。

(四)线路检查质量标准

1. 符合高速铁路线路轨道静态几何尺寸容许偏差管理值。

2. 符合轨道静态几何尺寸长弦测量作业验收容许偏差管理值。

(五)注意事项

1. 电子道尺使用过程中,要防止尺身受到剧烈的外部撞击。

2. 防止尖锐器物接触检测尺的显示屏,以免造成显示屏玻璃破碎。

3. 每 3 个月必须检定一次,合格标示清晰,不得超期使用。

二、轨道测量仪检查线路

(一)作业目的

对线路几何尺寸进行周期性检查。

(二)作业条件

"天窗"点内作业。

(三)作业程序与要领

1. 作业准备

(1)前往现场检测之前在计算机中对设计数据(平面曲线、竖曲线、超高)复核无误后输入到测量软件中。

(2)将 CPⅢ成果输入到全站仪中。

(3)人员情况:对检查作业人员进行有针对性的安全教育,确定检查地点;做到分工明确,责任到位,上班前穿好防护服(夜间穿反光防护服),戴好劳保用品。

(4)工料:全站仪、轨道检查记录小车(轨检小车)、手簿、棱镜、电脑、笔、记录本、石笔和照明设备。

(5)照明设备检查:检查头灯照明良好。

(6)防护:按规定设置防护。

2. 检查

(1)到达现场后对控制点进行检查,确保控制点数据(平面坐标及高程)正确无误,检查控制点是否受到破坏。

(2)为了确保全站仪与轨道测量小车之间通视,以及测量的精度,测量区域尽量避免其他施工作业。

(3)使用 8 个控制点(CPⅢ)进行自由设站;全站仪自由设站时,平差后东坐标、北坐标和高程的中误差应在 0.7 mm 以内,方向的中误差应在 1.4″以内,否则应重新设站。

(4)进行正确的测量设置,如高程以内轨为基准、超高以 1.5 m 为基长等。

(5)轨道测量小车每次测量作业之前都要对超高传感器进行校准。

(6)全站仪搬站后前后两个区间的测量需交叠 5~10 m。

(7)测量完成后,输入轨道几何参数,制作报表并进行评价。可根据需要定义报表的输出内容,选择性的输出轨道平面位置、轨道高程、轨距、水平/超高、轨向(长波和短波)、高低(长波和短波)等参数的偏差。

(8)根据测量参数的偏差数据分析病害,制定整修方法。

(四)线路检查质量标准

1. 符合高速铁路线路轨道静态几何尺寸容许偏差管理值。

2. 符合轨道静态几何尺寸长弦测量作业验收容许偏差管理值。

(五)注意事项

1. 轨道测量仪使用过程中,要防止受到外部碰撞。

2. 防止尖锐器物接触检测显示屏,以免造成显示屏破损。

3. 校准值过大应及时联系相关技术人员或维修部进行检修,保证测量精度。

三、轨道检查仪(GJY-T-4型)检查线路

(一)作业目的

对线路几何尺寸进行周期性检查。

(二)作业条件

“天窗”点内作业。

(三)作业程序与要领

1. 作业准备

(1)仪器组装(注意检查仪器各部分有无松动现象)。

(2)控制面板资料导入(在第一次使用时进行资料导入)。

(3)人员情况:对检查作业人员进行有针对性的安全教育,确定检查地点;做到分工明确,责任到位,上班前穿好防护服(夜间穿反光防护服),戴好劳保用品。

(4)工料:轨道检查仪、石笔和照明设备。

(5)照明设备检查:检查头灯照明良好。

(6)防护:按规定设置防护。

2. 检查作业程序与要领

(1)进入选项1系统服务,再选择选项3系统设置,选项5格式化存储器。

(2)进去格式化,直接点击2次确定,格式完成,然后选择选项1传感器标定,再选择3方向高低标定,直接等18 s,点确定,然后点2次取消键ESC,再选择选项1状态监测,在正负3以内变化,方向高低标定完成。点取消键ESC退出状态监测,选择选项3系统设置,选项1传感器标定,再选1轨距传感器标定,直接点2次确定,标定完成。然后点2次取消键ESC,再选择选项1状态监测,轨距数据在0左右变动。点取消键ESC退出状态监测,选择选项3系统设置,选项1传感器标定,再选2水平传感器标定,直接点2次确定,标定完成。

仪器标定:在天气比较寒冷的地方使用轨道检查仪时应该注意,如果轨道检查仪从室内外温差比较大房间里面拿到现场使用时,建议在现场提前开机让仪器预热5～15 min,以使得仪器的各电子元器件和传感器能处于低温稳定状态,再进行轨道检查。具体的方法可以将仪器开机处于“自动监测状态”,待显示的监测温度趋于基本稳定后再进行轨道检查作业。

(3)点3次取消键ESC,回到开机截面,选择选项2轨道检查,输入相关内容,按T键,开始检查。检查中,注意打点,按暂停,按确定保存。

(4)检查结束,点取消键 ESC,再点确定,再保存数据。然后选 3 关机,插上 U 盘,开机,然后选择选项 1 系统服务,再选择选项 2 记录资料,选择需要导出的数据编号如按 1,点确定,再点 F1,开始导出,屏幕显示导出成功以后,点一下确定,可以继续选择其他数据编号进行导出。如果不导出了,就直接点 2 次取消,选择选项 3,关机。结束推行。

(5)利用分析软件对 U 盘检查数据进行分析,提取分析报表。

(6)根据检测分析报表结合动检车、车载式检查仪等资料制定整修方案。

(四)线路检查质量标准

1. 符合高速铁路线路轨道静态几何尺寸容许偏差管理值。

2. 符合轨道静态几何尺寸长弦测量作业验收容许偏差管理值。

(五)注意事项

1. 轨道检查仪使用过程中,要防止受到外部碰撞。

2. 防止尖锐器物接触检测显示屏,以免造成显示屏破损。

3. 校准值过大应及时联系相关技术人员或维修部进行检修,保证检查精度。

思考题

1. 允许运行速度为 250～350 km/h 的线路检查时,应用哪种等级的电子道尺?
2. 电子道尺使用前校核时,当轨距、水平误差分别大于多少毫米时禁止上道使用并及时送检?
3. 轨道检测仪检查线路的作业目的是什么?
4. 轨道检测仪是对线路平面位置和高程的什么测量?
5. 叙述 GJY-T-4 型轨道检查仪检查线路的作业程序与要领。

第二节 道岔检查

一、作业目的

对道岔的轨距、水平(超高)高低、轨向、支距、查照间隔、道岔各部位间隙等进行精确测量。

二、作业条件

“天窗”点内作业。

三、作业程序与要领

1. 作业准备

(1)人员情况:对检查作业人员进行有针对性的安全教育,确定检查道岔地点;做到分工明确,责任到位,上班前穿好防护服(夜间穿反光防护服),戴好劳保用品。

(2)工料:按要求准备道岔检查工具。

(3)照明设备检查:检查头灯照明良好。

(4)防护:按规定设置防护。

2. 检查

检查方法如表 6-1 所示。

表 6-1　道岔检查方法

序号	检测项目	检测工具	检测方法	示 意 图
1	道岔及调节器全长、轨件长度	钢卷尺、弹簧秤、磁力拉环	磁力拉环固定钢尺末端，弹簧秤拉紧端头，确认全长	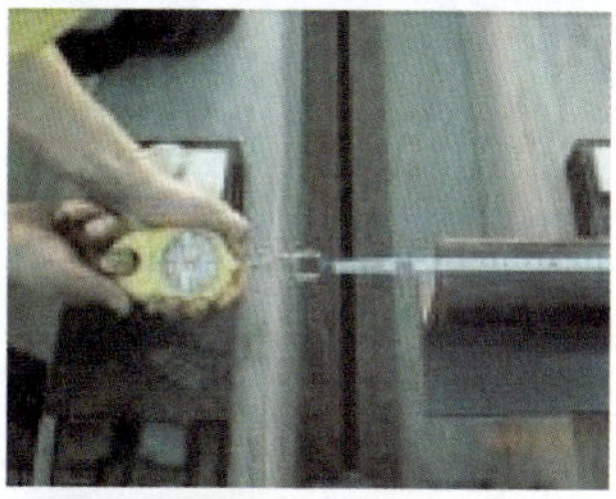
2	水　平	轨距尺、轨道测量仪	观察轨距尺气泡位置，确认水平高差	
3	高　低	弦线、钢板尺、轨道测量仪	轨顶 10 m 弦线 5 m 交替测量弦线至轨顶距离。轨道测量仪测量高低	
4	方　向	弦线、钢板尺、轨道测量仪	轨头侧面（正线非工作边）10 m 弦线 5 m 交替测量弦线至轨头工作边距离。轨道测量仪测量方向	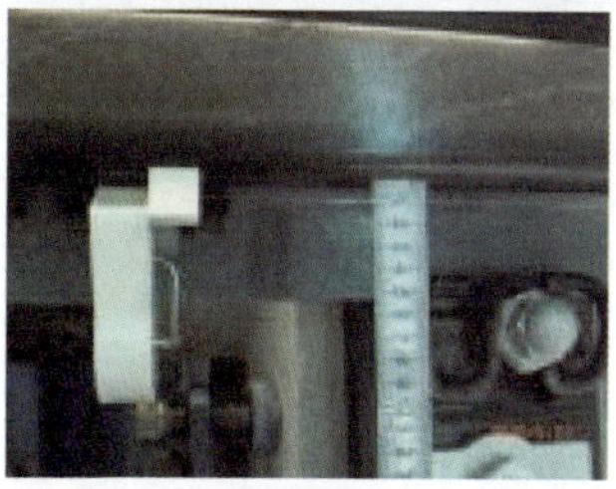
5	方正差	方尺、支距尺、钢板尺	道岔始端任意处，方尺或支距尺垂直于直股工作边，板尺测量两基本轨始端至方尺或支距尺边距离，计算差值	
6	轨　距	轨距尺、轨道测量仪	轨距尺水平放置于测量点位置处，使轨距尺垂直于轨距中心线，测量两钢轨之间最小距离	

续上表

序号	检测项目	检测工具	检测方法	示意图
7	尖轨与基本轨间隙	塞尺	分别使用塞尺中合适厚度的尺片确定间隙大小	
8	直尖轨工作边直线度	弦线、钢板尺	轨头侧面(尖轨工作边)10 m弦线5 m交替测量弦线至工作边距离	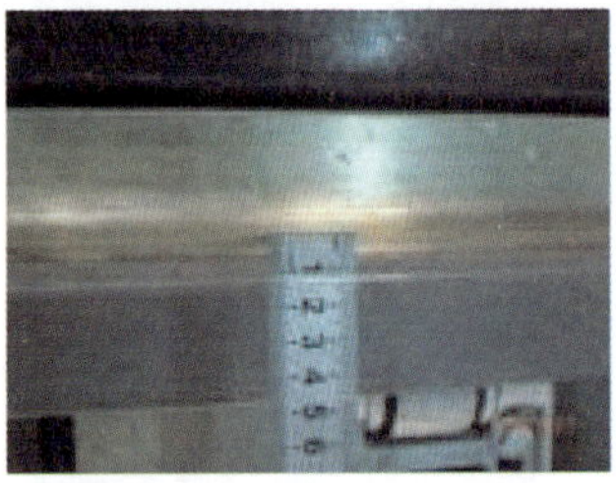
9	尖轨与基本轨间顶铁间隙	塞尺	使用塞尺中合适厚度的尺片逐一反复滑塞,确认间隙大小	
10	尖轨轨底与滑床台间隙	塞尺	使用塞尺中合适厚度的尺片逐一反复滑塞,确认间隙大小	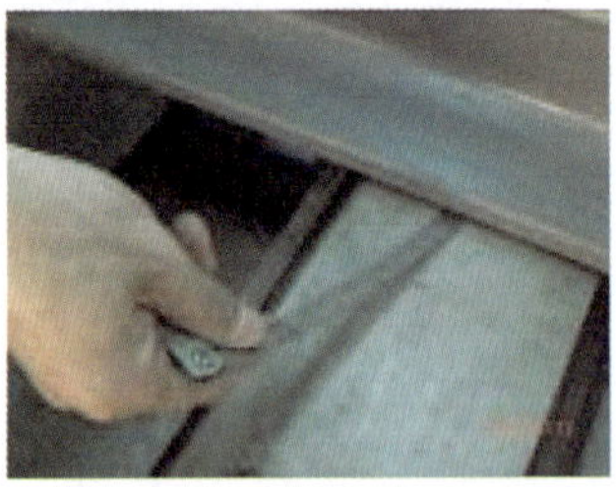
11	尖轨相对基本轨降低值	尖轨降低值测量仪	参见说明书	
12	转辙器部分最小轮缘槽	卡钳、钢板尺	用卡钳在基本轨、尖轨之间滑动(16 mm工作边处)确认最窄处并量出数据	

续上表

序号	检测项目	检测工具	检测方法	示意图
13	尖轨限位器两侧间隙偏差	宽度尺、游标卡尺	测量限位器两边间隙，确认偏差	
14	道岔导曲线支距	支距尺	使用支距尺测量各个支距点数据	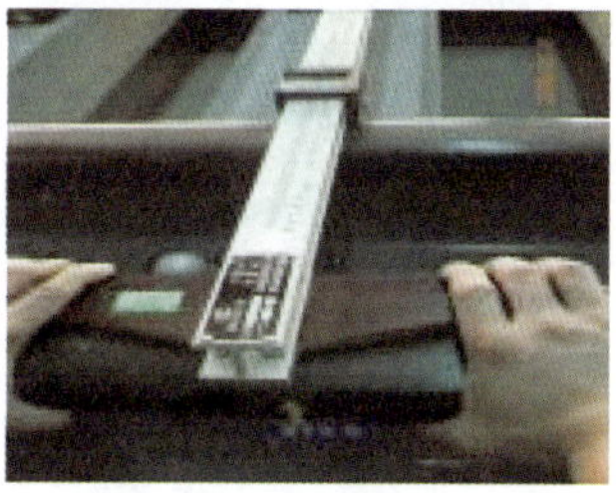
15	岔枕位置及间距偏差	卷尺、盘尺	使用盘尺、卷尺测量岔枕位置及间距	
16	尖轨轨底和辊轮及滑床台间隙	辊轮专用安装、调整、检测工具	使用专用工具进行安装，调整和检测	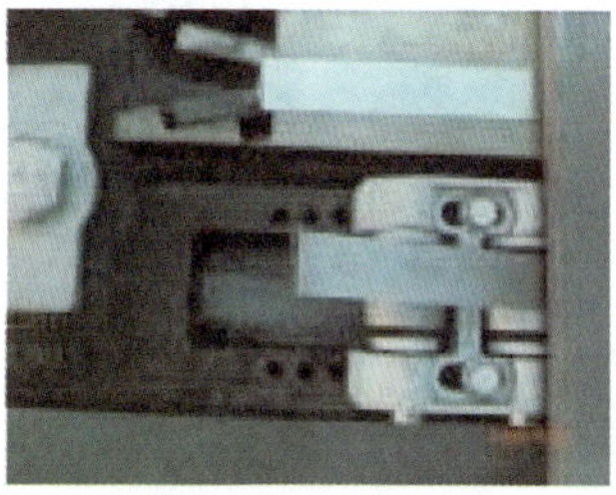
17	各种螺母紧固扭矩	扭矩扳手	使用测力扭矩扳手检测相应螺栓紧固扭矩是否达标	

续上表

序号	检测项目	检测工具	检测方法	示意图
18	顶面轮廓(含轨顶坡、降低值)	钢轨轮廓(磨耗)测量仪	使用钢轨轮廓(磨耗)测量仪测试钢轨顶面轮廓、轨顶坡和降低值	
19	可动心轨辙叉咽喉宽	同序号12		
20	心轨和翼轨密贴	同序号7		
21	叉跟尖轨与短心轨间隙	同序号7		
22	心轨各控制断面相对翼轨降低值	同序号11		
23	心轨轨底与台板间隙	同序号10		
24	心轨直股工作边直线度	同序号8		
25	心轨轨腰与顶铁间隙	同序号9		
26	叉跟尖轨轨腰与顶铁间隙	同序号9		
27	护轨平直段、缓冲段、开口段轮缘槽宽度	同序号12		
28	查照间隔	同序号6		
29	尖轨、心轨各牵引点处开口值	同序号12		

3. 根据轨距、水平检查数据导出或病害检测分析表，以及其他检查情况、分析病害，制定整修方法。

四、质量标准

1. 符合高速道岔轨道静态几何尺寸容许偏差管理值。
2. 符合道岔各部间隙容许偏差管理值。

五、注意事项

1. 电子道尺、轨道测量仪使用过程中，要防止受到外部碰撞。
2. 防止尖锐器物接触检测显示屏，以免造成显示屏破损。
3. 电子道尺每三个月必须检定一次，合格标示清晰，不得超期使用。

思考题

1. 道岔检查作业目的是什么？
2. 使用电子道尺检查道岔轨距有哪些要求？

3. 使用电子道尺检查道岔水平有哪些要求?
4. 简述使用卡钳、钢板尺检测道岔转辙器部分最小轮缘槽的方法。
5. 轨道测量仪检查道岔的内容有哪些?

第三节　轨道精调

一、作业目的

通过对轨道静态调整,满足高速铁路线路达到高平顺性的要求。

二、作业条件

"天窗"点内作业。

三、作业程序与要领

1. 轨道精调应遵守"先高低,后水平","先轨向,后轨距"的原则。

2. 高低调整:应先选定一股钢轨为基准股(曲线地段选择下股,直线地段选择与前方曲线下股同侧钢轨),对基准股钢轨高低进行精确调整。

3. 水平调整:根据基准股钢轨,调整另一股钢轨水平。

4. 轨向调整:先选定一股钢轨作为基准股(曲线地段选择上股,直线地段选择与前方曲线上股同侧钢轨),对基准股钢轨方向进行精确调整。

5. 轨距调整:根据基准股钢轨,调整轨距。

6. 轨距调整完毕,全面拧紧扣件螺栓,达到标准要求。

7. 回收旧料。

8. 质量回检。

9. 根据现场实际调整情况,形成"调整件使用情况详表"。

四、作业技术标准

轨道精调几何尺寸标准,应符合高速铁路线路维修有关规定。

五、注意事项

连续松开扣件数量不应超过有关规定。

思考题

1. 轨道精调应遵守什么原则?
2. 高低调整,应先选定哪一股钢轨为基准股?
3. 轨向调整,应先选定哪一股钢轨作为基准股?

第四节 道岔精调

一、作业目的

通过对道岔静态调整，满足高速铁路线路道岔达到高平顺性的要求。

二、作业条件

1.“天窗”点内作业。

2. 道岔应力放散及焊接锁定完成。

三、作业程序与要领

1. 先整体，后局部；先直股，后曲股；先高低，后水平；先轨向，后轨距；转辙区和辙叉区少动。

2. 道岔精调基准：高程以基本轨（外轨）为基准轨，平面以尖轨（内轨）为基准轨。

3. 转辙区调整：先用轨道精调小车将尖轨前端及跟端处平面、高程及轨距调整到位，然后利用弦线调整轨距优化区直基本轨平面位置、利用轨距调整直尖轨平面位置，再开通曲股调整曲尖轨与直基本轨的密贴。

4. 辙叉区调整：利用轨道精调小车调整好辙叉区高程及平面。

5. 连接部分调整：利用轨道精调小车先调整直股的高程及平面，再调整曲股的高程及平面。

6. 支距调整：以直基本轨一侧为基准，按照先调整支距再调轨距的步骤进行。

7. 尖轨、心轨密贴的调整：通过更换偏心锥或顶铁调整尖轨、心轨顶铁间隙，并同时与调整轨距、支距相结合，确保尖轨与基本轨密贴，可动心轨在轨头切削范围内应分别与两翼轨密贴，开通侧股时，叉跟尖轨尖端与短心轨密贴。

8. 轨距、方向调整：

（1）作业要求：通过调整缓冲调距块和铸铁轨距块调整轨距、方向，FAKOP 的构造尺寸要结合弦线进行改正。

（2）作业方法：将调查的病害提前写在钢轨上，松开里外口基板与轨枕的固定螺栓，将预压盖及螺栓取下，更换缓冲调距块（如：轨距大，将缓冲调距块大的一面全部面向道心，也就是里口），用缓冲调距块整螺栓孔径位置，使孔径位置发生变化，用缓冲调距块挤压基板，使基板发生变化，实现钢轨位移，达到轨距变化的目的，调整后逐根轨枕测量。在道岔连接部位也可通过调换铸铁轨距块的方法调整轨向和轨距。

9. 高低、水平调整：

（1）作业要求：采用调高垫板在橡胶垫板与岔枕之间调整高低、水平。

（2）作业方法：将调查的病害提前写在钢轨上，松开里外口垫板与轨枕的固定螺栓，将预压盖及螺栓取下，用起道压机将钢轨打起，撤出原有的垫片，调整提前计算好的垫片，使水平和高低发生变化，达到预期目的。

10. 几何尺寸调整到位后，应立即安排复紧扣件，调整顶铁离缝，使各部位几何尺寸有效保持。

11. 建立轨道几何状态的统一数据库，并加强管理，确保资料的可追溯性。

12. 质量回检，清点材料、机具。

四、作业技术标准

道岔精调几何尺寸标准，应符合高速铁路道岔维修有关规定。

五、注意事项

1. 无砟道岔精调范围应包括道岔及前后各 200 m 线路过渡段，以此作为一个测量单元。

2. 道岔调整扣件时，连续松开不得超过 7 个，严禁同时松开两股钢轨扣件，确保道岔锁定轨温不发生变化。

3. 平面调整时，宜从调整区中间向两侧调整，以消除累计误差；在同一区段平面和高程都需要调整时，高程和平面应同时调整，以减少扣件拆除次数。

4. 牵引点处及轨距优化区前后轨距宁大勿小，以确保密贴及轨距均匀变化。

5. 电子道尺、轨距尺使用过程中，要防止尺身受到剧烈的外部撞击；防止尖锐器物接触检测尺的显示屏，以免造成显示屏玻璃破碎；每 3 个月必须检定一次，合格标示清晰，不得超期使用。

思考题

1. 道岔精调作业目的是什么？

2. 道岔精调的基本原则是什么？

3. 道岔精调高程时对基准股是怎样确定的？

4. 高低水平调整时，对调高垫板有什么要求？

第五节　高速铁路钢轨打磨作业

一、高速铁路钢轨打磨作业方法

钢轨（包括正线、道岔和调节器）打磨分预打磨、预防性打磨和修理性打磨。钢轨预打磨应在轨道精调完成后进行。钢轨预防性打磨周期按通过总重和钢轨运用状态确定，原则上每 30～50 Mt 通过总重打磨一次，最长不宜超过 2 年。道岔钢轨打磨周期应与正线钢轨打磨周期相同。当钢轨出现波磨、鱼鳞裂纹等伤损时，应及时进行修理性打磨。如图 6-1 所示，为 GMC96 型高速铁路钢轨打磨列车。

图 6-1　GMC96 型高速铁路钢轨打磨列车

二、打磨列车钢轨打磨作业

（一）作业目的

为预防和整治钢轨病害，改善轮轨匹配关系，延长钢轨使用寿命，应做好钢轨修理工作。

（二）作业条件

“天窗”点内作业。

（三）作业程序与要领

1. 作业准备

（1）天窗点前铁路局驻台人员按规定要求到铁路局调度室进行施工登记申请，施工负责人与之进行施工前联系及确认。

（2）天窗点前驻所（站）联络员按规定要求上车站信号楼联系调车作业及施工相关事宜，按要求进行施工登记工作。

（3）工地防护员按规定要求设置防护。

2. 施工作业

（1）作业前准备和放车。

（2）钢轨打磨作业，速度为 10～16 km/h，打磨车作业速度应根据打磨列车特性和打磨目的确定，最高速度不得超过 20 km/h。

（3）当打磨车运行速度高于 4 km/h 后，方可开始打磨。

（4）打磨时不得随意停车，应在列车驶出打磨区域，并确认所有打磨电机停止打磨后方能停车。

（5）打磨电机下压功率不得低于 11 kW。

（6）波磨深度小于等于 0.3 mm；肥边厚度小于 1 mm 时，采用预防性打磨；波磨深度大于等于 0.5 mm；肥边厚度大于 1 mm 时，采用修复性打磨。

（7）打磨完成后，采用 50%～60%的打磨功率、15 km/h 左右的走行速度对被打磨钢轨进行一遍抛光作业，消除轨面切削纹。

（8）基本作业遍数 4 遍，打磨后进行质量检测。

（9）按危险源控制措施进行检查清理。

3. 施工后结束工作

（1）驻所（站）联络员向行调和车站确认当日停留站和停留股道；进行施工销记工作并向车间汇报日进度。

（2）召开施工作业后施工小结，总结当日施工情况。

（四）质量检测

1. 检测仪器（智能型钢轨轮廓检测仪，智能型钢轨波磨测量仪，TR200 粗糙度检测仪，刻度尺，垂直磨耗测量仪）：根据段检测仪器管理办法进行使用和维护。

2. 检测设备使用

（1）采样点及测量周期：

①每次施工选取一个采样点进行打磨前后两次全面检测，检测内容包括钢轨轮廓、平直度、粗糙度、打磨小平面、垂直磨耗、作用边肥边、表面发蓝。

②每阶段施工选取一个采样点进行过程测量，采样点要求钢轨特点突出、地段交通方便，并用油漆或其他长久保持的材料做好标记。过程测量要求为打磨前一次、打磨后一周内测量 2 次，以后定期回访，数据进行比较，分析钢轨变化情况和规律。

（2）检测方法：

①钢轨轮廓测量使用智能型钢轨轮廓检测仪。

②钢轨平直度测量宜使用智能型平直度测量仪。

③表面粗糙度测量宜使用 TR200 粗糙度仪。

④打磨小平面测量采用钢板刻度尺。

⑤垂直磨耗测量采用垂直磨耗仪。

⑥钢轨作用边肥边和表面发蓝目视检测。

(3)车间检测数据应建立车间台账，测量后填写钢轨打磨质量检测报告。

(五)打磨列车钢轨打磨技术标准

1. 经过打磨前的设备精调精整及钢轨平顺性调查，每 100 m 采用钢轨轮廓(磨耗)测量仪测试钢轨廓形，根据钢轨表面状态、钢轨伤损和轮轨接触情况，选定打磨标准，综合制定打磨方案。关于打磨标准，国内目前存在两种观点，廓形为主和光带居中为主。经实践对比，列车运行情况分析，认为后者对控制行车平稳性更为有利，具体标准为：光带居中，宽度在 20～30 mm。轨面打磨后的光带效果，如图 6-2 所示。

图 6-2　轨面打磨后的光带效果图

2. 在钢轨打磨车打磨前应该用仿型钢轨打磨机对焊缝进行处理。钢轨打磨角度为 15°～45°之间，如图 6-3 所示。轨距角的打磨按照钢轨标准廓形进行。

3. 钢轨打磨次数不少于 3 次(道岔直股不少于 3 次，曲股不打磨)。对于 48 头打磨车，第一遍打磨钢轨内侧；第二遍也为内侧；第三遍为外侧；第四遍为轨顶面打磨及抛光。如采用 96 头打磨车，两遍即可完成以上打磨作业。

4. 道岔打磨区域为道岔岔区及两端信号机外各 50 m 线路；道岔打磨与线路打磨结合部重叠打磨 10 m。尖轨尖至尖轨与基本轨间距 100 mm 间部位的尖轨和基本轨不打磨，距辙叉趾和辙叉跟焊缝各 1 m 范围内的辙叉心部位不打磨。18 号道岔曲股不打磨，轨头断面打磨为轨面＋8.5°～－57.5°范围。

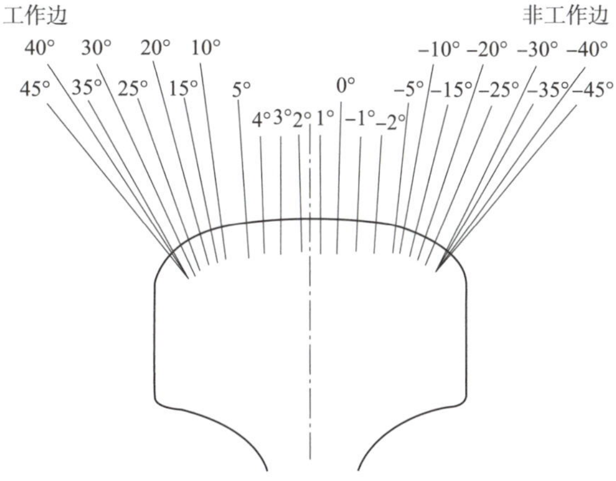

图 6-3　轨头形状态及测量点位置

5. 应使用便携式粗糙度检测仪检测粗糙度，在 10 mm 范围之内同一个钢轨打磨面上，沿与钢轨打磨痕迹垂直方向进行表面粗糙度测量，至少连续测量 6 个点，打磨面粗糙度不大于 8 μm。打磨痕迹的最大平面宽度，应符合有关技术要求。

6. 钢轨打磨作业验收标准应符合有关技术要求。

7. 钢轨头部工作面实际横断面与理论横断面相比允许偏差±0.3 mm。

8. 打磨后要求轨面应无连续发蓝带。

(六)注意事项

(1)带班人和防护员实施对作业过程的安全、质量进行监控。

(2)重点控制打磨深度、放行列车条件、人员安全、工具是否侵限。

(3)夜间施工照明设备在上道前确认电量充足、照明光线良好。

(4)所有夜间施工工具、材料必须进行登记签认,施工工具必须贴有反光标识;人员必须穿带有反光功能的防护服。对作业人员、机具、材料进行核对消记签认,管理干部、带班人员严格把关。

三、小型打磨机钢轨(道岔)打磨作业

(一)作业目的

打磨、消除钢轨(道岔)肥边、钢轨(道岔)表面缺陷。

(二)作业条件

"天窗"点内作业。

(三)作业程序与要领

1. 确定打磨位置。
2. 进行钢轨打磨。
3. 打磨完进行平顺性检查。
4. 作好质量记录。

(四)注意事项

1. 重点控制打磨深度。
2. 道岔打磨,心轨尖轨只能正向打磨(叉心到尖轨)。

思考题

1. 钢轨打磨分哪几类?
2. 打磨列车钢轨打磨作业目的是什么?
3. 小型打磨机打磨钢轨(道岔)的目的是什么?
4. 小型打磨机打磨钢轨(道岔)注意事项有哪些?

第六节　高速铁路道岔打磨列车打磨作业

高速铁路钢轨道岔打磨作业,一般采用道岔打磨列车和小型打磨机对道岔进行打磨作业的方法。如图 6-4 所示,为 RGHC20 型轨道及道岔打磨车。

图 6-4　RGHC20 型轨道及道岔打磨车

一、作业目的

打磨尖轨、辙叉、基本轨轨头作用边压塌产生的肥边,使基本轨与基本轨密贴,轨距、查照间隔、护背距离、护轨轮缘槽和辙叉咽喉、轮缘槽宽度符合标准,保证行车安全。

二、作业条件

“天窗”点内作业。

三、作业准备

(1)道岔打磨车按封锁命令进入作业地点。

(2)转换至打磨作业工况。

(3)放下测量小车，确认小车走行轮准确入位(没有此项功能的车型可省略此操作)。

(4)放下作业打磨小车，确认小车走行轮准确入位。

(5)将主控计算机上工作状态设置成“打磨”状态，确认最低作业速度设置，在发动机规定转速状态下启动打磨电机(液压马达)，输入打磨模式。

(6)提前在以下各处做醒目标记：

A 点：岔跟后 25 m 处。

B 点：叉心后直侧股相邻两轨净间距 100 mm 处。

C 点：叉心顶宽 50 mm 处。

D 点：咽喉前 100 mm 处。

E 点：尖轨与基本轨净间距 100 mm 处。

F 点：尖轨顶宽 20 mm 处。

G 点：尖轨尖端处。

H 点：岔尖基本轨前 25 m 处。

四、打磨作业

1. 可动心轨道岔打磨作业

道岔打磨车自叉心向尖轨打磨时，称为正向作业，由尖轨向叉心打磨时，称为反向作业。以下所列为可动心轨道岔正向作业：

(1)设定作业驾驶室。

(2)走行至作业起始点 A 点外，放下打磨砂轮开始打磨作业。

(3)作业至 B 点，提起叉心一侧大于$+5^{\circ}$的打磨砂轮。

(4)至 D 点放下叉心一侧大于$+5^{\circ}$的打磨砂轮。

(5)至 E 点提起叉心一侧大于$+5^{\circ}$的打磨砂轮。

(6)至 G 点放下叉心一侧大于$+5^{\circ}$的打磨砂轮。

(7)如果尖轨部分有侧磨，则应在相应区域提升对应角度的打磨砂轮。

(8)至 H 点外提起打磨砂轮，确认所有砂轮提升，方可停车。

(9)根据需要，转换作业司机室，进行下一步作业。

(10)反向作业时参照正向作业程序。

(11)如侧股打磨，参照直股进行。

完成道岔打磨后，清除叉心和尖轨滑床板上残余的铁屑(如无冲洗水枪的车型，则由线路设备管理方负责)。

(12)作业道岔所在车站的车务部门负责对滑床板进行涂油。

2. 固定型道岔打磨作业

(1)设定作业驾驶室。

(2)走行至作业起始点 A 点外,放下打磨砂轮开始打磨作业。

(3)作业至 B 点,提起叉心一侧的正角度打磨砂轮。

(4)到 C 点提起叉心一侧所有打磨砂轮。

(5)到 D 点放下叉心一侧全部打磨砂轮。

(6)到 E 点收起叉心一侧的正角度打磨砂轮。

(7)到 F 点收起叉心一侧所有打磨砂轮。

(8)到 G 点放下叉心一侧全部打磨砂轮。

(9)到 H 点外收起全部打磨砂轮。

(10)其他操作步骤和程序参照可动心轨提速道岔打磨作业程序执行。

五、技术标准

1. 打磨后钢轨不得连续发蓝。

2. 打磨后钢轨表面粗糙度:$Ra_{max} \leqslant 8\ \mu m$(轨顶 $R300$ 处)。

3. 对线路上钢轨波浪型磨耗、钢轨肥边、马鞍型磨耗、焊缝凹凸、鱼鳞裂纹等病害应进行打磨,打磨质量符合标准。

4. 在 200 km/h 及以上的线路,钢轨纵向波深超标的比例不超过 10%。200 km/h 以下的线路,钢轨纵向波深超标的比例不超过 20%。

六、注意事项

1. 机械操作

(1)停车并实施制动。

(2)停转打磨电机,并将打磨电机角度偏转至最佳运行角度。

(3)提升、锁定所有打磨小车和测量小车,并予以确认。

(4)关闭测量系统计算机。

(5)将打磨车转换至运行工况。

(6)运行前应确认所有可驱动的车轴齿轮箱都处于运行位,因故不能驱动的车轴齿轮箱置于空挡。

(7)打磨结束后维持吸尘装置清洗功能继续运转 30 min 以上。

2. 设备要求

(1)启动发动机间隔时间不少于 1 min。

(2)启动后应避免立即高速运转,以中等速度运转热机时间不少于 5 min。

(3)发动机在运转状态下,机油压力必须保持在 0.2～0.6 MPa。

(4)正常情况下,发动机不能在满负荷工况突然停机,需逐渐降低速度至怠速并保持一段时间方可停机。

(5)发动机温度表指针进入红色区城,必须停机检查。

(6)经常检查各齿轮箱油位,动力换挡变速箱(ZF)油压 1.2 MPa 以上。

(7)主风缸压力达到 0.7 MPa,列车管压力保持在 0.5 MPa。

(8)联挂运行时,应使用司机制动阀(大闸)制动,直接制动阀(小闸)只能用于单机运行或作业,正常情况下禁止使用紧急制动阀。

3. 线路设备管理方负责提前清除作业地段及两侧的可燃物，在作业中做好防火措施。

思考题

1. 道岔打磨列车打磨作业目的是什么？
2. 道岔打磨列车打磨作业有什么技术要求？

第七节　动态检测资料分析

一、波形图识读

波形图自上而下主要有12个波形图通道，分别是左高低、左轨向、右高低、右轨向、超高、曲率、轨距、三角坑、垂加、水加、速度、地面标志（ALD），其中高低、轨向均含左右两个长波通道。

看图时必需注意检查记录图的比例尺，在图纸的最右侧检测项目后的括号内，高低、轨向、三角坑、轨距比例为1：1，超高（直线为水平）一般情况下比例为1：6，即图上1 mm地面实际为6 mm，各检测项目按比例换算。

二、确认现场实际里程

综合检测车检测里程是通过采样与车轴同步旋转的光电编码器脉冲信号计算出来的，无论采用GPS或人工标点，里程都会有误差。但是，安装在检测梁上的ALD电涡流金属探测传感器可以精确检测出道心内轨枕面以下350 mm内金属物体的存在，例如钢梁桥、桥梁护轨梭头、道岔、轨距杆等物体，通过计算机转换为ALD信号输出。判读轨检车波形图前，一定要对照图纸上金属物的位置，找出病害处所计算里程与实际里程的差距，精确定位病害实际位置。采用上述方法现场病害可以控制在10 m范围内，省工省力；使用波形图查看工具的放大功能，可以点对点锁定病害。

逻辑计算出的标志符号：公里标、半公里标、百米标。

电涡流感应器检测出的标志符号：如图6-5所示，道岔标志、桥梁护轨标志、道口标志、曲线标志。

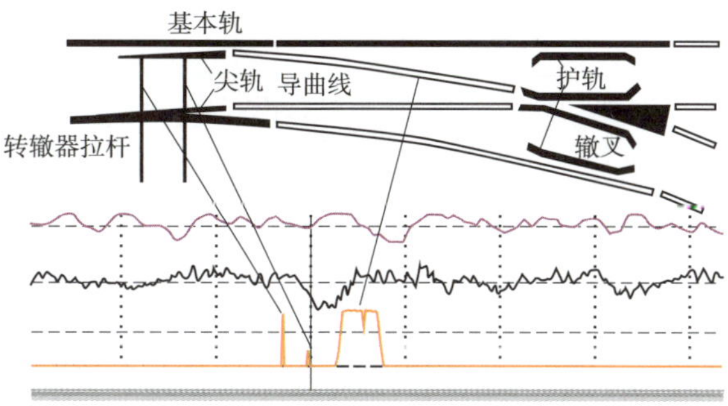

（a）直向过岔

图　6-5

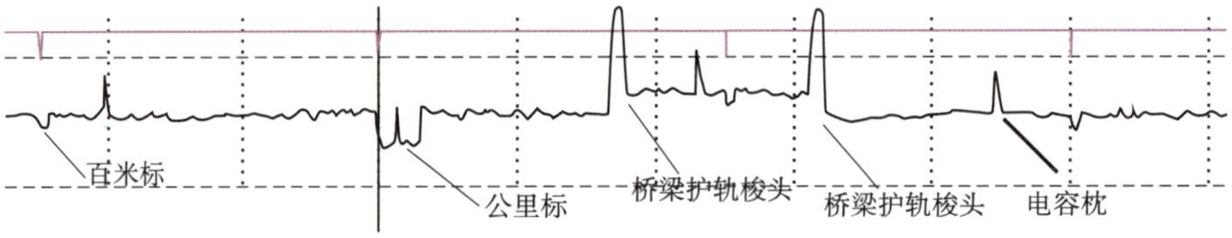

(b)电容枕、桥梁护轨梭头

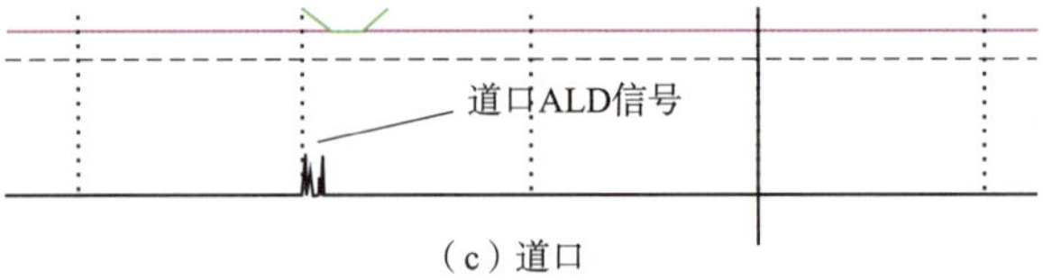

(c)道口

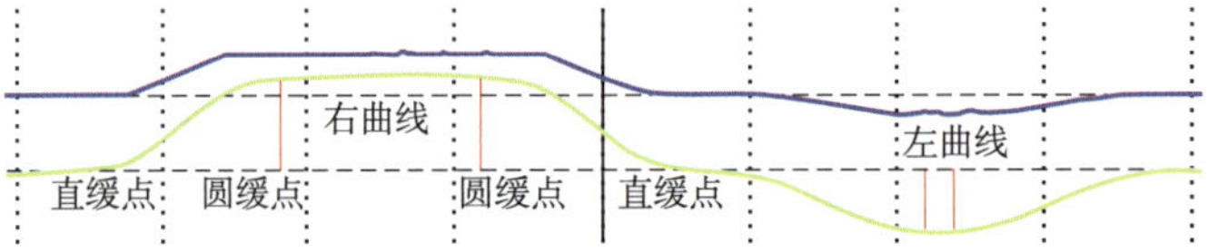

(d)曲线

图 6-5 电涡流感应器检测出的标志符号

三、标定病害峰值和长度

当动检车采集到的轨道病害超过Ⅰ级限界以后,又回到Ⅰ级限界以内,统计为一次超限。对于一处Ⅲ级超限而言,即为当轨检车采集到的轨道病害超过Ⅰ级限界线,又连续超过Ⅱ级、Ⅲ级限界线,最后回落到Ⅰ级限界线以内,统计为一次Ⅲ级超限。超限报告表中的超限位置所指的里程实际上是该处病害的终点里程;超限峰值是该处病害的最大偏差超限数值;长度为该处病害在Ⅰ级限界上的投影长。超限峰值及长度取整数,不进行四舍五入。

四、波形图判读

(一)高低、轨向、三角坑、轨距、垂向加速度、水平加速度波形图的判读(图 6-6)

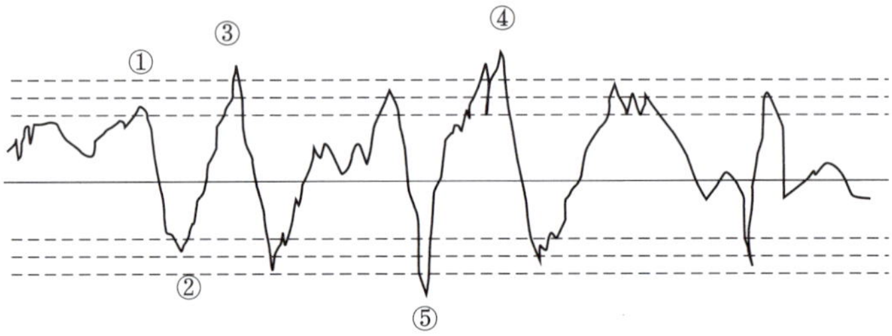

图 6-6 虚拟的高低波形图

这是一幅虚拟的高低波形图,检测标准为 200 km/h$\leqslant v_{max}\leqslant$250 km/h,为了讲解方便,图中用虚线标出了Ⅰ、Ⅱ、Ⅲ级超限的限界,同时对典型的病害进行了编号。

①号峰值超过+Ⅰ限界线,随后波谷又回到+Ⅰ限界线内,根据超限峰值的采摘原则,①号超限为Ⅰ级超限。

假如①号峰值在基线以上超过 6 mm,由于高低波形图的比例为 1∶1,实际超限峰值 $h=$

6 mm×1=6 mm。

假如①号超限波形波峰在+Ⅰ限界线上的投影长度超过 2 mm，图幅走行距离为 3.7 m（实际距离）/1 mm（图纸距离），实际超限长度Ⅰ=2 mm×3.7 m/ mm=7.4 m（取整为 7 m）。

⑤号峰值超过－Ⅰ限界，又超过－Ⅱ、－Ⅲ限界，随后波谷又回到－Ⅰ限界线内，根据超限峰值的采摘原则，⑤号超限为Ⅲ级超限。

假如⑤号峰值在基线以下超过 13 mm，由于高低波形图的比例为 1∶1，实际超限峰值 h=13 mm×1=13 mm。

假如⑤号超限波形波峰在－Ⅰ限界线上的投影长度超过 3 mm，图幅走行距离为 3.7 m（实际距离）/1 mm（图纸距离），实际超限长度Ⅰ=3 mm×3.7 m/ mm=11.1 m（取整为 11 m）。

轨向、三角坑、轨距、垂向加速度、水平加速度波形图的判读方法同高低一样，但是，如果道岔结构为带有有害空间的固定道岔，应注意会伴有轨距、轨向数值突然增加的情况（俗称毛刺），不列入考核成绩。

（二）曲线超高（直线水平）波形图的判读

1. 水平的判读

轨检车超高波形图不仅可以显示轨道水平参数的波形，还可以利用它显示轨道的平、纵断面情况，即曲线超高的波形图。通过研读，可以确定轨道曲线中直缓、缓圆、圆缓、缓直等控制点的位置，曲线是否圆顺，曲线超高数值、缓和曲线及长度、圆曲线及长度等情况，如图 6-7 所示。

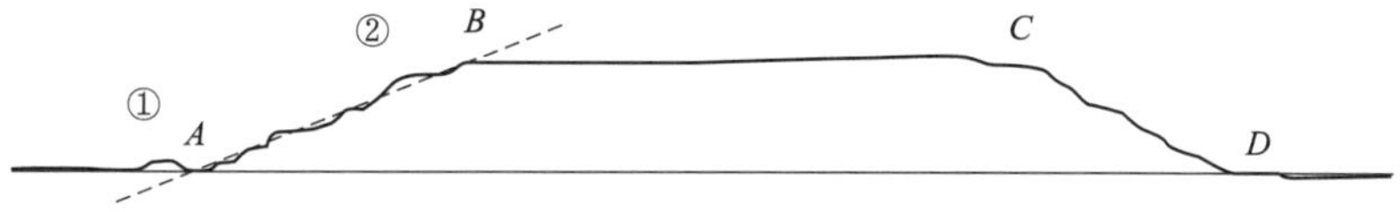

图 6-7 虚拟的超高波形图

这是一幅虚拟的超高波形图，检测标准为 200 km/h≤v_{max}≤250 km/h，为了讲解方便对典型的病害进行了编号，对直缓、缓圆、圆缓、缓直等控制点进行标注。

假如①号峰值在基线以上超过 2 mm，由于水平波形图的比例为 1∶6，实际超限峰值 h=2 mm×6=12 mm，为一处Ⅲ级超限。

假如①号峰值在基线上的投影长度超过 2 mm，图幅走行距离为 3.7 m（实际距离）/1 mm（图纸距离），实际超限长度Ⅰ=2 mm×3.7m/ mm=7.4 m（取整为 7 m）。

2. 曲线超高的判读

假如②号峰值在基线以上，到基线（图上为虚线）的垂直距离（而不是纵向距离）超过 3 mm。由于水平波形图的比例为 1∶6，实际超限峰值 h=3 mm×6=18 mm，为一处Ⅳ级超限。

假如②号峰值在基线上的投影长度超过 2 mm，图幅走行距离为 3.7 m（实际距离）/1 mm（图纸距离），实际超限长度Ⅰ=2 mm×3.7 m/ mm=7.4 m（取整为 7 m）。

3. 曲线位置与形状判读

上图中 A、B、C、D 四个点分别为曲线的直缓、缓圆、圆缓、缓直点；超高比例为 1∶6，假定图中 h=8 mm，则曲线实际超高 H=8 mm×6=48 mm；同理可以计算出缓和曲线、圆曲线的长度；看图形可以知道曲线的动态检测时的圆顺度。通过查找线路台账，可以全面掌握该曲线的质量状况。

五、数据对比应用

使用波形查看工具软件可以进行两次动检车检测的波形图对比分析，找出两次轨检车检测期间轨道几何尺寸变化状况，可以掌握线路整治质量，具体步骤如下：

双击“文件”、“打开图形”，打开要查看的图形。

双击“文件”、“打开历史图形”，打开要察看的图形。

双击“历史数据对齐”，找出桥涵、道岔或曲线等标志，点击对话框中给定的移动距离，完成两次图形精确对齐。翻页后可能产生偏差，再次按上述程序精确对齐。

按需求查看轨道几何状态和变化规律。

六、现场核对检查确定调整方案

1. 局部短波(波长 1～10 m)不平顺的检查

(1)轨向：用 10 m 或 30 m 弦线检查，逐根轨枕连续测量。

(2)轨距：用电子道尺(0 号)检查，逐根轨枕连续测量。

(3)水平：用电子道尺(0 号)检查，逐根轨枕连续测量。

(4)三角坑(基长 2.5 m)：根据水平测量值，计算水平变化率。

(5)高低：用 10 m 或 30 m 弦线检查，逐根轨枕连续测量。

(6)焊缝：用电子平直仪或 1 m 直钢尺检查(塞尺测量钢轨顶面、工作边和圆弧面，检查所有焊接接头)。

2. 长波不平顺的检查

根据轨道检测报告和波形图，分析轨向、高低长波(波长 70 m)不平顺，采用轨道测量仪在波峰或波谷里程前后各 300 m 范围内进行测量。

3. 车辆动力学指标超限检查

(1)减载率：重点检查焊缝平顺度、扣件扭矩、曲线正矢、水平及水平变化率状况。

(2)脱轨系数：重点检查扣件扭矩、曲线正矢、水平及水平变化率状况，多为扣件扣压力不足、吊板所致。

(3)轨道横向力：重点检查轨向、轨距、水平、曲线正矢，多为轨向和水平的复合不平顺的叠加所致，可以结合波形图一并检查分析，同样还应重点检查扣件、垫板密贴状况。

4. 确定调整方案

(1)短波不平顺的调整

根据现场检查、测量情况确定调整方案，形成调整量表。

(2)长波不平顺的调整

根据安博格小车测量情况，对轨道超限指标进行调整，并对线型进行合理优化后形成调整量计算表，其程序及要求等同于轨道静态调整。

思考题

1. 波形图自上而下共有多少个波形图通道？

2. 局部短波(波长 1～10 m)不平顺应检查哪些项目？

3. 连续短波不平顺应分析检查哪些项目？

4. 长波不平顺应分析检查哪些项目？

第八节　道岔弹性夹安装作业

一、安装作业程序与要领

（一）弹性夹安装

1. 用手将弹性夹成一定角度，从滑床台板开口上方放入。

2. 按下弹性夹跟端并沿箭头方向推入，确保弹夹跟端位于台板止退凸台前面，如图 6-8 所示。

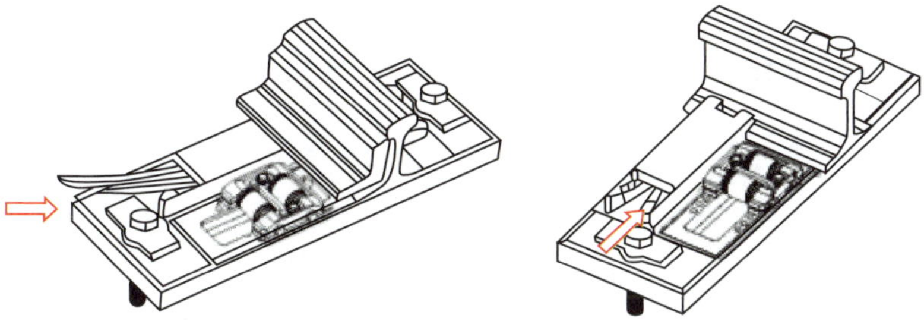

图 6-8　弹性夹跟端位置

3. 将安装工具的一边插入一边的安装口，如图 6-9 所示。

4. 用安装工具的水平面拉起弹性夹的一个跟端，并沿图示方向扳动安装工具，如图 6-10 所示，弹性夹的跟端就会被置于安装台上。

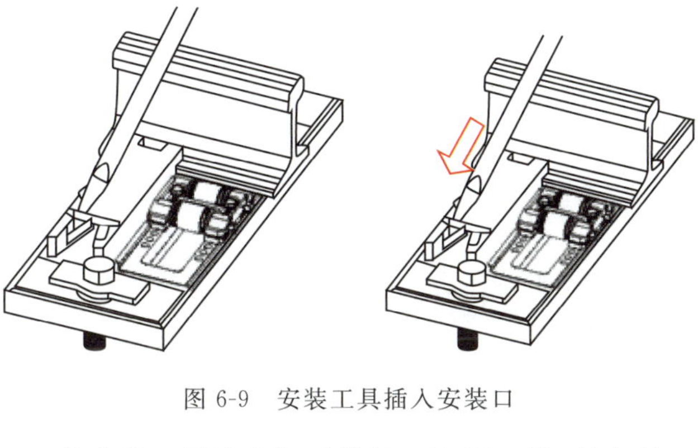

图 6-9　安装工具插入安装口

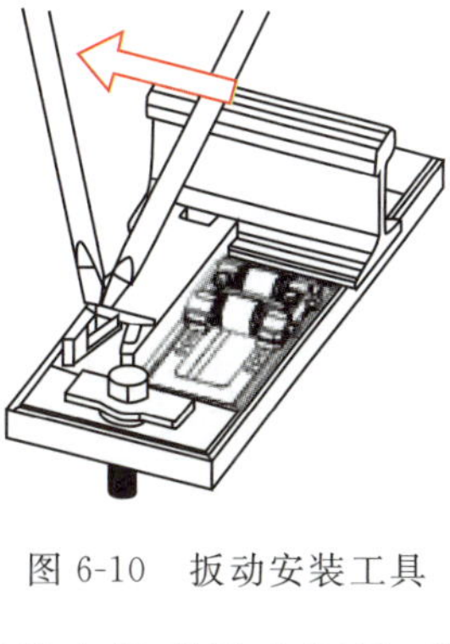

图 6-10　扳动安装工具

5. 将安装工具放在相对的另一边开口处，抬起处于预备位置状态的弹性夹跟端，将安装工具下压，就会使弹性夹外移至凸台根部，如图 6-11 所示。另一侧的安装重复步骤 3、4 即可，不需要进行第 5 步。

6. 用安装工具的头部放在弹性夹中间，将弹性夹向里推，确保弹性夹处于正确的位置，如图 6-12 所示。

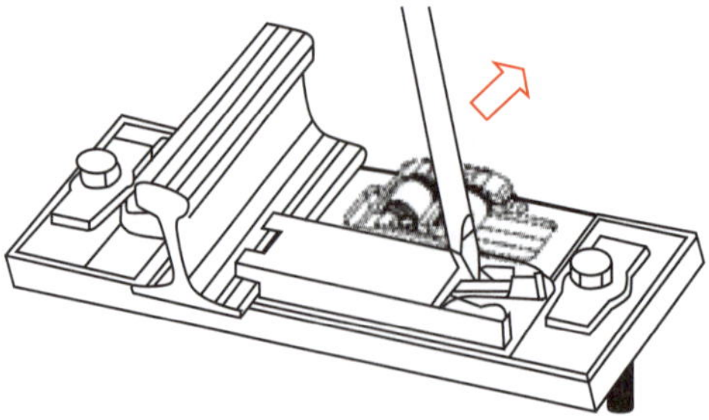

图 6-11 下压安装工具

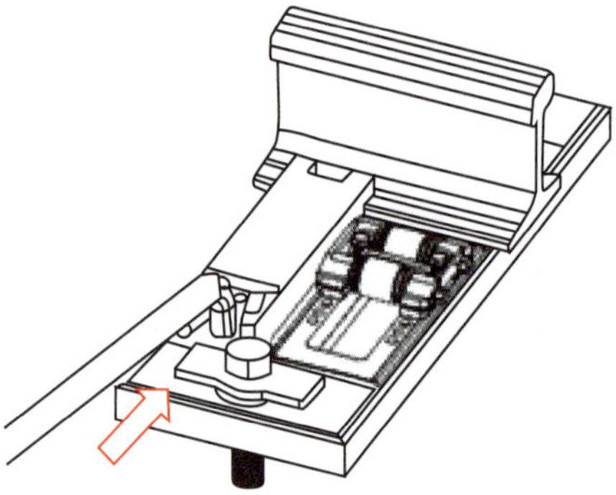

图 6-12 弹性夹处于正确位置

(二)弹性夹的拆卸

将弹性夹的拆卸边,插入滑床台板的安装口,沿图 6-13 所示方向扳动安装工具,即可将弹性夹撬开,另一侧重复同样动作,可使弹性夹处于防松状态。此时即可取出弹性夹。

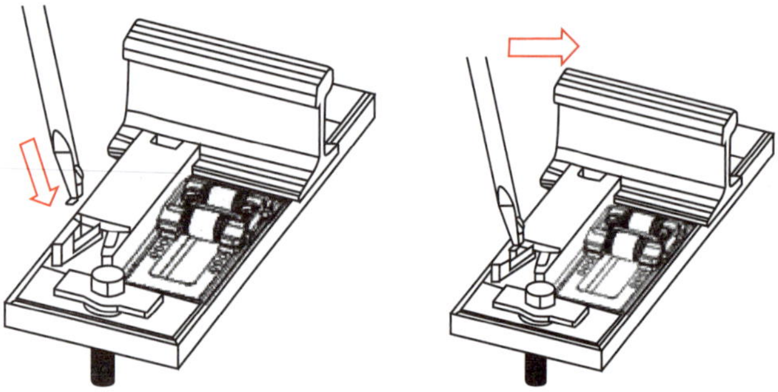

图 6-13 弹性夹拆卸

二、质量标准

1. 符合安装程序要求。
2. 弹性夹内干净无杂物。

三、注意事项

1. 带班人和防护员实施对作业过程的安全、质量进行监控。
2. 重点控制设备质量、人员、工具的安全。
3. 防止碰伤手脚。

思考题

1. 叙述道岔弹性夹安装作业程序与要领。
2. 道岔弹性夹安装作业时,应注意哪些安全事项?

第九节　辊轮安装作业

一、安装作业程序与要领

1. 检查道岔装配闭合侧，只有在岔轨完全闭合、正确定位的条件下，才能开始调整辊轮，如图 6-14、图 6-15、图 6-16 所示。

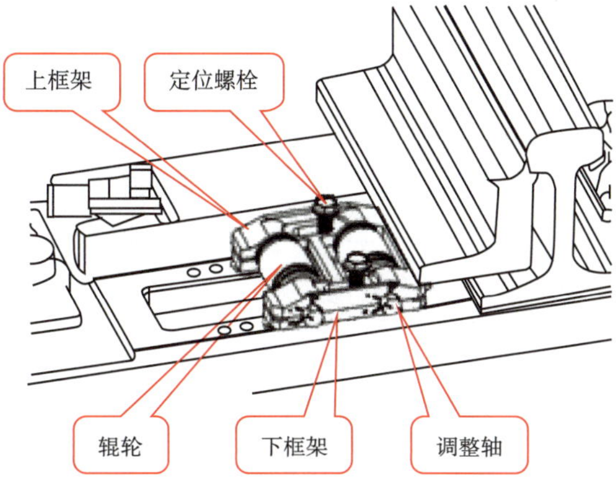

图 6-14　辊轮各部件

图 6-15　岔轨正确打开时辊轮位置

图 6-16　岔轨正确闭合时辊轮位置

2. 打开防护罩的弯角，撤下防护罩，如图 6-17 所示。

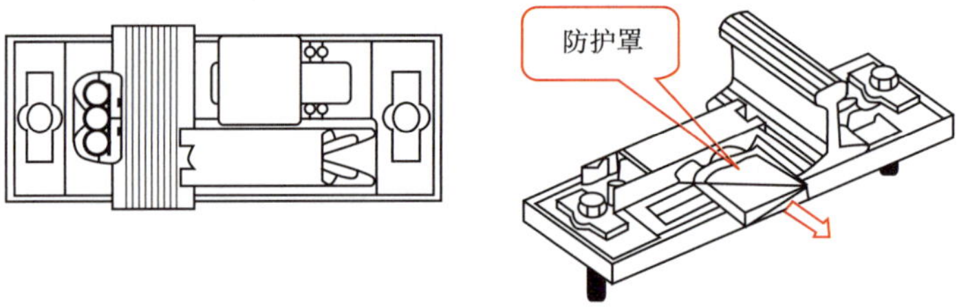

图 6-17 防护罩

3. 松动辊轮支架上的定位螺钉，可使辊轮系统沿滑床垫板方向移动，调整辊轮位置，如图 6-18 所示。

4. 通过扳手转动辊轮轴，可调节辊轮最高点与滑床台板上面的高度差，如图 6-19 所示。一般情况下，靠近尖轨轨底的辊轮（里侧辊轮）应高出滑床台板表面 2～3 mm，外侧辊轮高出 3～4 mm，如图 6-20 所示。里侧辊轮与尖轨轨底应留 1 mm的间隔，用 1 mm 厚的塞尺定位。

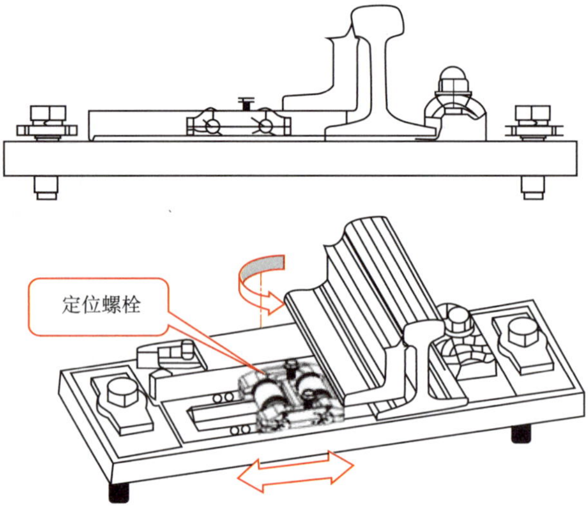

图 6-18 调整辊轮位置

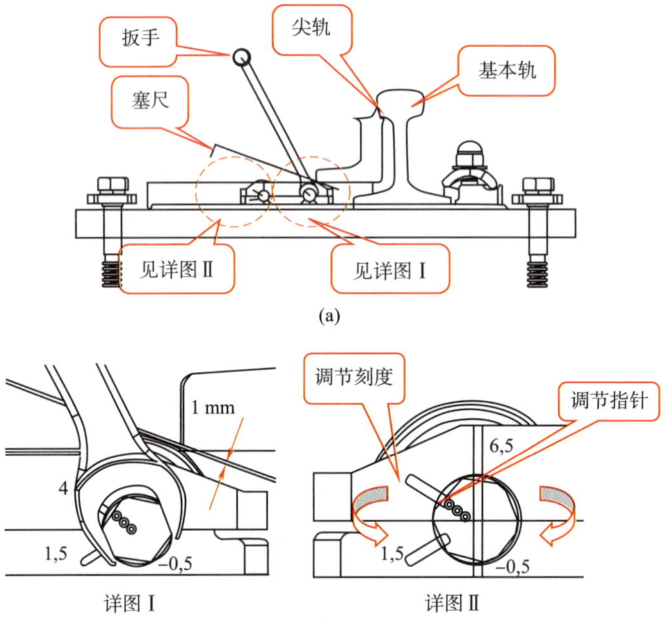

图 6-19 调整辊轮高差

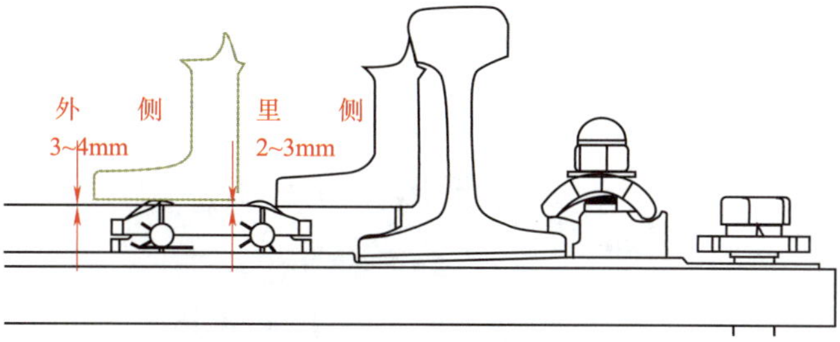

图 6-20　调整后辊轮与滑床台板高差

5. 预紧支架螺栓后，要重新测定辊轮高度和内侧辊轮与轨底间隔，确认后以 70 N·m 的扭矩紧定支架螺栓。如使用扭矩扳手紧固辊轮架的两个螺栓时，听到扳手 2 声到达转矩力的提示声后，取出塞尺完成，如图 6-21 所示。

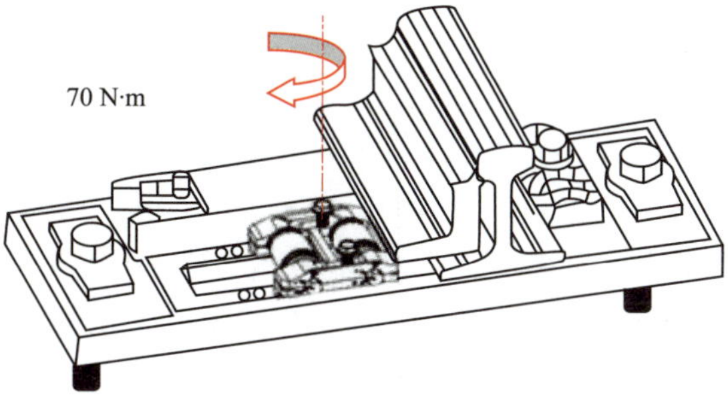

图 6-21　紧固辊轮架螺栓

6. 进行转辙器部位的轨距、密贴、高低、方向等各项调整，均需对辊轮系统的各项指标进行核实或调整。拆卸时按相反顺序重复以上步骤即可。

二、质量标准

1. 双辊轮：滑床板表面与尖轨轨底理想空隙应该是 0 mm，调整好辊轮后，内侧辊轮与岔轨间的空隙是 1 mm，内侧辊轮的高度是 2 mm，外侧辊轮的高度是 3 mm。也就是 0、1 mm 间隙时，辊轮位置是 2、3 mm，如图 6-22 所示。

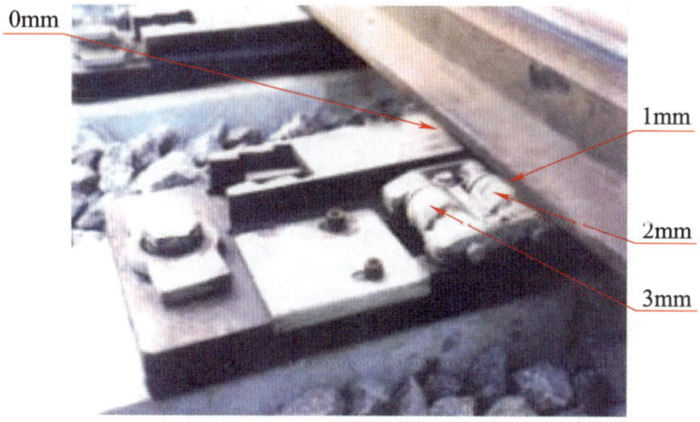

图 6-22　调整好的双辊轮

2. 单辊轮:尖轨正确闭合位置,滑床板表面与岔轨间的理想空隙应该是 0 mm,闭合岔轨与辊轮不接触。调整好辊轮后,辊轮与岔轨间的空隙是 1 mm,辊轮的高度是 3 mm,如图 6-23 所示。

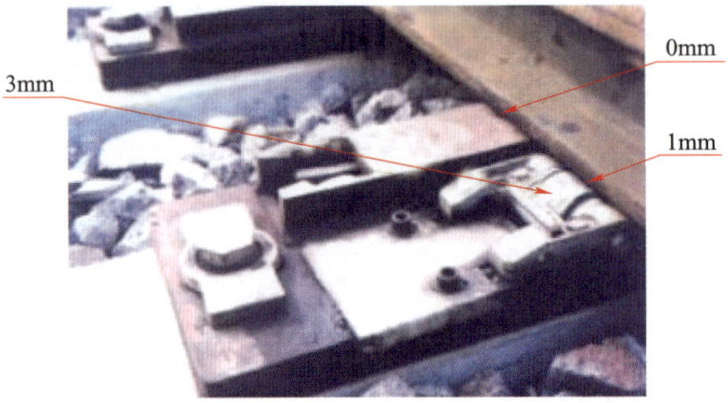

图 6-23 调整好的单辊轮

3. 检测

在道岔装配的右手和左手侧辊轮调整好后,需要对打开得岔轨进行最终检测。

(1)闭合状态道岔装配

保证闭合尖轨岔轨与相邻的辊轮间有至少标准 1 mm 空隙。实际滑床板表面与岔轨间的空隙可能不为零,所以闭合岔轨与相邻的辊轮间隙有时候大于标准的 1 mm。

(2)打开状态道岔装配

打开状态下的尖轨与滑床板表面间的空隙,尖轨尖端到靠近辙跟得辊轮的空隙大小从 1.5~2.5 mm。

三、注意事项

1. 用塞尺检查滑床板空隙,确定辊轮高度。

在大多数情况下空隙应该为 0 mm,但是假定实际这里为 A(mm)。相应的内侧辊轮与闭合岔轨的空隙为(1+A)mm。因此辊轮调整高度为:内侧辊轮(2+A)mm;外侧辊轮(3+A)mm。总的原则是使尖轨受力达到与台板接触时,辊轮不与尖轨接触。

2. 松动辊轮架的两个螺母,移出辊轮架时,应插入(1+A)mm 塞尺控制内侧辊轮和尖轨间隙。调整内侧辊轮到(2+A)mm,外侧辊轮到(3+A)mm。用锤子敲回辊轮架使塞尺夹在内侧辊轮和尖轨间。

3. 尖轨在撕开状态

这时尖轨位于辊轮上方,滑床板表面与尖轨轨底间的理想空隙应该是 2 mm。实际应用中,在闭合位置滑床板表面和岔轨间的空隙可能大于 0 mm,只要把空隙大小加到后面 3 个调整数值里即可。

4. 应严格控制辊轮高出滑床台高度,不得超出标准范围。

思考题

1. 叙述调整辊轮的作业步骤。

2. 调整辊轮时应注意哪些事项?
3. 双辊轮调整的质量要求是什么?
4. 单辊轮调整的质量要求是什么?

复　习　题

1. 电子道尺使用过程中,应注意哪些安全事项?
2. 全站仪自由设站时,平差后对东坐标、北坐标、高程和方向的中误差有什么要求?
3. 道岔检查常用工具及检查项目有哪些?
4. 道岔转辙区精调要求有哪些?
5. 高低、水平精调作业方法有哪些?
6. 轨距、方法精调作业方法有哪些?
7. 道岔调整扣件时,不得超过多少个?
8. 道岔平面调整时,怎样消除累计误差?
9. 如何精确选定图纸里程和现场实际里程的相错量?
10. 请写出使用波形查看工具软件进行两次动检车检测的波形图对比分析的具体步骤。

第七章　线路设备故障应急处理

高速铁路工务设备故障主要指钢轨折断、道岔故障、检查车(轨道检查车、综合检测列车)Ⅳ级偏差等。

当高速铁路发生设备故障或自然灾害时,有关单位(人员)应立即向列车调度员(非常站控时车站值班员)汇报。当工务人员作业发现设备故障或自然灾害时,作业负责人立即组织故障或自然灾害处理,并向驻调度所(站)联络员报告,同时向工务段调度报告。工务段调度立即向工务处领导、综合设施调度和值班段长报告。工务段值班段长立即组织检查、抢修。

第一节　钢轨折断处理

一、钢轨折断处理作业程序与要领

(一)信息传递与检查

1. 驻站应急值守人员接车站通知,区间线路轨道电路发生红光带(断轨)信息时,应立即使用GSM-R手持台等通信设备报告有关车站值班员(应急值守人员)及所辖工区工长、设备管理单位车间值班干部和调度。

2. 车间(工区)接到轨道电路红光带(断轨)信息时,应迅速派驻站联络员到所辖车站,办理驻站防护和申请作业人员上道检查登记要点手续。同时组织所在工区作业人员,迅速携带防护备品、检查工具及应急处理相关机具、材料,赶赴就近的作业通道门或应急通道,(紧急情况下可直接从确定的故障地点拆除栅栏进入)。必要时应联系相关配合单位组织人员,(如焊轨、打磨人员)、协助抢修。作业人员到达通道口,施工负责人应对作业人员、机具、材料清点、登记、确认工作后,立即通知驻站联络员在《运统—46》上,办理本线封锁、邻线限速160 km/h及以下和作业人员上道检查登记要点手续。待接到列车调度员下达本线封锁和邻线限速160 km/h及以下命令后,立即设置现场防护,进入故障区间进行检查,发现钢轨(焊缝)折断时,立即启动线路钢轨(焊缝)折断应急处置预案,并及时将检查情况报设备管理单位调度,通知供电(维管)、电务、公安等配合单位。同时,根据钢轨(焊缝)折断情况进行处理。

(二)钢轨及焊缝折断的处理

发现钢轨折断时应立即封锁线路,并根据现场情况采取紧急处理、临时处理或永久处理。处理钢轨及焊缝折断前,应在钢轨断缝两端的左右轨节间横向各设一条截面不小于70 mm^2的铜导线。导线两端用夹子牢固夹持在相邻的轨底上,连通轨道电路及供电回路。该连接线要在完毕后方可拆除。

(三)后期工作

1. 撤除现场防护,并按规定办理本线封锁和邻线限速160 km/h销记手续,必要时根据现场处理情况,重新登记办理本线限速封锁和邻线限速申请。并对拆除栅栏进行恢复。

2. 安排添乘人员携带添乘仪进行添乘，动态无超临时补修偏差标准后，方可恢复常速。否则应限速运行至偏差处所处理结束为止。

3. 施工负责人向设备管理单位车间和调度汇报处理结果。包括处理起止时间、影响列车情况，处理经过、方法，人员使用情况等。

二、质量标准

1. 钢轨平直度应满足要求，焊缝探伤应无伤损。
2. 轨道静态几何尺寸：无超过作业验收容许偏差值。
3. 铝热焊焊缝距承轨台边缘不得小于 100 mm。
4. 钢轨打磨后满足钢轨焊接接头平直度标准。

三、注意事项

1. 进入防护栅栏网前必须穿戴黄色防护服(夜间反光防护服)按规定设置、撤除防护，接到列车调度员本线封锁和邻线限速 160 km/h 及以下命令后，方可进入栅栏网内检查、处理。夜间上道作业必须有性能可靠的照明设备。

2. 电气化区段紧急处理或临时处理后，开通线路前，应用 70 mm^2 短路铜线或回流线连接在断轨(接头)处两端，连通轨道电路和供电回路。

3. 撬棍应由有经验人员使用，拨动钢轨时，撬棍应要插牢，听从指挥，统一行动，撬棍前方不得站人。严禁骑压或肩扛撬棍拨道。

4. 机具设备严禁带病或超负荷运转，安全防护装置必须齐全、良好。转动部件应标有旋转方向指示标志，只允许一个方向旋转的设备，应设置有反转自锁装置。

5. 切轨机、打磨机、焊接等机具操作人员应按规定穿戴劳动保护用品。手持电动机具应按规定安装漏电保护装置。

6. 用锯轨机切割钢轨时，其他人员应远离锯轨机两侧和前方，防止锯片破碎伤人。钢轨打磨时，其他人员应远离前方。

7. 钢轨焊接时，应严格按操作规程操作，防止烫伤。

8. 多台机械配合作业时，应明确施工负责人与安全负责人之间，机械与机械之间的联系方式，并由施工负责人负责现场指挥。

9. 故障处理后的放行列车条件由作业负责人决定，但放行第一列列车速度不应超过160 km/h。

10. 人员进出通道口，施工负责人应做好对作业人员、机具、材料清点、登记和作业通道门锁闭状态确认工作。

11. 临时拆除栅栏应派人看守，故障处理完毕立即恢复。

思考题

1. 发现钢轨折断处理方式有哪几种？
2. 用锯轨机切割钢轨时如何保证人身安全？
3. 钢轨焊接应满足哪些要求？
4. 紧急处理后放行列车速度有何规定？

第二节　检查车Ⅳ级偏差处理

线路动态不平顺是指线路不平顺的动态质量反映，主要通过轨检车、动检车、车载式线路检查仪、便携式线路检查仪及其他监控设备进行检测。对综合检测列车发现的Ⅲ级及以上偏差处所，应及时安排临时补修；对轨道质量指数（TQI）超过管理值的区段和超过经常保养偏差管理值的处所，应安排经常保养；对车辆动力学指标超限处所，应及时分析原因，安排整修；对Ⅳ级偏差处所，或Ⅲ级偏差且车辆动力学指标超限处所应立即限速，检查人员应立即通知本务司机转报列车调度员，由列车调度员指示后续列车按规定限速运行，并通知设备管理单位进行处理。

一、检查车Ⅳ级偏差检查方法、程序与要领

（一）信息传递与检查

1. 接到添乘人员或设备管理单位调度、技术部门线路、道岔动态Ⅳ级（大值报警）信息时，应立即使用 GSM-R 手持台等通信设备报告有关车站值班员（应急值守人员）按规定申请限速：200～250 km/h 线路限速不超过 160 km/h，250（不含）～350 km/h 线路限速不超过 200 km/h。车间（工区），应迅速派驻站联络员到所辖车站，办理驻站防护和申请作业人员上道检查登记要点手续。

2. 组织所在工区作业人员，迅速携带防护备品、检查工具及应急处理相关机具、材料，赶赴就近的作业通道门或应急通道，（紧急情况下可直接从确定的故障地点拆除栅栏进入）。施工负责人必须及时将现场准备抢修处理情况报告设备管理单位车间和调度。作业人员到达通道口，施工负责人对作业人员、机具、材料清点、登记、确认工作后，立即通知驻站联络员在《运统—46》上，办理本线封锁、邻线限速 160 km/h 及以下和作业人员上道检查登记要点手续。待接到列车调度员：本线封锁和邻线限速 160 km/h 及以下命令后，立即设置现场防护，进入故障区间进行检查。采用“全面看，重点量”的检查方法。检查范围应不小于晃车点前后各 200 m，如此范围里无明显病害，应将范围扩大至前后各 500～1 000 m。

（二）检查车Ⅳ级偏差处理

确认原因，制定处理方案，报相关部门审查、审批，及时处理。作业中必须严格按审批的方案执行，严禁擅自变更。

（三）后期工作

1. 撤除防护信号，并按规定办理销记手续，必要时根据现场处理情况，重新登记办理本线限速封锁和邻线限速申请，恢复拆除栅栏。

2. 撤出作业通道门前，施工（作业）负责人，对作业人员、机具、材料清点、核对，防止遗留在现场并对作业通道门锁闭状态确认。

3. 施工负责人电话向设备管理单位车间和调度汇报处理结果。包括处理起止时间，影响列车情况，处理经过、方法，人员使用情况等。事后将检查、处理情况书面记录传至设备管理单位调度。

二、放行列车条件

1. 对综合检测列车发现的Ⅲ级及以上偏差处所，应及时安排临时补修；对轨道质量指数（TQI）超过管理值的区段和超过经常保养偏差管理值的处所，应安排经常保养；对车辆动力学

指标超限处所，应及时分析原因，安排整修；对Ⅳ级偏差处所，或Ⅲ级偏差且车辆动力学指标超限处所应立即限速，200～250 km/h 线路限速不超过 160 km/h，250(不含)～350 km/h 线路限速不超过 200 km/h。

2. 确认晃车点无危及安全的病害，且后续列车未反映晃车，按 160 km/h、250 km/h、常速逐级逐列提速。

3. 经处理、回检后达到放行列车条件，逐级提速，原则规定自首趟放行至连续 3 趟列车无晃车反映，应将线路恢复常速。如限速运营，应指派技术人员添乘首趟列车，加密添乘后续列车。

4. 因路基病害导致轨道几何尺寸变化较快引起的晃车，放行列车不得超过 160 km/h，安排人员看守养护，必要时封锁线路。

三、安全注意事项

1. 进入防护栅栏网前必须穿戴黄色防护服(夜间反光防护服)按规定设置、撤除防护，接到列车调度员本线封锁和邻线限速 160 km/h 及以下命令后，方可进入栅栏网内检查、处理。夜间上道作业必须有性能可靠的照明设备。

2. 电气化区段应严格执行电气化相关规定。

3. 严检慎修，必须按批复施工方案组织处理，不盲目动道。作业后应进行回检并做好记录。

4. 故障处理后的放行列车条件由作业负责人决定，但放行第一列列车速度不应超过160 km/h。

5. 人员进出通道口，施工负责人应做好对作业人员、机具、材料清点、登记和作业通道门锁闭状态确认工作。

6. 拆除栅栏应派人看守，故障处理完毕立即恢复。

思考题

1. 什么是线路动态不平顺？主要通过什么设备进行检测？
2. 对综合检测列车发现的Ⅲ级及以上偏差处所，应如何处理？
3. 人员进出通道口，施工负责人应做好哪些工作？

第三节　道岔故障处理

一、道岔故障检查方法、程序与要领

(一)信息传递与检查

驻站应急值守人员接车站通知或添乘人员、设备管理单位调度、技术部门道岔故障信息时，应立即使用 GSM-R 手持台等通信设备报告有关车站值班员(应急值守人员)及工区工长、设备管理单位车间值班干部和调度。

车间接到道岔故障信息时，应迅速派驻站联络员到所辖车站，办理驻站防护和申请作业人员上道检查登记要点手续。同时组织所在工区作业人员，迅速携带防护备品、检查工具及应急处理相关机具、材料，赶赴就近的作业通道门或应急通道，同时联系车务、电务等配合单位组织人员协助抢修。

现场抢修负责人必须及时将现场准备抢修处理情况报告设备管理单位车间和调度。

人员到达通道口，施工负责人对作业人员、机具、材料清点、登记、确认工作后，立即通知驻站联络员在《运统—46》上，办理本线封锁、邻线限速 160 km/h 及以下和作业人员上道检查登记要点手续[登记用语：接调度员（车站）通知，××设备存在××问题，危及行车安全，需封锁×站××设备（×道）上道检查抢修，相邻×行线 K××+××m 至 K××+××m 限速 160 km/h]。

待接到列车调度员，本线封锁和邻线限速 160 km/h 及以下命令后，立即设置现场防护，进入故障地点进行道岔检查。

遇道岔故障等需人工准备进路时，工务应急值守人员按车务应急值守人员要求，协助对道岔进路确认并按规定加锁。

对道岔进行全面的检查，包括结构检查和几何尺寸的检查。

1. 结构检查

(1)钢轨件是否有硬弯，重点检查直尖轨和长心轨。

(2)零配件是否齐全，是否有非标扣件。

(3)扣件的扭力矩是否达标：按照 T 形螺栓扭力距为 120～150 N·m，大螺栓扭力距为 350 N·m 的标准全面检查，以消除因扣件扭力矩的不达标对几何尺寸的影响。

(4)焊接接头质量：对道岔内的焊接接头全面检查，重点对直尖轨跟及基本轨前顺坡接头的检查。

(5)道岔的框架尺寸：重点对转辙部位的第一、二、三电务动作杆处、距尖轨尖处（尖轨刨切终点），及其后 3、6 m 等共 6 处框架尺寸检查，以确定直、曲基本轨的相对位置。

(6)竖切密贴的检查：全面检查尖轨顶铁与尖轨、翼轨顶铁与可动心轨之间的间隙。

(7)尖轨、心轨轨底与滑床板的离缝：按照离缝不大于 0.5 mm，并且不能连续的标准，以分析确定是尖轨上拱还是基本轨轨面低。

(8)全面检查钢轨外口轨底与垫板挡肩之间的间隙。

2. 几何尺寸检查

(1)道岔检查主要使用电子道尺、1 m 直钢尺、支距尺、塞尺、弦线等工具。用电子道尺逐根轨（岔）枕测量轨距、水平，弦线测量钢轨方向。

(2)道岔内部轨距、水平应采用电子道尺每根轨（岔）检查，与轨道小车测量数据进行对比分析，查找现场病害地点、类型。

(3)如道岔范围内无明显病害，必要时应对道岔前后 20～50 m 线路进行检查。

（二）处　　理

确认原因，制定处理方案，报相关部门审查、审批，及时处理。整治道岔病害，按照先高低、后水平，先直股、后曲股，先轨向、后轨距顺序进行。道岔转撤部分作业需与电务联系加强工电联调，避免转换阻力过大。作业中必须严格按批复的方案执行，严禁擅自变更。

发现道岔尖轨、基本轨、可动心轨、翼轨折断时应立即封锁线路，进行处理。胶接绝缘接头拉开时，应立即复紧两端各 50 m 线路的扣件，限速不超过 160 km/h，并及时进行永久处理。绝缘失效时，应立即于当日天窗时间更换，进行永久处理。

1. 道岔常见的病害与整治方法

(1)尖轨降低值

尖轨降低值是影响列车直向过岔平稳性关键技术参数，如在制造、铺设以及运营中出现偏差,就会出现晃车现象。尖轨相对于基本尖轨降低值偏差超过 1 mm 且影响行车稳定时,可通过更换不同厚度基本轨轨下橡胶板,来调整尖轨相对于基本轨的降低值。

整治方法如下:

①降低值调整量大于 1 mm,小于 2 mm 时,应设置两级过渡。

②降低值降低值调整量大于或等于 2 mm,应更换尖轨与基本轨组件。

(2)尖轨扭转

由于内应力释放、钩锁器长期作用等因素,道岔尖轨发生扭转,影响尖轨轨底坡和轨顶坡,从而影响轮轨接触关系,产生晃车现象。

整治方法:可采取更换的打磨办法进行修理。

(3)尖轨跟端因加工质量引起的不平度超差

主要表现为尖轨跟端前光带靠内,后光带靠外,不平直度大于或等于 0.5 mm/m。

整治方法:可采取打磨办法进行修理。

(4)辙叉支距控制不到位

由于在制造过程中,辙叉支距控制不到位,造成辙叉支距超限,影响侧向行车稳定性。

整治方法:可使用长支距尺和轨距尺(轨道几何测量仪)进行测量并结合直股轨距进行调整取。

(5)岔区轨道几何尺寸偏差

岔区的轨距、水平、高低、轨向、扭曲等几何尺寸偏差。

整治方法:采取通常的修理方法进行调整。在调整中要注意把道岔两端线路和道岔作为一个单元进行测量、整正并注意发现和消除道岔区存在的长波不平顺,提高列车过岔平稳性。

(6)尖轨、心轨与基本轨、翼轨竖切不靠原因与整治方法

尖轨、心轨与基本轨、翼轨竖切不靠原因:

①尖轨、心轨前靠后不靠

a. 尖轨心轨顶铁过长或顶得过死。

b. 基本轨、尖轨、长心轨有硬弯。

c. 曲基本轨第一弯折点位置靠尖轨尖端太近(理论上弯折点在尖轨尖,但一般以距尖轨尖端 70～90 mm 为宜);曲基本轨第一弯折点弯折量过大(理论上用 4 m 长弦线拉矢度为 5.2 mm,但现场一般是用 4 m 长弦线拉矢度为 4.5 mm 为宜)。

d. 尖轨、心轨尖端有方向或轨距偏小,造成尖轨、心轨第一动程不够。

②尖轨、心轨后靠前不靠

a. 基本轨、尖轨有硬弯。

b. 转辙部位第二、三动作杆的框架尺寸过小。

③尖轨与基本轨动作杆处靠中间不靠

a. 直尖轨有向内侧的硬弯。

b. 两基本轨中间框架尺寸过大。

c. 第一动作杆与第二动作杆之间有小方向。

d. 基本轨在动作杆处框架尺寸过小。

④心轨与翼轨两头都不靠

电务密贴调整不良,原则上,只要心轨用撬棍撬密贴后不反弹,电务就能调密贴。

整治方法如下:

①改正道岔的方向,减少方向对密贴的影响。建议改道时,将顶铁部分拆除(与尖轨、心轨

离缝 2～3 mm)，减少顶铁对密贴的影响。

②尖轨尖端可动心轨以及一动、二动、三动不密贴改框架尺寸、轨距后由电务部门调整密贴。

③整修过长或过短的顶铁，规范顶铁垫插片作业。尖轨、心轨部分的顶铁离缝，有时是一种表面现象，不能看到离缝就用插片去垫。正常情况下所有顶铁的插片不应该超过 2～3 mm，如果发现顶铁插片已经用了很多但还是离缝的话应该全面检查前后各部分框架是否有偏差，辙叉部分是否有方向，要从结构上来整治顶铁离缝。原则上应由电务先调整密贴，再根据实际情况垫顶铁插片。

④校正基本轨弯折点的位置与弯折量，使之符合设计要求。

⑤整修基本轨或尖轨硬弯，长短心轨或翼轨硬弯。

⑥整治尖轨，可动心轨爬行(加强各种螺栓的扭矩与扣件压力，减少温度应力的密贴的影响)。

(7)尖轨、心轨与滑床板的离缝的原因及整治

尖轨、心轨与滑床板的离缝是造成道岔上动态水平三角坑的重要原因之一，形成尖轨、心轨与滑床板的离缝原因有：

①埋入式岔枕在浇注前的精调时，对道岔曲股高低重视不够，岔枕没有调平，表现在曲基本轨和辙叉部位曲下股轨面低。

②尖轨滚轮安装不到位，造成尖轨轨底卡在滚轮上，抬高了尖轨。

③尖轨的拱腰：由于尖轨在吊装、运输或存放操作不规范，造成尖轨上拱。

整治方法如下：

①通过在岔枕与滑床板之间垫调高垫片的方法将滑床板垫高，消除离缝。

②按规定调整滚轮的位置，滑床板表面与尖轨轨底理想空隙应该是 0 mm，具体的标准按“1－2－3”原则进行，即保证密贴尖轨轨底与相邻的滚轮间用塞尺在 45°时有至少 1 mm 空隙，内侧滚轮的高度比滑床台高 2 mm，外侧滚轮的高度比滑床台是 3 mm。

③更换尖轨。

(8)焊接接头的质量控制不良

造成焊接接头质量不高的主要原因有：对轨不良；对轨时的上拱度控制不不合理；打磨不到位等。

整治方法如下：

①加大对轨工作控制力度，原则上以尖轨、基本轨和辙叉的前后趾为基准(尖轨与基本轨、辙叉厂家是以组件形式出厂的，尺寸相对比较准确)。

②严格控制接头的上拱度，不能太高。

③采用精打磨机进行精细打磨，不合格接头必须重新处理，努力将其作用面精度要求控制在 0～0.2 mm 以内，以改善轮、轨接触关系，减少钢轨件作用面不平顺对列车的影响。

(9)第三动作杆之后尖轨的不足位移

由于 P60-18 号高速道岔[图号：客专线(07)009-1]的尖轨比较长(达到 21 450 mm)，转辙部位采用 3 个牵引点，第三牵引点距尖轨尖 10 680 mm，在第三牵引点之后有近 8 m 的尖轨处于自由状态，在道岔振动时往往会在此段位移不足，静态体现在尖轨侧弯，轨距偏小，顶铁离缝。

整治方法：加强工电联合，共同克服。

2. 基本作业方法

(1)改道

①作业要求:通过调整缓冲调距块和铸铁轨距块调整轨距、方向,缓冲调距块型号有 6～9 mm(组装时的型号),7～8 mm、5～10 mm、4～11 mm 以及非标的 3～13 mm 五种,铸铁轨距块的型号有:10～12 mm、9～11 mm、8～13 mm。其中 10～12 mm、9～11 mm 为组装时的型号,轨距块里外口的数值相加为 10＋11＝21 或 12＋9＝21。

②作业方法:将调查的病害提前写在钢轨上,松开里外口基板与轨枕的固定螺栓,将预压盖及螺栓取下,更换缓冲调距块(如轨距大,将缓冲调距块大的一面全部面向道心,也就是里口)用缓冲调距块整螺栓孔径位置,使孔径位置发生变化,用缓冲调距块挤压基板,使基板发生变化,实现钢轨位移,达到轨距变化的目的,调整后逐根轨枕测量。在道岔连接部位也可通过调换铸铁轨距块的方法调整轨向和轨距。

(2)高低、水平

①作业要求:采用调高垫板在橡胶垫板与岔枕之间调整高低、水平,调整量为－4～26 mm。调高垫板型号 1、2、5、8、10、20 mm 六种,可以叠加使用但不能超过 2 层。当调高量大于 15 mm 时,应采用 B 型岔枕螺栓(加长螺栓)。

②作业方法:将调查的病害提前写在钢轨上,松开里外口垫板与轨枕的固定螺栓,将预压盖及螺栓取下,用起道压机将钢轨打起,撤出原有的垫片,调整提前计算好的垫片,使水平和高低发生变化,达到预期目的。

(3)质量标准

①轨距:0～－1 mm 轨距递减率不大于 0.3‰。

②方向:10 m 范围内方向不大于 0.5 mm,且 20 m 范围内不得有反弯,递减率不大于 0.2‰。

③高低、水平、扭曲:10 m 范围内高低最大矢度值不得大于 1 mm,30 m 范围内不大于 2 mm;10 m 范围内水平相差不大于 0.5 mm,30 m 不大于 1 mm;6.25 m 范围内扭曲不得大于1 mm。

④框架尺寸:控制在 2～－1 mm 范围内。

⑤顶铁离缝不大于 0.5 mm,但不能顶死。

⑥尖轨、心轨轨底与滑床板离缝不大于 0.5 mm,并且不能连续。

⑦尖轨、可动心轨竖切密贴:尖轨、心轨尖端不大于 0.2 mm,其他部位不大于 0.8 mm。

⑧道岔 T 形螺栓扭力距为 120～150 N·m,大螺栓扭力距为 350 N·m。

⑨所有零配件整齐统一,无盖板歪斜,胶垫歪斜,铸铁轨距块全部落槽,标志标记印刷规范、美观。

(三)后期工作

1. 撤除防护信号,并按规定办理销记手续,必要时根据现场处理情况,重新登记办理本线限速封锁和邻线限速申请,恢复拆除栅栏。

2. 撤出作业通道门前,施工(作业)负责人,对作业人员、机具、材料清点、核对,防止遗留在现场并对作业通道门锁闭状态确认。

3. 施工负责人电话向设备管理单位车间和调度汇报处理结果。包括处理起止时间,影响列车情况,处理经过、方法,人员使用情况等。事后将检查、处理情况书面记录传至设备管理单位调度。

二、注意事项

1. 进入防护栅栏网前必须穿戴黄色防护服(夜间反光防护服)按规定设置、撤除防护,接到列车调度员本线封锁和邻线限速 160 km/h 及以下命令后,方可进入栅栏网内检查、处理。夜间上道作业必须有性能可靠的照明设备。

2. 尖轨、心轨、翼轨等发生折断,应立即封锁线路,进行处理不得冒险放行列车。

3. 电气化区段应严格执行电气化相关规定。

4. 故障处理后的放行列车条件、速度由施工负责人决定,但放行第一列列车速度不应超过 160 km/h。

5. 人员进出通道口,施工负责人应做好对作业人员、机具、材料清点、登记、和作业通道门锁闭状态确认工作。

6. 拆除栅栏应派人看守,故障处理完毕立即恢复。

思考题

1. 遇道岔故障等需人工准备进路时,工务应急值守人员应做好哪些工作?

2. 道岔故障处理时,结构检查的内容有哪些?

3. 道岔故障处理时,几何尺寸检查的内容有哪些?

4. 简述改道作业方法。

5. 简述高低水平作业方法。

复 习 题

1. 接到钢轨折断信息后应如何做好信息传递和检查工作?

2. 造成焊接接头质量不高的主要原因有哪些?

3. 对综合检测列车发现的Ⅳ级偏差处所,或Ⅲ级偏差且车辆动力学指标超限处所应如何处理?

4. 道岔改道作业一般是通过什么方法进行调整的?

5. 因路基病害导致轨道几何尺寸变化较快引起的晃车,应如何处理?

6. 如确认晃车点无危及安全的病害,且后续列车未反映晃车时应如何处理?

7. 钢轨折断永久处理后作业质量标准有什么要求?

8. 线路、道岔轨道动态质量出现Ⅳ偏差(含双Ⅲ级偏差)时,检查人员应如何处理?

9. 故障处理完毕后,施工负责人应如何汇报处理结果?

附录　高速铁路线路维修岗位技能实训设备配置标准建议表

序号	设备及材料名称	基本配置标准		备　注
		单位(规格)	数量	
1	线路	m	2 000	各种轨道结构线路共 1 500 m,道岔 6 组
2	国产 18 号道岔(无砟)	组	1	
3	国产 18 号道岔(有砟)	组	1	
4	BWG18 号道岔(无砟)	组	1	
5	BWG18 号道岔(有砟)	组	1	
6	法国 18 号道岔(无砟)	组	1	
7	法国 18 号道岔(有砟)	组	1	
8	弹条Ⅳ型扣件系统	套	60	
9	弹条Ⅴ型扣件系统	套	60	
10	WJ-7 型扣件系统	套	60	
11	WJ-8 型扣件系统	套	60	
12	300 型扣件系统	套	60	
13	FC 型扣件系统	套	60	
14	SFC 型扣件系统	套	60	
15	0 级电子轨距尺	把	20	
16	1 m 平直尺	把	20	
17	425 活口扳手	把	15	
18	8 磅铜锤	把	10	
19	CPⅢ点	个	30	
20	绷线器(弦绳)	套	44	
21	笔记本电脑	台	2	
22	GSM-R 手持终端	部	2	

续上表

序号	设备及材料名称	基本配置标准		备　注
		单位(规格)	数量	
23	便携式线路检查仪	台	2	
24	车载式线路检查仪	台	2	
25	冲击式内燃捣固棒	台	18	
26	弹性夹安装工具	套	20	
27	道岔检查铜锤	个	20	
28	道岔专用维修工具	套	12	BWG 道岔专用
29	道床阻力支承刚度测量仪	套	2	
30	电子平直仪	台	10	
31	电子水准仪	台	5	
32	钢轨焊缝	对	10	
33	钢轨精磨机	台	4	
34	钢轨轮廓(磨耗)测量仪	台	4	
35	钢轨伸缩调节器专用方向测量尺	台	2	
36	钢轨温度计	个	8	
37	各型道岔扣件系统调整件			根据实际需要配备
38	各型扣件系统调整件			根据实际需要配备
39	轨道测量仪	套	5	每套轨道测量仪包括专用电脑 1 台,全站仪 1 台,棱镜 10 个,检测小车 1 台
40	轨道检查仪	台	7	
41	夯拍机	台	2	
42	机动双头螺栓扳手	台	6	
43	急救器	套	10	
44	加力杆	个	15	
45	检查铜锤	把	20	
46	降低值测量仪	套	12	
47	紧固器	套	10	

续上表

序号	设备及材料名称	基本配置标准		备　注
		单位(规格)	数量	
48	开口扳手	把	15	型号与急救器配套
49	里氏硬度计	台	4	
50	裂缝宽度测量仪	台	2	
51	内燃道岔打磨机	台	4	
52	内燃仿形打磨机	台	4	
53	内燃螺栓扳手	台	20	
54	内燃切轨机	台	2	
55	内燃钻孔机	台	2	
56	扭力扳手	把	20	
57	其他小型工具	套	1	根据需要配备
58	起道器	台	10	
59	塞尺	个	60	
60	砂轮片			根据实际需要配备
61	深度尺	把	2	
62	手持式无线对讲机	部	2	
63	数显游标卡尺	把	12	
64	锁定轨温测试仪	台	2	
65	铜锤	把	20	
66	无螺栓扣件装卸专用工具	把	16	
67	翼轨打磨机	台	4	
68	钢瓦尺	把	10	
69	支距尺	把	10	

注:培训按40人/班计,分组培训,每组10人。

参考文献

[1]中华人民共和国铁道部．高速铁路设计规范(试行)．北京:中国铁道出版社,2009.

[2]铁道部工程管理中心．客运专线铁路扣件系统安装技术手册．北京:中国铁道出版社,2009.

[3]铁道部工程管理中心．客运专线铁路无砟轨道施工手册．北京:中国铁道出版社,2010.

[4]铁道部工程管理中心．客运专线铁路道岔铺设手册．北京:中国铁道出版社,2010.

[5]铁道部运输局．高速铁路工务知识读本．北京:中国铁道出版社,2011.

[6]中华人民共和国铁道部．高速铁路工程测量规范．北京:中国铁道出版社,2009.

[7]中华人民共和国铁道部．高速铁路用钢轨(TB/T3276—2011)．北京:中国铁道出版社,2011.

[8]中华人民共和国铁道部．高速铁路轨道工程施工技术指南(铁建设[2010]241号)．北京:中国铁道出版社,2011.